U0522871

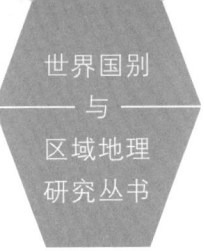

世界国别与区域地理研究丛书

国家出版基金项目

秦大河　杜德斌　主编

世界航空地理

刘承良　王帮娟　著

商务印书馆
The Commercial Press

图书在版编目（CIP）数据

世界航空地理/刘承良，王帮娟著. —北京：商务印书馆，2024
（世界国别与区域地理研究丛书）
ISBN 978-7-100-23631-7

Ⅰ.①世… Ⅱ.①刘…②王… Ⅲ.①航空运输—运输地理—研究—世界 Ⅳ.①F56

中国国家版本馆 CIP 数据核字（2024）第 075202 号

权利保留，侵权必究。

世界国别与区域地理研究丛书
世界航空地理
刘承良 王帮娟 著

商 务 印 书 馆 出 版
（北京王府井大街36号 邮政编码100710）
商 务 印 书 馆 发 行
北 京 启 航 东 方 印 刷 有 限 公 司 印 刷
ISBN 978-7-100-23631-7

2024年10月第1版　　开本 787×1092　1/16
2024年10月北京第1次印刷　印张 29¾
定价：218.00元

"世界国别与区域地理研究丛书"总序

地理学作为一门古老的学科,是伴随着人类文明的滥觞一并出现,并随着生产力的进步、社会需求的提高和人类对不同尺度人地系统认识的深化而逐步发展起来的。15—17世纪,欧洲封建社会走向衰落,资本主义生产方式开始兴起,经济发展对原料地和销售市场提出了新的要求,驱动着哥伦布等一批航海家开始向外冒险,从而在人类历史上开启了一段可歌可泣的伟大历程——地理大发现。地理大发现极大地拓展了人类的认知空间,第一次凸显了地理知识的强大威力。有了日益丰富的地理知识的武装,欧洲一些规模较大的大学开始开设专业地理学课程并开展相关的研究,包括地图绘制、航海术和制图学,地理学逐渐走出推测与假说,逐步摆脱对其他学科的依附而成为一门显学。

到了19世纪末,欧洲殖民主义的扩张达到了高潮,地理学被称为"所有宗主国科学中无可争议的皇后",成为西方国家知识领域中不可或缺的部分。在西方殖民扩张过程中,涌现出大批杰出的地理学家,其中包括德国地理学家亚历山大·冯·洪堡(Alexander von Humboldt,1769—1859)。洪堡是19世纪最杰出的科学家之一,他的科学考察足迹遍及西欧、北亚、中亚、南美洲和北美洲,所到之处,高山大川无不登临,奇花异草无不采集。正是源于对世界各地的深入考察,他科学揭示了自然界各种事物间的因果关系,把包括人在内的自然界视为一个统一的、充满内在联系的、永恒运动的整体。洪堡的科学考察活动和学术思想,推动了千百年来纯经验性的地理现象和事实描述向科学规律探索的转变,使得地理学成为一门真正的科学,洪堡也因此被誉为近代地理学的奠基人。

20世纪初,随着各领域科学技术的进步,特别是横贯大陆铁路的出现,以俄国和德国为代表的陆地力量迅速崛起，给以英国为代表的海洋霸权带来巨大冲击和挑战。为警示英国政府，英国地理学家哈尔福德·麦金德（Halford Mackinder，1861—1947）于1904年在英国皇家地理学会宣读了题为"历史的地理枢纽"的论文。在该文中，麦金德首次将世界视为一个整体，从全球海陆结构的视角来考察人类数千年的发展历史，发现亚欧大陆内陆的大片区域构成了人类战争和经济史上最重要的"枢纽地区"（后称"心脏地带"）。麦金德认为：谁统治了东欧，谁就能控制"心脏地带"；谁统治了"心脏地带"，谁就能控制"世界岛"；谁统治了"世界岛"，谁就能控制全世界。

麦金德的"历史的地理枢纽"一文发表10年后，第一次世界大战爆发。大战中，所有参战国较大的地理机构均被各国情报部门利用起来，为军队提供最新的地理信息和地图。大战结束后的巴黎凡尔赛和平会议上，美国地理学家艾赛亚·鲍曼（Isaiah Bowman，1878—1950）、威廉·莫里斯·戴维斯（William Morris Davis，1850—1934）和埃伦·丘吉尔·森普尔（Ellen Churchill Semple，1863—1932），法国地理学家埃马纽埃尔·德·马东（Emmanual de Martonne，1873—1955）及其他主要国家一些地理学家都被邀请作为和谈代表团顾问，参与重绘战后世界政治地图的工作。20年后，第二次世界大战爆发，再次验证了麦金德的预言，也进一步凸显了地理学理论和思想的强大威力。

进入21世纪，新一轮科技革命深入发展，新的全球问题不断涌现，国际力量格局深刻调整，大国博弈持续加剧，世界又一次站在历史的十字路口。面对世界之变、时代之变、历史之变，中国政府提出构建"人类命运共同体"理念和共建"一带一路"倡议，为促进世界和平发展和完善全球治理体系积极贡献中国智慧、提供中国方案。这对新时代中国地理学的发展提出了新的要求，也带来了前所未有的历史机遇，尤其赋予区域国别地理（世界地理）学科新的重大使命。

中国地理学家对于区域国别地理的研究具有悠久的历史。早在20世纪30—40年代，中国人文地理学的奠基人之一胡焕庸先生就曾编写出版了中国第一套区域国别地理（志）著作，包括《法国地志》《俄国地志》《英国地志》《德国地志》《南欧地志》《日本地志》《美国经济地理》等。50—60年代，百废待兴的中华人民共和国，出于了解外部世界的迫切需求，区域国别地理受到高度重视。

1956 年，中国科学院外国地理研究组（后更名为世界地理研究室）作为我国第一个区域国别地理研究机构的成立，对推动学科发展具有重要意义。1963 年中国地理学会世界地理专业委员会的成立，标志着中国的区域国别地理研究的发展由自发阶段进入有组织化阶段。此后，一批世界区域国别地理研究机构在各高校相继成立，并在研究区域上形成明确的分工，如华东师范大学的西欧北美地理研究室、南京大学的非洲经济地理研究室、暨南大学的东南亚经济地理研究室等。70 年代，又陆续成立了北京师范大学的北美地理研究室、东北师范大学的日本和苏联经济地理研究室、华中师范学院的拉丁美洲地理研究室、福建师范大学的东南亚地理研究室等，全国 14 家出版社还联合翻译、出版了 72 部（套）区域国别地理著作。80 年代，在中国地理学会世界地理专业委员会的组织和协调下，中国地理学家先后完成大型工具书《中国大百科全书·世界地理卷》和《辞海·世界地理分册》、大型专业丛书"世界农业地理丛书"、《世界钢铁工业地理》《世界石油地理》等重大科研项目，为深入了解世界发展、普及世界地理知识做出了重要贡献。但令人遗憾的是，由于种种原因，中国的区域国别地理研究工作并没有随着改革开放的深入发展而持续繁荣，相反自 90 年代起就日渐衰落，相关研究机构几乎全部关闭或处于名存实亡的状态。直至今天，区域国别地理研究依然面临研究力量薄弱、研究经费不足、研究质量亟待提高的问题。

在此百年未有之大变局下，中国地理学人肩负新的历史使命，应树立更加宽广的世界眼光，赶上时代，引领时代，充分发挥学科优势，在世界文明发展中阐释人与自然生命系统和谐演进的科学机理，为人类命运共同体建设贡献专业智慧、提供专业方案。特别是，要加强对世界区域国别地理研究，让国人读懂世界，同时对外讲好中国故事，让世界读懂中国。

从学科发展的角度看，区域国别地理是地理学的基础性学科。区域是地理要素的集合体，地理学的任何理论成果和规律，只有通过世界性的综合研究和区域性的比较分析才能得以证实；普遍规律和特殊规律，只有放在全球的尺度上，方能理清脉络，分清层次。忽视区域国别地理研究，就会有"只见树木、不见森林"之虞。正如胡焕庸先生所说，地理学研究既要用"显微镜"，横察中国现世；更须用"望远镜"，纵观世界大势。

一直以来，我就倡导中国学者要牢固树立"世界眼光、家国情怀、战略思维、服务社会"的治学价值观。2020年2月，我受邀担任华东师范大学世界地理与地缘战略研究中心主任。四年来，我和杜德斌教授等同人一同发起举办了世界地理大会，启动了"世界国别与区域地理研究丛书"，还分别主编了《中国大百科全书》（第三版）冰冻圈科学卷和世界地理学科卷，围绕共建"一带一路"倡议共同完成了多项研究课题。我们力图通过这些学术活动和项目研究来推动自然地理学与人文地理学的深度融合，促进中国区域国别地理研究的繁荣，使中国地理学更好地服务国家战略，造福世界人民。

"世界国别与区域地理研究丛书"是推进区域国别地理研究发展的一项实质性重大举措，符合时代之需、民族之需和学术之需。此套丛书由华东师范大学世界地理与地缘战略研究中心和商务印书馆共同策划，初步规划对世界主要国家和区域开展地理研究，分期分批出版。丛书以国家为主，区域为辅，力求向读者呈现一个真实立体的世界地理全貌。愿此套丛书的出版能吸引更多有志青年投身到世界区域国别地理的学习和研究中，与国家同频共振！

中国科学院院士
华东师范大学世界地理与地缘战略研究中心主任

2024年5月30日

序

随着全球航空运输业的迅猛发展和全球化进程的加速推进，世界航空网络正面临着前所未有的变革。航空运输业的全球化竞争和合作日益激烈。航空运输网络的空间结构和组织也日益复杂化。中国航空运输业虽然取得了显著成绩，但在全球化布局和组织方面仍面临诸多结构性难题。世界航空运输业具有怎样的发展态势？世界航空网络时空复杂性演化具有怎样的基本规律？世界航空枢纽分布在哪里？中国航空枢纽在世界和国家航空网络中能级如何跃迁？全球通道与地方规模如何影响中国航空网络的空间演化？欧美等大国航空网络与中国航空运输空间组织有何异同性？对中国航空网络优化有何启示？

理清这些问题对优化中国航空运输网络布局、提升中国国际航空枢纽的全球连接度、建设面向全球的"民航强国"具有重要的理论价值和实践意义。目前，国内学术界关于开展全球和地方、国际与国内航空网络协同演化的多尺度集成研究较少，理论和实证相结合的集成性研究不足。在此背景下，刘承良教授及其博士生王帮娟合著的《世界航空地理》一书应运而生，为我们深入理解和把握航空运输业的发展趋势与规律提供了重要的学术参考。

本书综合运用地理学、经济学、社会学等多学科的理论和方法，从全球-国家-地方多尺度视角出发，对世界航空运输业、世界航空网络、航空枢纽以及枢纽网络腹地的时空演化进行了系统而深入的研究。通过采用大量数据的实证研究，揭示了航空运输网络的发展趋势和时空复杂性演化的基本规律，包括航运输业的波动周期性、航空网络结构的复杂动态化和空间异质化、航空枢纽节点的等级层级化、枢纽网络腹地的区域集聚化等，为读者呈现了一幅全新的航空运输网络地理复杂性图景。

尤为值得一提的是，本书不仅关注了全球航空网络的整体特征和演化规律，还从全球与地方互动的视角和区域国别比较视角出发，对中国国际航空网络、中国国内航空网络以及主要区域国别航空网络的时空演化进行了深入剖析，解析了中国航空枢纽在全球航空网络中的地位与作用，以及全球通道与地方发展对中国航空网络空间演化的影响。研究发现，中国对外航空网络的关联强度不断增强，与邻国的航空联系最为紧密，北京、上海和广州（深圳）是中国对外航空运输联系的核心枢纽。相比于欧美地区，中国高等级航空枢纽分布相对集中，但呈现从集聚向均衡、由"三足鼎立"向多核联动发展演化态势；国内航空网络呈"马鞍形"地带性分布，具有区域性、稳定性、波动性共存的社团结构。地理区位、社会经济、行政等级、产业结构、旅游资源、航空公司基地建设以及政策等因素对航线网络的构建和航空枢纽布局具有重要影响。以上发现对中国航空网络的优化和建设可提供重要启示和参考。

最后，本书将理论与实证相结合，提出了建立支线-干线-国际线合理搭配的航空网络结构，架构以大型航空枢纽为中转的枢纽航线网络，优化航空网络空间布局结构，加强航线协调和合作，完善网络等级结构，促进区域协调发展，地区政策因地制宜，明确城市功能定位等一系列政策建议，以加强国际航空市场的合作与交流，提升航空服务效率，推动中国航空运输业的持续健康发展。

作为一位长期从事交通地理与区域发展的学者，我深感《世界航空地理》一书的出版对于推动航空运输地理研究领域的发展具有重要意义。本书是一部兼具深度和广度的学术佳作。它不仅为我们揭示了不同尺度航空网络的时空复杂性特征，还为我们提供了理解经济全球化在全球-区域-地方上相互建构和尺度重组的重要棱镜，也为中国航空运输业的全球化发展提供了有力的理论支撑和实践指导。我相信本书将成为航空运输地理研究领域的重要参考，并对推动中国航空运输的全球化布局和"一带一路"建设发挥重要作用。

国家自然科学基金杰出青年基金获得者
国家社会科学基金重大项目首席专家
中国科学院区域可持续发展分析与模拟重点实验室副主任
2024 年 4 月 24 日

前　言

随着经济全球化和航空运输自由化的持续推进，世界航空运输业保持高速发展，并深刻影响全球社会经济格局。超级航空公司的全球化竞争和合作日益增强，与地方社会经济发展不断嵌套和相互建构。世界航空运输网络加速重塑，呈现日益复杂的枢纽-网络化态势。与此同时，中国航空运输业取得显著成绩，全球化进程明显加快。2019年，中共中央、国务院印发的《交通强国建设纲要》明确提出要构建互联互通、面向全球的交通网络。

然而，全球尺度理论研究相对滞后，中国航空运输的全球化布局和组织仍然面临供需市场失衡、对外连接不畅和网络组织低效等诸多结构性难题，无法高质量支撑中国的交通强国和"一带一路"互联互通建设。因此，面向航空网络复杂性学科前沿和交通强国建设及中国"走出去"战略的需要，航空地理研究迎来新的挑战，亟待开展全球与地方互嵌、理论与实证结合、定量与定性融合的综合集成研究。

作为全球化和区域化进程的重要推动者和承载者，世界航空网络深刻影响并刻画了全球与地方空间关联复杂性格局，是理解经济全球化在全球-区域-国家上相互建构和尺度重组的重要棱镜。本书旨在通过融合地理学、交通运输学、经济学等多个学科的观点和方法，从航空运输市场、航空枢纽、航空航线、航空网络及其腹地以及空间组织等方面全面展示世界航空网络的形成、发展和演变过程。

本书首先基于"全球-地方"互动视角科学建构世界航空运输的空间复杂性理论框架，然后揭示世界航空运输网络的时空演化规律，精准识别世界航空网络的核心枢纽及其网络腹地范围，并科学评估中国主要航空枢纽在全球航空网络中的能级位势，定量刻画中国国内航空网络结构和效率时空演化机理，最后比较和分析主要国别（区域）航空枢纽-网络空间组织特征。本书以扎实的理论基础和丰富的实证研究为支撑，以"全球-区域-国家"多尺度的分析为特色，既能丰富和完善航空运输地理复杂性的理论体系，也可为中国航空运输全球化布局建设，提升中国航空枢纽的全球连接度，建设面向全球的"交通强国"提供重要决策依据。

本书的目标读者包括地理学、交通运输学、经济学以及相关领域的学者和研究人员，航空运输企业和政府部门的决策者，以及对世界航空运输地理感兴趣的广大读者。通过本书的阅读，读者可以把握航空运输市场的发展趋势，深入了解世界航空网络的形成和演变过程以及中国在全球航空网络中的能级地位，并掌握航空网络发展的关键因素。我们希望本书能够为读者提供深入洞察世界航空地理的机会，为他们在相关领域的研究和决策工作中提供有力支持，并激发对于航空运输的思考和创新，促进世界航空网络的优化和发展，继而推动交通强国建设和中国"走出去"战略。

在书稿撰写中，由衷感谢现就读于北京大学2020级的博士生牛彩澄和硕士毕业生李想。她们的硕士论文为本书提供了重要的研究素材和思路。其中，牛彩澄承担了世界航空网络地理和中国国际航空网络地理章节部分的撰写；李想承担了中国国内航空网络地理章节部分的撰写。此外，还要感谢2020级博士生李源承担了世界航空运输业地理章节部分的资料收集工作。特别感谢商务印书馆编辑团队的辛勤工作和专业指导，他们的帮助使我们高效地完成了这本书的撰写。

由于时间紧张、水平有限，书中不足之处在所难免，欢迎大家批评指正！

目　　录

第一章　绪论 ········· 1
　第一节　航空运输的全球化和网络化 ········· 1
　第二节　航空网络的地理复杂性涌现 ········· 13
　第三节　航空网络地理复杂性的概念框架 ········· 23
　第四节　航空网络地理复杂性的研究方法 ········· 36

第二章　世界航空运输业地理 ········· 67
　第一节　世界航空客运量的时空演化 ········· 67
　第二节　世界航空货运量的时空演化 ········· 80
　第三节　世界航空运力的空间演化 ········· 95

第三章　世界航空网络地理 ········· 112
　第一节　世界航空网络的拓扑复杂性演化 ········· 112
　第二节　世界航空网络的节点中心性演化 ········· 122
　第三节　世界航空网络的航线层次性演化 ········· 151
　第四节　世界航空网络的社团模块性演化 ········· 163

第四章　世界航空枢纽地理 ········· 172
　第一节　世界航空枢纽的等级结构演化 ········· 172
　第二节　世界航空枢纽的首位方向演化 ········· 194

第五章　世界航空枢纽腹地地理 ········· 206
　第一节　区域尺度航空枢纽联系方向的空间演化 ········· 206

第二节　区域尺度航空枢纽网络腹地的空间演化 ········· 220
　　第三节　全球尺度航空枢纽腹地的空间演化模式 ········· 270

第六章　中国国际航空网络地理 ········· 284
　　第一节　中国国际航空网络连通性的时序演化 ········· 284
　　第二节　中国国际航空节点中心性的空间演化 ········· 288
　　第三节　中国国际航空航线层次性的空间演化 ········· 300
　　第四节　中国国际航空网络社团性的空间演化 ········· 305
　　第五节　中国国际航空枢纽首位方向的空间演化 ········· 310

第七章　中国国内航空网络地理 ········· 317
　　第一节　中国国内航空网络结构的时空演化 ········· 317
　　第二节　中国国内航空网络效率的时空演化 ········· 348
　　第三节　中国国内航空网络演化的影响因素 ········· 372

第八章　主要区域国别航空网络地理 ········· 385
　　第一节　欧洲航空网络的时空演化 ········· 386
　　第二节　美国航空网络的时空演化 ········· 395
　　第三节　印度航空网络的时空演化 ········· 405
　　第四节　加拿大航空网络的时空演化 ········· 414
　　第五节　中美印欧加航空网络的比较分析 ········· 424

附　录 ········· 435

第一章 绪论

当今世界正处在百年未有之大变局与中华民族伟大复兴战略全局同步交织、相互激荡的关键时期。随着经济全球化和航空运输自由化的持续推进，世界航空运输业保持高速发展，并深刻影响全球社会经济格局。超级航空公司的全球化竞争和合作日益增强，与地方社会经济发展不断嵌套和相互建构。世界航空运输网络加速重塑，呈现日益复杂的枢纽——网络化态势。作为复杂开放的巨系统，世界航空运输网络的时空复杂性不断涌现，航空地理复杂性成为经济地理学研究的前沿和难点。航空网络的小世界性、无标度性、自相似性、等级层次性、空间异质性等复杂性规律不断揭示，但其内在演化机理仍然是一个"灰箱"。

与此同时，中国航空运输业取得显著成绩，全球化进程明显加快。然而全球尺度理论研究相对滞后，导致中国航空运输的全球化布局和组织仍然面临供需市场失衡、网络组织低效、对外连接不畅等诸多结构性难题，无法高质量支撑中国的交通强国和"一带一路"互联互通建设。因此，面向航空网络复杂性学科前沿和交通强国建设及中国"走出去"战略，中国的航空地理研究迎来新的需求和挑战，亟待开展全球与地方互嵌、理论与实证结合、定量与定性融合的综合集成研究。

第一节 航空运输的全球化和网络化

20 世纪 80 年代以来，随着经济全球化发展、航空技术的进步及航空"去管制化"发展,航空运输全球化进程日渐加速,呈现枢纽网络化、并购重组化、市场集中化和重心东移化等发展态势(Koo and Lohmann,2013;国际航协,2019),并深刻重塑了世界政治经济格局。与此同时,中国航空运输业加速全球化布局,综合实力位于国际前列,成为共建"一带一路"和交通强国建设的重要支撑。

一、航空运输的自由化和全球化

(一)航空运输的自由化

从 20 世纪 70 年代末以来,以美国为首的航空强国面临资源短缺,开始推行对外"天空开放"(Open sky)和对内"放松管制"(Deregulation)的航空运输政策,掀起了一股航空运输自由化(Liberalisation)潮流(Goetz and Graham,2004;Dobruszkes and Graham,2016)。与此同时,得益于国家航空主权相对淡化和国际航空运输标准化(黄炳志,1999),这一浪潮迅速席卷全球,对国际航空运输组织产生了深刻影响(图 1-1)。通过放松管制,既保障了空域资源利用最大化,也导致了激烈价格竞争,进而促进了运输低成本化、消费大众化(Ramamurti and Sarathy,1997)及航空全球化。目前,国际航空运输"天空开放"主要通过国际航班过境协定、双边自由化航空协定及区域和有限多边自由化航空协定三种形式实现(秦占欣,2003)。

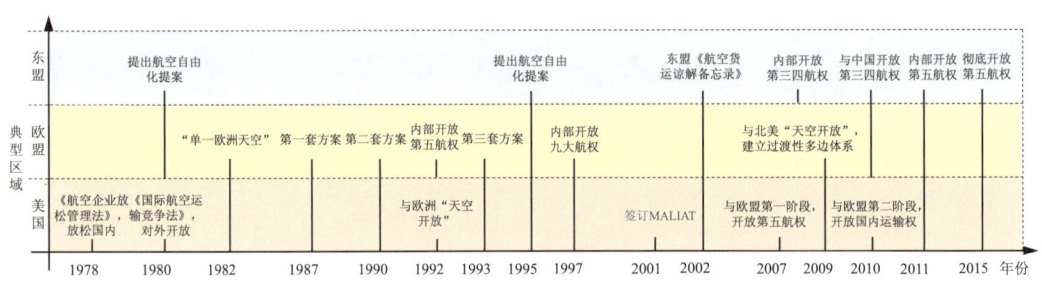

图 1-1 世界航空业自由化进程(1970—2020 年)

资料来源:据各区域和国家相关政策整理绘制。

（二）航空运输的低成本化

航空自由化和航空技术创新显著地促进了航空业供给侧结构性调整，进而推动其单位成本不断下降。采取短途点对点式航线组织和支线机场布局，实施成本控制以降低燃油维修成本，大力发展低成本航空，促使全球航空运输成本大幅下降约90%（图1-2）。凭借高速、舒适而相对低价等优势，航空运输迅速成长为全球化运输方式及国际政治经济往来的纽带。通过低价格运价管理吸引新兴市场客流，通过差异化市场定位满足多样化需求，大量区内中短程运输市场和国际航线得以开拓，促使航空旅行基本实现全球高覆盖。

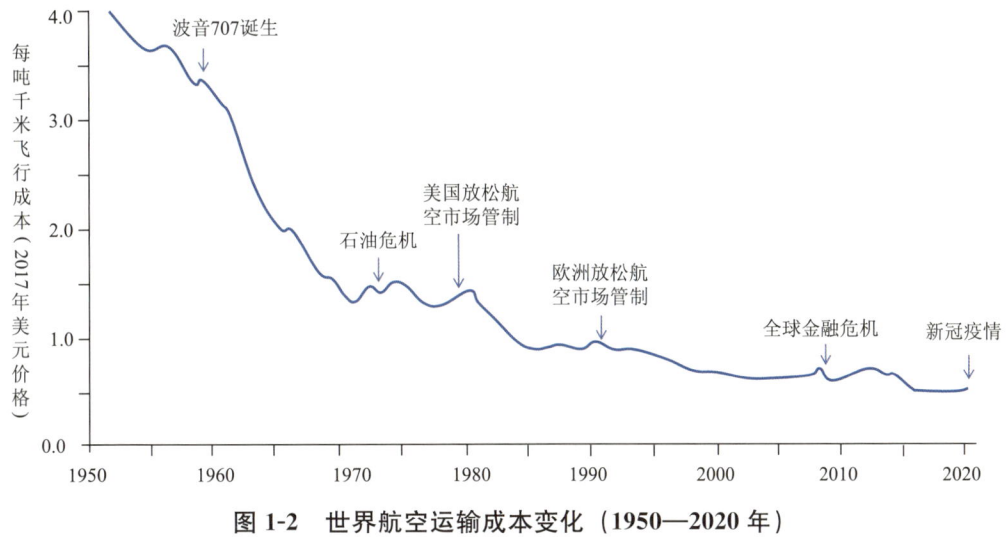

图1-2 世界航空运输成本变化（1950—2020年）

资料来源：据国际航空运输协会（IATA Economics，https://www.iata.org/en/publications/economics）绘制。

（三）航空运输的全球化

随着经济全球化、航空运输自由化和低成本化的深入发展，全球大部分国家开放领空和缔结双边航空协定。航空运输的全球化进程显著加快，已成为当今世界航空运输业发展的基本特征（Fayed and Westlake，2002）。

1. 航空运输与全球经济同频

航空运输市场遍及全球，其扩张、繁荣、衰退、低迷的周期性波动增长态势与全球经济增长息息相关。作为资本密集型行业，航空业发展严重依赖世界经济周期波动和资源价值变动。世界航空客运周转量与全球GDP增速相关系数超过0.8，具有高弹性和周期波动性（图1-3）。

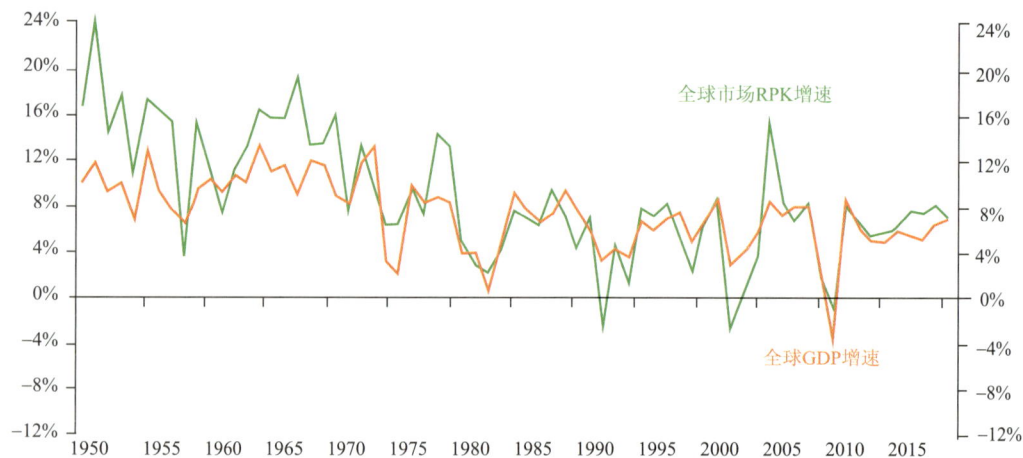

图1-3 世界航空客运周转量（RPK）与国内生产总值（GDP）增长关系变化（1950—2018年）

资料来源：据国际航空运输协会（IATA，2018）绘制。

2. 航空运输加速跨国联盟

20世纪80年代起，由美国、西欧部分国家和日本等发达国家航空企业通过缔结双边航空协定、代码共享、信息技术共享、货物联运、常旅客奖励计划和交叉投资相互持股等多种方式寻求新的合作。中枢群的竞争、中枢竞争和航线竞争逐渐被跨国联盟竞争取代。跨国联盟经营成为航空合作的主流（李智忠，2006）。经过几十年的发展，逐渐形成多个区域性统一市场（如欧洲、北美、亚太统一航空运输市场）（刘功仕，1999），呈现由星空联盟（Star Alliance）、寰宇一家（Oneworld）和天合联盟（SkyTeam）三大联盟主宰的世界民航市场格局（表1-1）。

3. 国际航空运输成为主体

国际航空运输已成为世界航空运输的主体，民用航空产业的发展重点呈现向国际市场转移的态势（赵巍，2017）。2000年以来，国际航空的旅客周转量、货运量和货运周转量比重都占绝对优势。旅客周转量由2000年的58.9%增长到2019年63.1%；货运量超过60%；货运周转量超过了80%；占比最少的旅客运输量也由2000年的32.4%长到2019年40.8%（图1-4）。

表 1-1 世界主要航空联盟

主要指标	星空联盟	寰宇一家	天合联盟
成立时间	1997 年	1999 年	2000 年
总部	德国法兰克福	美国纽约	荷兰阿姆斯特丹
发起航空公司	美国联合航 汉莎航空 北欧航空 泰国国际航空 加拿大航空	美国航空 英国航空 国泰航空 澳洲航空	法国航空 达美航空 大韩航空 墨西哥航空
成员航空公司	27	15	20
通航国家	192	152	177
通航机场数量	1 316 个	994 个	1 052 个

资料来源：据民航资源网（http://news.carnoc.com/list/299/299867.html）整理，截至 2014 年 10 月。

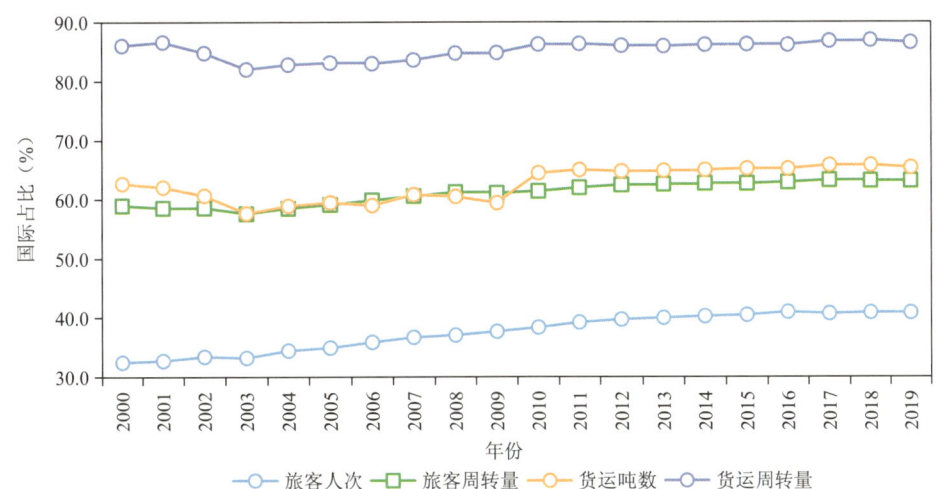

图 1-4　世界航空旅客和货运量份额变化（2000—2019 年）

资料来源：据国际民航组织理事会年度报告（https://www.icao.int/about-icao/Pages/ZH/annual-reports_CH.aspx）绘制。

二、世界航空运输的枢纽网络化

（一）世界航空运输规模达到空前，呈现联盟化和层级化

作为20世纪新兴行业和交通基础产业，航空运输业在过去50年里经历了其他任何交通方式都无法比拟的高速发展和变革。

1. 世界航空运输规模波动增长，成为经济全球化的重要支撑

21世纪以来，世界航空运输在重塑世界经济格局中扮演着越来越重要的角色，已成为驱动经济全球化的关键引擎。2009—2019年，全球航空旅客运量和货运量整体呈现上升态势。全球航空客运量从2000年的1.6亿人次增加到2019年的43.4亿，国际和国内客运量分别保持年均6.56%和8.92%的增长速度，成为全球中长距离客运的主要方式。全球航空货运量由2000年的3 000万吨增长到2019年的5 810万吨，增长率高达93.7%（图1-5）。在新冠疫情冲击下，全球航空运输呈现新的特点和趋势：一是国内航空市场韧性更足，2020年全球航空客运量为18亿人次，比2019年下降60.2%，国际航空客运需求同比下跌75.6%，而国内航空客运需求仅下跌48.8%，并且近年复苏明显更快；二是航空货运市场需求较旺，2020年全球航空货运量下降15.8%，但至2020年底，全行业货运吨千米已基本恢复到疫情前水平（国际航协，2020）。

2. 世界航空公司并购重组空前，涌现跨国航空公司联盟

20世纪90年代以来，随着航空放松管制和经济全球化发展，航空企业竞争加剧，出现大规模国际并购重组和整合，涌现大量全球性、国内骨干型和干支型的航空公司联盟。全球航空运输竞争由企业间向联盟间发展，呈现联盟集中化和市场竞争"大规模化"趋势（Shaw，1993；李雪培，2015）。

一方面，通过产权联盟和股权投资，欧洲形成了汉莎航空集团（由汉莎航空、瑞士航空、奥地利航空等组成）、法荷航集团（由法国航空与荷兰航空组成）、国际航空集团（由英国航空、伊比利亚航空等组成）三大集团"三足鼎立"的格局。在北美洲，美国航空、达美航空和联合航空三大航空公司通过并购和联合，先后形成新的达美航空集团（达美航空并购美国西北航空）、联合航空集团（美国联合航空与美国大陆航空合并）和美国航空集团（美国航空和全

美航空合并)(Vowles,2000)。在拉丁美洲,智利航空公司(LAN Airlines)和巴西塔姆航空公司(TAM Airlines)重组合并成为南美航空集团(LA-TAM)。

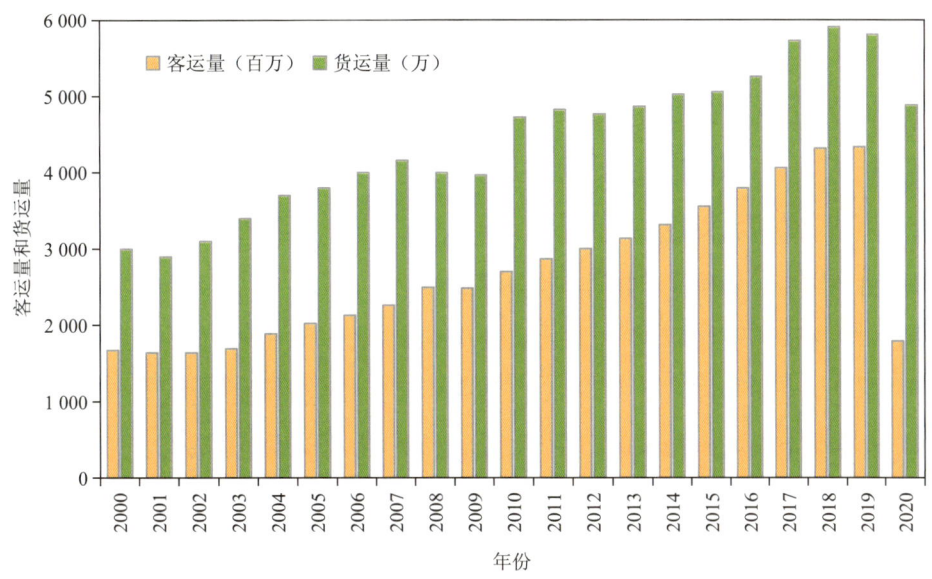

图 1-5 世界航空客运量和货运量增长变化(2000—2020 年)

资料来源:据国际民航组织理事会年度报告(https://www.icao.int/about-icao/Pages/ZH/annual-reports_CH.aspx)绘制。

另一方面,以市场营销联盟为主体框架(桂昭宇,2000),全球形成星空联盟、天合联盟和寰宇一家三大超级客运联盟(集中了全球大约 60% 的航空客运市场份额)。近年,航空公司联盟形成相对有序的区域竞争和合作格局。星空联盟市场高度集中于东欧、中东、中美、南亚等枢纽机场,天合联盟基本位于北美、西欧和东亚等市场区域,而寰宇一家则相对集中于澳大利亚、新西兰和南美等市场。除了客运外,货运也通过发挥规模经济效应来拓展全球航空网络竞争,形成了 WOW 航空货运联盟(WOW Cargo)、天合航空货运联盟(Skyteam Cargo)等。

(二)世界航空运输格局加速重构,呈现枢纽网络化

20 世纪 80 年代以来,伴随着经济全球化和后工业化社会的转变,航空技

术的进步及发达国家航空"去管制化",世界航空运输业保持高速增长态势的同时,呈现枢纽网络化、市场集中化和重心东移化发展态势(国际航协,2019),持续深刻改变了全球的社会经济体系(Allroggen et al.,2015；Lordan and Sallan,2017)。

1. 世界航空运输联系日益紧密,呈现枢纽网络化态势

在世界航空运输快速发展过程中,国际航空运输格局加速重构,呈现枢纽网络化态势。一方面,涌现出一批具有高中转集散能力的枢纽机场,形成许多国际性、地区性和地方性等不同等级和综合性、专业性等不同功能的枢纽体系(Derudder et al.,2010；Matisziw and Grubesic,2010)。另一方面,产生高密度的城市对连接、中转数量和航班波,迅速实现主线与支线航线的有效连接成网,形成更大范围和强度、全球与地方高度连接的世界航空网络。

2. 世界航空市场由跨国联盟主导,高度集中于欧美发达国家

经过大型航空公司不断重组并购,全球性航空公司和国际战略联盟逐渐主导世界航空运输市场(Ciliberto et al.,2019)。这些全球性网络承运人主导的全球三大航空联盟成为国际市场的竞争主体,占据了全球超过60%的份额(光琪凝,2015)。在跨洋洲际黄金航线市场上,市场集中度大约达到90%。超级承运人所在国家和地区也成为全球航空市场的集聚地,高度集中于北美、欧洲和亚太地区三大经济体(朱新华和于剑,2019)。

3. 世界航空运输格局系统性东移,亚洲地区不断崛起

21世纪以来,全球经济格局系统性东移,航空运输业紧跟世界经济变局,重心不断向亚洲转移(Shin and Timberlake,2000),由2004年重心靠近欧洲,迅速迁移到2019年的海湾地区,主要归因于中国、印度、中东地区等亚洲新兴航空市场国家"飞行年龄人口"众多(15—64岁年龄人口占全球近2/3)、经济快速增长和中等收入群体壮大等因素。据国际机场理事会(Airports Council International,ACI)数据,2019年世界上旅客吞吐量超过1 500万、增长幅度最快的30个大型机场大多位于亚洲,且高度集中于中国和东南亚。

同时,航空公司间竞争格局和战略合作手段加速升级(Dresner et al.,2015；Grosche et al.,2017；Hakim and Merkert,2019),亚洲地区成为各大航空联盟和大型航空公司竞争的重点,尤其是东亚和太平洋地区(表1-2和表

1-3)。近50年来,亚洲地区客货运量已经由1970年的世界十分之一快速增长至2020年的全球半壁江山,其竞争地位稳步上升并逆袭位居全球航空市场首位,成为全球航空市场大变局的基本特征(李国栋等,2022)。

表1-2 世界航空运量的区域占比变化(1970—2020年)

区域\时间	客运量占比(%)						货运量占比(%)					
	1970	1980	1990	2000	2010	2020	1970	1980	1990	2000	2010	2020
亚洲	11.0	16.1	19.6	22.8	34.0	47.5	8.7	22.4	28.3	35.9	47.3	49.8
美洲	61.6	57.6	53.7	48.0	36.9	28.7	57.8	40.6	33.7	31.1	26.6	26.8
欧洲	22.4	20.3	21.7	24.6	23.7	19.9	28.7	31.3	33.2	29.0	22.6	20.2
非洲	2.1	3.3	2.6	1.9	2.5	2.0	2.2	3.0	2.0	1.8	1.5	2.1
大洋洲	3.0	2.8	2.4	2.7	3.0	1.9	2.6	2.7	2.8	2.3	2.0	1.1

资料来源:李国栋等(2022)。

表1-3 世界航空市场区客货运量占比格局(2018年)

地区	国家或地区数	全球占比		区内国家占本区比重	
		客运	货运	客运	货运
东亚与太平洋地区	37	32.21%	33.85%	中国45%、日本9%、印尼8%、韩国、澳大利亚和泰国各6%,六国合占80%	中国34%、韩国16%、日本13%,三国合占63%
欧洲与中亚地区	58	25.58%	24.00%	英国15%、德国10%、法国6%、西班牙7%、俄罗斯9%、土耳其11%、爱尔兰15%,七国合占73%	英国12%、德国15%、法国8%、俄罗斯13%、土耳其11%,五国合占59%
北美地区	3	23.12%	21.03%	美国91%、加拿大9%	美国93%、加拿大7%
中东与北非地区	21	6.22%	15.02%	阿联酋36%、卡塔尔11%、伊朗10%、埃及5%,四国合占62%	阿联酋48%、卡塔尔38%,两国合占86%
南亚地区	8	4.47%	1.57%	印度87%	印度78%
拉丁美洲与加勒比海地区	42	6.92%	2.89%	巴西35%、墨西哥22%、哥伦比亚12%、智利7%、阿根廷和秘鲁各6%,六国合占88%	巴西29%、墨西哥17%、哥伦比亚21%、智利19%、阿根廷和秘鲁各5%,六国合占96%
撒哈拉以南非洲地区	48	1.49%	1.62%	南非38%、埃塞俄比亚18%、尼日利亚13%、肯尼亚9%,四国合占78%	埃塞俄比亚58%、南非20%、肯尼亚8%、毛里求斯7%,四国合占93%

资料来源:于新才(2020)。

随着"开放天空"的推进,国际民航市场不断融合,航空联盟和并购持续强化,航空运输网络在空间上呈现高度的叠置(Overlap),结构和功能复杂性不断涌现,这为航空运输地理研究提出了新的挑战(王姣娥和莫辉辉,2011)。

三、中国航空运输的全球地方化

(一)中国航空运输占据全球重要地位,但航空网络结构失衡和低效

得益于改革开放以来中国经济持续健康发展,中国航空运输市场规模稳步扩大,且全球地位正发生历史性逆转,与美国共同主导全球航空市场(李国栋和王正,2022)。自 1974 年中国加入国际民航组织以来,中国航空运输业取得了令人瞩目的成绩;尤其是进入 21 世纪,中国加入 WTO,不断融入全球生产网络和全球价值链网,有力地推动了中国民航业迅猛发展(Lordan and Sallan,2017;Zhang et al.,2017)。近 50 年来,中国航空运输总周转量年均增长超过 17%,客运量由 1974 年全球的 1/60 迅猛增长到 2020 年全球的 23.06%,货运量也攀升到全球的 10.67%。然而,与发达国家航空运输格局相比,中国航空运输发展仍然存在一定的结构性问题:

1. 航线组织结构失衡,布局不合理

中国航空干支线网络发展不均衡,缺乏有效衔接,东中西部布局不均衡(Paleari et al.,2010;叶倩等,2013)。一是干支线航空运输缺乏紧密的配合和有效的航班衔接,枢纽机场中转功能无法充分发挥,干支线出现明显的市场重叠和竞争,支线航空服务供给不足,缺少足够的航班数量和密度支持,限制了中小城市居民出行(于海波,2005)。二是航线布局高度不均衡,相对集中于东部沿海发达地区,无法有效支撑"一带一路"互联互通建设。国内航线呈现"沿海密、内陆疏"分布,航线资源主要集中在东南部沿海地区,而广大中西部和东北地区,尤其是西北边陲地区的航线资源相对较少(王海江和苗长虹,2015)。三是国际航线基本依托上海、北京和广州三大国际航空枢纽,对外航空关联紧密区域和通航城市高度集中于东亚、东南亚、俄罗斯及美国,与欧美发达国家和"一带一路"沿线主要国家的航空联系较弱(杜方叶等,2019)。

2. 航空运输结构失衡，中转不够高效

中国国际航空运输规模比例较小，中转比例和中转效率低于国际水平（贾文涛等，2021）。一方面，尽管中国是世界第二大航空客运系统，但国际与国内航空运输结构失衡，国际客运规模过低（姜巍，2018）。2019年，中国三大枢纽（北京、上海和广州）的国际航线占比仅在40%~45%，远低于全球航空枢纽（伦敦、巴黎、法兰克福等）和亚洲航空枢纽（迪拜、曼谷、首尔等）90%以上的运行比例，国际市场竞争力不强（贾文涛等，2021）。除三大枢纽外，其他航空枢纽国际航线以附近的东南亚和日韩航线为主，洲际航线稀疏（姜巍，2018）。另一方面，中国三大枢纽的中转比例（约为10%）和中转效率（国内转国内约为60分钟，其他中转约为120分钟）远落后于国际水平。其中，美国、欧洲和亚洲的中转比例平均分别为45%、41%和23%，国外航空枢纽最短中转衔接时间（MCT）的国内转国内最短为20分钟，其他中转均为45分钟（贾文涛等，2021）。

3. 航空枢纽体系失衡，缺乏国际竞争力

中国三大国际航空枢纽已初步具备参与国际航空枢纽竞争的实力，但和欧美发达国家相比，中国国际航空枢纽建设处于初步发展阶段，国际竞争力仍然相对较弱（贾文涛等，2021）。目前，中国形成了北京、上海、广州三大全球性国际航空枢纽，以及乌鲁木齐、昆明、哈尔滨、成都、重庆、西安等多个区域性国际航空枢纽（张凡等，2016）。但与国际成熟枢纽相比，中国的国际机场体系内部协调不充分，缺乏合理定位和明确分工（叶倩等，2013）。北京、上海和广州等国际航空枢纽不仅在旅客中转量、有效航班衔接和流程效率等方面较为落后，更重要的是尚未在全球航空枢纽网络中占据绝对竞争优势（Matsumoto and Domae，2019）。

解决这些问题的关键是，遵循世界航空运输的空间演化基本规律，厘清中国航空网络的结构性组织机制和主要问题，这为中国航空运输地理研究指明了研究重点。

(二) 中国航空运输加速全球化布局，成为共建"一带一路"的重要支撑

1. 打造国际航空枢纽是中国航空全球化的关键所在

依托京津冀、长三角、粤港澳大湾区、成渝四大世界级机场群，构建多向立体、内联外通、覆盖全球的快速运输通道，打造具有全球竞争力的国际航空枢纽是提高中国在全球航空运输市场的竞争力和影响力的关键所在。《"十四五"民用航空发展规划》明确提出，依托国家对外开放战略，"构建世界级机场群、国际航空枢纽、区域航空枢纽联动发展的航空枢纽格局"。一是着力提升北京、上海、广州的全球服务能力和国际枢纽竞争力，增强世界级机场群的全球航线网络辐射能力，实现机场群内部协同发展，国际竞争力全面提升。二是完善成都、昆明、深圳、重庆、西安、乌鲁木齐和哈尔滨等国际枢纽的建设，提升区域航空枢纽航线网络支撑功能，增强对周边非枢纽的连通及对国际航空枢纽的客源输送。三是构建以三大世界级机场群、十大国际航空枢纽为核心，29个区域枢纽为骨干，非枢纽机场和通用机场为重要补充的国家综合机场体系，为中国航空全球化布局指明了基本方向。

2. 航空运输全球化成为共建"一带一路"的重要支撑

因快速、高效、通达全球等优势，航空运输在跨国、跨洋运输中发挥出其他运输方式难以替代的功能优势，成为全球旅客运输的主要方式（Allroggen et al., 2015），是"一带一路"互联互通和国家全方位对外开放的重要战略支撑（刘卫东等，2017；王姣娥等，2015）。"一带一路"倡议明确提出要拓展建立航空全面合作的平台和机制，加快提升航空基础设施水平，实现跨区域资源要素的有序流动和优化配置。2019年，中国已经与127个国家和地区签署了双边政府间航空运输协定，通航国家数量为65个，"一带一路"沿线的通航国家数量占比高达72.3%。953条中国国际航线数量中有520条通往共建"一带一路"国家，占总量的54.56%（何行和王彪，2021）。2014年以来，中国与共建"一带一路"国家和地区新设航线1 239条，占国际新增航线总量比例高达69.1%（推进"一带一路"建设工作领导小组办公室，2019）。"一带一路"倡议提出以来，通过开辟和加密航线，扩大网络覆盖面和商签航空运输协定等方式，促使中国航空网络与共建"一带一路"国家的联系日益密切。

作为一种高速的全球交通方式，航空运输业已成为中国"走出去"、实现全球化发展的重要基础。发展面向全球的中国航空运输网络亟须开展全球视角下的前瞻性基础研究，这为中国航空运输地理研究提出了战略需求。

第二节 航空网络的地理复杂性涌现

进入 21 世纪以来，随着以社会网络分析和统计物理学为基础的复杂网络理论的兴起，航空网络结构复杂性成为多学科关注的焦点（王姣娥和莫辉辉，2011）。近年来，航空网络的小世界性（Small-world）、无标度性（Scale-free）和自组织性等时空复杂性特征日渐被揭示，针对全球、区域和地方等不同空间尺度的航空网络研究不断涌现。但是，从全球-地方互动视角，开展从局域网到广域网的多尺度集成研究比较少见，在不同尺度表现出的时空异质性仍待进一步分析。

作为全球化和区域化进程的重要推动者和承载者，世界航空网络深刻影响并刻画了全球与地方空间关联复杂性格局，是理解经济全球化在全球-区域-国家上相互建构和尺度重组的重要棱镜。从"全球-地方"互动视角科学建构世界航空运输的空间复杂性理论框架，实证揭示世界航空运输枢纽网络的时空演化规律，既能丰富和完善航空运输地理复杂性的理论体系，也可为中国航空运输全球化布局建设提供重要决策依据。

一、航空网络地理复杂性——新的学科生长点

（一）航空网络的时空复杂性

近年来，随着经济全球化和区域经济一体化进程的加速，航空运输在区际交流中扮演着愈为重要的角色，也成为近年来国内外多学科领域"涌现性"的研究焦点（王姣娥等，2009）。21 世纪，随着复杂网络和社会网络为基础的网络科学理论的兴起，航空网络空间复杂性研究成为前沿和焦点（王姣娥和莫辉辉，2011）。

1. 研究内容聚焦航空网络结构，演化机理解析仍显不足

近年，作为一个超平面网络（Hyperplane network），航空网络的时空复杂性不断被揭示，研究内容主要集中在拓扑特征、空间结构、鲁棒性等方面（王姣娥和莫辉辉，2011）。大量研究表明，航空网络是一个超平网络，发育小世界效应、无标度特性和社团结构（王姣娥等，2009；焦敬娟和王姣娥，2014；吴宜耽，2023），遵循同配性（Assortativity）和异配性（Disassortativity）并存的关联性质，具有较强的鲁棒性（Robustness）。

一是部分学者基于度分布（Degree distribution）、平均路径长度（Average path length）、簇系数（Clustering coefficient）等典型复杂网络指标，定量测度不同区域航空网络的拓扑结构特征，普遍揭示了航空网络的小世界性、无标度性和自组织性等复杂性特征（Bagler，2008；Guimerá et al.，2005；Wandelt et al.，2019；于海波，2005；王姣娥等，2009；王姣娥和莫辉辉，2011）及其择优链接偏好（Preferential attachment）机制（Liu et al.，2019）。

二是部分学者引入中心性（Centrality）指标，刻画了航空网络的连通性（Connecitivity）、等级层次性（Hierarchy）和社团性（Community）特性（Derudder and Witlox，2008；Smith and Timberlake，2001；Liu et al.，2018a；宋伟等，2008；周一星和胡智勇，2002）。

三是部分学者基于度中心性（Degree centrality）、中介中心性（Betweenness centrality）、网页排序中心性（PageRank centrality）、特征向量中心性（Eigenvector centrality）等指标，选择特定重要性节点进行蓄意和随机攻击，评估航空运输网络的鲁棒性（Robustness）或稳健性（Chi and Cai，2008；Lordan et al.，2015；Zhou et al.，2019）。

此外，关于航空网络的演化研究也取得了一些进展（Burghouwt and Hakfoort，2001；Dai et al.，2018），但是有关演化规律的挖掘和演化机理的研究仍较为缺乏（王姣娥和莫辉辉，2011）。

2. 研究尺度涵盖多尺度空间，缺乏全球-地方互动的联动分析

借助复杂网络分析方法，大量学者从全球、洲际、国家、地方等不同空间尺度探析了航空网络的复杂性（Wandelt et al.，2019；王姣娥等，2009）。

（1）全球航空网络研究：主要聚焦于世界航空网络的结构演变（Azzam et

al.，2013；Guimerá et al.，2005；Wandelt and Sun，2015）、鲁棒性（Lordan et al.，2014a，2014b）及世界城市网络（Derudder and Witlox，2008；Smith and Timberlake，2001；李恩康等，2020；刘望保等，2020），发现各国航空网络发展极不均衡，中国与美国、英国等航空强国的国际化和网络化发展程度差距明显（党亚茹等，2009）。

（2）区域航空网络研究：重点关注欧洲（Burghouwt and Hakfoort，2001；Burghouwt et al.，2003；Lordan and Sallan，2017）、亚洲（Dai et al.，2018）、北美洲（Barrat et al.，2005）等主要市场的航空网络结构及其空间演化（Matsumoto and Domae，2019），发现受航班自由化影响，北美洲航空网络发育典型的小世界性，呈轴辐式空间组织；而欧洲航空网络由星形网络（Star-shaped networks）结构为主向航班波系统（Wave-system）结构演化，产生大量间接航空联系（Indirect hub connections）（Burghouwt and de Wit，2005）。

（3）国家航空网络研究：主要集中于美国（Chi et al.，2003；Lin and Ban，2014；Jia et al.，2014；叶倩等，2013）、中国（Li and Cai，2004；Wang et.，2011，2014；王姣娥等，2009；王姣娥和莫辉辉，2014；张凡，2016）、印度（Bagler，2008）、意大利（Guida and Funaro，2007）、巴西（Da Rocha，2009）、澳大利亚（Hossain and Alam，2017）、葡萄牙（Jimenez et al.，2012）、阿根廷（Keeling，2020）等航空大国航空网络复杂性。研究表明，不同国家航空网络复杂性存在明显的共性和特性，美国航空网络具有无标度性、小世界性和不对称性等混合特性，度分布遵循截断式幂律分布（Two-segment power-laws）；中国的航空网络在过去也被频繁分析，研究表明中国的航空网络是一个对称的网络，具有小世界性特征，但缺乏显著无标度性；印度航空网络则是符合双幂律分布的小世界网络，发育层级性和网络异配性；受限于国土空间，意大利等国航空网络呈现无标度性和小世界性，但社团性不够发育。

（4）地方航空网络研究：相对集中于全球沿海发达地区（陈欣等，2020），多从航空公司视角，比较不同类型航空公司航线组织差异性（Lordan et al.，2014a，2014b）。研究表明，全服务承运人以轴辐式（Hub-and-spoke network）组织为主，低成本承运人网络由中短途点对点式（Point-to-point network）航线主导，而包机承运人主营非定期航班（Unscheduled flight）的点对点式航线。

已有研究大多集中于国内或区域单一空间尺度，存在较大的片面性（Swyngedouw，1998，2004），航空网络在不同尺度呈现的网络结构尺度不变性和变异性仍待进一步分析。

（二）航空网络的全球地方化

21世纪，社会经济要素在全球范围内加速循环和高速流动，不断突破空间壁垒，使地方不断纳入全球化体系，全球与地方日益紧密联结、不断相互建构和尺度重组（Brenner，1999），呈现一种全球在地化（Glocalization）过程（Dicken，2008；Robertson，1992）。

1. 全球-地方互动研究成为热点

全球地方化和全球-地方互动成为理解经济活动跨尺度和多尺度综合作用的重要理论框架，被越来越多的经济地理学者所推崇（Bathelt，2004；Cao et al.，2022；范雪晴，2017；贺灿飞和毛熙彦，2015；景秀艳和曾刚，2007；刘承良和牛彩澄，2019；苗长虹，2006；司月芳等，2016）。全球化扩大了全球与地方的双向互动过程，形成所谓的"二律背反"（Dilemma）：一方面，造成了普遍性的特殊化（Particularization of the universal）（Robertson，1992），地方差异性或根植性（Embeddedness）结构为航空全球化竞争优势提供地方基础（Local basis）；另一方面，促进了特殊性的普遍化（Universalization of the particular）（Robertson，1992），地方差异性趋于模糊（Johnston et al.，2002）。

2. 航空运输网络呈现全球地方网络化

日益增多的网络联系和洲际联系成为全球化最重要的特质。航空网络成为跨区域网络联系的最主要方式之一（Smith and Timberlake，2001；Keeling，1995）。航空运输在扎根于地方属性的同时，表现出强烈的网络化、跨国化或全球化特征，呈现典型的全球-地方网络化格局和过程（牛彩澄，2020）。目前，有学者基于全球-地方视角，通过航空运输联系审视国家和国际城市体系，认为亚洲城市在世界城市网络中的层级性正逐步提高（Cattan，1995；Matsumoto，2007；Shin and Timberlake，2000）。部分中国学者基于国际航空网络探析了中国城市对外联系的基本地域结构特征，发现得益于地理邻近性和区域一体化，中国与东亚、东南亚城市之间联系最为紧密（党亚茹等，2009；黄彦，2020；

王成金和金凤君，2005；王姣娥等，2015；张凡等，2016）。

总之，全球-地方互动下的航空网络空间组织演化日益复杂，航空网络时空复杂性的研究不断涌现，但因缺乏尺度整合和学科融合，从全球-地方互动视角，开展全球和地方、国际与国内航空网络协同演化的多尺度集成研究少见，理论和实证综合研究不足，这些为中国航空运输地理研究指出了突破口。

二、航空网络时空复杂性——新的研究突破口

（一）问题提出

综上背景，航空网络具有典型时空复杂性，中国推进"一带一路"和"交通强国"建设，布局全球性航空枢纽，面临巨大挑战，亟待回答以下关键科学难题：

（1）如何厘清世界航空运输业的发展态势、时空格局及其经济全球化效应？

（2）如何定量揭示世界航空网络时空复杂性演化的基本规律？

（3）如何科学测度航空枢纽中心性？如何动态刻画全球性航空枢纽及其网络腹地范围？

（4）如何测度中国航空枢纽在世界和国家航空网络中的能级跃迁？全球通道与地方规模如何影响中国航空网络的空间演化？

（5）欧美印等大国航空网络与中国航空运输空间组织有何异同性？对中国航空网络优化有何启示？

（二）研究目标

基于研究背景和问题域，本书集成复杂网络、GIS空间分析、空间计量等手段，从全球-地方互动、多时空尺度，力图刻画全球及主要区域（国家）航空客货流及其枢纽网络地理复杂性规律，揭示中国航空网络结构和效率的时空演化机制，以发展航空运输地理复杂性的理论框架，服务中国航空全球化实践。主要包括三个研究目标：

一是发展航空地理复杂性理论和方法（理论方法篇），系统建立航空网络空间复杂性的理论框架，优化改进系列更具地理意义的加权航空网络模型。

二是揭示世界航空网络地理复杂性规律（全球实践篇），科学揭示世界航空运输网络的时空演化规律，精准识别世界航空网络的核心枢纽及其网络腹地范围。

三是比较主要国家航空网络组织模式（国别比较篇），定量刻画中国国内航空网络结构和效率的时空演化机理，比较梳理主要区域（国别）航空枢纽网络的空间组织特征。

（三）研究思路

本书按照理论与实证、全球与区域（国别）相结合的研究范式，遵循关系（理论）-映射（方法）-反演（实证）的分析框架，按照从理论到实证，从时间到空间，从全球到地方的逻辑思路展开研究。

（1）系统梳理国内外航空地理复杂性研究进展，从全球在地化视角构建全球-地方航空网络空间演化复杂性的理论框架，以丰富和发展航空地理复杂性的理论体系。

（2）综合集成复杂网络、GIS空间分析和空间计量手段，构建航空网络二模网络和加权中心性模型，以弥补复杂网络分析的地理解释力不足缺憾。

（3）从全球整体尺度，基于航空需求、供给和组织视角，系统实证揭示世界航空运输地域系统的时空演化规律，以服务中国航空全球化战略实践。一是从航空市场角度，系统梳理世界航空运量的时空演化特征；二是从航空产业角度，定量刻画世界航空运力的时空演化规律；三是从航空网络视角，全面揭示不同尺度下世界航空网络整体、节点、航线和社团的时空复杂性规律；四是从航空枢纽视角，精准识别全球航空运输网络的核心枢纽和战略支点，动态评估中国及其主要城市在世界航空网络中的能级和位势；五是从网络腹地视角，科学划定全球主要航空枢纽的网络腹地范围，探讨全球性航空枢纽的"全球化"和"本地化"特征。从而系统全面地解构航空运输全球化和网络化的时空复杂性规律，以为航空运输全球化理论分析提供新的解释框架。

（4）从区域国别尺度，从结构和效率视角着重揭示中国国际和国内航空网络结构与效率的时空演化特征及其地方根植性机制，重点比较了世界主要国家（区域）航空枢纽-网络组织的时空演化规律，以服务中国航空网络全球化发展实践（图1-6）。

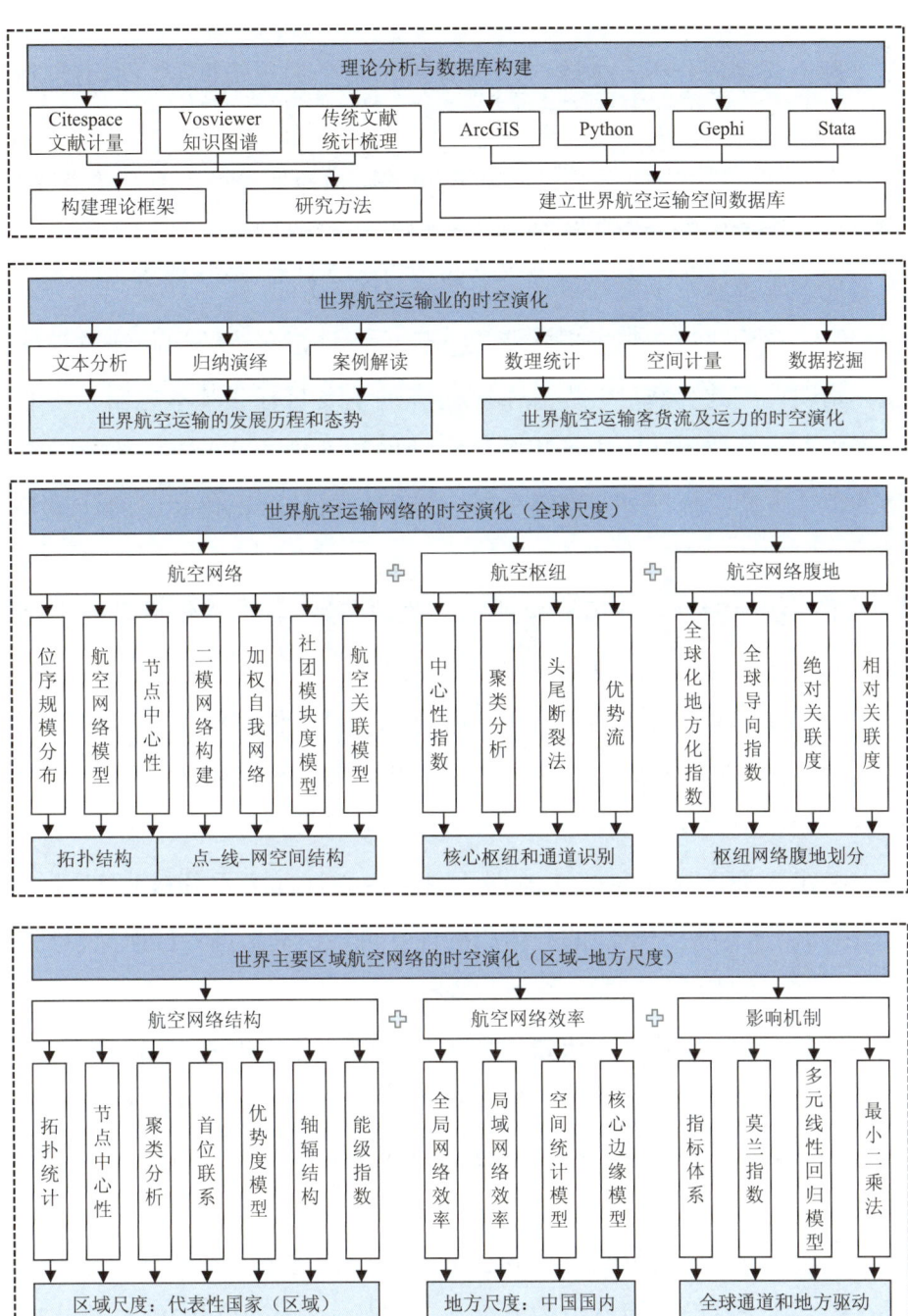

图1-6 研究思路与技术路线

（四）研究内容

基于理论与实证分析、全球与国别分析相结合的逻辑框架，本书包括理论分析（由第一章绪论组成）、全局分析（包括世界航空运输业地理、世界航空网络地理、世界航空枢纽地理、世界航空枢纽的腹地地理等第二章至第五章）、局域分析（包括中国国际航空网络地理、中国国内航空网络地理、主要区域国别航空网络地理等第六章至第八章）三大部分（图 1-7）。

（1）第一章为绪论。基于现实背景和理论背景，在总结和归纳科学问题的基础上，指明研究的突破口，提炼本书研究的主要目标、基本思路、核心内容和研究意义。在系统回顾国内外相关研究进展和不足的基础上，构建航空地理复杂性的理论框架，梳理复杂网络分析、空间分析及可视化和空间计量等主要定量方法，以及数据来源及其处理方式。

（2）第二章为世界航空运输业地理。总结归纳了近 50 年世界航空客货流量、航空公司和机场运力的时空演化特征。

（3）第三章为世界航空网络地理。融合加权航空网络模型和 GIS 空间可视化方法，从拓扑结构和空间组织两方面揭示出世界航空网络的时空复杂性演化规律。

（4）第四章是世界航空枢纽地理。基于中心性、聚类分析和 Ht-index 指数，定量揭示了世界航空枢纽的等级层次性，科学识别出世界性航空枢纽城市，刻画了航空枢纽城市的等级层次性演化规律。

（5）第五章是世界航空枢纽腹地地理。运用全球化指数、地方化指数和全球导向指数比较分析了世界性航空枢纽城市的地方化和全球化程度。基于城市对联系强度模型和相对关联度模型，定量刻画了全球性航空枢纽的网络腹地演化特征及其轴辐式空间组织模式。

（6）第六章为中国国际航空网络地理。从全球-地方互动视角，深入刻画出中国航空枢纽在全球航空网络中的能级变迁规律，动态识别中国对外航空运输的主要战略支点和空间通道。

（7）第七章为中国国内航空网络地理。从结构和效率视角，比较分析中国国内航空运输网络结构和效率的时空演化规律，定量揭示全球通道（包括跨国

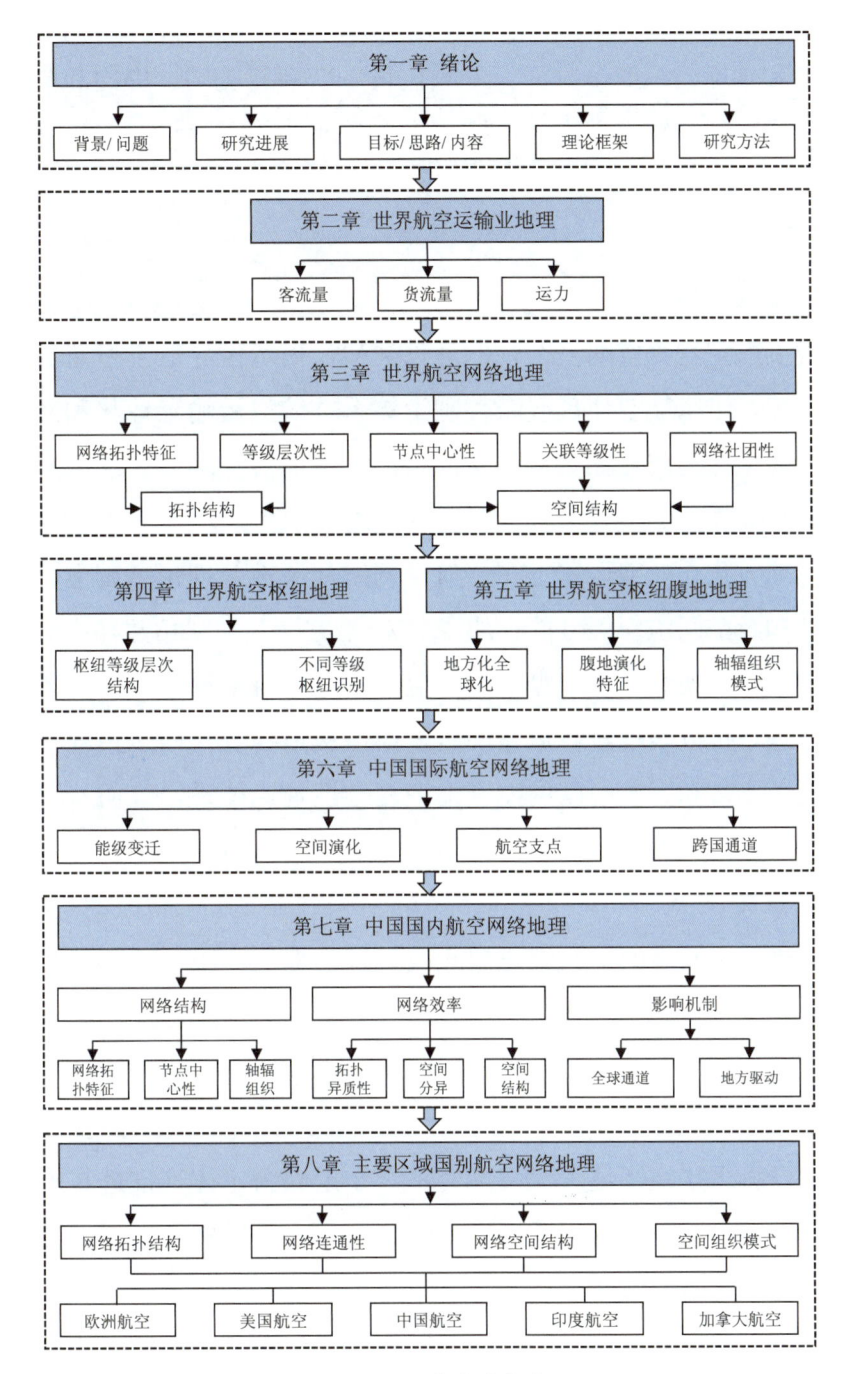

```
┌─────────────────────────────────────────────────────────────┐
│                    第一章 绪论                                │
├──────┬──────────┬──────────────┬──────────┬─────────────────┤
│背景/ │ 研究进展 │ 目标/思路/   │ 理论框架 │    研究方法     │
│问题  │          │   内容       │          │                 │
└──────┴──────────┴──────────────┴──────────┴─────────────────┘
                              ↓
┌─────────────────────────────────────────────────────────────┐
│              第二章 世界航空运输业地理                       │
├───────────────┬───────────────┬─────────────────────────────┤
│    客流量     │    货流量     │          运力               │
└───────────────┴───────────────┴─────────────────────────────┘
                              ↓
┌─────────────────────────────────────────────────────────────┐
│              第三章 世界航空网络地理                         │
├──────────┬──────────┬──────────┬──────────┬─────────────────┤
│网络拓扑  │等级层次性│节点中心性│关联等级性│   网络社团性    │
│ 特征     │          │          │          │                 │
├──────────┴──────────┼──────────┴──────────┴─────────────────┤
│      拓扑结构       │             空间结构                  │
└─────────────────────┴───────────────────────────────────────┘
                              ↓
┌──────────────────────────────┬──────────────────────────────┐
│   第四章 世界航空枢纽地理    │ 第五章 世界航空枢纽腹地地理  │
├──────────────┬───────────────┼─────────┬─────────┬──────────┤
│枢纽等级层次  │不同等级       │地方化全 │腹地演化 │轴辐组织  │
│   结构       │枢纽识别       │ 球化    │ 特征    │  模式    │
└──────────────┴───────────────┴─────────┴─────────┴──────────┘
                              ↓
┌─────────────────────────────────────────────────────────────┐
│              第六章 中国国际航空网络地理                     │
├──────────┬──────────────┬──────────────┬────────────────────┤
│ 能级变迁 │   空间演化   │   航空支点   │      跨国通道      │
└──────────┴──────────────┴──────────────┴────────────────────┘
                              ↓
┌─────────────────────────────────────────────────────────────┐
│              第七章 中国国内航空网络地理                     │
├───────────────┬────────────────────┬────────────────────────┤
│   网络结构    │      网络效率      │       影响机制         │
├─────┬───┬─────┼──────┬──────┬──────┼────────────┬───────────┤
│网络拓│节点│轴辐│ 拓扑 │ 空间 │ 空间 │  全球通道  │ 地方驱动  │
│扑特征│中心│组织│异质性│ 分异 │ 结构 │            │           │
│      │ 性 │    │      │      │      │            │           │
└─────┴───┴─────┴──────┴──────┴──────┴────────────┴───────────┘
                              ↓
┌─────────────────────────────────────────────────────────────┐
│              第八章 主要区域国别航空网络地理                 │
├──────────────┬──────────────┬──────────────┬────────────────┤
│网络拓扑结构  │ 网络连通性   │ 网络空间结构 │  空间组织模式  │
├──────────┬───┴──────┬───────┴──┬───────────┼────────────────┤
│ 欧洲航空 │ 美国航空 │ 中国航空 │ 印度航空  │   加拿大航空   │
└──────────┴──────────┴──────────┴───────────┴────────────────┘
```

图 1-7　研究内容框架

和国内通道）和地方驱动（城市社会经济发展）对中国航空枢纽和航空流规模的影响机制。

（8）第八章为主要区域国别航空网络地理。从网络拓扑性、节点连通性、关联层级性和轴辐组织四个方面，着重比较了欧洲、美国、中国和印度等主要航空强国（或区域）航空网络的拓扑结构、空间结构及空间组织异同性。

（五）研究意义

1. 理论意义

系统发展航空网络空间复杂性的理论框架，揭示世界航空枢纽网络时空复杂性涌现规律，丰富航空地理复杂性理论体系。航空运输全球化和网络化深刻影响了全球与地方之间相互关联的空间格局，是透析全球社会经济系统多尺度空间耦联的重要视角。

在全球地方化、航空运输地理、航空网络复杂性等理论基础上，从基本内涵、空间结构及空间组织等方面，从"全球-地方"互动视角建构出航空网络空间复杂性的理论框架和分析模型，定量揭示出世界航空枢纽网络协同演化的时空复杂性机理，可以实现航空运输网络复杂性从拓扑统计向多尺度空间分析的深化和拓展，丰富和完善中国的航空地理复杂性理论体系，进而从航空视角拓展世界城市体系理论研究。

2. 现实意义

揭示世界航空网络的空间组织模式及其核心枢纽，服务中国航空全球化布局和"一带一路"互联互通建设。党的十九大报告中首次提出了"交通强国"的新时代战略命题。2019年，中共中央、国务院印发的《交通强国建设纲要》明确提出要构建互联互通、面向全球的交通网络以及洲际综合交通运输网络。其核心是以丝绸之路经济带六大国际经济合作走廊为主体，推进与周边国家铁路、公路、航道等基础设施互联互通，提高海运、民航的全球连接度，建设世界一流的国际航运中心。

在交通强国建设和共建"一带一路"背景下，面对日益复杂的地缘政治环境，清晰把握世界航空运输网络的发展态势和空间变局，深度解析中国航空运输在全球与地方互动中涌现的时空复杂性规律，科学评估中国主要航空枢纽在全球航空网络中的能级位势及其腹地范围，对优化中国航空运输全球化布局，提升中国航空枢纽的全球连接度，建设面向全球的"交通强国"具有重要的实践指导意义。

第三节　航空网络地理复杂性的概念框架

全球航空运输的高速增长和自由化政策刺激航空业迅速发展，随着长途旅行需求的稳定增长，航空运输网络已成为现代社会运输基础设施的重要组成部分（Balakrishnan et al.，2016；Zanin and Lillo，2013）。航空网络是一个复杂巨系统，复杂性科学及网络科学为航空网络复杂性研究提供了基础性支撑（Guo et al.，2019）。在此基础上，全面回顾和梳理国内外航空网络有关拓扑结构、空间结构、空间组织、演化机制等理论及方法方面的研究成果，系统性理解航空网络的地理复杂性规律，创造性构建航空网络枢纽协同演化复杂性的理论框架，可为中国航空网络可持续发展提供理论支持。

航空网络是一种介于规则网络和随机网络之间的复杂网络，在其构成、结构、功能、组织和演化上不断涌现时空复杂性，综合表现为时间结构、空间结构和组织结构的复杂性。时间结构上，航空网络系统处于无序-有序、简单-复杂的动态相变过程，受自-他组织机制共同作用，不断呈现等级合理、纵横交织、流动有序、全球地方互动的网络化形态。组织结构上，航空网络节点和线路发育典型的等级层次性，呈现点对式、轴辐式和蛛网式耦合叠置的空间组织，涌现出无标度性和小世界性统计特征。空间结构上，受地理环境综合作用，航空网络存在明显的空间异质性，涌现等级层次性、不均衡性和空间集聚性特性，呈现核心-边缘、枢纽-网络的复合地域结构。

一、航空网络的基本内涵

（一）航空网络概念

航空网络是指在一定区域范围内由代表现实个体的节点与个体之间的航线组成的复杂系统，包括网络节点（起点、经停点和终点）和网络关联（航路）两大要素（俞桂杰等，2006）。基于图论视角，拥有机场的个体被视作航空网络的节点，节点之间的航线则为网络的边，节点固定时间内进出航班的数量视为点权，节点之间固定时间内航班往返的数量看作边权，从而形成一个有向加权网络。

（二）航空网络特性

一是航空网络具有非平面性（Non-planar）和多维性（Lin and Ban，2013）。而公路和铁路等地面交通系统则是平面网络，线路是实际的物理连接（刘宏鲲和周涛，2008），对整个网络运行起主导作用和边界约束作用，联系范围主要局限于中短距离。与地面交通相比，航空网络是一典型的介于二三维的超平面（Hyperplane）网络（王姣娥等，2009）。机场之间的航空流以点对点式（Point-to-point）的直接关联和轴辐式（Hub-and-spoke）的干支线联系为主，遵循"择优链接"和"马太效应"生长机制（张凡，2016）。

二是航空网络具有流向性和流量性，呈现等级层次性和复合性。航空网络是一典型的跨地理近直线空间流，包括旅客和货物两种实体流以及以其为依托的虚拟流，呈现流向性、流量性及其等级性的复合性特征（管明明，2019）。一方面，节点之间的关联具有方向向量特征，存在主要联系方向，呈现有向网络；同一条航线上固定时间内可能存在较高的航班频次和运输规模，导致节点的吞吐量、节点之间的航空流量存在等级大小差异，节点间的运输距离具有远近关系，形成有权网络。另一方面，根据主客体差异，航空网络既有同一类主体（如航空公司）或客体（如支线机场）构成的单一无权无向网络，也有不同主体（不同航空公司）和客体（如不同运输对象或不同类型机场或不同空间流）组成的复合无权无向网络（图1-8）。

（三）航空网络类型

一是根据运输对象（包括人员、货物、邮件等），航空网络可分为航空客运网络（旅客运输）和航空货运网络（货物运输）。其中，航空旅客行李运输既可附属于旅客运输，也可单独作为一个独立的运输过程。航空邮件运输则视为特殊的航空货物运输（刘得一等，2011）。

二是按照地理位置，航空网络可分为国际航空、国内航空（刘得一等，

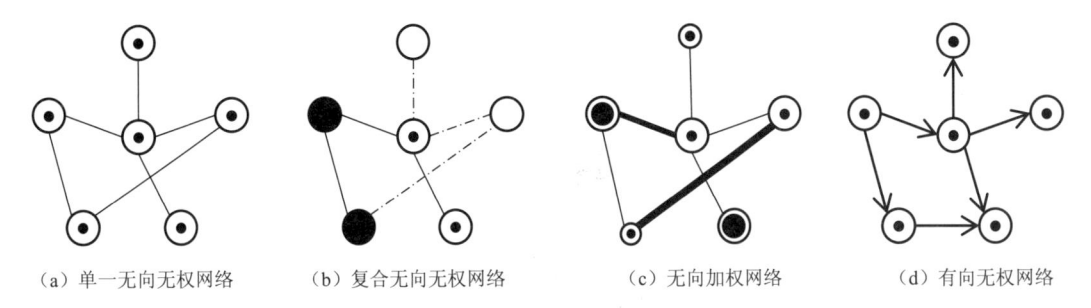

(a) 单一无向无权网络　　(b) 复合无向无权网络　　(c) 无向加权网络　　(d) 有向无权网络

图 1-8　航空网络的流向-流量复合性

资料来源：牛彩澄（2020）。

2011）及地区航空网络（唐小卫等，2012）三大类。其中，国际航空网络是指飞行路线连接两个或两个以上国家的航线，是国家之间经济交流、文化传播、社会联系的重要通道。出发地、经停地和目的地中任意一点不在国境内的航线均属于国际航线。包含某一国对外的国际航线和多国间交互的国际航线。国内航空网络是指以国家经济体为单元，主要负责承担国内通航城市之间的联系，其出发地、约定的经停地和目的地均在国境内。地区航空网络是指一国之内各地区与有特殊地位地区间的航线，如中国大陆地区与中国香港、中国澳门、中国台湾地区的航线（唐小卫等，2012）（图1-9）。

（四）航空网络结构

按照系统内涵，航空网络由航空需求网络、航空供给网络、航空组织网络和航空径路网络四个子网构成（莫辉辉等，2008）。人口和货物的流动需求刺激了航空需求网络的产生，并推动了区域社会经济因素的流动与航空供给网络的有机融合。航空供给网络是航空运输系统发挥作用与提供运输服务的根本条件，由节点（按类型分起点、终点、中转点；按尺度分国家、城市、机场等）和航路等航空网络，以及飞机、航站楼等运输设备构成。航空组织网络是根据航空需求网络发展要求，对整个航空供给网络和航空径路网络运转进行组织和架构，呈现点对点式、轴辐式和蛛网式等组织结构。航空径路网络是飞机在航空供给网络中形成的空间轨迹，即旅客和货物的空间流量和流向。以上四个子网络相互嵌套和耦合，呈现一个由航空需求（替代性和互补性）、航空供给（机场和航线）和航空客货流（流量和流向）耦合的复杂网络系统（姜克锦，2009）（图1-10）。

图 1-9　航空网络的组织架构

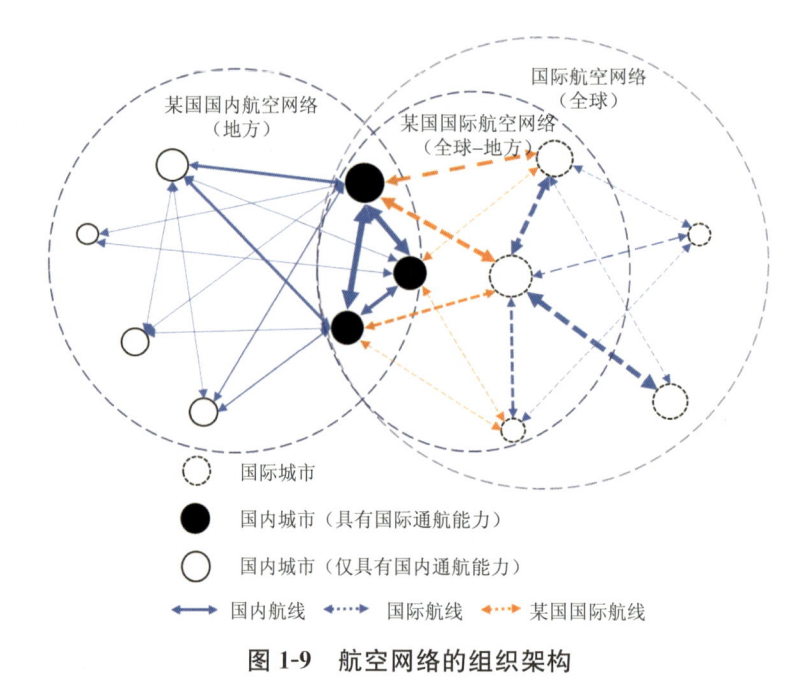

资料来源：牛彩澄（2020）。

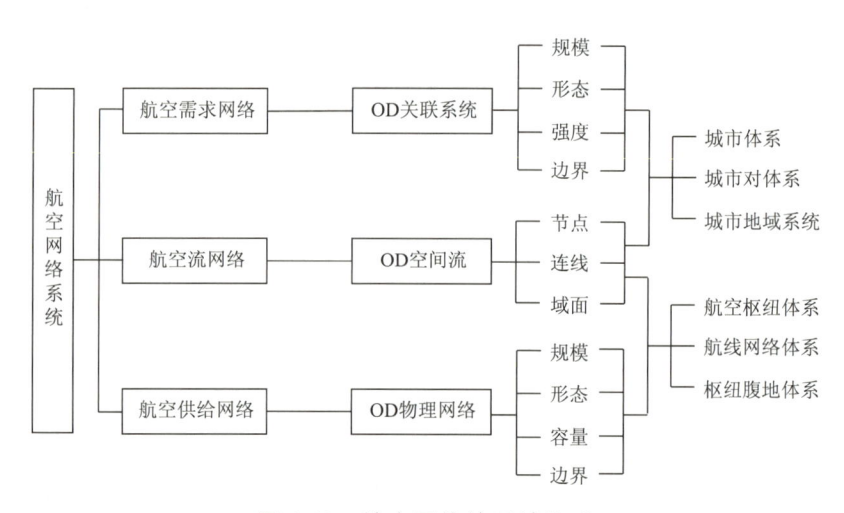

图 1-10　航空网络的系统构成

资料来源：据姜克锦等（2009）绘制。

（五）航空网络要素

按照运输组织，航空港、航空公司和航空交通线是构成航空网络的最基本要素。航空港提供飞机起降的场所，是地面交通和空中交通的衔接点；航空公司是飞机的所有者和运力的提供者；航线则代表运力的分布和方向。

（1）航空港：即机场，是指供飞行器起降和地面活动而划定的地域，由陆侧（Landside）（由航站楼和地面交通系统组成，服务旅客转换交通）和空侧（Airside）（由跑道、滑行道和停机坪组成，构成飞机活动的场所）构成（图1-11）。

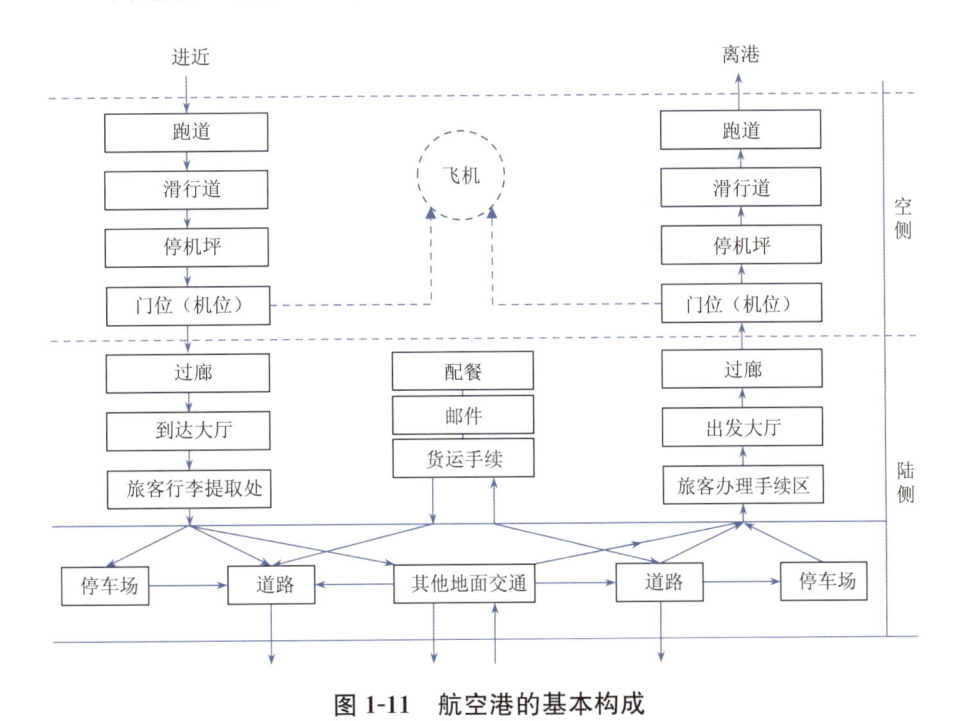

图 1-11　航空港的基本构成

资料来源：据唐小卫等（2012）绘制。

（2）航空公司：即航空运输承运人，是指以各种航空飞行器为运输工具，以空中运输方式运输人员或货物的企业。按其服务模式，可划分为三种商业模式：全服务承运人（Full service carriers）、低成本承运人（Low cost carriers）和包机承运人（Charter carriers）。不同类型航空公司的航线网络组织存在显著差异（Estrada and Gomez-Gardenes，2016；Lordan et al.，2014b）：全服务承运人基本是传统旗舰航司，主营洲域航线（Continental-wide networks），以轴辐式（Hub-and-spoke network）结构为主；低成本承运人以中短途直达航班（Interconnected networks）居多（Reynolds-Feighan，2010），以点对点式（Point-to-point network）结构为主（Reggiani et al.，2009；韦佩妮和杨文东，

2023）；包机承运人主营非定期航班（Unscheduled flight），面向特定消费需求，以旅游航班居多。

（3）航空交通线：简称航线，是指飞机飞行的路线，根据航线规模，可分为干线（Trunk route，集中在大城市或航空枢纽之间）和支线（Regional route，连接边缘城市与邻近枢纽城市）两大类。其标准尚未统一，可根据飞机机型、航线距离、航空流量及功能类型综合界定：支线航空主要具备飞机小（100座以下）、距离短（800千米以下）、流量小（年客流量20万人次以下）、地方性（服务某一小城市或地区对外联系）、定期性（频度低的定期航班）等特征（唐小卫等，2012）。

二、航空网络的空间结构

航空网络系统包括纵向的全球-国家-地方等级层次组织和横向的节点-航线-域面耦合机制，在时间轴上表现为航空网络系统逐渐向高级、有序而不断地起伏更迭，在空间域上表现为点对点式、轴辐式和蛛网式等不同组织结构嵌套，在组织维度则是航空设施和组织与其派生性需求环境耦合协同作用的结果，包含自组织和他组织机制。因此，航空网络的广义空间结构包含三个维度：空间、时间和组织，分别对应实空间、相空间和序空间（陈彦光，2004；刘承良，2011）（图1-12）。

（一）时间结构

航空网络的时间结构是指航空网络系统由无序向有序、由简单到复杂的动态演化过程。王姣娥等（2014）基于1930—2012年中国航空网络的演化规律，提出航空网络发展概念模型（Wang et al.，2014），概括总结了中国航空网络发展的六阶段模式：分散发展、干线连接、环状连接、枢纽形成、复杂网络系统、一城多场系统（图1-13），动态反映了航空网络系统从萌芽期、发展早期、发展中期到成熟期的嬗变状态，综合刻画了航空网络系统从低级到高级、从分散到密集、从简单到复杂的相变趋势。

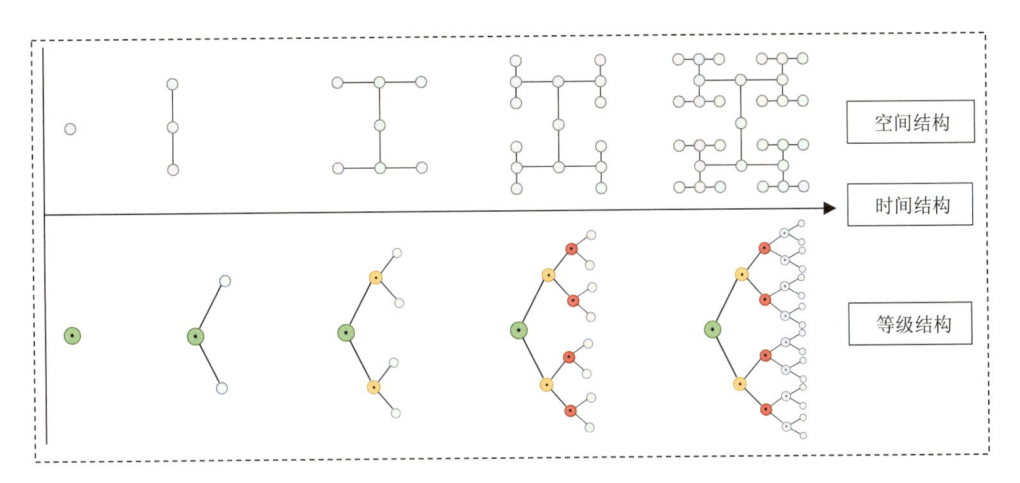

图 1-12 航空网络的实-序-相空间结构

资料来源：据陈彦光（2004）；刘承良（2011）绘制。

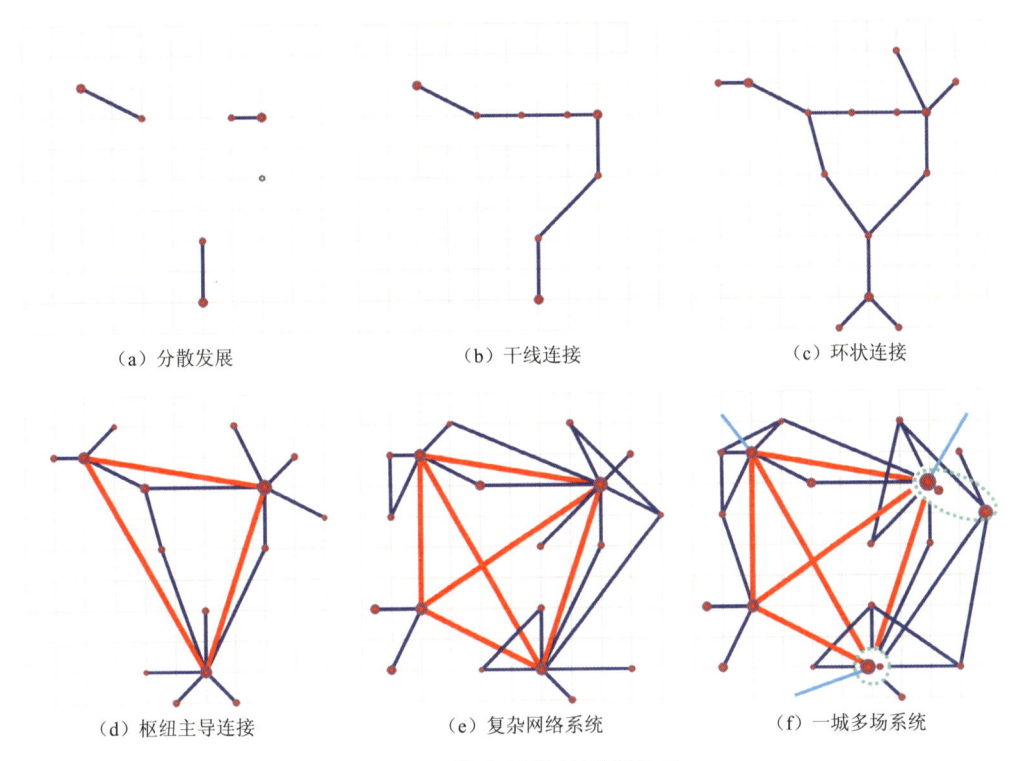

（a）分散发展　　（b）干线连接　　（c）环状连接

（d）枢纽主导连接　　（e）复杂网络系统　　（f）一城多场系统

图 1-13 航空网络的时间结构

资料来源：Wang et al.（2014）。

(二) 空间结构

航空网络的空间结构是指一定区域范围内不同航空运输要素相互作用下的空间配置形式及其组织关系。包括航空网络的空间分布及形态（航空港、航线及航空流的集聚程度和形态，通过点、线、面等要素描绘）和航空网络的空间关联及组织（航空公司承运人依托航空港和航线进行航空流组织）（表1-4）。简言之，航空网络的空间结构由节点（如航空港）、线路（如航线）、域面（如航空腹地）、要素流（如旅客流和货物流）、层级（如枢纽网络体系和核心腹地体系）及扩散（如网络生长演化）等组成（图1-14），这些要素基于内在的相关性，组合成多个空间子系统，形成多样的空间结构类型（陆玉麒，1998）。

表1-4 航空网络的空间结构要素组合

区位要素	空间子系统	空间结构类型
点-点	节点系统	点对点式体系
点-线	枢纽系统	轴辐式体系
点-面	城市与区域系统	枢纽服务区、航空经济区
线-线	网络系统	干支线航空网络
线-面	带状区域系统	空中交通走廊
面-面	功能地域系统	IACO航区、IATA航区
点-线-面	一体化系统	航空地域系统

资料来源：据陆玉麒（1998）整理。

(三) 组织结构

航空网络是一个复杂的自组织系统，其发展模式呈现出从无序到有序、初级到高级、分散到密集的演化规律，表现出垂直层次性和水平关联性、核心边缘式和枢纽网络式。

(1) 水平关联性和垂直层次性：得益于航空网络的点对点式和轴辐式组织，大量航空港之间，以及航空枢纽之间存在密切的水平联系。但由于航空组织范围和区位选择的差异性，航空网络出现典型的等级规模分异。一是航空网络的组织范围具有层级性，形成全球性航空网络（或国际航空网络）、航空联盟网络

(a) 要素流　　(b) 线路　　(c) 节点

(d) 等级层次　　(e) 域面　　(f) 扩散

图 1-14　航空网络的空间结构

资料来源：据甄峰（2004）绘制。

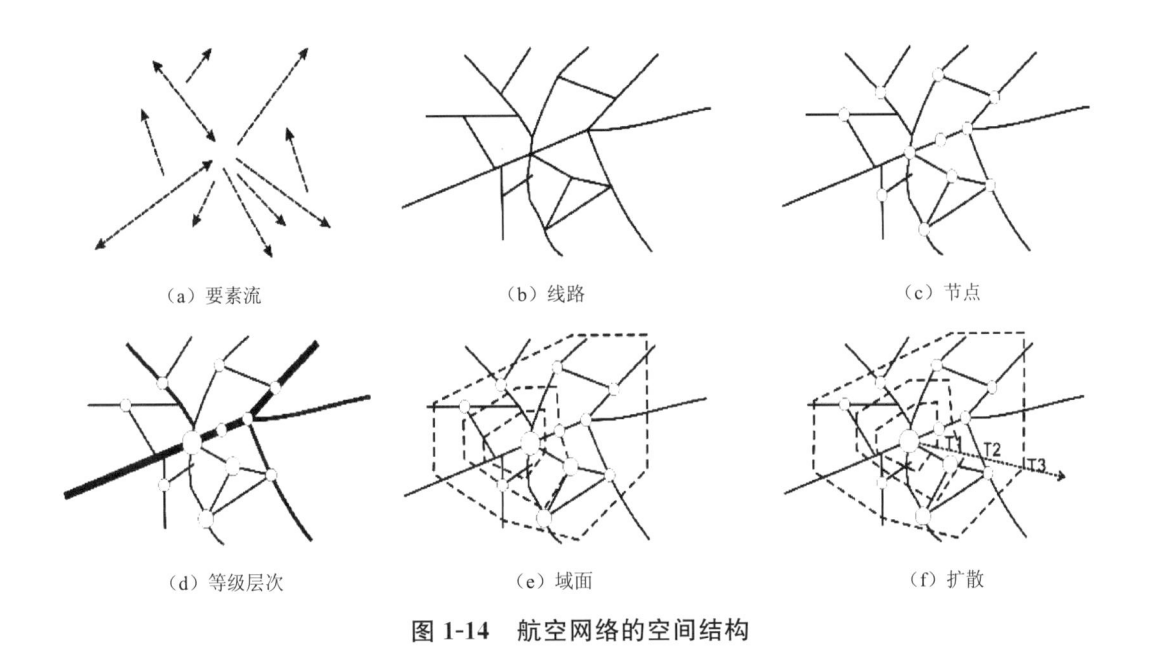

（或国家航空网络）、航空公司网络（或地方航空网络）三大层次（Lordan et al.，2014b）。二是航空网络的连接程度存在层级性（王姣娥和景悦，2017）。航空港的中心性和航线的关联性程度差异显著，空间辐射能力形成不同的层次性：枢纽机场、大型机场、中型机场、小型机场；干线航线、支线航线。

（2）核心边缘式和枢纽网络式：航空网络的等级层次性和水平关联性与其自身的核心边缘式和枢纽网络式组织密切相关（Rodrigue et al.，2016）（图 1-15）。这两种组织形式也应和了中心地理论和中心流理论（Derudder and Taylor，2018；马学广和李贵才，2011）。其中，核心边缘式主要反映了航空港城市与其服务区或腹地间的空间组织关系，主要取决于航空枢纽城市对外功能服务的中心性，由机场的等级和规模决定；而枢纽网络式则体现了航空节点城市在航空网络连接中的重要性和控制性，由航空枢纽对外连接的中心性决定。

三、航空网络的空间组织

航空网络的空间组织能够影响节点之间的连通性和空间资源的配置性。不

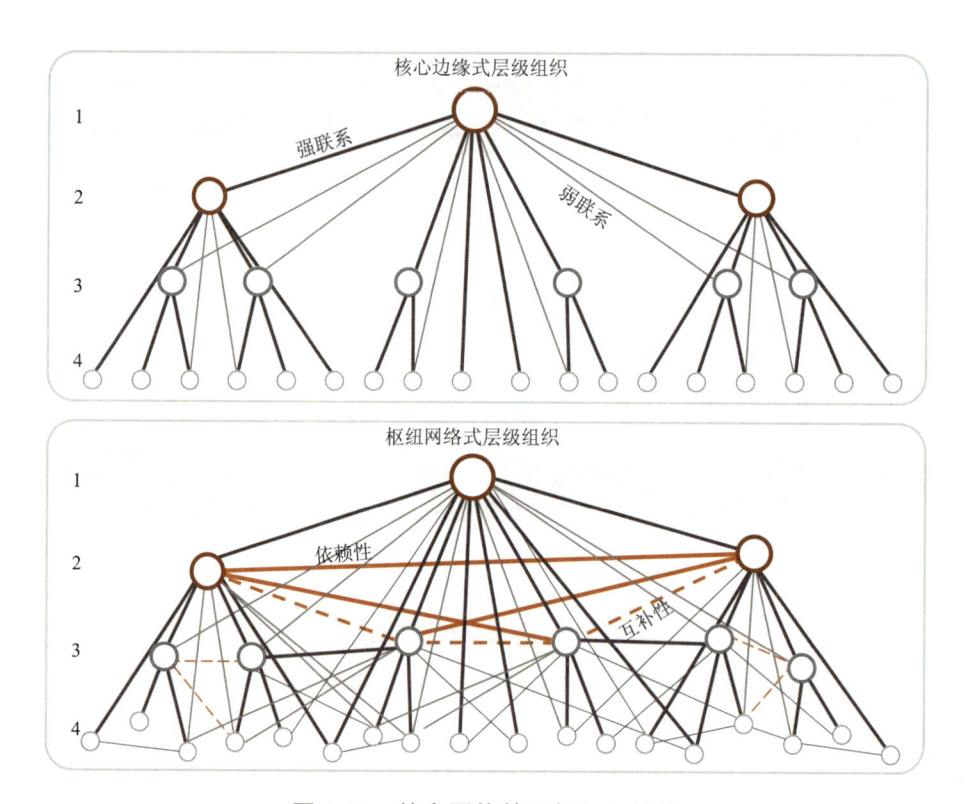

图 1-15 航空网络的层级组织结构

资料来源：Rodrigue et al.（2016）。

同发展阶段，不同航空公司的空间配置战略存在差异，导致其空间组织模式也明显不同，主要包括点对点式、轴辐式及蛛网式三种（图 1-16 和表 1-5）。

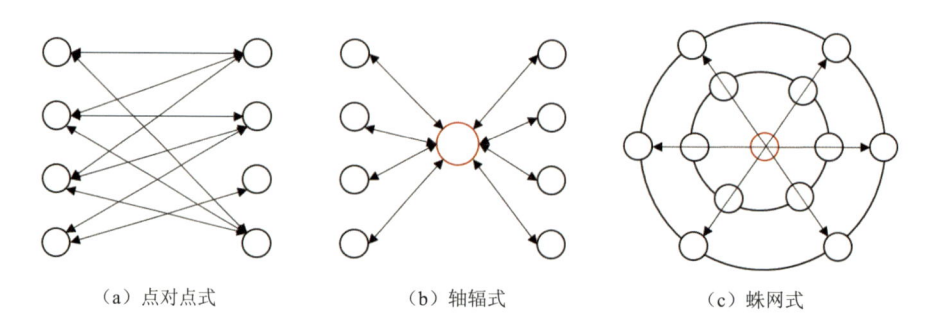

图 1-16 航空网络的空间组织模式

资料来源：唐小卫等（2012）。

表1-5 航空网络组织模式优缺点比较

类型	点对点式	轴辐式	蛛网式
优点	（1）旅客：最大限度地节约在途时间； （2）航空公司：容易进行航班编排；	（1）给航空公司带来明显的规模经济性和范围经济性； （2）运营管理项目集中在枢纽机场，可降低运营成本； （3）为航空公司全球联盟大趋势打下了良好的基础； （4）枢纽机场受益较丰，具有明显经济溢出效应。	（1）较灵活自主的中转模式； （2）航班高频率、班次分布平均； （3）班车式的准点航班； （4）较低的建设成本与更高的网络可靠性。
缺点	（1）航班频率、客座率或载运率较低，造成浪费； （2）航班密度低，旅客计划延误时间较长，等待时间较长； （3）航空公司出现大量重复性飞行，造成恶性竞争和严重浪费； （4）忽略航线互补作用。	（1）旅客不得不接受更长的旅行时间； （2）需求高峰航班（航班波）协调难度加大、航班堵塞易加重和航空公司竞争加剧； （3）航班时刻、运力调配和人力安排变得非常复杂； （4）较高的运营成本。	互通率不到30%，适用于中小航空公司。
代表	英国Flybe、中国华夏等廉价航空、支线航线	干支线机场航线	美国西南航空公司

资料来源：Rodrigue et al. (2016)。

（一）点对点式

点对点航线是基于城市运输需求构建城市之间的直达航线。它是航空运输发展初期航空公司普遍采用的一种网络形态（刘宏鲲和周涛，2008），往往受到严格的管制。点对点式航线的形成是基于出发城市与目的城市之间航空运输需求，包括甩辫子和环飞航线两种（图1-17）。飞机从始发地至目的地途中，经过一次或多次停留，进行客货补充，从而形成的串珠状航线组织，称之为甩辫子（Tag-end trips）航线组织。飞机由始发地到达一个或多个目的地后，又回到始发地，形成循环状航线组织，称之为环飞（Round robin trips）航线组织。

（二）轴辐式

轴辐式网络组织以核心枢纽城市为网络中心，核心枢纽城市之间由干线相连，以此保证主要城市之间的航空运输需求。枢纽城市通过支线航线辐射至边

```
        A              B              C
        ●◀─────────────○──────────────●
        
        A              B              C
        ●◀─────────────●──────────────○
```

(a) 甩辫子（Tag-end Trips）航线

```
        A                             B
        ●◀────────────────────────────●
          ◀─────    C     ─────
                    ●
```

(b) 环飞（Round Robin Trips）航线

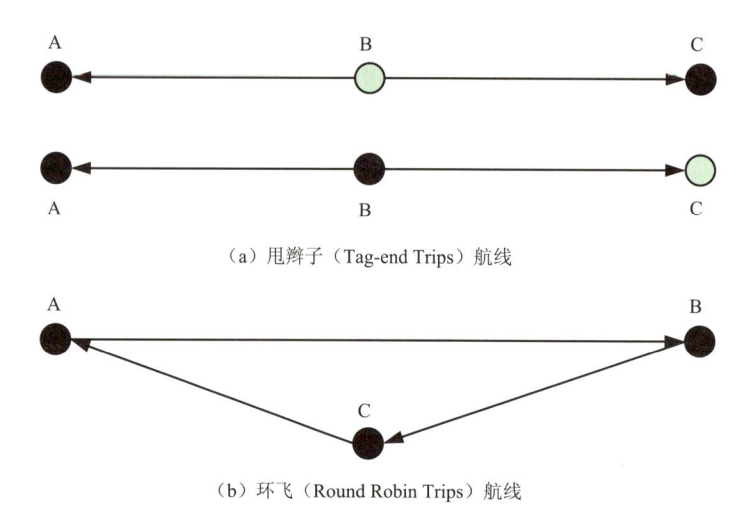

图 1-17　航空网络点对点式航线组织类型

缘中小城市，提供汇集和疏散服务。其中，为满足网络良性运转，它需要干线和支线之间的沟通保持严密时刻衔接。它是航空业"去管制化"或自由化基础上形成的高度结构化、分层次的航空网络成熟组织形式，是目前发达国家航空公司主要采用的网络组织形态（Shaw，1993）。包括单枢式（Single hub）和多枢式（Multiple hub）两种类型，以及沙漏型（Hourglass hub）和反馈型（Hinterland hub）两种组织形式（图 1-18）。

（三）蛛网式

这种航线组织模式具有蛛网形态，一般由一个或多个中心节点机场组成，具有多层由机场和航线连线的外环，外环上的边缘城市经由纵向航线连接焦点城市机场，主要焦点城市扮演着类似"枢纽"的功能，连接网络中众多的干线和支线，发挥主要的中转功能，次要焦点城市分担主要焦点城市的中转客流，网络航线主要布置在主要和次要焦点之间，边缘节点位于主、次要焦点的辐射轴上，蛛网式网络结合了点对点式和轴辐式网络的综合特点，包括简单式和复合式两种类型（图 1-19）。

(a) 沙漏型　　　　　　　　(b) 反馈型

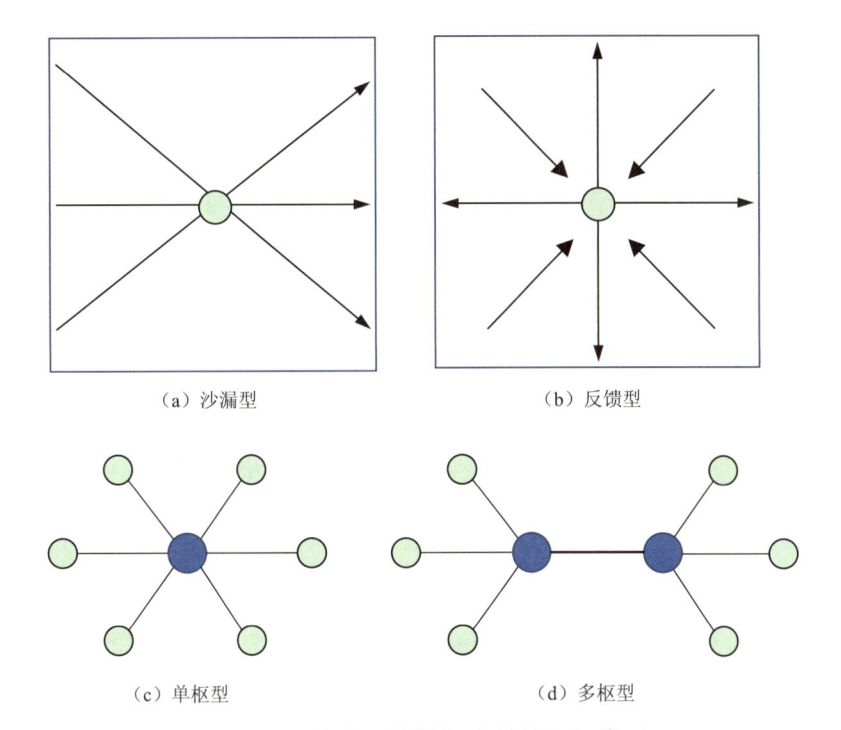

(c) 单枢型　　　　　　　　(d) 多枢型

图 1-18　航空网络轴辐式航线组织类型

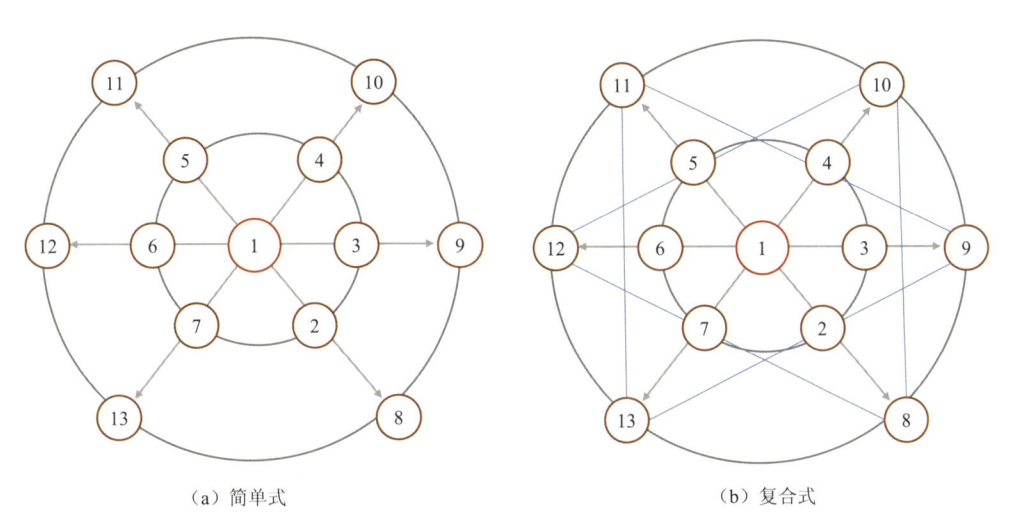

(a) 简单式　　　　　　　　(b) 复合式

图 1-19　航空网络蛛网式航线组织类型

第四节　航空网络地理复杂性的研究方法

基于现代系统科学思想,在复杂性科学的理论框架下,应用非线性理论和方法来描述、分析、模拟和预测空间系统的复杂动态行为,并构筑新一代的高级分析模型将是21世纪地理研究的第三次革命(周成虎等,1999)。近年兴起的复杂性科学和网络科学理论和方法为揭示地理复杂性提供强大工具,成为"科学的前沿"。航空网络是一个动态而非线性的空间网络系统,其"时空复杂性"特征已在学术界达成共识。认识航空网络的时空复杂性涌现机理,关键是发挥地理学的理论综合和方法集成优势,融合复杂性科学、网络科学等理论和方法,集成网络分析、空间分析和空间计量手段,打造定量与定性研究相结合的方法体系。

一、航空网络构建

（一）一模网络构建

基于图论（Graph theory）原理（Ivănescu,1965）,构建加权有向网络 $G(V,E)$,采用原始法（Primary approach）,即以国家或城市为节点集 $V(v_1, v_2, \cdots, v_i, \cdots, v_m)$,以它们之间的进出港航班联系为边集 $E(e_1, e_2, \cdots, e_j, \cdots, e_n)$,以航班班次为权重,构建航空网络的加权非对称矩阵（式1-1）。

$$K = \begin{bmatrix} 0 & K_{12} & \cdots & K_{1(n-1)} & K_{1n} \\ K_{21} & 0 & \cdots & K_{2(n-1)} & K_{2n} \\ \vdots & \vdots & \vdots & \vdots & \vdots \\ K_{(n-1)1} & K_{(n-1)2} & \cdots & 0 & K_{(n-1)n} \\ K_{n1} & K_{n2} & \cdots & K_{n(n-1)} & 0 \end{bmatrix} \quad \text{式1-1}$$

式1-1不仅展示了网络的关联结构,也指明了其关联强度和方向。既具有方向性,也具有权重性。根据节点空间尺度,可以分别构建全球国际航空网络、全球城际航空网络和中国国内航空网络。对于全球国际航空网络而言,K_{ij} 是指

始发于第 i 个国家和地区到达第 j 个国家和地区的跨境航班数量。对于全球城际航空网络而言，K_{ij} 是指始发于第 i 个城市到达第 j 个城市的国际航班数量（i 城市和 j 城市不属于同一国家或地区）。就中国国内航空网络而言，K_{ij} 是指始发于国内第 i 个城市到达国内第 j 个城市的航班数量（i 城市和 j 城市同属于中国大陆）。显然，上述三种网络中所有节点属于同一集合，这种由集合内部节点之间构建的航空运输联系属于一模网络（One-mode network）。

（二）二模网络构建

某一国家国际航空网络中的节点明显属于两类集合，包括某一国家国内城市节点集合（D）与国际城市节点集合（F）。两个集合节点之间的关系所构成的网络是典型的二模网络（Two-mode network or Bipartite network；图1-20）（Faust，1997）。

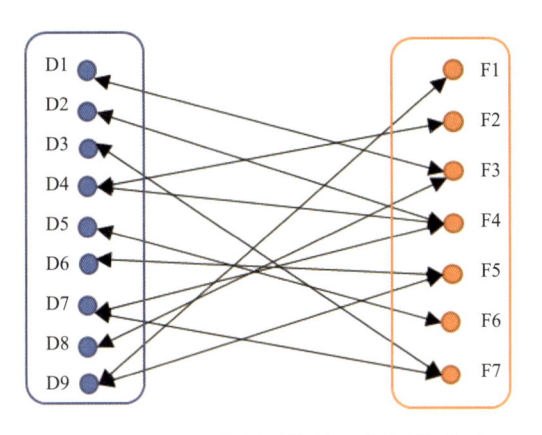

图1-20　国际航空网络的二模网络构建

资料来源：牛彩澄（2020）。

以开通国际航班的国内（Domestic）城市以及与中国直接通航的国际（International）城市作为两个集合的节点，国内城市节点集合为 N（n_1，n_2，…，n_i，…，n_g），国际城市节点集合为 M（m_1，m_2，…，m_i，…，m_h），国内城市与国际城市之间的航班联系为边（E），航班班次为权重构建中国国际航空关联的加权非对称矩阵（式1-2），其中 R_{gh} 是指始发于第 g 个国内（国际）到达第 h 个国际（国内）城市的航班数量。显然，中国国际航空网络属于二模网络。

$$M = \begin{bmatrix} 0 & R_{12} & \cdots & R_{1(h-1)} & R_{1h} \\ R_{21} & 0 & \cdots & R_{2(h-1)} & R_{2h} \\ \vdots & \vdots & \vdots & \vdots & \vdots \\ R_{(g-1)1} & R_{(g-1)2} & \cdots & 0 & R_{(g-1)h} \\ R_{g1} & R_{g2} & \cdots & R_{g(h-1)} & 0 \end{bmatrix} \quad \text{式 1-2}$$

二、航空网络模型

（一）拓扑统计模型

基于复杂网络视角，网络拓扑统计模型主要有三种：规则网络、随机网络和复杂网络。主要包括度分布、平均路径长度和集聚系数等测度指标。其中，度分布是衡量无标度网络特征（Scale-free property）的代表性指标，小世界网络通常通过平均路径长度和聚类系数两个指标来识别（Watts and Strogatz, 1998）。

1. 节点的度与度分布（Degree Centrality and Degree distribution）

度是指节点 i 与其他节点直接连接的数量，它与节点 i 的重要程度有关，其公式为：

$$C_D(i) = \sum_j a_{ij} \quad \text{式 1-3}$$

式 1-3 中，a_{ij} 为节点 i 与其他节点直接相连的数量。如果节点 i 与其邻居 j 之间存在航空联系，则其值为 1。否则，其值为 0。

网络中所有节点 i 度的平均值为平均度，其公式为：

$$\overline{k_i} = \frac{1}{N} \sum_j C_D(i) \quad \text{式 1-4}$$

式 1-4 中，$\overline{k_i}$ 表示平均度，N 是网络中所有节点的数量。

网络中节点度的分布情况用概率分布函数 $p(k)$ 和累计概率分布函数 $P(k)$ 表示，当 $p(k)$ 和 $P(k)$ 为幂函数时，称其结构具有"无标度"性质，可通过以下公式表征：

$$P(k) = \sum_{k'=k}^{\infty} p(k) \quad \text{式 1-5}$$

在无标度网络中，存在枢纽节点，它们的连通性较高，而大多数的其他节点连接的节点很少，并且度数呈重尾（幂律）分布（Barabasi and Albert，1999）。

2. 网络密度（Network density）

网络密度是指网络节点之间关联的密集程度，即网络中节点之间实际的关联数与网络节点之间理论上应该存在的最大关联数的比值，其公式为：

$$N_d = \frac{2M}{N(N-1)} \qquad 式1\text{-}6$$

式 1-6 中，M 为网络中关联的实际数量，N 是网络中的节点数量。

3. 平均路径长度（Average path lengths）

网络中两节点之间的距离 d_{ij} 定义为连接这两个节点的最短路径的边数，网络的平均路径长度 L 定义为任意两个节点之间距离的平均值，其公式为：

$$L = \frac{2}{n(n-1)} \sum_{i>j} d_{ij} \qquad 式1\text{-}7$$

式 1-7 中，L 为网络的平均路径长度，为网络中的最短路径长度。网络中节点之间距离越短，两节点之间联系越紧密，节点之间传输性越好。对整个网络而言，平均路径长度越短，则节点之间联系越紧密；直径越小，网络最大距离也相应小。

4. 集聚系数（Clustering coefficient）

集聚系数为一个节点与其所有邻接点之间连边的数目与可能的最大连接边数目的比值，是反映网络节点集聚情况的参数，具体计算公式为：

$$C_i = \frac{2E_i}{m_i(m_i-1)} \qquad 式1\text{-}8$$

式 1-8 中，m_i 为节点 i 的相邻节点数量，E_i 为节点 i 的相邻点之间实际存在的边数量，C_i 值越大，表示与该节点直接相连的其他节点（即该节点的邻节点）之间相互联系越紧密。

使用爱多士-瑞尼（Erdos-Renyi，ER）模型构建的随机网络通常具有较小的平均最短路径长度和较低的聚类系数（Erdos and Renyi，1959）。但是，许多现实世界的网络平均最短路径长度较小，但是聚类系数却高于预期。即平均最短路径长度一般略大于同等规模的随机网络，平均聚类系数远大于同等规模的随机网络。在这样的小世界网络中，大多数节点对都不是直接邻居，但是可以通过仅使用中转点访问许多其他节点。

（二）一模网络节点多中心性评价模型

1. 加权度中心性（Weighted degree centrality，WDC）

加权度中心性表示一个节点直接相连其他节点的航班班次之和。其公式为：

$$wk_i = \sum_{j=1}^{N} S_{ij} \qquad 式1\text{-}9$$

式 1-9 中，N 是节点数量，S_{ij} 是从节点 i 到节点 j 的航班班次。

2. 紧密度中心性（Closeness centrality，CC）

紧密度中心性表示其他网络节点的数量值与该节点到其他所有节点最短路径长度之和的比值，即该节点与其他节点之间的欧氏距离。一个节点的接近度中心性越高，表明该节点与其他节点的距离越近，它可以衡量网络中相关节点之间的紧密程度：

$$C_C(i) = \frac{N-1}{\sum_{j=1;\ j \neq i}^{N} d_{ij}} \qquad 式1\text{-}10$$

式 1-10 中，d_{ij} 表示节点 i 与节点 j 之间的最短路径数量，N 表示节点数量。

3. 介数中心性（Betweenness centrality，BC）

介数中心性是指网络中一个节点出现在其他节点对外联系最短路径上的频率，代表网络中节点的中转能力或"网关"功能。节点的介数值越大，表明该节点在网络中的控制能力越强。

$$C_B(i) = \sum_{j=1;\ k=1;\ j \neq k \neq i}^{N} \frac{N_{jk}(i)}{N_{jk}} \qquad 式1\text{-}11$$

式 1-11 中，N_{jk} 表示节点 j 与节点 k 之间的最短路径数量；$N_{jk}(i)$ 表示节点 j 与节点 k 之间的最短路径经过节点 i 的数量。

（三）社团模块度划分模型

复杂网络的社团划分是指网络划分成多个子集，子集内部的节点之间的网络关联更为紧密，子集内节点具有更为接近的属性，因此社团结构刻画的是网络节点的局部集聚特征。社团结构的识别是根据节点间的拓扑距离和关联强度进而对网络进行划分的，距离越近，联系越强，节点趋近于同一社团；而不同社团节点之间的关联较少，主要通过各个社团的中心节点进行关联。本书基于航空关联结构和强度识别航空网络的社团结构，利用 Gephi 0.9.2 软件，基于鲁汶（Louvain）提出的社团算法，采用纽曼和格万提出的"模块度"（Modularity）算法识别航空网络的社团结构（Newman and Girvan，2004）。计算公式如下：

$$Q = \sum_{m=1}^{n} \left[\frac{l_m}{L} - \left(\frac{d_m}{2L} \right)^2 \right], \quad m \leqslant n \qquad 式 1\text{-}12$$

式 1-12 中，n 表示社团数量，L 表示航班总数，l_m 表示第 m 个社团内的航班数量，d_m 表示社团 m 中与各节点航空联系数量之和。

（四）通航城市连通性指数模型

基于度中心性、介数中心性、接近中心性、特征向量中心性和区域重要性五个指标，构建多维连通性指数（Cheung et al.，2020），以反映通航城市在航空运输网络中的中心地位，其计算过程为：

（1）特征向量中心性（Eigenvector centrality）通过结合其连接的邻居的重要性来测量网络中节点的重要性。其公式为：

$$C_E(i) = \frac{1}{\lambda} \sum_{j=1}^{N} a_{ij} x_j, \quad \lambda \neq 0 \qquad 式 1\text{-}13$$

式 1-13 中，λ 表示一个比例常数，a_{ij} 是节点 i 与邻居 j 连接的航空对数量，x_j 表示邻居 j 的度值。

（2）区域重要性（Regional importance）$C_R(i)$ 表示一个节点 i 与同一区域内其他节点 j 之间所有连接的平均链接强度 w_{ij}。同一区域通过式 1-12 识别得出。

（3）构建通航城市连通性指数（Navigable city connectivity index，NCCI）：

$$NCCI = w_1 C_D(i) + w_2 C_B(i) + w_3 C_C(i) + w_4 C_E(i) + w_5 C_R(i)$$

$$式 1\text{-}14$$

式 1-14 中，w 表示权重，通过因子分析来确定，为了进行比较，所有数据都进行了标准化处理。

（五）加权自我网络分析模型

根据研究视角的不同，网络分析可以分为整体网络分析和自我中心网络分析。整体网络比较关注网络结构中的群体，自我网络更加关注节点个体（Dohleman，2006）。自我中心网络分析（Ego network analysis）是社会网络分析的重要方法之一（Wellman and Potter，1999），并被广泛应用于合作关系网络（Newman，2003）、网络问卷网络、道路交通网络（Zhang and Li，2011）和全球海运网络（Liu et al.，2018a，2018b）。

自我中心网络是指以某一节点为中心（自我），与其直接连接的节点及其这些节点之间的连接组成的网络（Everett and Borgatti，2004）。整个网络依据自我中心节点可以分解为一系列自我中心网络。每个节点的地位或权利是指其对信息、商品或其他流动在该节点的相邻节点之间传播的控制能力，即结构洞理论（Structural hole theory）的重要思想，其具体计算步骤包括：

1. 修正链路强度权重

在自我网络分析中，从节点 i 到其所有邻居节点 j 的每个链路强度（p_{ij}）被定义为节点 i 的加权度（w_k）的倒数：

$$p_{ij} = \frac{1}{wk_i} \quad (j \in N_i) \qquad 式1\text{-}15$$

针对链路强度缺陷，本书将节点 i 到相邻节点 j 的链路强度权重修正定义为节点 j 与 i 所有相邻节点度值之和的比值：

$$w_{ij} = \frac{k_j}{\sum_{s=1}^{s=m} k_s} \quad (j \in N_i) \qquad 式1\text{-}16$$

式 1-16 中，k_j 是节点 j 的度中心性值，s 和 k_s 分别是节点 i 所有相邻节点的度中心性和度中心性之和。

2. 计算网络约束强度

节点 i 到节点 j 的约束（C_{ij}）由节点 i 到节点 j 的直接连接强度和间接连接强度之和的平方计算：

$$C_{ij} = (w_{ij} + \sum_q w'_{ij})^2 = (w_{ij} + \sum_q w_{iq}w_{qj})^2,$$
$$(j \in N_i, q \in N_i, q \neq i, q \neq j) \quad \text{式 1-17}$$

式 1-17 中，w_{ij} 是从节点 i 到其邻居节点 j 的直接连接强度，w'_{ij} 表示节点 i 与节点 j 不直接连接，但是节点 i 与两个相连节点（节点 j 和节点 q）直接连接。

3. 计算加权平均中心秩（Weighted average centrality rank，WACR）

$$WACR_i = \frac{k_i}{\sum_{j=1}^m (w_{ij} + \sum w_{iq} + w_{qj})^2}, \quad (j \in N_i, q \in N_i, j \neq s)$$
式 1-18

在加权自我网络中，节点 i 的 WACR 值越大，节点的网络地位越高。为了对不同年份进行比较，对结果进行了无量纲化处理。

（六）二模网络节点多中心性评价模型

上述提到的中心性计算方法主要适用于传统一模网络。二模网络的中心性计算相对复杂（刘军，2009）。二模网络通常包含两组集合的节点，其中一组为 $N=\{n_1, n_2, \cdots, n_g\}$，另一组为 $M=\{m_1, m_2, \cdots, m_h\}$。二模网络用矩阵 $A=\{a_{ik}\}$ 表示集合之间节点的关系，$a_{ik}=1$ 则表示集合一中的 n_i 与集合二中的 m_k 之间具有一组关联。因此基于集合节点之间的关系可以构建出两组一模（One-mode）矩阵。如果两组集合节点间关系为"行动者-事件"，那么根据行动者和事件之间的关系，可以构建出行动者共享成员矩阵 X^N（每组行动者是否共同参与某一事件）和事件叠加（Overlap）矩阵 X^M（某一事件被每组行动者共同参与的次数）。二模网络中心性计算的思路是将二模非对称矩阵转换成"二部（Bipartite）矩阵"，然后分析节点中心性（Faust，1997）。

1. 度中心性

在二模网络中，一个节点的度中心性取决于其所隶属另一集合的节点数量。在典型的隶属网络中，行动者度中心性是其所隶属的事件数，事件的度中心性是发生该事件的行动者数。其度中心性可以用行动者共享成员（Co-membership）矩阵 X^N 或事件叠加矩阵 X^M 中的对角线上的值表示。因此在二模网络图（即二分图，Bipartite graph）中，节点度中心性的计算公式如下：

$$D_{n_i}^{NM} = \sum_{k=1}^{g+h} x_{ik}^{NM} = x_{ii}^{N} = a_{i+} \qquad \text{式 1-19}$$

$$D_{m_k}^{NM} = \sum_{i=1}^{g+h} x_{ik}^{NM} = x_{kk}^{M} = a_{+k} \qquad \text{式 1-20}$$

2. 加权度中心性

同理，在二模网络中，节点的加权度取决于其所隶属另一集合节点的关联强度。在隶属网络中，不同行动者执行某一事件的次数可以被视作关联强度。那么行动者加权度为其所隶属的事件发生的次数，事件的加权度为该事件被行动者执行的次数。其加权度可以用行动者共享成员加权矩阵 S^N 或事件叠加矩阵 S^M 中的对角线上的值表示。计算公式如下：

$$D_{n_i}^{NM} = \sum_{k=1}^{g+h} S_{ik}^{NM} = S_{ii}^{N} = S_{i+} \qquad \text{式 1-21}$$

$$S_{m_k}^{NM} = \sum_{i=1}^{g+h} S_{ik}^{NM} = S_{kk}^{M} = S_{+k} \qquad \text{式 1-22}$$

3. 紧密度中心性

在一模网络中，节点紧密度中心性以该节点和其他节点最短距离的倒数乘以其他节点数量表示。在二模网络中，该距离是行动者到其他行动者的距离之和加上行动者到所有事件的距离。在隶属网络中，行动者只和事件存在关联，因此行动者之间的最短路径必须经过该行动者所隶属的事件，同样事件之间所有的路径必须经过该事件所执行的行动者。因此，在二模网络中，一个行动者的紧密度中心性是该节点所隶属事件到达其他行动者和事件最短距离的函数。因此，集合 N 和集合 M 中节点的紧密度中心性计算公式分别如下：

$$C_{n_i}^{NM} = \left[1 + \frac{\sum_{k=1}^{g+h} \min d(k, j)}{g+h-1}\right]^{-1} \qquad \text{式 1-23}$$

$$C_{m_k}^{NM} = \left[1 + \frac{\sum_{i=1}^{g+h} \min d(I, j)}{g+h-1}\right]^{-1} \qquad \text{式 1-24}$$

其中，行动者 i 和事件 k 存在联系，g 是 N 的节点数，h 是集合 M 的节点数。

4. 中介中心性

在一模网络中，中介中心性是某一节点对其他节点之间最短路径的控制能力。在二模网络中，每对行动者之间的联系要通过参与的事件产生关联，事件处在行动者之间的最短关联路径上，同理，行动者处于事件之间的最短关联路径中。因此，当计算一个事件 m_k 的中介中心性时，需要聚焦于属于该事件的行动者集合。事件 m_k 总是处在隶属于其行动者的关联对中，事件 m_k 拥有 a_{+k} 个行动者（即度中心性），因此有 a_{+k}^2 个行动者关联对中的最短路径经过事件 m_k。如果给定一对行动者(n_I, n_j)只共同参与事件 m_k（即 $x_{ij}^N = 1$），则 m_k 的中介中心性递增 1 个单位。当行动者(n_I, n_j)共同参与 x_{ij}^N 个事件时，对于共同参与 m_k 的行动者对(n_I, n_j)来说，m_k 的中介中心性递增 $1/x_{ij}^N = 1$，因此 m_k 的中介中心性用以下公式表达：

$$B_{m_k}^{NM} = \frac{1}{2} \sum_{n_I, n_j \in m_k} \frac{1}{x_{ij}^N} \qquad 式\ 1\text{-}25$$

同理，行动者 n_i 的中介中心性可表达为：

$$B_{n_i}^{NM} = \frac{1}{2} \sum_{m_k, m_L \in m_k} \frac{1}{x_{kl}^M} \qquad 式\ 1\text{-}26$$

（七）枢纽等级层次模型

等级层次结构是大多数地理分形体所具有的共性，也是事物在地理空间上按层级缩放的重要特征。头/尾中断法（Ht-index）方法可以为具有重尾分布的数据捕捉这种不平衡的层次结构和标度结构（Jiang，2013）。该方法是指以递归地导出固有类或层次的方法。通过计算平均值将所有数据分为两部分，头部（高于平均值部分）和尾部（低于平均值部分）。对头部的值重复这个过程，直到头部的值不是重尾的即止（Jiang，2013）。经一定次数循环迭代后，则能获得不同分级的区间数值，即航空枢纽的不同等级（图 1-21）。

为了能进行纵向对比，本书通过 Ht-index 运用统一的划分标准对所有 WACR 值进行等级划分。与重尾分布分级常用的方法（相等间隔、分位数、几何间隔、标准偏差和自然间断裂点）相比，Ht-index 具有以下优点：（1）能够捕捉事物在地理空间上按层级缩放的重要特征，即等级层次性；（2）分类的数量和分类的间隔是根据数据中嵌入的层次结构自然确定的；（3）计算方法简单合理，类区间是根据数值的算术平均值迭代得出的，如果类太多，头部类别可以合并为一个层级，但不会对尾部层造成影响。

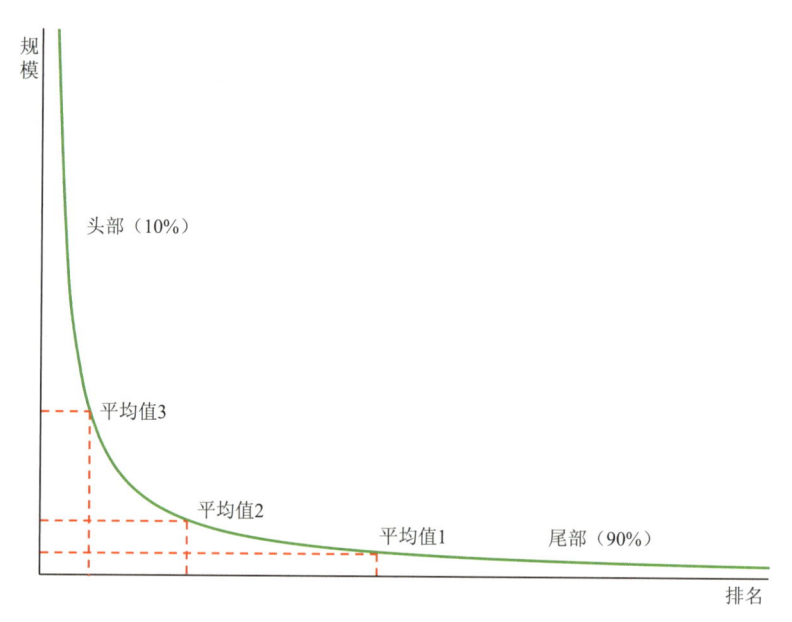

图 1-21　Ht-index 等级分类示意

资料来源：据 Jiang（2013）绘制。

（八）枢纽腹地模型

1. 首位联系划定模型

首位联系强度是确定通航节点所属地域系统和附属机场与轴心枢纽之间联系紧密程度时所选用的一般指标，其计算公式为：

$$L_{ik} = \max\left[\frac{I_{ij}+I_{ji}}{O_i+D_i}\right] \qquad \text{式 1-27}$$

式 1-27 中，k 代表 i 节点的首位航空联系节点；L_{ik} 为 i 节点的首位航空联系强度；I_{ij} 与 I_{ji} 分别代表 i 节点流向 j 节点和 j 节点流向 i 节点的航空客流；O_i 和 D_i 分别代表 i 节点航空客流的出发量和到达量。

2. 网络腹地划分模型

借鉴相对关联度方法来划分航空枢纽的网络腹地（王帮娟等，2023）：

$$V_{pq} = a + bN_q + R_{pq} \quad (q=1, 2, 3, \cdots, n, p \neq q) \qquad \text{式 1-28}$$

式 1-28 中，V_{pq} 表示节点 q 与其他节点 p（$p=1, 2, \cdots$）的航空连通度，

N_q 表示总航空班次。将 V_{pq} 与 N_q 进行回归分析,用残差 R_{pq} 分析节点 q 的连通性。若残差 R_{pq} 大于 0,则节点 p 与节点 q 是强关联的,若残差 R_{pq} 小于 0,则节点 p 与节点 q 是弱关联的。其中,将强关联的节点定义为航空枢纽的核心腹地,弱关联节点定义为航空枢纽的外围腹地。

3. 加权网络腹地规模测度

通过计算加权航空班次的地理影响范围测度航空枢纽的网络腹地规模:

$$S_i = (\overline{a_{ij}} \times \overline{d_{ij}})^2 \qquad \text{式 1-29}$$

式 1-29 中,S_i 表示航空枢纽的加权网络腹地规模,$\overline{a_{ij}}$ 和 $\overline{d_{ij}}$ 分别表示节点 i 与节点 j 的平均连通程度和平均欧氏距离。

4. 区域节点连通性测度

航空节点 i 与世界区域范围内的其他航空节点连通强度 WR_i 的计算公式如下:

$$WR_i = 100 \times \left[\frac{\sum_{i=1}^{WR} V_{ij}}{\sum_{i=1}^{1539} V_{ij}} - \frac{\sum_{i=1}^{WR} N_i}{\sum_{i=1}^{1539} N_i} \right] \qquad \text{式 1-30}$$

式 1-30 中:第一部分计算了节点 i 与世界区域 WR 范围内(本书为 17 个区域)节点的连通性 V_{ij} 占节点 i 总连通性的比例,第二部分计算了世界区域 WR 范围内所有节点的总网络连通性占全世界所有节点总网络连通性的比例。WR_i 值为正,表示一个节点在区域 WR 内联系相对较强;反之则表示联系相对较弱。WR_i 绝对值越大,此趋势越明显。

(九)网络效率模型

复杂网络视角的网络效率概念和测算模型由马奇奥里和拉托拉率先提出(Marchiori, 2000; Latora, 2002),随后逐渐被应用。他们认为网络效率等于最短路径长度的倒数:

$$E_{ij} = \frac{1}{d_{ij}} \qquad \text{式 1-31}$$

式 1-31 中,E_{ij} 为两节点间的网络效率,d_{ij} 为两节点的最短路径长度。网络效率与连接两点间最短距离成反比,具体来看,若节点 i 与 j 之间不连接,

那么 $d_{ij} = +\infty$，则其网络效率为 0；相反若节点 i 与 j 之间直接相连，那么 $d_{ij}=1$，则其网络效率 E_{ij} 为 1。单一节点的平均效率即为该点到网络中其他所有节点的平均值。

网络效率是从网络指标角度提出的反映网络中任意两节点间完成相互作用的难易程度。若从经济学投入-产出的角度来理解，那么投入指标是两点间的最短路径长度 d_{ij}，产出指标则统一视为 1，而实际网络中的产出并不存在绝对一致。因此，本书针对拉托拉的网络效率模型局限性，将节点中心性纳入网络效益（产出）测度，对网络效率测度方法进行改进，一方面用最短路径长度刻画航空网络节点的投入水平，另一方面用中心性指标表征航空网络节点的产出效益，具体公式如下：

1. 局域效率模型

局域效率是衡量节点与其直接相邻节点群之间连接效率的指标。不同于拉托拉的网络效率模型，此处产出要素考虑了局域性指标度中心性，并加入流量权重。

$$E_i^L = w_i \cdot N \cdot \frac{C_i^D}{\sum_{j=1,\ i\neq j}^{N} d_{ij}} = w_i \cdot \frac{C_i^D}{1} \qquad \text{式 1-32}$$

式 1-32 中，N 为节点个数，w_i 为节点 i 的流量权重，d_{ij} 为节点 i 与节点 j 之间的最短路径长度，C_i^D 为节点 i 的度中心性。在局域尺度中，所有节点均与研究对象 i 直接相连，因此平均最短路径为 1。

2. 全局效率模型

全局效率是衡量节点对整体网络结构的影响能力，侧重表达单一节点在整体网络中的地位。不同于拉托拉的网络效率模型，此处产出要素同时考虑了从全局尺度衡量节点中转能力的介数中心性、邻近程度的紧密度中心性以及涉及空间距离的直接度中心性，共同作为航空网络全局效率的产出要素。

$$E_i^G = w_i \cdot N \cdot \frac{C_i^B + C_i^C + C_i^S}{\sum_{j=1,\ i\neq j}^{N} d_{ij}} \qquad \text{式 1-33}$$

式 1-33 中，N 为节点个数，w_i 为节点 i 的流量权重，d_{ij} 为节点 i 与节点 j 之间的最短路径长度，C_i^B、C_i^C、C_i^S 分别为节点 i 的介数中心性、紧密度中心性和直接度中心性。

三、空间统计模型

(一) 位序-规模法则

位序-规模法则是分析国家或地区的城市体系规模分布的重要方法。本书利用位序-规模法则对航空网络节点的多中心性进行统计，计算公式如下：

$$P_i = P_1 R_i^{-q} \qquad 式 1\text{-}34$$

式 1-34 中，R_i 是按照从大到小排序后节点 i 的位序；P_i 是位序为 R_i 对应的节点多中心性；P_1 为首位节点的中心性数值；q 为常数。一般，对上式进行对数变换：

$$ln P_i = ln P_1 - q ln P_i \qquad 式 1\text{-}35$$

式 1-35 中，当 $q=1$ 时，节点规模分布在自然状态下呈现最优分布，满足 Zipf 准则；当 $q>1$ 时，节点规模分布呈现集中态势，高位序节点规模突出，中小规模节点则发育较差；当 $q<1$ 时，节点规模分布呈现分散态势，节点规模差距较小，整体格局相对均衡。

(二) 多重区域分异指数

1. 变异系数

变异系数 (Coefficient of variation) 作为衡量要素空间差异的常用指标，可以消除不同平均数对样本变异程度比较的影响，表征为标准差与平均值的比值。该值越大则样本的离散程度越高，空间差距越大；反之差异越小。具体公式如下：

$$S_t = \sqrt{\sum_{i=1}^{n} \frac{(X_{it} - \bar{X}_t)^2}{n}} \qquad 式 1\text{-}36$$

式 1-36 中，S_t 为标准差；X_{it} 为第 i 节点在 t 年份的航空网络属性值（中心性值、网络效率值等）；$\bar{X}_t$ 为 t 年份所有节点的平均航空属性值。

2. 基尼系数

基尼系数 (Gini coefficient) 最早是由意大利经济学家提出的用于衡量地区

收入分配差异的指标,现如今被广泛应用于地理要素空间集中程度的测量。本书采用空间基尼系数来衡量航空网络属性值的空间集聚程度。空间基尼系数的取值范围为[0, 1],值越大说明空间分布集聚程度越高,当值为 0 时则绝对均衡,当值为 1 时则绝对集中。具体公式如下:

$$Gini = \frac{1}{2m^2\bar{x}} \sum_{i=1}^{m} \sum_{j=1}^{m} |x_i - x_j| \qquad 式1\text{-}37$$

式 1-37 中,m 表示航空节点数量,x_i 和 x_j 分别表示第(i)和(j)个节点的航空网络属性值;$\bar{x}$ 表示所有节点的平均属性值。

3. 泰尔指数

泰尔指数(Theil index)为衡量区域差异的另一个重要指标,最大优势在于既能测度区域内差异(T_{WR}),同时也能够测度区域间差异(T_{BR})。值越大则差异越大,反之差异越小。具体公式如下:

$$T = T_{WR} + T_{BR} = \sum_{g=1}^{m} P_g * T_g + \sum_{g=1}^{m} P_g * log \frac{P_g}{V_g}$$

$$T_g = \sum_{i=1}^{n} P_{gi} * log \frac{P_{gi}}{V_{gi}} \qquad 式1\text{-}38$$

式 1-38 中,n 代表第 g 区域内的节点数量,m 表示区域数量,P_g 表示区域 g 的航空网络属性总值占全国属性总值的比重,V_g 表示区域 g 的节点数量占航空网络节点总数的比重,P_{gi} 表示区域 g 中节点 i 的网络属性值占区域 g 总属性值的比重,V_{gi} 表示区域 g 中节点数量的倒数。

四、计量经济模型

(一)多元线性回归模型

改革开放以来,中国民航事业快速发展,航空运输量呈现指数增长,尤其是进入 21 世纪,伴随着全球化与中国加入 WTO,中国的航空运输进入快速发展阶段(张翼等,2019)。因此,本书分别构建三个回归模型,拟从"国际"和"国内"两个维度对中国航空网络规模的重要影响因素进行探索。第一个回归模型以研究期间国内航空网络的城市航空客运规模作为被解释变量,利用下述解释变量进行回归分析(表 1-6)。由于通航城市节点数量随时间变化,因此回归

模型使用混合横截面数据,采用多元线性回归模型;此外由于回归模型存在时间因素影响,因此加入时间作为虚拟变量。模型可设为:

$$frq = \alpha_0 + \beta_1 gdp + \beta_2 ser + \beta_3 pop + \beta_4 wage + \beta_5 tour1 + \beta_6 fdi \\ + \beta_7 class + \beta_8 year + \varepsilon_{it} \qquad \text{式 1-39}$$

其中,ε_{it} 表示通常意义上的误差项;α_0 为回归模型的截距项,β 为相关变量的回归系数,α_0 和 β 均是待估计的参数。

第二个与第三个回归模型,分别从"国际"和"国内"两个视角对城市航线规模配置进行探索分析。以城市的航线规模作为被解释变量。对外航线数量能够很好代表一个城市对外的连通性,因此利用城市对外航线数量作为被解释变量,避免出现城市对外班次规模大但关联对象比较单一现象的影响。构建回归模型如下:

$$airline = \alpha_0 + \beta_1 gdp + \beta_2 ser + \beta_3 pop + \beta_4 wage + \beta_5 tour1 \\ + \beta_6 fdi + \beta_7 class + \varepsilon_{it} \qquad \text{式 1-40}$$

$$airline = \alpha_0 + \beta_1 gdp + \beta_2 ser + \beta_3 pop + \beta_4 wage + \beta_5 tour2 \\ + \beta_6 fdi + \beta_7 class + \varepsilon_{it} \qquad \text{式 1-41}$$

表 1-6 变量选取与预期判断

变量名称	符号	选取指标
被解释变量		
(1) 城市航空班次规模(frq)		
(2) 城市航线数量(airline)		
解释变量		
经济发展水平	gdp	城市的国内生产总值(GDP)
产业结构	trd	第三产业的比重
人口规模	pop	城市的人口总量
居民收入	wage	平均工资水平
旅游发展水平	tour1	城市国内旅游收入
	tour2	城市外汇旅游收入
对外开放水平	fdi	城市的外商直接投资
控制变量		
行政等级	class	省会城市、副省级及以上城市赋值为 1,否则为 0

资料来源:牛彩澄(2020)。

第一，大量研究表明城市的通航能力与城市自身的社会经济属性因素存在紧密的关系。其中，区域经济发展被认为是航空运输发展的重要驱动因素（Fu et al.，2010）。周的研究证实经济增长和人口增长会促进美国航空客运量增加（Chou，1993）。巴德拉和韦尔斯发现美国经济增长对航空客运量具有显著影响，国内生产总值每增加1%，其航空客运量大约会上升0.95%（Bhadra and Wells，2005）。南亚地区的航空运输量与经济增长的实证研究发现，其经济增长与航空客运存在长期的单向因果关系：GDP平均增长1%，航空客运量相应增长1.2%（Hakim and Merkert，2016）。

第二，产业结构对航空业发展也具有重要影响。运输方式结构的转变与经济结构演变密切相关。改革开放后，中国的工业化水平及第三产业比重迅速攀升，尤其是高端生产和消费服务业的发展极大地推动航空运输的繁荣。刘宏鲲（2007）将经济规模划分为三次产业产值，分析产业结构与航空客运量之间的相关性，发现第一产业和第二产业与航空客运量之间不存在相关关系，而第三产业产值对航空客运量具有显著影响。第三产业主要是旅游业，对航空运输存在着较强的依赖。航空运输是国际旅游及国内远距离旅游的重要出行方式（Bieger and Wittmer，2006），因此区域的旅游资源会极大地影响机场的空间分布及航空客流。吴晋峰（2012）等发现与中国航空关联密切的国家多是中国主要的入境旅游客源国。欧洲各国国内生产总值、旅游职能、与主要航空市场的距离对航空客运量影响较大，航空运输在一定程度上根植于城市自身的属性特征（Dobruszkes et al.，2011）。

第三，旅客收入和人口结构也是影响航空出行的关键决定性因素。戈茨的研究结果表明，美国人口和就业增长率高的城市，航空运输量的增长最为明显（Goetz，2006）。也有研究发现长期收入的变化会影响航空客运量，收入增加对客运量有积极的促进作用（Alperovich and Machnes，1994）。采用固定效应模型的面板数据分析发现：英国国际航空运输机票价格上涨会减少航空出行，居民的收入会促进客运量的上涨（Dargay and Hanly，2001）。而沙特阿拉伯的人口规模及总支出是影响其国际航空运输最重要的关键因素（Abed et al.，2001）。基于2002—2008年期间32个中等收入国家的实证分析，瓦尔德斯发现收入弹性（大约为1.26）是影响航空客运最重要的决定性因素（Valdes，

2015)。

第四，高铁等其他地面交通方式可能会对航空运输产生一定的影响。研究发现：韩国地面交通运输系统影响航空客运量，2004年新高速公路的开通及高速铁路的运行，导致韩国国内航空运输需求下降达到20%—90%（Park and Ha，2006）。陈从供需视角分析发现高速铁路对中国国内航空运输具有显著的替代作用，但这种替代效应因高铁路线、出行距离、城市类型等原因存在差异性（Chen，2017）。有研究表明中国航空运输发展与区域经济增长存在密切关系，经济发展水平较强、人口密度较高、工业化水平较发达的地区，其航空运输业发展更为强劲，其他地面运输对航空运输的替代效应比互补效应更为显著（Yao and Yang，2012）。

综上所述，本书从以下几个方面分析模型解释变量指标的选取。（1）经济水平：现有研究普遍认为区域经济是航空运输重要的驱动因素。一般来说，经济发达的城市能够为航空运输提供更广阔的发展空间，采用机场所在城市市辖区的国内生产总值（GDP）进行测度。（2）产业结构：城市的产业结构会影响自身对航空运输的依赖性，高端生产和消费服务性行业相对初级产业更为依赖航空运输，因此，采用城市第三产业的GDP比重测度城市的产业结构。（3）人口和居民收入：城市居民作为航空客运的服务对象，其人口规模成为航空业发展的基础因素之一，决定了航空客运需求量。此外，航空客运作为一种较为高端的出行方式，方便快捷是其优势，但价格偏高，高昂的票价会影响人们的出行选择。因此，分别选取城市市辖区的人口总量（Pop）与居民的平均工资水平（Wage）来表征。（4）旅游业发展：航空运输是长距离国内旅游和国际旅行的重要出行方式，目的城市和客源城市的航空运输发展水平能够影响目的地城市的旅游业发展，同时旅游业的发展能够促进目的地城市航空客流量的增长，因此，本书用城市的国内旅游收入（Tour）代表城市旅游业的发展水平。（5）对外开放程度：外商直接投资是测度城市经济对外开放程度的重要指标，外来资金的注入对于城市产业结构调整和升级具有重要影响，促进城市与其他地区的产业联系，因此，选择外商直接投资表征城市对外开放程度。（6）其他客运交通方式：除了航空运输外，地面交通系统也是重要交通出行方式，如铁路、公路，已有研究表明新建的公路或高铁的开通可能会给城市之间的航空运输带来一定的冲击，如京沪高铁的开通导致航空客运量下降了34%（Chen，2017）。但是由于本书研究时间节点跨度较大，交通方式间的相互影响研究的时间点选取一般为某种交通方式开通前与开通后，侧重短时间效应，因而不考虑这个指标。

最后，考虑城市的行政等级会影响城市航空运量，因此设置城市的行政等级作为控制变量，该变量为虚拟变量，若城市为省会城市或副省级及以上城市，则赋值为1，否则赋值为0。在被解释变量的选择上，城市航空运输班次规模与城市航线数量作为衡量城市航空连通性的指标（表1-6）。

为保证估计结果的可信性，对选取解释变量进行多重共线性检验，采用方差膨胀因子VIF进行检验，检验结果如表1-7所示。方差膨胀因子越大，表明自变量间的多重共线性愈严重。一般认为，方差膨胀因子≥10时，表明解释变量与其他解释变量之间存在严重的多重共线性，否则说明解释变量不存在多重共线性。根据检验可知，变量的多重共线性检验的最大VIF分别为7.27和5.65，最小值分别为1.43和1.42，平均值为3.74和2.80，因此可以认为航空网络回归模型选取的解释变量不存在多重共线性，可以进行回归分析。

表1-7　多重共线性检验

检验一			检验二		
Variable	VIF	1/VIF	Variable	VIF	1/VIF
Gdp	7.27	0.137 642	Gdp	5.65	0.177 08
Tour1	6.72	0.148 877	Pop	3.64	0.274 533
Fdi	3.32	0.301 632	Fdi	2.89	0.345 635
Pop	3.26	0.306 915	class	2.15	0.465 939
Wage	2.47	0.405 19	Tour2	1.97	0.508 632
Class	1.75	0.581 659	Wage	1.88	0.532 142
Ser	1.43	0.698 957	Ser	1.42	0.705 785
Mean VIF	3.74		Mean VIF	2.80	

资料来源：牛彩澄（2020）。

(二) 最小二乘法模型

本书选用 2015 年数据作为基准横截面模型，然后使用 1998 年、2005 年、2010 年的面板回归模型进行结论的稳健性检验。采用最小二乘法模型定量揭示中国国内航空网络效率的主要影响因素。

横截面模型的估计方程为：

$$\ln(\alpha+1) = \theta_0 + \theta_1 \ln P + \theta_2 \ln PG + \theta_3 \ln S2 + \theta_4 \ln S3$$
$$+ \theta_5 \ln TG + \theta_6 \ln RV + \theta_7 \ln HV + \theta_8 \ln HS$$
$$+ \theta_9 \ln FI + \theta_{10} \ln FDI + \theta_{11} \ln IV + \varepsilon_i \qquad \text{式 1-42}$$

式 1-42 中，α 代表被解释变量即航空网络效率；P 代表人口密度；PG 代表人均 GDP；$S2$、$S3$ 分别代表第二、三产业比重；TG 代表旅游业收入；RV、HV 分别代表铁路、公路的客货运量；HS 代表高等学校数量；FI 代表固定资产投资额占 GDP 的比重；FDI 代表外商直接投资；IV 代表机场自身的客货吞吐量；θ_0 为回归模型的截距；ε_i 是残差项（表 1-8）。

表 1-8 中国航空网络效率影响因素的解释与被解释变量说明

变量名	符号	度量指标
被解释变量	Y1	航空网络局域效率
	Y2	航空网络全局效率
人口规模	P	人口密度
经济发展水平	PG	人均地区生产总值
产业结构	S2	第二产业占比
	S3	第三产业占比
	TG	旅游业收入
其他交通运输水平	RV	铁路客货运量
	HV	公路客货运量
人力资本	HS	高等学校数量
政府支持度	FI	固定资产投资额占比
对外开放	FDI	外商直接投资
机场能级	IV	机场客货吞吐量

资料来源：李想（2018）。

横截面模型中的解释变量分别反映了人口、经济、交通、资本和对外开放水平的可能影响。(1) 人口规模：城市本身人口规模是发展航空产业的基础之一，一般情况下人口规模的扩张指示了城市规模的扩张。城市规模越大则对外联系的需求越大，因此人口规模与航空运输重要性高度相关，本书用人口密度（P）来代表人口规模。(2) 经济水平：区域经济与航空业为两大相互影响、互相促进的复合系统，依托航空优势的临空经济区是区域经济发展的重要增长极（马晓科，2017）。同时，区域经济为航空业发展提供发展空间和总量支撑，本书用人均地区生产总值（PG）来代表区域经济发展水平。(3) 产业结构：一般认为产业结构转变能够带来结构红利，进而提高生产效率（Peneder，2002）。第二产业包括的采矿业、建筑业、制造业等传统工业的对外联系需求不如旅游业、金融业、信息技术、教育等第三产业。尤其是旅游业，拥有空港已逐渐成为城市大力发展旅游业的重要基础，旅游业的快速发展为航空运输业提供了丰富的客源，促使了旅游航线和旅游机场的产生（王姣娥等，2016），从而对航空网络效率的提升具有一定促进作用。本书分别用第二、三产业 GDP 占比（$S2$、$S3$）以及旅游业收入（TG）来衡量产业发展水平。(4) 地面交通水平：铁路、公路和航空运输是综合运输系统的重要组成部分，但三者是否相互影响引起了学者们的重视。当铁路、公路运输处于高发展水平时则占据了大量流量要素，对航空效率可能产生影响。本书分别将铁路、公路的客运量与货运量做标准化处理后进行叠加，叠加结果即代表城市的铁路、公路运输水平。(5) 人力资本：用高等学校数量（HS）来表示。由于高等学校的数量往往指示了人才数量，而人才的集聚对科技进步、产业结构升级、经济增长等方面具有重大意义，同时促进了对外联系，尤其是航空运输联系。(6) 政府支持：用固定资产投资额占 GDP 的比重（FI）来表示。航空运输业的发展水平与地方政府的支持程度密不可分，在航空网络建设过程中，虽然与经济、人口、产业等客观需求的权衡密不可分，但同时不可避免地与政府基础设施投资有关（崔博和潘顺荣，2014）。(7) 对外开放：外商直接投资（FDI）是衡量经济开放程度的重要指标，FDI 的注入直接带来资金流，对于资源优化配置和产业结构升级具有积极效应，从而促进航空运输对外联系。(8) 机场规模：航空港的规模和等级对航空网络效率存在一定影响，用机场的客货吞吐量（IV）来表示其自身能级（李想，

2018)。面板模型的回归方程如下：

$$\ln(\alpha+1) = \theta_0 + \theta_1 \ln P + \theta_2 \ln PG + \theta_3 \ln EG + \theta_4 \ln TG$$
$$+ \theta_5 \ln RV + \theta_6 \ln HV + \theta_7 \ln HS + \theta_8 \ln FI$$
$$+ \theta_9 \ln FDI + \theta_{10} \ln IV + y_t + \varepsilon_{it} \qquad \text{式 1-43}$$

式 1-43 中，y_t 表示时间固定效应；ε_{it} 表示残差项，其余解释变量与截面回归模型一致。具体回归方法采用固定效应模型。

五、数据来源及处理

（一）主要数据来源

本书有关全球航空运输数据来自航空数据公司（Official Aviation Guide，OAG）（https://www.oag.com）。OAG 数据提供了出发和到达所在的机场、城市、国家、大洲和航班频次等信息。为避免新冠疫情冲击下的航空网络发展波动性影响，研究时间节点分别选取于 1999 年、2009 年和 2019 年，考虑航空班次规律性，以周为单位，选取 1999 年、2009 年和 2019 年的 5 月和 9 月某周的航班数据平均计算获得。

全球客运量、货运量和社会经济数据主要来自于世界银行（https://data.worldbank.org.cn）、国际航空运输协会（IATA，https://www.iata.org）、国际机场协会（ACI，https://aci.aero）、国际民用航空组织（IACO，https://www.icao.int/about-icao/Pages/ZH/default.aspx）、国际民航组织理事会年度报告（https://www.icao.int/about-icao/Pages/ZH/annual-reports_CH.aspx）等。

有关中国国内航空网络数据选取 1998 年、2005 年、2010 年、2015 年，通过整理《中国交通年鉴》和《从统计看民航》中的主要航空班次数据获得。社会经济数据主要来自于《中国城市统计年鉴》、省或地级市国民经济和社会发展统计公报。

（二）基本数据处理

首先，对原始数据进行清洗和整理，将机场之间的航空班次数据归并到城市和国家尺度；针对拥有多个机场的"一市多场"城市进行节点合并，将两个或以上的机场节点合并为一个城市节点。其次，统计城市、国家之间的航线数据和航班数据。最后，将节点数据和关联数据进行空间化处理，构建不同尺度航空网络空间数据库。

本书主要创建了 12 个不同的航空网络空间数据库。以 2019 年为例，全球共有 82 842 条航线，44 053 590 个航班，4 164 个机场。根据航班的出发城市和到达城市，生成世界航空运输网络。在网络构建中，本书忽略了同一国家城市之间的航班，只考虑了不同国家之间的国际航班。最后，我们得到了 1 539 个城市 40 850 条航线和 13 239 067 个航班的数据集。根据 OAG 的细分，航空运输网络被划分为七个全球区域，包括非洲（AF）、亚洲（AS）、欧洲（EU）、拉丁美洲（LA）、北美（NA）、中东（ME）和西南太平洋（SW）。除北美、中东和西南太平洋以外，所有这些地区都被细分为 2-5 个子网。其中，非洲网络进一步细分为中非、西非、东非、北非和南非 5 个子网。亚洲网络进一步细分为南亚、中亚、东南亚和东亚 4 个子网。欧洲网络进一步细分为东欧、中欧和西欧 3 个子网。拉丁美洲网络进一步细分为加勒比、中美洲、南美洲北部和南美洲南部 4 个子网，共分为 16 个区域性航空网络。

参 考 文 献

[1] 陈欣、李心茹、盛寅："基于复杂网络的长三角航线网络结构特征分析"，《交通信息与安全》，2020 年第 38 期。
[2] 陈彦光："城市化：相变与自组织临界性"，《地理研究》，2004 年第 3 期。
[3] 党亚茹、周莹莹、王莉亚等："基于复杂网络的国际航空客运网络结构分析"，《中国民航大学学报》，2009 年第 6 期。
[4] 杜方叶、王姣娥、谢家昊等："'一带一路'背景下中国国际航空网络的空间格局及演变"，《地理科学进展》，2019 年第 7 期。
[5] 范雪晴："基于全球-地方联系的中国科研合作网络结构研究"（硕士论文），南京师范大学，2017 年。
[6] 管明明："中国城市航空与创新网络的空间演化与耦合效应研究"（硕士论文），华东师范大学，2019 年。
[7] 光琪凝："浅谈中国航空公司如何加快国际化进程"，《中国民航报》，2015 年 5 月 21 日。
[8] 桂昭宇："世界航空运输业联盟趋势与中国民航应对策略研究"（博士论文），对外经济贸易大学，2000 年。
[9] 国际航协：《全球航空运输业现状及展望》，日内瓦，2019 年。
[10] 国际航协：《全球航空运输业现状及展望》，日内瓦，2020 年。

[11] 何行、王彪："'一带一路'背景下中国国际航空货运发展现状分析"，《空运商务》2021年第12期。
[12] 贺灿飞、毛熙彦："尺度重构视角下的经济全球化研究"，《地理科学进展》，2015年第9期。
[13] 黄炳志："航空运输业的全球化发展趋势及对中国航空运输业发展的思考"，《华东理工大学学报（社会科学版）》，1999年第2期。
[14] 黄彦："中国国际航空枢纽城市对外联系时空演变及影响因素研究"（博士论文），上海社会科学院，2020年。
[15] 贾文涛、单东、陈弘等："中国国际航空枢纽建设的现状与发展"，《民航管理》，2021年第2期。
[16] 姜克锦："城市用地——交通综合系统演化机理与优化研究"（博士论文），西南交通大学，2009年。
[17] 姜巍："国际航空枢纽发展特征分析及对中国的发展建议"，《价值工程》，2018年第19期。
[18] 焦敬娟、王姣娥："海航航空网络空间复杂性及演化研究"，《地理研究》，2014年第5期。
[19] 景秀艳、曾刚："全球与地方的契合：权力与生产网络的二维治理"，《人文地理》，2007年第3期。
[20] 李恩康、陆玉麒、杨星等："全球城市网络联系强度的时空演化研究——基于2014—2018年航空客运数据"，《地理科学》，2020年第1期。
[21] 李国栋、李如苑、王正等："全球航空运输市场大变局的关键特征及驱动因素"，民航．新型智库，2022年。http://att.caacnews.com.cn/zsfw/202205/t20220505_60634.html。
[22] 李国栋、王正："'一带一路'背景下中国国际航线网络布局评价"，《物流科技》2022年第45期。
[23] 李想："中国航空网络效率的空间演化及其影响因素研究"（硕士论文），华东师范大学，2018年。
[24] 李雪培："中国航企国际竞争力分析和提升国际竞争力的策略"，《民航管理》，2015年第8期。
[25] 李智忠："航空运输市场全球化趋势与中国民航的应对策略"，《云南财贸学院学报（社会科学版）》，2006年第1期。
[26] 刘承良、牛彩澄："东北三省城际技术转移网络的空间演化及影响因素"，《地理学报》，2019年第10期。
[27] 刘承良："城乡路网的空间复杂性——以武汉城市圈为例"（博士论文），华中师范大学，2011年。
[28] 刘得一、张兆宁、杨新湦：《民航概论（第3版）》，中国民航出版社，2011年。
[29] 刘功仕"关于航空运输全球化问题"，《民航经济与技术》，1999年第2期。
[30] 刘宏鲲、周涛："航空网络研究综述"，《自然科学进展》，2008年第6期。
[31] 刘军：《整体网分析讲义：UCINET软件实用指南》，上海人民出版社，2009年。
[32] 刘望保、韩茂凡、谢智豪："全球航线数据下世界城市网络的连接性特征与社团识别"，《经济地理》，2020第40期。
[33] 陆玉麒：《区域发展中的空间结构研究》，南京师范大学出版社，1998年。
[34] 马学广、李贵才："全球流动空间中的当代世界城市网络理论研究"，《经济地理》2011年第31期。
[35] 苗长虹："全球-地方联结与产业集群的技术学习——以河南许昌发制品产业为例"，《地理学报》，2006年第4期。
[36] 莫辉辉、王姣娥、金凤君："交通运输网络的复杂性研究"，《地理科学进展》，2008年第6期。
[37] 牛彩澄："'全球-地方'视角下中国航空网络的空间演化与影响因素"（硕士论文），华东师范大学，2020年。

[38] 司月芳、曾刚、曹贤忠等:"基于全球-地方视角的创新网络研究进展",《地理科学进展》,2016年第5期。
[39] 宋伟、李秀伟、修春亮:"基于航空客流的中国城市层级结构分析",《地理研究》,2008年第4期。
[40] 唐小卫、李杰、张敏:《航空运输地理》,科学出版社,2012年。
[41] 王帮娟、王涛、刘承良:"中国技术转移枢纽及其网络腹地的时空演化",《地理学报》,2023年第78期。
[42] 王成金、金凤君:"从航空国际网络看中国对外联系的空间演变",《经济地理》,2005年第5期。
[43] 王海江、苗长虹:"中国航空联系的网络结构与区域差异",《地理科学》,2015年第10期。
[44] 王姣娥、景悦:"中国城市网络等级结构特征及组织模式——基于铁路和航空流的比较",《地理学报》,2017年第8期。
[45] 王姣娥、莫辉辉、金凤君:"中国航空网络空间结构的复杂性研究",《地理学报》,2009年第8期。
[46] 王姣娥、莫辉辉:"航空运输地理学研究进展与展望",《地理科学进展》,2011年第6期。
[47] 王姣娥、莫辉辉:"中国航空网络演化过程的复杂性研究",《交通运输系统工程与信息》,2014年第1期。
[48] 王姣娥、王涵、焦敬娟:"'一带一路'与中国对外航空运输联系",《地理科学进展》,2015年第5期。
[49] 韦佩妮、杨文东:"基于复杂网络的欧洲航空公司网络特征分析",《哈尔滨商业大学学报(自然科学版)》,2023年第39期。
[50] 吴晋峰、任瑞萍、韩立宁等:"中国航空国际网络结构特征及其对入境旅游的影响",《经济地理》,2012年第5期。
[51] 吴宜耽:"全球国际航空网络结构复杂性及社团特征研究"(博士论文),中国民用航空飞行学院,2023年。
[52] 叶倩、吴殿廷、戴特奇等:"中美航空客运网络层次结构和地域系统对比分析",《地理研究》,2013年第6期。
[53] 于海波:"中国航空网络拓扑结构及其演化特征"(硕士论文),北京大学,2005年。
[54] 于新才:"中美航空公司经济效益结比较研究",《民航学报》,2020年第4期。
[55] 俞桂杰、彭语冰、褚衍昌:"复杂网络理论及其在航空网络中的应用",《复杂系统与复杂性科学》,2006年第1期。
[56] 张凡、杨传开、宁越敏等:"基于航空客流的中国城市对外联系网络结构与演化",《世界地理研究》,2016年第25期。
[57] 张凡:"航空联系视角下的中国城市网络:结构特征与演化规律"(博士论文),华东师范大学,2016年。
[58] 赵巍:"中国民航的国际化发展道路",《大飞机》,2017年第10期。
[59] 周成虎:"数字地球与区域可持续发展",《科学对社会的影响(中文版)》,1999年。
[60] 周一星、胡智勇:"从航空运输看中国城市体系的空间网络结构",《地理研究》,2002年第3期。
[61] 朱新华、于剑:"基于时空视角的中国国际客运航空网络演化研究",《综合运输》,2019年第5期。
[62] Abed, S. Y., A. O. Ba-Fail, S. M. Jasimuddin. 2001. An Econometric Analysis of International Air Travel Demand in Saudi Arabia. *Journal of Air Transport Management*, Vol. 7, No. 3.
[63] Allroggen, F., M. D. Wittman, R. Malina. 2015. How Air Transport Connects the World—A

New Metric of Air Connectivity and its Evolution between 1990 and 2012. *Transportation Research Part E: Logistics and Transportation Review*, Vol. 80.

[64] Alperovich, G., Y. Machnes. 1994. The Role of Wealth in the Demand for International Air Travel. *Journal of Transport Economics and Policy*, Vol. 28, No. 2.

[65] Azzam, M., Klingauf, U., Zock, A. 2013. The Accelerated Growth of the Worldwide Air Transportation Network. *The European Physical Journal Special Topics*, Vol. 215, No. 1.

[66] Bagler, G. 2008. Analysis of the Airport Network of India as A Complex Weighted Network. *Physica A: Statistical Mechanics and its Applications*, Vol. 387, No. 12.

[67] Balakrishnan, H., J. Clarke, E. M. Feron, et al. 2016. Challenges in Aerospace Decision and Control: Air Transportation Systems. In Eric Feron, *Advances in Control System Technology for Aerospace Applications*. Heidelberg: Springer, pp. 109-136.

[68] Barabasi, A. L., R. Albert. 1999. Emergence of Scaling in Random Networks. *Science*, Vol. 286, No. 5439.

[69] Barrat, A., Barthélemy, M., Vespignani, A. 2005. The Effects of Spatial Constraints on the Evolution of Weighted Complex Networks. *Journal of Statistical Mechanics: Theory and Experiment*, Vol. 215, No. 5.

[70] Bathelt, H., A. Malmberg, P. Maskell. 2004. Clusters and Knowledge: Local Buzz, Global Pipelines and the Process of Knowledge Creation. *Progress in Human Geography*, Vol. 28, No. 1.

[71] Bhadra, D. and M. Wells. 2005. Air Travel by State: Its Determinants and Contributions in the United States. *Public Works Management and Policy*, Vol. 10, No. 2.

[72] Bieger, T. and A. Wittmer. 2006. Air Transport and Tourism-Perspectives and Challenges for Destinations, Airlines and Governments. *Journal of Air Transport Management*, Vol. 12, No. 1.

[73] Brenner, N. 1999. Globalisation as Reterritorialisation: The Re-scaling of Urban Governance in the European Union. *Urban Planning International*, Vol. 36, No. 3.

[74] Burghouwt, G. and de Wit, J. 2005. Temporal Configurations of European Airline Networks. *Journal of Air Transport Management*, Vol. 11, No. 3.

[75] Burghouwt, G., Hakfoort, J. and van Eck, J. R. 2003. The Spatial Configuration of Airline Networks in Europe. *Journal of Air Transport Management*, Vol. 9, No. 5.

[76] Burghouwt, G., J. Hakfoort. 2001. The Evolution of the European Aviation Network, 1990-1998. *Journal of Air Transport Management*, Vol. 7, No. 5.

[77] Cao, Z., Derudder, B., Dai, L., et al. 2022. 'Buzz-and-pipeline' Dynamics in Chinese Science: The Impact of Interurban Collaboration Linkages on Cities' Innovation Capacity. *Regional Studies*, Vol. 56, No. 2.

[78] Cattan, N. 1995. Attractivity and Internationalisation of Major European Cities: The Example of Air Traffic. *Urban Studies*, Vol. 32, No. 2.

[79] Chen, Z. 2017. Impacts of High-speed Rail on Domestic Air Transportation in China. *Journal of Transport Geography*, Vol. 62.

[80] Cheung, T. K., Wong, C. W., Zhang, A. 2020. The Evolution of Aviation Network: Global Airport Connectivity Index 2006-2016. *Transportation Research Part E: Logistics and Transportation Review*, Vol. 133.

[81] Chi, L., Wang, R., Su, H., et al. 2003. Structural Properties of U. S. Flight Network. *Chinese Physics Letters*, Vol. 20, No. 8.

[82] Chi, L. P. and X. Cai. 2008. Structural Changes Caused by Error and Attack Tolerance in US Airport Network. *International Journal of Modern Physics B: Condensed Matter Physics; Statistical Physics; Applied Physics*, Vol. 18, No. 17.

[83] Chou, H. Y. 1993. Nodal Accessibility of Air Transportation in the United States, 1985-1989. *Transportation Planning and Technology*, Vol. 17, No. 1.

[84] Ciliberto, F., E. E. Cook and J. W. Williams. 2019. Network Structure and Consolidation in the U. S. Airline Industry, 1990-2015. *Review of Industrial Organization*, Vol. 54, No. 1.

[85] Da, Rocha L. E. C. 2009. Structural Evolution of the Brazilian Airport Network. *Journal of Statistical Mechanics: Theory and Experiment*, No. 4.

[86] Dai, L., B. Derudder, X. Liu. 2018. The Evolving Structure of the Southeast Asian Air Transport Network through the Lens of Complex Networks, 1979—2012. *Journal of Transport Geography*, Vol. 68.

[87] Dargay, J. and M. Hanly. 2001. The Determinants of the Demand for International Air Travel to and from the UK. ESRC Transport Studies Unit, University College London.

[88] Derudder, B. and F. Witlox. 2008. Mapping World City Networks through Airline Flows: Context, Relevance, and Problems. *Journal of Transport Geography*, Vol. 16, No. 5.

[89] Derudder, B. and P. J. Taylor. 2018. Central Flow Theory: Comparative Connectivities in the World-city Network. *Regional Studies*, Vol. 52, No. 8.

[90] Derudder, B., L. Devriendt and F. Witlox. 2010. A Spatial Analysis of Multiple Airport Cities. *Journal of Transport Geography*, Vol. 18, No. 3.

[91] Dicken, P. 2008. Global-Local Tensions: Firms and States in the Global Space-Economy. In Trevor J. B., J. Peck, E. Sheppard, A. Tickell. *Reading Economic Geography*. Blackwell Publishing Ltd, pp. 137-150.

[92] Dobruszkes, F., A. Graham. 2016. Air Transport Liberalisation and Airline Network Dynamics: Investigating the Complex Relationships. *Journal of Transport Geography*, Vol. 50.

[93] Dobruszkes, F., M. Lennert and G. Van Hamme. 2011. An Analysis of the Determinants of Air Traffic Volume for European Metropolitan Areas. *Journal of Transport Geography*, Vol. 19.

[94] Dohleman, B. 2006. Exploratory Social Network Analysis with Pajek. *Psychometrika*, Vol. 71, No. 3.

[95] Dresner, M., C. Eroglu, C. Hofer, *et al*. 2015. The Impact of Gulf Carrier Competition on U. S. Airlines. *Transportation Research Part A: Policy and Practice*, Vol. 79.

[96] Erdos, P. and A. Renyi. 1959. On Random Graphs. *Publications Mathematicae*, Vol. 6.

[97] Faust, K. 1997. Centrality in Affiliation Networks. *Social Networks*, Vol. 19, No. 2.

[98] Fayed, H., J. Westlake. 2002. Globalization of Air Transport: The Challenges of the GATS. *Tourism Economics*, Vol. 8, No. 4.

[99] Fu, X., T. Oum and A. Zhang. 2010. Air Transport Liberalization and its Impacts on Airline Competition and Air Passenger Traffic. *Transportation Journal*, Vol. 49.

[100] Goetz, A. R., Graham B. 2004. Air Transport Globalization, Liberalization and Sustainability: Post-2001 policy Dynamics in the United States and Europe. *Journal of Transport Geography*, Vol. 12, No. 4.

[101] Goetz, A. R. 2006. Air Passenger Transportation and Growth in the U. S. Urban System, 1950-1987. *Growth and Change*, Vol. 23, No. 2.

[102] Grosche, T., R. Klophaus and A. Seredyński. 2017. Competition for Long-haul Connecting Traffic among Airports in Europe and the Middle East. *Journal of Air Transport Management*, Vol. 64.

[103] Guida M, Funaro M. 2007. Topology of the Italian Airport Network: A Scale-free Small-world Network with a Fractal Structure? Chaos, Solitons and Fractals, Vol. 31, No. 3.

[104] Guimerà, R., S. Mossa, A. Turtschi, *et al*. 2005. The Worldwide Air Transportation Network: Anomalous Centrality, Community Structure, and Cities' Global Roles. *Proceedings of the National Academy of Sciences of the United States of America*, Vol. 102, No. 22.

[105] Guo, W., B. Toader, R. Feier, *et al*. 2019. Global Air Transport Complex Network: Multi-Scale Analysis. *SN Applied Sciences*, Vol. 1, No. 7.

[106] Hakim, M. M. and R. Merkert. 2016. The Causal Relationship between Air Transport and Economic Growth: Empirical Evidence from South Asia. *Journal of Transport Geography*, Vol. 56.

[107] Hakim, M. M. and R. Merkert. 2019. Econometric Evidence on the Determinants of Air Transport in South Asian Countries. *Transport Policy*, Vol. 83.

[108] Hossain, M. M., Alam, S. 2017. A Complex Network Approach towards Modeling and Analysis of the Australian Airport Network. *Journal of Air Transport Management*, Vol. 60.

[109] Ivănescu, P. L. 1965. Application to the Theory of Graphs. In Pseudo-Boolean. *Programming and Applications. Lecture Notes in Mathematics*, Vol 9. Heidelberg: Springer.

[110] Jia, T., Qin, K., Shan, J. 2014. An Exploratory Analysis on the Evolution of the US Airport Network. *Physica A: Statistical Mechanics and its Applications*, Vol. 413.

[111] Jiang, B. 2013. Head/Tail Breaks: A New Classification Scheme for Data with a Heavy-Tailed Distribution. *The Professional Geographers*, Vol. 65, No. 3.

[112] Jimenez, E., Claro, J., de Sousa, J. P. 2012. Spatial and Commercial Evolution of Aviation Networks: A Case Study in Mainland Portugal. *Journal of Transport Geography*, Vol. 24.

[113] Johnston, R. J., P. J. Taylor and M. J. Watts. 2002. Geography of Global Change: Reshapping the World. Blackwell Publishing, pp. 315.

[114] Keeling, D. J. 1995. Transport and the World City Paradigm. In Knox, P. L and P. J Taylor. *World Cities in a World-system*. Cambridge University Press, pp. 115-131.

[115] Keeling, D. J. 2020. Restructuring Argentina's Airline Networks: Successes and Challenges. *Journal of Transport Geography*, Vol. 86.

[116] Koo, T. T. and Lohmann, G. 2013. The Spatial Effects of Domestic Aviation Deregulation: A Comparative Study of Australian and Brazilian Seat Capacity, 1986-2010. *Journal of Transport Geography*, Vol. 29.

[117] Latora, V. and M. Marchiori. 2002. Is the Boston Subway a Small-world Network? *Physica A: Statistical Mechanics and Its Applications*, Vol. 314, No. 1.

[118] Li, W., Cai, X. 2004. Statistical Analysis of Airport Network of China. *Physical Review E*, Vol. 69, No. 4.

[119] Lin, J, Ban, Y. 2014. The evolving network structure of US airline system during 1990-2010. *Physica A: Statistical Mechanics and its Applications*, Vol. 410.

[120] Lin, J. and Y. Ban. 2013. Complex Network Topology of Transportation Systems. *Transport Reviews*, Vol. 33, No. 6.

[121] Liu, C., C. Niu and J. Han. 2019. Spatial Dynamics of Intercity Technology Transfer Networks in China's Three Urban Agglomerations: A Patent Transaction Perspective. *Sustainability*, Vol. 11, No. 6.

[122] Liu, C., J. Wang and H. Zhang. 2018b. Spatial Heterogeneity of Ports in the Global Maritime Network Detected by Weighted Ego Network Analysis. *Maritime Policy and Management*, Vol. 45, No. 1.

[123] Liu, C., J. Wang, H. Zhang, *et al.* 2018a. Mapping the Hierarchical Structure of the Global Shipping Network by Weighted Ego Network Analysis. *International Journal of Shipping and Transport Logistics*, Vol. 10, No. 1.

[124] Lordan, O. and J. M. Sallan. 2017. Analyzing the Multilevel Structure of the European Airport Network. *Chinese Journal of Aeronautics*, Vol. 30, No. 2.

[125] Lordan, O., J. Florido, J. M. Sallan, *et al.* 2015. Study of the Robustness of the European Air Routes Network. In: Zhang, Z., Z. Shen, J. Zhang, R. Zhang (eds.). *Proceedings of 4th International Conference on Logistics, Informatics and Service Science*. Heidelberg: Springer. Available at https://doi.org/10.1007/978-3-662-43871-8_30. 2015.

[126] Lordan, O., J. M. Sallan, P. Simo, *et al.* 2014a. Robustness of the Air Transport Network. *Transportation Research Part E: Logistics and Transportation Review*, Vol. 68.

[127] Lordan, O., J. M. Sallan and P. Simo. 2014b. Study of the Topology and Robustness of Airline Route Networks from the Complex Network Approach: A Survey and Research Agenda. *Journal of Transport Geography*, Vol. 37.

[128] Marchiori, M. and V. Latora. 2000. Harmony in the Small-world. *Physica A: Statistical Mechanics and Its Applications*, Vol. 285, No. 3.

[129] Matisziw, T. C. and T. H. Grubesic. 2010. Evaluating Locational Accessibility to the US Air Transportation System. *Transportation Research Part A: Policy and Practice*, Vol. 44, No. 9.

[130] Matsumoto, H., K. Domae. 2019. Assessment of Competitive Hub Status of Cities in Europe and Asia from an International Air Traffic Perspective. *Journal of Air Transport Management*, Vol. 78.

[131] Matsumoto, H. 2007. International Air Network Structures and Air Traffic Density of World Cities. *Transportation Research Part E: Logistics and Transportation Review*, Vol. 43, No. 3.

[132] Newman, M. E. J. 2003. Ego-centered Networks and the Ripple Effect. *Social Networks*, Vol. 25.

[133] Newman, M. E. J., Girvan, M. 2004. Finding and Evaluating Community Structure in Networks. *Physical Review E*, Vol. 69, No. 2.

[134] Paleari, S., R. Redondi and P. Malighetti. 2010. A Comparative Study of Airport Connectivity in China, Europe, and US: Which Network Provides the Best Service to Passengers? *Transportation Research Part E: Logistics and Transportation Review*, Vol. 46, No. 2.

[135] Park, Y. and H. Ha. 2006. Analysis of the Impact of High-speed Railroad Service on Air Transport Demand. *Transportation Research Part E: Logistics and Transportation Review*, Vol. 42, No. 2.

[136] Ramamurti, R., R. Sarathy. 1997. Deregulation and Globalization of Airlines. *The International Trade Journal*, 1997, Vol. 11, No. 3.

[137] Reggiani, A., S. Signoretti, P. Nijkamp, *et al.* 2009. *Network Measures in Civil Air Trans-*

port: A Case Study of Lufthansa. Springer.
[138] Reynolds-Feighan, A. 2010. Characterisation of Airline Networks: A North American and European Comparison. *Journal of Air Transport Management*, Vol. 16, No. 3.
[139] Robertson, R. 1992. *Globalization: Social Theory and Global Culture*. Sage Publications, pp. 104-105, 224.
[140] Rodrigue, J., C. Comtois, B. Slack. 2016. *The Geography of Transport Systems* (the 4th edition). New York: Taylor and Francis.
[141] Shaw, S. L. 1993. Hub Structures of Major US Passenger Airlines. *Journal of Transport Geography*, Vol. 1, No. 1.
[142] Shin, K. H., Timberlake M. 2000. World Cities in Asia: Cliques, Centrality and Connectedness. *Urban Studies*, Vol. 37, No. 12.
[143] Smith, D. A. and M. F. Timberlake. 2001. World City Networks and Hierarchies, 1977-1997. *American Behavioral Scientist*, Vol. 44, No. 10.
[144] Swyngedouw, E. 1998. Neither Global nor Local: 'Glocalization' and the Politics of Scale. In Cox, K. R. *Spaces of Globalization: Reasserting the Power of the Local*. Guilford Press, pp. 137-166.
[145] Swyngedouw, E. 2004. Globalisation or 'Glocalisation'? Networks, Territories and Rescaling. *Cambridge Review of International Affairs*, Vol. 17, No. 1.
[146] Valdes, V. 2015. Determinants of Air Travel Demand in Middle Income Countries. *Journal of Air Transport Management*, Vol. 42.
[147] Vowles, T. M. 2000. The Geographic Effects of U.S. Airline Alliances. *Journal of Transport Geography*, Vol. 8.
[148] Wandelt, S. and Sun, X. 2015. Evolution of the international air transportation country network from 2002 to 2013. *Transportation Research Part E: Logistics and Transportation Review*, Vol. 82.
[149] Wandelt, S., Sun, X. and Zhang, J. 2019. Evolution of Domestic Airport Networks: A Review and Comparative Analysis. *Transportmetrica B: Transport Dynamics*, Vol. 7, No. 1.
[150] Wang, J., H. Mo and F. Wang. 2014. Evolution of Air Transport Network of China 1930-2012. *Journal of Transport Geography*, Vol. 40.
[151] Wang, J., H. Mo, F. Wang, *et al*. 2011. Exploring the Network Structure and Nodal Centrality of China's Air Transport Network: A Complex Network Approach. *Journal of Transport Geography*, Vol. 19, No. 4.
[152] Watts, D. J. and S. H. Strogatz. 1998. Collective Dynamics of "Small-world" Networks. *Nature*, Vol. 393, No. 6684.
[153] Wellman, B. and S. Potter. 1999. The Elements of Personal Communities. In Wellman, B. (ed.). *Networks in the Global Village*. Boulder: Westview Press.
[154] Yao, S. and X. Yang. 2012. Air Transport and Regional Economic Growth in China. *Asia-Pacific Journal of Accounting and Economics*, Vol. 19, No. 3.
[155] Zanin, M. and F. Lillo. 2013. Modelling the Air Transport with Complex Networks: A Short Review. *European Physical Journal Special Topics*, Vol. 215, No. 1.
[156] Zhang, H. and Z. Li. 2011. Weighted Ego Network for Forming Hierarchical Structure of Road Networks. *International Journal of Geographical Information Science*, Vol. 25, No. 2.

[157] Zhang, Q., H. Yang and Q. Wang. 2017. Impact of High-Speed Rail on China's Big Three Airlines. *Transportation Research Part A: Policy and Practice*, Vol. 98.

[158] Zhou, Y., J. Wang and G. Q. Huang. 2019. Efficiency and Robustness of Weighted Air Transport Networks. *Transportation Research Part E: Logistics and Transportation Review*, Vol. 122.

第二章　世界航空运输业地理

21世纪以来，得益于经济全球化和航空自由化发展，世界航空运输范围不断拓展，国际航空地位日益提升，国内航空市场份额相对下降。本章从产出和投入两个视角，刻画世界航空运输生产能力的时空演化规律。其中，运量以产出的流量度量航空运输生产能力，运力以投入的飞机和机场度量航空运输生产能力。

受多种社会经济因素影响，航空运输的企业规模和客货运量在全球分布表现出显著的空间差异性和集聚性。随着世界经济系统性东移，亚太地区航空市场增长势头强劲，全球航空市场格局加速重组，航空客货流量和运力分布高度不均，已呈现"亚太-欧洲-北美"三足鼎立格局，相对聚集于国土面积辽阔的美国、中国、俄罗斯和加拿大等大国以及经济比较发达的西欧国家。世界航空公司数量及机队规模的分布也存在明显地域差异，高度集中于北美和欧洲，亚太地区增长迅速，但与欧美存在一定差距，具有较强发展潜力。全球航空公司机队规模异质性较大，机队规模庞大的航空公司高度集中于美国和中国。世界民用航空运输机场规模大小和繁忙程度均具有显著的空间不均性、集聚性和等级层次性，枢纽机场高度集中于东亚-东南亚、西欧、北美三大地区。

第一节　世界航空客运量的时空演化

全球航空客运量呈现周期性波动变化特征，与全球经济周期同频共振，受经济波动和突发事件影响显著。客运量洲际分布呈现"亚太-欧洲-北美"三足鼎立的格局，国际客运量由欧洲地区主导，国内客运量呈现亚太和北美双核主导结构。国家尺度航空客运量呈现明显的空间异质性，形成梯次发展格局。

一、世界航空客运量的时序演化

（一）呈成长-成熟-衰退-低迷的周期性波动变化

受产品供给、市场需求、国际油价和金融汇率四大周期性因素综合影响，航空运输业具有显著的成长-成熟-衰退-低迷的周期性波动变化特征。

1978年美国开始放松航空管制，20世纪90年代欧盟航空运输市场一体化逐渐成熟，全球航空运输业自由化进程日益加快，世界航空运输大市场逐步形成。过去50年间，全球民航运输业发展出现了五次大的波动（张晋，2019）。第一次是1980年的石油危机，增长率由上一年的11.5%陡降至3%；第二次是1991年的海湾战争，造成负增长3.5%；第三次是2001年的互联网泡沫和美国"9·11"恐怖袭击事件，增长率由上年的8%下降至−4%；第四次是2008年的全球金融危机，增长率由2007年的7.1%下降至1.8%；第五次是2020年的新型冠状病毒感染疫情（简称"新冠"疫情）大流行，全球2/3左右的商业飞机停飞，全球客运量较2020年下降了60%，客运总收入同比降幅接近70%。每次波动约10年为一个周期，每一周期约有3年的下降、低速和恢复过程，接着迎来几年的高速增长（图2-1；魏君，2018）。

以重大事件为分界点，全球航空客运量时序变化经历了五个动态阶段。（1）恢复发展阶段（1973—1990年）：全球航空旅客人次呈现缓慢增长趋势，客流量由1973年的4亿人次增长到1990年的10.2亿人次；（2）缓慢发展阶段（1991—2000年）：全球航空旅客人次呈现波动增长态势，客流量由1991年的11.3亿人次增长到2000年的16.7亿人次。（3）快速发展阶段（2001—2008年）：全球航空旅客人次呈现快速发展趋势，客流量由2001年的16.6亿人次增长到2008年的22.1亿人次；（4）高速发展阶段（2009—2019年）：全球航空旅客人次呈现高速增长态势，客流量由2009年的22.5亿人次增长到2019年的44.6亿人次；（5）快速衰落阶段（2019年至今）：全球航空旅客人次呈现先降低后增长的趋势，客流量骤然下降到2020年的17.7亿人次后缓慢恢复到2021

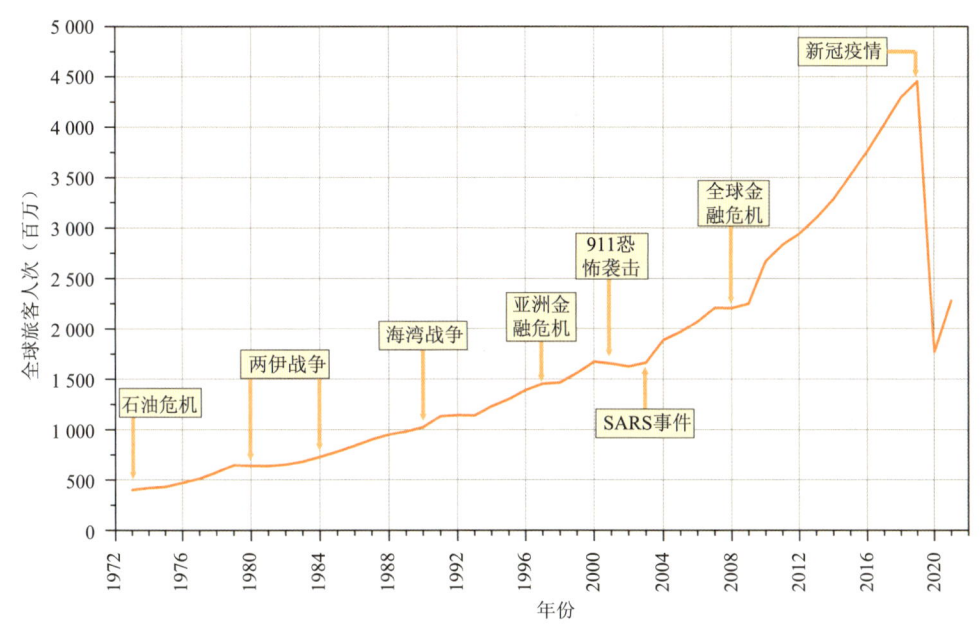

图 2-1　世界民航客运量的阶段性变化（1972—2022 年）

资料来源：据世界银行（https://data.worldbank.org.cn/indicator/IS.AIR.PSGR）绘制。

年的 22.8 亿人次，但尚未恢复到疫情前。

（二）与全球经济周期同频共振，受经济波动和突发事件影响显著

由于航空需求增长对经济增长的弹性系数非常高，导致航空运输具有强周期性，呈现扩张、繁荣、衰退、低迷的周期性波动增长态势，与全球经济、政治和社会重大事件息息相关（图 2-2）。

（1）作为高弹性产品，航空运输高度依赖全球经济发展，与宏观经济周期基本同步。一是当世界经济稳定快速增长时，国际经贸往来频繁、居民消费能力旺盛，航空运输业随之进入景气周期；但若经济增速放缓甚至衰退，航空市场需求将迅速显著萎缩，出现不同程度的萧条，其弹性系数和波动幅度一般超过世界经济波动，具有高度敏感性。二是全球民航客运市场始终以领先于经济增长的速度快速发展，从历史数据来看，民航客运的年增长率约为各国国内生产总值（GDP）年增长率的 2 倍（图 2-2）。

（2）全球航空运输业的发展受到经济、政治和社会重大事件的影响。一是

战争对航空运输业的影响。受到两伊战争和海湾战争的影响，航空客运量增长率分别由1979年和1991年的12.6%和10.6%下降到1980年的−1.01%和1992年的1.1%。二是突发事件对航空运输业的影响。2001年的"911袭击"、2003的SARS事件、2008年的金融危机及2020年的"新冠"疫情导致航空需求的急剧下降，航空运输业受到严重冲击，航空客运量出现了不同程度的衰退，全球航空客运量整体呈现波动增长态势（图2-1和图2-2）。

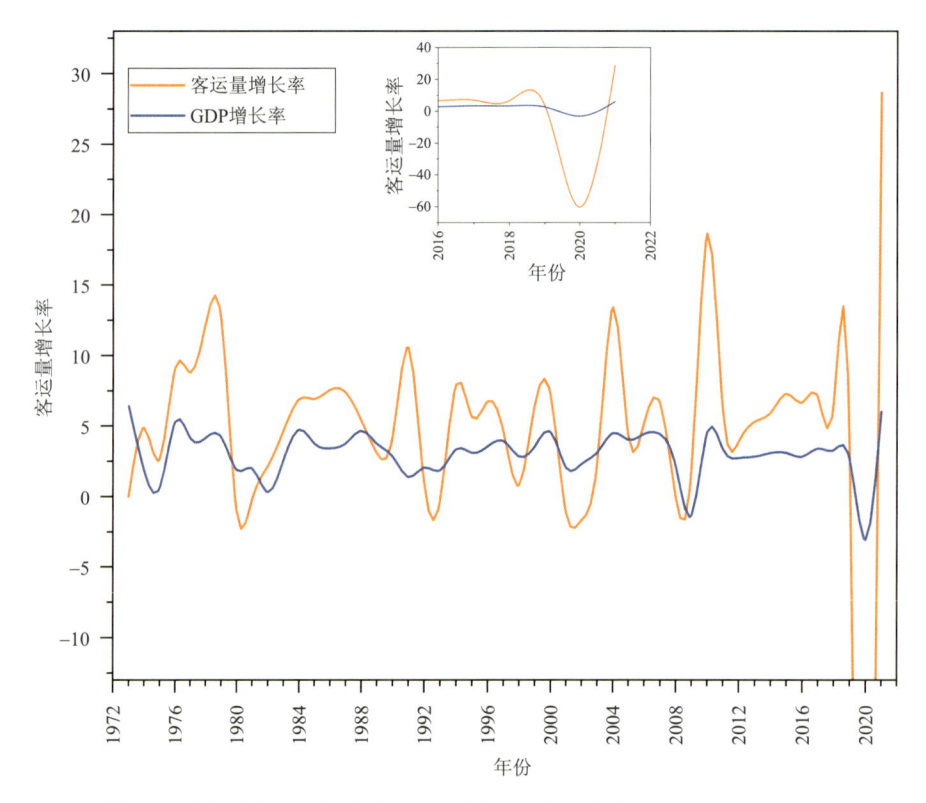

图2-2 世界航空客运运输与全球经济波动变化（1972—2022年）

资料来源：据世界银行（https://data.worldbank.org.cn）绘制。

（三）呈现季节性波动规律，与气候和假期密切相关

航空运输与旅游业发展紧密相关，呈现季节性波动规律，受到气候和假期的综合影响（图2-3）。美国和欧盟的客运量季节变动最大，数量级在百万级别。特别是欧盟表现出夏季（高峰期）和冬季（低谷期）的相对稳定模式，夏季高峰期持续约五个月（5—10月）。主要由以下三个因素造成：一是庞大的人口；

二是大多数人有足够的资金进行定期长途旅行；三是历史上已形成相对固定的6—9月间的假期季节。

与之不同的是，中国仅在夏季（约在8月）显示出短暂的高峰期，得益于利用7—8月暑假的家庭游。加拿大和俄罗斯（约在8月）和巴西（约在7月）也显示出短暂的夏季高峰期。印度的客运量在5月出现明显的高峰，9月达到低谷，并在12月出现急剧增长。原因在于与其他国家相比，印度的学校假期季较早，通常在5月中旬至6月底之间。澳大利亚的客运量在2月达到低谷，11月达到高峰，这同样主要归因于澳大利亚学校假期季节（Wandelt et al.，2019）。

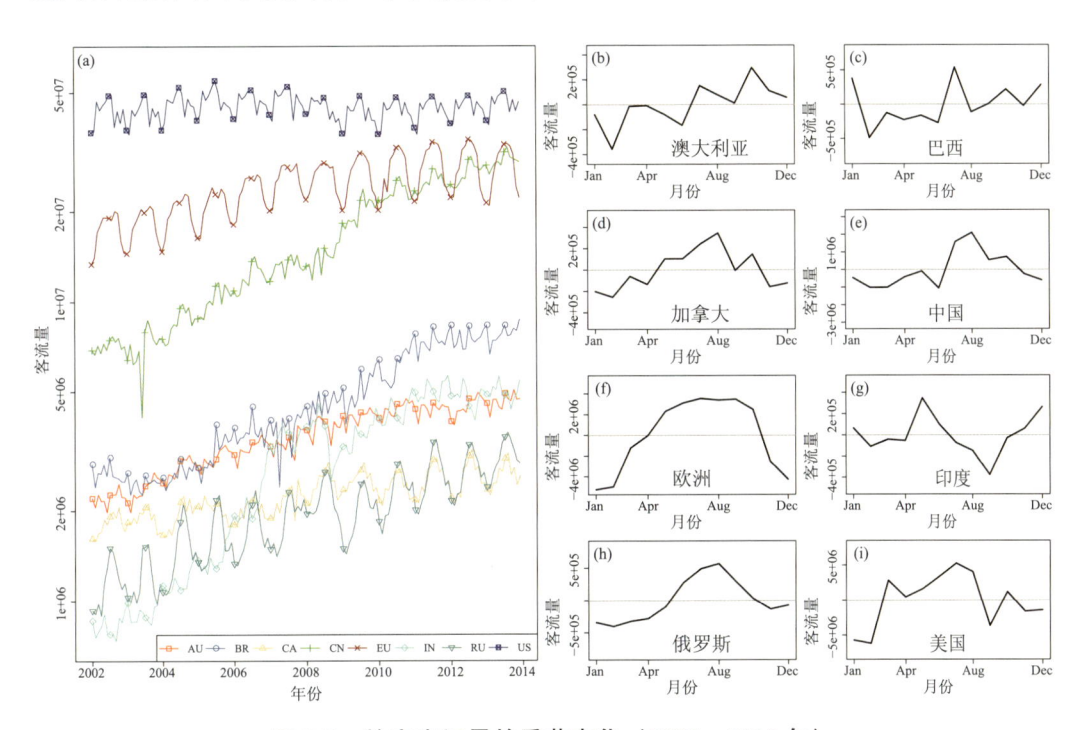

图 2-3　航空客运量的季节变化（2002—2014年）

资料来源：Wandelt et al.（2019）。

二、世界航空客运量的空间演化

（一）航空客运量洲际分布失衡，呈现"三足鼎立"格局

1. 全球航空客运市场已呈现"亚太-欧洲-北美"三足鼎立的格局

得益于较高的航空普及率和较大的人口需求规模，欧洲、亚太地区和北美

洲成为全球最大的三大航空运输市场。随着全球经济系统性东移，欧美航空市场份额不断降低，亚太地区市场地位迅速提升。2007—2019 年，亚太地区、欧洲和北美洲三大航空市场份额呈下降趋势，航空客运量由期初的 89.1% 下降到 2019 年的 85.8%，而拉丁美洲和加勒比地区、中东地区和非洲等其他三个大区航空市场份额有所升高，但提升程度微小，且比重较低，均不到 7%，表明全球航空客运市场仍然由亚太地区、欧洲和北美洲三极主导（图 2-4）。

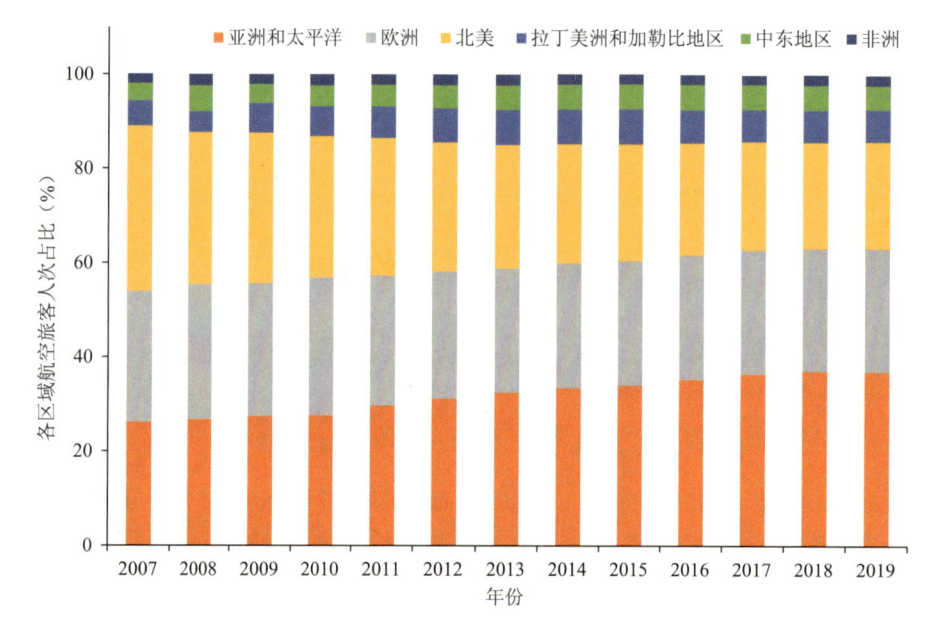

图 2-4　世界航空客运量的区域分布及变化（2007—2019 年）

资料来源：据国际民航组织理事会年度报告（https://www.icao.int/about-icao/Pages/ZH/annual-reports_CH.aspx）绘制。

2. 亚洲与美洲航空客运市场地位逆转，形成"剪刀差"变化

得益于经济全球化，亚洲航空运输规模快速攀升，超越美洲市场位居全球第一。亚洲与美洲航空市场地位发生逆转，形成"剪刀差"变化，成为全球航空市场大变局的最突出特征。50 多年间，亚洲地区航空运输份额持续增长，其全球占比已经从 1970 年的十分之一快速增长至 2007 年的 26.2%。2011 年，亚洲超越欧洲和北美洲，跃升成为全球最大的航空运输市场（占全球总量的 29.8%），此后，一直保持强劲跃升趋势，2019 年达到全球航空运输份额的 37%，并在 2020 年占据全球"半壁江山"。亚太地区的客运航空市场增长主要受到快速的工业化、全球化、城市化及旅游业发展等方面综合影响。随着收入的提高，旅游需求的增长，亚洲地区已经成为全球商务旅行的主力军。与此相反的是，美洲地区的航空运输量份额呈下降趋势，全球地位已经从1970年的遥遥领先逐渐退步到2020年的全球第二，其全球占比从1970年的61.64%下降到1980年的57.58%、1990年的53.69%、2000年的48%、2010年的36.87%和2020年的28.65%，已经从期初的约2/3下降到期末的1/4（表2-1）。

3. 欧洲在全球航空客运市场份额中整体表现相对稳定

得益于欧洲区域一体化和单一天空计划，航空运输成为欧洲重要的跨境出行方式。2011—2019年，欧洲航空客运量占交通运输总量的比重由9%上升到15%左右。由于拥有较大的市场规模（常住居民超过5亿），欧洲在全球航空客运市场的地位整体表现稳定，但相对竞争位置呈现下降态势。1970—2020年，欧洲航空客运市场规模的全球占比基本稳定在1/5—1/4。但随着近20年亚洲航空客运市场的崛起，欧洲航空客运量的全球份额持续下降到20%以下，其相对竞争位置也从1970年的全球第二逐步下降，并多年保持在全球第三位置（李国栋等，2022）。

表2-1　区域航空客运量及其占比变化（1970—2020年）

大洲	1970	1980	1990	2000	2010	2020
亚洲	10.95%	16.06%	19.56%	22.80%	34.01%	47.50%
美洲	61.64%	57.58%	53.69%	48.00%	36.87%	28.65%
欧洲	22.39%	20.25%	21.71%	24.60%	23.72%	19.95%
非洲	2.07%	3.30%	2.60%	1.89%	2.45%	1.99%
大洋洲	2.96%	2.82%	2.44%	2.72%	2.95%	1.91%

资料来源：李国栋等（2022）。

（二）国际客运量由欧洲主导，亚太和中东地区增长明显

全球国际航空客运量整体呈增长趋势，欧洲地区市场规模遥遥领先，亚太和中东地区市场规模增长明显，但北美等其他地区市场份额增长缓慢（图2-5）。

1. 源于单一天空计划，欧洲国际客运市场占据全球主导

2007—2019年，欧洲地区的国际航空市场规模长期位居首位，主要归因于其高度的航空一体化。但全球份额下滑趋势明显，由期初的52.6%下降到期末的约48%。受2008年金融危机的冲击，欧洲2009年旅客人次出现下降，但市场份额跃居高位（增加到峰值53.8%），表明欧洲航空客运受亚洲金融危机的影响相对较小。

2. 受益于经济发展和居中区位，亚太和中东地区增长迅猛

与欧洲不同，主要得益于社会经济高速增长，亚太地区国际航空客运发展迅猛，全球份额由2007年的20.9%快速攀升至2019年的26.4%。但受2008年亚洲金融危机冲击较大，导致2009年旅客人数和市场份额出现显著降低，分别减少到1.63亿人次和18.6%。受益于良好的居中区位优势，中东地区国际航空客运量增长较为快速，全球份额由2007年的7.1%持续增加到2019年的10.2%，其间受2008年金融危机影响不大，市场份额保持惯性增长。

3. 因经济下行所限，其他地区国际航空市场发展滞缓

与之不同的是，北美洲、非洲、拉丁美洲和加勒比海地区国际航空旅客规模增长缓慢，全球市场份额出现下滑或保持低位。2007—2019年，受金融危机冲击和航空公司重组影响，北美洲地区国际航空客运量增长低速，10多年仅增加了0.6亿旅客人次，其全球市场份额则持续降低，由12.4%下滑到了8.7%。与之类似，受限于较低的外向型经济发展水平，非洲、拉丁美洲和加勒比地区航空客运量增长也趋缓，市场份额稳定，基本维持在3%—4%左右。

（三）亚太地区国内客运量增长强劲，其他航空大区市场规模持续下滑或维持低位

2007—2019年，全球国内航空客运量保持较快上升势头，旅客人次整体呈增长趋势，亚太地区和北美洲是全球国内客运市场的两大巨头，亚太地区增长势头强劲，欧美地区市场份额持续降低，其他地区基本保持不变（图2-6）。

1. 北美和亚太成为全球国内航空市场两大增长极

13年间，北美洲和亚太地区国内航空客运量保持较快上升态势，全球占比稳定维持在75%—85%间，成为全球国内航空市场的两大"引擎"。其中，北美洲地区国内航空旅客量增长较缓，全球市场份额持续下降，由2008年的峰值（56.7%）直线下滑到2019年的1/3不到。2007—2012年间北美洲市场份额遥

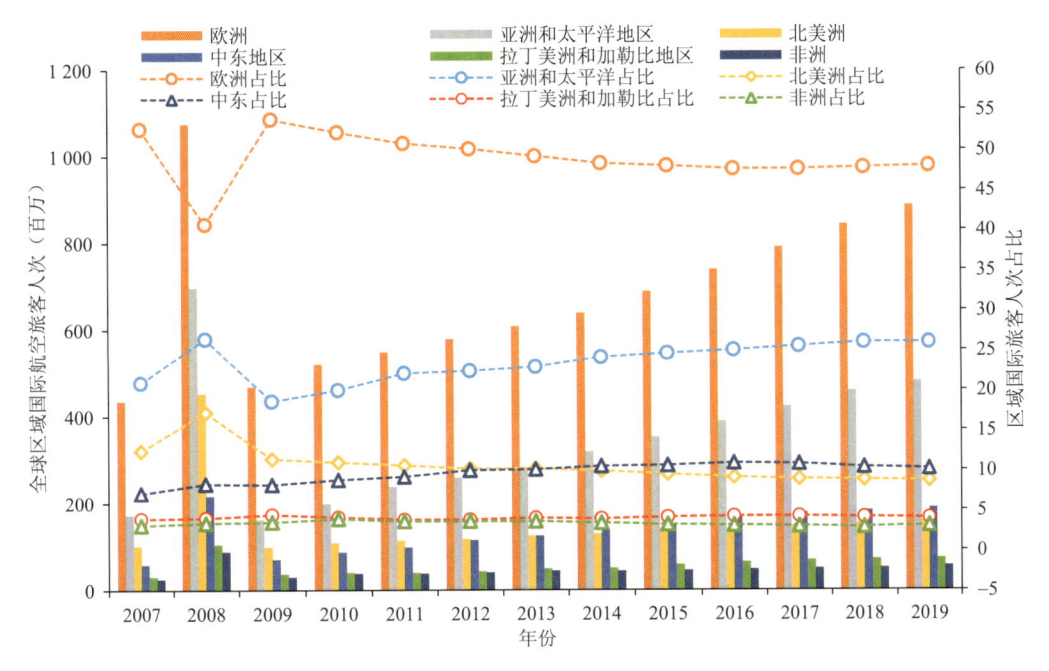

图 2-5 世界国际航空客运量的区域分布变化（2007—2019 年）

资料来源：据国际民航组织理事会年度报告（https://www.icao.int/about-icao/Pages/ZH/annual-reports_CH.aspx）绘制。

遥领先，维持在 38.46%—56.7% 之间；2013 年以后，全面落后于亚太地区，与之差距不断拉大。

与之相反的是，亚太地区国内航空客运市场增长迅猛，迅速摆脱金融危机冲击影响，旅客人次从 2007 年的 4.2 亿人次激增到 2019 年的 8.6 亿人次；全球市场份额也一直保持着高速增长态势，由 2007 年的全球第二大国内运输市场（29.22%）跃升到 2013 年首位（36.87%），随后一直保持持续扩大的领先优势，成为全球国内航空运输市场的领头羊。

2. 因诸多因素限制，其他区域国内航空运输市场规模增长缓慢

受制于国土面积较小、经济增长滞缓、出行需求疲软和地面快速交通竞争，欧洲国内航空旅客量增长较慢，旅客人次由初期的 1.8 亿增加到 2.8 亿，全球份额则从 13.19% 下降到 10.79%。拉丁美洲和加勒比地区国内航空旅客量增长趋势与欧洲基本保持一致，但全球市场份额却呈增长趋势，由 2007 年的 6.16% 持续增加到 8.79%。而中东和非洲因社会经济发展水平低下，国内航空旅客人次增长幅度较小，全球市场份额维持在不到 2% 的低位徘徊。

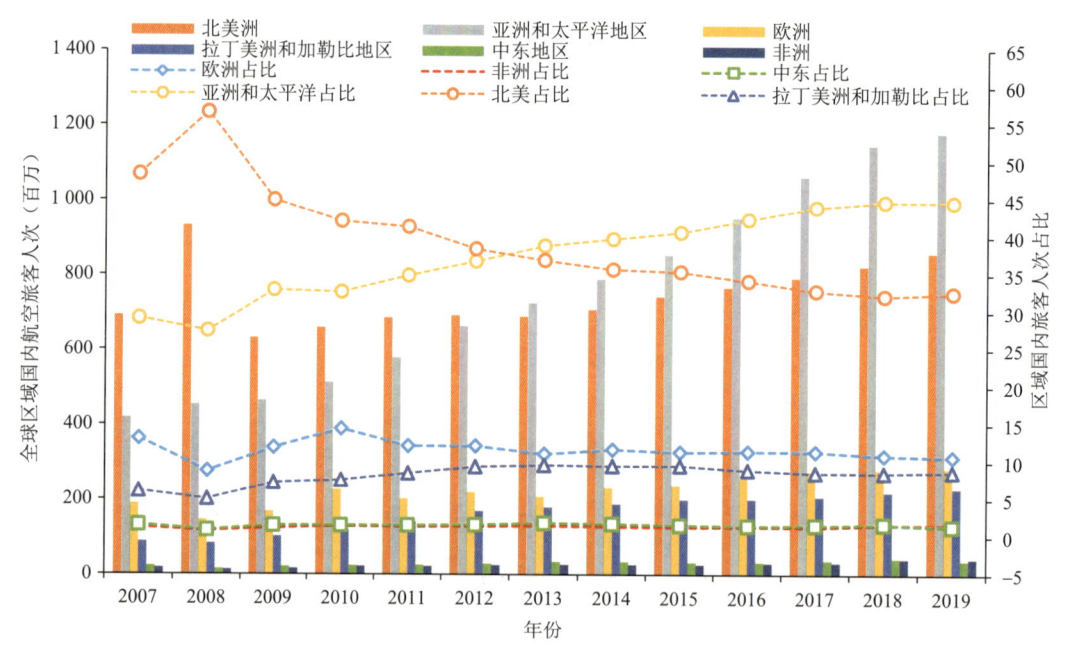

图 2-6　世界国内航空客运量的区域分布变化（2007—2019 年）

资料来源：据国际民航组织理事会年度报告（https://www.icao.int/about-icao/Pages/ZH/annual-reports_CH.aspx）绘制。

（四）国内客流量由东亚和北美国家共同主导，呈梯次发展格局

1. 大多数国家客流量保持持续增长态势

1999—2019 年，大多数国家的国内航空客流量都保持持续增长的态势。根据其国内航空客流量增长速度可以划分为三类型：一是客流量增长迅猛型国家，相对集中于中东、东亚、东南亚地区等新兴工业化国家和旅游业发达国家，以中国、印度、巴西等为代表。中国客流量一直保持着高位增长，2004 年超越日本成为全球第二大航空客运市场，以后一直保持这种强劲增长势头。二是客流量增长缓慢型国家，相对集中于欧美发达国家，以及非洲、拉丁美洲等广大发展中国家，以欧洲的英国、德国、法国和意大利为代表，国内航空客流量增长相对比较平稳，位序保持基本稳定。三是客流量波动缓增型国家，以美国和日本为代表，其国内航空客流量规模较大，呈波动式增长态势。其中，美国国内航空客流量雄居第一，但增长速度先快后慢，增长幅度较小；日本国内航空客流量先降低后增加，其全球国内航空市场地位持续下降（表 2-2）。

2. 世界航空客流量的国际分布不均衡

世界航空客流量的国家分布高度不均衡，主要集中在国土面积大国（美国、中国、加拿大、俄罗斯、印度等）、经济发达国家（西欧和东亚等），以及新兴工业化国家和国际旅游目的地国家。1999 年，航空客流量较高的国家主要集中在美国、西欧（英国、德国、法国、西班牙、意大利、荷兰、瑞士和挪威等）、东亚（中国、日本、韩国）及东南亚（泰国和新加坡），以经济发达国家为主；2009 年，航空客流量高值区集中于欧洲（爱尔兰、土耳其、俄罗斯等）、东亚（中国等）和东南亚（印度尼西亚和马来西亚等），部分西欧发达国家（西班牙、意大利和荷兰等）航空客流量下降明显；2019 年，中国、印度、巴西等新兴市场国家，以及印度尼西亚和泰国等旅游目的地国家航空客流量迅速增加，不断涌现成为全球航空客运市场新的枢纽，美国、爱尔兰、英国、日本、德国等成熟市场国家保持稳定发展态势和客运地位，而法国、意大利、荷兰和瑞士及新加坡等传统航空强国的客运市场地位持续下降（表 3-2）。

3. 全球航空客运市场形成梯次发展格局

全球航空客运市场规模区域异质性显著，由东亚和北美国家共同主导，形成了较稳定金塔形层级结构，呈现"东亚和北美"（第一梯队）、"东南亚、西亚、西欧"（第二梯队）、"南亚、东欧、南美洲、中欧"（第三梯队），以及其他地区（第四梯队）的梯次发展格局（表 2-2）。一是东亚和北美国家位居全球航空运输市场领导地位，在全球航空客运市场呈"剪刀差"发展态势，共同主导全球航空客运市场发展，北美洲"一区独大"地位不复存在；二是东南亚、西亚国家稳步增长，与西欧传统强国共同组成全球航空客运市场的第二梯队；三是南亚和东欧国家客运市场体量较小但呈快速增长趋势，与南美洲和中欧地区国家一起共同成为全球航空客运市场的第三梯队（李国栋等，2022）。

表 2-2　世界航空客流量前 30 位国家和地区排名变化（1999—2019 年）（单位：百万）

排名	1999 年		2009 年		2019 年	
	国家	客流量	国家	客流量	国家	客流量
1	美国	634.36	美国	679.42	美国	926.74
2	日本	105.99	中国	229.06	中国	659.63
3	英国	65.74	德国	103.40	爱尔兰	170.16

续表

排名	1999年		2009年		2019年	
	国家	客流量	国家	客流量	国家	客流量
4	中国	55.85	英国	102.46	印度	167.50
5	德国	54.65	日本	86.90	英国	142.39
6	法国	49.54	爱尔兰	77.75	日本	130.23
7	西班牙	33.56	巴西	67.95	俄罗斯联邦	115.48
8	澳大利亚	31.58	法国	58.32	土耳其	111.03
9	韩国	30.87	印度	54.45	德国	109.63
10	意大利	28.28	加拿大	52.58	巴西	102.92
11	巴西	28.21	澳大利亚	50.03	加拿大	93.35
12	加拿大	24.60	西班牙	49.29	阿联酋	92.80
13	墨西哥	20.56	俄罗斯联邦	34.40	韩国	92.43
14	荷兰	19.74	韩国	34.17	印度尼西亚	91.32
15	俄罗斯联邦	18.60	意大利	33.19	西班牙	88.24
16	瑞士	16.21	阿联酋	31.76	泰国	78.23
17	印度	16.01	土耳其	31.34	澳大利亚	76.85
18	泰国	15.95	荷兰	29.11	法国	71.29
19	新加坡	15.28	印度尼西亚	27.42	墨西哥	69.94
20	挪威	15.01	马来西亚	23.77	马来西亚	63.62
21	马来西亚	14.98	泰国	19.62	越南	11.07
22	瑞典	12.92	新加坡	18.43	菲律宾	10.48
23	沙特阿拉伯	12.33	沙特阿拉伯	17.51	奥地利	8.52
24	爱尔兰	11.95	墨西哥	15.73	荷兰	29.11
25	土耳其	10.10	瑞士	14.70	新加坡	18.43
26	比利时	9.97	伊朗	13.05	匈牙利	2.95
27	新西兰	9.57	南非	12.50	沙特阿拉伯	17.51
28	阿根廷	9.19	哥伦比亚	12.12	哥伦比亚	12.12
29	哥伦比亚	8.62	新西兰	12.10	卡塔尔	10.21
30	伊朗	8.28	越南	11.07	瑞士	14.70

资料来源：据国际民航组织理事会年度报告（https://www.icao.int/about-icao/Pages/ZH/annual-reports_CH.aspx）整理。

（五）客运量等级分布呈首位律，但首位度不断弱化

1. 世界航空客流量高度聚集在少数国家，以美国为龙头

1999—2019 年间，世界航空客流量位序-规模分布呈典型重尾特征，遵循高度的"帕累托"分布，极少数国家集中了全球大部分航空客流。21 年间，世界航空客流量前 20 位国家基本集中了全球约 80% 的总量（三个时间节点的全球比重分别为 82.6%，83.4% 和 79.4%）；世界前 20% 位（共 32 个国家）的国家航空客流总量占全球比重更是超过了 90%（分别是 90.6%，90.9% 和 90.2%）（表 2-3）。而美国成为其中的领头羊，集中了世界航空客流量的 30%—40% 左右（图 2-7(a)），常年是第二位国家航空客流量的 3—6 倍，主要得益于其较高的航空普及率、发达的航空产业及旺盛的航空需求。

2. 世界航空客流量呈现首位律分布，首位度趋势正在弱化

1999—2019 年，世界航空客流量具有较高首位度，美国集中了全球航空客流量的 1/3，但第一位与第二位客流量比值不断下降，由期初的 5.98 快速下降到期末的 1.40（图 2-7(a)）；过度集中于首位国家——美国的趋势显著减弱，主要归因于中国、印度和俄罗斯等航空大国航空运输业快速发展和迎头赶上。当删除掉 1999 年首位国家，以及 2009 年和 2019 年的前两位国家之后，国家航空客流量表现出典型的位序-规模分布，空间分布相较均衡，形成稳定的金字塔形层级结构（图 2-7(b)）。

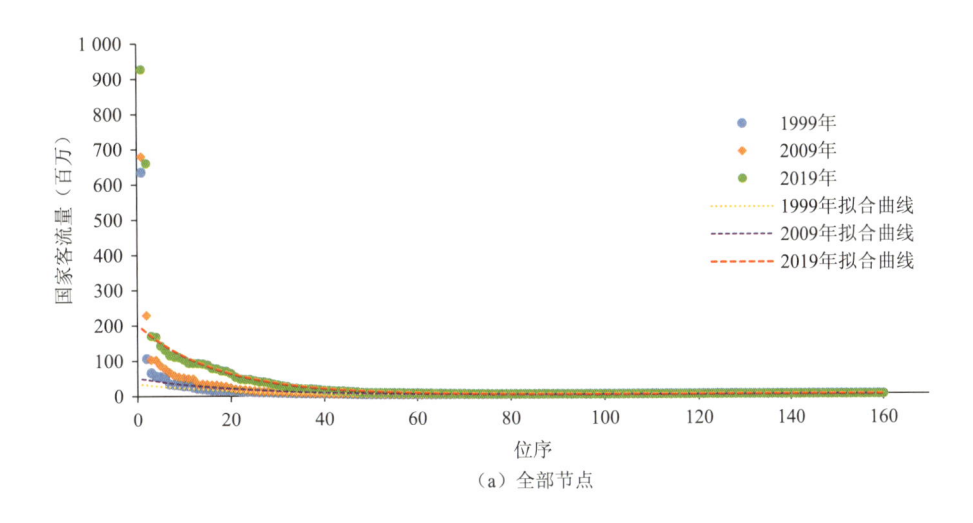

(a) 全部节点

(b) 删除部分节点

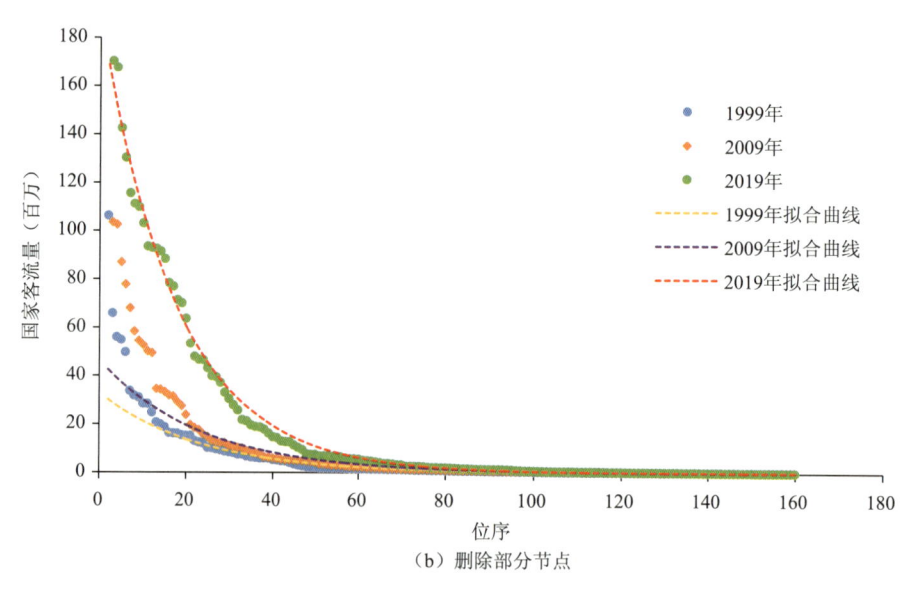

图 2-7　世界航空客运量的位序-规模分布变化（1999—2019 年）

注：(a) 为全部节点；(b) 为删除 1999 年首位国家与 2009 年和 2019 年前两个国家之后的节点。

资料来源：据世界银行（https://data.worldbank.org.cn）绘制。

表 2-3　国家航空客运量的位序-规模分布变化（1999—2019 年）

评价指标		1999 年	2009 年	2019 年
全部节点	拟合函数	$y=35.45e^{-0.045x}$	$y=51.62e^{-0.044x}$	$y=203.97e^{-0.058x}$
	R^2	0.956 4	0.960 3	0.936 8
删除节点后	拟合函数	$y=32.89e^{-0.044x}$	$y=46.24e^{-0.043x}$	$y=189.25e^{-0.057x}$
	R^2	0.966 7	0.971 7	0.936 6
H1/H2	首位度	5.98	2.97	1.40
客流量占比（%）	美国	40.9	30.5	21.3
	前 20 国家	82.6	83.4	79.4
	前 32 国家	90.6	90.9	90.2

资料来源：据世界银行统计数据整理。

第二节　世界航空货运量的时空演化

尽管航空货运量占全球贸易运量的比重很小，仅占 1% 左右，但其具有承运货物附加值高、快捷高效等特点，从而在全球高价值货物贸易中占有很高份额，承担了世界贸易总价值的 1/3 强（35% 以上），具有不可替代的重要作用。

全球航空货运是国际贸易的派生性需求，与宏观环境和跨境贸易发展密切相关。全球航空货运的增长呈现周期性变化和波动式增长趋势，与世界产业发展具有较强的关联性。全球航空货运量发育明显的空间异质性，具有高度不均衡性和集聚性特征。高度集中在亚太、欧洲、北美三大航空服务区，国际货运量由亚太和欧洲地区主导，中东地位持续上升，国内货运量由北美地区垄断，亚太地区呈现较快增长态势。

一、世界航空货运量的时序演化

（一）周期性变化，与经济增长同向而行

与航空客运量类似，航空货运与宏观经济环境和跨境贸易发展密切相关，具有典型的周期性波动特征。历史经验和数据表明，世界航空货运量与经济增长同向变化，受宏观经济环境影响迅速而深远。由于航空货运多针对高价值的高端消费品，需求弹性较大，一旦宏观经济下滑，居民可支配收入降低，其需求减少幅度往往较大，较客运市场而言更加脆弱（图 2-8）。

1. 世界航空货运整体呈现较强的经济周期性

全球航空货运自 20 世纪 80 年代以来已历经四轮完整的朱格拉周期（包括繁荣、危机和萧条阶段），每轮周期为 10 年左右。其中，1980—1989 年，周期长度为 10 年；1990—2001 年，周期长度 12 年；2002—2012 年，周期长度 11 年；2013—2020 年，周期长度 8 年。从当前看，疫情加快了上一轮周期的调整速度。繁荣、危机和萧条等各阶段需要不同宏观政策引导，如下行阶段往往是结构调整的最佳机遇。当前，疫情延宕将放缓航空运输市场恢复进程，大概率导致航空物流发展周期加长，预计新一轮周期的波幅变化将有所放缓，将成为行业苦练内功、厚积薄发的重要阶段（图 2-8）。

2. 世界航空货运非常易受外部因素的冲击性影响

1973—2021 年，一些经济危机、地缘冲突、突发事件等重大事件对世界航空货运产生了明显冲击。2001 年的 "911" 事件，2008 年的金融危机，以及后

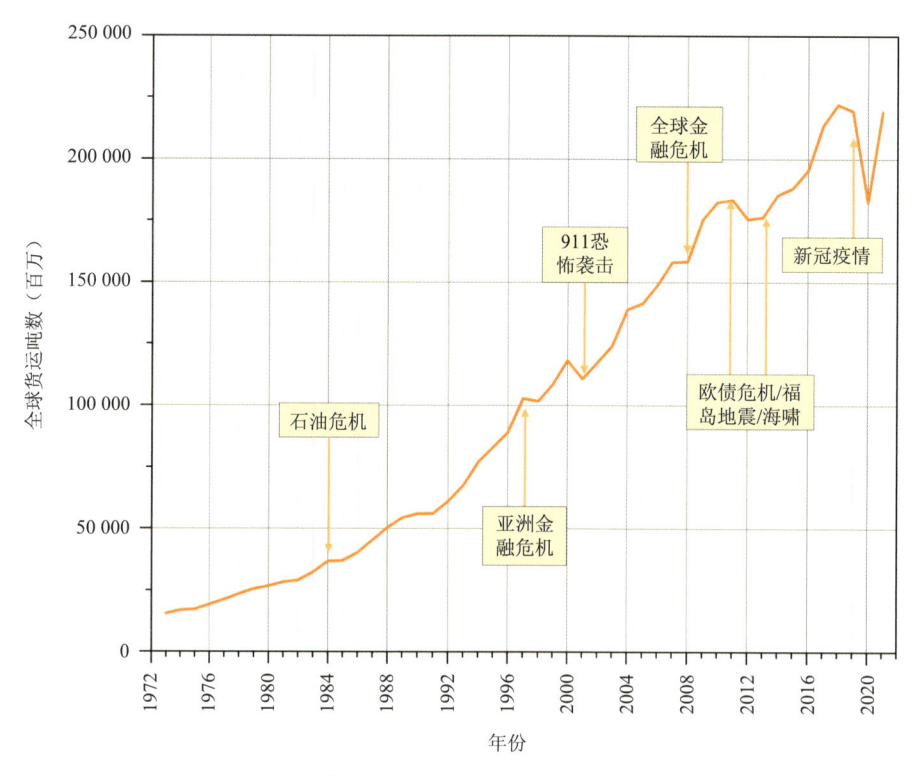

图 2-8　世界民航货运量的阶段性变化（1973—2021 年）

资料来源：据世界银行（https://data.worldbank.org.cn/indicator/IS.AIR.GOOD.MT.K1）绘制。

面的次贷危机和 2019 年的全球贸易摩擦，都对全球航空货运业，特别是运量需求，造成了短暂但非常明显的影响。2020 年"新冠"疫情的暴发，对全球航空货运造成了巨大冲击。由于腹舱运力的不足，使得全球航空货运量在短期内出现了非常明显的缩减。但是从 2020 下半年开始，在防疫用品运输需求的带动下，个人防护用品、医疗物资及后续居家办公产品等航空货运量激增，促使全球航空货运量呈现出 V 字形复苏态势，基本恢复到"新冠"疫情前水平，且相对全球航空客运韧性更强、恢复更快（图 2-8）。

3. 世界航空货运与经济增长同向变化

全球主要国家 GDP 排名与航空货运量排名基本一致，但航空货运波动幅度大于 GDP 同比变化，经济周期性变化和外部突发事件波动影响是世界航空物流需求波动性变化的关键动因。20 年间，全球航空货邮周转量增速标准差达到 0.064，大于 GDP 增速标准差（0.055），表明世界航空物流对外部环境风险变化具有高敏感性和强波动性（表 2-4）。其主要原因有三：一是从需求端看，航空货品价值普遍较高，需求弹性较大，因此极易受消费者收入波动影响；二是从供给端看，航空物流货品主要是成品或半成品，与消费终端联系密切，因此对需求变化反应迅速；三是从物流端看，航空运输时间短，订货周期灵活，生产制造周期敏捷，导致了航空物流的系统敏感性（图 2-9）。

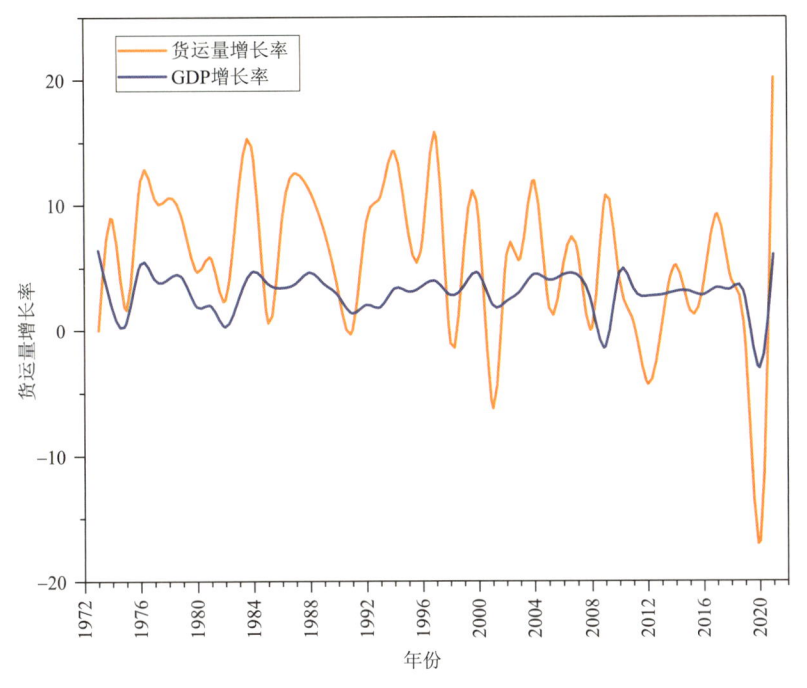

图 2-9　世界航空货运运输量与全球经济波动变化（1973—2021 年）

资料来源：据世界银行（https://data.worldbank.org.cn）绘制。

表 2-4　全球航空货运增速、GDP 增速和弹性系数变化（1980—2019 年）

年份	GDP 年均增速	航空货邮周转量年均增速	航空货运对 GDP 的弹性系数
1980—1989	7.82%	7.22%	0.92
1990—1999	7.15%	4.98%	0.70
2000—2009	6.38%	4.91%	0.77
2010—2019	3.73%	2.35%	0.63

资料来源：据世界银行（https://data.worldbank.org.cn）整理。

（二）波动式增长，与跨境贸易同频共振

1. 世界航空货运量呈现波动式增长

1973—2021年，全球航空货运量随着全球贸易额增长有较大上升，由1973年的155亿吨增长到2021年的219亿吨，增长率介于－16.85%～20.11%之间，呈现出波动式增长规律，相应划分为中低波动阶段（1973—1997年）和强波动阶段（1998—2021年）两个阶段。1973—1997年间，全球航空货运量一直维持较稳定增长态势，受地缘冲突、经济危机等重大事件影响出现较高幅度波动（图2-10）。

1998—2021年，经济危机和重大事件对航空货运的冲击性增强，世界航空货运迈入强波动周期性阶段。相应可粗划分为1998—2000年、2001—2007年、2008—2011年、2012—2019年、2020年至今等五个波动阶段。每一个阶段均经历了重大事件冲击，出现骤降和缓慢恢复过程。第一阶段（1998—2000年）：主要受亚洲金融危机影响，世界航空货运增长率由1997年的15.38%跌至1998年的－1.06%。1999—2000年，经过短暂调整复苏，货运量增长率达到6%—9%，保持中高增速。第二阶段（2001—2007年）：由于2001年互联网泡沫及"911"恐怖袭击的冲击，其增长率又突降到－6.25%，随后进入相对快速的复苏和增长阶段。第三阶段（2008—2011年）：由于2008年全球经济危机影响，世界经济整体下行，全球航空货物增长率由2007年的6.22%下降到0.18%，经过量化宽松政策刺激于2009年超低反弹（增速10.74%），但在2010—2011年基本处于徘徊状态。第四阶段（2012—2019年）：2012年受到欧债危机局部影响，全球航空货物运输量骤降到－4.34%，之后得益于新兴市场国家快速发展，驱动全球航空货运维持增长态势。第五阶段（2020年至今）：2020年"新冠"疫情席卷全球，航空货运业遭受沉重打击。但相比于客运，得益于全球对疫苗等抗疫物资的运输需求，航空货运受疫情冲击相对较小。

2. 世界航空货运量与商品跨境贸易间存在密切关系

在过去50年中，随着全球化的深入发展和全球供应链的碎片化，航空货运量与全球商品贸易呈现出同频共振的趋势，但航空货运量总体同比增幅略低于全球商品贸易。在经济相对稳定的时期，航空货运表现欠佳，可能归因于海运

模式的转变。随着全球供应链的发展和完善，许多公司倾向于采用海洋运输以降低成本，原因在于海运具有大容量、低成本优势。然而，航空货运在紧急物资运输、高价值货物和高时效敏感性商品交付等方面，具有明显的优势。此外，随着电子商务的兴起和全球消费者需求的增加，航空货运在跨境电商和快速配送方面扮演着重要角色。

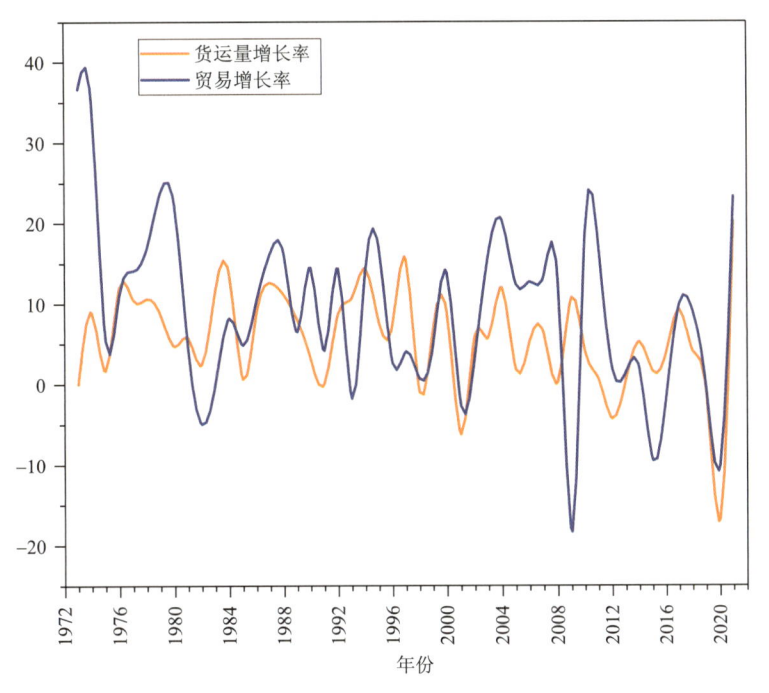

图 2-10　世界航空货运运输量与全球商品贸易波动变化（1973—2021 年）

资料来源：据世界银行（https://data.worldbank.org.cn）绘制。

（三）与大国先进制造业发展高度关联

1. 大国信息技术产业驱动

根据先行工业化国家的发展规律，进入工业化成熟阶段甚至后工业化阶段，信息技术密集型产业成为主导，高精尖和高附加值产品及其运输需求不断增加，航空货运发展动力日益增强。在此阶段，欧美发达国家及新兴工业化国家的信息技术产业成为全球航空货运发展最重要的内在驱动力。2021 年，中国人均 GDP 达 12 551 美元，接近世界银行的高收入国家门槛，处于工业化后期向后工业社会过渡阶段，高技术制造业增加值占规模以上工业增加值的比重为

15.1%，信息、技术密集型产业快速发展，居民消费需求快速增长，航空货运需求日益呈现多元化、无人化、个性化等需求，航空物流处于高速成长期，融合变革日趋加速（表2-5）。

表 2-5 不同工业化阶段的航空需求变化

钱纳里工业化阶段	不发达经济	工业化初期	工业化中期	工业化后期	后工业化社会	现代化社会
产业形态	资源密集型产业为主导	劳动密集型产业为主导	资本密集型产业迅速增长	新兴服务业快速发展	技术密集型产业为主导	知识密集型产业为主导
生活水平	贫困		温饱	小康	宽裕	富裕
心理需求层次	生理需要		安全需要	社会需要	尊重需要	自我实现需要
货运运输需求层次	通达需求		便捷、高效需求	多元化需求	无人化、个性化需求	智慧化、绿色化需求
航空运输需求	极少	少	较少	较多	多	极多
供需关系	需求牵引供给			需求变革引发供给变革		
货运运输发展特点	依附式发展		专业化运作		业态融合	

资料来源：尤怀墨（2023）。

2. 大国先进制造业驱动

信息技术、高端装备、新材料、生物医药等先进制造业，以生产高端装备、精品材料、集成电路、医疗设备等高附加值工业品为主，具有庞大的航空货运需求。然而先进制造业相对集中于欧美发达国家及少数新兴市场大国，也促使这些国家成为全球航空货运大国。美国制造业增加值中，工业制品、电子产品、运输工具、精密仪器等高附加值品类占比达43%，每吨航空出口货物的单位价值为16万美元，支撑起其庞大的航空货运市场。近年，中国产业高级化水平稳中有进，航空货运价值量和贸易量持续增长，与美国等欧美航空强国差距不断缩小（表2-6）。

表 2-6 美国与中国航空贸易量、价值量与单位价值对比（2020年）

贸易通道	贸易方向	空运重量（万吨）	空运价量（亿美元）	单位价值（亿美元/万吨）	贸易通道	贸易方向	空运重量（万吨）	空运价量（亿美元）	单位价值（亿美元/万吨）
美国-亚太	出口	115	1 796	16	中国-亚太	出口	77	1 702	22
	进口	215	3 219	15		进口	80	2 586	32
美国-欧洲	出口	90	1 732	19	中国-欧洲	出口	117	858	7
	进口	115	2 976	26		进口	76	1 123	15
美国-北美	出口	14	182	13	中国-北美	出口	83	851	10
	进口	3	137	40		进口	27	533	20
美国-中东-南亚	出口	24	362	15	中国-中东-南亚	出口	30	196	6
	进口	26	327	12		进口	7	76	11
美国-拉美	出口	31	385	12	中国-拉美	出口	12	91	8
	进口	73	226	3		进口	5	50	11
美国-非洲	出口	4	36	10	中国-非洲	出口	8	26	3
	进口	2	97	42		进口	1	36	31
合计	出口	278	4 493	16	合计	出口	327	3 724	11
	进口	435	6 982	16		进口	196	4 407	22

资料来源：尤怀墨（2023）。

二、世界航空货运量的空间演化

（一）航空货运量洲际分布不均，高度集中在亚太-欧洲-北美三极

1. 与客运量分布同构，高度集中于亚太、欧洲、北美三极

亚太、欧洲和北美地区是全球最大的三大航空运输市场，占据全球航空货运80%以上的市场，但呈现逐年降低的趋势。整体来看，亚太、欧洲和北美三大区域主导全球航空货运市场，其全球占比在2007—2021年均超过80%，尤其是在2007年比重高达88.7%，后持续降低到2021年的80.7%。此外，中东、拉丁美洲和非洲航空货运量则锁定于第4—6位。得益于近年低成本航空公司发展、良好居中区位条件及基础设施设备贸易增长，中东的航空货运量占比呈现逐年上升趋势，从2007年的6.8%上升到2021年的14.7%，成为全球航空货运重要增长极。受限于产业结构和规模，非洲航空货运量的全球占比很低、上升微弱，从2007年的1.4%上升到2.1%；同理，拉丁美洲占比则出现小幅度缓慢下降，从1970年的3%下降到2021年的2.5%，与非洲航空货运发展水平相当（图2-11）。

2. 亚洲与美洲在全球货运市场地位出现反转变化

受益于全球经济系统性东移，亚洲航空货运发展迅猛，全球地位不断攀升，与美洲航空货运市场地位形成反转变化，成为全球航空货运市场大变局的最直接体现（李国栋等，2023）（表2-7）。

（1）亚洲在全球航空货运市场的地位稳步上升，位居世界领先地位。亚洲在全球航空货运市场的份额从1970年的不到9%迅速增加到2020年的近50%，占据了全球航空货运市场的半壁江山。1970年，亚洲在全球航空客运市场的份额仅为8.71%，在1995年和1997年，亚洲的航空货运份额连续超过了美洲和欧洲，随后逐步增长至2010年的1/3和2020年的1/2，连续15年成为全球最大的航空货运市场。

（2）美洲在全球航空货运市场的霸主地位受到挑战，退居全球第二。美洲在全球航空货运市场的份额从1970年的全球第一逐步退居到1995年的全球第二，其全球市场份额从1970年的约60%下降至全球1/4强；与欧洲的领先优势不断缩

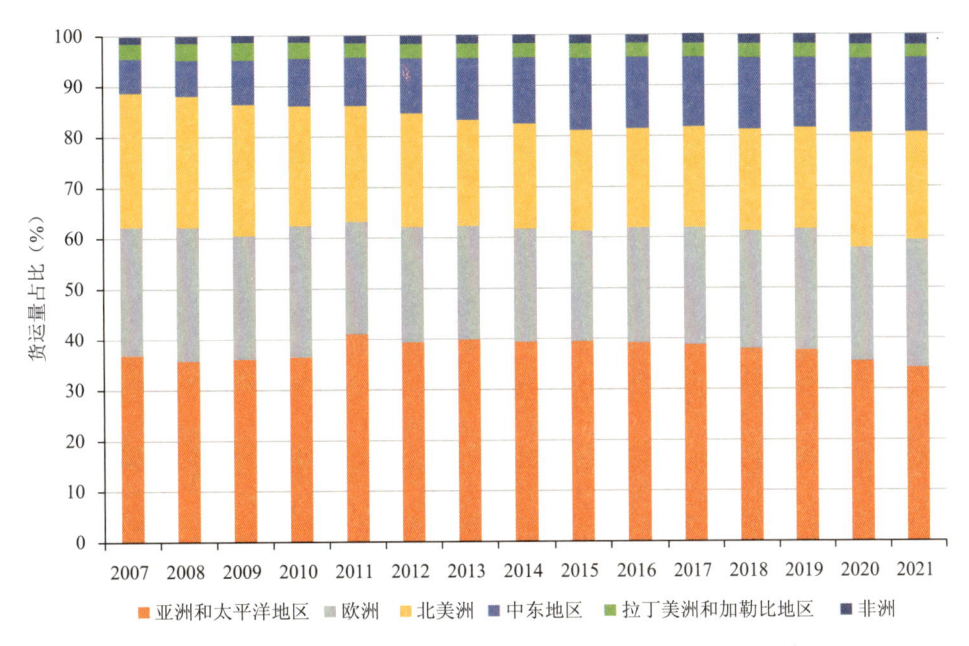

图 2-11　世界航空货运量的区域分布变化（2007—2019 年）

资料来源：据国际民航组织理事会年度报（https://www.icao.int/about-icao/Pages/ZH/annual-reports_CH.aspx）绘制。

小，但近十年全球第二地位有所强化，主要归因于欧洲航空货运市场的低迷。

（3）欧洲在全球航空货运市场的份额整体呈缓慢下降趋势。过去 50 年，欧洲在全球航空货运市场的份额呈波动性下降，由期初的 1/4 强下滑至期末的 1/5。随着亚洲航空货运市场的快速发展，欧洲的相对竞争地位从 1970 年的全球第二位逐步下降，并在 1997 年之后退居全球第三，与美洲的差距不断拉大。

表 2-7　世界航空货运量占比的区域分布变化（1970—2020 年）

大洲	1970 年	1980 年	1990 年	2000 年	2010 年	2020 年
亚洲	8.7	22.4	28.3	35.9	47.3	49.8
美洲	57.8	40.6	33.7	31.1	26.6	26.8
欧洲	28.7	31.3	33.2	29.0	22.6	20.2
非洲	2.2	3.0	2.0	1.8	1.5	2.1
大洋洲	2.6	2.7	2.8	2.3	2.0	1.1

资料来源：据国际民航组织理事会年度报告（https://www.icao.int/about-icao/Pages/ZH/annual-reports_CH.aspx）整理。

（二）国际货运量由亚太和欧洲地区主导，中东地位持续上升

全球国际航空货运量整体呈略微增长趋势，亚太地区在全球国际货运市场占据主导地位，欧洲地区位居第二，中东呈现增长趋势（图2-12）。

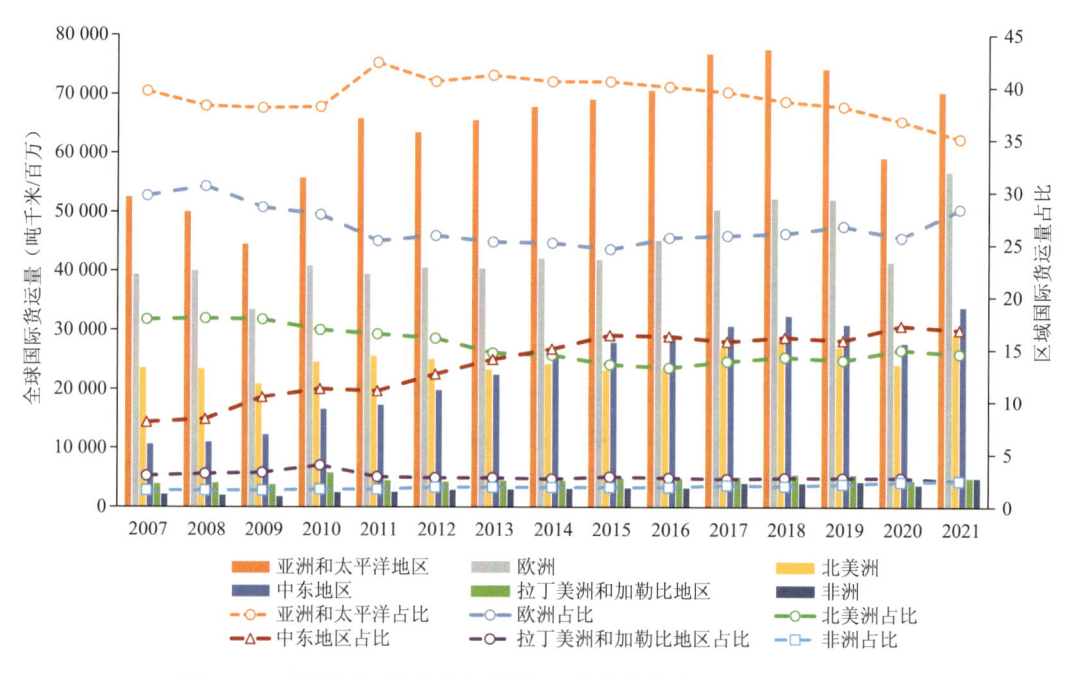

图2-12　世界国际航空货运量的区域分布变化（2007—2019年）

资料来源：据国际民航组织理事会年度报告（https://www.icao.int/about-icao/Pages/ZH/annual-reports_CH.aspx）绘制。

1. 亚洲和太平洋地区的国际货运量一直保持着领先地位

2007—2021年，亚太地区国际货运量占比由39.7%下降至35.1%，15年间其占比始终保持在35%以上，在2011年达到最高值42.4%。虽然占比有所下降，但亚洲和太平洋地区的国际货运量总体上呈现出稳步增长的趋势。这主要归因于该地区经济的快速发展、制造业的迅猛增长以及与其他地区的贸易联系增强。

2. 欧洲和北美洲的国际货运量占比相对稳定，呈现出略微下降趋势

2007—2021年，欧洲和北美地区的国际货运量占比相对稳定，分别在25%—30%和14%—18%之间波动。但整体呈现略微下降趋势，其中欧洲的国

际货运量占比从29.7%下降到28.4%,北美洲的国际货运量占比从17.9%下降到14.6%。作为全球制造业和物流中心之一,欧洲地区集聚了众多的发达经济体和密集的贸易网络,因而成为全球国际货运市场的重要参与者之一。北美洲拥有发达的经济体,包括美国和加拿大,以及密集的国际贸易活动,在全球国际货运市场中扮演重要角色。

3. 中东地区的国际货运量占比呈现上升趋势

2007—2021年,中东地区的国际货运量占比从8.1%上升到16.9%。这表明中东地区在全球高附加值贸易中的地位正在逐渐提高。中东地区的国际货运量增长主要受益于该地区居中的地理位置、丰富的能源资源以及高增长的物流基础设施投资。

4. 非洲、拉丁美洲和加勒比地区的国际货运量占比相对较低

2007—2021年,非洲、拉丁美洲和加勒比地区的国际货运量占比分别为1.6%—2.5%、3%—2.8%和3%—2.5%。这些地区在国际航空货运贸易中的地位相对较低。非洲、拉丁美洲和加勒比地区作为发展中国家,其经济发展水平相对较低,国际贸易往来也不够频繁,进而导致其国际航空货运量占比较低。

(三)国内货运量由北美洲主导,亚太地区呈增长态势

北美洲在国内航空货运量中一直保持着领先地位,而亚洲和太平洋地区的地位则呈现出上升趋势;欧洲、拉丁美洲和加勒比地区、中东和非洲地区在全球航空货运贸易中的地位相对较低(图2-13)。一是北美地区的国内航空货运量一直保持着领先地位。2007—2021年,北美地区的国内货运量占比始终保持在58%以上,但其占比由2007年的70.52%逐年下降到2021年的63.54%。二是亚太地区的国内航空货运量占比呈现上升趋势。2007—2021年,其国内货运量占比从22.52%上升到28.55%。三是欧洲、拉丁美洲和加勒比地区、中东地区和非洲的国内航空货运量占比相对较低。2007—2021年,它们的国内货运量占比分别为2.89%—5.03%、3.35%—2.60%、0.38%—0.20%和0.35%—0.09%。

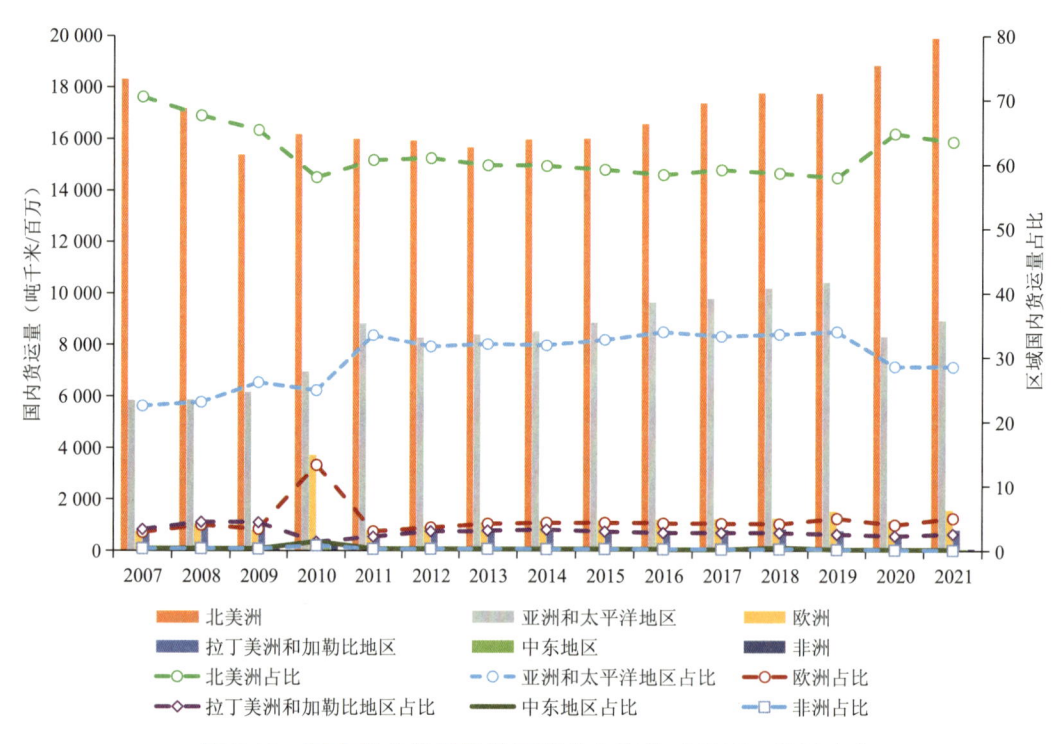

图 2-13 国内航空货运量的区域分布变化（2007—2021 年）

资料来源：据国际民航组织理事会年度报告（https://www.icao.int/about-icao/Pages/ZH/annual-reports_CH.aspx）绘制。

（四）航空货运市场梯次布局，与航空客运市场存在差异

全球航空货运市场同样呈现东亚与北美共同主导的新格局，但梯次布局与航空客运市场存在一定差异，即形成了"东亚、北美"（第一梯队）、"西亚、西欧"（第二梯队）、"东欧、东南亚、中欧"（第三梯队）以及其他地区（第四梯队）的雁阵格局（李国栋，2022）（表 2-8）。

1. 东亚与北美洲成为全球航空货运市场第一梯队

（1）东亚和北美洲成为全球航空货运市场的领导者，北美"一洲独大"地位不复存在。在 2020 年，东亚、北美洲两地市场规模合计在全球航空货运市场占比高达 50.68%，这一比例超过了位居第二梯队的西亚和西欧等地区的市场份额，标志着东亚和北美洲共同主导全球航空货运市场的新趋势。与此同时，与 1970 年北美洲独自占据全球航空货运市场份额的 53.16%相比，形成了显著的变局。

表 2-8 世界航空货运量的区域占比变化（1970—2020年）

年份		1970		1980		1990		2000		2010		2020	
大洲	次大洲	大洲航空货运量占比	全球航空货运量占比	大洲航空货运量占比	全球航空货运量占比	大洲航空货运量占比	全球航空货运量占比	大洲航空货运量占比	全球航空货运量占比	大洲航空货运量占比	全球航空货运量占比	大洲航空货运量占比	全球航空货运量占比
亚洲	东亚	42.3	3.7	47.0	10.8	52.6	15.3	59.8	22.0	58.3	28.2	53.0	26.4
	东南亚	7.8	0.7	19.4	4.5	23.2	6.7	24.8	9.1	17.3	8.4	6.9	3.4
	西亚	30.6	2.7	22.7	5.2	16.2	4.7	11.9	4.4	21.0	10.2	38.6	19.2
	南亚	19.3	1.7	10.9	2.5	8.0	2.3	3.2	1.2	3.1	1.5	1.5	0.8
	中亚	0.0	0.0	0.0	0.0	0.0	0.0	0.3	0.1	0.3	0.1	0.1	0.0
美洲	北美洲	92.0	53.2	86.6	36.1	86.2	29.9	88.1	28.0	90.9	24.6	90.7	24.3
	南美洲	7.0	4.0	12.4	5.2	12.8	4.4	11.2	3.6	8.8	2.4	9.1	2.4
	中美洲	0.8	0.4	0.7	0.3	0.4	0.1	0.5	0.2	0.3	0.1	0.2	0.1
	西印度洋群岛	0.3	0.2	0.3	0.1	0.6	0.2	0.2	0.1	0.0	0.0	0.0	0.0
欧洲	西欧	56.7	16.3	62.3	20.1	61.7	21.1	59.3	17.6	62.4	14.4	56.9	11.5
	东欧	1.0	0.3	0.7	0.2	0.6	0.2	3.6	1.1	9.2	2.1	17.5	3.5
	中欧	22.8	6.5	23.5	7.6	27.1	9.3	28.2	8.4	23.4	5.4	17.9	3.6
	北欧	8.5	2.5	5.7	1.8	3.3	1.1	3.1	0.9	2.1	0.5	4.2	0.9
	南欧	10.9	3.1	7.8	2.5	7.3	2.5	5.9	1.7	3.0	0.7	3.5	0.7

续表

年份		1970		1980		1990		2000		2010		
大洲	次大洲	大洲航空货运量占比	全球航空货运量占比	大洲航空货运量占比	全球航空货运量占比	大洲航空货运量占比	全球航空货运量占比	大洲航空货运量占比	全球航空货运量占比	大洲航空货运量占比	全球航空货运量占比	大洲航空货运量占比	全球航空货运量占比
非洲	北非	11.7	0.3	12.9	0.4	20.5	0.4	19.7	0.4	20.1	0.3	13.3	0.3
	东非	21.4	0.5	10.7	0.3	23.5	0.5	20.0	0.4	35.3	0.6	80.6	1.7
	南非	26.4	0.6	37.8	1.2	24.5	0.5	44.5	0.8	39.6	0.6	4.8	0.1
	中非	18.6	0.4	20.8	0.6	16.8	0.4	8.3	0.2	1.9	0.0	0.9	0.0
	西非	22.0	0.5	17.8	0.5	14.7	0.3	7.5	0.1	3.2	0.1	0.5	0.0
大洋洲	—	100.0	2.6	100.0	0.0	100.0	0.0	100.0	0.0	100.0	0.0	100.0	1.1

资料来源：李国栋等（2022）。

（2）东亚与北美航空货运市场呈现"剪刀差"发展态势。从全球各次大洲航空货运市场占比来看，东亚在全球航空货运市场的占比从1970年的3.68%逐步上升到2020年的26.40%，并成为全球第一大区域航空运输市场。而以美国和加拿大为主体的北美洲在1970年占据全球航空货运市场的一半以上，但随后一路下滑到2020年的24.28%，北美航空客运市场规模在全球占比已经下降为全球第二，与东亚地区形成了鲜明的"剪刀差"发展态势（李国栋等，2022）。

2. 西亚区域迅速增长，与西欧区域共同组成航空货运市场第二梯队

全球航空货运市场第二梯队则由西亚、西欧两地构成。早期，西亚在亚洲航空货运市场中一直占据三分之一市场份额。随着亚洲航空货运市场规模的不断发展，西亚的全球占比也从1970年的2.67%逐步上升到2020年的19.23%，成为全球第三大区域航空货运市场。相比之下，西欧作为欧洲航空运输货运市场的核心，其全球占比逐渐从1970年的16.27%下降到2020年的11.46%，其规模和比例与东亚、北美相比存在巨大差距，并且与西亚共同形成了全球航空货运市场的第二梯队。

3. 东欧区域稳定增长，与东南亚、中欧区域共同构成第三梯队

东欧、东南亚、中欧区域则构成了全球航空货运市场的第三梯队。一是东欧地区在欧洲航空货运市场中的占比呈增长态势，从1970年1.04%上升到2020年的17.53%。二是1970—2010年，东南亚的航空货运市场发展增速较快，在亚洲的占比从1970年的7.81%上升到2010年的17.31%，但随着西亚的快速发展，2020年降至6.86%，其全球航空货运量占比为3.42%。三是中欧地区作为欧洲第二大的航空货运市场，到2020年其欧洲航空货运量占比为17.91%，其在全球航空货运市场中的占比从1970年6.54%上升到2000年8.36%，而后下降到2020年的3.61%。

第三节　世界航空运力的空间演化

空间作为一个复杂的巨型系统，航空网络的节点和联系在全球范围内具有显著的异质性特点。在区位条件、自然因素、经济因素和社会因素的多重条件相互作用下，世界航空公司数量及机场高度集中于欧洲、北美和东亚-东南亚三大地区，形成美国、西欧和中国三个机场群。

一、世界航空公司运力的空间演化

世界航空公司数量及其机队规模的分布存在明显地域差异，高度集中于北美和欧洲。亚太地区增长迅速，但与欧美存在一定差距，具有较强发展潜力。

（一）航司运力主要集中于欧洲、亚洲及北美

从航空公司规模来看，全球航空公司规模分布较均衡，相对集中于欧洲、亚洲和北美洲。2021年，全世界正式注册并投入运营的航空公司有1 100余家，分布在世界上200多个国家和地区，相对集中分布于欧美经济发达国家和地区，以及东亚、东南亚等新兴航空国家。其中，位于欧洲的航空公司数量最多，集中了全球近1/3的航空公司，其次是亚洲和北美洲，分别有20%的航空公司分布于此；非洲航空公司数量仅次于全球三大航空市场（图2-14）。

从航空公司竞争力来看，亚洲的航空公司竞争力持续上升，其规模及运力位居全球第一（表2-9）。据英国航空分析公司睿思誉（Cirium）发布的最新《全球百强航空公司榜单》，亚洲超过1/3的航空公司入选2019年榜单，其客货运量、旅客周转量（收入客千米）及运力投入（可用座位千米）等全球占比均

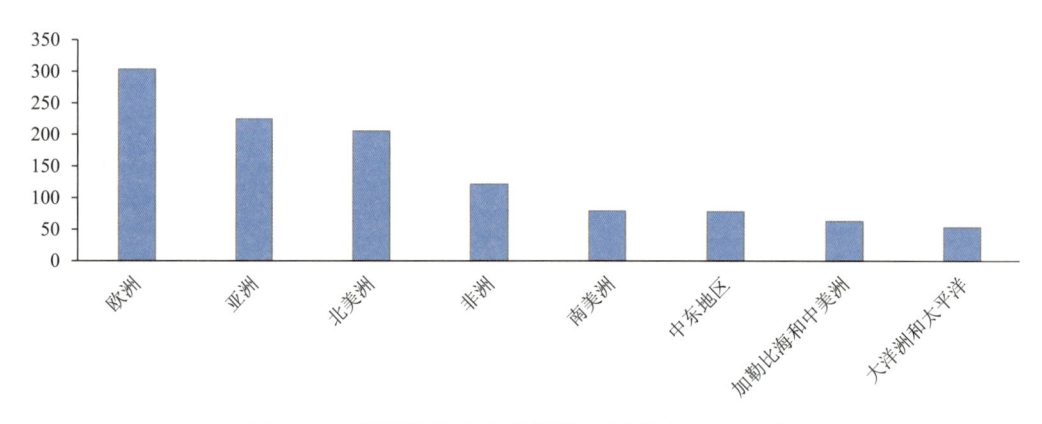

图2-14 世界航空公司数量的区域分布（2021年）

资料来源：据IATA和ICAO（https://financesonline.com/number-of-flights-worldwide）绘制。

超过30%,超过北美和欧洲航空市场,位居全球首位(刘广茜,2020)。

表2-9 世界百强航空公司运营情况对比(2019年)

地区	百强航司数量（个）	旅客运输量（百万人）	旅客运输量占比（%）	旅客周转量RPK占比（%）	运力投入ASK占比（%）
亚洲	35	1 298.2	32.7	30.7	31.2
北美洲	18	1 125.8	28.4	26.1	25.6
欧洲	24	942.5	23.8	24.4	23.5
中东地区与北非洲	13	302.8	7.6	11.9	12.7
南美洲	6	188.4	4.8	3.7	3.7
大洋洲	3	98.3	2.5	2.6	2.6
撒哈拉以南非洲	1	13.2	0.3	0.6	0.7

资料来源:刘广茜(2020)。

(二)美国和中国航空公司的机队规模较为庞大

为了充分发挥资源优势,提高飞机和地面设施利用率,航空公司的机群多配置在空运较为繁忙、飞行区等级较高的机场(主基地机场)。航空公司的机队规模、飞机性能和投入航线使用情况,基本决定了航空公司的运输能力。机队规模庞大的大型航空公司通常建立自己的空运基地,也主要分布于北美、西欧和东亚-东南亚等发达国家及新兴工业化国家或地区。

从国家分布来看,全球航空公司机队规模异质性较大,机队规模庞大的航空公司高度集中于美国和中国。当前全球机队规模超百架的航空公司40余家,其中1/4为低成本航空公司。美国四大航空公司、美国天西航空公司和中国三大航空公司是全球机队规模最大的八家航空公司,飞机类型多样,机队规模庞大,远超其他航空公司。中美以外的主要航空公司机队规模普遍在200架以下,且规模相对较大的航空公司集中位于欧洲和东亚等航空强国的枢纽城市。联邦快递作为全球最大的货运航空公司,机队规模仅次于中美的8家航空公司(图2-15)。

(三)美国和中国航空公司的座位规模远超他国

各航空公司座位规模和排名保持着基本稳定的态势,美国和中国的主要大

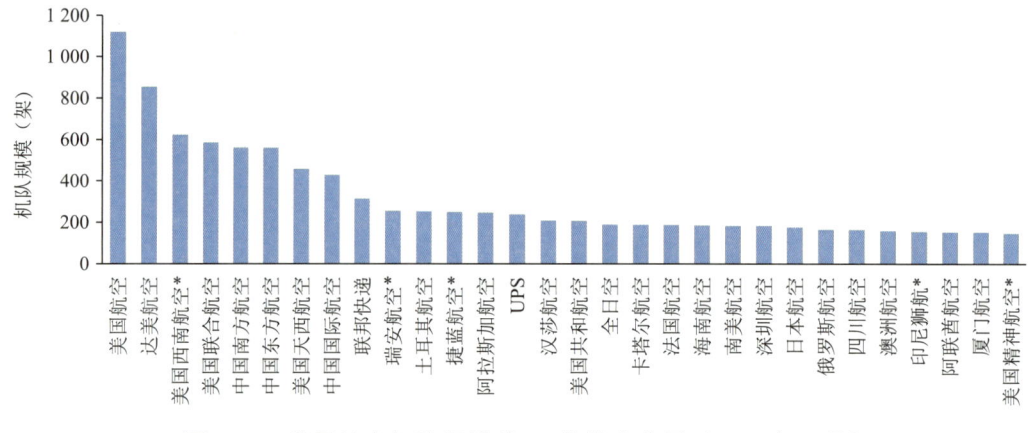

图 2-15 世界航空机队规模前 30 位航空公司（2021 年 6 月）

注：*为低成本航空公司

资料来源：据 Aviation Week（https://aviationweek.com）绘制。

型航空公司是全球航空运力的主要提供者。以美国航空为首的四家美国航空公司拥有座位数始终位于全球首位。爱尔兰的瑞安航空作为欧洲最大的低成本航空公司，运力仅次于美国的四大航空公司。中国三大航空公司的座位规模总体较大，但远低于美国的四大航空公司。受新冠疫情全球大流行影响，全球航空公司运力安排均有减少，相对于欧美国家而言，中国航空公司座位数减少幅度较小（图 2-16）。

（四）全球客运以中美航司为主体，货运则由美国和中东航司主导

全球各航空公司运力规模高度不均，客运由达美航空、美联航和美国航空三家美国航空公司主导。美国三大航空公司客运周转量（收入客千米计）接近且远超其他航空公司，其次是位于中东地区的阿联酋航空和位于中国的南方航空和东方航空及美国的西南航空。从空间分布来看，全球主要客运航空公司高度集中于美国、中国、中东和欧洲等地区，特别是集中于经济发达的国家（图 2-17）。

全球航空货运同样以美国为主导。在全球货运规模前 25 位的航空公司主要位于美国、东亚、欧洲和中东地区。全球前五的货运航空公司中有两家位于美国，两家位于中东，另有一家位于中国，其中联邦快递和 UPS 为纯货运航空公

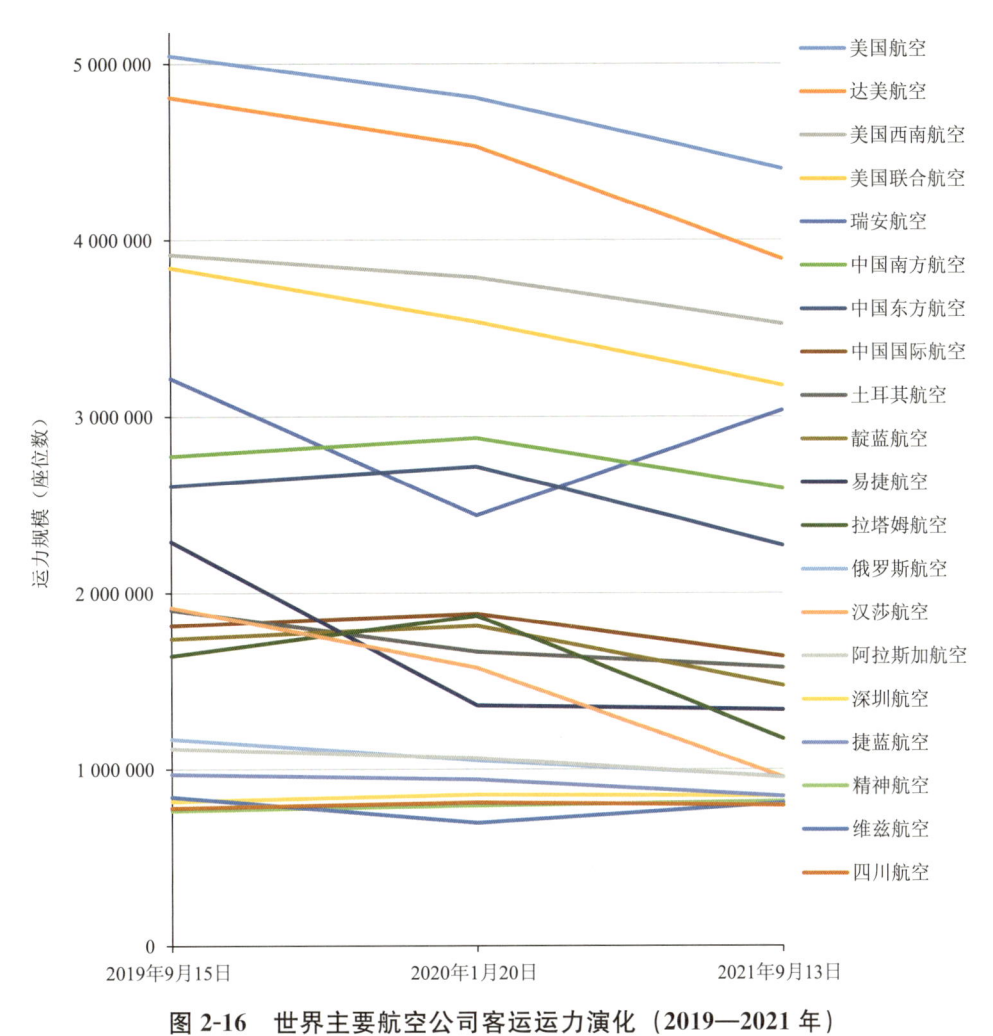

图 2-16　世界主要航空公司客运运力演化（2019—2021 年）

资料来源：据 OAG（https://www.oag.com/blog/global-airline-capacity-increase-2021）绘制。

司。美国联邦快递公司作为全球最大的货运航空公司，其货运周转量（货物吨千米计）领先世界；其次是位于中东的卡塔尔航空，以多哈为核心，沟通了中国、欧洲和美洲的众多城市（图 2-18）。

（五）客运航司高度集中于全球经济中心或政治中心

世界航空公司的主要枢纽基本位于地理位置优越、经济发达的国家经济中心或国家首都或区域首府，具有明显的经济指向性和政治指向性（表 2-10）。

受航空去管制化和国土均衡布局影响，北美大型航空公司总部及其主要枢

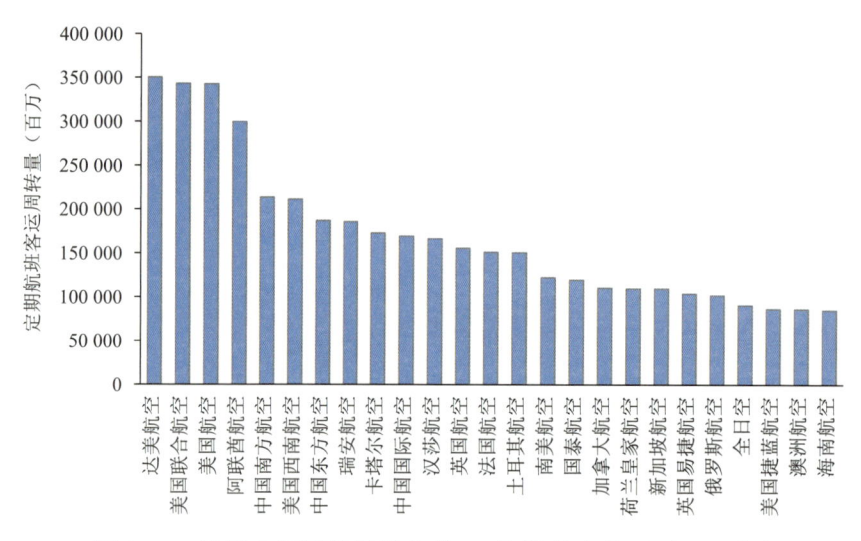

图 2-17　世界客运周转量排名前 25 位的航空公司（2019 年）

资料来源：据国际航空运输协会（IATA）（https://www.iata.org）绘制。

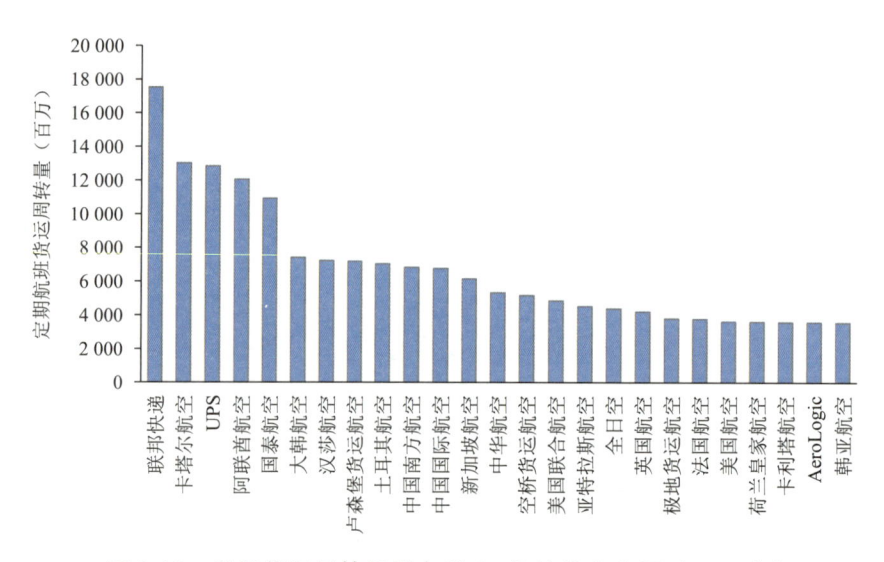

图 2-18　世界货运周转量排名前 25 位的航空公司（2019 年）

资料来源：据 IATA（https://www.iata.org）绘制。

纽，基本迁至或位于地理位置较优、经济水平较高、人口规模较大的经济中心。其中，美国航空以达拉斯、芝加哥、迈阿密、圣路易斯、波多黎各等产业中心为总部和枢纽；达美航空以亚特兰大、纽约、波士顿、洛杉矶、盐湖城、奥兰多、辛辛那提等为总部和枢纽。欧洲大型航空公司的总部及其主要枢纽则相对集中于各国首都或第一大城市，如英国航空的总部和枢纽为伦敦，法荷航的总部及枢纽为巴黎和阿姆斯特丹，汉莎航空的枢纽则为法兰克福和慕尼黑。亚洲的大型航空公司相对集中于东亚（日本、韩国和中国）和东南亚（新加坡、马来西亚、泰国）及西亚（阿联酋）。除中国外，这些国家或地区面积较小，航空公司总部及其枢纽基本位于国家首都或区域首府。

表 2-10　世界主要航空公司及其核心枢纽

航空公司	核心枢纽
美国航空	达拉斯、夏洛特、芝加哥、洛杉矶、迈阿密、纽约、费城、凤凰城、华盛顿
达美航空	亚特兰大、波士顿、底特律、明尼阿波利斯、盐湖城、洛杉矶、纽约、西雅图
美联航	芝加哥、丹佛、休斯敦、旧金山、纽瓦克、洛杉矶、华盛顿
中国国际航空	北京、上海、成都
中国南方航空	广州、北京、上海、乌鲁木齐
中国东方航空	上海、北京、昆明、西安
西南航空	达拉斯、芝加哥、丹佛、巴尔的摩、凤凰城、拉斯维加斯、洛杉矶、奥兰多
全日空	东京、大阪、名古屋
日本航空	东京、大阪、名古屋、福冈、札幌
汉莎航空	法兰克福、慕尼黑、杜塞尔多夫、柏林、汉堡
法国航空	巴黎、里昂、马赛、尼斯
大韩航空	首尔
阿拉斯加航空	西雅图、洛杉矶、旧金山
新加坡航空	新加坡
阿联酋航空	迪拜
卡塔尔航空	多哈
印度航空	新德里
阿提哈德航空	阿布扎比
印尼鹰航	雅加达
易捷航空	伦敦、伯恩茅斯、曼彻斯特、伯明翰
南非航空	约翰内斯堡
澳洲航空	悉尼、墨尔本、布里斯班、珀斯
欧洲之翼航空	马德里
荷兰皇家航空	阿姆斯特丹
瑞士航空	苏黎世

续表

航空公司	核心枢纽
英国航空	伦敦
印度航空	新德里、孟买
挪威航空	奥斯陆、哥本哈根、斯德哥尔摩
土耳其航空	伊斯坦布尔
维珍澳大利亚航空	悉尼、墨尔本、布里斯班
埃及航空	开罗
沙特阿拉伯航空	利雅得、吉达
捷蓝航空	纽约、波士顿、劳德代尔堡、奥兰多、洛杉矶、圣胡安
欧洲之翼航空	杜塞尔多夫、科隆、汉堡、斯图加特
加拿大航空	多伦多、蒙特利尔、温哥华、卡尔加里
挪威航空	奥斯陆、哥本哈根、斯德哥尔摩
拉丁美洲航空公司	圣地亚哥、圣保罗、利马、波哥大、布宜诺斯艾利斯、基多、瓜亚基尔
奥地利航空	维也纳
挪威国际航空	奥斯陆
印度快运航空	科奇、特里凡得琅、高知
阿维安卡航空公司	波哥大、圣萨尔瓦多、利马、基多、瓜亚基尔、卡利、麦德林
巴基斯坦国际航空公司	卡拉奇、伊斯兰堡、拉合尔、白沙瓦、奎达
越南航空公司	河内、胡志明市
肯尼亚航空公司	内罗毕
埃塞俄比亚航空公司	亚的斯亚贝巴
俄罗斯国际航空公司	莫斯科
马来西亚航空公司	吉隆坡
泰国国际航空公司	曼谷
阿根廷国家航空公司	布宜诺斯艾利斯

资料来源：据各航空公司网站整理。

二、世界航空港运力的空间演化

全球共约有 50 000 个供各类航空器起降的设施，而运营定期航班的民用航空运输机场仅有约 4 000 个，其规模大小和繁忙程度均具有显著的空间不均性、集聚性和等级层次性，枢纽机场高度集中于东亚-东南亚、西欧、北美三大地区。

（一）以私人机场为主，主要位于北半球中低纬度地区

全球民用机场空间分布不均衡，高度集中于美洲和欧洲国家，60%以上集中于美国、巴西、加拿大、墨西哥、阿根廷和俄罗斯六国。其中，美国拥有全世界数量最多的机场，占世界总量的2/5。

1. 私人机场数量众多，主要分布于美洲

全球机场以私人机场、通用机场、军用机场等非运营定期航班及无客运服务的机场为主，占比超过90%，数量远高于提供定期航班服务的机场，这些机场主要分布于美洲的美国、巴西等航空运输业发达的国家。全球私人机场数量众多，在各国机场体系中占据重要地位。

2. 定期航班机场重心向亚太地区转移

全球运营定期航班的机场主要位于北半球20—60度的中低纬度地区，高度集中于经济发达、人口稠密的北美、欧洲和东亚等三大经济体，与人口和经济的空间分布具有一致性。南半球的民用机场数量比重仅约20%，且相对集中于大洋洲。南美洲的巴西和阿根廷虽机场数量较多，但规模较小，运量较低，在全球民用航空市场中的地位相对较低。

经济全球化与国际贸易变化始终是影响全球航空运输的决定性因素。随着第三次、第四次和第五次产业转移，世界经济贸易格局由环大西洋向环太平洋和环印度洋演化（杨文龙，2021）。航空枢纽机场布局随之由欧美发达国家向东亚、东南亚、南亚、西亚等亚洲地区扩展，航空枢纽在数量和结构上也呈现着系统性东移态势。21世纪以来，传统欧美发达国家枢纽机场航空客货流量增长速度基本低于全球平均水平，而中国、印度、泰国等东亚、东南亚、南亚及西亚地区枢纽机场航空流量是全球平均速度的两倍多，呈现快速增长态势，成为全球航空运输业快速增长的主要动力。

总的来看，欧洲西部、美国东部和东亚成为全球机场的主要集聚区，北美西部、东南亚、澳大利亚东部和南美东南部地区形成次级集聚区。

（二）机场等级分化显著，枢纽机场极化效应突出

机场客货运量规模遵循"帕累托"分布或位序-规模分布，枢纽机场数量少，且高度集中于社会经济发达地区，呈极化和城镇化发展态势。

1. 机场规模发育等级层次性

机场在客货运量规模和飞行区指标上具有明显的等级层次性，形成枢纽机场、大型机场、中型机场和小型机场体系（唐小卫等，2012）。枢纽机场等高等级的机场数量少，且分布高度集中于全球城市，集聚大量国际航线和干线航线，中小型机场等低等级的机场数量远多于高等级机场，且分布广泛，相对集中于旅游城市、省会城市，以支线航线为主。

2. 枢纽机场呈两极分化和城镇化态势

一是传统航空枢纽机场数量逐渐减少，部分枢纽机场规模不断增长，机场等级差异扩大，呈两极分化。这种变化在欧美航空运输发达市场表现最为明显，主要源于：（1）航空公司间的大型并购和重组、战略联盟和航线联营等竞争策略不断深化，导致航空枢纽整体数量减少；（2）航空公司受低成本运行模式和旅客直达服务需求的冲击，逐渐采取滚动式枢纽运行模式，导致部分规模偏小的机场枢纽功能丧失；（3）地区经济衰退、航空公司盈利能力下降，以及航权和航班时刻运营资源不足，迫使欧美许多航空公司放弃构建枢纽计划（邹建军，2018）。

二是枢纽机场配套服务日趋完善，呈现由集散中心向综合体的城镇化发展趋势。空地联运服务模式开始盛行，大型枢纽机场综合服务能力不断提升，逐渐由航空集散中心发展为以机场为中心的综合交通体系、临空经济区和类城市综合体，集聚不同交通、商业、会展、酒店、物流、文化等服务功能，甚至加工制造功能（邹建军，2018）。

（三）全球航空港运量集中在北美洲和欧洲发达国家

1. 客运枢纽机场主要位于欧美发达国家

相较普通机场，高等级的枢纽机场数量很少，分布更加不均，高度集聚于北美、欧盟和东亚三大经济发达地区。世界航空客运量前50位的枢纽机场几乎

位于美国东海岸和西海岸，西欧地区（英国、法国、德国、西班牙等国家），以及东亚、东南亚和南亚地区（中国、日本、印度等），而南美洲、非洲和大洋洲基本缺失，少数枢纽机场散布于中美洲、巴西东南部、新西兰及澳大利亚东部（表 2-11）。

表 2-11　世界客运量前 50 位的枢纽机场（2019 年）

排名	机场名称	总乘客量（万人次）
1	美国亚特兰大哈兹菲尔德-杰克逊国际机场	11 053.1
2	中国北京首都国际机场	10 001.1
3	美国洛杉矶国际机场	8 806.8
4	阿联酋迪拜国际机场	8 639.7
5	日本东京羽田国际机场	8 550.5
6	美国芝加哥奥黑尔国际机场	8 437.3
7	英国伦敦希斯罗机场	8 088.8
8	中国上海浦东国际机场	7 615.3
9	法国巴黎夏尔·戴高乐机场	7 615
10	美国达拉斯-沃斯堡国际机场	7 506.7
11	中国广州白云国际机场	7 337.8
12	荷兰阿姆斯特丹史基浦机场	7 170.7
13	中国香港国际机场	7 141.5
14	韩国首尔仁川国际机场	7 120.4
15	德国法兰克福机场	7 055.6
16	美国丹佛国际机场	6 901.6
17	印度新德里英迪拉·甘地国际机场	6 849.1
18	新加坡樟宜机场	6 828.3
19	泰国曼谷素万那普机场	6 542.2
20	美国纽约肯尼迪国际机场	6 255.1
21	马来西亚吉隆坡国际机场	6 233.6
22	西班牙马德里-巴拉哈斯机场	6 170.7
23	美国旧金山国际机场	5 741.9
24	中国成都双流国际机场	5 585.9
25	印度尼西亚雅加达苏加诺-哈达国际机场	5 449.7

续表

排名	机场名称	总乘客量（万人次）
26	深圳宝安国际机场	5 293.2
27	西班牙巴塞罗那-埃尔普拉特机场	5 266.4
28	土耳其伊斯坦布尔机场	5 219.3
29	美国西雅图-塔科马国际机场	5 182.9
30	美国拉斯维加斯麦卡伦国际机场	5 169.1
31	美国奥兰多国际机场	5 061.3
32	加拿大多伦多皮尔逊国际机场	5 049.7
33	墨西哥墨西哥城贝尼托·胡亚雷斯国际机场	5 030.8
34	美国夏洛特道格拉斯国际机场	5 016.9
35	俄罗斯莫斯科谢列梅捷沃国际机场	4 993.3
36	中国台北桃园国际机场	4 868.9
37	中国昆明长水国际机场	4 807.6
38	德国慕尼黑机场	4 794.1
39	菲律宾马尼拉尼诺伊·亚基诺国际机场	4 789.8
40	中国西安咸阳国际机场	4 722.1
41	印度孟买贾特拉帕蒂·希瓦吉国际机场	4 705.6
42	英国伦敦盖特威克机场	4 657.6
43	美国纽瓦克自由国际机场	4 633.6
44	美国凤凰城天港国际机场	4 628.8
45	美国迈阿密国际机场	4 592.4
46	中国上海虹桥国际机场	4 563.8
47	美国休斯敦乔治布什洲际机场	4 499
48	中国重庆江北国际机场	4 478.7
49	澳大利亚悉尼金斯福德·史密斯国际机场	4 444.7
50	日本东京成田国际机场	4 434.1

资料来源：据维基数据（https://www.wikidata.org/wiki/Wikidata：Main _ Page）整理。

2019年，全球机场旅客吞吐量达到91亿人次，排名前10的机场主要分布于美国（4个）、西欧（2个）、东亚（3个）和中东（1个）等经济发达和人口稠密的城市。美国的亚特兰大国际机场和中国的首都国际机场占全球客运量前10的35.2%。此外国际航空客运增长较快，英国国际旅客吞吐量位居全球首位。国际旅客吞吐量排名前列机场位于西欧（英国、荷兰、法国、德国）、中东（阿联酋）、东亚（中国香港、韩国、中国台湾）和东南亚（新加坡和泰国）等少数国家或地区（图 2-19 和图 2-20）。

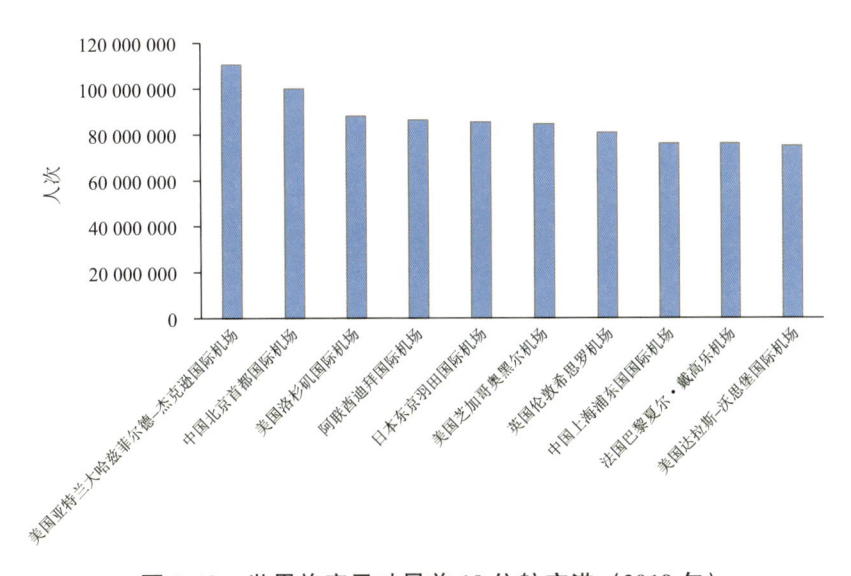

图 2-19　世界旅客吞吐量前 10 位航空港（2019 年）

资料来源：据国际机场协会（ACI）（https://aci.aero）绘制。

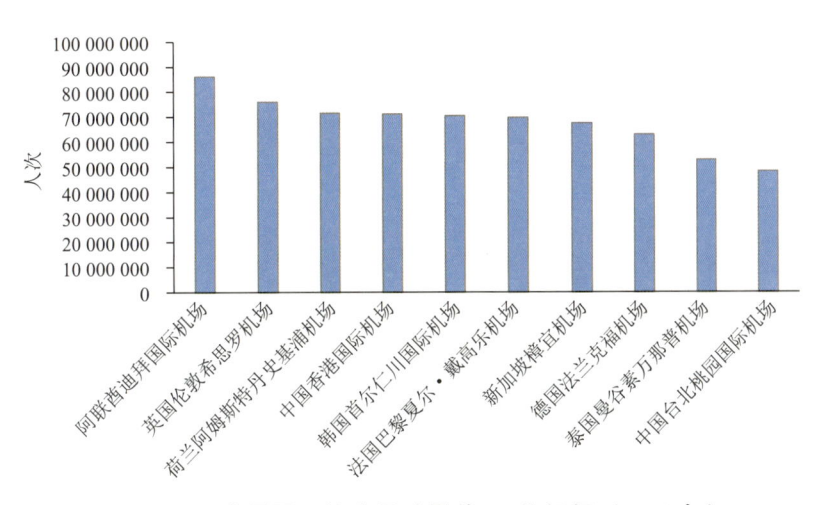

图 2-20　世界国际旅客吞吐量前 10 位机场（2019 年）

资料来源：据国际机场协会（ACI）（https://aci.aero）绘制。

2. 货运枢纽机场主要位于美国、东亚及中东地区

2019 年，全球机场货运吞吐量达到 1.20 亿吨，其中发达经济体占全球比重达

到 60.8%。货运吞吐量十强机场占全球货运吞吐总量的 25%，主要分布在美国、东亚（中国、韩国和日本）及中东（阿联酋和卡塔尔）地区（图 2-21 和图 2-22）。

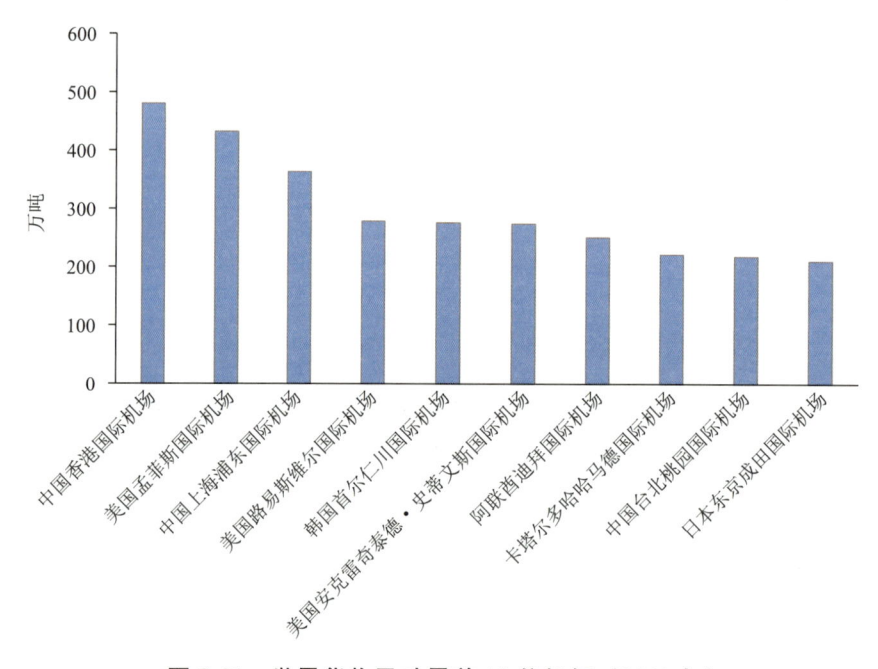

图 2-21　世界货物吞吐量前 10 位机场（2019 年）

资料来源：据国际机场协会（ACI）（https://aci.aero）绘制。

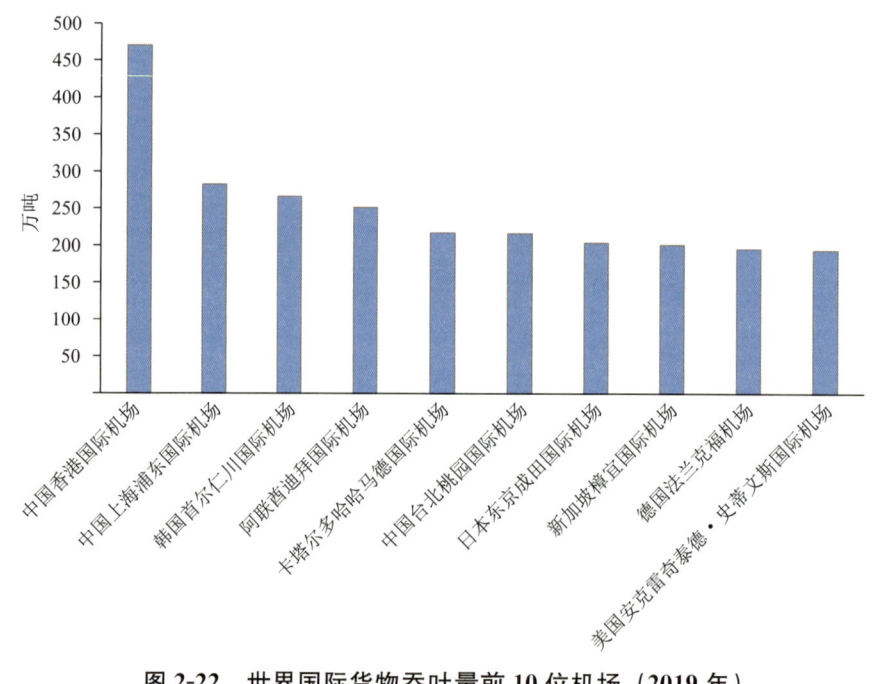

图 2-22　世界国际货物吞吐量前 10 位机场（2019 年）

资料来源：据国际机场协会（ACI）（https://aci.aero）绘制。

此外，航班起降数量排名前列的机场主要位于美国。机场航班起降数量反映了机场的繁忙程度。2019年，全球机场航班起降数量排名前十位的机场有七家位于美国，其余三家分别位于中国、荷兰和德国（图2-23）。而西欧和北美机场的整体连通性明显高于其他地区。枢纽机场连通性反映了机场作为中转枢纽的能力。2019年，整体连通性排名前十位的机场基本位于西欧和北美地区（图2-24）。

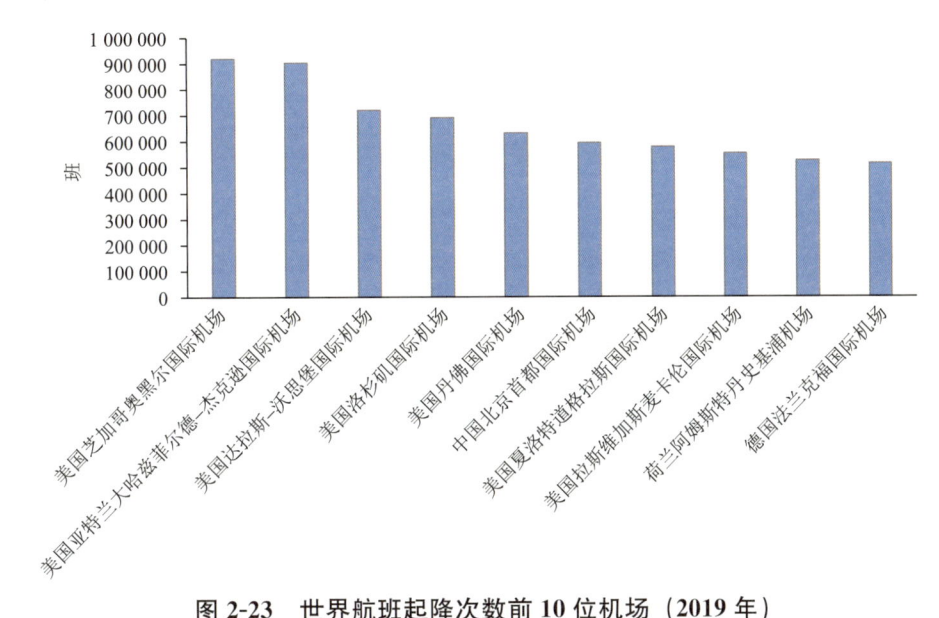

图 2-23　世界航班起降次数前 10 位机场（2019 年）

资料来源：据国际机场协会（ACI）（https://aci.aero）绘制。

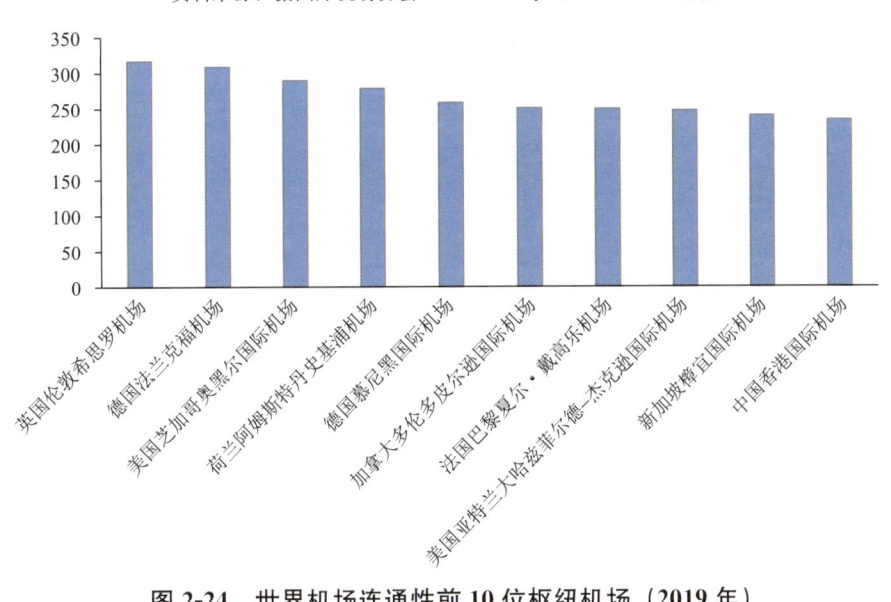

图 2-24　世界机场连通性前 10 位枢纽机场（2019 年）

资料来源：据 OAG 绘制。

（四）机场集聚成群，形成"一市多场"体系

"一市多场"即多机场体系，是指某一区域拥有多个机场同时运营，协同分工，形成机场群。"一市多场"是航空运输发展到一定阶段的产物，通常发育于航空运量大的大城市或高度一体化的城市区域。

1. 机场群集中于美国、西欧和中国

全球拥有"一市多场"的城市或都市区主要分布在北美、欧洲及亚洲，形成170个机场群，提供全球约70%的可售座位和超过60%的航班。可售座位数排名前十的国家集中了全球50%的机场群和70%以上的航空运量和班次。数量分布集聚于北美和南亚，相对集中于拉丁美洲和加勒比地区、西欧、南欧、东亚、西亚和东南亚，以美国和中国数量最多。但客运市场规模则仍然集中于美国、西欧（英国、德国、法国、意大利等）和东亚-东南亚（中国、日本、泰国等）（曹小曙等，2017）。

2. 机场群与世界级城市群协同发展

通过市场分工和功能互补，实现机场群与城市群的协同发展，高等级的枢纽机场群基本与全球性城市区域相伴而生（曹小曙等，2017），已形成了纽约、洛杉矶、华盛顿、伦敦、巴黎、东京、莫斯科、伊斯坦布尔、柏林等世界性枢纽机场群，以及中国的京津冀、长三角、粤港澳大湾区、成渝经济圈等具有全球影响力的枢纽机场群（赵月华，2019）。

参 考 文 献

[1] 曹小曙、杨景胜、廖望："全球机场群空间格局及其对粤港澳大湾区的启示"，《城市观察》，2017年第6期。

[2] 李国栋、李如苑、王正等："全球航空运输市场大变局的关键特征及驱动因素"，民航·新型智库，2022年。http://att.caacnews.com.cn/zsfw/202205/t20220505_60634.html。

[3] 刘广茜："全球航空运输市场或迎来大洗牌——《全球百强航空公司榜单》分析"，《大飞机》，2020年第11期。

[4] 唐小卫、李杰、张敏：《航空运输地理》，科学出版社，2012年。

[5] 魏君："航空运输业的'周期魔咒'能否被打破"，《大飞机》2018年第12期。

[6] 杨文龙、游小珺、杜德斌："商品贸易网络视角下地缘经济系统的属性与功能演进"，《地理研究》2021年第40期。

[7] 尤怀墨："航空物流发展规律（一）：波动性、周期性、产业关联性"，国际航空运输，2023。

http://bbs.logclub.com/articleInfo/NTg5NTU=。
［8］张晋："'超级周期'会被打破吗——IATA下调全球航空运输业利润周期"，《大飞机》2019年第7期。
［9］赵月华："世界枢纽机场群与公务机基地的空间布局"，《今日民航》2019年。
［10］邹建军："航空枢纽概念辨析：传统航空枢纽定义的衰落与大型机场枢纽定义的兴起"，中国民航网，2018年。http://www.caacnews.com.cn/zk/zj/zoujianjun/201812/t20181225_1263616.html.
［11］Wandelt S.，Sun X，Zhang J. 2019. Evolution of Domestic Airport Networks: A Review and Comparative Analysis. *Transportmetrica B: Transport Dynamics*，Vol. 7，No. 1.

第三章　世界航空网络地理

在国际运输自由化和经济全球化的推动下，世界各个国家（或地区）及城市间航空流范围、速度和规模达到空前，形成全球与地方相互嵌套的网络化结构，不断涌现时空复杂性。拓扑结构上，世界航空网络是介于随机网络与规则网络之间的复杂网络，具有典型的小世界性和类无标度性特征。空间结构上，世界航空网络的节点和航线高度不均衡，具有显著空间异质性。世界航空网络枢纽由传统欧美发达国家主导（Lordan and Sallan，2017；Matsumoto，2007；Piltz et al.，2018）。伴随世界经济重组，亚太地区和中东地区少数国际航空枢纽不断浮现，成为欧洲和北美航线的首位联系方向，从而加速重塑世界航空运输格局，导致世界航空网络趋向扁平化发展。

第一节　世界航空网络的拓扑复杂性演化

不管是国家尺度还是城市尺度，世界航空网络均具有较高的集聚系数和较短的平均路径长度，呈现典型的"小世界性"。同时，世界航空网络节点度分布发育呈明显的双段幂律特征，具有一定的"无标度"特性，进而证实世界航空网络是介于随机网络与规则网络之间的复杂网络，具有典型的小世界性和类无标度性特征（Guimerà et al.，2005；高峰和党亚茹，2009）。

一、国家尺度下世界航空网络的拓扑结构

研究期间,世界航空网络的规模和连通性保持基本稳定,略呈一定程度的扩张,网络密度不断增加,联系程度日渐紧密,集聚强度有所加剧,发育典型的小世界性和类标度性复合特性(表3-1)。

表3-1 国家尺度下的世界航空网络整体拓扑结构演化(1999—2019年)

年份	节点	边	平均度	平均加权度	网络直径	图密度	平均聚类系数	平均路径长度
1999	214	5 092	23.794	33 153.893	4	0.113	0.675(0.226)	2.197(1.777)
2009	218	5 289	24.261	41 323.982	4	0.113	0.678(0.224)	2.189(1.775)
2019	220	6 088	27.673	60 177.577	4	0.129	0.685(0.252)	2.138(1.747)

注:括号内为同等规模随机网络的特征值,随机网络生成方法:根据节点和边计算连接概率($p=2n/N(N-1)$,n为边数,N为节点数),然后用Gephi软件,用同一时段相同节点数,按计算的连接率生成,下同。

资料来源:据OAG整理。

(一)国际航空网络日益紧凑,是一个具类无标度性的小世界网络

1. 国际航空网络节点规模相对稳定,航线布局逐渐紧凑

(1)世界航空网络中国家节点(或地区)数量小幅增长,保持相对稳定而健壮的航空运输联系。1999—2019年,世界航空枢纽国家(地区)从期初的221个缓慢增长至229个,仅有少数国家或地区链接入网,绝大多数国家或地区结网并保持相对稳健的航空运输联系(表3-1)。

(2)世界航空网络边数持续增加,尤其是近十年增长更快,国家节点之间的航空运输联系日趋紧密,一些新的航空运输路径不断创造。在经济全球化和航空自由化双重推动下,全球国际航空运输联系高度紧凑(集聚系数超过0.6),呈现全球地方深度互嵌格局,但仍存在极少数国家(或地区)由于国家规模、地理距离、政治归属等原因对外航空联系相对单一,地处整个全球航空网络的边缘。

2. 国际航空网络密度不断增长,节点关联范围持续扩张

(1)世界航空网络的平均度中心性呈现持续而小幅的增长状态,国家对外

航空直接联系范围有所拓展。平均每个国家（或地区）对外联系范围由期初的 24 个国家（地区）增加到 28 个，航线拓展路径选择日渐丰富。但由于研究初期全球绝大多数国家或地区基本链入全球航空网络，导致节点平均连接度增长不高。世界航空网络的密度随着节点规模增大而呈现缓慢增长趋势，从 1999 年的 0.113 增长至 2019 年的 0.129，说明全球各国之间的航线和航班日益紧密，网络联系广度和深度不断加强。

（2）世界航空网络直径保持恒定，遵循"四度分离"的小世界性。1999—2019 年，归因于稳定而缓慢的结网态势，全球航空网络的直径保持稳定（均为 4），任意两个国家或地区最多只要通过四次中转就可以通达。这主要得益于国际航空网络的轴辐式空间组织模式。

3. 国际航空网络具有强集聚性和高通达性，是一个典型的小世界网络

20 多年间，世界航空网络既具有类似于规则网络的较大的集聚系数，也呈现类似于随机网络的较小的平均路径长度（Amaral et al., 2000），发育显著的"小世界性"。统计表明，国际航空网络拥有较高的集聚系数（数值稳定在 0.65 左右），与高峰和党亚茹（2009）结果一致（2003—2006 年间集聚系数介于 0.63—0.64），远高于同等规模的随机网络，具有强集聚性特征。整个网络的平均路径长度处在 2.19—2.22，过滤那些仅有一个关联对象的节点，网络的平均路径长度呈现略微减小的趋势，国家或地区之间的航空中转距离逐渐缩小，可达性有所增强，渐趋近于同等规模的随机网络。

相较于同等规模的规则网络或随机网络，国家尺度下的世界航空网络具有很大的集聚系数和很小的平均路径长度，是一个被广泛证实的典型小世界网络，这与党亚茹等人（2009）的研究发现一致。进而说明，全球航空网络通过极少数枢纽国家与绝大多数边缘国家连接，因较少的中转次数和较大的客流集散而表现更高效的航线组织（Lin and Ban, 2013; Li and Cai, 2007）。

4. 国际航空网络遵循双段幂律分布，发育典型的类无标度特性

1999—2019 年，国家尺度下的全球国际航空网络累积度分布呈现出幂律分布与指数分布特征，但指数分布拟合结果更好（如图 3-1 所示，拟合优度高达 98% 以上），表明仅有少数国家的连接程度在国际航空网络中占据绝对优势地位，其他绝大多数国家连接程度非常低，处于网络的边缘。全球航空网络呈现出显著的双段幂律分布特征（Two-regime power law distribution），即双段帕累托分布（Reed and Jorgensen，2004），表明国家尺度下的国际航空网络具有显著的类无标度特性（高峰和党亚茹，2009；王勇，2011），但其仍然是一个小世界网络。

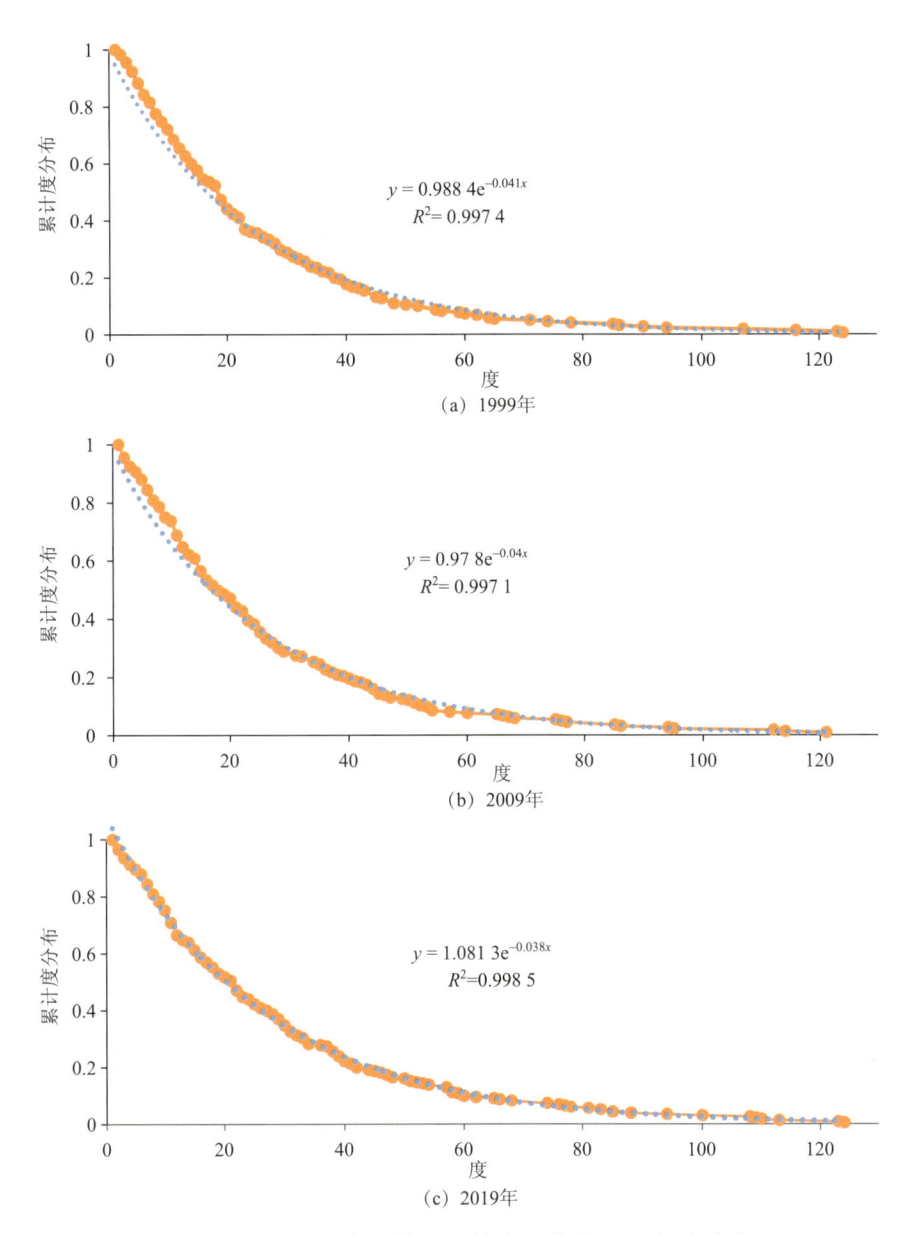

(a) 1999年

$y = 0.988\,4e^{-0.041x}$
$R^2 = 0.997\,4$

(b) 2009年

$y = 0.97\,8e^{-0.04x}$
$R^2 = 0.997\,1$

(c) 2019年

$y = 1.081\,3e^{-0.038x}$
$R^2 = 0.998\,5$

图 3-1　国家尺度下的国际航空网络度及累积度分布

资料来源：据 OAG 绘制。

（二）国际航空网络遵循位序-规模分布，发育显著的等级层次性

对全球国家（或地区）航空网络的节点中心性进行位序-规模排序，并进行曲线拟合，研究发现（表 3-2 和表 3-3）：

表 3-2　国家节点中心性的位序-规模分布（1999—2019 年）

年份 中心性	1999 年				2009 年				2019 年			
	函数	a	b	R^2	函数	a	b	R^2	函数	a	b	R^2
紧密度中心性	$y=ae^{bx}$	0.587	−0.002	0.930	$y=ae^{bx}$	0.581	−0.002	0.925	$y=ae^{bx}$	0.595	−0.002	0.947
中介中心性	$y=ae^{bx}$	0.175	−0.186	0.950	$y=ae^{bx}$	0.172	−0.183	0.932	$y=ae^{bx}$	0.114	−0.113	0.905
度中心性	$y=ae^{bx}$	0.715	−0.017	0.922	$y=ae^{bx}$	0.752	−0.017	0.935	$y=ae^{bx}$	0.806	−0.016	0.960
加权度	$y=ae^{bx}$	0.963	−0.156	0.926	$y=ae^{bx}$	0.986	−0.120	0.922	$y=ae^{bx}$	0.914	−0.070	0.948
WACR	$y=ae^{bx}$	0.786	−0.036	0.910	$y=ae^{bx}$	0.778	−0.033	0.9251	$y=ae^{bx}$	0.843	−0.028	0.960

资料来源：牛彩澄（2020）。

1. 国家节点中心性表现出位序-规模递减的效应

从曲线变化趋势来看，中心性指标的位序-规模分布均能很好地拟合复合指数曲线（所有指标拟合优度水平高于 0.90）。随着位序的增加，节点的中心性先呈现出快速的递减，然后变化趋于平缓，表明少数国家（或地区）拥有较高的节点中心性，成为网络的核心节点，绝大多数节点中心性数值偏低，位于网络的边缘，高度依赖枢纽节点。

2. 不同类型的节点中心性的位序-规模递减规律存在一定差异

对比表 3-2 的五个节点中心性的变化速率（即观察 b 值的绝对值大小），中介中心性的递减效应最为明显，其次是加权度，再次是加权平均中心秩与度中心性，最后是紧密度中心性。研究期间，五种中心性指标的位序-规模递减效应基本符合这一规律，枢纽节点的集聚度遵循中介中心性＞加权度中心性＞加权平均中心秩＞度中心性的位序。

3. 节点中心性递减效应变化趋平或趋减

1999 年，中介中心性的递减速率为 0.186，2009 年该值为 0.183，到 2019 年速率下降到 0.113，反映了城市之间的中介中心性差距逐渐缩小，低层级国家对核心层级的国家的中转依赖度有所下降。节点的加权度中心性，即国家

（或地区）的国际航班强度的差距呈现出缩小的趋势，说明低层级节点的对外关联强度不断增加。加权平均中心秩的递减速率也呈现出下降的趋势，说明在考虑相邻节点地位情境下的节点重要性差距也在不断缩小，边缘节点倾向与网络中更多地位较高的节点相关联。而节点之间度中心性和紧密度中心性的递减效应变化趋势不明显。但总体上，对外航空关联依旧主要集中在核心国家。

4. 国际航空网络具有等级层次性，但不同中心性位序-规模分布存在差异

对国家尺度的全球航空网络节点多中心性进行双对数位序-规模分布线性拟合，发现研究期间全球航空网络的位序-规模分布的拟合斜率都在0.6以上，证实全球国家节点的中心性具有一定的等级层次结构（表3-3）。观察拟合函数的q值，发现紧密度中心性和度中心性的q值小于1，尤其是紧密度中心性，说明国家节点的网络连通性相对均衡，节点之间的差距较小。节点度中心性的q值较为接近于理想值1，说明网络的节点规模相对均衡。考虑节点的相邻节点度值后，发现节点的q值变大，说明高度值节点的相邻节点度值也比较高，节点之间的差距逐渐拉大。此外，加权度和中介中心性的拟合斜率较大，尤其是中介中心性，说明节点的中转特征非常集中，仅有少数核心国家在全球航空网络中扮演中转枢纽角色，大部分边缘国家不具备这个功能；对加权度来说，考虑国家之间的班次强度，发现节点加权度分布较为集中，说明核心节点的联系强度更高，大部分节点的联系强度较弱。综上，对比节点的度中心性、加权度以及加权平均中心秩，发现赋权后的节点中心性规模空间分布更为集中，节点

表3-3 国际航空网络国家节点的双对数位序-规模分布

年份	指标	紧密度中心性	中介中心性	度中心性	加权度中心性	加权平均中心秩
1999	q	−0.136	−2.111	−0.851	−1.618	−1.273
	a	−0.176	1.955	1.736	2.495	2.600
	R^2	0.856	0.795	0.778	0.857	0.709
2009	q	−0.129	−2.133	−0.845	−1.541	−1.319
	a	−0.203	2.014	1.773	2.554	2.802
	R^2	0.860	0.821	0.774	0.880	0.675
2019	q	−0.136	−2.103	−0.857	−1.616	−1.297
	a	−0.162	1.953	1.927	3.167	2.931
	R^2	0.851	0.827	0.756	0.846	0.675

资料来源：牛彩澄（2020）。

中心性的差距逐渐拉大，高位序国家节点的中心地位逐渐突出，中小规模节点发育较弱。而从连通性来看，节点之间的差距较小，其规模分布相对均衡，均能通过较短的路径距离到达网络中的其他节点。从节点对网络的控制性看，节点中介中心性的差距极大，仅有极少数节点承担节点连接的中转站和控制中枢。

二、城市尺度下世界航空网络的拓扑结构

（一）城际航空网络链接更加紧密，发育典型的小世界性

利用Gephi 0.9.2软件对1999年、2009年和2019年的全球城际航空网络分别进行网络指标的统计（表3-4）分析可知：

表3-4 城市尺度下世界航空网络复杂性统计特征量

统计特征	统计指标	1999	2009	2019
网络规模	节点数	1 115	1 296	1 511
	边数	16 394	23 119	34 376
	密度	0.013	0.014	0.016
	网络直径	8	7	8
小世界性	平均聚类系数	0.406 (0.027)	0.45 (0.027)	0.426 (0.03)
	平均路径长度	3.092 (2.426)	2.938 (2.334)	2.92 (2.219)
无标度性	度中心性幂律拟合	$y=6.270\,6x^{-1.227}$ ($R^2=0.885\,1$)	$y=7.541\,7x^{-1.217}$ ($R^2=0.869\,7$)	$y=9.023\,5x^{-1.184}$ ($R^2=0.839\,9$)
	度中心性指数拟合	$y=0.26e^{-0.02x}$ ($R^2=0.913\,8$)	$y=0.287\,7e^{-0.019x}$ ($R^2=0.931$)	$y=0.356\,1e^{-0.018x}$ ($R^2=0.966\,2$)
度中心性	平均度	13.62	17.7	22.735
	变异系数	1.896	1.835	1.76
加权度中心性	平均加权度	5 046.865	6 746.555	8 755.687
	变异系数	3.32	3.27	3.18
加权平均中心秩	平均中心秩	41 661.189	28 589.93	60 291.23
	变异系数	5.788	5.907	4.652

资料来源：据OAG整理。

1. 全球城际航空运输联系日益紧密，呈现出强劲的离散趋势和不均衡特征

1999—2019 年，全球城际航空运输网络规模迅速扩张，大量全球性航空城市不断浮现和融入全球航空网络，网络中节点数和边数快速增长，分别由 1999 年的 1 115 个和 16 394 条增加到 2019 年的 1 511 个和 34 376 条，表明全球城际航空网络逐渐由一稀疏网络生长为稠密的复杂网络，但在复杂性涌现过程中，全球城际航空运输网络节点发育呈现出显著的差异性。根据中心性的结果表明全球城际航空运输网络两极分化严重，其度中心性和加权度中心性的变异系数在 20 年稳定保持在 1.8 和 3.2 左右。加权平均中心秩的变异系数虽有所降低，但值一直大于 4.6。这表明在全球通航城市数量不断增加、联系日益紧密的情境下，全球城际航空运输网络呈现出强劲的扩散趋势和集聚性特征。

2. 全球城际航空网络关联更加紧密，中转次数保持稳定

1999—2019 年，平均度由初期的 13.62 增加到末期的 22.74，呈现逐年增加的趋势，表明整个网络在规模不断扩大的基础上，大部分节点之间的关联程度也不断增加。由于受到金融危机的影响，平均加权度呈现先降低后增加的态势。密度值由初期的 0.013 增长到末期的 0.016，呈现略微增长趋势。研究期间，网络直径基本维持在 7—8，说明在全球航空网络中，城市节点最多需要通过 7 次或 8 次中转就能彼此联通。

3. 与国际航空网络类同，全球城际航空网络也是一个典型的小世界网络

研究期间，网络的平均路径长度变化不明显，基本在 2.92—3.092 波动，说明城市之间平均约需要三步就能达到网络中的任一节点。与 2004 年无权的全球城际航空网络平均路径长度（4.4）相比（Barrat et al., 2004），考虑权重的全球城际航空网络连通性水平显著上升。此外，城市尺度的全球航空网络具有较高的聚类系数，平均最短路径长度略大于随机网络的理论值，平均聚类系数则远高于随机网络的理论值，由此说明全球城际航空网络也是一个典型的小世界网络。

4. 与国际航空网络类似，全球城际航空网络遵循双段幂律分布，具有类无标度特性

从全球城际航空网络的度分布及累积度分布来看，其累积度分布曲线具有一定的幂律和指数特征，幂律分布拟合优度大于 83%，而指数拟合优度高达

(a) 1999年

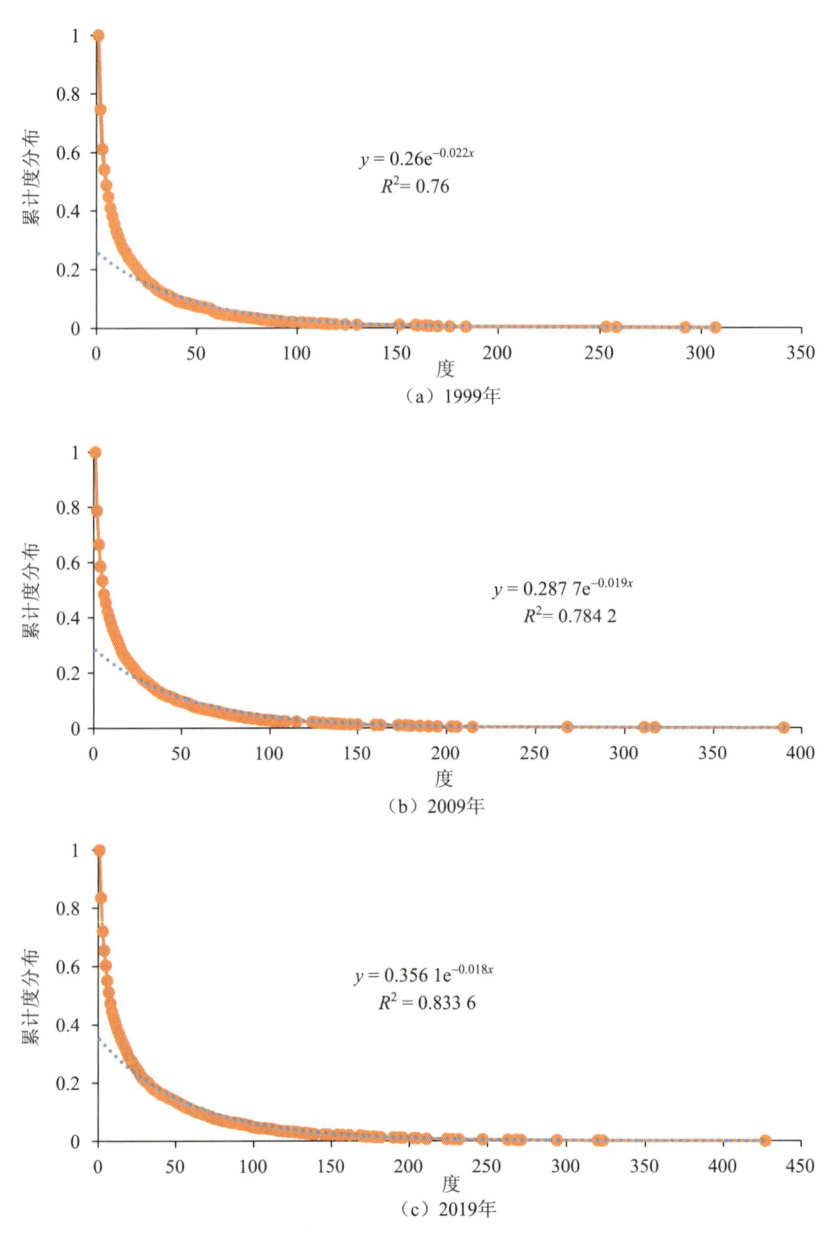

$y = 0.26e^{-0.022x}$
$R^2 = 0.76$

(b) 2009年

$y = 0.2877e^{-0.019x}$
$R^2 = 0.7842$

(c) 2019年

$y = 0.3561e^{-0.018x}$
$R^2 = 0.8336$

图 3-2　全球城际航空网络的度分布及累积度分布

资料来源：据 OAG 绘制。

93%，且随着度值的降低，累积度分布的幂律特征更为明显（图 3-2）。全球城际航空网络的度分布呈现与国家尺度下的全球航空网络一致的双段幂律分布。城市节点度中心性值具有显著的幂律衰减偏尾规律，说明该网络具有一定的无标度特性（Barabási and Albert，1999）。这进一步证实，无论国家尺度还是城市尺度，绝大多数的航空运输网络，无论是全球范围（Guimerà et al.，2005；党亚茹等，2009；Colizza et al.，2006）或区域范围（Lordan and Sallan，2017；Paleari et al.，2010），还是国家范围（王姣娥和莫辉辉，2014；Guida and Maria，2006；Bagler，2008；Chi and Cai，2008），其累积度分布不遵循严格的幂律分布，而是存在双段幂律分布或截断幂律分布的论断（Lin and Ban，2013）。

（二）城际航空网络节点中心性具有显著等级层次性和一定异质性

对城市尺度的全球航空网络的五种节点中心性进行位序-规模排序，并进行曲线拟合（表3-5）。通过分析，发现以下规律：

1. 全球城市的节点中心性表现出位序-规模递减的效应

从曲线变化趋势来看，中心性指标的位序-规模分布可以拟合复合指数曲线。与国家尺度相同，节点的中心性先呈现出快速的递减，然后变化趋于平缓，表明仅有少数城市拥有较高的节点中心性，成为网络的核心节点，绝大多数节点中心性数值偏低，位于网络的边缘，与度分布类似，具有一定无标度性。

2. 节点中心性的位序-规模递减规律也存在相当的差异

对比五种中心性的变化速率（即观察 b 值的绝对值大小）以及拟合曲线的变化，类似于国家尺度，城市节点的中介中心性的递减效应最为明显，其次是加权度，再次是加权平均中心秩、度中心性，最后是紧密度中心性，与牛彩澄（2020）研究发现一致。

表3-5 城市节点中心性的位序-规模拟合指标

中心性	1999年				2009年				2019年			
	函数	a	b	R^2	函数	a	b	R^2	函数	a	b	R^2
紧密度中心性	$Y=ae^{bx}$	0.429	−0.000 4	0.932	$Y=ae^{bx}$	0.437	−0.000 4	0.940	$Y=ae^{bx}$	0.440	−0.000 3	0.945
中介中心性	$Y=ae^{bx}$	0.104	−0.077 8	0.922	$Y=ae^{bx}$	0.100	−0.080 4	0.923	$Y=ae^{bx}$	0.074	−0.054 9	0.924
度中心性	$Y=ae^{bx}$	0.525	−0.011 6	0.875	$Y=ae^{bx}$	0.469	−0.009 5	0.885	$Y=ae^{bx}$	0.490	−0.007 2	0.921
加权度	$Y=ae^{bx}$	0.569	−0.046 0	0.857	$Y=ae^{bx}$	0.488	−0.033 4	0.847	$y=ae^{bx}$	0.485	−0.026 5	0.884
加权平均中心秩	$Y=ae^{bx}$	0.700	−0.041 2	0.867	$Y=ae^{bx}$	0.756	−0.030 0	0.861	$Y=ae^{bx}$	0.489	−0.017 5	0.902

资料来源：牛彩澄（2020）。

3. 不同于国家节点中心性，城市节点规模的首位分布特征明显

对全球城市节点多中心性进行双对数位序-规模分布线性拟合，发现研究期间全球航空网络位序-规模分布的拟合斜率都在 0.7 以上，拟合优度高于国家节点。从具体指标来看，观察拟合函数的 q 值，发现除紧密度中心性的拟合斜率小于 1 以外，其他中心性指标的 q 值远高于理想值 1，说明全球城市节点中心性规模的空间分布不均衡，集聚程度较大，高值中心性主要集中在核心节点，中小城市中心性规模发育较差。但从网络的连通性来看，基于全球城市航空网络的小世界特性，大部分节点之间均能通过较少的路径连入网络，因而在紧密度中心性上，节点规模排序的 q 值远小于 1，说明城市节点的连通性发育较为均衡。从国家尺度和城市尺度比较来说，国家节点规模分布更符合位序-规模法则，城市节点规模分布集聚特征显著，首位分布规律明显，高度集中在核心城市节点，中小城市节点规模较弱（表 3-6）。

表 3-6　全球城际航空网络节点中心性的双对数位序-规模分布

年份	指标	紧密度中心性	中介中心性	度中心性	加权度	加权平均中心秩
1999	q	−0.253	6.118	4.052	6.058	6.916
	a	−0.141	−2.673	−1.333	−2.022	−2.158
	R^2	0.758	0.785	0.881	0.816	0.859
2009	q	−0.248	6.434	4.286	6.829	7.277
	a	−0.134	−2.736	−1.356	−2.133	−2.199
	R^2	0.794	0.82	0.867	0.787	0.846
2019	q	−0.231	6.166	4.731	8.332	8.207
	a	−0.132	−2.623	−1.381	−2.367	−2.289
	R^2	0.801	0.826	0.848	0.745	0.825

资料来源：牛彩澄（2020）。

第二节　世界航空网络的节点中心性演化

在国际运输自由化、经济全球化的推动下，世界航空网络的节点中心性呈

现不断增长态势，国家之间、城市之间国际直接通航水平大幅提高。与世界经济格局同构，世界航空网络的节点中心性分布高度不均，主要集聚于欧洲和北美发达国家或城市，由欧美国家和城市主导（Lordan and Sallan，2017；Matsumoto，2007；Piltz et al.，2018）。近年，亚洲国家航空市场崛起，中东地区区位优势凸显，成为欧洲北美航空枢纽的有力竞争者（Grosche et al.，2017），引致世界航空网络格局加速重塑。

一、世界航空网络的国家中心性演化

（一）度中心性：欧美国家成为核心枢纽，中东、东亚和东南亚国家重要性不断提升

由于航空网络的耦合对称性，在此以节点的出度中心性测度国家在全球航空客运网络中对外直接联系的广度（表3-7）。

表3-7 世界航空前30位国家和地区的节点度中心性排名变化

排序	1999年		2009年		2019年	
	国家	度	国家	度	国家	度
1	英国	124	法国	128	法国	137
2	德国	123	美国	125	荷兰	134
3	美国	122	英国	121	土耳其	124
4	法国	116	德国	114	美国	120
5	荷兰	94	阿联酋	95	英国	113
6	瑞士	90	意大利	94	德国	109
7	俄罗斯	86	荷兰	86	阿联酋	108
8	意大利	85	土耳其	85	意大利	94
9	阿联酋	78	俄罗斯	77	西班牙	88
10	奥地利	74	西班牙	77	比利时	85
11	西班牙	71	中国	76	俄罗斯	83
12	比利时	65	瑞士	75	卡塔尔	83
13	土耳其	64	加拿大	68	中国	81
14	埃及	62	比利时	67	埃及	78

续表

排序	1999 年		2009 年		2019 年	
	国家	度	国家	度	国家	度
15	南非	62	奥地利	66	瑞士	77
16	泰国	60	埃及	65	加拿大	76
17	加拿大	59	泰国	60	埃塞俄比亚	74
18	印度	56	沙特阿拉伯	57	奥地利	68
19	沙特阿拉伯	55	以色列	54	摩洛哥	68
20	丹麦	52	南非	53	丹麦	66
21	保加利亚	52	希腊	53	波兰	65
22	希腊	52	肯尼亚	53	印度	62
23	中国	50	印度	52	希腊	60
24	新加坡	48	埃塞俄比亚	51	瑞典	59
25	澳大利亚	46	卡塔尔	51	芬兰	59
26	乌克兰	46	丹麦	50	日本	58
27	以色列	46	捷克	50	多米尼加	58
28	巴基斯坦	46	乌克兰	49	泰国	57
29	日本	45	日本	47	沙特阿拉伯	57
30	埃塞俄比亚	43	新加坡	46	以色列	57

资料来源：据 OAG 整理。

1. 国家节点的度中心性呈现持续增长态势，保持时间惯性和空间黏性

一方面，1999—2019 年，绝大多数国家的度中心性值保持持续增长的态势，越来越多的国家之间不断扩大直飞航班规模，缩短节点之间的关联路径，提高航空输运效率。另一方面，排名前二十位的高度中心性国家基本维持稳定，高度锁定于欧洲、北美的经济发达国家和中东地区的部分石油生产国家；前五位的国家一直稳居排名前列，且节点的度中心性数值基本保持恒定，与全球大约半数的国家或地区具有直接航空关联，成为全球航空运输网络的核心枢纽。此外，前二十位国家度中心性均有不同程度的增加，最小值从 53 增长至研究期末的 67，大部分超过网络平均度增长幅度 4，进一步表明前 20 位国家间集中了更多的直接通航联系，形成择优链接、强者恒强的俱乐部效应。

2. 欧美发达国家和少数中东国家成为全球航空网络的核心枢纽

研究期间，高度中心性的国家绵延展布于北半球发达经济带：北美-欧洲-中东-东亚和东南亚，高度集中于欧洲、中东和北美地区。一是由于欧洲和北美地区社会经济往来密切，航空运输发达，导致全球航空客运网络高度集中于欧洲和北美地区。前 20 位国家中也有 2/3 来自欧洲（英国、法国、德国、土耳其、荷兰、意大利等）、北美（美国和加拿大）两大发达经济体，形成英国、法国、德国和美国四个顶级航空枢纽，与全球 100 多个国家或地区建立直接通航联系。其中，英国、法国、德国、荷兰、瑞士、俄罗斯、意大利、奥地利、西班牙、比利时和丹麦等欧洲国家的占比超过 50%，节点度中心性普遍较高，成为全球航空客运网络的主体支撑点。二是阿联酋、土耳其、沙特阿拉伯和埃及等位于欧亚非大陆的交界处的中东地区国家，其地理位置优势开始凸显。随着亚洲国家航空实力的崛起，其航空运输中转能力显著提高（Piltz et al., 2018），成为连接亚欧大陆的航空网络"集线器"。尤其是，土耳其凭借亚欧大陆十字路口的中心性区位，2019 年超越欧美发达国家，跃居成为全球度中心性值排名首位的国家，涌现成为新的全球航空枢纽国家（Grosche et al., 2017）。

3. 东亚、东南亚和中东地区部分国家航空运输地位不断提升

得益于人口和经济快速的增长，东亚、东南亚和中东地区新兴市场化国家涌现成为新的全球性航空枢纽，全球航空运输布局日益均衡化。研究期间，部分欧洲发达国家的度中心性值下滑明显，英国、德国、瑞士三者的度中心性值下降幅度均超过 10，航空覆盖范围持续减少。部分亚洲新兴市场化国家凭借快速的经济发展（如中国大陆、日本、韩国、新加坡、印度和南非）和良好的旅游业条件（如泰国、马来西亚等），对外航空运输发展迅猛，国际通航能力持续提升，国际航空市场规模不断增长，与欧洲和北美的航空市场形成明显的竞争。中东的阿联酋、沙特阿拉伯、以色列和卡塔尔等国家由于优越的地理位置，具备作为连接欧洲和亚太地区国家枢纽的天然条件，近 20 年度中心性增长明显。非洲的埃及、埃塞俄比亚、摩洛哥、肯尼亚和南非等国家随着非洲一体化进程加快，与全球的人员流动，贸易往来和经济联系日益紧密，为非洲航空运输业的发展带来了新的发展契机。相较而言，拉丁美洲、非洲西部、中亚地区、太平洋地区的一些国家度中心性都比较偏低，成为全球航空客运网络的边缘地带。

总之，国家在世界航空运输网络的能级变迁与其社会经济发展密切相关。欧洲和北美发达国家的度中心性普遍较高，占据世界航空网络的枢纽地位；而中东地区的国家度中心性值在近二十年间增长最明显，东亚、东南亚地区也保持显著增长。原因在于，欧洲和北美地区社会经济发达，促使两大区域内部国家之间的航空关联紧密，因此全球航空网络的国家节点度中心性的高值主要集中于此；中东地区位于欧亚非大陆的交界处，是重要的航空运输枢纽，得益于极具区位中转优势，该区域国家的节点度中心性也较高。其他地区如拉丁美洲、非洲西部、中亚、南亚部分、太平洋地区等区域的节点度中心性都偏低，而东亚、东南亚和东非等地区的国家度中心性值增长明显。

（二）加权度中心性：国际分异明显，高值高度集中于欧美和亚太地区

以国家间航空客运班次量为权重的加权度中心性可以直观刻画国家在世界航空网络中对外直达航空联系的频度规模（表 3-8），研究发现：

表 3-8　世界航空前 30 位国家和地区的节点加权度排名变化（1999—2019 年）

排序	1999 年		2009 年		2019 年	
	国家	加权度	国家	加权度	国家	加权度
1	美国	844 802	美国	824 769	美国	874 976
2	德国	524 043	英国	653 403	英国	803 236
3	英国	523 593	德国	651 429	德国	734 088
4	法国	390 130	法国	449 604	西班牙	568 309
5	加拿大	262 934	西班牙	388 543	中国	519 813
6	意大利	235 801	意大利	330 983	法国	507 429
7	瑞士	220 586	加拿大	274 198	意大利	447 607
8	荷兰	211 249	荷兰	203 097	土耳其	305 610
9	西班牙	209 634	中国	202 206	日本	301 907
10	墨西哥	140 293	瑞士	194 845	阿联酋	293 929
11	丹麦	134 458	阿联酋	185 325	加拿大	290 875
12	比利时	134 414	日本	157 745	荷兰	285 082
13	日本	129 146	墨西哥	136 403	泰国	258 767
14	瑞典	122 725	奥地利	134 275	韩国	251 720

续表

排序	1999 年		2009 年		2019 年	
	国家	加权度	国家	加权度	国家	加权度
15	奥地利	98 456	印度	127 772	俄罗斯	247 381
16	波多黎各	93 520	新加坡	124 727	瑞士	225 858
17	新加坡	89 247	俄罗斯	123 073	印度	200 939
18	爱尔兰	79 580	比利时	115 332	新加坡	196 503
19	阿联酋	78 112	土耳其	114 596	墨西哥	192 634
20	俄罗斯联邦	72 481	丹麦	109 677	马来西亚	177 615
21	泰国	69 848	韩国	109 183	葡萄牙	162 556
22	中国	69 179	泰国	103 718	波兰	158 998
23	挪威	65 812	爱尔兰	99 195	沙特阿拉伯	143 681
24	巴西	64 774	马来西亚	94 258	奥地利	143 239
25	葡萄牙	60 872	瑞典	91 055	希腊	136 434
26	澳大利亚	57 509	葡萄牙	90 053	比利时	134 320
27	巴哈马	55 778	波兰	85 834	爱尔兰	132 701
28	芬兰	53 585	澳大利亚	80 995	丹麦	131 153
29	希腊	53 480	挪威	77 771	瑞典	121 456
30	土耳其	52 787	希腊	77 204	越南	119 939

资料来源：据 OAG 整理。

1. 国际航空联系日益紧密，但国家加权度中心性增长差异明显

20 多年间，亚洲地区航空运输结网态势明显。尤其是中国，加权度中心性由 1999 年的 601 697 增加到 2019 年的 5 851 623，增长了约 7.5 倍，排名由第 10 位前进到了第 2 位。其次是印度尼西亚、印度和土耳其分别增长了 5.3 倍、4.5 倍、4 倍，排名分别由第 28 位，第 25 位，第 36 位攀升到了第 7 位，第 3 位，第 16 位。俄罗斯和泰国增长速度也比较快，分别增长了 3.3 倍和 2.8 倍。中东地区的沙特阿拉伯、阿联酋、伊朗和卡塔尔，增长倍数介于 1.73 和 4.74。而欧洲的法国、挪威、瑞典、瑞士和新西兰等国家加权度中心性增长均为负值。美洲地区的美国、加拿大、墨西哥和阿根廷等国家加权度中心性也出现了不同程度的降低，表明亚洲和中东地区的航空客运市场地位日益提升，与欧美国家的航空客运市场竞争不断加剧。

2. 高加权度中心性国家高度集中于欧洲、北美和东亚三大经济体

加权度中心性高值国家高度集中于欧美和亚太地区，东亚国家航空客运市场增长较快，与全球社会经济发展水平高度同构。拉丁美洲、非洲和大洋洲等南半球国家和地区受制于人口和经济发展，航空运输规模明显偏小。排名前20的国家或地区中，主要以欧洲（英国、德国、法国、西班牙、意大利、挪威、瑞典和瑞士）、美洲（美国、加拿大、巴西、墨西哥、阿根廷和哥伦比亚）和亚太地区（中国、日本、印度、马来西亚和澳大利亚）为主，美国、德国和英国成为全球航空网络的强极核国家，在深度上拥有频繁的对外航空运输频率，广度上覆盖广泛的国际航空联系范围。欧洲的法国、西班牙、意大利、丹麦和比利时等国家，东亚的中国、日本、韩国，东南亚的新加坡、泰国，中东地区的阿联酋和土耳其，北美的加拿大和墨西哥，也都承载着较广的国际航空联系和较大的对外运输规模。巴西作为拉丁美洲最大的航空运输市场，对拉美和加勒比地区的航空发展有着举足轻重的作用。长远来看，拉丁美洲航空运输市场潜力大，但基础设施投入不足。非洲航空运输发展潜力巨大，但航线布局不合理，发展滞后。

3. 亚洲航空运输市场增长较快，中国国际航空运输频度增长迅猛

高加权度的航空枢纽国家和地区主要集中在欧洲和北美，但近年东亚、东南亚、中亚、南亚等亚洲重要国家航空运输能级明显上升，成为全球航空市场最重要的增长极。2019年前20大全球性航空枢纽国家和地区中出现了中国、阿联酋、日本、泰国、韩国、新加坡、印度、中国香港等八个亚洲国家和地区。1999年，前20航空枢纽国家中仅有日本、新加坡和中国香港三个亚洲节点；2009年，中国大陆迅速崛起，国际航空发展迅速，对外交流更加频繁，成为亚洲国际航班频率最高的国家；2019年，中国大陆的加权度排名从全球第九快速攀升至第五，进一步巩固了亚洲最大的航空枢纽地位。值得注意的是，香港作为中国的特别行政区，一直位居全球航空的网络节点加权度前20，成为重要的国际航空枢纽（Matsumoto and Domae, 2019），其航空班次量甚至超过大量的主权国家。

（三）紧密度中心性：由欧美发达国家主导，中东和东亚国家增长较快

紧密度中心性反映了国家和地区在全球航空网络中的通达性，与度中心性

类同，其国际分布也高度不均衡（表3-9）。

表3-9 世界航空网络节点紧密度中心性前30位国家和地区排名变化（1999—2019年）

排序	1999年		2009年		2019年	
	国家	紧密度中心性	国家	紧密度中心性	国家	紧密度中心性
1	英国	0.6961	英国	0.6824	法国	0.6887
2	德国	0.6961	法国	0.6824	土耳其	0.6738
3	法国	0.6762	美国	0.6656	英国	0.6657
4	美国	0.6615	德国	0.6656	美国	0.6636
5	荷兰	0.6320	阿联酋	0.6254	阿联酋	0.6537
6	意大利	0.6138	意大利	0.6165	德国	0.6499
7	瑞士	0.6103	荷兰	0.6061	荷兰	0.6460
8	俄罗斯	0.6000	中国	0.6045	意大利	0.6169
9	阿联酋	0.5933	土耳其	0.5978	中国	0.6134
10	奥地利	0.5917	西班牙	0.5897	卡塔尔	0.6100
11	西班牙	0.5820	瑞士	0.5849	西班牙	0.6083
12	埃及	0.5710	加拿大	0.5802	比利时	0.5951
13	南非	0.5710	俄罗斯	0.5802	加拿大	0.5919
14	比利时	0.5680	比利时	0.5691	瑞士	0.5903
15	加拿大	0.5665	埃及	0.5681	俄罗斯	0.5903
16	中国	0.5635	奥地利	0.5622	埃塞俄比亚	0.5903
17	泰国	0.5620	泰国	0.5593	埃及	0.5887
18	印度	0.5605	南非	0.5550	奥地利	0.5718
19	土耳其	0.5576	印度	0.5536	摩洛哥	0.5688
20	希腊	0.5518	沙特阿拉伯	0.5522	波兰	0.5659
21	沙特阿拉伯	0.5490	以色列	0.5494	丹麦	0.5659
22	丹麦	0.5462	卡塔尔	0.5480	日本	0.5659
23	新加坡	0.5462	希腊	0.5466	印度	0.5659
24	澳大利亚	0.5448	肯尼亚	0.5439	沙特阿拉伯	0.5615
25	日本	0.5434	澳大利亚	0.5425	肯尼亚	0.5615
26	保加利亚	0.5406	新加坡	0.5411	希腊	0.5601
27	马来西亚	0.5392	埃塞俄比亚	0.5411	瑞典	0.5587
28	巴基斯坦	0.5379	马来西亚	0.5398	以色列	0.5558
29	以色列	0.5365	日本	0.5398	芬兰	0.5558
30	埃塞俄比亚	0.5338	丹麦	0.5385	韩国	0.5544

资料来源：据OAG整理。

1. 国家之间的距离更为紧密，网络的凝聚力不断加强

总体来看，国家节点的紧密度中心性不断增长，数值比较接近，差距较小，均在 0.3—0.7 区间之间，说明所有的国家和地区都能很好地接入全球航空网络，比较容易地到达其他国家和地区，这主要是由于航空网络所具有的最优连接特性，大部分节点都偏向与网络中连通性最强的节点构建关联，因而可以利用高度值节点连通其他节点。欧洲、北美、亚洲等地区的节点紧密度中心性等级较高，网络中的节点与整个网络具有很好的连接性，在全球跨国航空网络中具有很强的凝聚力。

2. 与度中心性分布类似，西欧北美发达国家紧密度中心性较高

研究期间，英国、法国、德国、荷兰、意大利和美国等西欧和北美主要发达国家始终拥有最高的紧密度中心性，可以通过较短的连通距离和较少的中转次数与其他国家和地区相连接，占据全球航空网络的核心枢纽地位。表明世界航空网络仍然由西欧和北美两大经济体主导。此外，土耳其、阿联酋、卡塔尔、埃及等中东地区大国的紧密度中心性较高，地处全球航空网络的中心区位，与全球其他国家和地区建立广泛的航空运输联系。2009—2019 年，中国大陆进入前 20 名（排名第十），高于其他亚洲国家，凭借日益结网的对外航空网络，中国大陆与全球其他国家地区间的航空运输联系更加便捷。

（四）加权平均中心秩：由西欧和北美国家主导，亚洲国家航空地位日益提升

基于网络结构洞约束的加权平均中心秩（WACR）考虑了节点集聚性及相邻节点重要性的影响。WACR 值越大，说明该国家（或地区）在全球航空网络中的能级和地位越高。1999—2019 年，世界航空网络加权平均中心秩分布由西欧和北美国家主导，亚洲国家尤其是东南亚和东亚国家航空运输能级地位迅速提升，其宏观格局与其他中心性空间分布基本一致（表 3-10）。

表 3-10　世界航空网络加权平均中心秩前 30 位国家（1999—2019 年）

排序	1999 年 国家	加权平均中心秩	2009 年 国家	加权平均中心秩	2019 年 国家	加权平均中心秩
1	美国	22 768 095.9	美国	23 949 260.2	美国	28 195 402.4
2	加拿大	2 515 635.5	中国	5 484 900.5	中国	15 917 970.9
3	中国	1 695 061.4	加拿大	2 612 016.0	印度尼西亚	3 745 796.6
4	巴西	1 686 702.8	英国	2 165 199.8	印度	3 615 462.0
5	英国	1 539 292.3	德国	1 936 026.4	加拿大	2 995 596.6
6	德国	1 422 319.5	巴西	1 645 400.5	英国	2 862 229.4
7	法国	1 382 142.5	印度尼西亚	1 589 597.5	日本	2 827 543.3
8	印度尼西亚	1 297 302.9	西班牙	1 570 185.3	德国	2 414 265.3
9	澳大利亚	1 291 833.9	日本	1 510 737.8	泰国	2 259 445.4
10	日本	1 171 772.7	印度	1 482 771.4	西班牙	2 222 002.4
11	墨西哥	987 886.2	法国	1 446 972.3	俄罗斯	2 167 066.3
12	意大利	844 861.1	意大利	1 249 246.6	法国	1 809 216.5
13	西班牙	821 083.8	澳大利亚	1 138 488.3	巴西	1 760 347.5
14	挪威	620 243.1	墨西哥	960 550.1	意大利	1 720 667.6
15	瑞典	432 689.6	俄罗斯	823 976.6	土耳其	1 623 304.6
16	印度	414 106.7	挪威	609 956.8	澳大利亚	1 567 323.9
17	瑞士	410 445.4	马来西亚	492 525.7	墨西哥	1 398 700.1
18	阿根廷	365 258.2	韩国	488 517.2	坦桑尼亚	1 368 004.6
19	荷兰	362 285.2	土耳其	488 085.8	越南	1 360 160.9
20	新西兰	339 292.5	瑞士	415 624.3	韩国	1 050 574.6
21	伊朗	334 710.5	荷兰	409 779.6	马来西亚	950 215.1
22	俄罗斯	332 327.1	泰国	399 016.4	罗马尼亚	856 816.1
23	马来西亚	314 045.7	阿联酋	370 096.8	挪威	806 907.8
24	哥伦比亚	297 225.0	瑞典	366 782.8	沙特阿拉伯	781 209.2
25	哥伦比亚	297 225.0	哥伦比亚	354 372.3	阿联酋	769 378.7
26	韩国	285 704.1	哥伦比亚	354 372.3	菲律宾	717 856.3
27	丹麦	268 799.9	希腊	351 765.9	荷兰	698 916.6
28	巴布亚新几内亚	263 989.2	南非	350 515.1	哥伦比亚	604 791.6
29	南非	252 522.3	新西兰	346 440.5	哥伦比亚	604 791.6
30	委内瑞拉	243 053.7	沙特阿拉伯	312 070.9	肯尼亚	568 234.9

资料来源：据 OAG 整理。

1. 与其他中心性分布类似，高 WACR 值国家仍然高度集中于欧洲和北美地区

20 多年间，高 WACR 值国家排名比较靠前，主要集中于英国、法国、德国、意大利和美国等欧美发达国家。这些国家长期占据全球航空枢纽地位，主要得益于其发达的社会经济水平。

1999 年，排名前 20 的国家中，欧洲（英国、德国、法国、意大利、西班牙、挪威、瑞典和瑞士等 9 个）和北美（美国和加拿大 2 个）航空大国超过一半。其中，美国 WACR 值以 22 768 095.93 位居第一，且与第二位和第三位的加拿大和中国形成明显差距，其值分别是它们的 9.1 倍和 13.4 倍。2009 年，同上一阶段类似，美国仍然位居第一，其 WACR 值是中国的 4.4 倍，但首位度开始下降。11 个西欧和北美发达国家位列前 20，但土耳其替代了瑞典的位置。2019 年，中国与美国的差距进一步减小，西欧国家的排名持续下降，位居前 20 的欧美发达国家比例下降到 45%，俄罗斯排名地位上升明显（第 11 位）。亚洲国家的航空运输 WACR 值排名持续上升，不断重塑欧美主导的、环北大西洋轴心的世界航空网络格局。

2. 中东国家凭借网络中心区位，对外航空运输能级迅速攀升

近十年，土耳其、阿联酋、卡塔尔等中东地区新兴国家 WACR 值增长迅速。其中，土耳其成为全球性重要的航空网络枢纽，是世界上航线布局最多的国家之一，覆盖全球约 120 个国家和地区。这主要归因于土耳其拥有良好的中心区位优势，其国际中转旅客的占比是国际旅客量的 2/3，成为欧洲-中东-非洲-亚洲的洲际航线中转客流集散地。此外，阿联酋等其他中东新兴工业化国家航空运输迅猛发展，除了受益于中心区位优势外，还与这些国家大力发展旅游业与商务贸易业密切相关。

3. 金砖国家在世界航空网络中能级跃升，成长为全球航空市场重要力量

中国、俄罗斯、印度、南非等金砖国家社会经济迅速增长，通用航空市场发展迅猛，加权平均中心秩长期位列全球前二十位。其中，中国从期初的 23 名增长至期末的第 13 名，远高于其他东亚和东南亚国家，成为亚太地区新兴的航空运输枢纽之一，主要受益于中国加入 WTO 和"走出去"战略。南非、俄罗斯、印度等国家也分别成为非洲、东欧-中亚、南亚重要的航空运输网络中心。

(五)中介中心性：相对集中于发达国家和新兴工业国家

国家中介中心性水平体现了国家（或地区）在全球航空运输网络中的中转能力，不仅取决于自身的社会经济发展水平，也与国家在世界航空网络中的地理位置密切相关。1999—2019年，中介中心性呈点状散布，相对集中于欧美发达国家和全球南方新兴工业国家（表3-11）。

表3-11 世界航空网络节点中介中心性前30位国家和地区排名变化（1999—2019年）

排序	1999年		2009年		2019年	
	国家	中介中心性	国家	中介中心性	国家	中介中心性
1	美国	0.149	美国	0.148	美国	0.142
2	英国	0.119	法国	0.115	法国	0.101
3	法国	0.105	英国	0.111	土耳其	0.060
4	德国	0.091	德国	0.058	英国	0.054
5	澳大利亚	0.057	中国	0.054	澳大利亚	0.047
6	南非	0.038	澳大利亚	0.050	阿联酋	0.046
7	荷兰	0.036	南非	0.040	荷兰	0.044
8	俄罗斯联邦	0.032	阿联酋	0.037	德国	0.040
9	加拿大	0.031	加拿大	0.036	中国	0.037
10	阿联酋	0.030	意大利	0.029	南非	0.036
11	瑞士	0.026	西班牙	0.027	加拿大	0.030
12	中国	0.026	斐济	0.026	埃塞俄比亚	0.030
13	西班牙	0.026	荷兰	0.025	西班牙	0.029
14	斐济	0.021	肯尼亚	0.021	卡塔尔	0.024
15	意大利	0.018	新西兰	0.018	肯尼亚	0.020
16	比利时	0.017	泰国	0.017	斐济	0.019
17	泰国	0.016	俄罗斯联邦	0.017	埃及	0.019
18	科特迪瓦	0.013	土耳其	0.016	新西兰	0.019
19	奥地利	0.013	比利时	0.015	摩洛哥	0.018
20	印度	0.012	多米尼加	0.013	意大利	0.017
21	菲律宾	0.012	埃塞俄比亚	0.013	比利时	0.016
22	葡萄牙	0.012	日本	0.012	日本	0.016

续表

排序	1999 年		2009 年		2019 年	
	国家	中介中心性	国家	中介中心性	国家	中介中心性
23	肯尼亚	0.012	印度	0.012	俄罗斯联邦	0.015
24	沙特阿拉伯	0.011	葡萄牙	0.011	新加坡	0.014
25	埃塞俄比亚	0.011	巴西	0.011	印度	0.012
26	日本	0.010	瑞士	0.011	安提瓜和巴布达	0.010
27	多米尼加	0.009	新加坡	0.011	沙特阿拉伯	0.009
28	新西兰	0.009	韩国	0.011	韩国	0.009
29	津巴布韦	0.009	沙特阿拉伯	0.011	葡萄牙	0.009
30	新加坡	0.009	荷属安的列斯	0.010	多米尼加	0.009

资料来源：据 OAG 整理。

1. 高中介中心性国家呈点状散布，不同于其他中心性的高集聚性

与其他中心性不同的是，高中介中心性国家和地区在全球分布较为均匀，各大洲均有散布。但仍然遵循地理集聚规律，相对集中于欧洲和北美发达国家（如法国、英国、德国、荷兰、美国和加拿大等）以及亚太地区部分国家（如中国、日本、泰国、菲律宾、澳大利亚、新西兰、斐济等）。此外，中东和非洲东部，也存在一定的高中介中心性国家或地区。这些国家和地区成为各个大洲重要的航空流"中转站"，其核心国际航空枢纽负载和汇聚大量的国际中转航线和区域内航空支线，主要得益于其良好的中心区位、繁荣的航空市场和发达的航空网络。例如，非洲东部（如埃塞俄比亚、肯尼亚）和中东地区（如阿联酋、卡塔尔等）的国家，尽管航空市场规模偏小、经济不够发达，但地处北美-欧洲-东亚、东南亚和澳洲东西国际航线的中间地段，因而成为全球航空运输网络的中介桥梁；如欧洲和亚太地区，拥有广阔的航空市场、发达的航空网络和频繁的外贸商务联系，产生显著的"马太效应"，成为低层级国家和地区优先链接区位。

2. 中介中心性的国际差异显著，呈现明显的帕累托分布

国家在全球航空网络中的中介中心性普遍较低，国际差异较其他中心性显著。尽管高中介中心性国家呈点状散布于全球，但数量较小，中介中心性值较高的国家和地区以美国和西欧个别国家为主。中介中心性规模普遍较低，大部分国家和地区不具备强中转能力,强中介中心性节点高度集中于欧美的主要发达国家。排名前二十国家和地区拥有全球70%以上的累计中介中心性,国际差距较明显,呈现典型的帕累托分布。且前20位高中介性国家和地区中,首位度过大,第1位美国的航空网络中介能力,与第2位和第3位的英国和法国的差距逐渐拉大,与第20位的国家差距悬殊,极化趋势明显。2019年,中介中心性的最高值(美国)约为0.15,而排名第二十的日本中介中心性值仅为0.018,全球航空网络的"桥梁"中枢高度锁定于美国、法国、英国、土耳其等极少数国家或地区。比较节点中心性的空间变异系数,进一步证实尽管高中介中心性国家分布较离散,但国际中介中心性的空间分异十分显著,绝大部分国家地处网络边缘,航空中转服务能力非常小,高度依附于少数欧美发达国家接入全球航空运输网络。

二、世界航空网络的城市中心性演化

（一）度中心性：航空枢纽城市由西欧和北美地区大都市区主导

全球城际航线数量不断增加,度中心性整体呈现持续增长的态势。全球航空度中心性高值城市高度集中于西欧和北美地区,东亚和东南亚城市航线连接数量逐年增长（表3-12）。

表3-12 世界航空网络节点度中心性前50位城市排名变化（1999—2019年）

排名	1999年		2009年		2019年	
	城市	度中心性	城市	度中心性	城市	度中心性
1	伦敦	307	伦敦	388	伦敦	427
2	法兰克福	292	巴黎	316	巴黎	323
3	巴黎	258	法兰克福	311	法兰克福	320
4	阿姆斯特丹	253	阿姆斯特丹	267	阿姆斯特丹	294
5	苏黎世	184	布鲁塞尔	214	伊斯坦布尔	271
6	维也纳	176	慕尼黑	203	迪拜	268
7	慕尼黑	170	多伦多	201	布鲁塞尔	263
8	莫斯科	166	迪拜	193	莫斯科	247

续表

排名	1999年 城市	度中心性	2009年 城市	度中心性	2019年 城市	度中心性
9	布鲁塞尔	165	苏黎世	189	慕尼黑	232
10	纽约	164	罗马	185	米兰	228
11	杜塞尔多夫	160	杜塞尔多夫	179	多伦多	219
12	多伦多	154	莫斯科	179	罗马	211
13	罗马	151	米兰	176	维也纳	205
14	哥本哈根	130	维也纳	172	曼彻斯特	205
15	米兰	124	曼彻斯特	161	安塔利亚	205
16	迪拜	119	纽约	160	杜塞尔多夫	203
17	马德里	116	都柏林	150	哥本哈根	196
18	迈阿密	115	伊斯坦布尔	149	苏黎世	194
19	伊斯坦布尔	113	马德里	146	曼谷	190
20	新加坡	112	首尔	141	都柏林	182
21	柏林	108	新加坡	139	马德里	179
22	中国香港	106	中国香港	137	柏林	177
23	汉堡	103	哥本哈根	135	吉达	177
24	曼谷	102	柏林	134	多哈	173
25	洛杉矶	97	特拉维夫	130	斯德哥尔摩	172
26	吉达	97	曼谷	127	新加坡	171
27	特拉维夫	93	巴塞罗那	127	巴塞罗那	170
28	圣胡安	92	布拉格	124	首尔	170
29	巴塞罗那	92	日内瓦	124	中国香港	169
30	东京	90	斯德哥尔摩	123	特拉维夫	169
31	温哥华	90	蒙特利尔	123	布拉格	162
32	开罗	89	伯明翰	113	赫尔辛基	157
33	斯图加特	87	奥斯陆	109	纽约	154
34	雅典	85	斯图加特	108	华沙	148
35	芝加哥	83	吉隆坡	104	日内瓦	145
36	约翰内斯堡	83	亚特兰大	102	麦地那	139
37	吉隆坡	82	科隆/波恩	102	中国台北	138

续表

排名	1999年		2009年		2019年	
	城市	度中心性	城市	度中心性	城市	度中心性
38	汉诺威	82	汉堡	101	北京	137
39	斯德哥尔摩	80	东京	101	布达佩斯	137
40	日内瓦	80	迈阿密	100	伯明翰	135
41	蒙特利尔	80	北京	98	吉隆坡	135
42	首尔	78	布里斯托尔	95	帕尔马	134
43	墨西哥城	77	开罗	94	东京	133
44	曼彻斯特	76	多哈	94	蒙特利尔	130
45	科隆/波恩	75	吉达	93	科隆/波恩	129
46	阿布扎比	75	里斯本	93	雅典	129
47	基辅	74	赫尔辛基	93	斯图加特	128
48	里斯本	72	华沙	90	奥斯陆	127
49	赫尔辛基	71	洛杉矶	89	里斯本	126
50	大阪	70	安塔利亚	89	爱丁堡	124

资料来源：据OAG整理。

1. 全球航空枢纽直航范围不断扩张，高度集中于西欧和北美发达地区

（1）城市节点的度中心性呈现不断增长的态势，绝大多数城市的航空覆盖范围不断扩张。前50位城市度中心性从1999年的70—307增长到2009年的89—388，进而增加到2019年的124—427，核心节点的度中心性值呈现出显著的上升趋势，国际航空运输联系规模不断增加，国际航线数量增长显著。

（2）全球度中心性高值城市高度集中于欧洲和北美地区。1999年，美国有30个城市排名前50位，主要是首都、州首府以及经济发达工业中心和旅游城市，如纽约、芝加哥、华盛顿、迈阿密、底特律、洛杉矶和休斯敦等。西欧有15个城市排名前50位，主要是国家政治、经济、文化和交通中心，如伦敦、巴黎、法兰克福、阿姆斯特丹等。2009年，西欧高航空连通度的城市数量增加到18个，且航空能级位势开始提升，如巴黎取代纽约位居第2位，亚特兰大和慕尼黑的地位也分别从第9位和第18位上升到第5位和第11位。与此同时，北美航空枢纽城市的数量和地位明显下降，数量减少了6个，且15个城市相比

1999 年排名出现不同程度的下降。2019 年,北美航空城市的地位持续下降,而东亚和东南亚城市的航空地位上升,尤其是中国,高值城市从初期的沿海地区一直向中国内陆腹地延伸,中国东部的城市航空地位有了明显的提升,主要得益于区域协调发展战略实施和推进。

(3) 度中心性前 5% 的城市主要集中在欧洲。原因在于:一是欧洲国家数量众多,城市人口密集,经济发达,对外航空运输需求旺盛,成为全球重要的航空市场。二是欧洲区域一体化水平高,欧盟全面放松促管制促进了区域的国际航空运输自由化,航线数量和航班频次大幅增长(朱诺等,2017)。三是 20 世纪末期,欧洲效仿美国实行轴辐式航空网络组织,航空成本迅速下降,航空兼并重组加速,航空运力逐渐高度集中于大中型航空枢纽,推动了国际航空枢纽城市的诞生。四是欧洲位于全球航空网络及亚洲-北美航线的中枢地带,洲际航空联系较为紧密。

2. 欧洲城市成为全球航空网络的中枢,中东地区城市地位不断攀升

1999—2019 年,伦敦、巴黎、法兰克福和阿姆斯特丹等成为全球航空网络高联通度枢纽。伦敦的节点度中心性一直排名第一,其直接通航的国际城市数量从 307 增长至 427,在全球航空网络中占据绝对优势地位。在节点度中心性前五十的城市中,欧洲地区的节点数量最多,占据 60% 左右,表明欧洲是全球航空网络的核心市场和航空枢纽的集聚地,具有相当高的直航连通性。此外,中东地区的城市度中心性排名也迅速攀升,如伊斯坦布尔、迪拜等全球城市位居排名前列,正逐渐成为区域性主要枢纽。土耳其航空公司的枢纽城市-伊斯坦布尔成为欧洲枢纽城市争夺亚洲长途航线客流的竞争对手(Grosche et al.,2017)。

3. 东亚和东南亚城市在全球航空网络中的地位迅猛提升

以全球前 50 的亚洲城市数量来看,亚洲从 1999 年的第 2 位增长至 2019 年的第 11 位,在全球航空运输体系中的地位不断上升。其中,北京近十年间的国际连通地位上升迅速。度中心性值排名较高城市多是经济发展较快的国家(或地区)政治中心和经济中心,如曼谷、北京、新加坡、吉隆坡、东京等。观察欧洲城市,同样发现政治因素也是影响城市节点中心性的重要因素。首都代表一个国家对外国际形象,通常具有较强的国际连通性。

(二)加权度中心性:向东亚和东南亚国家中心城市转移

与度中心性的城际分布类似,世界航空城市加权度中心性初期高度集中于西欧和北美国家,近年东亚和东南亚城市的航空枢纽地位快速提升(表3-13)。

表3-13 世界航空加权度中心性前五十位城市排名变化(1999—2019年)

排名	1999年		2009年		2019年	
	城市	加权度	城市	加权度	城市	加权度
1	伦敦	369 658	伦敦	430 372	伦敦	516 525
2	巴黎	241 400	巴黎	285 187	巴黎	290 262
3	阿姆斯特丹	196 919	法兰克福	206 432	阿姆斯特丹	245 284
4	法兰克福	170 638	阿姆斯特丹	189 548	法兰克福	214 665
5	纽约	135 241	纽约	146 954	伊斯坦布尔	213 091
6	布鲁塞尔	131 079	慕尼黑	137 082	曼谷	200 380
7	苏黎世	124 014	中国香港	130 022	新加坡	196 503
8	哥本哈根	123 112	新加坡	124 727	首尔	195 341
9	多伦多	111 034	迪拜	124 093	迪拜	194 174
10	迈阿密	103 528	马德里	118 134	中国香港	191 079
11	米兰	91 786	多伦多	116 894	纽约	163 585
12	圣胡安	91 257	布鲁塞尔	114 276	莫斯科	160 886
13	慕尼黑	90 473	维也纳	111 372	慕尼黑	149 743
14	新加坡	89 247	苏黎世	108 488	吉隆坡	142 774
15	中国香港	84 936	米兰	103 374	东京	138 057
16	维也纳	78 634	罗马	98 203	多伦多	134 901
17	马德里	77 221	首尔	95 445	马德里	134 476
18	洛杉矶	77 079	哥本哈根	94 767	米兰	131 578
19	斯德哥尔摩	70 951	曼谷	93 575	中国台北	130 852
20	东京	67 584	伊斯坦布尔	87 112	布鲁塞尔	129 943
21	杜塞尔多夫	66 358	莫斯科	87 017	维也纳	125 103
22	罗马	63 541	东京	85 783	罗马	122 137
23	曼谷	63 486	杜塞尔多夫	80 918	苏黎世	119 139
24	都柏林	61 561	巴塞罗那	79 915	巴塞罗那	117 575

续表

排名	1999年		2009年		2019年	
	城市	加权度	城市	加权度	城市	加权度
25	尼斯	59 081	吉隆坡	76 158	都柏林	111 912
26	巴塞罗那	55 497	迈阿密	73 988	上海	111 276
27	墨西哥城	51 198	都柏林	73 812	哥本哈根	110 834
28	中国台北	49 578	布拉格	66 978	多哈	110 189
29	莫斯科	49 183	斯德哥尔摩	66 852	柏林	94 695
30	迪拜	49 003	中国台北	65 035	里斯本	92 698
31	奥斯陆	48 613	圣胡安	61 454	斯德哥尔摩	92 535
32	芝加哥	47 858	洛杉矶	59 326	杜塞尔多夫	87 693
33	温哥华	46 943	上海	58 866	曼彻斯特	80 041
34	日内瓦	45 421	柏林	58 722	迈阿密	78 726
35	赫尔辛基	43 217	日内瓦	57 139	大阪	77 225
36	曼彻斯特	42 029	奥斯陆	55 467	华沙	73 351
37	汉堡	41 772	芝加哥	55 306	北京	73 177
38	布宜诺斯艾利斯	41 391	多哈	53 633	赫尔辛基	71 742
39	伊斯坦布尔	40 663	里斯本	53 070	日内瓦	70 453
40	里斯本	40 398	尼斯	51 836	特拉维夫亚佛	70 171
41	首尔	37 803	赫尔辛基	51 540	巴拿马城	69 499
42	雅典	37 531	休斯敦	49 800	奥斯陆	69 277
43	蒙特利尔	36 708	布达佩斯	49 522	洛杉矶	67 689
44	吉隆坡	35 370	曼彻斯特	49 461	墨西哥城	65 210
45	柏林	34 838	雅典	48 098	布拉格	64 959
46	波士顿	33 832	北京	47 990	马洛卡帕尔马	64 955
47	旧金山	33 392	墨西哥城	46 960	吉达	63 072
48	布拉格	33 196	巴林	45 297	马尼拉	61 260
49	大阪	33 137	开罗	43 971	圣胡安	61 013
50	斯图加特	32 792	华沙	43 150	开罗	59 305

资料来源：据OAG整理。

1. 全球城际航空联系日益紧密，伦敦的全球核心地位不断强化

研究期间，全球城际航空网络的城市加权度呈现持续增长，排名前五十的节点加权度从 32 792—369 658 增长至 59 305—516 525，其中伦敦的加权度最高，国际往来航班频次最多，每周流入或输出的航班量大约增加了 14.7 万次，显著高于其他城市。2019 年，伦敦的加权度是巴黎的 1.8 倍，阿姆斯特丹的 2 倍，成为全球最大的国际航空客运枢纽。这主要归因于：首先，伦敦是英国的政治、经济、文化、金融中心，也是世界重要的金融中心和全球城市。其次，伦敦及其周边拥有六个具有国际通航能力的国际机场，是全球国际机场数量最多的城市，其中伦敦希思罗机场是英国最大的国际机场，也是欧洲和世界最大最繁忙的机场之一，伦敦盖特威克机场是英国第二大国际机场，两大机场的国际航班次约占伦敦 70%，其他四个机场的国际航班主要集中于欧洲国家。盖特威克机场除主要面向欧洲国家外，也覆盖了北美、拉美、中东、非洲和亚洲等区域，而希思罗机场的覆盖范围更广，承担了更多的来自北美、中东和亚太等区域的国际客运航线。此外，英国是一个欧洲西部的岛国，与欧洲国家联系相对其他欧洲大陆国家（如法国、德国）更依赖航空运输，因此伦敦与巴黎的加权度差距主要来源于欧洲地区。

2. 高加权中心性城市空间分布相对分散，但空间分异程度更显著

对比城市节点度中心性，高加权中心性城市除高度集中于欧洲外，逐渐呈现向北美、中东、东亚-东南亚，甚至非洲扩散的趋势。排名前 50 的加权度空间变异系数比度中心性高 0.3 左右，介于 0.6—0.8 之间，说明城市进出港航班量具有更高的空间分异特征，这与前述的位序-规模分布结论一致，加权度位序-规模的递减速率要高于度中心性，呈现更加显著的空间异质性。但空间格局上，高加权度节点分布相对分散，全球高节点加权度值主要集中于欧洲、美国东北部和西部太平洋沿岸、亚洲东部和中东地区，而非洲和拉丁美洲少有零星节点分布。

3. 全球高等级航空港高度集中，呈现"一大组团和两大连绵带"格局

研究期间，全球航空枢纽加权度的空间格局保持稳定，具有较明显的空间黏滞性，高度锁定于欧洲西部，呈集中团块状形态，与度中心性一致，形成伦敦、巴黎、阿姆斯特丹、法兰克福四大全球性航空枢纽（Lordan and Sallan, 2017；Matsu moto，2017）。北美东海岸及西海岸，以及东亚、东南亚、中东沿海地区部分高加权度航空枢纽不断浮现，以纽约、首尔、北京、上海、中国香港、新加坡、曼谷、伊斯坦布尔等为核心，呈现中东-南亚-东南亚-东亚、北美东海岸-墨西哥湾岸-西海岸两大散布的连绵破碎带。不难看出，尽管加权度中心性的整体空间格局与度中心性分布差异明显，但高加权度航空港分布几无二样，仍然高度集中于西欧（英国、法国、德国、荷兰等）、美国东北海岸、东亚（中国、日本、韩国）、东南亚（泰国、新加坡等）和中东（土耳其、阿联酋等）沿海地区的核心城市。值得注意的是，伊斯坦布尔的航空班次频率从期初第 40 位上升至全球第五，已成为全球航空网络的重要节点，其地位的快速上升主要归因于良好的地理位置以及相对发达的经济支撑。排名前 50 的城市中，亚洲城市数量不断增长，且网络地位也不断提升。2019 年，全球前十大高加权度城市有四个位于亚洲，分别是曼谷、新加坡、中国香港和首尔。北京和上海的国际航班频次也不断增加，尤其是近十年间（2009—2019 年），北京和上海进入全球前 5%，国际连通性和国际地位持续上升。从整体格局演化看，中国的高加权度节点空间分布逐渐从东部沿海地区不断向内陆延伸，中高值分布范围扩大，而不是仅局限在沿海三大城市群。

（三）紧密度中心性：高度集中于西欧、北美、东亚等世界城市

与前述中心性格局类似，全球航空城市的紧密度中心性分布也具有显著的空间异质性，高紧密度值的航空城市高度集中于西欧，相对集聚于北美、东亚、东南亚、中东等人口稠密或经济发达的沿海地区（表 3-14）。

表 3-14　世界航空网络节点紧密度中心性前 50 位城市排名变化（1999—2019 年）

排名	1999 年		2009 年		2019 年	
	城市	中介中心性	城市	中介中心性	城市	中介中心性
1	伦敦	0.540	伦敦	0.559	伦敦	0.553
2	法兰克福	0.534	巴黎	0.540	巴黎	0.529
3	阿姆斯特丹	0.522	法兰克福	0.537	法兰克福	0.529
4	巴黎	0.521	阿姆斯特丹	0.525	阿姆斯特丹	0.516
5	苏黎世	0.489	慕尼黑	0.495	伊斯坦布尔	0.511
6	纽约	0.486	苏黎世	0.494	迪拜	0.510
7	罗马	0.481	纽约	0.493	罗马	0.500

续表

排名	1999年 城市	中介中心性	2009年 城市	中介中心性	2019年 城市	中介中心性
8	莫斯科	0.480	罗马	0.490	慕尼黑	0.497
9	维也纳	0.476	迪拜	0.489	苏黎世	0.495
10	慕尼黑	0.471	多伦多	0.489	米兰	0.493
11	多伦多	0.468	莫斯科	0.485	莫斯科	0.492
12	米兰	0.466	伊斯坦布尔	0.477	布鲁塞尔	0.490
13	布鲁塞尔	0.464	马德里	0.474	纽约	0.487
14	曼谷	0.461	首尔	0.470	马德里	0.487
15	东京	0.456	维也纳	0.469	维也纳	0.486
16	杜塞尔多夫	0.455	布鲁塞尔	0.469	哥本哈根	0.483
17	新加坡	0.453	米兰	0.469	北京	0.481
18	马德里	0.453	中国香港	0.469	曼彻斯特	0.478
19	哥本哈根	0.453	北京	0.466	多哈	0.477
20	中国香港	0.453	洛杉矶	0.465	多伦多	0.477
21	洛杉矶	0.451	曼彻斯特	0.465	中国香港	0.476
22	特拉维夫	0.451	杜塞尔多夫	0.464	首尔	0.475
23	伊斯坦布尔	0.450	亚特兰大	0.464	洛杉矶	0.473
24	芝加哥	0.445	新加坡	0.463	特拉维夫	0.472
25	大阪	0.444	特拉维夫	0.463	巴塞罗那	0.471
26	雅典	0.443	巴塞罗那	0.462	东京	0.470
27	开罗	0.443	芝加哥	0.461	亚的斯亚贝巴	0.468
28	迪拜	0.443	曼谷	0.461	新加坡	0.468
29	吉隆坡	0.442	东京	0.461	斯德哥尔摩	0.466
30	迈阿密	0.440	华盛顿	0.460	赫尔辛基	0.466
31	新德里	0.439	赫尔辛基	0.457	上海	0.465
32	赫尔辛基	0.438	布拉格	0.457	都柏林	0.465
33	北京	0.438	孟买	0.456	华沙	0.465
34	曼彻斯特	0.437	开罗	0.456	阿布扎比	0.463
35	首尔	0.437	雅典	0.455	新德里	0.463
36	旧金山	0.437	哥本哈根	0.453	曼谷	0.463

续表

排名	1999 年		2009 年		2019 年	
	城市	中介中心性	城市	中介中心性	城市	中介中心性
37	巴塞罗那	0.434	休斯敦	0.450	杜塞尔多夫	0.462
38	约翰内斯堡	0.434	上海	0.45	广州	0.460
39	圣保罗	0.433	多哈	0.449	华盛顿	0.458
40	马尼拉	0.432	都柏林	0.449	布拉格	0.458
41	墨西哥城	0.432	旧金山	0.449	开罗	0.458
42	悉尼	0.432	基辅	0.447	雅典	0.458
43	中国台北	0.431	阿布扎比	0.447	日内瓦	0.456
44	里斯本	0.431	波士顿	0.446	中国台北	0.456
45	华盛顿	0.431	新德里	0.445	柏林	0.456
46	温哥华	0.430	斯德哥尔摩	0.444	吉达	0.455
47	柏林	0.429	柏林	0.443	布达佩斯	0.454
48	布拉格	0.428	吉隆坡	0.443	里斯本	0.453
49	卡拉奇	0.428	安曼	0.443	芝加哥	0.452
50	斯德哥尔摩	0.427	悉尼	0.443	孟买	0.450

资料来源：据 OAG 整理。

1. 欧洲依然是世界航空网络的核心枢纽集聚地和高密航线集散地

欧洲地区拥有很高的对外连接度和航空连通性，伦敦、巴黎、法兰克福和阿姆斯特丹的紧密度中心性值始终占据全球前列，与度中心性和加权度中心性位序一致。同样地，无论从度中心性，加权度中心性，还是紧密度中心性来看，中东地区的迪拜、多哈、吉达等，东亚的北京、中国香港、首尔、上海、东京等，东南亚的新加坡、曼谷，南亚的新德里、孟买均具有相当高的对外连接度和网络连通性。亚洲已经成长为全球新的重要航空市场，而北京、香港、上海等城市已成为亚洲新的航空枢纽，以及中国融入全球航空网络的桥头堡。

2. 城际航空通达性不断提高，网络凝聚力日渐加强

除欧洲四大核心城市，全球城际航空网络其他城市节点的紧密度中心性呈现持续增长的态势，节点之间航线联系更为紧密，网络具有更强的凝聚力。此外，节点之间的紧密度中心性差距较小，前 50 城市的紧密度中心性取值在 0.42—0.56，虽然城市在对外联系广度和深度方面差距显著，但网络的连通性差距较小。原因在于，整个航空网络中，大部分航空港基于最优链接偏好，通过轴辐式空间组织方式与网络中等级地位较高的枢纽性中心节点进行链接，进而导致城市之间的航空连通性加强，通达性提高，核心航空枢纽连接强度呈现"马太"效应。这种基于最优链接选择偏好的轴辐式航线组织也是整个网络形成较短网络直径（4）和平均路径长度（介于2—3）的根本机制。

（四）加权平均中心秩：高度集中于西欧和美国，亚洲航空枢纽开始涌现

加权平均中心秩（WACR）考虑了航空城市相邻城市的集聚性和连接性特征，可以更客观评估局域轴辐网络中的枢纽重要性和能级位势。1999—2019年，全球航空网络的城市加权平均中心秩高度集中于西欧和美国的城市，东南亚和东亚城市尤其是中国东部沿海城市 WACR 值增长较快（张凡等，2016），但与欧美国际航空枢纽能级差距仍较明显（表3-15）。

表3-15　世界航空网络节点 WACR 值排名前50位城市变化（1999—2019年）

排序	1999年		2009年		2019年	
	城市	加权平均中心秩	城市	加权平均中心秩	城市	加权平均中心秩
1	伦敦	5 621 968.7	伦敦	5 109 058.7	伦敦	6 284 004.3
2	巴黎	3 118 344.3	巴黎	1 933 759.6	阿姆斯特丹	3 976 055.3
3	阿姆斯特丹	2 412 825.5	法兰克福	1 092 203.5	巴黎	3 254 183.3
4	法兰克福	2 295 753.5	阿姆斯特丹	1 026 613.8	法兰克福	2 401 477.4
5	多伦多	1 323 214.5	纽约	721 033.5	伊斯坦布尔	2 190 092.4
6	苏黎世	1 288 826.6	慕尼黑	677 718.6	迪拜	2 083 746.4
7	布鲁塞尔	1 194 950.5	迪拜	608 247.7	新加坡	1 641 958.3
8	慕尼黑	1 063 280.5	布鲁塞尔	579 079.7	首尔	1 607 311.0
9	纽约	1 027 019.9	多伦多	553 701.4	莫斯科	1 488 549.4
10	维也纳	921 750.1	新加坡	550 941.7	曼谷	1 471 606.9
11	哥本哈根	880 003.0	马德里	535 848.5	中国香港	1 428 924.4
12	米兰	854 755.9	苏黎世	530 314.3	慕尼黑	1 418 587.4
13	新加坡	728 601.7	维也纳	515 944.7	布鲁塞尔	1 361 872.2
14	东京	692 009.0	米兰	513 988.8	纽约	1 277 906.5

续表

排序	1999 年 城市	加权平均中心秩	2009 年 城市	加权平均中心秩	2019 年 城市	加权平均中心秩
15	温哥华	663 543.1	罗马	506 024.8	多伦多	1 273 572.3
16	迈阿密	659 146.1	中国香港	479 580.5	米兰	1 263 505.5
17	中国香港	652 656.7	莫斯科	437 951.4	维也纳	1 132 675.1
18	罗马	642 661.0	曼彻斯特	420 735.9	马德里	1 124 134.0
19	杜塞尔多夫	615 925.5	伊斯坦布尔	420 635.1	巴塞罗那	1 044 356.1
20	圣胡安	460 139.2	哥本哈根	391 508.2	苏黎世	1 044 249.6
21	斯德哥尔摩	456 940.2	曼谷	374 865.3	东京	1 037 813.4
22	曼谷	448 005.7	首尔	373 642.2	罗马	1 024 088.4
23	马德里	437 181.4	杜塞尔多夫	371 876.4	吉达	1 007 557.1
24	迪拜	411 614.6	巴塞罗那	364 262.8	哥本哈根	930 598.5
25	莫斯科	398 694.6	都柏林	350 741.5	吉隆坡	924 613.1
26	洛杉矶	389 155.8	迈阿密	316 908.9	多哈	897 490.9
27	蒙特利尔	373 340.8	东京	311 600.0	都柏林	867 939.6
28	尼斯	362 542.0	斯德哥尔摩	279 595.3	中国台北	861 728.6
29	波士顿	343 876.0	巴拿马城	277 646.1	圣胡安	859 885.0
30	汉堡	334 618.9	布拉格	273 751.3	沙迦	814 058.1
31	日内瓦	325 248.7	吉隆坡	270 199.5	杜塞尔多夫	754 092.3
32	都柏林	319 736.4	日内瓦	263 364.9	曼彻斯特	750 210.3
33	伊斯坦布尔	314 440.4	劳德代尔堡	263 318.6	斯德哥尔摩	719 704.5
34	首尔	296 075.5	柏林	246 391.1	上海	713 754.0
35	斯图加特	284 159.4	伯明翰	238 493.9	柏林	713 459.4
36	巴塞罗那	277 885.5	里斯本	236 642.2	里斯本	581 586.1
37	赫尔辛基	275 836.7	奥斯陆	227 917.9	特拉维夫	576 458.6
38	曼彻斯特	268 819.1	多哈	218 990.6	赫尔辛基	564 833.6
39	旧金山	266 804.2	圣胡安	218 244.2	华沙	558 048.4
40	墨西哥城	266 774.2	中国台北	211 948.9	北京	535 811.0
41	柏林	256 248.4	洛杉矶	211 627.5	日内瓦	530 787.9
42	芝加哥	245 454.7	赫尔辛基	206 662.6	大阪	502 321.7

续表

排序	1999年 城市	加权平均中心秩	2009年 城市	加权平均中心秩	2019年 城市	加权平均中心秩
43	奥斯陆	245 074.1	上海	204 124.4	迈阿密	485 830.2
44	吉隆坡	236 468.9	尼斯	200 276.5	布拉格	482 074.5
45	大阪	233 003.9	布达佩斯	195 891.5	奥斯陆	479 443.1
46	里斯本	231 560.7	雅典	193 651.0	开罗	475 608.4
47	吉达	213 412.9	芝加哥	192 571.2	安塔利亚	475 257.0
48	圣保罗	209 318.1	马尼拉	182 507.1	巴拿马城	434 365.8
49	卡尔加里	205 108.9	北京	180 606.7	利雅得	433 210.4
50	帕尔马	428 979.1	亚特兰大	179 420.3	亚的斯亚贝巴	431 136.8

资料来源：据OAG整理。

1. 与多中心性高度同构，欧洲集聚了众多世界航空枢纽和密集国际航线

一方面，伦敦、巴黎、法兰克福和阿姆斯特丹四个欧洲城市稳居全球加权平均中心秩前四名，拥有相当高的航线连接度，与全球众多高等级航空枢纽建立直航联系。另一方面，加权平均中心秩排名前五十的城市中，欧洲城市数量占比达70%以上，在全球航空网络中占据绝对优势（Derudder et al.，2007），这种优势首先来源于地区的航空运输发展程度，高度区域一体化和航空自由化使得欧洲地区的国际航空网络规模与密度远高于其他地区，形成了以国际航空运输为主的区域性航空网络，促使欧洲航空城市在全球航空运输体系中的重要性、连接性、控制性和连通性均普遍占据优势。

2. 中东、北美和亚洲部分城市快速成长为全球性航空枢纽

一是中东地区的国际城市的航空重要性迅速攀升，以伊斯坦布尔、迪拜、安塔利亚为代表，其加权平均中心性紧随排名靠前的欧洲城市，凭借良好的区位优势和快速的社会经济发展，中东地区已成为全球航空网络中的重要新兴市场，其主要城市的国际航空中转能力大幅提高（Dresner et al.，2015）。二是北美东海岸的多伦多、纽约和蒙特利尔，以及西海岸的温哥华、旧金山、洛杉矶等中心城市的加权平均中心秩在网络中地位较高，也成为全球航空网络的重要枢纽。美国和加拿大成为全球重要的航空客运市场，这与自身发达的社会经济水平、成熟的航空运输网络及航空去管制化和自由化密切相关。但与欧洲相比，北美的国际性航空枢纽明显较少，原因归结于北美国家领土面积广阔，国家数量较少，拥有高度发达的国内航空运输。三是排名前五十位的航空枢纽中，亚洲城市数量占据12%，曼谷、首尔、中国香港、新加坡、北京和东京的加权平均中心秩排名比较靠前，且几乎所有城市都是首都，说明政治中心在全球的航空关联地位较高。

3. 中国国际航空运输发展相对落后，国际性航空枢纽发育不足

研究期间，中国城市的加权平均中心秩在全球航空网络中不断增长但国际优势不足。在国家尺度上，中国的加权平均中心秩位居亚洲第一，全球第十三位，排名相对靠前。但在城市尺度上，中国城市的加权平均中心秩数量和能级都相对较低，国际优势不显著。与美国类似，中国航空运输也以国内为主，国内航线量占全国航线规模和运输量比重较高，而国际航空运输规模较小，导致国际性航空枢纽发育不足。2019年，中国香港、北京和上海进入全球前5%，排名落后于曼谷、首尔等城市，说明中国主要国际航空枢纽在全球航空网络中尚未占据绝对优势，需要进一步加强培育与布局梯次联动的全球-区域性航空枢纽机场体系，优化国际航线结构和航班时刻组织，构建高效率和高连通的国际化航空网络。

（五）中介中心性：空间分布较均衡，但城际差距较显著

1. 高中介中心性城市空间分布较均衡，呈现"大分散、小集中"的格局

不同于其他节点中心性，全球高中介中心性城市分布零散，呈现碎片化，既相对集中于北半球的欧洲、北美、中东和东亚-东南亚，也相对分散于南半球的拉丁美洲、非洲和大洋洲等地区（表3-16），如非洲的约翰内斯堡、内罗毕、亚的斯亚贝巴，拉丁美洲的布宜诺斯艾利斯、里约热内卢，大洋洲的悉尼、奥克兰等城市成长为全球航空网络的重要区域性中转站。尽管这些区域中心城市的数量相对较少，但相较其他中心性指标，南半球核心城市的中转地位不可忽视，上述核心城市汇聚大量的跨区域国际中转航线与区域内部的航空支线。此外，中国的高中介中心性城市主要集中在东南沿海三大城市群，但随着中国对外连通性的加强，中西部地区航空枢纽的中介中心性上升显著，成都、西安、

昆明等区域核心城市的国际航空转接能力不断提升。

表 3-16 世界航空网络节点中介中心性前 50 位城市排名变化（1999—2009 年）

排名	1999 年		2009 年		2019 年	
	国家	中介中心性	国家	中介中心性	国家	中介中心性
1	伦敦	0.124	伦敦	0.119	伦敦	0.104
2	法兰克福	0.099	巴黎	0.097	多伦多	0.076
3	巴黎	0.094	多伦多	0.079	巴黎	0.062
4	多伦多	0.067	法兰克福	0.069	迪拜	0.059
5	阿姆斯特丹	0.065	迪拜	0.060	莫斯科	0.057
6	莫斯科	0.055	阿姆斯特丹	0.052	法兰克福	0.050
7	中国香港	0.046	莫斯科	0.047	伊斯坦布尔	0.044
8	哥本哈根	0.042	首尔	0.046	吉达	0.042
9	迈阿密	0.041	中国香港	0.040	阿姆斯特丹	0.040
10	纽约	0.038	新加坡	0.039	首尔	0.034
11	新加坡	0.035	蒙特利尔	0.032	新加坡	0.034
12	维也纳	0.035	约翰内斯堡	0.030	曼谷	0.034
13	温哥华	0.031	纽约	0.029	安塔利亚	0.033
14	洛杉矶	0.029	曼谷	0.026	中国香港	0.027
15	迪拜	0.027	西雅图	0.025	麦地那	0.027
16	苏黎世	0.026	苏黎世	0.025	亚的斯亚贝巴	0.022
17	约翰内斯堡	0.026	洛杉矶	0.021	布鲁塞尔	0.021
18	首尔	0.025	慕尼黑	0.020	中国台北	0.020
19	慕尼黑	0.024	休斯敦	0.020	纽约	0.019
20	蒙特利尔	0.024	布鲁塞尔	0.020	洛杉矶	0.019
21	杜塞尔多夫	0.022	迈阿密	0.018	辛菲罗波尔	0.019
22	曼谷	0.022	罗马	0.018	约翰内斯堡	0.019
23	斯德哥尔摩	0.020	吉隆坡	0.017	多哈	0.018
24	布鲁塞尔	0.019	伊斯坦布尔	0.017	米兰	0.018
25	圣地亚哥	0.018	圣地亚哥	0.016	吉隆坡	0.018
26	西雅图	0.017	劳德代尔堡	0.015	马德里	0.016
27	圣胡安	0.015	马德里	0.015	北京	0.016
28	罗马	0.014	东京	0.015	迈阿密	0.016

续表

排名	1999年		2009年		2019年	
	国家	中介中心性	国家	中介中心性	国家	中介中心性
29	吉达	0.014	维也纳	0.015	内罗毕	0.016
30	墨西哥城	0.014	米兰	0.015	罗马	0.015
31	火奴鲁鲁	0.013	哥本哈根	0.014	慕尼黑	0.015
32	东京	0.013	内罗毕	0.014	上海	0.014
33	芝加哥	0.012	杜塞尔多夫	0.013	休斯敦	0.014
34	悉尼	0.012	悉尼	0.013	蒙特利尔	0.014
35	吉隆坡	0.012	温哥华	0.012	东京	0.013
36	布宜诺斯艾利斯	0.011	开罗	0.012	苏黎世	0.013
37	沙迦	0.011	亚特兰大	0.011	哥本哈根	0.013
38	基辅	0.010	斯德哥尔摩	0.011	坎昆	0.012
39	波士顿	0.010	卡尔加里	0.011	杜塞尔多夫	0.012
40	马尼拉	0.010	芝加哥	0.011	圣地亚哥	0.012
41	肯莫尔航空港	0.010	北京	0.011	圣胡安	0.012
42	圣保罗	0.010	都柏林	0.010	曼彻斯特	0.012
43	马德里	0.010	坎昆	0.010	开罗	0.012
44	哈瓦那	0.009	布宜诺斯艾利斯	0.010	布宜诺斯艾利斯	0.011
45	叶里温	0.009	上海	0.010	赫尔辛基	0.011
46	卡尔加里	0.009	圣保罗	0.010	巴拿马城	0.011
47	伊斯坦布尔	0.009	曼彻斯特	0.009	维也纳	0.010
48	特拉维夫	0.009	火奴鲁鲁	0.009	阿瓜斯卡连特斯	0.010
49	开罗	0.009	中国台北	0.009	芝加哥	0.010
50	大阪	0.009	特拉维夫	0.008	都柏林	0.009

资料来源：据OAG整理。

2. 城市节点中介中心性普遍偏低，但城际差异显著

相较其他中心性指标，中介中心性值位序-规模递减速率最快，说明仅有少数国际城市是高控制性和中转性的航空枢纽。并且中介中心性值的城际差距显著，远高于紧密度中心性。尽管全球各大区域均有高中介中心性城市分布，但中介中心性数值较高的节点以欧洲、北美、中东和东亚-东南亚城市为主。其中，伦敦始终具有最大的中介中心性值，是第50位城市中介中心值的100多倍，成为全球航空客运流的"控制阀"和"立交桥"。前50节点中介中心性的变异系数为0.9左右，而紧密度中心性的变异系数约为0.06，说明节点中介中心性极化现象显著，节点的中介能力仅对于全球性航空枢纽来说具有重要意义，绝大多数的节点不具备最短路径上的转接功能。

第三节　世界航空网络的航线层次性演化

全球航空网络中的航线连接强度变化不大，强联系城市对（航线）高度集中于国内城市之间，尤其是西欧、东亚的航空大国及美国。世界航空网络的航线组织具有典型的等级层次性，符合"二八定律"，高度集中于欧洲、北美和东亚地区之间。亚欧大陆的新航线开拓增速高于全球平均水平，亚洲国家和城市在世界航空网络中的能级和地位不断提高。

一、大区间航线层次性演化

（一）世界航线主要集中于北美和欧洲地区，亚洲增长最为明显

20多年间，在全球化和航空自由化驱动下，世界空中航线的连接程度和范围迅速扩大，空间分布日益均衡，但仍然相对集中于北美、欧洲和亚太地区之间。1999年，世界高密度和高强度航线主要集中在北美、欧洲二者的内部以及二者之间，形成"跨大西洋轴心"格局。近年，随着亚洲航空事业的迅速崛起，世界区际航线逐渐拓展到东亚与东南亚、南亚与中东之间。

从航线占比来看，北美洲航线规模最大，且以洲内航线为主，洲内航线和航班集中了全球总量的80%以上；欧洲国际航线占比最高，2019年占据全球一半以上，其次是亚洲。从航线变化来看，21年间亚洲和欧洲地区的国际航线占比不断上升，以欧洲增长最为明显。亚欧大陆的新航线开拓增速显著高于全球平均水平，而北美洲航线尤其是国际航线持续下滑。从航班总量来看，欧洲国际航班占比最高，其次是亚洲和北美，亚洲的国际航班占比增长最为显著，从期初的11.34%增长到期末的22.36%，其次非洲和中东地区的国际航班占比也

不断上升。伴随着全球化的发展，发展中国家的航空运输业发展迅速，依托其主要城市不断融入全球航空网络。到 2019 年，亚洲和欧洲地区的国际航班总量占全球比例已达到 69%，全球国际航班重心不断东移，主要集中在亚欧大陆（表 3-17）。

表 3-17　世界各大洲国际航线与国际航班量占比统计（1999—2019 年）

区域	国际航线占比			国际航班占比		
	1999 年	2009 年	2019 年	1999 年	2009 年	2019 年
非洲	9.34%	8.20%	7.36%	4.04%	5.47%	5.69%
亚洲	11.73%	12.33%	16.22%	11.34%	15.73%	22.36%
欧洲	43.31%	51.48%	54.09%	49.32%	49.15%	46.24%
拉丁美洲	13.36%	9.00%	7.96%	14.62%	10.17%	8.60%
中东	6.03%	5.68%	5.53%	3.73%	6.00%	6.91%
北美	13.80%	11.68%	7.65%	15.19%	11.76%	8.72%
大洋洲	2.43%	1.64%	1.19%	1.77%	1.71%	1.47%
总量	19 373	26 391	40 847	7 209 349	9 222 640	13 239 063

资料来源：据 OAG 整理。

（二）世界航空联系高度集中在区域内部，跨区域航线频率较低

20 多年间全球跨地区国际航线、航班总量均远低于航空大区区域内，全球航空运输主要集中在区域内部国家或城市之间，以实现单位成本节约和规模效应的权衡（图 3-3 和图 3-4）。1999 年，跨区域国际长途航线联系占据全球航线总量的 43.77%，航班数量占据全球总量的 29.23%，均低于区域内部市场。整体来看，跨区域的国际航线和航班量在全球航空网络中呈现下降趋势。2019 年，跨区域国际航线数量占全球比重下滑到 35.19%，航班量变化较小，微降到 28.70%，说明跨区域航班频次远低于区域内的航班联系。虽然跨区域航线数量及航班频次占比较小，但对于全球航空网络互联互通十分重要，成为各大洲人流、物流、信息流等空间流载体，促进了全球化的发展（Lordan and Sallan，2019）。尽管航空联系倾向区域内（洲内），洲内国际航线占据全球总量的 70% 以上，但洲际航空关联更能体现一个国家在全球化中的重要地位（张

凡，2016）。

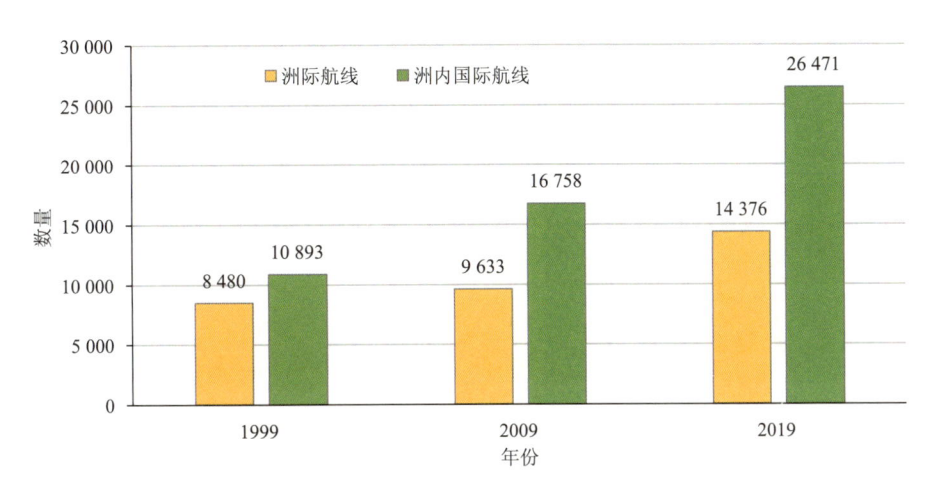

图 3-3　全球洲际与洲内航线数量统计（1999—2019 年）

资料来源：引自牛彩澄，2020。

图 3-4　全球洲际和洲内航班数量统计（1999—2019 年）

资料来源：牛彩澄（2020）。

（三）世界航线规模高度集中于亚太地区内部

从航线客运量来看，全球十大最繁忙国内和国际客运航线中，有 9 条位于亚太地区。2019 年，首尔-济州岛航线是世界上最繁忙的国内航线，日本东京和中国香港则分别成为全球最繁忙的国内和国际航空枢纽。从航线运力来看，全球竞争最激烈的国内和国际航线也高度集中于东亚（中日韩）和东南亚（新加坡、马来西亚和印度尼西亚）地区。其中，竞争最激烈的国内航线主要位于中国，国际航线则主要位于东亚三国之间（表 3-18 和图 3-5）。

表 3-18　全球竞争最激烈的 10 大国内和国际航线（2019 年）

国内航线		承运人	频次	国际航线		承运人	频次
中国西双版纳	中国昆明	12	21 184	马来西亚吉隆坡	新加坡	9	29 993
中国重庆	中国深圳	10	16 962	中国香港	韩国首尔仁川	9	15 160
中国郑州	中国乌鲁木齐	10	9 436	日本大阪关西	中国上海浦东	9	14 098
中国广州	中国杭州	9	19 316	越南岘港	韩国首尔仁川	9	13 163
中国杭州	中国北京首都	9	18 745	日本东京成田	中国台北桃园	9	12 881
伊朗马什哈德	伊朗德黑兰	9	16 713	韩国首尔仁川	中国台北桃园	9	9 819
中国兰州	中国乌鲁木齐	9	9 563	印度尼西亚雅加达	马来西亚吉隆坡	8	20 138
伊朗阿瓦士	伊朗德黑兰	9	8 926	韩国首尔仁川	日本大阪关西	8	17 152
中国哈尔滨	中国南京	9	6 258	韩国首尔仁川	日本东京成田	8	14 828
韩国济州	韩国首尔金浦	8	85 435	日本大阪关西	中国台北桃园	8	12 722

资料来源：据 OAG 整理。

二、国家间航线层次性演化

（一）航空全球化和网络化快速发展，国家内部航线规模不断减小

一是世界航空联系程度和范围不断扩大，航空的全球化和网络化程度加深。研究期间各层级国际航空联系强度均在不断提升，除美国与加拿大之间外，所有层级的航空班次增加显著。世界航线组织区域化明显，航空联系主要集中在国家（或地区）内部。二是统计国际航线、航班数量在全球占比发现，全球航空运输航线主要集中在国家内部的城市之间，但这一比例正在缩小，国际航线占比目前已超过 49%，航班占比增长到 30% 以上，说明国家之间的航线拓展速度迅速，航班频次不断提升，各国融入全球化速度不断加快。这些数据进一步表明，随着进入新世纪，全球化进程逐渐加快，国家之间的航空运输联系更加频繁（图 3-6）。

（二）国家间航线发育典型的等级层次性，高度集中于区域内部

研究期间，一级航线主要集中在区域内部，仅有"美国-英国"唯一一个跨

(a) 国内航线

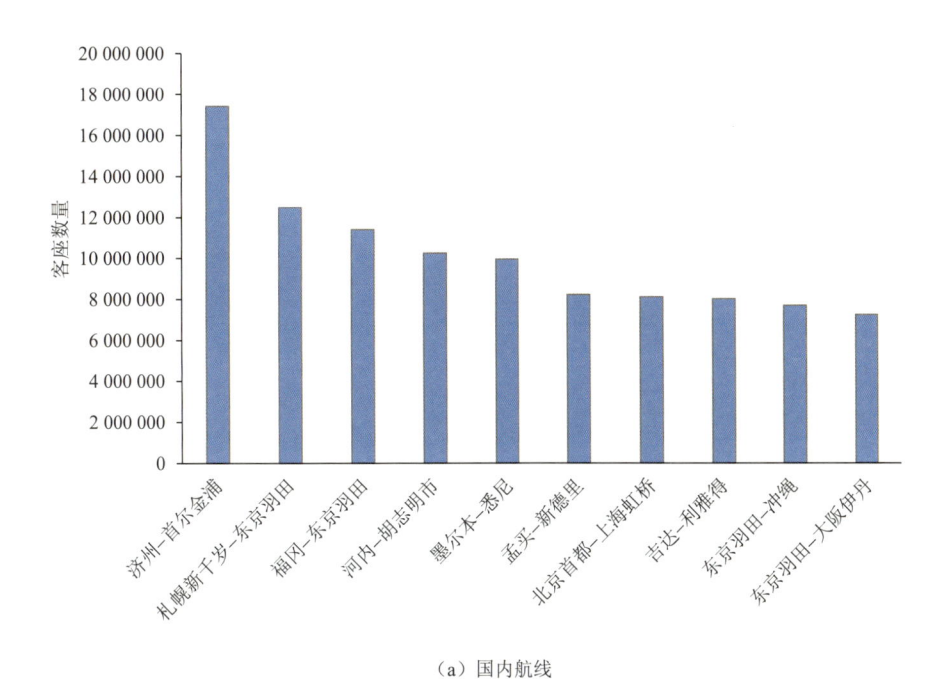

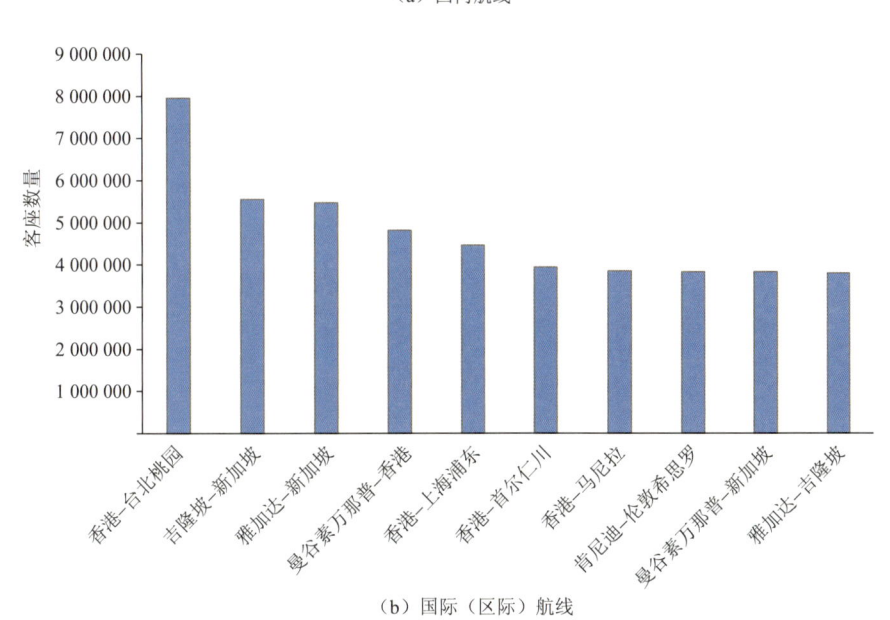

(b) 国际（区际）航线

图 3-5　全球最繁忙的 10 大国内和国际航线（2019 年）

资料来源：据 OAG busiest routes 2020 绘制。

区域的一级联系对（图 3-7）。此外，一级航线重心开始向东迁移。研究初期，一级航线主要集中在北美洲的美国与加拿大和墨西哥之间，欧洲的英国、法国、德国、西班牙、意大利等大国之间，以及跨区域的"英国-美国"。随着中国航

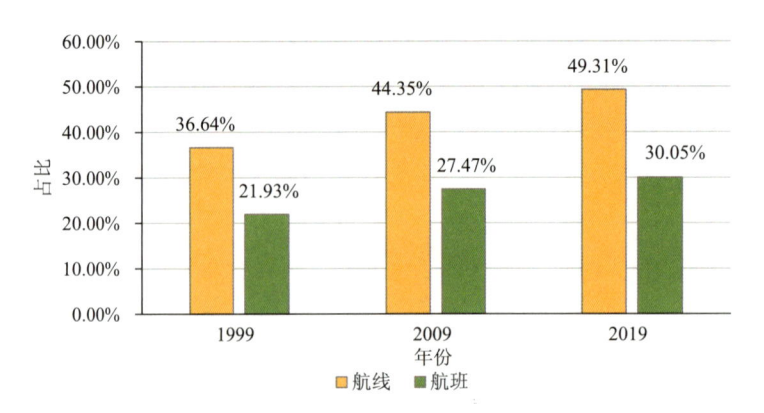

图 3-6 全球国际航线与航班的全球占比变化（1999—2019 年）

资料来源：牛彩澄（2020）。

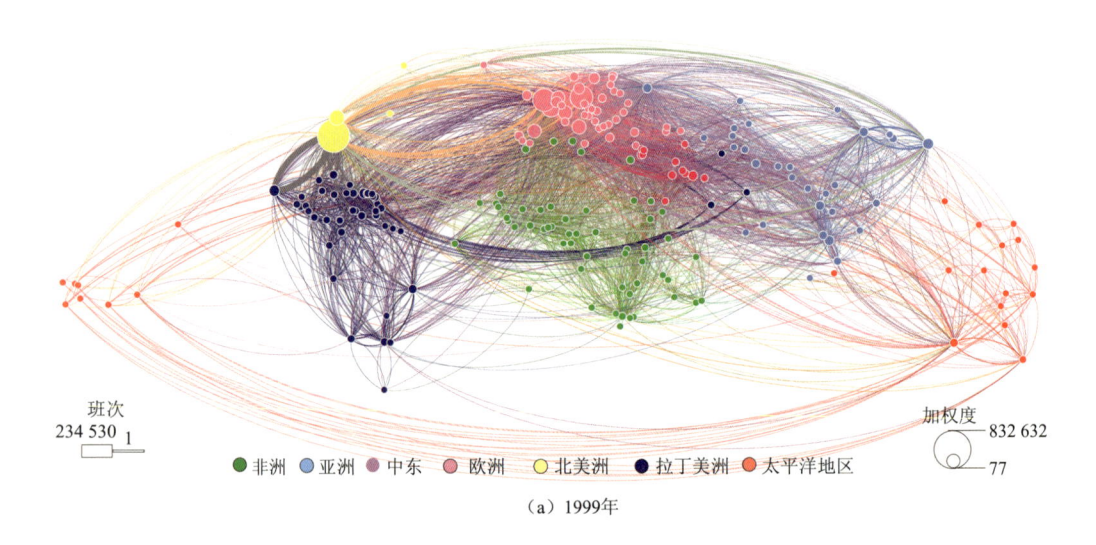

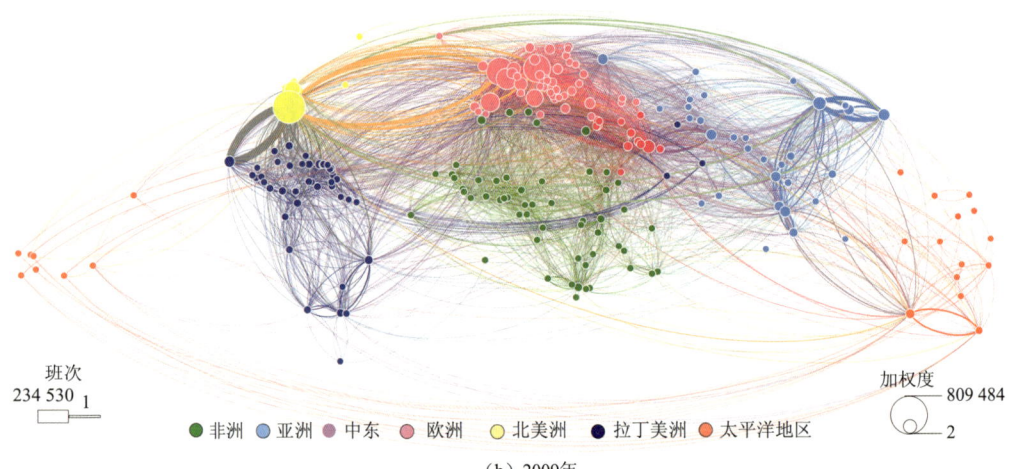

班次 234 530 — 1
● 非洲　● 亚洲　● 中东　● 欧洲　● 北美洲　● 拉丁美洲　● 太平洋地区

加权度 832 632 — 77

（a）1999年

班次 234 530 — 1
● 非洲　● 亚洲　● 中东　● 欧洲　● 北美洲　● 拉丁美洲　● 太平洋地区

加权度 809 484 — 2

（b）2009年

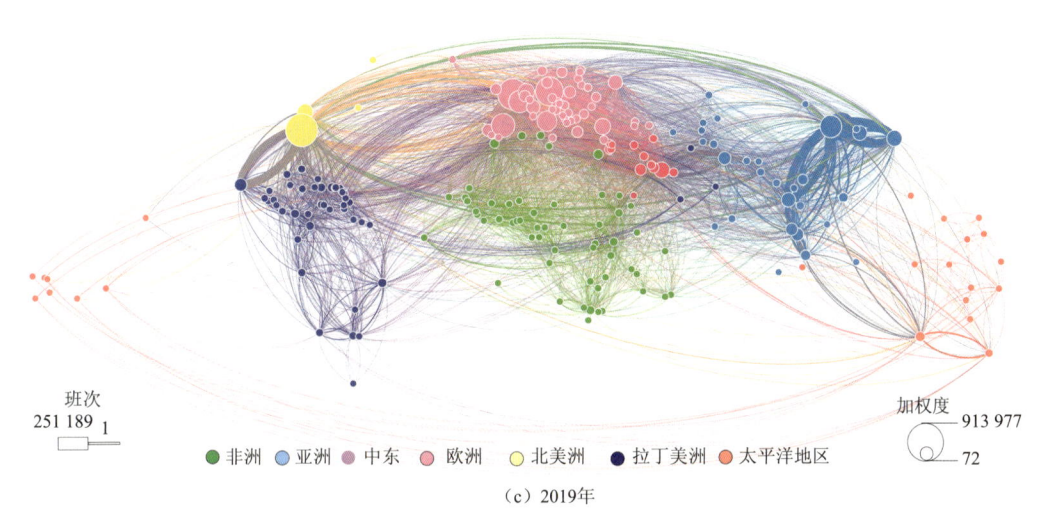

班次 251 189 ━ 1   ● 非洲 ● 亚洲 ● 中东 ● 欧洲 ● 北美洲 ● 拉丁美洲 ● 太平洋地区   加权度 913 977 ◯ 72

(c) 2019年

图 3-7　世界航空网络航线强度的空间演化（1999—2019 年）

资料来源：据 OAG 绘制。

空事业的迅速崛起，一级航线开始向东伸展。到 2019 年，一级航线主要分布在北美、欧洲及亚洲。中国与泰国、日本、韩国以及日韩之间的航空联系日趋紧密，也上升为一级航线。此外，印度与阿联酋之间的航空联系也跃升为一级航线。至此，一级航空关联全部分布在北半球。

二级航线在跨区域之间的数量逐渐增多，如美国与德国、法国、日本之间的航空联系。随着亚太地区经济快速发展，二级航线在亚洲东部的数量也不断增加，如中国大陆与中国香港、中国台湾之间，中国台湾与日本，韩国与越南之间的航空联系。

三级航线同样主要集中在美国、欧洲及亚洲所在的北半球，但开始向南半球延伸，如澳大利亚与新西兰，澳大利亚与新加坡，巴西与阿根廷等国家对；中国和美国之间的联系强度位于第三层级。

第四层级航线的覆盖范围进一步扩大，广泛散布在北美、欧洲、亚洲和拉丁美洲，大部分的跨区域航线主要位于这一层级。美洲、欧洲、亚洲以及澳大利亚之间产生了紧密的跨区域航空联系，但非洲航空运输发展相对其他区域较为落后，其跨区域联系强度较弱，在全球航空网络中的参与深度不够。绝大部分的国际航空关联主要位于第五层级，这一层级包含了所有节点，虽然航线数量庞大，但其关联强度很弱，全球航线等级规模分布符合"二八定律"。

(三) 中国国际航空连通性不断增强,成为亚太地区新的增长极

中国国际航班数量与占比在全球不断上升,国际连通性日渐加强,在全球国际航空网络中的地位迅速提高。20多年间,全球国际航空连接度的前三名国家保持稳定,分别是美国、英国和德国。这三个国家在全球国际航空网络中扮演重要角色,但其国际航班总量占比呈现下降趋势。法国在近十年间被西班牙和中国赶超,排名第六,航班占比有所下降。值得注意的是,中国的国际航班总量排名在全球不断上升,从1999年第23名到2009年的第9名,目前已跃升至全球前五名,说明中国国际航空运输发展迅速,国际连通性不断增强,国际航线的全球比重接近4%。同时,中国香港在全球国际航空网络中扮演非常重要的角色,其排名一直位居全球前二十。作为国际城市,中国香港一直是全球重要的航空枢纽。此外,前20位国家中的亚洲国家数量不断增加,说明亚洲在全球航空网络中的地位正逐渐提高(表3-19)。

表3-19 国际航空网络中国家航班总量占比排名(1999—2019年)

排名	1999年		2009年		2019年	
	国家	航班占比(%)	国家	航班占比(%)	国家	航班占比(%)
1	美国	11.52	美国	8.78	美国	6.37
2	德国	7.27	英国	7.08	英国	6.05
3	英国	7.26	德国	7.06	德国	5.49
4	法国	5.41	法国	4.73	西班牙	4.22
5	加拿大	3.65	西班牙	4.21	中国	3.82
6	意大利	3.27	意大利	3.59	法国	3.64
7	瑞士	3.06	加拿大	2.97	意大利	3.33
8	荷兰	2.93	荷兰	2.2	土耳其	2.31
9	西班牙	2.91	中国	2.19	阿联酋	2.22
10	墨西哥	1.95	瑞士	2.11	加拿大	2.21
11	丹麦	1.87	阿联酋	2.01	日本	2.19
12	比利时	1.86	日本	1.71	荷兰	2.12
13	日本	1.79	墨西哥	1.48	泰国	1.94
14	瑞典	1.7	奥地利	1.46	韩国	1.93

续表

排名	1999 年		2009 年		2019 年	
	国家	航班占比（％）	国家	航班占比（％）	国家	航班占比（％）
15	奥地利	1.37	中国香港	1.41	俄罗斯	1.86
16	波多黎各	1.3	印度	1.39	瑞士	1.75
17	新加坡	1.24	新加坡	1.35	新加坡	1.53
18	中国香港	1.18	俄罗斯	1.33	印度	1.5
19	冰岛	1.1	比利时	1.25	中国香港	1.48
20	阿联酋	1.08	土耳其	1.24	墨西哥	1.42

资料来源：据 OAG 整理。

（四）国际航线基本锁定于欧美发达国家，以美国为"集线器"

作为拥有全球国际航班量最多的国家，美国绝大部分的国际航班来自其北部的加拿大和南部的墨西哥。得益于区域一体化，美国与加拿大、墨西哥之间的航班数量一直位居全球前二。尤其是 1999 年，远高于欧洲地区的国际航线密度，这与美国航空率先发展相关。其次是欧洲主要国家之间的航空联系较密，主要集中在英国、德国、法国、意大利、西班牙等欧洲强国之间。如 1999 年的法国-英国、德国-英国、德国-西班牙、英国-荷兰等国家对之间的关联强度十分突出。到 2009 年，英国与西班牙之间的航空联系强度陡然增加，从 1999 年的第 50 名上升为第 5 名，而法国与英国之间的航班数量有所下降。此外，1999 年前 50 位航空关联强度的国家对中，除欧美国家（或地区）外，仅出现了一个亚洲国家——日本，说明研究初期，欧美国际航空联系占据全球绝对垄断地位。日本作为世界第三大发达国家，当时与世界第一强国——美国拥有较为紧密的洲际航空运输联系。伴随着中国航空运输事业的发展，2009 年中国内地与日本、中国香港和韩国之间的航空运输联系逐渐发展壮大。2019 年，中国进一步加强与东亚、东南亚国家之间的社会经济联系，中泰、中日、中韩及中新之间的航空关联强度都呈现大幅度提升；同时，前 50 位国家关联对中出现了更多的亚洲国家或地区，如日本-韩国、印度-阿联酋以及日本-中国台湾。

1999—2019 年，国际航空运输强度不断提升，但一直没有打破区域内部联系的壁垒，除加拿大与美国外，排名前 50 位的国家之间航空班次都有了不同程度的增长。具体来看，1999年和2009年，国家之间的强联系主要分布在欧美国家之间，其中美国与加拿大和墨西哥，英国、法国、德国、西班牙、荷兰和意大利之间的航空运输联系较强。1999年巴哈马与美国的联系也比较紧密。2009年，中国与日本之间的航空运输联系从第33位跃升到第11位，主要得益于出境游市场爆发式增长。2019年，欧美国家的航空运输联系仍然紧密，亚洲国家之间的联系也开始增强，中国与日本的航空运输联系已在全球国家排名第4位，中国、韩国、日本和越南之间，印度与阿联酋，马来西亚与印度尼西亚等亚洲国家之间的航空运输网络化态势显著。2019年，中国大陆与中国港澳台之间的航空运输联系跃升至第一位，形成相对完善的航线网络，主要服务于大陆居民赴港澳台旅游。但20年来，排名前50位的国家对中，除了英国与美国在其之列外，没有其他跨区域航线，表明国家航空关联主要集中在航空大区内部（图3-8）。

三、城市间航线层次性演化

与国家间航线组织类似，全球城际空中航线也主要集中在洲际内部（图3-9）。研究发现：

（一）高强度国际航线城市对主要集中在欧洲，其次是北美和亚洲区域

前50位国际航线城市对主要集中在欧洲、北美和亚洲区域。1999—2019年，前50位航线城市对多位于欧洲和北美地区。20年间，西欧的城市对数量先维持不变后快速减少，由期初的12对城市对下降到近年的4对，主要是西欧国家的首都、金融中心及国际旅游目的地。美国城市之间的航空运输联系一直比较紧密，但排名靠前的城市对数量持续减少，由期初的26对持续下滑到10对，强联系主要分布在美国经济发达的大都市区及一些旅游胜地（如纽约与芝加哥、波士顿、亚特兰大、洛杉矶，洛杉矶与圣地亚哥、拉斯维加斯、旧金山之间等）。

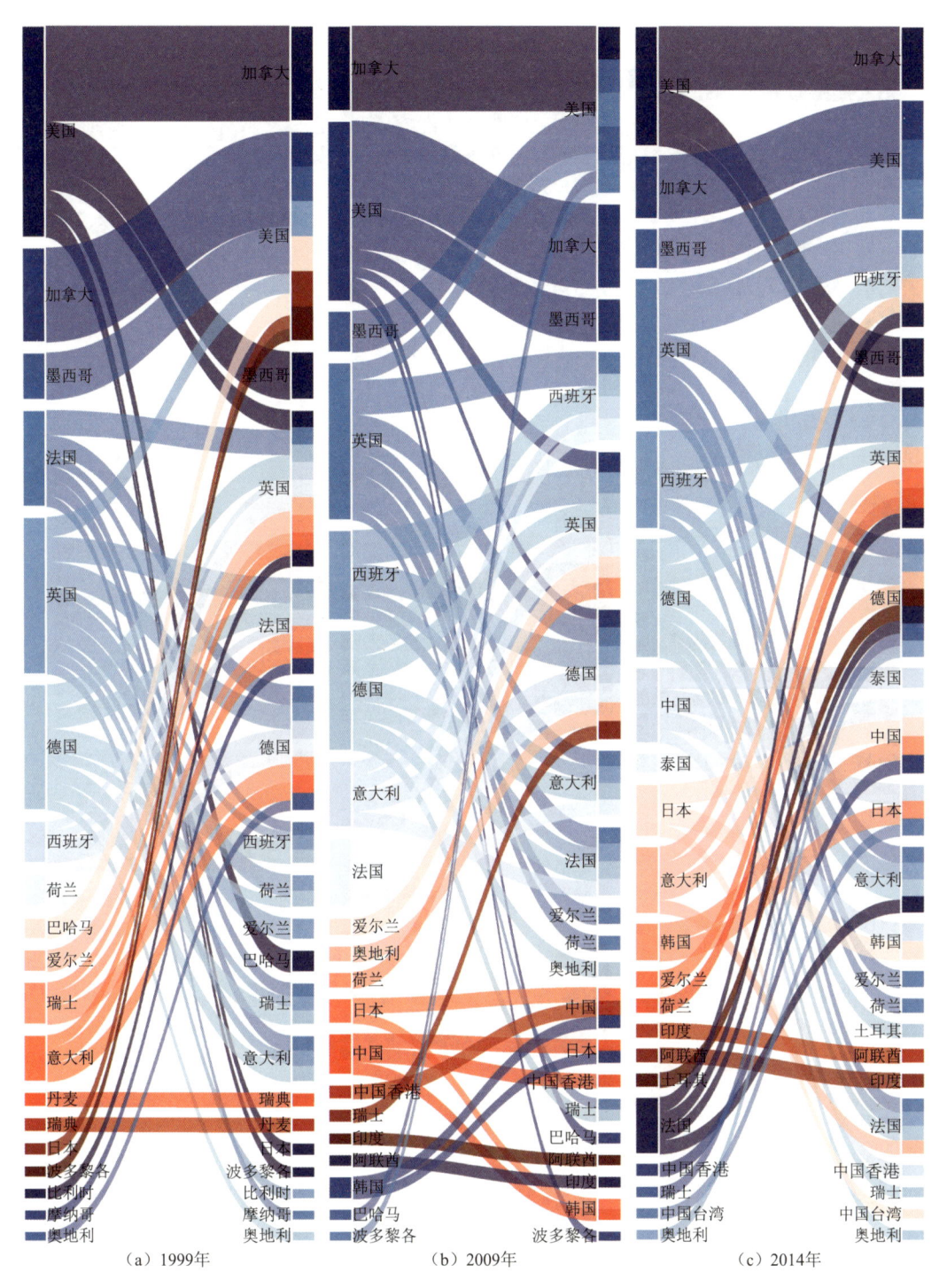

图 3-8　全球国际航空运输强度前 50 位国家对

资料来源：据 OAG 绘制。

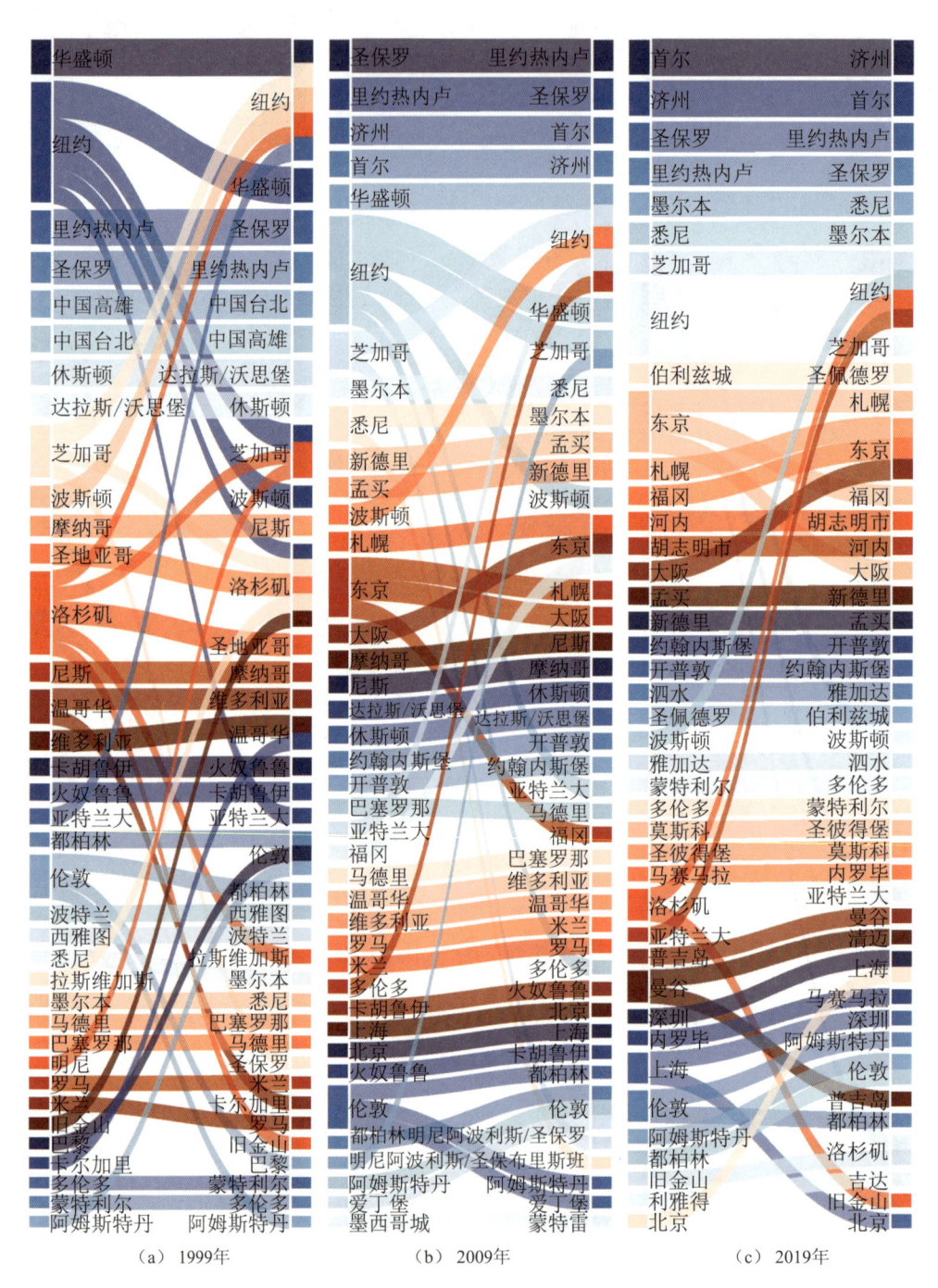

图 3-9 全球城际航空运输强度前 50 对城市

资料来源：据 OAG 绘制。

（二）亚洲内部城际航线强度增长明显，占据世界主导地位

近十年，东亚和东南亚城市之间的航空运输联系迅速增强，亚洲取代欧洲和北美，成为世界航线组织的重要支撑。2019年，前50位城市对中亚洲内部的城市对占据一半。由1999年的1对航线（中国高雄-中国台北）快速增长到2019年的24对，包括日本的东京与札幌、大阪、福冈，韩国的首尔-济州，印度的孟买-新德里，中国的北京-上海和上海-深圳，泰国的曼谷-普吉岛和曼谷-清迈，越南的胡志明市-河内，印度尼西亚的泗水-雅加达等航空城市对。

（三）高密度国际航线城市对主要集中在北半球三大区域内部，呈区域化组织

全球城际航空运输联系主要集中在美洲、欧洲、亚太、非洲，以及东欧-中东-南亚等区域内部，呈现显著的区域化特征，说明区域内部的国际航空联系最为紧密，遵循一定的地理邻近性。此外，核心节点之间的航空运输联系非常紧密，主要分布在北半球，高度集中在北美东部、欧洲、中东及亚洲东部之间。首先，区域内部的核心节点之间存在紧密的航空运输联系，如北美、欧洲和亚太；其次，核心城市之间构建了丰富的跨区域航空联系，如北美-欧洲、欧洲-亚太、北美-亚太，北美、欧洲和亚太三大全球航空市场之间的跨区域联系成为国际航空网络的基本骨架。

第四节　世界航空网络的社团模块性演化

作为一超平网络，航空网络的地理约束较小，但因社会经济的地理分布影响，世界航空网络仍然受到地理因素的制约，其空间组织表现区域化特征，遵循一定的地理邻近性机制作用，形成显著的社团结构，从而碎化成欧洲社团、美洲社团、亚太社团、中东社团和非洲社团等五大航空一体化区域。同时受制于国际政治和经贸关系等非地理因素影响（Guimerà et al., 2005），世界航空网络的社团结构明显突破地理距离约束，形成跨边界的子网，如北美西海岸部

分城市纳入亚太社团，中亚地区的通航城市划至欧洲社团，南亚、中东地区与非洲城市航空联系更为紧密。

一、世界航空网络的国家尺度社团划分

研究期间，世界航空网络的最优模块度值处在 0.493—0.522，表明全球国际航空网络具有显著的社团结构。且网络的模块度值随着时间呈现不断增长的趋势，说明网络社团结构更加逐渐清晰，社团内部之间的航空联系更为紧密（表 3-20）。

表 3-20 国家尺度下世界航空网络的社团结构

年份	社团	国家
1999	非洲社团	阿联酋、科特迪瓦、印度、肯尼亚、沙特阿拉伯、埃塞俄比亚、津巴布韦、加纳、埃及、塞内加尔、尼日利亚、巴基斯坦、苏丹、安哥拉、加蓬、孟加拉国、喀麦隆、马里、塞舌尔、冈比亚、赞比亚、坦桑尼亚、伊朗、巴林、毛里求斯、也门、阿曼、斯里兰卡、约旦、几内亚、吉布提、马达加斯加、黎巴嫩等
	西欧社团	英国、法国、德国、荷兰、瑞士、西班牙、意大利、比利时、奥地利、葡萄牙、土耳其、摩洛哥、保加利亚、希腊、以色列、匈牙利、马耳他、捷克、突尼斯、阿尔及利亚、塞浦路斯、罗马尼亚、波兰、爱尔兰、斯洛文尼亚、利比亚、克罗地亚、前南马其顿、卢森堡、斯洛伐克、阿尔巴尼亚、波黑、直布罗陀、摩纳哥等
	东北欧社团	俄罗斯、丹麦、瑞典、乌克兰、冰岛、挪威、芬兰、乌兹别克斯坦、白俄罗斯、哈萨克斯坦、亚美尼亚、摩尔多瓦、格鲁吉亚、立陶宛、阿塞拜疆、土库曼斯坦、吉尔吉斯斯坦、拉脱维亚、爱沙尼亚、法罗群岛等
	美洲社团	美国、加拿大、巴西、古巴、阿根廷、墨西哥、智利、委内瑞拉、牙买加、巴拿马、哥斯达黎加、秘鲁、巴哈马、哥伦比亚、海地、危地马拉、厄瓜多尔、阿鲁巴、洪都拉斯、萨尔瓦多、乌拉圭、开曼群岛等
	加勒比社团	多米尼加、波多黎各、荷属安的列斯、安提瓜和巴布达、瓜德罗普、巴巴多斯、特立尼达和多巴哥、圣卢西亚、格林纳达、马提尼克、圣基茨和尼维斯、美属维尔京群岛、苏里南、法属圭亚那、英属维尔京群岛、圭亚那、圣文森特和格林纳丁斯、安圭拉等
	亚太社团	澳大利亚、中国、斐济、泰国、菲律宾、日本、新西兰、新加坡、新喀里多尼亚、马来西亚、法属波利尼西亚、韩国、马绍尔群岛、萨摩亚、越南、密克罗尼西亚联邦、瑙鲁、汤加、印度尼西亚、巴布亚新几内亚、北马里亚纳、所罗门群岛、缅甸、柬埔寨、帕劳、基里巴斯、库克群岛、文莱、瓦努阿图等

续表

年份	社团	国家
2009	非洲社团	南非、阿联酋、肯尼亚、埃塞俄比亚、印度、沙特阿拉伯、埃及、安哥拉、利比亚、尼日利亚、塞内加尔、伊朗、卡塔尔、加蓬、佛得角、坦桑尼亚、科特迪瓦、加纳、津巴布韦、黎巴嫩、约旦、科威特、也门、巴基斯坦、乌干达、孟加拉国、巴林、留尼汪、叙利亚、几内亚、刚果（金）、喀麦隆、贝宁、利比里亚、毛里塔尼亚、冈比亚、纳米比亚、马里等
2009	美洲社团	美国、加拿大、多米尼加、巴西、荷属安的列斯、安提瓜和巴布达、阿根廷、波多黎各、智利、委内瑞拉、圣基茨和尼维斯、古巴、墨西哥、巴巴多斯、巴拿马、哥伦比亚、特立尼达和多巴哥、哥斯达黎加、圣卢西亚、秘鲁、格林纳达、牙买加、美属维尔京群岛、法属波利尼西亚、巴哈马、玻利维亚、萨尔瓦多等
2009	欧洲社团	法国、英国、德国、意大利、西班牙、荷兰、土耳其、比利时、葡萄牙、瑞士、丹麦、摩洛哥、奥地利、以色列、冰岛、希腊、捷克、挪威、瑞典、阿尔及利亚、匈牙利、拉脱维亚、突尼斯、芬兰、塞尔维亚、塞浦路斯、爱尔兰、波兰、保加利亚、克罗地亚、斯洛文尼亚、罗马尼亚、阿尔巴尼亚、黑山共和国等
2009	亚太社团	中国、澳大利亚、斐济、新西兰、泰国、日本、新加坡、韩国、马来西亚、新喀里多尼亚、菲律宾、印度尼西亚、越南、巴布亚新几内亚、萨摩亚、帕劳、文莱、所罗门群岛、瓦努阿图、柬埔寨、库克群岛、缅甸、蒙古国、汤加、朝鲜、美属萨摩亚、老挝等
2019	中东社团	阿联酋、卡塔尔、埃及、印度、沙特阿拉伯、约旦、巴基斯坦、科威特、黎巴嫩、阿曼、苏丹、伊朗、尼泊尔、巴林、孟加拉国、斯里兰卡、塞舌尔、伊拉克、马尔代夫、叙利亚、阿富汗、不丹等
2019	欧洲社团	法国、土耳其、英国、荷兰、德国、西班牙、摩洛哥、意大利、比利时、俄罗斯联邦、葡萄牙、瑞士、丹麦、希腊、奥地利、突尼斯、瑞典、佛得角、波兰、以色列、芬兰、挪威、捷克、乌克兰、冰岛、匈牙利、塞尔维亚、哈萨克斯坦、乌兹别克斯坦、阿尔及利亚、阿塞拜疆、保加利亚等
2019	非洲社团	南非、埃塞俄比亚、肯尼亚、尼日利亚、多哥、加纳、科特迪瓦、塞内加尔、坦桑尼亚、安哥拉、纳米比亚、卢旺达、毛里求斯、冈比亚、刚果（金）、几内亚、喀麦隆、加蓬、刚果（布）、马里、乌干达、马达加斯加、赤道几内亚、吉布提、莫桑比克、贝宁等
2019	美洲社团	美国、加拿大、安提瓜和巴布达、多米尼加、巴西、智利、巴拿马、墨西哥、阿根廷、古巴、哥伦比亚、法属波利尼西亚、哥斯达黎加、巴巴多斯、牙买加、秘鲁、委内瑞拉、特立尼达和多巴哥、瓜德罗普、密克罗尼西亚联邦、荷属安的列斯、波多黎各、圣基茨和尼维斯、巴哈马等
2019	亚太社团	澳大利亚、中国、斐济、新西兰、日本、新加坡、韩国、泰国、马来西亚、印度尼西亚、基里巴斯、菲律宾、新喀里多尼亚、越南、巴布亚新几内亚、瓦努阿图、萨摩亚、瑙鲁、柬埔寨、所罗门群岛、圣诞岛、蒙古国、缅甸、文莱、帕劳、北马里亚纳、库克群岛、朝鲜、老挝、东帝汶等

资料来源：据OAG整理。

（一）国际航空网络发育显著的社团结构，与地理边界重合

国际航空网络形成显著的社团性，社团划分具有明显的区域化特征，与地理大区界线基本吻合。1999年，全球航空网络的最优模块度值为0.493，可以分为六个社团：亚太社团，主要包括东亚、东南亚、大洋洲及太平洋地区的国家；非洲社团，包括撒哈拉以南的非洲地区、中东及南亚地区的国家；美洲社团，包括北美和拉丁美洲大部分地区的国家；加勒比社团，主要以加勒比海附近的部分国家或地区为主；西欧社团，主要包括欧洲西部、南部地区的国家；东北欧社团，主要以北欧、东欧及中亚地区的国家为主。各大社团内部的国家之间航空运输更为紧密，全球国际航空运输联系受地理邻近、文化邻近、制度邻近等因素的影响显著，具有尤为突出的区域化特点（Guimerà et al., 2005）。

（二）国际航空网络的社团结构不断加强，区域化态势显现

2009年，全球航空网络的最优模块度值为0.505，主要分为四个社团，较上一阶段网络关联更为紧密，社团节点联系更加紧凑。比较稳定的是亚太社团和非洲社团，其节点空间分布基本变化不大。上阶段剩余四个社团分别合并，组成美洲社团和欧洲社团。其中，亚太社团组成以东亚、东南亚及大洋洲国家为主导，与第一阶段范围一致。非洲社团略有变化，利比亚纳入欧洲社团，而伊朗由东北欧社团转入。欧洲社团由东北欧社团和西欧社团合并而成，美洲社团则由第一阶段的美洲社团和加勒比社团合并形成。

2019年，全球航空网络的最优模块度值为0.522，社团结构特性进一步突出，较上一时期增加一个，既有一定的相似点，也发生了一定的变化。相同的是，亚太社团、美洲社团基本保持稳定，几乎无变化。2009年，非洲社团的范围包括撒哈拉以南的非洲、中东及南亚地区；到现阶段，非洲社团范围缩小，仅覆盖于撒哈拉以南地区。欧洲社团范围也出现了碎化和缩小的现象，现阶段中东、中亚及南亚地区重新与俄罗斯组合成为一个新社团——中东社团。相较上一时期，现阶段的全球航空网络社团结构更为清晰，整个亚欧大陆-太平洋地区从东到西可以分为亚太社团、中东社团、欧洲社团，非洲和美洲分别作为两个独立性社团。

二、世界航空网络的城市尺度社团划分

全球城际航空网络的最优模块度值处在 0.507—0.532，表明全球城际航空网络相较国际航空网络具有更为显著的社团特性。此外，网络的模块度值随着时间呈现不断增长的趋势，说明网络社团结构逐渐清晰，社团内部之间的航空联系更为紧密（表 3-21）。

表 3-21　城市尺度下世界航空网络的社团结构（1999—2019 年）

年份	社团	城市
1999	西欧城市社团	都柏林、伦敦、巴黎、阿姆斯特丹、布鲁塞尔、法兰克福、哥本哈根、奥斯陆、苏黎世、米兰、斯德哥尔摩、赫尔辛基、慕尼黑、杜塞尔多夫、罗马、日内瓦、马德里、马尔默、里斯本、巴塞罗那等
	亚太城市社团	中国香港、中国台北、新加坡、吉隆坡、雅加达、曼谷、中国澳门、东京、马尼拉、首尔、檀香山、上海、阿皮亚、帕果帕果、奥克兰、悉尼、北京、大阪、塞班、关岛、中国高雄、槟城、墨尔本等
	美洲城市社团	多伦多、迈阿密、西雅图、温哥华、蒙特利尔、墨西哥城、洛杉矶、劳德代尔堡、芝加哥、蒙得维的亚、布宜诺斯艾利斯、圣地亚哥、圣保罗、瓜达拉哈拉、波特兰、维多利亚、加拉加斯、克利夫兰、自由港、休斯敦、波士顿、华盛顿、巴尔的摩、旧金山、渥太华、达拉斯/沃斯堡、费城、哈利法克斯等
	东欧-中亚城市社团	圣托马斯岛、圣胡安、圣巴特尔米、圣马丁岛、牛肉岛、圣克罗伊岛、圣多明各、法兰西堡、皮特尔角、维京戈尔达、圣卢西亚、巴巴多斯、西班牙港、格林纳达、安提瓜、圣基茨、圣文森特、乔治敦、多米尼加等
	中东-非洲城市社团	迪拜、马斯喀特、多哈、圣丹尼斯、毛里求斯、巴林、约翰内斯堡、哈博罗内、卡拉奇、吉达、开罗、阿布扎比、哈拉雷、恩德培、内罗毕、孟买、拉各斯、阿克拉、科威特、阿比让、温得和克、加德满都等
	北欧城市社团	道森城、费尔班克斯、怀特霍斯、朱诺、摩尔曼斯克、罗瓦涅米、吕勒奥、特罗姆瑟、基尔克内斯、内乌肯、特木科、乔治敦、普莱森特山、蒙特港等
2009	美洲城市社团	多伦多、纽约、圣马丁、芝加哥、蒙特利尔、圣胡安、圣托马斯岛、牛肉岛、布宜诺斯艾利斯、圣保罗、法兰西堡、皮特尔角、圣克罗伊岛、阿鲁巴、库拉索、迈阿密、拿骚、圣地亚哥、劳德代尔堡、维多利亚、西雅图、温哥华、洛杉矶、休斯敦、墨西哥城、波士顿、亚特兰大、奥兰多、费城、华盛顿等
	欧洲城市社团	伦敦、都柏林、阿姆斯特丹、米兰、马德里、巴黎、日内瓦、法兰克福、苏黎世、罗马、慕尼黑、巴塞罗那、哥本哈根、马拉加、奥斯陆、杜塞尔多夫、布鲁塞尔、里斯本、斯德哥尔摩、赫尔辛基、维也纳、柏林等

续表

年份	社团	城市
2009	亚太城市社团	中国香港、吉隆坡、新加坡、上海、雅加达、首尔、东京、曼谷、北京、马尼拉、大阪、中国澳门、悉尼、奥克兰、檀香山、胡志明市、中国高雄、青岛、关岛、巴厘岛、塞班、布里斯班、暹粒、普吉岛、墨尔本、金边、棉兰、珀斯、广州、槟城、泗水、名古屋、基督城、河内、厦门、杭州、福冈、仰光、大连等
	中东-非洲城市社团	迪拜、科威特、多哈、巴林、孟买、约翰内斯堡、哈博罗内、阿布扎比、吉达、开罗、达卡、加尔各答、德里、达累斯萨拉姆、内罗毕、马斯喀特、德黑兰、圣丹尼斯、毛里求斯、拉各斯、阿克拉、卡拉奇、加德满都、金奈、科伦坡、哈拉雷、贝鲁特、温得和克、基林亚马札罗、恩德培、安曼、喀布尔等
2019	欧洲城市社团	伦敦、阿姆斯特丹、都柏林、摩纳哥、尼斯、米兰、巴塞罗那、日内瓦、马德里、法兰克福、苏黎世、巴黎、罗马、哥本哈根、柏林、里斯本、慕尼黑、马拉加、斯德哥尔摩、赫尔辛基、奥斯陆、维也纳、雅典等
	美洲城市社团	纽约、多伦多、圣巴特勒米、圣马丁、蒙特利尔、芝加哥、温哥华、西雅图、圣胡安、布宜诺斯艾利斯、圣保罗、圣托马斯岛、圣地亚哥、华盛顿特区、波士顿、奥兰多、洛杉矶、亚特兰大、休斯敦、圣何塞、巴拿马城、迈阿密、旧金山、蒙特雷、底特律、费城、达拉斯、夏洛特、圣萨尔瓦多等
	中东城市社团	辛菲罗波尔、莫斯科、迪拜、利雅得、吉达、开罗、科威特、伊斯坦布尔、埃尔詹、巴林、马斯喀特、明斯克、多哈、孟买、埃里温、德黑兰、德里、达卡、加尔各答、巴格达、贝鲁特、巴库、达曼、卡拉奇、安曼、金奈、科伦坡、加德满都、阿布扎比、科钦等
	非洲城市社团	哈博罗内、约翰内斯堡、恩德培、内罗毕、哈拉雷、达累斯萨拉姆、拉各斯、阿克拉、毛里求斯、圣丹尼斯、基加利、桑给巴尔、温得和克、亚的斯亚贝巴、马普托、卢萨卡、开普敦、马赛马拉、穆索马、塞罗内拉、科托努、阿比让、达喀尔、马赛马拉、莫罗尼、巴马科、曼齐尼、罗安达、马塞卢、吉布提等
	亚太城市社团	吉隆坡、新加坡、中国台北、中国香港、雅加达、东京、首尔、上海、曼谷、大阪、中国澳门、北京、岘港、青岛、马尼拉、仰光、福冈、金边、广州、胡志明市、悉尼、奥克兰、河内、火奴鲁鲁、中国高雄、名古屋、釜山、冲绳、万象、关岛、泗水、昆明、杭州、深圳、台中、成都、烟台、大连、天津、武汉、长沙等

资料来源：据 OAG 整理。

（一）城际航空网络具有显著的社团结构，与国家尺度社团划分略微不同

1999 年，全球航空网络的最优模块度值为 0.507，通过区域化组织形成六大社团，主要包括亚太社团、美洲社团、西欧社团、北欧社团、东欧-中亚社团、中东-非洲社团。与国家尺度社团划分对比，具有一定程度的相似性，也存

在一些差异。从规模看，第一大社团是美洲社团（308），北美和拉丁美洲的大部分航空节点城市属于这一社团，受地理和文化邻近性等综合影响，拉丁美洲的国家和城市与美国存在紧密的航空运输联系。第二大社团是西欧社团（295），主要包括西欧、南欧及非洲北部地中海沿岸的城市；第三大社团为亚太社团（241），基本包含东亚、东南亚、大洋洲、太平洋地区，以及北美西海岸的国际通航城市，主要分布于环太平洋地区；第四大社团为中东-非洲社团（186），航空节点城市主要分布于南亚、中东及撒哈拉以南的非洲地区，居民多信奉伊斯兰教或原始宗教，具有文化邻近性；最后两个社团分别为东欧-中亚社团（83）、北欧社团（68），相对国家尺度，欧洲社团进一步碎片化为两大城市阵营，与其社会文化分异基本同构。

（二）城际航空网络社团结构日渐稳定，形成五大社团

2009年，全球城际航空网络的最优模块度值为0.513，网络社团结构进一步加强主要划分为四大社团，类似于同时期的国家尺度社团划分结果。相对上一时期，社团数量有所减少，但总体格局变化不大，节点数量较少的社团出现合并，突出表现为西欧社团与北欧社团、东欧-中亚社团合并为规模更大的欧洲社团，整个欧洲及其邻近区域航空运输联系更为紧密，使得欧洲社团（508）成为第一大社团。第二大社团为美洲社团（385），北美和拉丁美洲地区的城市多属于这一社团；其次是中东-非洲社团（234）和亚太社团（217）。

研究末期，全球城际航空网社团结构划分逐渐稳定，形成五大社团结构。2019年，网络的最优模块度持续上涨为0.532，区域内部城市之间的航空运输联系更加紧密。这一时期，全球包括五大社团，分别是欧洲社团（429）、美洲社团（375）、亚太社团（293）、中东社团（278）和非洲社团（126）。相对上一时期，社团划分的区域化结构更加明显，亚欧大陆自西向东发育三大社团：欧洲社团、中东社团和亚太社团，中东-非洲社团逐渐剥离，分别形成中东社团和非洲社团，南亚、中东、中亚、东欧地区的城市组合形成了新的中东社团（表3-21）。

（三）城际航空网络社团发展受到地理和非地理因素综合作用

全球城际航空网络的社团划分受到地理因素的显著影响，表现出一定的地

理邻近性，如亚太社团、美洲社团等，但同时也受到一些非地理因素的作用，如 1999 年，北美西海岸部分城市属于亚太社团与东亚建立密切的航空运输联系。2009 年，中亚地区的通航城市属于欧洲社团，南亚和中东地区纳入非洲社团，成为非洲主要城市链入全球航空网络的中转站；2019 年，中东社团向东南和西北方向扩张，包含部分东欧、北非和南亚地区城市等，这与地区之间的政治经济联系具有一定相关性（Guimerà et al., 2005）。

总之，不管是国家尺度还是城市尺度，全球航空网络均具有显著的社团结构特性，空间上呈现明显的区域化特性，且区域化特征随时间的发展逐渐强化。国际航空运输联系不仅是经济全球化的重要载体，同时也是区域化发展的关键支撑。全球航空网络的区域化特征加强了航空组织的地理邻近性，推动形成了一系列的区域性航空网络。如欧洲航空网络、东亚航空网络和东南亚航空网络等（Dai et al., 2018; Lordan and Sallan, 2017）。经济区域化与航空网络的区域化特征不断互动耦合，航空网络的区域特性逐渐加强，社团结构日益显著。同时，基于"轴辐"式网络组织结构，区域内部的边缘节点可以连接区域核心枢纽进而连入全球航空网络。

参 考 文 献

[1] 高峰、党亚茹："世界航空客运网络的节点度分布特征"，《科学学与科学技术管理》，2009 年第 7 期。

[2] 牛彩澄：" '全球-地方'视角下中国航空网络的空间演化与影响因素"（硕士论文），华东师范大学，2020 年。

[3] 王姣娥、莫辉辉："中国航空网络演化过程的复杂性研究"，《交通运输系统工程与信息》，2014 年第 1 期。

[4] 王勇："世界民航业的发展与中国民航的战略思考"，《改革与战略》，2011 年第 4 期。

[5] 张凡："航空联系视角下的中国城市网络：结构特征与演化规律"（博士论文），华东师范大学，2016 年。

[6] 朱诺、高盛国、李岱："欧盟放松航空管制后对枢纽及市场的影响"，《中国民用航空》，2017 年第 11 期。

[7] Amaral, L. A. N., A. Scala, M. Barthelemy, et al. 2000. Classes of Small-world Networks. *Applied Physical Sciences*, Vol. 97, No. 21.

[8] Bagler, G. 2008. Analysis of the Airport Network of India as A Complex Weighted Network. *Physica A: Statistical Mechanics and its Applications*, Vol. 387, No. 12.

[9] Barabasi, A. L., R. Albert. 1999. Emergence of Scaling in Random Networks. *Science*, Vol. 286, No. 5439.

［10］Chi，L. P.，and X. Cai. 2008. Structural Changes Caused by Error and Attack Tolerance in US Airport Network. *International Journal of Modern Physics B：Condensed Matter Physics；Statistical Physics；Applied Physics*，Vol. 18，No. 17，19.

［11］Colizza，V.，A. Barrat，M. Barthélemy，et al. 2006. The Role of the Airline Transportation Network in the Prediction and Predictability of Global Epidemics. *Proceedings of the National Academy of Sciences of the United States of America*，Vol. 103，No. 7.

［12］Dai，L.，B. Derudder，X. Liu. 2018. The Evolving Structure of the Southeast Asian Air Transport Network through the Lens of Complex Networks，1979-2012. *Journal of Transport Geography*，Vol. 68.

［13］Derudder，B.，L. Devriendt，F. Witlox. 2007. Flying Where You Don't Want to Go：An Empirical Analysis of Hubs in the Global Airline Network. *Tijdschrift voor economische en sociale geografie*，Vol. 98，No. 3.

［14］Dresner，M.，C. Eroglu，C. Hofer，et al. 2015. The Impact of Gulf Carrier Competition on U. S. Airlines. *Transportation Research Part A：Policy and Practice*，Vol. 79.

［15］Grosche，T.，R. Klophaus，A. Seredyński. 2017. Competition for Long-haul Connecting Traffic among Airports in Europe and the Middle East. *Journal of Air Transport Management*，Vol. 64.

［16］Guida，M.，and F. Maria. 2006. Topology of the Italian Airport Network：A Scale-Free Small-World Network with a Fractal Structure？. *Chaos，Solitons and Fractals*，Vol. 31，No. 3.

［17］Guimerà，R.，S. Mossa，A. Turtschi，et al. 2005. The Worldwide Air Transportation Network：Anomalous Centrality，Community Structure，and Cities' Global Roles. *Proceedings of the National Academy of Sciences of the United States of America*，Vol. 102，No. 22.

［18］Li，W. and X Cai. 2007. Empirical Analysis of a Scale-free Railway Network in China. *Physica A：Statistical Mechanics & Its Applications*，Vol. 382，No. 2.

［19］Lin，J. and Y. Ban. 2013. Complex Network Topology of Transportation Systems. *Transport Reviews*，Vol. 33，No. 6.

［20］Lordan，O. and J. M. Sallan. 2017. Analyzing the Multilevel Structure of the European Airport Network. *Chinese Journal of Aeronautics*，Vol. 30，No. 2.

［21］Lordan，O. and J. M. Sallan. 2019. Core and Critical Cities of Global Region Airport Networks. *Physica A：Statistical Mechanics and its Applications*，Vol. 513.

［22］Matsumoto，H. 2007. International Air Network Structures and Air Traffic Density of World Cities. *Transportation Research Part E：Logistics and Transportation Review*，Vol. 43，No. 3.

［23］Paleari，S.，R. Redondi，P. Malighetti. 2010. A Comparative Study of Airport Connectivity in China，Europe，and US：Which Network Provides the Best Service to Passengers？. *Transportation Research Part E：Logistics and Transportation Review*，Vol. 46，No. 2.

［24］Piltz，C.，A. Voltes-Dorta，P. Suau-Sanchez. 2018. A Comparative Analysis of Hub Connections of European and Asian Airports against Middle Eastern Hubs in Intercontinental Markets. *Journal of Air Transport Management*，Vol. 66.

［25］Reed，W，J. and M. Jorgensen. 2004. The Double Pareto-lognormal Distribution-A New Parametric Model for Size Distributions. *Communications in Statistics：Theory and Methods*，Vol. 33，No. 8.

第四章　世界航空枢纽地理

大型枢纽作为重要的客运快速中转中心、集散中心和综合物流节点，是交通运输网络组织的核心关键（Zhang et al.，2023）。航空自由化和航空联盟化促进一批具有高中转集疏能力的枢纽涌现，形成国际性、地区性和地方性等不同等级梯次联动，综合性、专业性等不同功能耦合协同的枢纽体系。高等级的枢纽数量很少，分布更加不均，高度集聚于北美、欧盟和东亚地区。随着世界经济贸易格局由环大西洋向环太平洋和环印度洋演化（杨文龙，2021），航空枢纽布局随之由欧美发达国家向东亚、东南亚、南亚、西亚等亚洲地区扩展，航空枢纽在数量和结构上也呈现着系统性东移态势（牛彩澄，2020）。

第一节　世界航空枢纽的等级结构演化

为降低运输成本、提高运输效率和拓展地区支线市场，大量国际航空公司不断优化其运输组织结构，导致原有城市点对（点对点式，Point-to-point）航线结构加速向轴辐式（Hub-and-spoke）航线结构演化（唐小卫等，2012），进而促使一批具有高中转集疏能力的枢纽机场涌现，全球航空网络由不同等级和功能的枢纽体系主导。

一、世界航空枢纽的识别

基于 WACR 值运用 Ht-index 将全球航空网络节点能级划分为四个层级。

1999—2019 年，全球航空网络不同等级的国家和城市数量呈现重尾分布态势，形成全球级、国际级、国家级三个枢纽层级，大量航空节点位列非枢纽层级。

（一）国家尺度下世界航空枢纽的识别

不同等级的国家枢纽 WACR 值呈现重尾分布态势（表 4-1）。1999 年，215 个国家的 WACR 值范围为 77—6 152 520，第一个平均值为 155 228.4，将 215 国家分成两部分：高于平均值的 32 个国家（头部，占 15%）和低于平均值的 183 个国家（尾部，占 85%）；头部 32 个国家的第 2 个平均值为 860 354.2，将 32 个国家继续分成两个部分：高于平均值的 9 个国家（占 28%）和低于平均值的 23 个国家（占 72%）；尾部 183 个国家的第 3 个平均值为 32 092.1，将其分为高于平均值的 63 个国家（占 34%）和低于平均值的 120 个国家（占 66%）。2009 年，219 个国家的 WACR 值范围为 53—6 246 715.7，第一个平均值增加到了 223 734.9，将 219 国家分成高于平均值的 39 个国家（头部，占 18%）和低于平均值的 180 个国家（尾部，占 82%）；头部 39 个国家的第 2 个平均值增加至 1 854 320.8，将 30 个国家划分为高于平均值的 11 个国家（占 28%）和低于平均值的 28 个国家（占 72%）；尾部 180 个国家的第 3 个平均值 43 041 将其分为高于平均值的 59 个国家（占 33%）和低于平均值的 121 个国家

表 4-1　国家尺度的航空枢纽等级划分

年份	WACR	数量	平均值	头部数量	头部比例（%）	尾部数量	尾部比例（%）
1999	77—6 152 520.0	215	155 228.4	32	15	183	85
	155 228.4—6 152 520.0	32	860 354.2	9	28	23	72
	77—155 228.4	183	32 092.1	63	34	120	66
2009	53—6 246 715.7	219	223 734.9	39	18	180	82
	223 734.9—6 246 715.7	39	1 854 320.8	11	28	28	72
	53—223 734.9	180	43 041	59	33	121	67
2019	72—6 548 044.4	221	386 106.5	42	19	179	81
	386 106.5—6 548 044.4	42	1 722 767.3	13	31	29	69
	72—386 106.5	179	90 800.7	53	30	126	70

资料来源：据 OAG 整理。

（占67%）。2019年，221个国家的WACR值范围为72—6 548 044.4，第一个平均值持续增加到了386 106.5，将221国家分成高于平均值的42个国家（头部，占19%）和低于平均值的179个国家（尾部，占81%）；头部42个国家的第2个平均值增加至1 722 767.3，将42个国家分成高于平均值的13个国家（占31%）和低于平均值的29个国家（占69%）；尾部179个国家的第3个平均值为90 800.7将其分为高于平均值的53个国家（占30%）和低于平均值的126个国家（占70%）。

国家尺度的不同等级枢纽数量呈现典型的"金字塔形"结构，全球级和国际级枢纽数量呈现略微增长趋势（表4-2）。1999—2019年，通航国家数量整体保持微弱的增长趋势。1999年，全球有215个国家、地区和岛屿开通了航空服务；2009年，少了圣诞岛，新增了5个国家及岛屿，分别是黑山共和国和塞尔维亚（2006年两个国家公投取得独立地位），东帝汶（2002年正式脱离印尼独立），伊拉克和蒙特塞拉特岛；2019年，新增了1个国家和1个岛屿，分别是南苏丹（2011年公投通过，脱离苏丹共和国独立）和圣诞岛。国家数量的变化主要受到国家独立及本身数据的影响。从国家等级数量来看，四个等级的国家数量比分别是9∶23∶63∶120，11∶28∶59∶121和13∶29∶53∶126，等级越高，国家数量越少，呈现稳定而明显的金字塔形结构。从国家等级数量变化趋势来看，全球级和国家级枢纽数量均呈现出缓慢增长的趋势，国家级枢纽数量持续减少。其中，国际级的数量由最初的9个国家增加到13个国家，国际级的数量由1999年的23个增加到2019年的29个，国家级的枢纽数量由63个一直持续减少到53个，而非枢纽国家的数量呈现略微增长趋势，由初期的120个增加到末期的126个。

表4-2　国家尺度的不同等级航空枢纽数量

年份	全球级	国际级	国家级	非枢纽	总计
1999	9	23	63	120	215
2009	11	28	59	121	219
2019	13	29	53	126	221

资料来源：据OAG整理。

(二) 城市尺度下世界航空枢纽的识别

城市尺度的不同等级枢纽 WACR 值也呈现重尾分布态势（表 4-3）。1999年，1 237 个城市的 WACR 值范围为 0—5 621 968.7，第一个平均值为 39 627.7 将 1 237 个城市分成高于平均值的 144 个城市（头部，占 12%）和低于平均值的 1 093 个城市（尾部，占 88%）；头部 144 个城市的第 2 个平均值为 311 908.4 将 144 城市分成高于平均值的 33 个城市（占 23%）和低于平均值的 111 个城市（占 77%）；尾部 1 093 个城市的第 3 个平均值为 2 806 783.7，将其分为高于平均值的 261 个城市（占 24%）和低于平均值的 832 个城市（占 76%）。

2009 年，1 405 个城市的 WACR 值范围为 0—5 109 058.7，第一个平均值 27 873.1 将 1 405 个城市分成高于平均值的 191 个城市（头部，占 14%）和低于平均值的 1 214 个城市（尾部，占 86%）；头部 191 个城市的第 2 个平均值为 185 611.1，将 191 个城市分成高于平均值的 47 个城市（占 25%）和低于平均值的 144 个城市（占 75%）；尾部 1 214 个城市的第 3 个平均值为 3 077.2，将其分为高于平均值的 302 个城市（占 25%）和低于平均值的 912 个城市（占 75%）。

表 4-3 城市尺度的航空枢纽等级划分

年份	WACR	数量	平均值	头部数量	头部比例（%）	尾部数量	尾部比例（%）
1999	0—5 621 968.7	1 237	39 627.7	144	12	1 093	88
	39 627.7—5 621 968.7	144	311 908.4	33	23	111	77
	0—39 627.7	1 093	3 789.8	261	24	832	76
2009	0—5 109 058.7	1 405	27 873.1	191	14	1 214	86
	27 873.1—5 109 058.7	191	185 611.1	47	25	144	75
	0—27 873.1	1 214	3 077.2	302	25	912	75
2009	0—6 284 004.34	1 539	60 291.23	201	13	1 338	87
	60 291.23—6 284 004.34	201	418 220.33	52	26	149	74
	0—60 291.23	1 338	6 521.62	330	25	1 008	75

资料来源：据 OAG 整理。

2019 年，1 539 个城市的 WACR 值范围为 0—6 284 004.34，第一个平均值为 60 291.2 将 1 539 个城市分成高于平均值的 201 个城市（头部，占 13%）和低于平均值的 1 338 个城市（尾部，占 87%）；头部 201 个城市的第 2 个平均值为 418 220.3 将 201 个城市分成高于平均值的 52 个城市（占 26%）和低于平均值的 149 个城市（占 74%）；尾部 1 338 个城市的第 3 个平均值为 6 521.6，将其分为高于平均值的 330 个城市（占 25%）和低于平均值的 1 008 个城市（占 75%）。

城市尺度的不同等级枢纽数量呈现出典型的金字塔式层次结构特征，等级越高的航空枢纽数量越少（表 4-4）。1999—2019 年，从不同等级枢纽数量来看，全球级、国际级、国家级枢纽和非枢纽的城市数量比呈现出"塔尖城市少、塔底城市多"的"金字塔"形结构。不同等级航空城市数量均呈现略微增长态势。全球级枢纽由最初的 33 个城市增加到 52 个；国际级枢纽由 1999 年的 111 个城市增加到 2009 年的 144 个，进而持续增加到 2019 年的 149 个城市；国家级枢纽数量也有了明显的增加，由最初的 261 个城市增加到末期的 330 个城市；非枢纽的城市数量也由 1999 年的 1 832 个城市增加到 2019 年的 1 008 个城市。全球通航城市数量持续增加是经济发展、旅游业繁荣、技术进步、开放政策和国际合作，以及城市化和全球化等多种因素综合作用的结果。

表 4-4 城市尺度不同等级航空枢纽数量

年份	全球级	国际级	国家级	非枢纽
1999	33	111	261	832
2009	47	144	302	912
2019	52	149	330	1008

资料来源：据 OAG 整理。

二、世界航空枢纽的等级层次性演化

航空枢纽的客货运量规模具有明显的等级层次性，高等级枢纽数量少，且分布相对集中，高度集聚于北美、欧盟和东亚。通过市场分工和功能互补，世界航空枢纽呈现聚集成群特征，基本与全球性城市区域相伴而生（曹小曙等，

2017),已形成了纽约、洛杉矶、华盛顿、伦敦、巴黎、东京、莫斯科、伊斯坦布尔、柏林等世界性枢纽机场群,以及中国的京津冀、长三角、粤港澳、成渝枢纽机场群(赵月华,2019)。

(一)国家尺度下航空枢纽的等级结构演化

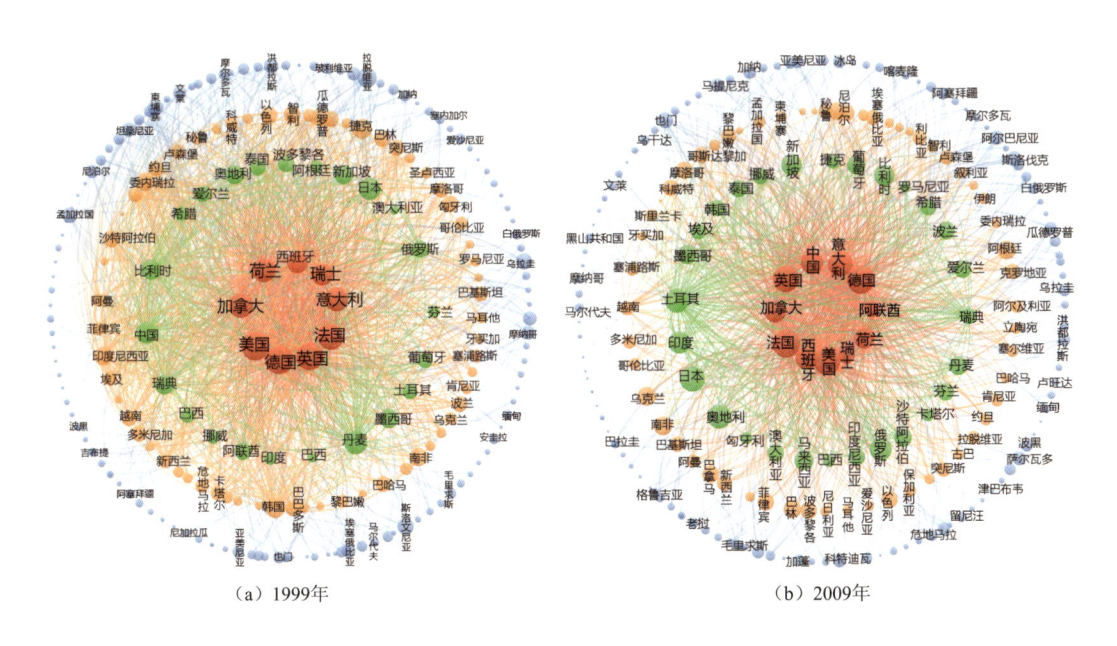

1. 高等级航空枢纽高度聚集于西欧、北美和东亚,层级固化现象较为突出

1999—2019 年,国家尺度航空枢纽高度集中于西欧、北美和东亚的国家,欧美发达国家一直处于世界航空枢纽体系的顶端,东亚国家枢纽地位持续上升,除了少数国家发生进入与退出情况外,总体格局基本保持稳定(图 4-1)。

1999 年,高等级航空枢纽由欧美国家主导。全球级航空枢纽包括西欧的德国、英国、法国、意大利、瑞士、荷兰、西班牙,以及北美的美国和加拿大,主要是由于这些国家强大的经济实力、较大的人口规模和开放的航空市场,以及地理接近和区域一体化等多重因素综合影响。国际级的 23 个枢纽主要分布于西欧(比利时、丹麦、瑞典、奥地利、爱尔兰、挪威、葡萄牙、土耳其、希腊和芬兰等)、亚洲(中国、日本、新加坡、泰国、马来西亚、印度等)、拉丁美洲(墨西哥、波多黎各、巴西和阿根廷),以及中东的阿联酋和太平洋地区的澳大利亚。国家级枢纽主要集中于加勒比地区、中东和东/中欧国家。非枢纽国家主要分布在中/西非、东非、东/中欧和南非等全球南方的发展中国家和最不发达国家。

(a)1999 年   (b)2009 年

(c) 2019年

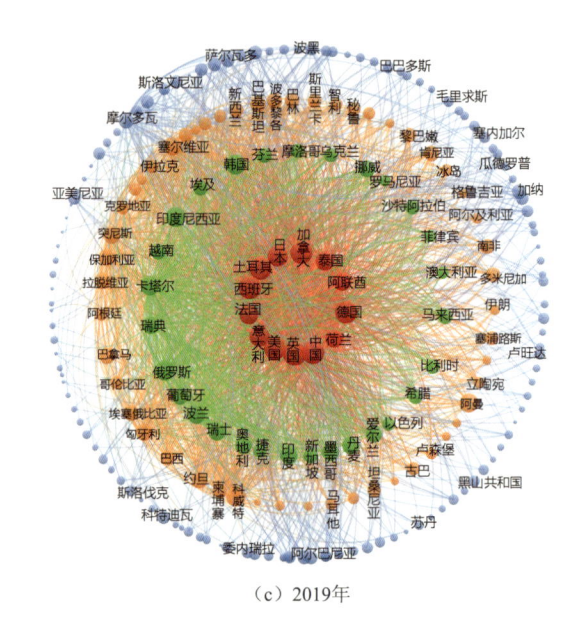

图 4-1　国家尺度航空枢纽等级层次结构演化（1999—2019 年）

注：从内到外依次表示全球级、国际级、国家级和非枢纽，节点颜色分别为红色、绿色、黄色和蓝色，下同。

资料来源：据 OAG 绘制。

2009 年，高等级枢纽仍由欧美主导，但东亚国家航空枢纽地位不断上升，逐渐在全球级和国际级枢纽群中占据一席之地。其中，中国和阿联酋由国际级跃升为全球级枢纽，韩国、印度尼西亚、波兰、捷克、匈牙利、罗马尼亚和卡塔尔由区域级枢纽跃迁为国际级枢纽，而波多黎各和阿根廷则由国际级下降为国家级，而国家级和非枢纽的整体格局与上一阶段相比变化甚微。

2019 年，高等级枢纽呈现阶层固化现象，除瑞士由全球级降低为国际级枢纽，土耳其和日本由国际级上升为全球级外，其余十个国家维持全球级地位不变，仍位于全球航空枢纽体系的顶端。2019 年的国家级枢纽瑞士、越南、菲律宾、乌克兰、以色列、摩洛哥六个国家跃升成为国际级枢纽，而泰国和巴西正好相反。国家级枢纽主要集中于东/中欧、中东和南亚，非枢纽国家主要散布于中/西非、太平洋地区、加勒比地区和东非等地区。

2. 航空联系以同等级国家枢纽之间为主

1999—2019 年，国家之间的航线和航班数量有了小幅度的增加，同等级国家枢纽之间的航空运输联系更为紧密，随着国家枢纽等级的降低，航线和航班密度也随之减弱（表4-5）。航线和航班数量分别由1999年的3 322条和5 188 551班增加到3 907条和9 396 237班，增长速度分别为17.6%和81.1%。全球级枢纽之间的航线由72条增加到145条，航班数量呈现出持续的增长态势，由1999年的2 069 889班增加到2019年的3 572 233班，占比由39.89%降低到38.02%，国际航空运量分布更为分散。国际级枢纽之间的航线数量由268条增加到2019年的518条，航班数量占比由1999年的12.64%增加到2019年13.81%。国家级枢纽之间的航线数量呈现出持续减弱的趋势，由最初的726条降到末期的467条，航班数量由452 780班减少到442 635班。非枢纽国家之间航线和航班整体都保持着增长态势。高等级国家枢纽与低等级国家枢纽之间，航线数量没有明显的递增或递减趋势，但航班数量呈现出等级越低，与高等级国家枢纽之间的航空运输联系越不紧密的趋势。

表4-5 不同等级枢纽间航班和航线数量

类型	航线			航班		
	1999年	2009年	2019年	1999年	2009年	2019年
全球级	72	108	154	2 069 889	2 429 487	3 572 233
全球级—国际级	193	275	328	818 587	1 283 306	2 048 218
全球级—国家级	358	381	426	416 502	547 150	767 615
全球级—非枢纽	223	259	325	103 458	137 749	232 413
国际级	268	423	518	655 867	833 654	1 297 804
国际级—国家级	381	427	497	340 770	369 327	491 505
国际级—非枢纽	254	209	257	114 791	97 604	104 049
国家级	726	516	467	452 780	393 739	442 635
国家级—非枢纽	356	369	347	119 916	179 872	196 547
非枢纽	491	407	588	95 991	138 717	243 218
总计	3 322	3 374	3 907	5 188 551	6 410 605	9 396 237

资料来源：据OAG整理。

(二)城市尺度下航空枢纽的等级结构演化

1. 高等级航空枢纽集中在西欧,保持基本恒定性和一定突变性

1999—2019年,航空枢纽高度集中于西欧的政治中心和经济中心,亚洲和中东地区城市航空枢纽地位持续上升,且保持一定程度的路径依赖和路径创造(表4-6)。

一是全球级枢纽之间的航线构成全球航空网络的骨架,且相对集中于政治中心和经济中心。1999年,全球级枢纽有33个城市,主要分布在西欧(19),主要是经济发达国家的首都和最大城市,同时还有一些国家的大城市和首府城

表4-6 全球航空网络中不同等级航空枢纽

年份	层级	城市
1999	全球级	伦敦、巴黎、阿姆斯特丹、法兰克福、多伦多、苏黎世、布鲁塞尔、慕尼黑、纽约、维也纳、哥本哈根、米兰、新加坡、东京、温哥华、迈阿密、中国香港、罗马、杜塞尔多夫、圣胡安等
	国际级	首尔、斯图加特、巴塞罗那、赫尔辛基、曼彻斯特、旧金山、墨西哥城、柏林、芝加哥、奥斯陆、吉隆坡、大阪、里斯本、吉达、圣保罗、卡尔加里、雅典、约翰内斯堡、华盛顿等
	国家级	亚的斯亚贝巴、拉各斯、科伦坡、塞萨洛尼基、辛辛那提、圣多明各、福冈、鹿特丹、哈瓦那、圣彼得堡、香农、雷克雅未克、圣安东尼奥、温尼伯、达喀尔、拉斯帕尔马斯、波哥大、图卢兹等
	非枢纽	基加利、马拉开波、萨马拉、亚历山大、赫尔辛堡、金沙萨、波尔拉玛尔、青岛、努瓦克肖特、乌兰巴托、多巴哥、考纳斯、克拉科夫、联合岛、代顿、尼亚美、里尔、罗萨里奥、亚庇等
2009	全球级	伦敦、巴黎、法兰克福、阿姆斯特丹、纽约、慕尼黑、迪拜、布鲁塞尔、多伦多、新加坡、马德里、苏黎世、维也纳、米兰、罗马、中国香港、莫斯科、曼彻斯特、伊斯坦布尔、哥本哈根、曼谷等
	国际级	马尼拉、北京、亚特兰大、华沙、蒙特利尔、圣何塞、汉堡、休斯敦、开罗、帕尔马、墨西哥城、阿布扎比、利马、特拉维夫、约翰内斯堡、巴林、科威特、布宜诺斯艾利斯、布加勒斯特等
	国家级	贝尔法斯特、拉各斯、皮特尔角、纽伦堡、都灵、科克、斯塔万格、塔林、圣克罗伊岛、中国高雄、卡拉奇、科钦、加德满都、不来梅、佛罗伦萨、巴库、维尔纽斯、塔什干、埃里温、雷克雅未克等
	非枢纽	科尔多瓦、哥伦布、喀山、累西腓、广岛、古晋、冲绳、凯洛纳、卡塔赫纳、克拉根福、阿姆利则、黄金海岸、门明根、中国台中、奇瓦瓦、班珠尔、莫雷利亚、琅勃拉邦、哈尔滨、巴兰基亚等

续表

年份	层级	城市
2019	全球级	伦敦、阿姆斯特丹、巴黎、法兰克福、伊斯坦布尔、迪拜、新加坡、首尔、莫斯科、曼谷、中国香港、慕尼黑、布鲁塞尔、纽约、多伦多、米兰、维也纳、马德里、巴塞罗那、苏黎世等
	国际级	墨西哥城、雅典、洛杉矶、布达佩斯、阿布扎比、科隆/波恩、科威特、基辅、芝加哥、马尼拉、坎昆、尼斯、劳德代尔堡、温哥华、悉尼、广州、布加勒斯特、约翰内斯堡、汉堡、马斯喀特等
	国家级	纽伦堡、利物浦、诺维多夫马佐维茨基、杭州、卡托维兹、青岛、基加利、金奈、喀土穆、重庆、底特律、维罗纳、芽庄、仰光、卡塔尼亚、蒙特哥湾、斯科普里、多特蒙德、斯普利特、阿拉木图等
	非枢纽	圣地亚哥-德古巴、摩加迪沙、塞罗内拉、安特卫普、石家庄、莫尔兹比港、奥克兰、维拉港、萨拉拉、马什港、克利夫兰、勒克瑙、锡亚尔科特、哈费尔巴廷、图兹拉、蒙巴萨等

资料来源：据 OAG 整理。

市，其次是北美（7），主要是美国和加拿大的东西海岸大城市和港口城市，东亚和东南亚也有少量城市分布；2009 年，全球级枢纽增加到 47 个，与上一阶段相比，仅有 4 个城市降级（温哥华、蒙特利尔、波士顿和汉堡），新增了 18 个城市，主要是西欧、东亚国家的首都及主要城市，以及美国东部地区的一些大城市；2019 年，全球级枢纽增加到 52 个，与 2009 年相比，有 7 个城市丧失全球级枢纽地位，新增了 12 个城市，主要是中东地区的首都和大城市（利雅得、特拉维夫、吉达）以及文化名城（沙迦），非洲的首都城市（开罗、亚的斯亚贝巴），以及欧洲的华沙、安塔利亚和帕尔马等主要城市。

二是国际级航空枢纽高度集中在西欧，航线重心出现向东亚和中东地区转移的趋势。国际级枢纽之间的联系初期主要集中在西欧、北美、拉丁美洲和中东地区，东/中欧和东亚也有少量分布；2009 年，国际级枢纽的空间格局与上一阶段基本相同，东南亚和北非的城市数量有了明显的增加；2019 年，除西欧和北美的城市仍然保持引领地位外，东/中欧、东南亚和东亚的城市数量明显增多。对比来看，国际级航空枢纽的分布较为集中，而国家级枢纽的城市分布更为分散。

三是等级层次相对固化，演化具显著的"路径依赖"和"空间黏性"。从层级划分看，20 年间等级规模分布保持相对稳定，层级固化现象较为明显，高等级航空枢纽尤其是全球枢纽高度集中于西欧，约有一半位于该地区。这与张等人的结果一致，即欧洲拥有最多的全球级枢纽（Cheung et al.，2020），主要因为欧洲航空自由化政策的实施，以及轴辐航线组织和低成本航空公司的出现。作为商务目的地和全服务航空公司的枢纽，伦敦、巴黎、阿姆斯特丹和法兰克福始终位居航空枢纽体系的顶端（Lordan and Sallen，2017）。与此同时，一些旅游目的地（例如帕尔马）和发达城市（例如伊斯坦布尔、马德里）的排名显著提高，而尼斯和汉堡则从全球级枢纽降级为国际级枢纽。此外，欧洲的全球级枢纽数量在过去 10 年中保持不变。张等人也得出了类似的结论，认为欧洲的枢纽市场已经整合，并且因为环境问题等原因导致了容量限制，其他航空公司很难进入（Cheung et al.，2020）。

四是自全球金融危机以来，航空交通增长的地区已经从美国和欧洲转向东亚和中东。1999—2019 年，中东地区（吉达、多哈、沙迦、特拉维夫、利雅得等）和东亚地区（北京、上海等）的部分沿海城市已经崛起成为全球级枢纽，特别是迪拜、伊斯坦布尔和首尔等城市从全球级枢纽的底部上升到前十名。中东航空枢纽的崛起主要受到其地理优势、枢纽战略和"开放天空"的自由化推动（Logthetis and Miyoshi，2018；O'Connell and Bueno，2018；Wong et al.，2019）。亚洲的全球和国际级枢纽的快速增长归因于航空服务的快速增长和低成本航空公司网络的不断扩张（Cheung et al.，2020）。然而，北美地区枢纽的数量从 1999 年的 58 个减少到 2019 年的 43 个，迈阿密、洛杉矶、旧金山、波士顿、温哥华和蒙特利尔在排名中大幅下降，这可能与低成本航空公司的扩张和美国航空格局的去中心化有关（Allroggen et al.，2015；Wong et al.，2019）。

总体来看，与高级生产服务公司（APS）的世界城市网络类同（Derudder and Taylor，2018），全球航空网络枢纽的分布呈现明显的空间异质性，航空枢纽主要集中在欧洲、北美和亚洲的全球城市。航空公司的运输网络由传统上以大城市为重点集中化组织向多中心结构演替。一些城市在这种新的多中心结构中变得越来越重要（Derudder et al.，2007）。全球航空网络的排他性较 20 年前有所减弱，新兴市场的航空枢纽数量不断增加，例如东亚-东南亚和中东的重要容量扩张。

2. 航空枢纽连接遵循择优链接机制

航空枢纽连接遵循"强者恒强"的马太效应，全球级枢纽在航空服务中起主导作用（Sheridan and Onodera，2018），与全球枢纽连接的航班占所有总量的60%以上，并且呈现增长趋势（从66.2%增至71.5%）。航空枢纽的级别越高，其联系越强，同级别之间的航空运输联系要高于跨级别之间的联系（表4-7）。

表4-7 全球航空网络各层级之间城市、航班和航线数量

类型	城市			航线（条）			航班（班）		
	1999年	2009年	2019年	1999年	2009年	2019年	1999年	2009年	2019年
全球级	33	47	52	762	1 412	1 769	1 330 730	2 298 207	3 070 646
全球级-国际级	—	—	—	1 419	2 235	2 887	1 094 398	1 427 130	2 116 245
全球级-国家级	—	—	—	1 377	1 948	2 826	592 638	627 781	992 329
全球级-非枢纽	—	—	—	979	1 248	1 850	165 577	183 982	264 780
国际级	111	144	149	1 937	2 583	3 471	833 038	1 019 462	1 340 685
国际级-国家级	—	—	—	1 477	2 023	2 896	386 607	450 078	623 559
国际级-非枢纽	—	—	—	807	982	1 496	90 039	99 379	149 983
国家级	261	302	330	1 216	1 583	2 420	208 153	192 898	352 514
国家级-非枢纽	—	—	—	708	653	1 151	80 262	51 623	74 703
非枢纽	832	912	1008	398	383	551	28 979	24 685	28 175
总计	1 237	1 405	1 539	11 080	15 050	21 317	4 810 421	6 375 225	9 013 619

资料来源：据OAG整理。

（1）全球级航空枢纽数量出现小幅上升，但连接强度有了明显的提升。全球级枢纽数量占比由2.7%增加到3.4%，航线数量由762条增加到1 769条，航班数量由1 330 730班增加到3 070 646班，占比由27.66%增加到34.07%。城市、航线和航班的增长速度分别为57.6%、132.15%和130.75%。1999—2019年，全球级枢纽与低等级枢纽之间的航线和航班数量均保持增长趋势，并且全球级枢纽之间的航班班次在所有层级之间规模最大，且承担的国际旅客数量日益增加。

（2）国际级航空枢纽数量和连接强度均保持持续增长的态势。国际级枢纽占比由8.97%增加到9.68%，国际级枢纽之间开通航线数量由1999年的1 937

条持续增加到了 2019 年的 3 471 条，航班班次由 833 038 班增加到了 1 340 685 班，占连接总数的比重由 17.32% 减少到 14.87%。主要原因是一些国际级枢纽，主要是国家首都、首府城市和大城市升级到全球级枢纽，导致国际级枢纽之间的航空运输联系相对减弱。与全球级枢纽趋势一致，国际级枢纽与低等级枢纽航线和航班数量都保持增长趋势。

（3）国家级航空枢纽和非枢纽数量占有较大比重，但二者之间的航空运输联系比较少，其对外航空联系主要依靠高等级枢纽。国家级枢纽数量占比由 21.1% 增加到 21.4%，航线数量由 1 216 条增加到 2 420 条，航班数量由 208 153 班增加到 352 514 班，占比由 9.76% 减少到 3.91%；非枢纽城市占比由 67.26% 减少到 65.5%，航线数量由 398 条增加到 551 条，航班数量由 28 979 减少到 28 175，占比由 0.6% 减少到 0.3%。国家级枢纽之间航空运输联系较少，非枢纽城市之间几乎缺少连接，且越来越少。这表明在国际航空网络中，小城市越来越依赖轴辐结构组织与高等级枢纽链接来提高交通便利性（Dai et al.，2018）。

3. 不同区域航空枢纽城市体系的等级层次发育存在明显异质性

比较不同区域航空枢纽的等级层次结构，研究发现不同区域航空枢纽等级结构具有明显的空间差异性（表 4-8）。

表 4-8　各洲各层级航空城市数量变化统计

年份	层级	非洲	亚洲	欧洲	拉丁美洲	北美洲	中东	太平洋	总计
1999	1 级	—	4	20	1	7	1	—	33
	2 级	8	12	31	29	17	11	3	111
	3 级	35	35	87	49	34	6	15	261
	4 级	117	146	235	127	147	27	33	832
	总计	160	197	373	206	205	45	51	1 237
2009	1 级	—	8	29	2	6	2	—	47
	2 级	11	18	48	33	17	12	5	144
	3 级	46	59	97	48	33	7	12	302
	4 级	111	177	252	120	175	40	37	912
	总计	168	262	426	203	231	61	54	1 405

续表

年份	层级	非洲	亚洲	欧洲	拉丁美洲	北美洲	中东	太平洋	总计
2019	1级	2	10	28	2	4	6	—	52
	2级	8	26	60	25	16	10	4	149
	3级	61	73	107	53	23	6	7	330
	4级	123	237	286	116	168	35	43	1 008
	总计	194	346	481	196	211	57	54	1 539

资料来源：据OAG整理。

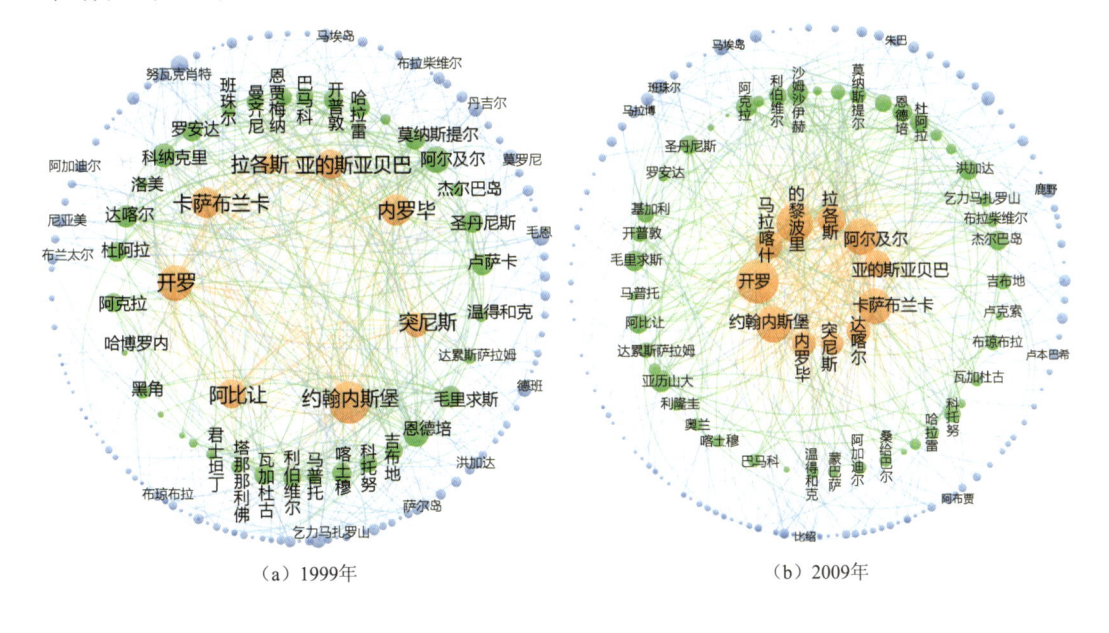

(1) 非洲：航空枢纽的等级层次发育不完整，以低等级枢纽为主（图 4-2）。一级航空枢纽有所增长，二级枢纽数量变化不大。非洲北部的航空枢纽城市地处北美、欧洲和东亚地区洲际航线的中间地带，连接其他城市的中转站功能凸显。1999 年和 2009 年，非洲没有城市进入第一层级行列，仅分别有 8 个和 11 个城市处在第二层级，主要是国家首都、经济相对发达中心城市及旅游城市，如开罗、约翰内斯堡、卡萨布兰卡、内罗毕、突尼斯、达喀尔、阿尔及尔、亚的斯亚贝巴、马拉喀什和拉各斯等。2019 年，埃及首都开罗和埃塞俄比亚首都亚的斯亚贝巴分别系非洲经济中心和政治中心，也分别是埃及航空和埃塞俄比亚航空公司总部所在地，由第二层级跃升到第一层级，成为全球级枢纽和非洲航空门户。第三层级的城市数量保持着较快的增长趋势，通航城市从初期的 35 个增长到 61 个。马拉喀什梅纳拉机场作为"蓝色的阿特拉斯"航空公司的总

(a) 1999年　　　　　　　　　　　(b) 2009年

(c) 2019 年

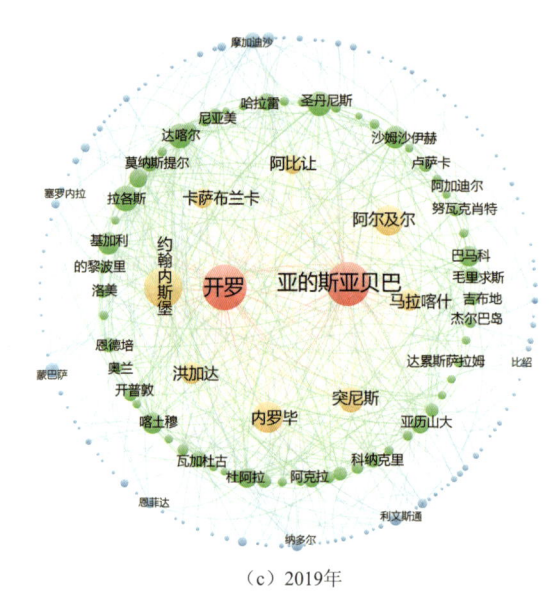

图 4-2　非洲航空枢纽的等级层次结构（1999—2019 年）

资料来源：据 OAG 绘制。

部，在 2009 年由第四层级跃升到第二层级。非洲第四层级数量虽逐年递减，但仍占有较高的比重，表明非洲地区航空市场发展不成熟，还有巨大的发展潜力。

（2）亚洲：致力于发展大型航空枢纽，中小型枢纽增长快速，航空枢纽能级跃迁明显，形成多中心结构（图 4-3）。20 多年间，亚洲航空运输发展势头强劲，全球级航空枢纽增长快速，由单中心向多中心转变。从城市数量来看，亚洲通航城市增长快速，由初期的 197 个增长到末期的 346 个，是航线拓展最多的航空大区。1999 年，新加坡、东京、中国香港和曼谷四个城市凭借着发达的旅游业、强大的经济实力、良好的区位条件，成为第一等级枢纽；中国台北、北京和上海，日本的大阪和名古屋，印度的孟买和新德里，以及首尔、吉隆坡、马尼拉和卡拉奇处在第二层级。2009 年，一级枢纽数量翻了一倍，首尔、吉隆坡，以及中国台北和上海也进入这个行列。一些旅游胜地如中国澳门、暹粒、登巴萨、普吉岛，河内、达卡，以及一些经济发达城市（胡志明市、广州、钦奈和釜山等）由第三层级跃升到第二层级。2019 年，新增北京和大阪两个城市，一级枢纽增长到 10 个。中国的区域性航空枢纽昆明、成都跃升成为二级航空枢纽。中国在全球航空运输网络中能级和位势不断上升，是亚洲地区航空联

(a) 1999年

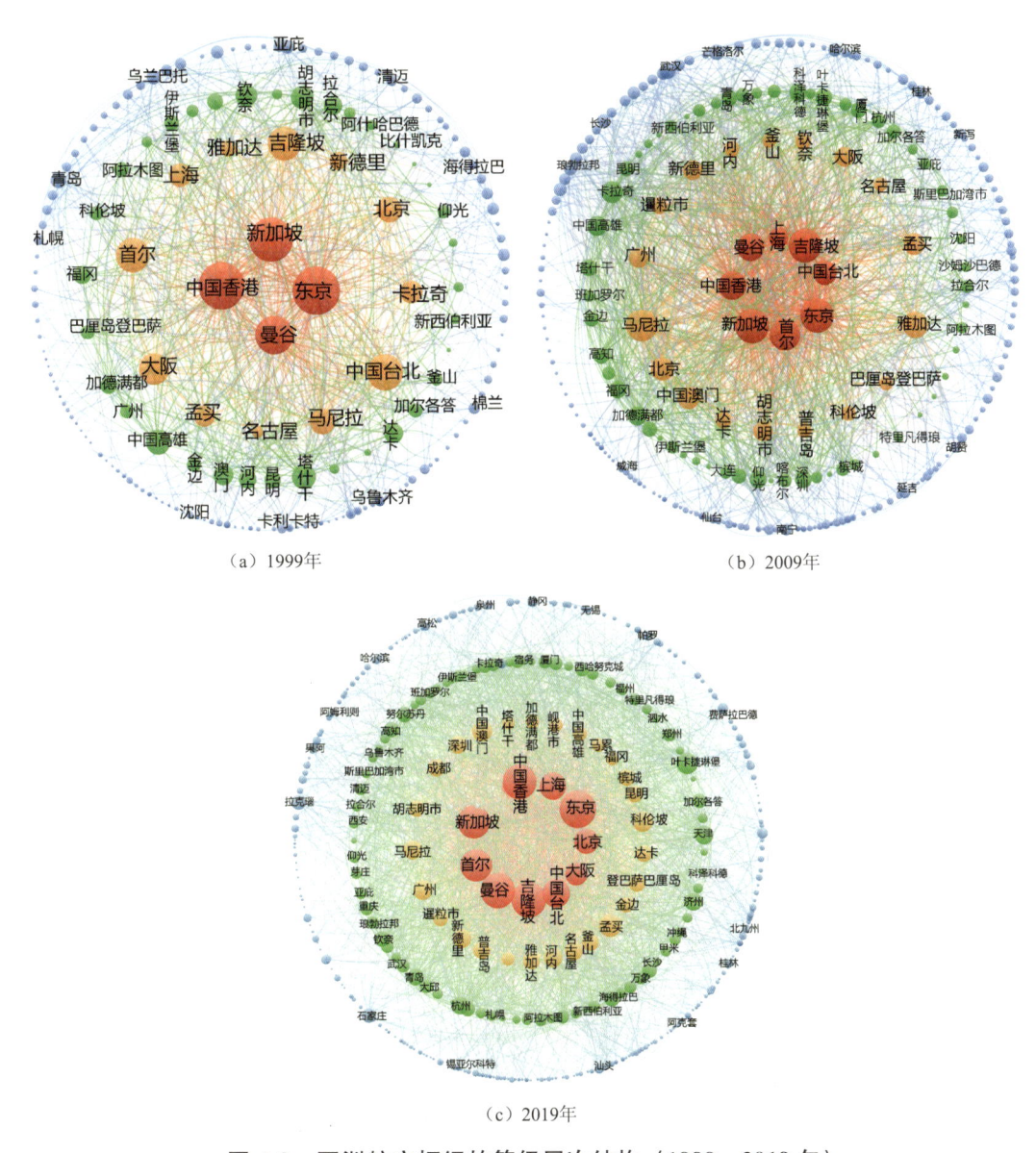

(b) 2009年

(c) 2019年

图 4-3 亚洲航空枢纽的等级层次结构（1999—2019 年）

资料来源：据 OAG 绘制。

系最紧密的国家（Lordan and Sallan，2019）。一些中西部省会或直辖市，如西安、重庆、乌鲁木齐、哈尔滨、郑州、长沙、海口等逐渐发育成为三级航空枢纽。这主要得益于近年航线布局调整和中西部外向型经济发展。

（3）欧洲：航空枢纽在全球航空网络中占据主导，作为国际交流和旅游的主要目的地，国际化业务全球领先。全球级枢纽和国际级枢纽主要以经济大国的政治和经济中心城市为主(图 4-4)。欧洲开通国际航线的城市数量增长较快，由 1999 年的 373 个增加到 2019 年的 481 个，增加了 108 个，表明欧洲一体化发展较快，国际航空运输占据主导地位。1999 年，欧洲有 20 个城市属于一级航空枢纽，占总数的 80%，主要是西欧经济大国的首都或全球城市。英国首都伦敦凭借处于世界城市等级体系顶端的地位，与法国首都、欧洲主要城市旅游目的地——法国巴黎，德国金融中心——法兰克福，主要跨国公司总部、研究和开发中心——荷兰阿姆斯特丹，国家银行和保险中心——瑞士苏黎世，以及著名的旅游城市——丹麦根本哈根等共同构成了欧洲对内和对外航空网络的一级门户和枢纽。二级枢纽主要由国家首都，如布鲁塞尔、斯德哥尔摩、马德里、罗马、莫斯科、奥斯陆、慕尼黑、柏林、里斯本，经济中心和国际都市——米兰、慕尼黑、杜塞尔多夫和汉堡，国际旅游城市——雅典，以及欧洲文化和消费中心——维也纳构成。2009 年，伦敦、巴黎、法兰克福和阿姆斯特丹维持其全球级枢纽地位不变，曼彻斯特、巴塞罗那、布拉格、柏林、伯明翰、里斯本、奥斯陆、尼斯、布达佩斯和雅典由初期的第二层级上升到第一层级，而汉堡则由第一层级降为第二层级。第三层级以德国、意大利、西班牙、英国等国家的中心城市为主，第四层级的城市主要集中在法国、俄罗斯、英国等国家。2019 年，一级枢纽数量减少了一个，城市分布变化不大，具有路径依赖，仍然集中在各国首都、首府及大城市，表明欧洲航空运输网络发育已较为成熟。其中，

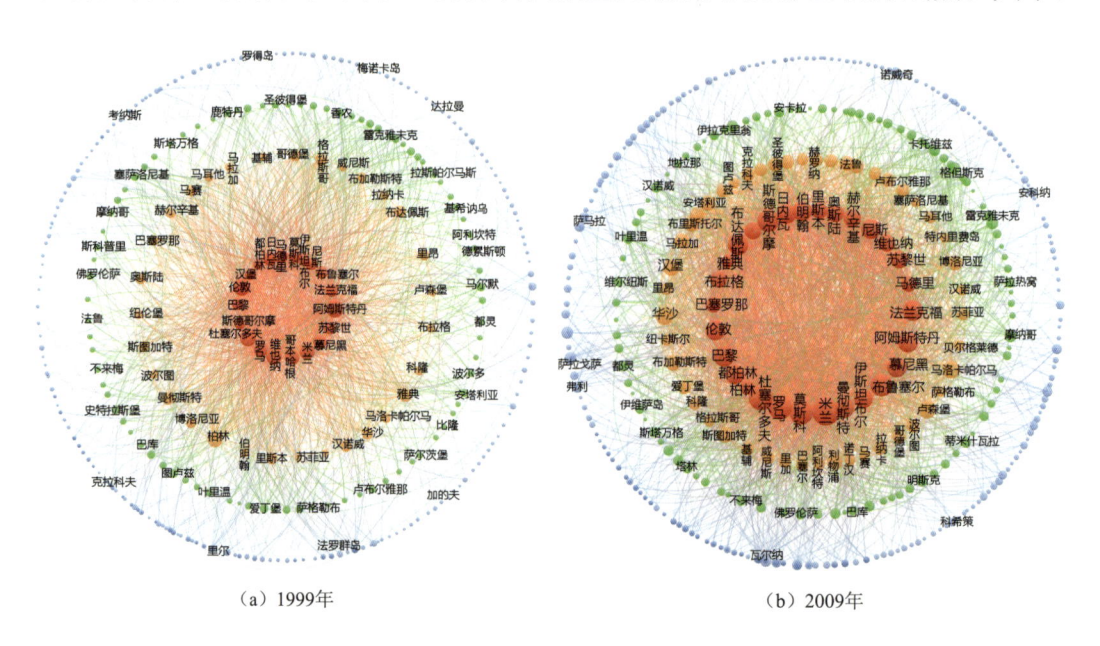

(a) 1999 年　　　　　　　　　　　　(b) 2009 年

(c) 2019年

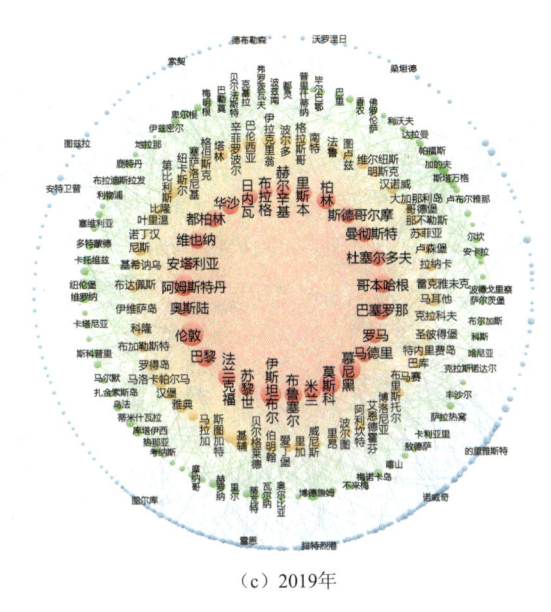

图 4-4 欧洲航空枢纽的等级层次结构（1999—2019 年）

资料来源：据 OAG 绘制。

安塔利亚、帕尔马、华沙升级成为一级枢纽，而雅典、伯明翰、布达佩斯、尼斯降低为二级。第二层级的枢纽主要集中在西班牙所属岛屿、英国、法国的发达城市。第三层级的城市主要分布在意大利、俄罗斯、英国、德国和西班牙；第四层级以俄罗斯、土耳其、法国、瑞典、芬兰的中心城市为主。

（4）拉丁美洲：一级航空枢纽不足，受经济发展所限，优先集中发展低等级枢纽，且通航城市数量呈减少趋势（图 4-5）。1999 年，圣胡安作为波多黎各的金融、制造业、旅游和文化中心，以及最重要的海港，成为了拉丁美洲地区最大的航空客运枢纽，主要取决于其良好的居中地位优势。二级枢纽以国家首都（墨西哥城、加拉加斯、布宜诺斯艾利斯、加拉加斯、圣地亚哥、圣萨尔瓦多、蒙得维的亚等）、首府（圣保罗、纳索、安提瓜、危地马拉城等）、旅游胜地（圣马丁岛、巴巴多斯、圣托马斯岛、西班牙港、里约热内卢、圣卢西亚、坎昆、牛肉岛等）为主。2009 年和 2019 年，巴拿马首都巴拿马城与波多黎各首都圣胡安共同组成了拉丁美洲航空网络一级枢纽。二级枢纽仍以国家首都、国际旅游城市及经济发达城市为主。坎昆、圣萨尔瓦多、圣多明哥、利马等城市航空枢纽地位提升明显，由初期的二级枢纽末尾提升到 2019 年前 10 位，蒙

(a) 1999年

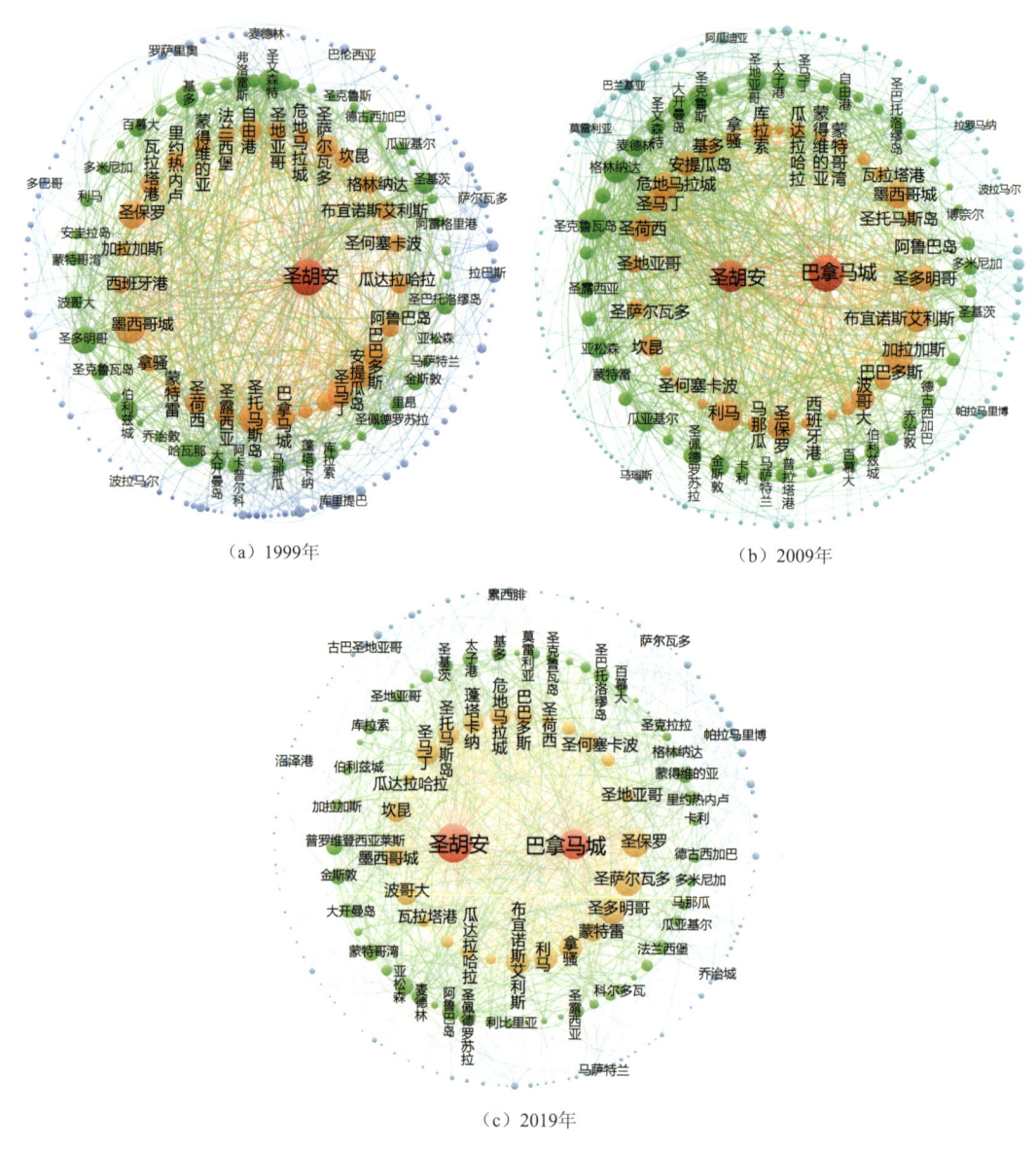

(b) 2009年

(c) 2019年

图 4-5　拉丁美洲航空枢纽的等级层次结构（1999—2019 年）

资料来源：据 OAG 绘制。

特雷、蓬塔卡纳、哈瓦那由第三层级升级到第二层级，其中托尔托拉由第四层级跃升成为二级枢纽。这些主要得益于加勒比海国际旅游业快速发展。与全球航空网络一样，拉丁美洲区域航空枢纽的等级结构也呈现出恒定性和突变性的双重特性。

（5）北美洲：航空运输系统比较成熟，其等级结构与欧洲完全不同

（图4-6）。从通航城市数量来看，北美地区的城市呈现先增加后减少的趋势，由1999年的205个增加到了2009年的231个后降低到2019年的211个。1999年，美国的纽约、迈阿密、洛杉矶和波士顿与加拿大的多伦多、温哥华和蒙特利尔共同构成了北美地区的一级航空枢纽，主要集中于东西海岸。2009年，与上一阶段相比，美国的劳德代尔堡和芝加哥由二级枢纽上升成为一级枢纽，分别取代

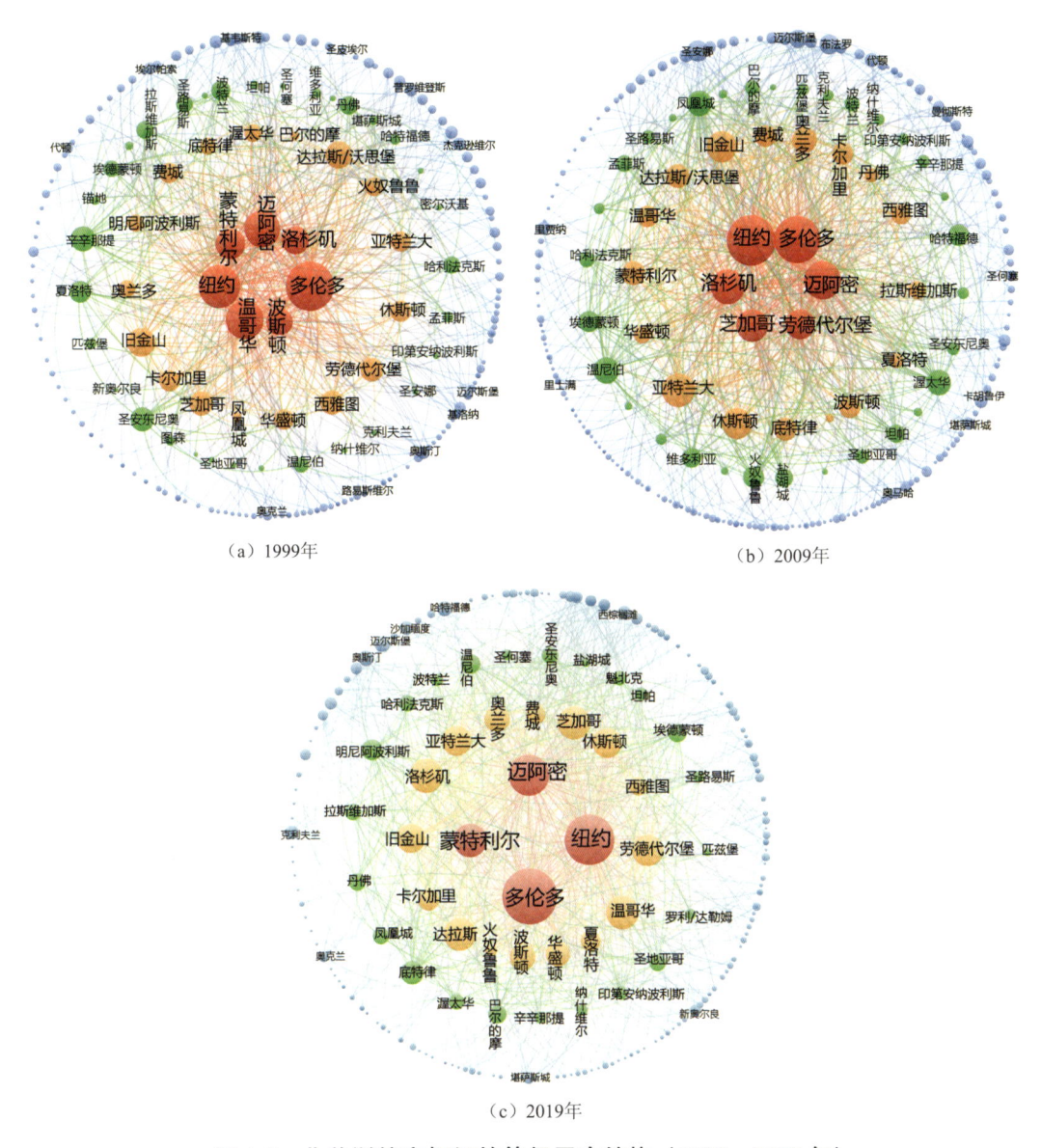

(a) 1999年

(b) 2009年

(c) 2019年

图 4-6 北美洲航空枢纽的等级层次结构（1999—2019 年）

资料来源：据 OAG 绘制。

迈阿密和波士顿，与其国际旅游地和枢纽机场定位有关。2019年，北美地区仅有四个一级枢纽，分别是纽约、迈阿密、多伦多和蒙特利尔，主要是北美国际航空市场萎缩和支线航空市场发展双重作用的结果。1999—2019年，二级枢纽基本保持不变，第三层级城市有下降趋势，这些枢纽基本覆盖美国东西海岸及美国的大都市区和城市群。而加拿大的大多数城市（71%）都位于第四层级。不难看出，这些高等级航空枢纽城市的人口规模、经济发展程度在全国排名比较靠前，表明航空枢纽的位置受到人口和经济活动的决定性影响（Bhadra and Hechtman，2004）。

（6）中东地区：凭借地处于欧亚非大陆中间地带的区位优越性，中东地区国际长途中转业务量发展迅猛，一级航空枢纽不断浮现（图4-7）。1999—2019年，通航城市数量先由1999年的45个增加到2009年的61个后减少到2019年的57个。1999年，迪拜成为唯一的一级航空中转枢纽，二级枢纽由吉达、特拉维夫、阿布扎比、科威特、马斯喀特、安曼、巴林、贝鲁特、多哈、利雅得和大马士革11个城市组成。2009年，卡塔尔首都和最大城市多哈与中东贸易之都迪拜共同组成一级枢纽，与1999年相比，沙迦和德黑兰两个城市由三级枢纽上升到二级枢纽。2019年，一级枢纽增加到6个，分别是迪拜、吉达、多哈、沙迦、特拉维夫和利雅得，主要是区域性金融中心、航运贸易中心和政治中心。与上一阶段相比，麦地那、巴格达和达曼由三级枢纽上升到二级枢纽，而大马士革正好相反。

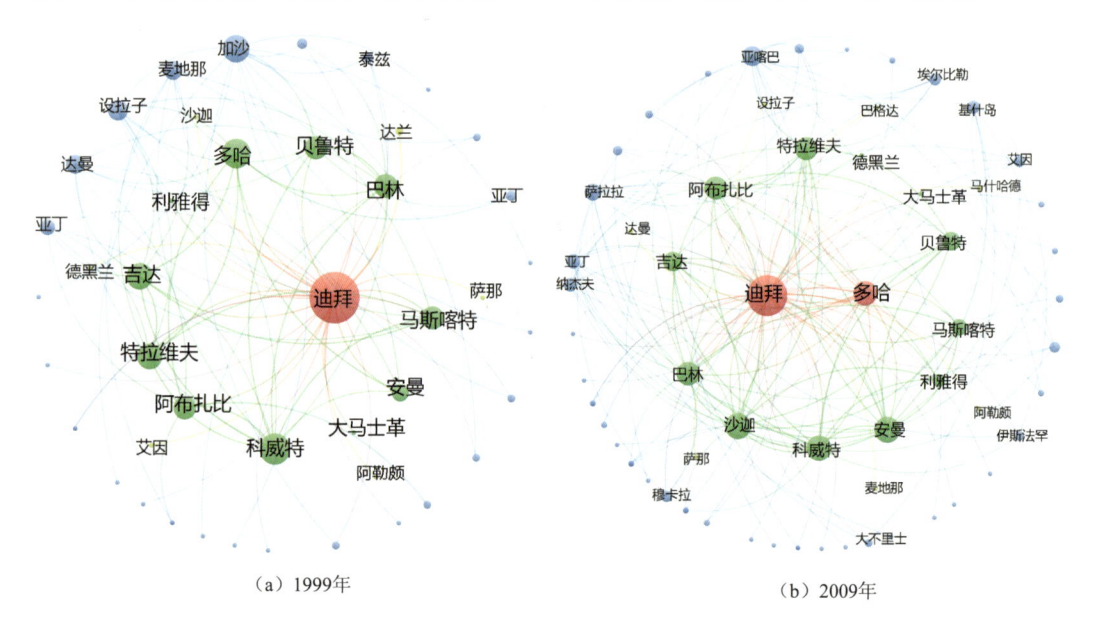

(a) 1999年

(b) 2009年

(c) 2019 年

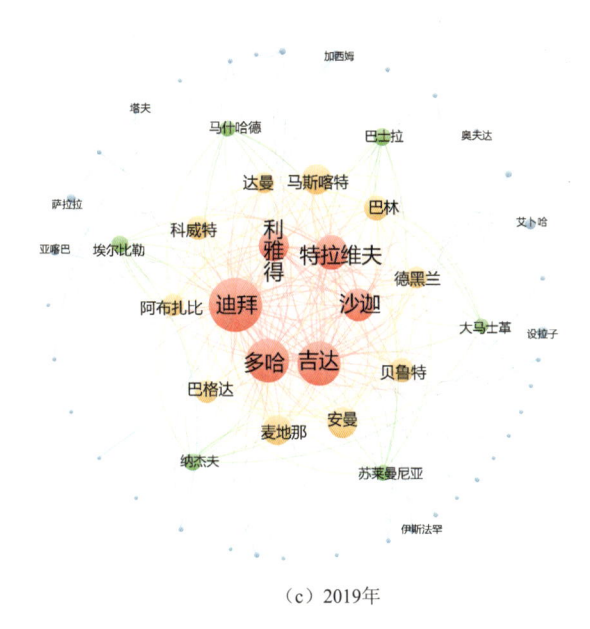

图 4-7 中东地区的航空枢纽等级层次结构（1999—2019 年）

资料来源：据 OAG 绘制。

（7）太平洋地区：一级航空枢纽缺少，通航城市主要集中在第四层级（图 4-8）。整体来看，1999—2019 年，开通国际航线的城市数量变化不大，基本保持在 50—60 个城市，远远低于国内通航城市数量，对外航空运输联系较弱。1999 年，二级枢纽由墨尔本、悉尼、奥克兰三个城市构成，形成了三足鼎立的格局；2009 年，关岛和布里斯班与上一阶段的三个城市共同组成了新的二级枢纽；2019 年，关岛由二级枢纽降到三级枢纽，悉尼、墨尔本、奥克兰市和布里斯班四个枢纽城市形成了四边形格局。与全球航空网络一样，太平洋地区国际航空网络枢纽城市主要由四级枢纽组成，且其数量和比例均低于全球平均水平。主要原因在于：大洋洲地处边缘地带，整体社会经济不够发达，人口规模较小国际航空网络结网程度不高。

(a) 1999年

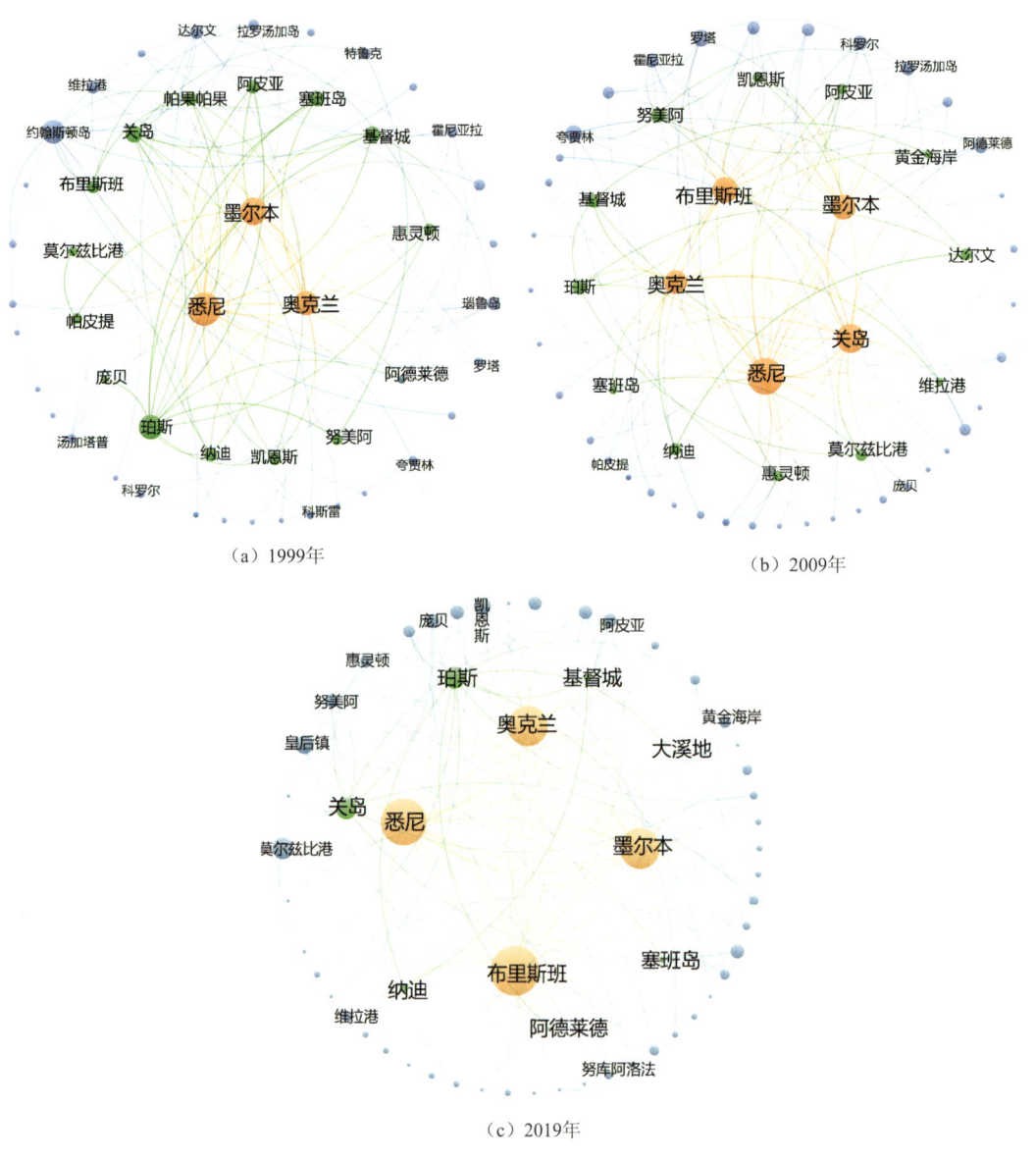

(b) 2009年

(c) 2019年

图 4-8　太平洋地区航空枢纽的等级层次结构（1999—2019 年）

资料来源：据 OAG 绘制。

第二节　世界航空枢纽的首位方向演化

世界航空网络是一个耦合对称的有向加权网络，具有流量和流向两大属性。

其航空节点之间的航线规模存在显著的等级层次性，导致不同机场航线间存在最大流量和最主要航向，进而产生航空流的首位联系方向。无论国家还是城市之间的航线组织均存在首位关联方向。20多年来，全球空中航线的首位方向高度集聚且相对稳定，呈现明显的区域化特征，主要以轴辐式和点对点式混合的空间组织模式为主。

一、国家尺度下世界航空网络的首位方向

（一）首位联系保持稳定，高度集中指向于少数航空大国

1. 国际航空网络的首位方向高度集聚，且保持基本稳定

航空网络中的首位节点数量统计表明，国际航空网络首位城市的数量基本稳定，流入型与流出型首位节点数量基本相当，总量几乎不变，说明国际航空主干网络结构比较稳定。首位联系前十位国家的首位流入度和流出度在研究期间变化不大，证明国家之间的航空首位集聚性具有较大的稳定性（表4-9）。

表4-9 航空首位联系度前十位的国家和地区（1999—2019年）

1999年				2009年				2019年			
国家	入度	国家	出度	国家	入度	国家	出度	国家	入度	国家	出度
美国	26	美国	26	美国	23	美国	24	美国	24	美国	26
德国	16	德国	16	德国	15	德国	15	德国	16	德国	16
俄罗斯	11	俄罗斯	11	阿联酋	12	阿联酋	12	英国	11	英国	11
科特迪瓦	9	澳大利亚	9	澳大利亚	9	澳大利亚	10	俄罗斯	10	俄罗斯	10
阿联酋	9	阿联酋	9	俄罗斯	9	英国	10	澳大利亚	9	澳大利亚	9
澳大利亚	8	南非	8	南非	9	俄罗斯	9	南非	9	南非	9
南非	8	科特迪瓦	7	英国	8	南非	9	印度	8	印度	8
法国	6	法国	7	塞内加尔	7	塞内加尔	7	阿联酋	8	阿联酋	8
印度	6	英国	7	法国	6	法国	6	中国	7	中国	7
英国	6	印度	6	印度	6	印度	6	土耳其	7	土耳其	7

资料来源：据OAG整理。

2. 国际航空网络是一个耦合对称的有向加权网络

从网络流向来看，研究期间首位流入国家和首位流出国家的数量接近或一致，证明全球航空网络是一个耦合对称的有向加权网络。1999年，航空网络的流入首位联系节点有42个，流出有41个；2009年，网络的流入和流出首位节点数量均是42个；2019年，则分别是42个和39个。比对流入和流出的首位节点分布，发现两个方向的首位国家（或地区）基本一致（表4-9），说明全球跨国航空网络的首位关联在向量特征上具有明显的对称性。

3. 美国的首位联系能力最强，成为世界航空网络的极核

统计表明，与美国存在最紧密联系的国家或地区最多，且研究期间，联系最为紧密的节点数量变化不大，比较稳定。德国、俄罗斯、阿联酋、南非、英国、印度和澳大利亚等国家的首位联系覆盖范围也较广，中国的国际首位联系水平正逐步攀升（表4-9）。这些国家与其他国家的航空运输强度较大，在某些区域占据一定的优势，成为众多次级航空枢纽首位联系中枢。研究期间中国在全球航空网络中的首位联系地位不断提高，从1999年的第十六位，仅与三个国家或地区存在最紧密的关联，迅速提升到2019年的第九位，与七个国家产生最多的航空运输联系，说明随着经济全球化和中国"走出去"，中国对外航空运输联系广度和深度日益加强，中国的国际航空地位不断攀升。

（二）首位联系区域化态势明显，以轴辐式组织为主

1. 国际航空网络的首位国家呈明显区域化特征

节点之间的首位航空联系以轴辐式和点对点式混合的空间组织模式为主，形成组团化的拓扑结构（图4-9）。国际航空网络通过轴辐式空间组织，首位拓扑关联以美国、德国两大航空大国为中枢，形成了两大重要的区域性组团。美国作为国际航班量流入和流出最多的国家，其首位关联度最高，首位影响力最大，辐射范围主要影响北美和拉丁美洲国家，如加拿大、墨西哥、巴拿马、秘鲁等国家，以及与其社会经济联系密切的主要国家，如日本、以色列等。德国是欧洲地区首位关联度最广最大的国家，与其航空联系最紧密的区域主要是东欧或南欧地区，如希腊、意大利、波兰、克罗地亚等，以及横跨亚欧的土耳其。英国、法国和西班牙等国家也拥有较为突出的首位关联度。俄罗斯和澳大利亚

（a）1999年

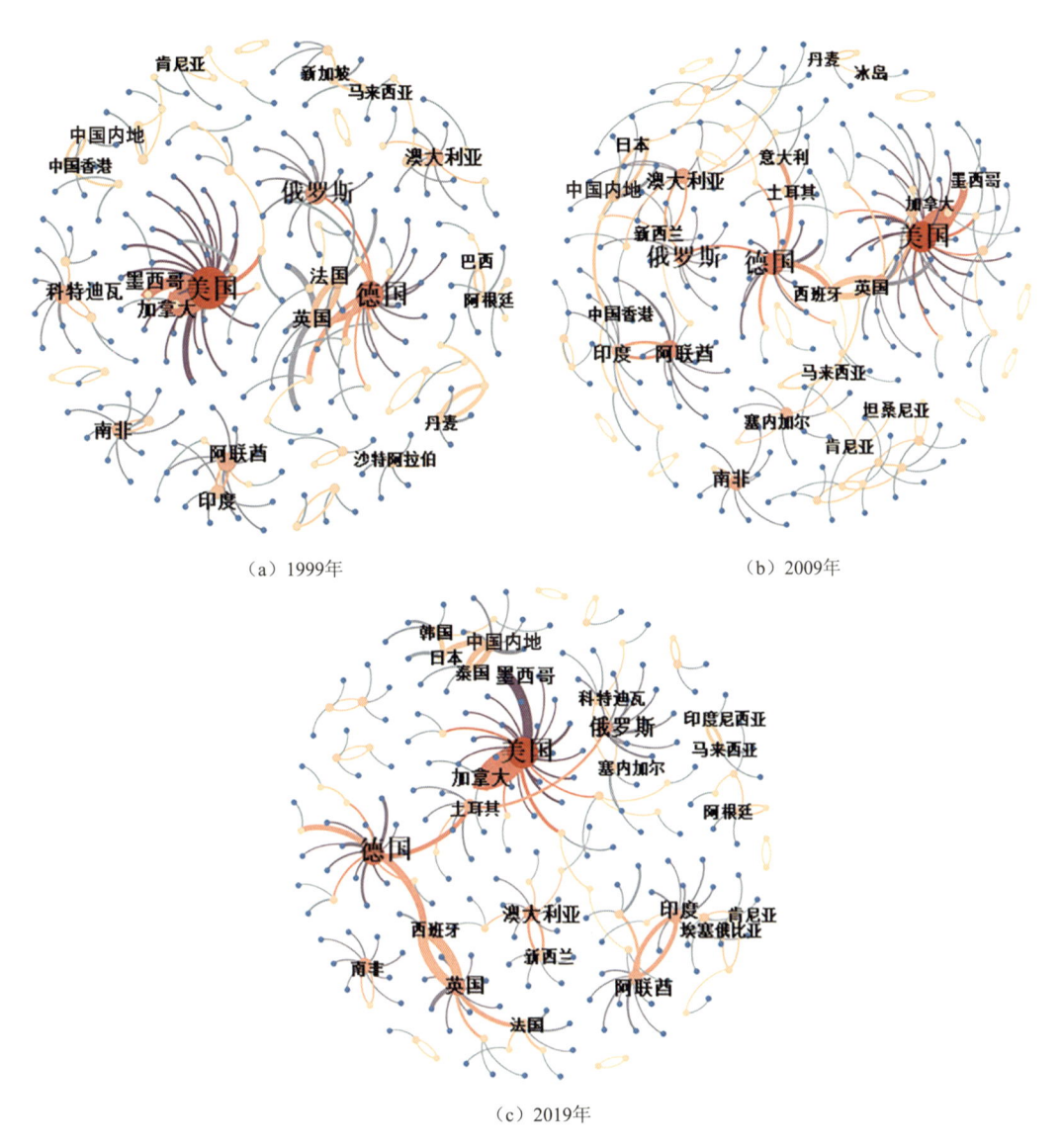

（b）2009年

（c）2019年

图 4-9　国家尺度航空枢纽首位联系的拓扑结构变化（1999—2019 年）

资料来源：牛彩澄（2020）。

的首位关联度也较高，受社会和地理邻近性作用，俄罗斯主要与中亚五国及周边的亚美尼亚、白俄罗斯、乌克兰等东欧国家联系紧密。作为大洋洲最大的国家，澳大利亚与太平洋上的岛国或地区产生了最紧密的航空运输联系，如斐济、新西兰、所罗门群岛等。此外，南非、阿联酋和印度等国家的首位关联地位也较为突出，主要受地理距离约束，与其附近的国家或地区联系最为紧密。点对点式空间组织指两个节点之间互为对方最大输出或流入对象，在拓扑结构中以航空对的形式出现分布范围较广。以阿联酋-印度、中国内地-中国香港、西班牙-英国、澳大利亚-新西兰、中国-日本等最典型。

2. 中国的首位航空联系区域不断外扩，高度集中于东亚和东南亚

1999 年，仅有中国香港和朝鲜、蒙古国两个国家的最大航空流指向中国；到 2019 年，中国首位航空流继续向周边区域扩展，与七个国家（或地区）产生了最紧密的关联。在 1999 年基础上，新增泰国、柬埔寨、日本等节点，得益于近 20 年中国与东亚和东南亚日益紧密的经贸联系和商务交流。随着共建"一带一路"和中国-东盟共同体建设推进，中国航空全球化和区域化进程不断提速，已发展成东亚-东南亚地区的区域性航空中枢。整体上，全球跨国航空首位关联主要集中于周边或区域内部，以点轴式及点对点混合式组织为主，呈现出区域组团化特征。

二、城市尺度下世界航空网络的首位方向

（一）城际航空网络首位联系相对稳定，发育出显著的耦合对称性

1. 城际航空网络的首位关联城市规模和结构稳定

统计网络中的首位城市数量，发现研究期间全球城际航空网络量基本稳定，从期初的 149 个流入型首位城市微增为期末的 158 个，说明网络中新增的节点对主干网络影响不大，全球航空主干网络集聚特征变化不显著。

2. 城际航空网络的首位关联涌现显著的耦合对称性

研究期间，首位流入型城市和首位流出型城市及其数量基本一致（Liu et al., 2023）。1999 年，流入型首位联系节点有 149 个，流出型有 150 个；2009 年，流入和流出型首位节点数量分别是 150 个和 148 个；2019 年，流入和流出型城市数量分别是 158 个和 159 个。进一步对比流入和流出的首位节点分布，发现两个方向的首位城市也具有较高的相似性，说明全球城际航空网络的首位关联在向量特征上具有一定的对称性（表 4-10）。

表 4-10 航空首位联系度前二十位城市（1999—2019 年）

1999						2009						2019			
国家	入度		国家	出度		国家	入度		国家	出度		国家	入度	国家	出度
伦敦	71		伦敦	70		伦敦	102		伦敦	103		伦敦	147	伦敦	148
多伦多	58		多伦多	52		多伦多	75		多伦多	67		多伦多	64	多伦多	56
巴黎	45		莫斯科	41		巴黎	57		巴黎	58		莫斯科	47	莫斯科	47
莫斯科	42		巴黎	41		莫斯科	48		莫斯科	47		首尔	44	首尔	44
哥本哈根	33		哥本哈根	33		首尔	41		首尔	41		安塔利亚	39	安塔利亚	39
中国香港	30		迈阿密	31		中国香港	41		中国香港	38		曼谷	39	曼谷	39
法兰克福	29		中国香港	30		迪拜	38		迪拜	37		迪拜	37	迪拜	37
迈阿密	29		法兰克福	29		新加坡	29		吉达	29		伊斯坦布尔	31	伊斯坦布尔	28
新加坡	28		新加坡	27		休斯顿	25		新加坡	24		阿姆斯特丹	28	阿姆斯特丹	27
迪拜	21		阿姆斯特丹	23		约翰内斯堡	23		阿姆斯特丹	24		巴黎	28	巴黎	26
杜塞尔多夫	21		迪拜	22		法兰克福	18		约翰内斯堡	20		辛菲罗波尔	27	辛菲罗波尔	26
首尔	21		首尔	21		阿姆斯特丹	17		法兰克福	17		新加坡	26	新加坡	26
阿姆斯特丹	20		阿姆斯特丹	20		劳德代尔堡	17		阿姆斯特丹	17		中国香港	25	中国香港	25
温哥华	18		温哥华	17		吉隆坡	17		劳德代尔堡	17		吉达	25	吉达	25
洛杉矶	17		约翰内斯堡	16		慕尼黑	16		吉隆坡	16		约翰内斯堡	24	约翰内斯堡	24
约翰内斯堡	16		温哥华	16		哥本哈根	16		慕尼黑	16		吉隆坡	20	吉隆坡	20
慕尼黑	16		慕尼黑	14		蒙特利尔	15		哥本哈根	15		圣胡安	19	圣胡安	19
布宜诺斯艾利斯	14		布宜诺斯艾利斯	12		纽约	14		蒙特利尔	15		中国台北	15	中国台北	19
蒙特利尔	11		吉达	11		维也纳	13		开罗	14		麦地那	15	麦地那	18
纽约	11		维也纳	11		布宜诺斯艾利斯	13		布宜诺斯艾利斯	12		布宜诺斯艾利斯	15	布宜诺斯艾利斯	15

资料来源：据 OAG 整理。

3. 城际航空网络首位联系具有高度的空间集聚性

首位联系高度集中于西欧和北美，伦敦和多伦多成为全球城际航空网络枢纽。伦敦的首位关联最多，其次是多伦多、巴黎、莫斯科等。国家尺度上，美国的首位联系能力最强，但美国首位航空枢纽城市分布相对分散，不同于英国、加拿大和俄罗斯等国家的高集聚性，而是形成多中心结构，如迈阿密、休斯敦、洛杉矶和纽约等。城市尺度上，伦敦的首位联系束最多，且远高于第二名的多伦多，进而巩固其顶级全球城市地位。2019年，伦敦的首位关联数量是多伦多的两倍以上，表明伦敦在全球城市国际航空联系中拥有十分重要的地位。其次是多伦多，主要归因于加拿大和美国之间高度的航空运输一体化和网络化；作为加拿大最大的城市——多伦多与美国众多城市都建立了紧密的航空运输联系。巴黎的首位关联在研究期间存在一定的下滑，与伦敦的市场竞争相关，从前期的第3名下滑至14位。莫斯科作为东欧地区重要的航空门户城市，与中亚、东欧地区城市形成密集的首位航空联系，主要得益于其区位优势和双边文化邻近性。首尔在东亚地区首位方向较多。中东地区的安塔利亚、迪拜、伊斯坦布尔等城市首位联系数量也较高。曼谷是东南亚地区的核心城市首位航线"集线器"。此外，随着时间的推移，首位联系量前二十位的城市中，亚洲、中东地区城市数量明显增长，与全球航空市场东移态势趋同。1999年，网络中的亚洲首位城市仅有中国香港、新加坡和首尔，中东地区仅包括迪拜。到2019年，首位联系前二十位的城市中亚洲占据30%，分别是首尔、曼谷、新加坡、中国香港、中国台北、吉隆坡；中东拥有1/4，分别是安塔利亚、迪拜、伊斯坦布尔、吉达和麦地那。欧洲首位城市数量不断下滑，而中东、亚洲地区城市的国际航空地位逐渐提升。此外，北京、上海等中国内地一线城市的首位联系强度相对于中国香港、首尔和曼谷等城市较弱（Matsumoto and Domae，2019），国际航空运输能级亟待提升。

（二）首位联系呈轴辐式空间组织，伦敦成为全球航空网络中枢

国际航空网络的城市首位联系地也呈现显著的区域集团化特征，节点之间的航空运输联系以轴辐式空间组织模式为主（图4-10）。

1999年，伦敦扮演欧洲地区的主要和顶级枢纽，巴黎、法兰克福、阿姆斯

第四章　世界航空枢纽地理　201

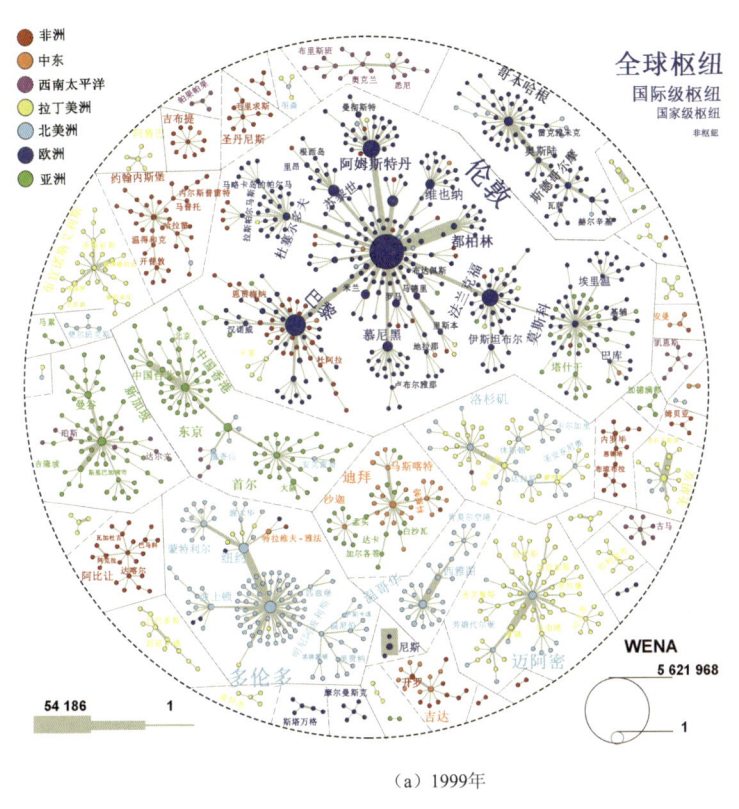

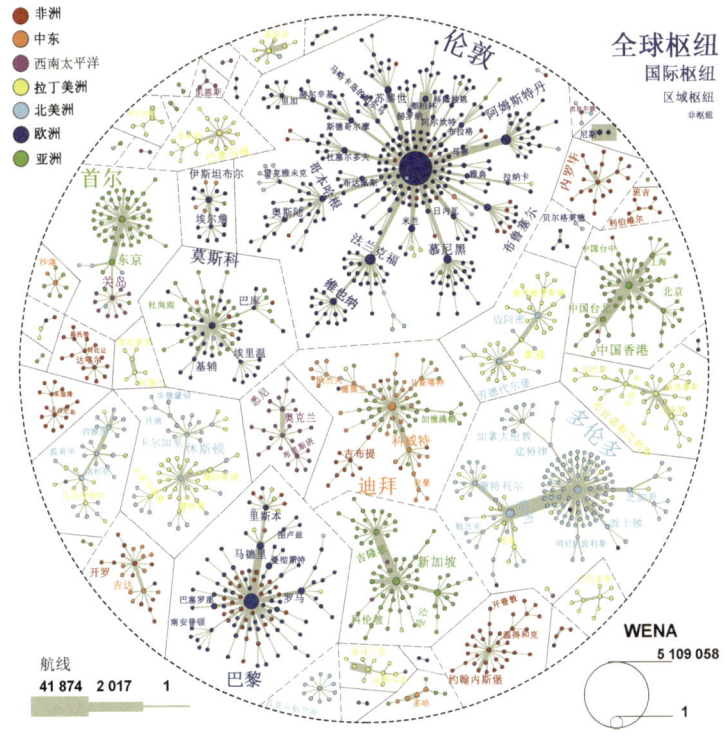

(a) 1999年

(b) 2009年

(c) 2019年

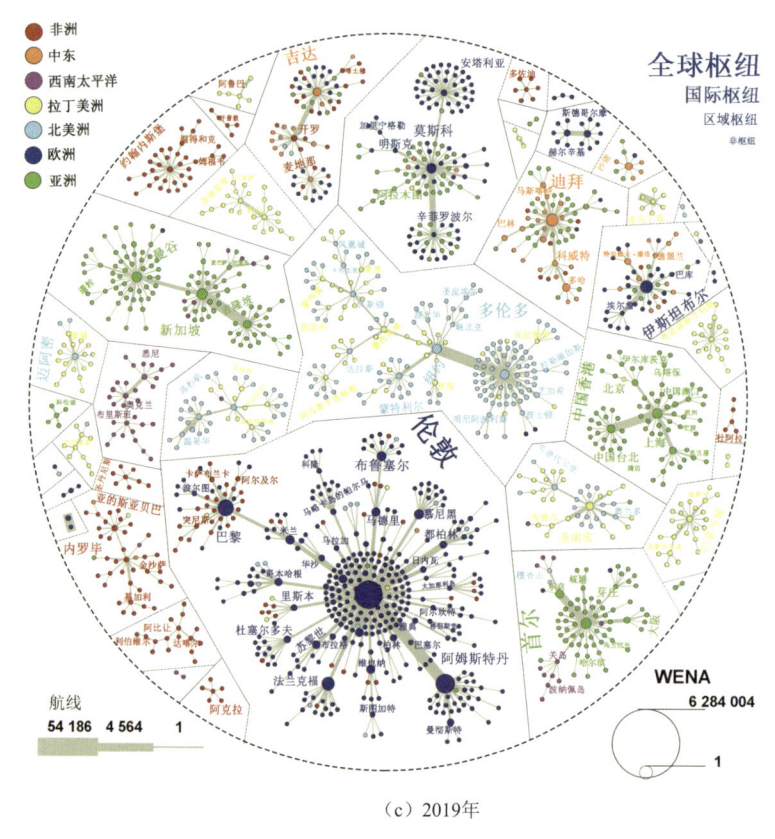

图 4-10　城市尺度世界航空网络首位联系的拓扑结构变化（1999—2019 年）

资料来源：据 OAG 绘制。

特丹、杜塞尔多夫、苏黎世、慕尼黑和都柏林则是连接其他欧洲和周边城市的重要转运站，共同形成了一个具有等级层次结构的多枢纽轴辐系统。其中，巴黎和莫斯科与其他枢纽不同，它们主要分别连接北非和中亚城市，而不是欧洲城市，受文化邻近决定性影响，形成密切的"宗藩"社会联系。同时，哥本哈根和斯德哥尔摩形成一个独立的小型轴辐系统，主要连接瑞典、挪威和芬兰的城市，主要取决于地理和文化邻近性作用机制。

在北美地区，多伦多是其主要的航空枢纽，受区域一体化和多维邻近性共同作用，其腹地都来自美国，主要通过纽约为门户进行中转，主要流向美国东北和西南部。加拿大另一个航空枢纽——温哥华也呈现出相同的连接模式，其最强的航空连接来自西雅图，通过西雅图枢纽中转，辐射美国西海岸城市，与多伦多形成良好地域分工。洛杉矶和迈阿密是美国最重要的航空枢纽，主要分别连接中美洲和南美洲的中心城市。

在拉丁美洲，发育两个以布宜诺斯艾利斯和圣胡安为独立枢纽的轴辐系统，其区别在于，布宜诺斯艾利斯主要连接大陆内部腹地中心城市，而圣胡安有超过一半的连接指向北美洲，但由于迈阿密和洛杉矶的竞争影响，导致圣胡安枢纽首位联系腹地范围显著小于布宜诺斯艾利斯。

在亚洲地区，形成了一个以新加坡-吉隆坡-曼谷和中国香港-东京-首尔为枢纽的轴辐系统。它们分别主导着东南亚和东亚地区的国际航空联系。非洲以约翰内斯堡和阿比让为枢纽，集中了该地区最大的客流量。

2009年，伦敦仍然是最大的主导节点，但巴黎和莫斯科成为了独立的枢纽。与1999年相似，多伦多和纽约仍然是北美的主要枢纽，但重大变化是洛杉矶和迈阿密的主导地位下降，形成了以洛杉矶-西雅图-温哥华和迈阿密-劳德代尔堡为枢纽的两个新的轴辐系统。此外，坎昆已经崛起，在中美洲具有重要影响力。另一个变化是东亚-东南亚地区分解为三个独立的轴辐系统，分别是以中国香港为核心，北京、上海、中国台北为次级枢纽的中国航空枢纽体系，由新加坡-吉隆坡组成的东南亚航空枢纽体系和以首尔-东京为枢纽的日韩区域航空体系。

2019年，欧洲航空枢纽更加分散，形成了以伦敦、伊斯坦布尔和莫斯科为主要枢纽的三大航空轴辐区域。在北美地区，多伦多进一步强化其主导地位，并与纽约、休斯敦和墨西哥城形成了一个多核心轴辐系统。在亚洲地区，与2009年相同，但以曼谷-新加坡-吉隆坡为枢纽的东南亚组团在全球航空网络枢纽中地位提升明显。同时，作为全球枢纽的北京、上海和中国台北的地位与中国香港基本持平衡。在非洲地区，新的独立枢纽（内罗毕、开罗）已经出现，它们与跨区域枢纽之间建立强烈的航空运输联系。开罗倾向于扮演麦地那和吉达之间的桥梁，而一些城市如突尼斯和卡萨布兰卡与巴黎之间形成密切的连接，受历史社会邻近性作用显著。在太平洋地区，由双核心主导（悉尼和奥克兰）向三核心（悉尼、奥克兰和布里斯班）主导转变，但仅服务于少数沿海大城市。

总体来看，全球城际航空网络首位关联以伦敦、巴黎、多伦多、莫斯科、中国香港、迪拜、首尔等全球城市作为重要的首位枢纽，形成了多个主要的轴辐系统组团。其中，伦敦的首位联系广度最高，是全球城际航空网络最重要的枢纽城市；其次是多伦多，但其首位关联90％以上来源于美国，在区域集团化和地理邻近性共同作用下，主要与美国大部分城市存在首位联系；莫斯科、巴黎、中国香港、首尔和迪拜等城市在所在区域也集聚了大量的首位航空流。此外，除核心城市与边缘城市的轴辐式首位关联之外，还存在大量的点对点式关联。这种关联主要存在于相对近距离的城市对之间，两个节点之间互为对方最大输出或流入对象。从城市首位航空覆盖度来看，中国内地城市的首位影响力还需要进一步提高，北京和上海相对首尔、曼谷、中国香港、中国台北等东亚城市来说首位航空流广度较小。虽然近些年北京和上海的国际航空地位不断攀升，但其首位枢纽地位相对其他东亚或东南亚部分首都城市依然处于从属地位。这些枢纽在其所属的区域性子网中占据主导地位，基于范围效应和地理邻近效应，成为所在航空大区的首位航向"集线器"，即主要附属机场更倾向于与所属区域的枢纽机场建立中转航线。

参 考 文 献

[1] 牛彩澄：" '全球-地方'视角下中国航空网络的空间演化与影响因素"（硕士论文），华东师范大学，2020年。

[2] 唐小卫、李杰、张敏：《航空运输地理》，科学出版社，2012年。

[3] 杨文龙、游小珺、杜德斌："商品贸易网络视角下地缘经济系统的属性与功能演进"，《地理研究》2021年第40期。

[4] Allroggen, F., M. D. Wittman, R. Malina. 2015. How Air Transport Connects the World- A New Metric of Air Connectivity and its Evolution between 1990 and 2012. *Transportation Research Part E: Logistics and Transportation Review*, Vol. 80.

[5] Cheung, T. K., Wong, C. W., Zhang, A. 2020. The Evolution of Aviation Network: Global Airport Connectivity Index 2006-2016. *Transportation Research Part E: Logistics and Transportation Review*, Vol. 133.

[6] Dai, L., Derudder, B., X. Liu. 2018. The Evolving Structure of the Southeast Asian Air transport Network through the Lens of Complex Networks, 1979-2012. *Journal of Transport Geography*, Vol. 68.

[7] Derudder, B., and P. J. Taylor. 2018. Central Flow Theory: Comparative Connectivities in the World-city Network. *Regional Studies*, Vol. 52, No. 8.

[8] Derudder, B., L. Devriendt, F. Witlox. 2007. Flying Where You Don't Want to Go: An Empirical Analysis of Hubs in the Global Airline Network. *Tijdschrift voor Economische en Sociale Geografie*, Vol. 98, No. 3.

[9] Liu, C. L., B. Wang, H. Zhang. 2023. Mapping the Spatial Organisation of Air Transport Network by WENA-MLST Analysis. *Transportmetrica A: Transport Science*, online. Retrieved from

https：//doi.org/10.1080/23249935.2023.2261044.
［10］Logothetis，M.，C. Miyoshi. 2018. Network Performance and Competitive Impact of the Single Hub-A Case Study on Turkish Airlines and Emirates. *Journal of Air Transport Management*，Vol. 69，No. 215.
［11］Lordan，O. and J. M. Sallan. 2017. Analyzing the Multilevel Structure of the European Airport Network. *Chinese Journal of Aeronautics*，Vol. 30，No. 2.
［12］Lordan，O. and J. M. Sallan. 2019. Core and Critical Cities of Global Region Airport Networks. *Physica A：Statistical Mechanics and its Applications*，Vol. 513.
［13］Matsumoto，H.，K. Domae. 2019. Assessment of Competitive Hub Status of Cities in Europe and Asia from an International Air Traffic Perspective. *Journal of Air Transport Management*，Vol. 78.
［14］O'Connell，J. F.，O. E. Bueno. 2018. A Study into the Hub Performance Emirates，Etihad Airways and Qatar Airways and Their Competitive Position Against the Major European Hubbing Airlines. *Journal of Air Transport Management*，Vol. 69.
［15］Sheridan，P.，T. Onodera. 2018. A Preferential Attachment Paradox：How Preferential Attachment Combines with Growth to Produce Networks with Log-normal In-degree Distributions. *Scientific Reports*，Vol. 8，No. 1.
［16］Wong，W. H.，Cheung，T.，Zhang，A.，*et al*. 2019. Is Spatial Dispersal the Dominant Trend in Air Transport Development? A Global Analysis for 2006-2015. *Journal of Air Transport Management*，Vol. 74.
［17］Zhang，X.，C. Liu，Y. Peng，*et al*. 2023. Connectivity-based Spatial Patterns and Factors Influencing International Container Multimodal Hubs in China under the Belt and Road Initiative. *Transport Policy*，Vol. 143.

第五章　世界航空枢纽腹地地理

基于轴辐式组织，全球航空枢纽及其腹地节点之间相互耦合、协同进化，形成日趋复杂的枢纽-网络腹地体系，不断涌现区域品质性规律。随着航空枢纽影响力不断变迁，地理边界约束日益弱化，枢纽网络腹地相互交叉和重叠。不同地区和级别的航空枢纽-腹地生长模式存在显著差异性，遵循地理邻近性和文化邻近性机制。地理距离仍然是影响航空枢纽-腹地连通的关键因素，4000千米以内的中短程航线仍占据主导。

第一节　区域尺度航空枢纽联系方向的空间演化

全球航空枢纽在各个主要航空市场区域（东非、北非、南非、中/西非；中亚、东亚、南亚、东南亚；中东；中/东欧、西欧；加勒比地区、中美洲；北美；下南美洲；上南美洲；西南太平洋地区）的主要腹地存在显著的空间异质性，受地理邻近性影响深刻。在雷达图中，峰值对应着较大的全球级枢纽连通性（WR）正值，接近中心点的谷值则对应着较大的负值（图5-1至图5-6）。

一、欧洲：航空枢纽与西欧联系紧密，与亚洲联系较弱

欧洲国家众多、高度一体化，国际航空运输发达，发育涌现较多全球级航空枢纽。欧洲航空枢纽最强运输联系区域高度集中于区域内部，尤其是西欧，呈现明显的地理邻近性特征，最弱联系表现出一定的空间差异性。2019

年，伦敦、阿姆斯特丹、巴黎、法兰克福、伊斯坦布尔、慕尼黑、布鲁塞尔、米兰、马德里、巴塞罗那、苏黎世、罗马、哥本哈根、都柏林、杜塞尔多夫、曼彻斯特、斯德哥尔摩、柏林、里斯本、赫尔辛基、日内瓦、奥斯陆、帕尔马等 28 个航空枢纽城市均与西欧产生最强航空运输联系；而莫斯科、维也纳、华沙、布拉格和安塔利亚则与东/中欧地区存在最强的联系，遵循显著的地理邻近性。在最弱联系方面，阿姆斯特丹、布鲁塞尔、法兰克福、赫尔辛基、伊斯坦布尔、伦敦、马德里、米兰、慕尼黑、巴黎、罗马、维也纳和苏黎世等西欧航空枢纽与东亚航空联系最弱，主要源于俄罗斯空域问题所限；安塔利亚、柏林、都柏林和日内瓦与中东的航空连通度较弱；巴塞罗那、哥本哈根、曼彻斯特、奥斯陆和布拉格与北美轴辐式航空流最弱；杜塞尔多夫、斯德哥尔摩与东南亚联系最弱；里斯本和帕尔马与东/中欧联系最弱；莫斯科和华沙与西欧联系最弱（表 5-1 和图 5-1），主要原因是受到航空管制和航空联盟壁垒约束。

英国伦敦和法国巴黎是欧洲一级航空枢纽中与 17 个航空区域均产生航空运输联系的城市，且与具较强联系的航空城市主要分布在西欧。法国巴黎与北非、中非、加勒比地区、西南太平洋地区和东非城市航空联系也相对较强，受殖民社会联系影响深远，形成密集的宗藩式航空运输联系，与东亚联系最弱，WR 值为 -8.05，主要与东亚少数政治中心和沿海大城市建立联系。英国伦敦只与中/东欧航空联系相对较强，WR 值为 1.37，与其余 15 个航空大区城市的联系都比较弱，WR 值均为负值，尤其是东亚，其值为 -8.32。

德国发育法兰克福、慕尼黑、杜塞尔多夫三个全球级航空枢纽。这些航空中心既是德国的经济中心和金融中心，也是航空公司或众多跨国公司总部所在地。作为全球城市，三大航空枢纽与西欧、东/中欧、中非和中亚等周边主要国家政治和经济中心建立高连通度的航空运输联系。这种不均衡格局既是地理和文化邻近性作用的结果，也与德国"东方政策"的外交方略密切相关。

表 5-1 欧洲航空枢纽-腹地连通性（2019 年）

区域	中/西非	东非	北非	南非	中亚	东亚	南亚	东南亚	东/中欧	西欧	加勒比地区	中美洲	下南美洲	上南美洲	中东	北美	西南太平洋
伦敦	-0.04	-0.76	-0.79	-0.10	-0.16	-8.32	-1.26	-6.72	1.37	27.38	-0.87	-1.36	-0.82	-0.67	-4.52	-1.63	-0.71
巴黎	0.82	0.05	6.39	-0.42	-0.14	-8.05	-0.58	-4.07	-1.69	18.99	0.23	-1.57	-0.54	-0.51	-4.67	-4.38	0.13
曼彻斯特	0.22	-0.41	0.44	—	—	-3.28	-0.86	-3.07	-1.25	19.83	-0.41	-0.37	-0.01	—	-4.75	-6.09	—
法兰克福	0.27	-0.49	-0.04	-0.02	0.18	-7.80	-0.43	-5.36	5.55	20.41	-1.61	-1.70	-0.56	-0.65	-4.29	-3.47	—
慕尼黑	-0.19	-0.11	-0.99	-0.42	—	-7.79	-0.61	-3.96	4.98	24.59	-0.78	-1.18	-0.45	-0.33	-6.33	-6.42	—
杜塞尔多夫	0.08	-0.21	0.81	—	—	-2.85	—	-5.77	-3.41	20.66	-0.65	-0.65	—	—	-4.68	-3.33	—
都柏林	—	-0.44	-0.19	—	—	-3.74	—	—	-3.77	17.57	—	-0.71	—	—	-4.71	-4.01	—
马德里	0.10	-0.54	0.48	-0.52	—	-8.55	-0.51	-6.69	-5.14	25.08	-0.36	-1.24	0.90	1.45	-5.31	-5.83	—
巴塞罗那	-0.13	—	0.65	—	—	-6.69	-0.23	-2.34	-2.95	25.63	-0.75	-0.76	-0.93	-0.66	-4.43	-7.16	—
帕尔马	—	—	-0.35	—	—	—	—	—	-11.14	11.48	—	—	—	—	—	—	—
罗马	-0.11	-0.73	0.61	-0.42	-0.12	-8.99	-0.29	-4.16	2.14	22.11	-0.31	-1.91	-0.09	-0.05	-3.42	-4.27	—
米兰	-0.04	-0.20	0.04	—	-0.15	-7.69	-1.16	-4.61	0.65	25.16	-0.75	-0.56	-0.27	—	-6.04	-4.38	—
苏黎世	—	-0.21	-0.97	-0.27	—	-7.02	-0.83	-4.73	2.74	21.43	-0.31	-0.66	-0.61	—	-3.68	-4.89	—
日内瓦	—	-1.04	-0.46	—	—	-0.91	—	—	-4.39	17.05	—	—	—	—	-6.49	-3.76	—
伊斯坦布尔	0.30	-0.42	1.17	-0.37	1.48	-8.59	-0.86	-7.17	2.86	16.44	-0.17	-1.84	-0.61	-0.37	4.54	-6.39	—
安塔利亚	—	-0.31	-1.31	-0.95	-0.15	2.17	-0.96	—	7.39	1.09	—	—	—	—	-6.97	—	—
阿姆斯特丹	0.03	-0.17	-0.72	-0.29	0.08	-8.07	-0.90	-5.73	-0.24	26.87	-0.18	-1.61	-0.64	-0.22	-4.59	-3.61	—

续表

区域	中/西非	东非	北非	南非	中亚	东亚	南亚	东南亚	东/中欧	西欧	加勒比地区	中美洲	下南美洲	上南美洲	中东	北美	西南太平洋
布鲁塞尔	1.89	-0.60	2.80	0.03	-0.25	-5.89	-0.44	-2.32	2.94	12.55	-0.66	-0.49	—	—	-4.39	2.28	—
柏林	—	—	-1.96	—	—	-0.96	—	-2.92	-1.09	17.35	—	—	—	—	-6.00	-4.43	—
哥本哈根	-0.07	-0.13	-1.26	—	—	-5.40	-0.61	-4.70	1.29	23.20	-0.27	-0.63	—	—	-4.89	-6.55	—
赫尔辛基	-0.05	-0.14	-0.39	—	-0.10	-8.14	-0.36	-5.14	7.64	15.88	-0.53	-0.81	—	—	-3.48	-4.38	—
里斯本	2.15	—	0.34	1.06	—	-4.21	—	—	-5.95	14.29	-0.26	-0.74	3.30	0.00	-4.53	-5.44	—
奥斯陆	-0.06	-0.60	-0.52	—	—	-1.10	-0.23	-3.39	-2.43	19.49	—	-0.80	—	—	-5.07	-5.28	—
斯德哥尔摩	-0.05	-0.52	-0.89	—	—	-2.24	-0.99	-5.85	-0.34	21.90	-0.69	-0.68	—	—	-4.74	-4.90	—
莫斯科	—	-0.52	-1.22	—	3.71	1.47	-1.14	-5.69	45.05	-30.74	-0.79	-0.56	—	0.00	-6.04	-3.52	—
维也纳	—	-0.40	-1.24	-0.07	—	-7.23	-0.57	-1.83	11.81	9.68	—	—	—	—	-4.68	-5.48	—
华沙	-0.08	-0.07	-0.19	—	0.08	-4.87	-1.02	-2.68	33.50	-16.60	-0.33	—	—	—	-2.82	-4.93	—
布拉格	—	—	0.10	—	-0.03	-4.20	—	-0.51	10.28	0.70	—	—	—	—	-1.90	-4.44	—

注：—表示无联系（下同）。
资料来源：据 OAG 整理。

210 世界航空地理

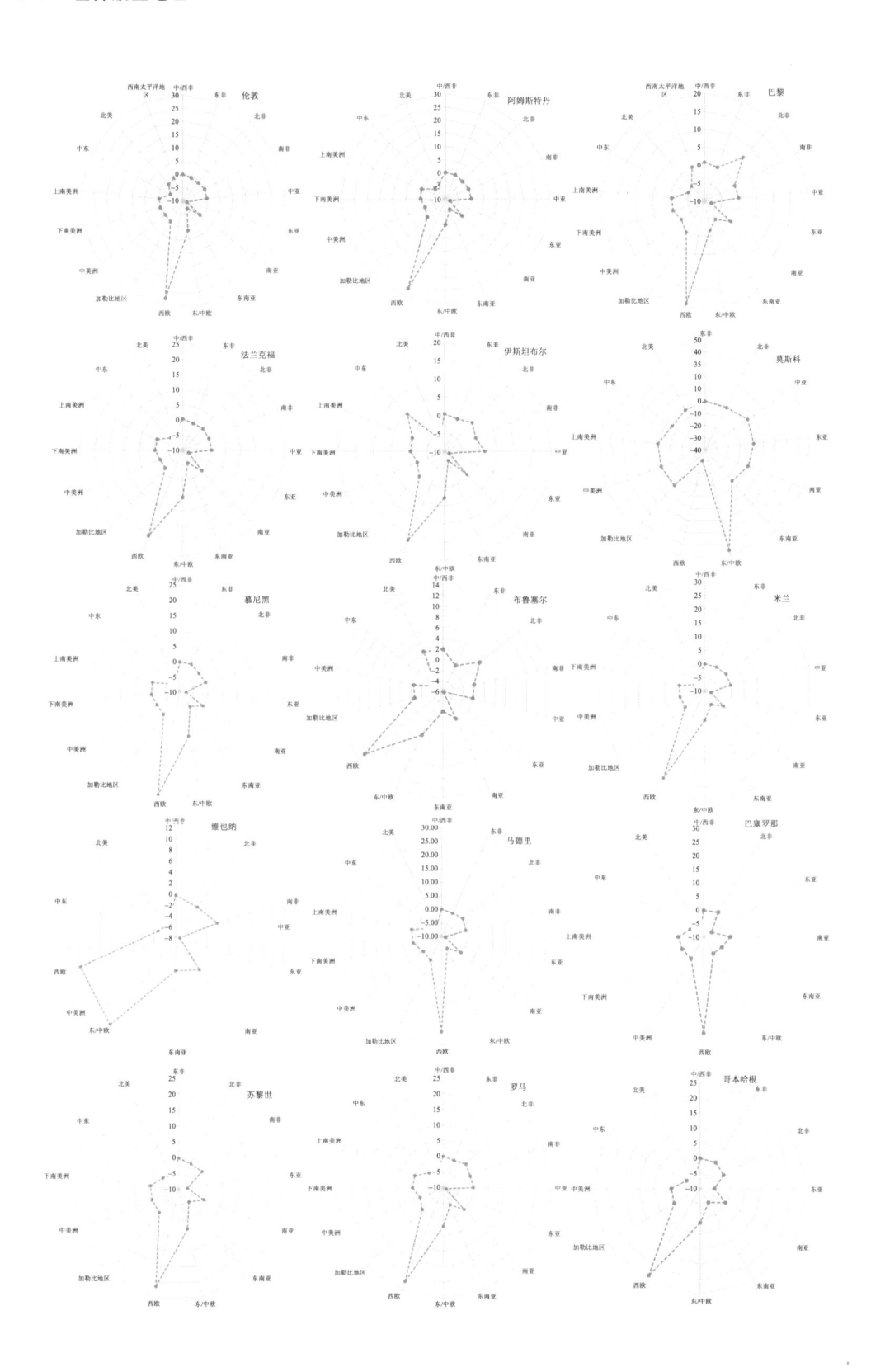

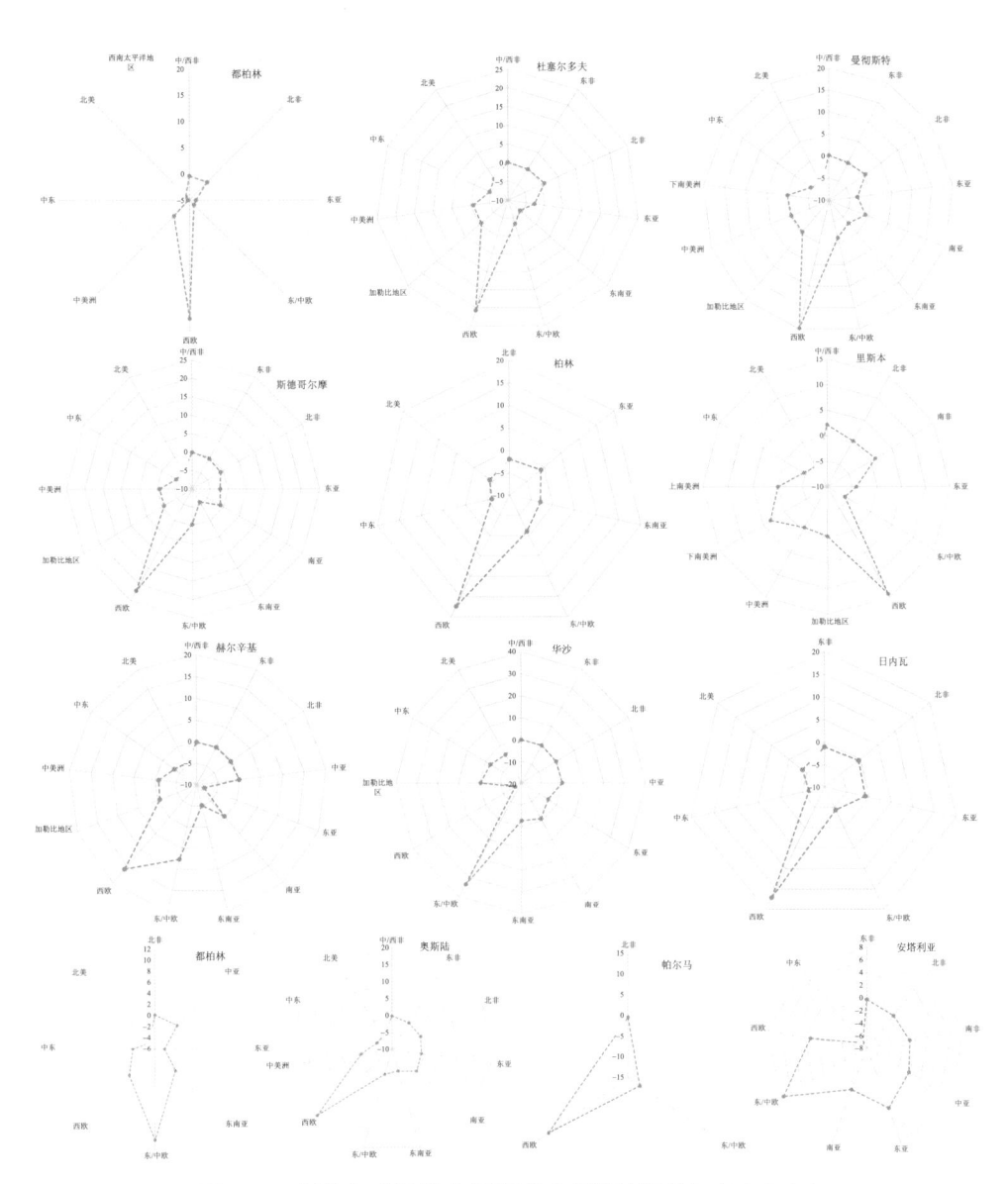

图 5-1　欧洲全球级航空枢纽的主要辐射区域（2019 年）

资料来源：据 OAG 绘制。

西班牙（马德里、巴塞罗那和帕尔马）、意大利（米兰、罗马）等南欧国家主要航空枢纽不仅与西欧形成高连通性航空流，而且主要辐射北非等地区中心城市。俄罗斯（莫斯科）、波兰（华沙）、捷克（布拉格）、奥地利（维也纳）等中/东欧国家同样主要与东欧和中亚地区形成紧密的航空运输联系。进一步表明，航空枢纽及其腹地的强航空关联受地理和文化邻近性双重作用较为显著。

二、亚洲：航空枢纽与东亚和东南亚联系最紧密，与西欧联系偏弱

亚洲九个一级航空枢纽的最弱联系区域均指向西欧。受地理邻近性机制作用，首尔、中国香港、东京、中国台北、北京和大阪都与东亚地区主要城市建立最强航空联系，新加坡、曼谷和吉隆坡则与东南亚地区有最强的联系，而上海对外航空联系最强的区域是南亚地区，成为中国-南亚航空联系的门户枢纽（表 5-2 和图 5-2）。

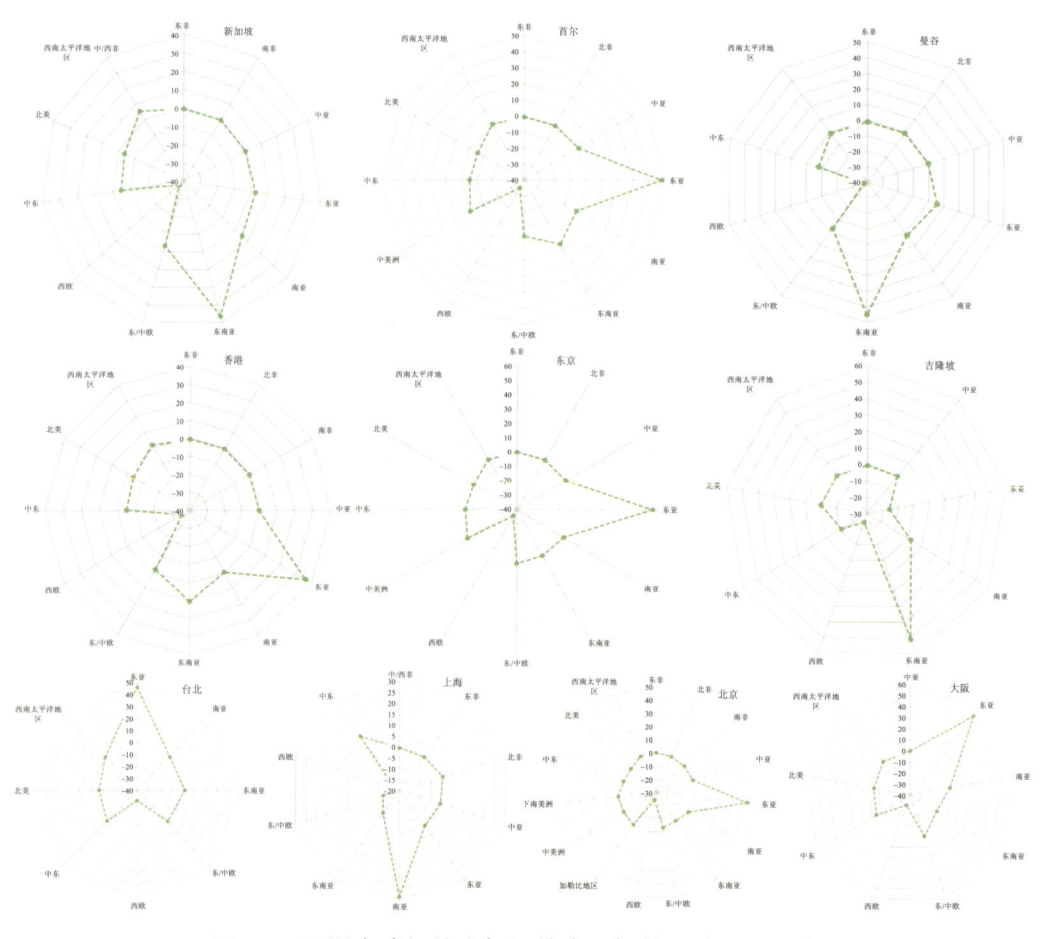

图 5-2 亚洲全球级航空枢纽的主要辐射区域（2019 年）

资料来源：据 OAG 绘制。

表 5-2 亚洲航空枢纽-腹地连通性（2019 年）

	中/西非	东非	北非	南非	中亚	东亚	南亚	东南亚	东/中欧	西欧	加勒比地区	中美洲	下南美洲	上南美洲	中东	北美	西南太平洋
新加坡	—	−0.61	—	−0.44	−0.17	2.52	5.32	36.62	−3.37	−36.83	—	—	—	—	−4.71	−3.64	5.30
首尔	—	−0.53	−0.85	—	0.03	48.37	−1.54	6.19	−5.06	−34.40	—	−0.86	—	—	−5.62	−6.05	0.32
曼谷	—	−1.13	−0.85	—	−0.36	5.50	1.90	44.91	−3.23	−37.67	—	—	—	—	−7.97	—	−1.10
中国香港	—	−0.52	−0.78	−0.47	−0.08	36.28	−0.47	10.64	−2.15	−35.08	—	—	—	—	−5.13	−3.96	1.73
东京	—	−0.50	−0.77	—	−0.32	55.93	−1.89	−3.52	−3.00	−35.04	—	−0.67	—	—	−4.34	−5.48	−0.40
吉隆坡	—	−0.95	—	—	−0.45	−15.78	1.84	51.18	—	−24.49	—	—	—	—	−11.16	−0.16	−0.03
中国台北	—	—	—	—	—	46.33	−0.86	0.88	−3.13	−31.38	—	—	—	—	−3.53	−7.20	−1.11
上海	—	−0.35	—	—	—	37.86	−0.80	−2.75	−2.26	−22.25	—	−0.54	—	—	−3.93	−4.60	−0.38
北京	—	−0.23	−0.57	−0.32	0.03	41.71	−0.88	−3.82	−2.94	−24.39	−0.15	−0.95	−0.28	—	−3.21	−3.54	−0.46
大阪	—	—	—	—	−0.26	53.69	−1.88	−10.89	−0.21	−30.28	—	—	—	—	−3.72	−5.66	−0.79

资料来源：据 OAG 整理。

新加坡和首尔分别与 11 个和 12 个航空大区产生航空联系，分别是东南亚地区和东亚地区重要的枢纽门户。而西欧、北美、中/东欧和中东地区则是新加坡和首尔联系最弱的四个地区。曼谷、吉隆坡等东南亚航空枢纽的强连通性地区集中于东南亚、东亚和南亚，主要得益于国际旅游业发展，而与西欧、中亚、北非、太平洋、东非、东/中欧和中东地区的城市联系较弱，主要受限于这些腹地区域较低的人口规模和经济发展水平。

中国、日本和韩国等东亚国家国际航空枢纽的核心腹地主要集中于区域内部，与东亚区域形成最强的航空连通性，主要得益于高度一体化的东亚经济体系。受区域一体化影响，东亚全球性航空枢纽的较强外部辐射区域主要集中于东南亚。此外，中国不同航空枢纽间形成有序的辐射地域分工。北京的高连通度市场主要分布于东亚、西欧和中亚地区；上海的主要腹地指向东亚，而中国香港则成为东亚、东南亚、西南太平洋地区的中转枢纽。

三、中东地区：航空枢纽腹地集聚于区内，与西欧联系较弱

中东的迪拜、吉达、利雅得和多哈等全球性中转枢纽都与中东地区的中心城市形成较强的航空联系，而特拉维夫和沙迦则分别与东/中欧和南亚地区的航空联系较强。六个航空枢纽城市都与西欧地区形成较低连通性（表 5-3 和图 5-3）。

由于地处欧亚航线的居中区位，中东主要一级航空枢纽对外航空运输联系较广泛分散，与相邻的南亚、中亚、北非、东非和东/中欧地区形成高连通性航空流。六大航空枢纽主要腹地高度重叠，中东地区成为其竞争的焦点区域；其中阿联酋和卡塔尔市场位居核心，集中了中东地区约一半的航空客运量和超过 85% 的航空货运量。

四、北美洲：航空枢纽强联系集中于区内，弱联系分布于西欧

北美涌现纽约、多伦多、迈阿密和蒙特利尔等全球级航空枢纽，其最弱联系均集中在西欧，强联系主要分布在加勒比和北美地区（表 5-4 和图 5-4）。

北美国家幅员辽阔，经济发达，集中了全球约一半的航空机队规模（唐小

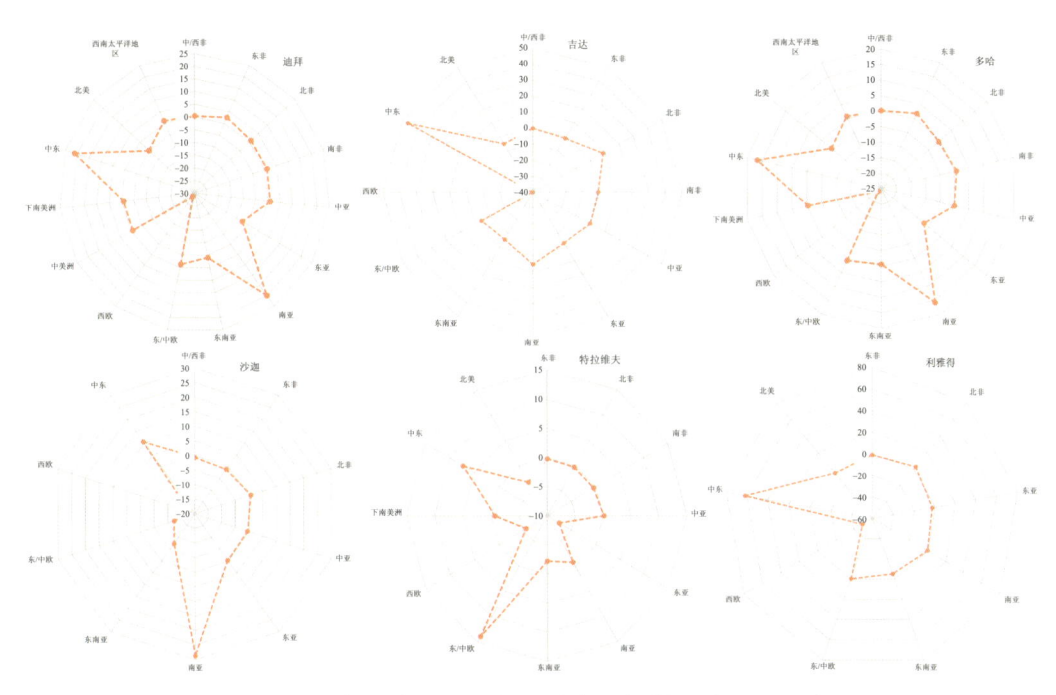

图 5-3　中东全球级航空枢纽的主要辐射区域（2019 年）

资料来源：据 OAG 绘制。

卫等，2012）。国际航空运输辐射范围遍布全球，主要以纽约、迈尔密、多伦多和蒙特利尔为全球级航空枢纽。其中，纽约成为美国与加拿大、墨西哥航空输运的中转中心，遵循距离衰减。纽约与加勒比和中美地区、南美洲的连通性依次减弱，与纽约形成明显地域分工。迈尔密成为加勒比地区、中美洲和南美洲的航空流集散中枢。加拿大多伦多和蒙特利尔对外航空联系范围较窄，其核心腹地收缩于北美和加勒比地区。

五、非洲：航空枢纽强联系集中在中东和东非，西欧联系最弱

非洲经济发展滞后，航空自由化程度低，机场通达性差，航空枢纽相对集中于市场化程度较高的北非和东非。近年，单一航空运输市场计划启动，航空市场潜力不断释放，非洲尤其是北非、东非和南非崛起多个具有较高全球连通性的航空枢纽，以开罗和亚的斯亚贝巴为代表。二省的腹地市场范围较窄，高度集中于邻近的非洲区内，形成较有序的地域分工。其中，埃及开罗是中东

表 5-3 中东地区航空枢纽-腹地连通性（2019 年）

区域	中/西非	东非	北非	南非	中亚	东亚	南亚	东南亚	东/中欧	西欧	加勒比地区	中美洲	下南美洲	上南美洲	中东	北美	西南太平洋
迪拜	0.41	2.59	0.93	0.97	0.88	−7.59	19.89	−4.09	−1.39	−28.52	—	−0.71	−0.79	—	21.16	−4.90	1.16
吉达	−0.04	−1.17	8.60	−0.83	−0.43	−3.11	5.23	−5.77	−4.10	−39.67	—	—	—	—	46.39	−5.10	—
多哈	0.17	1.90	−0.73	0.75	−0.05	−7.16	15.71	−0.63	0.71	−23.78	—	—	−0.34	—	16.63	−4.08	0.89
沙迦	−0.59	−1.12	0.66	—	−0.57	−0.36	28.62	−7.34	−12.23	−17.69	—	—	—	—	10.60	—	—
特拉维夫	—	−0.14	−0.32	−0.47	0.11	−7.56	−0.84	−2.27	13.91	−5.68	—	—	−0.65	—	7.24	−3.33	—
利雅得	−0.68	2.80	—	—	−3.05	−0.75	−5.41	−0.69	−49.42	—	—	—	—	61.88	−4.68	—	

资料来源：据 OAG 整理。

表 5-4 北美洲航空枢纽-腹地连通性（2019年）

区域	中/西非	东非	北非	南非	中亚	东亚	南亚	东南亚	东/中欧	西欧	加勒比地区	中美洲	下南美洲	上南美洲	中东	北美	西南太平洋
纽约	-0.26	-0.41	-0.44	-0.28	-0.05	-4.51	-0.19	-1.35	-2.38	-14.79	3.39	0.33	-0.21	-0.08	-3.01	24.42	-0.17
多伦多	—	-0.47	-0.72	—	—	-10.47	-1.26	-0.70	-3.81	-39.25	0.47	-0.86	-1.23	-0.93	-3.87	63.54	-0.44
迈阿密	—	—	-0.23	—	—	—	—	—	-1.66	-19.86	14.74	7.46	3.27	6.44	-1.16	-9.00	—
蒙特利尔	—	—	-0.53	—	—	-4.65	—	—	-1.82	-46.28	-0.50	-1.48	-0.65	-0.57	-3.32	59.79	—

资料来源：据 OAG 整理。

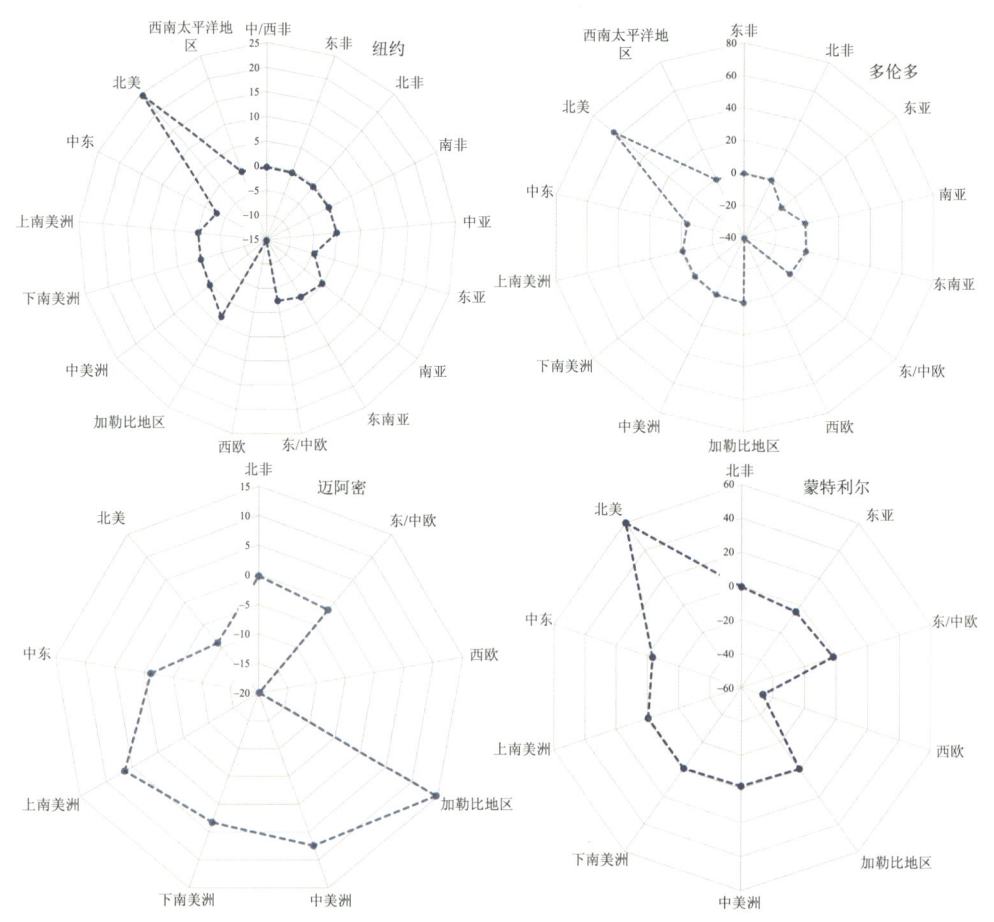

图 5-4　北美洲全球级航空枢纽的主要辐射区域（2019 年）

资料来源：据 OAG 绘制。

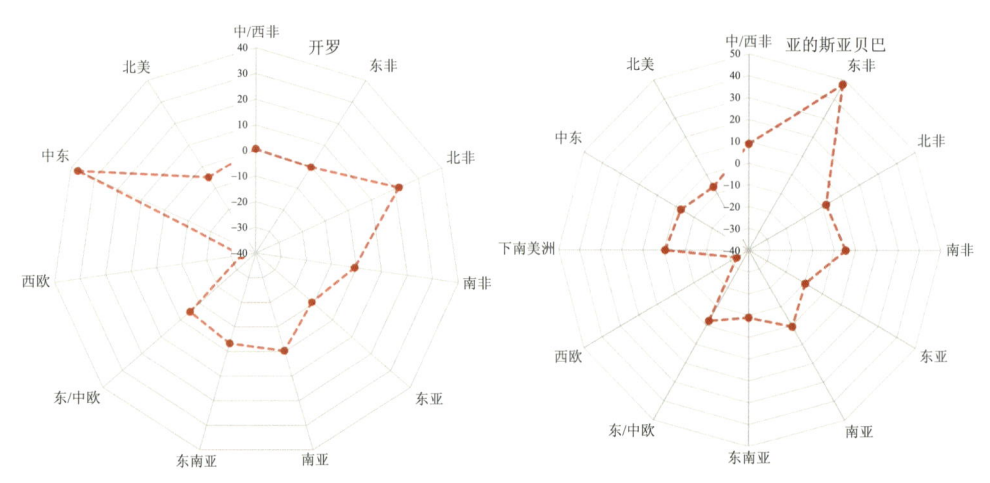

图 5-5　非洲全球级航空枢纽的主要辐射区域（2019 年）

资料来源：据 OAG 绘制。

表 5-5 非洲航空枢纽-腹地连通性（2019 年）

区域	中/西非	东非	北非	南非	中亚	东亚	南亚	东南亚	东/中欧	西欧	加勒比地区	中美洲	下南美洲	上南美洲	中东	北美	西南太平洋
开罗	0.77	-0.11	21.72	-0.66	—	-10.90	-0.34	-3.32	-5.01	-34.36	—	—	—	—	37.12	-4.92	—
亚的斯亚贝巴	8.89	47.86	1.82	5.43	—	-9.56	0.50	-8.98	-2.46	-33.46	—	—	-0.57	—	-2.91	-6.55	—

资料来源：据 OAG 整理。

表 5-6 拉丁美洲航空枢纽-腹地连通性（2019 年）

区域	中/西非	东非	北非	南非	中亚	东亚	南亚	东南亚	东/中欧	西欧	加勒比地区	中美洲	下南美洲	上南美洲	中东	北美	西南太平洋
巴拿马城	—	—	—	—	—	-2.31	—	—	—	-38.52	3.88	18.09	7.28	22.03	—	-10.45	—
圣胡安	—	—	—	—	—	—	—	—	—	-20.64	39.13	-3.21	—	-1.85	—	-13.44	—

资料来源：据 OAG 整理。

和北非地区最重要的航空枢纽之一，与中东、北非及中非形成高连通度航线；而亚的斯亚贝巴作为埃塞俄比亚政治和经济中心，主要服务于东非和中非地区，并辐射南非区域市场，主要归因于快速发展的经济贸易和相对市场化的航空公司（杨宝华，2019）。

六、拉丁美洲：航空枢纽联系区域较少，与加勒比地区联系较强

拉丁美洲经济基础较弱，航空运量不到全球总量的2%（于新才，2020）。一级航空枢纽匮乏。受益于区位优势和国际旅游业发展，拉丁美洲全球级航空枢纽基本位于加勒比地区，以巴拿马城和圣胡安（波多黎各）为代表。两大航空港扮演北美洲与南美洲航线的中转站，与南美洲和加勒比地区形成高连通性航线，且形成这里的市场分工。其中，巴拿马城主要客源市场来自拉丁美洲，以上南美洲和中美洲为主。圣胡安港主要服务于加勒比地区的中转。

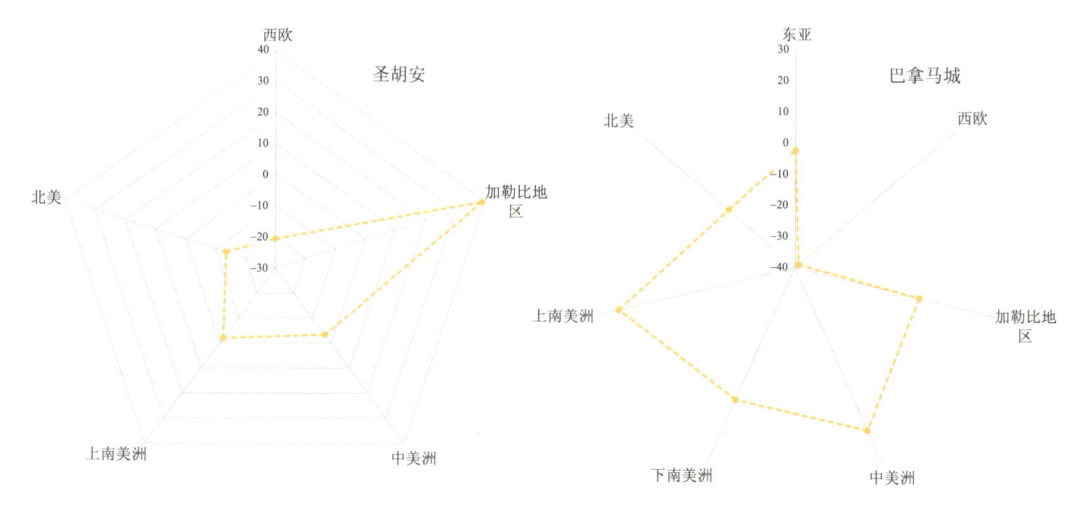

图5-6 拉丁美洲全球级航空枢纽的主要辐射区域（2019年）

资料来源：据OAG绘制。

第二节 区域尺度航空枢纽网络腹地的空间演化

根据航空旅游数据服务商OAG的细分，航空运输网络被划分为七个全球

区域，包括非洲、亚洲、欧洲、拉丁美洲、北美洲、中东和西南太平洋区域。通过绘制拓扑的枢纽-网络地图来刻画全球级航空枢纽的网络腹地格局，图中城市节点的大小表示航空枢纽与其他城市的航空联系频次，不同的颜色表示不同的航空大区；线的粗细表示航空运输联系的强弱，较粗的线表示强关联，即指向航空枢纽的核心网络腹地，较细的线表示弱关联，即航空枢纽的外围网络腹地；红色和绿色的线分别表示国际网络腹地和国内网络腹地。

一、欧洲全球级航空枢纽的网络腹地分布

欧洲航空枢纽的相对网络腹地以国际市场为主，表现出明显的"全球化"特点，充分发挥了航空超平面网络特性。这种趋势与欧洲"开放天空"政策（"开放天空"即相互开放航空运输市场，在尊重各国主权前提下，各国之间相互给予自由进入对方航空运输市场的权利）、欧洲内部航空自由化措施以及国际旅游发展息息相关。

（一）英国：伦敦和曼彻斯特

伦敦是全球航空网络连通性最强的城市，在 52 个全球级航空枢纽中排名第 1，而曼彻斯特位居第 32 位。表 5-7 展示了伦敦和曼彻斯特的残差分析结果以及 10 个最强和最弱联系的城市。伦敦的最大正值残差是都柏林，它与曼彻斯特的相对联系也比较强，位于第 2 位。曼彻斯特的最大正值残差是贝尔法斯特。二者直接网络腹地高度集中于西欧国内市场。伦敦主要航空流指向爱丁堡、阿姆斯特丹、贝尔法斯特和格拉斯哥，在最强航空运输联系的 10 个城市中，有 3 个处于国内；曼彻斯特主要辐射都柏林、阿姆斯特丹、特内里费岛和伦敦。其最强联系的 10 个城市有一半来自英国。伦敦相对网络腹地主要分布在东亚和东南亚地区，而曼彻斯特的外围网络腹地分布更为分散，遍布欧美发达国家和新兴市场化国家。二者形成了一定的地域分工。其共同点是最弱联系的 10 个外围腹地均是全球级航空枢纽，相对集中于西欧、北美、东亚和东南亚。

表 5-7 伦敦和曼彻斯坦的相对网络腹地（10 个最强、最弱的联系）（2019 年）

排名	伦敦的网络腹地	国家	残差	排名	曼彻斯特的网络腹地	国家	残差
1	都柏林	爱尔兰	7.99	1	贝尔法斯特	英国	6.59
2	爱丁堡	英国	7.32	2	都柏林	爱尔兰	5.08
3	阿姆斯特丹	荷兰	5.42	3	阿姆斯特丹	荷兰	3.98
4	贝尔法斯特	英国	4.49	4	特内里费岛	西班牙	3.25
5	格拉斯哥	英国	4.40	5	伦敦	英国	3.08
6	日内瓦	瑞士	4.18	6	阿利坎特	西班牙	2.77
7	米兰	意大利	3.94	7	阿伯丁	英国	2.63
8	巴塞罗那	西班牙	3.45	8	南安普敦	英国	2.45
9	马拉加	西班牙	2.76	9	帕尔马	西班牙	2.42
10	纽约	美国	2.56	10	马恩岛	英国	2.41
…	…	…	…	…	…	…	…
434	大阪	日本	−1.73	224	北京	中国	−1.73
435	上海	中国	−1.73	225	纽约	美国	−1.73
436	莫斯科	俄罗斯	−1.98	226	洛杉矶	美国	−1.98
437	东京	日本	−2.03	227	迪拜	阿联酋	−2.03
438	中国香港	中国	−2.45	228	维也纳	奥地利	−2.45
439	吉隆坡	马来西亚	−2.57	229	马德里	西班牙	−2.57
440	中国台北	中国	−2.59	230	伊斯坦布尔	土耳其	−2.59
441	新加坡	新加坡	−2.88	231	多伦多	加拿大	−2.88
442	曼谷	泰国	−3.59	232	中国香港	中国	−3.59
443	首尔	韩国	−3.67	234	新加坡	新加坡	−3.67

资料来源：据 OAG 整理。

从腹地规模来看，伦敦和曼彻斯特的相对网络腹地分布广泛，均以国际城市为主，但国内核心网络腹地占绝对比重。2019 年，伦敦拥有相对网络腹地城市 444 个，包括 96% 的国际城市，其中近 30% 的国际城市处于强关联。超过 80% 国内腹地城市为核心网络腹地，与偏伦敦建立强连通性的航空运输联系。曼彻斯特的相对网络腹地城市仅为伦敦的一半，与伦敦类似，国际腹地城市占比相当高（91.5%），归因于轴辐网络组织，其国内腹地城市基本为核心网络腹地（接近70%）（表5-7）。

从联系强度来看，两大航空港腹地分布既有相似性也有差异性，形成一定的市场竞争和分工协作。一是二者均与国内主要城市建立高连通性的航空运输束，且核心网络腹地出现一定重叠（如北爱尔兰政治经济中心——贝尔法斯特、苏格兰海滨旅游胜地——阿伯丁），但伦敦的国内腹地城市范围较广，主要服务于英伦三岛政治和经济中心城市，而曼彻斯特与其国内腹地连通性较大，"本地化"程度较高，主要辐射旅游胜地（如阿伯丁、马恩岛、南安普敦）。二是二者均是英国——欧盟航空运输的主要枢纽，主要辐射欧盟（集中于西班牙、意大利、波兰、法国、德国和希腊）的政治和经济中心。但伦敦国际化程度更高，与美国东西海岸大都市区（包括纽约、波士顿、芝加哥、华盛顿、洛杉矶和旧金山等）形成了高连通度空中航线，而曼彻斯特与美国航空运输联系较弱，主要航空流高度指向西班牙（加纳利群岛）、爱尔兰、荷兰、法国等国家的国际旅游目的地和工业中心城市（图5-7）。

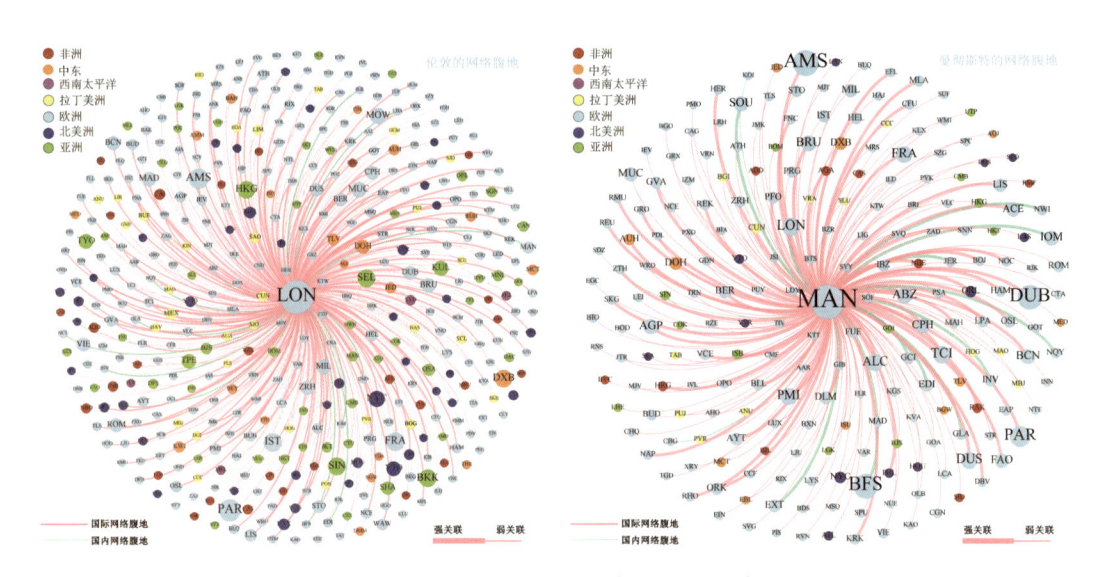

图 5-7 伦敦和曼彻斯特的相对网络腹地

注：图中三位字母为城市简称，具体名称见附录，下同。

资料来源：据OAG绘制。

（二）德国：法兰克福、慕尼黑、杜塞尔多夫、柏林

法兰克福、慕尼黑、柏林和杜塞尔多夫是德国链接全球的主要核心航空枢

纽。受地理邻近性和经济一体化影响，四大全球级航空枢纽的强关联核心腹地基本指向西欧，外围腹地辐射至其他欧洲地区，以及东亚、东南亚、北美等经济发达或新兴市场地区，通过航空市场竞争和合作机制形成了一定的地域分工。

从腹地规模看，法兰克福、慕尼黑、杜塞尔多夫、柏林四大航空枢纽的相对网络腹地遍布全球，基本超过 200 个城市国际城市占据绝对主导（比重为 90%—95%），强关联的高连通性城市占总量比重约 1/4—1/3（表 5-8）。

从腹地国家分布看，四大航空枢纽的相对网络腹地主要集中于北美（美国和加拿大）和西欧（以土耳其、意大利、西班牙、德国、希腊、法国、波兰和英国等国家为主）发达国家，且形成一定的地域分工和较明显的市场竞争。凭借发达的空铁联运体系和良好的居中区位优势，法兰克福成为汉莎航空公司的一级基地机场和欧洲最重要的中转航空枢纽，主要与土耳其、中国、加拿大、克罗地亚和摩洛哥形成高连通性的空中航线。作为汉莎航空公司的二级枢纽机场，慕尼黑主要强关联腹地指向土耳其、克罗地亚、罗马尼亚、俄罗斯和瑞典。作为德国首都，柏林成为众多航空公司干线集散地，与土耳其、克罗地亚、奥地利、埃及、葡萄牙和瑞典形成高密度航线。杜塞尔多夫则与摩洛哥、克罗地亚、奥地利和波兰航空联系紧密。得益于欧亚航线的居中区位，土耳其成为德国四大航空枢纽重要的市场地和中转地。受文化邻近性影响，摩洛哥、克罗地亚等国家与德国社会经济联系紧密，成为四大航空枢纽的主要市场竞争地（图 5-8）。

从腹地城市分布看，四大航空枢纽的核心网络腹地城市分布兼具空间差异性和同质性，形成一定的地域分工和市场竞争。法兰克福的国际化程度最高，其核心腹地遍布全球，主要集中于美国（高度集中于美国东北海岸、东南海岸、西海岸及西南部）、意大利（相对集中于意大利北部和中部）、波兰（相对集中于波兰首都和南部）和西班牙（相对集中于首都及旅游目的地），以国家政治经济中心和国际航空枢纽为主体。慕尼黑主要服务于国内和周边国家，核心网络腹地高度集中国内主要中心城市，以及意大利、波兰、法国等国家中心城市，与法兰克福的国外核心腹地部分重叠。柏林主要腹地指向国内经济中心（慕尼黑、法兰克福、科隆、杜塞尔多夫、斯图加特）、瑞士经济中心（苏黎世和巴塞尔）、奥地利及芬兰政治中心，其国内腹地范围与慕尼黑存在明显叠置。杜塞尔

表 5-8 法兰克福、慕尼黑、杜塞尔多夫、柏林的相对网络腹地（2019 年）

排名	法兰克福的网络腹地	国家	残差	排名	慕尼黑的网络腹地	国家	残差	排名	柏林的相对网络腹地	国家	残差	排名	杜塞尔多夫的网络腹地	国家	残差
1	米兰	意大利	8.21	1	柏林	德国	6.66	1	慕尼黑	德国	6.65	1	慕尼黑	德国	8.29
2	巴黎	法国	5.87	2	杜塞尔多夫	德国	6.23	2	法兰克福	德国	6.50	2	柏林	德国	5.69
3	阿姆斯特丹	荷兰	4.84	3	汉堡	德国	6.21	3	科隆	德国	4.87	3	帕尔马	西班牙	4.71
4	维也纳	奥地利	3.54	4	科隆	德国	4.50	4	杜塞尔多夫	德国	4.30	4	苏黎世	瑞士	3.06
5	苏黎世	瑞士	2.72	5	法兰克福	德国	3.88	5	斯图加特	德国	4.19	5	汉堡	德国	2.90
6	布鲁塞尔	比利时	2.65	6	汉诺威	德国	2.13	6	苏黎世	瑞士	2.59	6	维也纳	奥地利	2.70
7	佛罗伦萨	意大利	2.02	7	不来梅	德国	1.53	7	帕尔马	西班牙	2.25	7	安塔利亚	土耳其	2.35
8	曼彻斯特	英国	1.93	8	帕尔马	西班牙	1.48	8	维也纳	奥地利	2.11	8	法兰克福	德国	2.11
9	帕尔马	西班牙	1.83	9	伦敦	英国	1.46	9	赫尔辛基	芬兰	0.79	9	伯明翰	英国	1.60
10	巴塞罗那	西班牙	1.75	10	卢森堡	卢森堡	1.33	10	巴塞尔	瑞士	0.73	10	伊斯坦布尔	土耳其	1.54
...	...	...	...	...	...	...	...	...	...	...	...	...	...	...	...
328	布尔加斯	保加利亚	-1.35	241	迈阿密	美国	-1.05	177	突尼斯	突尼斯	-0.47	142	坎昆	墨西哥	-0.71
329	明斯克	白俄罗斯	-1.43	242	纽约	美国	-1.05	178	卡萨布兰卡	摩洛哥	-0.54	143	迈阿密	美国	-0.95
330	雷乌斯	西班牙	-1.63	243	上海	中国	-1.05	179	贝鲁特	黎巴嫩	-0.55	144	北京	中国	-0.96
331	芝加哥	美国	-2.01	244	东京	日本	-1.11	180	开罗	埃及	-0.67	145	阿姆斯特丹	荷兰	-0.97
332	安卡拉	土耳其	-2.24	245	多伦多	加拿大	-1.23	181	北京	中国	-0.85	146	特拉维夫	以色列	-1.09
333	卢布尔雅那	斯洛文尼亚	-2.51	246	迪拜	阿联酋	-1.35	182	多哈	卡塔尔	-1.15	147	东京	日本	-1.48
334	贝鲁特	黎巴嫩	-2.51	247	新加坡	新加坡	-1.74	183	纽约	美国	-1.62	148	纽约	美国	-1.57
335	开罗	埃及	-2.59	248	曼谷	泰国	-1.88	184	多伦多	加拿大	-1.68	149	迪拜	阿联酋	-1.71
336	开塞利	土耳其	-2.74	249	中国香港	中国	-2.03	185	新加坡	新加坡	-2.28	150	新加坡	新加坡	-2.37
337	底特律	美国	-2.76	250	首尔	韩国	-2.07	186	迪拜	阿联酋	-2.38	151	曼谷	泰国	-2.52

资料来源：据 OAG 整理。

多夫的主要航空联系范围包括国内主要城市（慕尼黑、柏林、法兰克福、汉堡），以及瑞士、奥地利、土耳其及英国主要中心城市，与其他三大航空枢纽核心腹地存在不同程度的竞争（图5-8）。

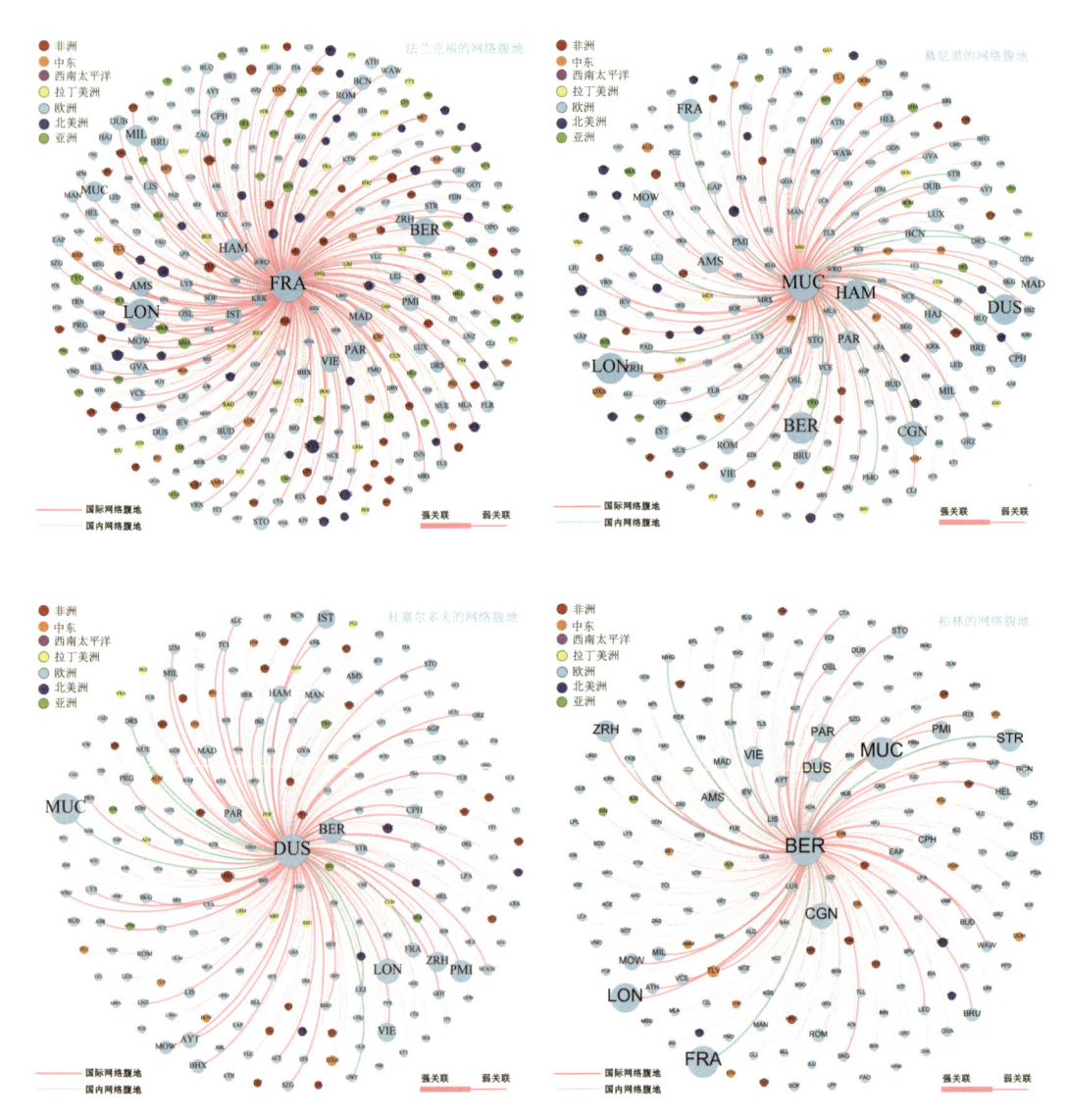

图5-8 法兰克福、慕尼黑、杜塞尔多夫和柏林的相对网络腹地（2019年）

资料来源：据OAG绘制。

（三）西班牙：马德里、巴塞罗那、帕尔马

西班牙地处欧洲与非洲、欧洲与北美洲的重要节点，航空运输业和旅游业发达，孕育马德里、巴塞罗那和帕尔马三大全球级航空枢纽（表5-9）。三大枢纽分别是西班牙的政治中心、经济中心和旅游中心，其主要核心腹地基本位于国内和西欧（以意大利、法国和德国等欧洲大国为主）。得益于外向型经济发展，三大枢纽与其他欧洲国家以及美国、中国、俄罗斯等大国航空联系紧密，且形成了较有序的市场分工。

从腹地规模看，马德里、巴塞罗那和帕尔马三大航空枢纽的相对网络腹地范围差距较大，前二者拥有大约 200 个城市，后者仅涵盖 163 个城市。三者外围腹地均以国际城市为主体，比例超过 80%，国际化程度低于英国和德国，但强关联城市基本比重超过 1/3，略高于英德。

从腹地分布看，三大航空枢纽的外围腹地基本重叠，具有较强竞争性，主要服务于国内和西欧（以意大利、法国和德国为主）市场，相对集中于东欧和北欧以及美国和中国。其核心腹地兼具一定程度的同质性和异质性，形成一定的地域分工和市场竞争。一方面，三大枢纽的主要核心腹地集中于国内，具有显著的"地方化"特征，但马德里主要服务于流向加纳利群岛和马卡罗尼西亚群岛的旅游客流；巴塞罗那的航空客流则主要流向巴利阿里群岛；帕尔马作为巴利阿里群岛首府，主要客源市场来自西班牙中心城市和周边岛屿（图 5-9）。另一方面，三大枢纽的主要国外腹地基本位于西欧，空间范围重叠度较高，面临较大市场竞争。作为西班牙政治中心和经济中心，马德里素有欧洲门户之称，核心腹地主要集中于法国（巴黎、图卢兹、马赛、南特、里昂和波尔多）、意大利（罗马、米兰、威尼斯、波洛尼亚、都灵和佛罗伦萨）和德国（慕尼黑、法兰克福、柏林和杜塞尔多夫）的政治中心、经济中心和航空枢纽。作为西班牙的文化中心和第二大航空枢纽，巴塞罗那主要经营西欧和北非航线（唐小卫等，2012），以意大利（罗马、米兰、那不勒斯、威尼斯、波洛尼亚、佛罗伦萨和都灵）、法国（巴黎、波尔多、里昂、南特和尼斯）、德国（慕尼黑、柏林、科隆和斯图加特），以及摩洛哥（丹吉尔、纳多尔、马拉喀什、卡萨布兰卡和菲斯）为核心网络腹地。帕尔马是西班牙最主要的国际旅游航空港，其国际核心腹地高度集中于德国（杜塞尔多夫、柏林、汉堡、法兰克福和慕尼黑等）和英国（曼彻斯特、布里斯托尔、纽卡斯尔和伦敦等）中心城市（表 5-9）。

表 5-9　马德里、巴塞罗那和帕尔马的相对网络腹地（2019 年）

排名	马德里的网络腹地	国家	残差	排名	巴塞罗那的网络腹地	国家	残差	排名	帕尔马的网络腹地	国家	残差
1	巴塞罗那	西班牙	6.67	1	马德里	西班牙	7.01	1	巴塞罗那	西班牙	6.39
2	帕尔马	西班牙	4.36	2	帕尔马	西班牙	5.90	2	马德里	西班牙	5.35
3	里斯本	葡萄牙	3.28	3	伊维萨岛	西班牙	3.14	3	伊维萨岛	西班牙	4.08
4	特内里费岛	西班牙	3.11	4	巴黎	法国	3.11	4	杜塞尔多夫	德国	3.37
5	巴黎	法国	2.80	5	伦敦	英国	2.61	5	梅诺卡岛	西班牙	3.06
6	大加那利岛	西班牙	2.72	6	塞维利亚	西班牙	2.44	6	柏林	德国	2.40
7	波尔图	葡萄牙	2.55	7	梅诺卡岛	西班牙	2.18	7	巴伦西亚	西班牙	2.30
8	罗马	意大利	2.36	8	罗马	意大利	2.05	8	科隆/波恩	德国	1.96
9	毕尔巴鄂	西班牙	2.23	9	米兰	意大利	1.82	9	斯图加特	德国	1.75
10	米兰	意大利	2.12	10	马拉加	西班牙	1.80	10	汉堡	德国	1.57
…	…	…	…	…	…	…	…	…	…	…	…
198	圣胡安	波多黎各	−0.84	190	墨西哥城	墨西哥	−0.97	154	布加勒斯特	罗马尼亚	−0.69
199	北京	中国	−0.92	191	北京	中国	−1.02	155	米兰	意大利	−0.70
200	上海	中国	−1.21	192	纽约	美国	−1.17	156	布达佩斯	匈牙利	−0.72
201	莫斯科	俄罗斯	−1.26	193	上海	中国	−1.54	157	都柏林	爱尔兰	−0.74
202	多伦多	加拿大	−1.58	194	伊斯坦布尔	土耳其	−1.55	158	华沙	波兰	−0.94
203	伊斯坦布尔	土耳其	−1.60	195	多伦多	加拿大	−1.69	159	里斯本	葡萄牙	−1.04
204	东京	日本	−1.61	196	迪拜	阿联酋	−2.20	160	罗马	意大利	−1.15
205	迪拜	阿联酋	−1.87	197	首尔	韩国	−2.47	161	莫斯科	俄罗斯	−1.31
206	中国香港	中国	−2.16	198	中国香港	中国	−2.60	162	巴黎	法国	−1.65
207	首尔	韩国	−2.27	199	新加坡	新加坡	−2.63	163	阿姆斯特丹	荷兰	−1.72

资料来源：据 OAG 整理。

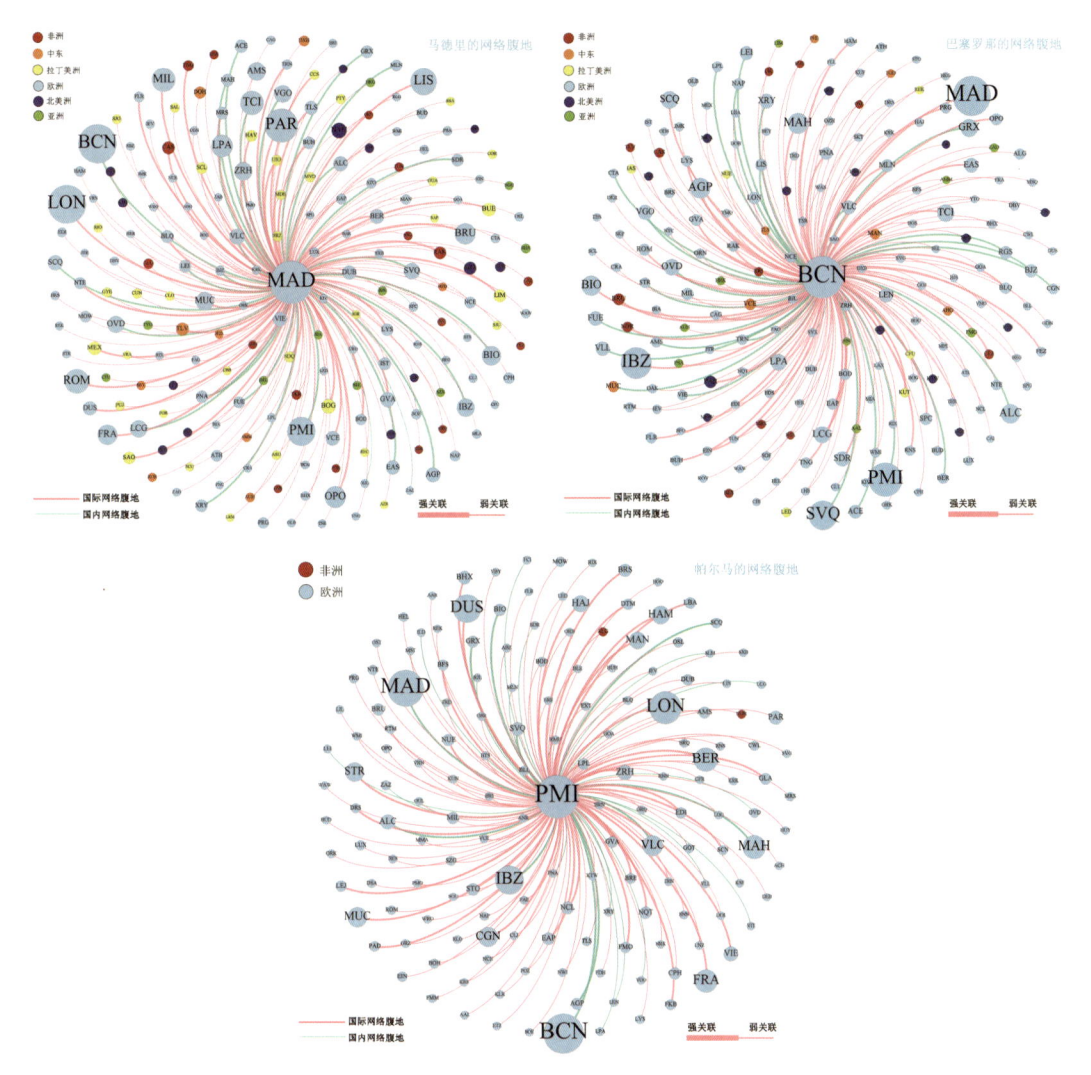

图 5-9　马德里、巴塞罗那和帕尔马的相对网络腹地（2019 年）

资料来源：据 OAG 绘制。

（四）意大利：米兰、罗马

意大利地处欧非和东西方的十字路口，旅游业和制造业发达（唐小卫等，2012），以全球城市——米兰和罗马为全球级航空枢纽，主要航线连接西欧国家及中美俄大国的政治中心和经济中心。两大航空枢纽的核心网络腹地存在差异性。罗马的强航空联系主要指向国内中心城市（米兰、卡塔尼亚、巴勒莫、卡利亚里、巴里和都灵），而米兰的主要航线辐射国外主要全球城市（相对集中于西欧，以巴黎、马德里、巴塞罗那、阿姆斯特丹、伦敦、里斯本、法兰克福和柏林为代表）（表5-10）。

表5-10 米兰和罗马的相对网络腹地（2019年）

排名	米兰的网络腹地	国家	残差	排名	罗马的网络腹地	国家	残差
1	巴黎	法国	6.51	1	米兰	意大利	7.44
2	马德里	西班牙	5.65	2	卡塔尼亚	意大利	5.47
3	巴塞罗那	西班牙	4.29	3	巴勒莫	意大利	4.49
4	阿姆斯特丹	荷兰	4.25	4	巴黎	法国	3.33
5	莫斯科	俄罗斯	3.68	5	马德里	西班牙	3.12
6	伦敦	英国	3.36	6	卡利亚里	意大利	3.09
7	里斯本	葡萄牙	3.25	7	巴塞罗那	西班牙	2.64
8	纽约	美国	3.25	8	巴里	意大利	2.26
9	法兰克福	德国	3.14	9	都灵	意大利	1.84
10	柏林	德国	2.26	10	雅典	希腊	1.68
…	…	…	…	…	…	…	…
242	贝尔法斯特	英国	−0.97	226	巴拿马城	巴拿马	−1.04
243	雅典	希腊	−1.17	227	上海	中国	−1.18
244	纽伦堡	德国	−1.36	228	多伦多	加拿大	−1.25
245	克拉约瓦	罗马尼亚	−1.71	229	东京	日本	−1.43
246	格但斯克	波兰	−1.75	230	中国台北	中国	−1.60
247	马耳他	马耳他	−1.91	231	迪拜	阿联酋	−1.62
248	富埃特文图拉岛	西班牙	−2.44	232	首尔	韩国	−1.69
249	罗德岛	希腊	−2.54	233	中国香港	中国	−2.17
250	卡托维兹	波兰	−2.62	234	新加坡	新加坡	−2.32
251	洛杉矶	美国	−2.66	235	曼谷	泰国	−2.34

资料来源：据OAG整理。

从腹地规模结构看，米兰和罗马的相对网络腹地城市范围广阔，基本为230—250，与其他国际航空枢纽类似，国际城市比重为90%左右，强关联型城市比例约1/4。两大枢纽的国内腹地城市较多，超过20个中心城市，但罗马与其国内腹地城市保持着强航空联系，而米兰的国内腹地城市全是边缘腹地和弱连接，二者形成"地方化"和"全球化"功能分工（图 5-10）。

从腹地空间分布看，两大航空枢纽的外围腹地主要涵盖西班牙（经济中心和旅游胜地为主）、德国（经济中心和航空枢纽为主）、法国（政治中心和经济中心为主）、英国（政治中心和经济中心为主）等西欧国家，以及东欧国家及美国和中国的政治经济中心，具有较高的市场重叠性。

而两大航空枢纽的核心腹地高度集中于西欧发达国家，但形成了一定的地域分工和市场竞争。德国的法兰克福、柏林、慕尼黑、汉堡和斯图加特，法国的巴黎、波尔多、南特和马赛，英国的伦敦、曼彻斯特、布里斯托尔和伯明翰是米兰的核心网络腹地。而罗马的核心网络腹地主要集中在西班牙（马德里、巴塞罗那、巴伦西亚、伊维萨岛、塞维利亚和马拉加）、法国（巴黎、尼斯、马赛、里昂和图卢兹）和德国（慕尼黑、柏林、法兰克福和科隆等）中心城市（图 5-10）。

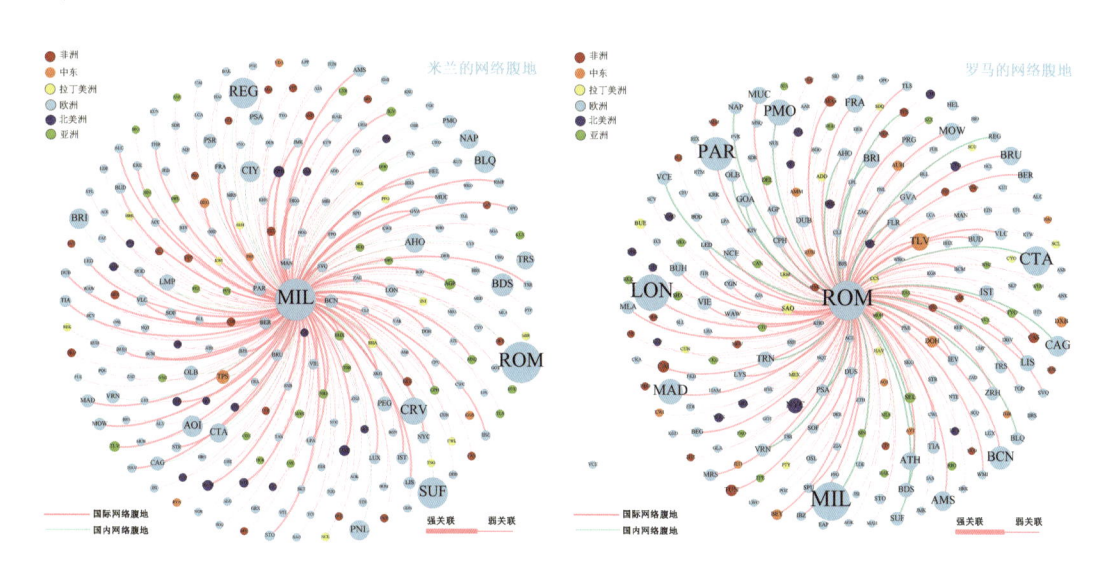

图 5-10　米兰和罗马的相对网络腹地（2019 年）

资料来源：据 OAG 绘制。

（五）瑞士：苏黎世、日内瓦

瑞士制造业和旅游业发达，是众多跨国公司和国际组织的总部。国际航空运输比较发达，拥有苏黎世和日内瓦两大全球级航空枢纽。主要与西欧（集中于法国、英国、德国、西班牙、意大利、希腊及葡萄牙等）、北美（美国和加拿大）及东亚（中国）形成密集的空中航线（表5-11）。

表5-11 苏黎世和日内瓦的相对网络腹地

排名	苏黎世的网络腹地	国家	残差	排名	日内瓦的网络腹地	国家	残差
1	柏林	德国	5.20	1	伦敦	英国	6.02
2	日内瓦	瑞士	4.18	2	苏黎世	瑞士	5.09
3	杜塞尔多夫	德国	3.88	3	波尔图	葡萄牙	3.20
4	伦敦	英国	3.49	4	里斯本	葡萄牙	1.83
5	维也纳	奥地利	3.33	5	布鲁塞尔	比利时	1.66
6	汉堡	德国	3.32	6	尼斯	法国	1.31
7	马德里	西班牙	2.02	7	巴塞罗那	西班牙	1.23
8	贝尔格莱德	塞尔维亚	1.82	8	波尔多	法国	0.90
9	斯图加特	德国	1.65	9	普里什蒂纳	塞尔维亚	0.90
10	卢加诺	瑞士	1.45	10	南特	法国	0.89
…	…	…	…	…	…	…	…
188	吉达	沙特阿拉伯	−1.22	138	北京	中国	−1.22
189	伊斯坦布尔	土耳其	−1.26	139	斯德哥尔摩	瑞典	−1.29
190	上海	中国	−1.58	140	都柏林	爱尔兰	−1.40
191	迪拜	阿联酋	−1.98	141	多哈	卡塔尔	−1.72
192	多伦多	加拿大	−2.00	142	莫斯科	俄罗斯	−1.78
193	东京	日本	−2.03	143	米兰	意大利	−1.93
194	中国香港	中国	−2.44	144	纽约	美国	−2.38
195	新加坡	新加坡	−2.53	145	伊斯坦布尔	土耳其	−2.42
196	曼谷	泰国	−2.60	146	多伦多	加拿大	−2.47
197	首尔	韩国	−3.35	147	迪拜	阿联酋	−3.16

资料来源：据OAG整理。

从腹地城市数量看，苏黎世和日内瓦的相对网络腹地城市数量介于150—200个；两大航空枢纽云集大师国际组织总部，国际化程度极高，其腹地城市几乎全部（超过98%）来自国外，强关联城市比重大，超过40%，显著高于其他欧洲全球级航空枢纽（图5-11）。

从腹地空间分布看，两大航空枢纽主要以西欧大国（法国、英国、德国、意大利、西班牙、希腊和葡萄牙）为核心网络腹地，与北美、东亚等航空大国建立高连通性的航空运输联系。此外，两大航空枢纽形成较有序的市场区域分工，苏黎世的核心腹地主要集中于德国（12个城市）、意大利（9个城市）及西班牙（6个城市）；日内瓦的核心腹地分布较广，相对集中于法国（17个城市）、英国（13个城市）、意大利（9个城市）、西班牙（8个城市）及希腊（7个城市）（图5-11）。其外围腹地遍布全球，相对于东亚（北京、上海、中国香港、东京、首尔）、东南亚（新加坡、曼谷）、北美（纽约、多伦多）及中东（开罗、多哈、迪拜、吉达）等新兴和传统发达航空市场（图5-11）。

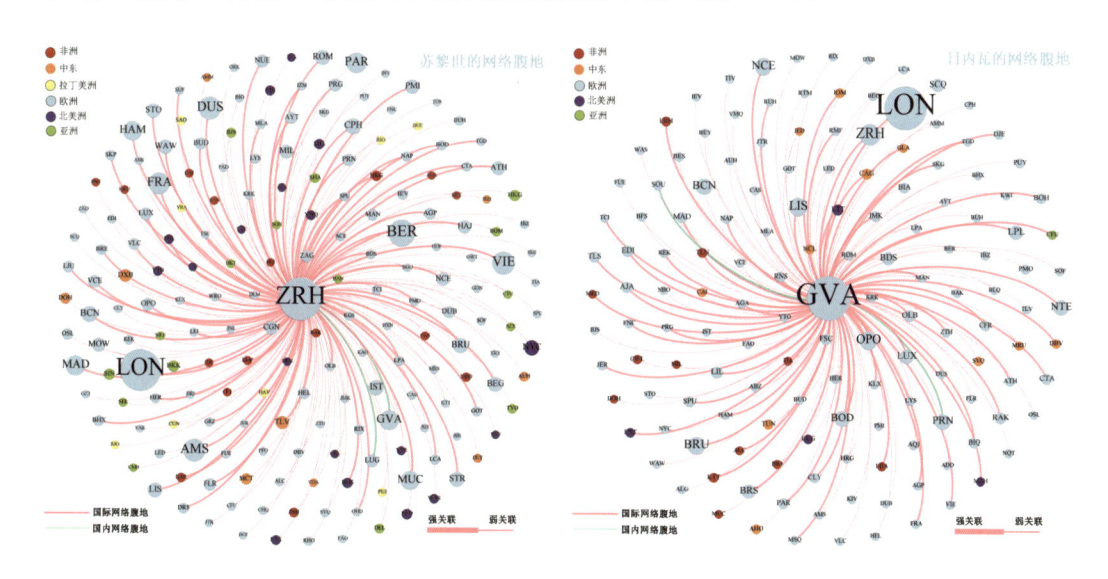

图5-11 苏黎世和日内瓦的相对网络腹地（2019年）

资料来源：据OAG绘制。

（六）土耳其：伊斯坦布尔、安塔利亚

土耳其地处欧亚航线中点，4小时航空圈可覆盖近70个国家和逾14亿人口。得益于居中区位优势和旅游业发展，土耳其涌现出伊斯坦布尔和安塔利亚等世界航空中转枢纽（中转旅客超过总量的60%），主要与西欧、东/中欧及中东地区主要城市形成较强连通性的航线网络（表5-12）。

表 5-12　伊斯坦布尔和安塔利亚的相对网络腹地（2019 年）

排名	伊斯坦布尔的网络腹地	国家	残差	安塔利亚的网络腹地	国家	残差
1	伊兹密尔	土耳其	8.63	伊斯坦布尔	土耳其	12.94
2	安塔利亚	土耳其	7.36	莫斯科	俄罗斯	3.68
3	安卡拉	土耳其	7.23	安卡拉	土耳其	2.02
4	阿达纳	土耳其	3.81	杜塞尔多夫	德国	1.80
5	特拉布宗	土耳其	3.45	科隆/波恩	德国	1.39
6	博德鲁姆	土耳其	3.41	汉诺威	德国	1.23
7	尼科西亚	塞浦路斯	2.97	阿达纳	土耳其	1.23
8	开塞利	土耳其	2.41	伊兹密尔	土耳其	1.00
9	德黑兰	伊朗	2.12	斯图加特	德国	0.91
10	达拉曼	土耳其	2.12	莱比锡/哈雷	德国	0.80
…	…	…	…	…	…	…
434	墨西哥城	墨西哥	−0.71	约翰内斯堡	南非	−0.49
435	首尔	韩国	−0.74	新德里	印度	−0.49
436	上海	中国	−0.75	吉达	沙特阿拉伯	−0.52
437	中国台北	中国	−0.85	科威特	科威特	−0.53
438	东京	日本	−0.87	哥本哈根	丹麦	−0.53
439	曼谷	泰国	−0.87	日内瓦	瑞士	−0.61
440	多伦多	加拿大	−0.88	多哈	卡塔尔	−0.83
441	吉隆坡	马来西亚	−0.89	阿姆斯特丹	荷兰	−1.00
442	新加坡	新加坡	−1.00	巴黎	法国	−1.95
443	中国香港	中国	−1.13	伦敦	英国	−2.17

资料来源：据 OAG 整理。

从腹地城市数量看，伊斯坦布尔和安塔利亚的相对网络腹地城市分布广泛，分别达到 316 个和 221 个。其中，国际城市数量超过 85%，强关联城市比重约 1/5—1/4。从腹地空间分布看，两座航空枢纽城市主要腹地涵盖西欧、中/东欧及中东地区，辐射美国和中国等航空大国，外围腹地基本重叠，但在核心腹地市场上形成一定的地域分工。伊斯坦布尔的主要腹地较广，高度指向国内及西欧（德国、法国、意大利、西班牙）、东欧—中亚（俄罗斯、乌克兰、哈萨克斯坦）、中东（伊朗、沙特阿拉伯、埃及、伊拉克），以及中国和美国。其核心腹地主要集中于国内（28个城市）、德国（9个城市）、意大利（4个城市）、沙特阿拉伯（3个城市）。而安塔利亚枢纽腹地基本锁定于欧洲，主要与国内及东欧（俄罗斯、罗马尼亚、波兰、乌克兰）、北欧（瑞典、挪威、芬兰）及中西欧（德国、英国、荷兰）等国家中心城市形成高连通性航线。其核心腹地城市涵盖俄罗斯（16个城市）、德国（9个城市）及国内（6个城市）（图5-12）。

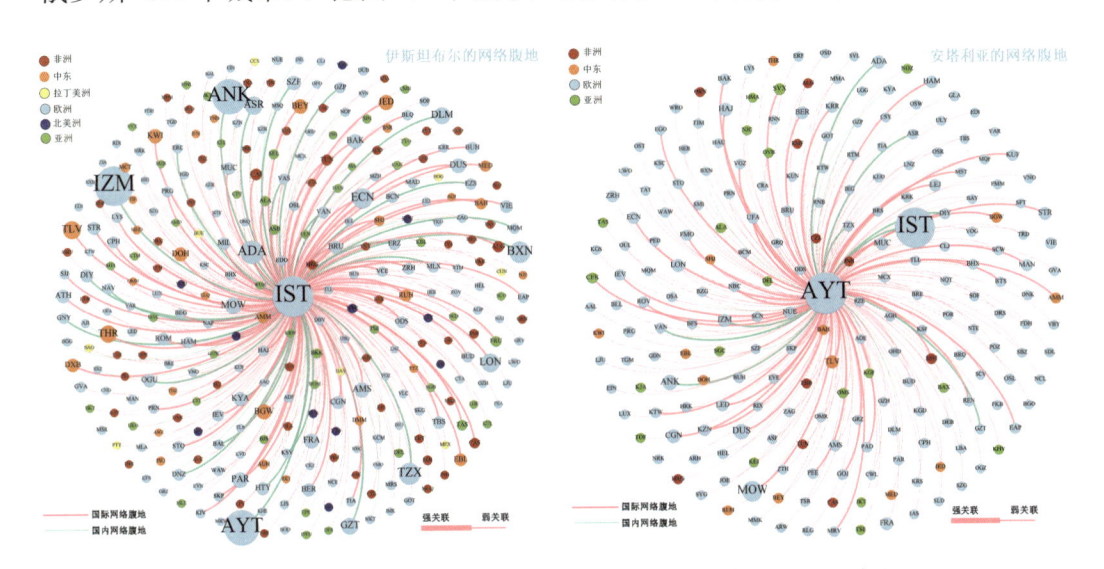

图 5-12 伊斯坦布尔和安塔利亚的相对网络腹地（2019 年）

资料来源：据OAG绘制。

（七）阿姆斯特丹、巴黎、莫斯科、布鲁塞尔

荷兰的阿姆斯特丹、法国的巴黎、俄罗斯的莫斯科及比利时的布鲁塞尔四大航空节点的网络腹地规模位居世界前列，成为西欧和东欧重要的国际航空枢纽，其腹地范围分布较广，核心腹地相对集中于国内及其相邻国家中心城市，边缘腹地主要指向东亚、东南亚新兴市场国家及北美发达国家的政治经济中心（表5-13）。

从腹地规模看，四大航空枢纽腹地分布较广，相对网络腹地城市数量均超过250个，平均覆盖了全球超过1/5的城市节点。其中，强关联度的城市比重均超过1/4，但其国际化程度差异显著。传统低地国家（荷兰和比利时）国土面积和人口规模较小，其航空枢纽的强关联度腹地均是国际城市。法国巴黎因

表5-13 阿姆斯特丹、巴黎、莫斯科、布鲁塞尔的相对网络腹地（2019年）

排名	阿姆斯特丹的网络腹地	国家	残差	排名	巴黎的网络腹地	国家	残差	排名	莫斯科的网络腹地	国家	残差	排名	布鲁塞尔的网络腹地	国家	残差
1	伦敦	英国	9.08	1	图卢兹	法国	7.47	1	圣彼得堡	俄罗斯	10.31	1	马德里	西班牙	4.78
2	伯明翰	英国	2.55	2	尼斯	法国	6.97	2	索契	俄罗斯	6.23	2	米兰	意大利	4.69
3	曼彻斯特	英国	2.50	3	巴塞罗那	西班牙	4.57	3	辛菲罗波尔	乌克兰	4.81	3	巴塞罗那	西班牙	3.80
4	奥斯陆	挪威	2.20	4	米兰	意大利	4.55	4	克拉斯诺达尔	俄罗斯	3.98	4	里斯本	葡萄牙	3.53
5	都柏林	爱尔兰	2.16	5	马德里	西班牙	4.09	5	叶卡捷琳堡	俄罗斯	3.87	5	日内瓦	瑞士	3.40
6	哥本哈根	丹麦	1.91	6	阿尔及尔	阿尔及利亚	3.81	6	罗斯托夫	俄罗斯	2.88	6	罗马	意大利	3.29
7	米兰	意大利	1.90	7	马赛	法国	3.62	7	喀山	俄罗斯	2.85	7	马拉加	西班牙	2.60
8	巴塞罗那	西班牙	1.67	8	罗马	意大利	3.62	8	乌法	俄罗斯	2.78	8	哥本哈根	丹麦	2.58
9	柏林	德国	1.55	9	里斯本	葡萄牙	3.49	9	矿水城	俄罗斯	2.76	9	阿利坎特	西班牙	2.38
10	爱丁堡	英国	1.50	10	波尔多	法国	3.13	10	加里宁格勒	俄罗斯	2.57	10	华沙	波兰	2.13
...	...	...	...	...	...	...	...	...	...	...	...	...	...	...	...
287	多伦多	加拿大	-1.97	381	巴拿马城	巴拿马	-1.04	337	坎昆	墨西哥	-0.58	255	多哈	卡塔尔	-1.35
288	多哈	卡塔尔	-2.06	382	大阪	日本	-1.16	338	孟买	印度	-0.58	256	迈阿密	美国	-1.49
289	中国台北	中国	-2.13	383	多伦多	加拿大	-1.51	339	迈阿密	美国	-0.61	257	东京	日本	-1.86
290	东京	日本	-2.55	384	布鲁塞尔	比利时	-1.51	340	吉达	沙特阿拉伯	-0.64	258	上海	中国	-1.89
291	迪拜	阿联酋	-2.71	385	中国台北	中国	-1.77	341	都柏林	爱尔兰	-0.65	259	多伦多	加拿大	-2.09
292	吉隆坡	马来西亚	-2.74	386	迪拜	阿联酋	-1.82	342	伦敦	英国	-0.69	260	迪拜	阿联酋	-2.14
293	中国香港	中国	-3.37	387	首尔	韩国	-2.18	343	首尔	韩国	-0.73	261	伦敦	英国	-2.61
294	新加坡	新加坡	-3.50	388	中国台北	中国	-2.24	344	中国台北	中国	-0.91	262	中国香港	中国	-2.94
295	首尔	韩国	-3.58	389	新加坡	新加坡	-2.43	345	中国香港	中国	-0.92	263	曼谷	泰国	-2.98
296	曼谷	泰国	-3.80	390	曼谷	泰国	-2.60	346	新加坡	新加坡	-1.00	264	巴黎	法国	-3.35

资料来源：据OAG整理。

较大国内航空市场需求,近 1/4 的高连通度腹地集中于国内,而俄罗斯莫斯科则归因于庞大国土纵深拥有近 60% 的国内核心腹地。

从腹地分布看,四大航空枢纽的相对网络腹地呈"大分散、小集中"格局,主要位于欧洲(西欧、北欧、东欧等)、北美(美国及加拿大)及东亚(中国)等地区,但其核心网络腹地高度集中,存在较明显的市场竞争和分工协作。

一方面,欧洲主要航空大国和经济强国(英国、法国、德国、西班牙、意大利等)的中心城市成为四大航空枢纽的共同腹地,导致核心腹地出现一定的市场竞争。英国(19 个城市)、意大利(12 个城市)、法国(10 个城市)、西班牙(9 个城市)、德国(8 个城市)成为阿姆斯特丹的核心网络腹地。巴黎的核心网络腹地集中于意大利(8 个城市)、德国(7 个城市)和英国(7 个城市)等周边国家及国内。与之类似,布鲁塞尔的核心网络腹地也基本位于西班牙(12 个城市)、法国(8 个城市)、意大利(8 个城市)等西欧发达国家。德国(4 个城市)、意大利(2 个城市)及国内(10 个城市)也是莫斯科的核心网络腹地。另一方面,四大航空枢纽对外航空运输联系遵循地理邻近性和文化邻近性,形成较明显的地域分工。阿姆斯特丹的核心腹地集中于挪威、芬兰、英国、波兰等周边国家,外围腹地则主要辐射中国、加拿大等发达航空市场。受殖民社会联系影响,巴黎的核心腹地也高度指向摩洛哥(6 个城市)。得益于文化邻近性,莫斯科与中亚(哈萨克斯坦、乌兹别克斯坦)、古巴、阿塞拜疆及多米尼加等形成高连通度的空中航线(图 5-13)。

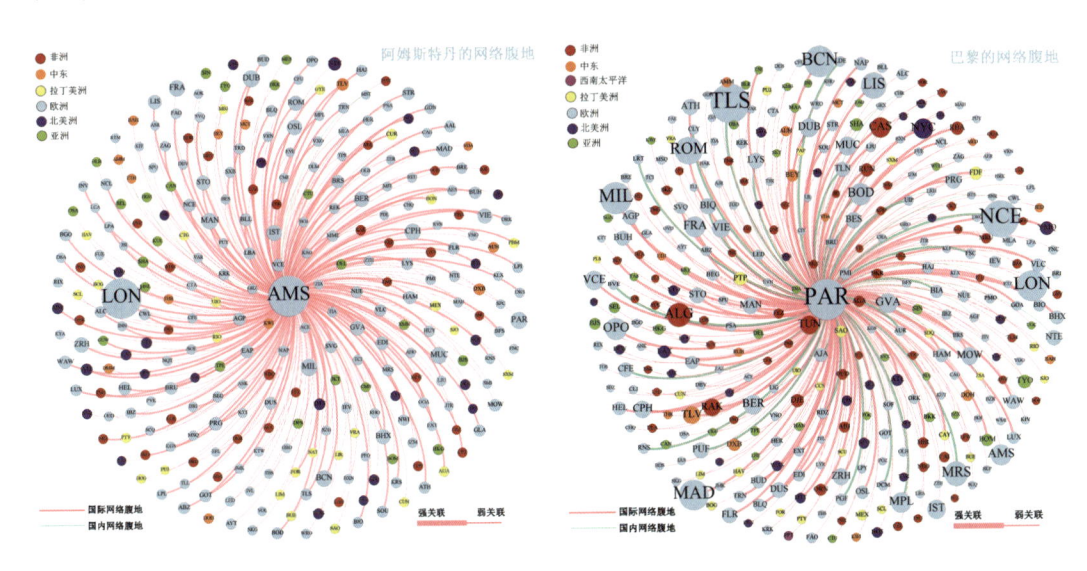

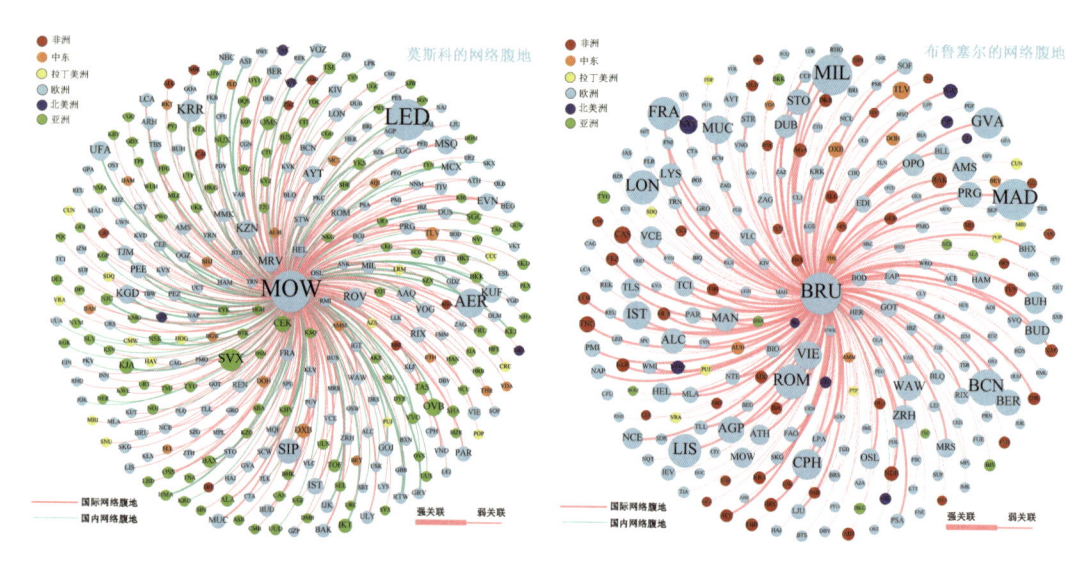

图 5-13　阿姆斯特丹、巴黎、莫斯科和布鲁塞尔的相对网络腹地（2019 年）

资料来源：据 OAG 绘制。

（八）维也纳、哥本哈根、都柏林、斯德哥尔摩

作为全球级航空枢纽，奥地利的维也纳、丹麦的根本哈根、爱尔兰的都柏林、瑞典的斯德哥尔摩四大航空城市能级接近，位居世界中游，主要腹地城市相对集中。其核心腹地基本位于国内、北欧及西欧，边缘腹地辐射欧洲及中美俄大国（表 5-14）。

从腹地规模看，四大航空枢纽相对网络腹地范围接近，基本涵盖 200 个左右城市，但航线地理集中度和国际化程度较大。维也纳、哥本哈根、斯德哥尔摩三大枢纽的航线核心腹地城市比重超过 1/4，接近 1/3，其中国际城市比重分别达到 94%、89% 和 63%，而都柏林主要腹地拥有 60% 的强关联度城市，国际城市比重高达 96%，表明所在国家对外联系高度依赖航空运输。

从腹地分布看，四大航空枢纽的相对腹地分布广泛，相对集中于国内、其他欧洲国家（希腊、德国、意大利、西班牙、英国、法国、土耳其等），以及美国、中国等航空大国，具有较高的国际化和遍在性。但四大枢纽的核心腹地高度集聚，主要位于国内及其周边国家，遵循高度的地理邻近性，其主导航空市场形成一定的竞争重叠和较高的协作分工。其中，维也纳的主要核心腹地包括国内（4 个）、德国（11 个城市）、意大利（6 个城市）、瑞士（5 个城市）及乌克

表 5-14 维也纳、哥本哈根、都柏林、斯德哥尔摩的相对网络腹地（2019 年）

排名	维也纳的网络腹地	国家	残差	排名	哥本哈根的网络腹地	国家	残差	排名	都柏林的网络腹地	国家	残差	排名	斯德哥尔摩的网络腹地	国家	残差
1	柏林	德国	4.79	1	奥斯陆	挪威	6.95	1	伦敦	英国	9.10	1	赫尔辛基	芬兰	5.38
2	杜塞尔多夫	德国	3.76	2	斯德哥尔摩	瑞典	5.58	2	伯明翰	英国	2.80	2	哥德堡	瑞典	5.31
3	苏黎世	瑞士	3.73	3	奥尔堡	丹麦	4.71	3	爱丁堡	英国	2.62	3	马尔默	瑞典	4.67
4	汉堡	德国	3.33	4	赫尔辛基	芬兰	2.68	4	曼彻斯特	英国	2.25	4	奥斯陆	挪威	4.59
5	斯图加特	德国	3.16	5	博恩霍尔姆	丹麦	2.62	5	格拉斯哥	英国	2.22	5	哥本哈根	丹麦	4.13
6	法兰克福	德国	2.92	6	伦敦	英国	2.45	6	布里斯托尔	英国	1.57	6	于默奥	瑞典	3.22
7	布加勒斯特	罗马尼亚	2.80	7	卑尔根	挪威	1.95	7	利兹布拉德福德	英国	1.21	7	吕勒奥	瑞典	3.21
8	因斯布鲁克	奥地利	2.02	8	哥德堡	瑞典	1.82	8	法鲁	葡萄牙	1.09	8	维斯比	瑞典	2.74
9	华沙	波兰	1.97	9	奥胡斯	丹麦	1.75	9	南安普敦	英国	1.04	9	恩厄尔霍尔姆	瑞典	2.27
10	贝尔格莱德	塞尔维亚	1.84	10	阿姆斯特丹	荷兰	1.62	10	利物浦	英国	1.01	10	厄斯特松德	瑞典	1.97
…	…	…	…	…	…	…	…	…	…	…	…	…	…	…	…
201	科威特	科威特	-1.19	194	迈阿密	美国	-1.03	177	迈阿密	美国	-1.16	191	都柏林	爱尔兰	-0.64
202	迈阿密	美国	-1.39	195	上海	中国	-1.14	178	华沙	波兰	-1.19	192	坎昆	墨西哥	-0.66
203	中国台北	中国	-1.48	196	纽约	美国	-1.26	179	多伦多	加拿大	-1.30	193	特拉维夫亚佛	以色列	-0.69
204	上海	中国	-1.67	197	莫斯科	俄罗斯	-1.30	180	维也纳	奥地利	-1.43	194	马德里	西班牙	-0.72
205	东京	日本	-1.73	198	东京	日本	-1.46	181	多哈	卡塔尔	-1.47	195	迈阿密	美国	-0.85
206	纽约	美国	-1.91	199	多伦多	加拿大	-1.49	182	巴黎	法国	-1.51	196	纽约	美国	-0.90
207	多伦多	加拿大	-2.01	200	迪拜	阿联酋	-2.04	183	莫斯科	俄罗斯	-2.43	197	上海	中国	-0.97
208	曼谷	泰国	-2.22	201	曼谷	泰国	-2.05	184	迪拜	阿联酋	-2.70	198	迪拜	阿联酋	-1.08
209	迪拜	阿联酋	-2.37	202	中国香港	中国	-2.18	185	伊斯坦布尔	土耳其	-3.04	199	曼谷	泰国	-1.25
210	首尔	韩国	-3.12	203	新加坡	新加坡	-2.23	186	中国香港	中国	-3.14	200	新加坡	新加坡	-1.43

资料来源：据 OAG 整理。

兰（4个）等周边国家。哥本哈根的主要联系指向国内（6个）、德国（7个城市）、挪威（5个城市）和英国（4个城市）等邻国。都柏林的核心腹地分布较广，国内城市仅有多尼戈尔，其他均为国际城市，主要指向英国（21个城市）、波兰（11个城市）、美国（8个城市）及意大利（6个城市）。斯德哥尔摩的核心腹地高度集中于国内（7个城市），以及芬兰（5个城市）、德国（5个城市）和西班牙（4个城市）等周边国家（图5-14）。

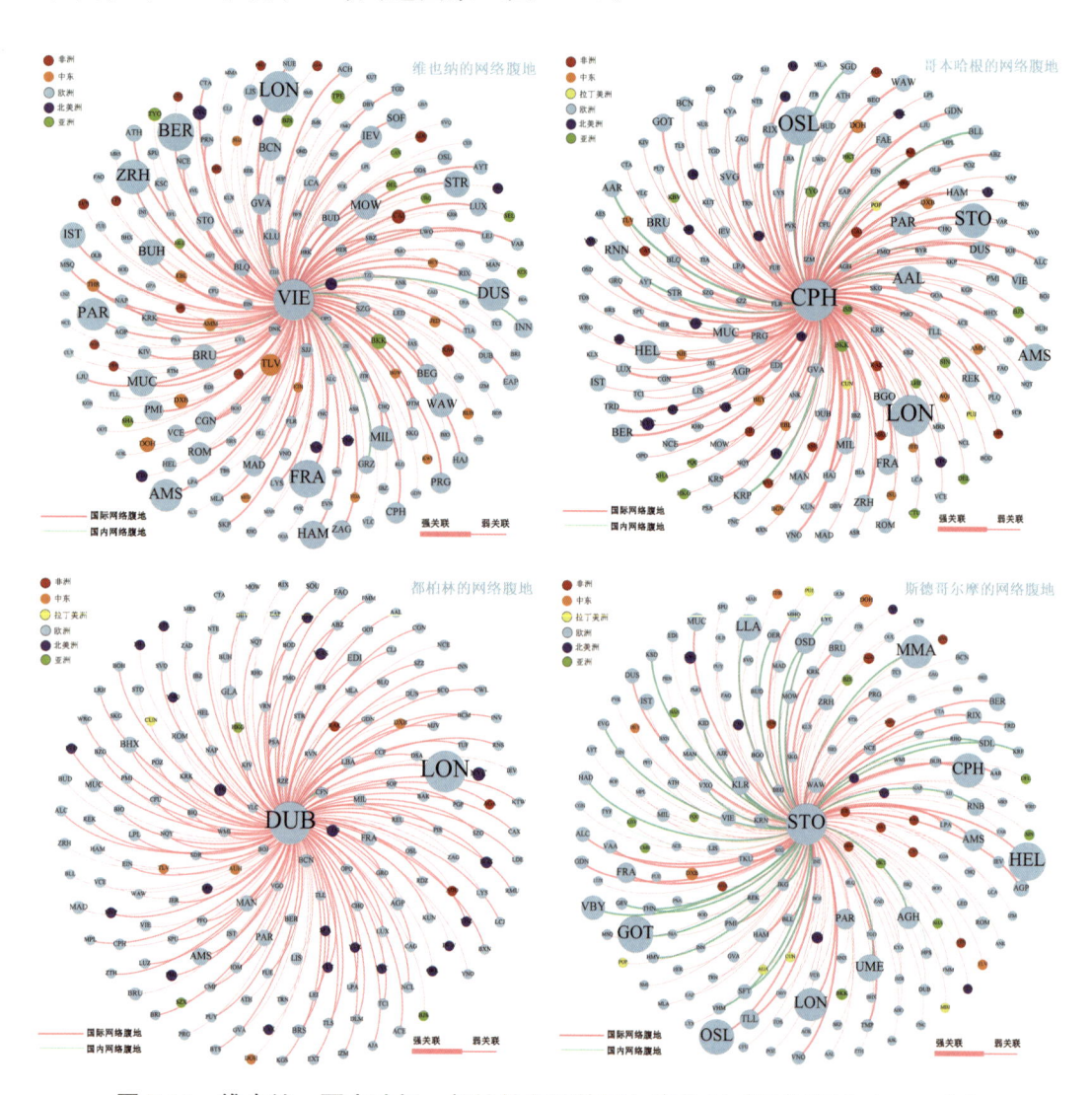

图 5-14　维也纳、哥本哈根、都柏林和斯德哥尔摩的相对网络腹地（2019 年）

资料来源：据 OAG 绘制。

(九) 里斯本、赫尔辛基、华沙、布拉格、奥斯陆

葡萄牙、芬兰、波兰、捷克和挪威五国人均 GDP 较高，涌现里斯本、赫尔辛基、华沙、布拉格和奥斯陆五大全球航空枢纽，但受人口规模和经济体量所限，五大枢纽能级较低，位居全球航空枢纽方阵末游。主要腹地范围较小，以西欧国家为主，部分市场辐射至中美等大国，核心腹地集中于国内及其周边国家（表 5-15）。

从腹地规模看，五大航空枢纽的相对网络腹地范围较窄，腹地城市数量基本维持在 150 个城市左右；航空联系强度差异较显著，强关联城市比重介于 1/4—4/9 间。布拉格与其腹地城市航空联系紧密，强关联度城市比重达到 44%，而赫尔辛基和奥斯陆的强关联腹地城市仅约 25%。航空国际化程度差异凸显，布拉格国际航空运输发达，强关联城市均是国际城市，里斯本和华沙次之，国际城市比重超过 80%，而赫尔辛基和奥斯陆的国际核心腹地比重分别仅约 65% 和 45%，核心市场基本锁定于国内。

从腹地分布看，五大航空枢纽相对腹地以国内及西班牙、法国、德国、意大利、希腊等周边发达国家为主体，以巴西、美国、中国等长程发达航空市场为补充。核心腹地高度集中于国内及周边发达国家，形成一定的地域分工和市场竞争。华沙和奥斯陆与希腊、美国、克罗地亚和土耳其等国家航空运输联系较强，赫尔辛基和布拉格主要服务于希腊、俄罗斯、中国和克罗地亚等航空市场，里斯本航空辐射范围较广，主要指向巴西、葡萄牙、美国、波兰、摩洛哥和英国等国家。

巴西（7 个城市）、法国（6 个城市）、西班牙（6 个城市）和德国（4 个城市）及国内（6 个城市）是里斯本重要的核心网络腹地，以国家政治中心、经济中心和交通中心为主。赫尔辛基的核心网络腹地则高度集中于德国（4 个城市）、西班牙（4 个城市）、波兰（3 个城市），以国家经济中心和国际旅游目的地为主。华沙的核心网络腹地高度集中于国内（16 个城市），国际化程度相较不高，国际核心腹地主要包括德国（8 个城市）和乌克兰（4 个城市），以经济中心城市为主体。希腊（9 个城市）、意大利（9 个城市）、俄罗斯（9 个城市）、英国（5 个城市）及克罗地亚（3 个城市）成为布拉格的核心网络腹地。而奥斯

表 5-15 里斯本、赫尔辛基、华沙、布拉格、奥斯陆的相对网络腹地（2019 年）

排名	里斯本的网络腹地	国家	残差	排名	赫尔辛基的网络腹地	国家	残差	排名	华沙的网络腹地	国家	残差	排名	布拉格的网络腹地	国家	残差	排名	奥斯陆的网络腹地	国家	残差
1	波尔图	葡萄牙	5.34	1	斯德哥尔摩	瑞典	8.04	1	克拉科夫	波兰	3.74	1	华沙	波兰	5.27	1	卑尔根	挪威	6.22
2	马德里	西班牙	4.46	2	奥卢	芬兰	4.59	2	弗罗茨瓦夫	波兰	3.13	2	莫斯科	俄罗斯	4.33	2	特隆赫姆	挪威	5.59
3	丰沙尔	葡萄牙	3.57	3	哥本哈根	丹麦	3.05	3	布拉格	捷克	3.06	3	布达佩斯	匈牙利	2.37	3	斯塔万格	挪威	4.96
4	巴黎	法国	3.18	4	里加	拉脱维亚	2.75	4	基辅	乌克兰	2.99	4	布鲁塞尔	比利时	2.24	4	哥本哈根	丹麦	3.77
5	蓬塔德尔加达	葡萄牙	2.55	5	塔林	爱沙尼亚	2.63	5	格但斯克	波兰	2.97	5	杜塞尔多夫	德国	2.15	5	斯德哥尔摩	瑞典	3.37
6	巴塞罗那	西班牙	2.01	6	罗瓦涅米	芬兰	2.23	6	布达佩斯	匈牙利	2.53	6	阿姆斯特丹	荷兰	1.73	6	特罗姆瑟	挪威	2.38
7	伦敦	英国	1.49	7	奥斯陆	挪威	2.09	7	维尔纽斯	立陶宛	2.27	7	维也纳	奥地利	1.46	7	博多	挪威	1.77
8	日内瓦	瑞士	1.34	8	库奥皮奥	芬兰	2.00	8	特拉维夫	以色列	2.24	8	特拉维夫	以色列	1.44	8	奥勒松	挪威	1.45
9	布鲁塞尔	比利时	1.32	9	柏林	德国	1.57	9	科希策	斯洛伐克	2.19	9	斯科普里	俄罗斯	1.41	9	克里斯蒂安桑	挪威	1.21
10	圣保罗	巴西	1.24	10	瓦萨	芬兰	1.54	10	维也纳	奥地利	2.06	10	圣彼得堡	俄罗斯	1.37	10	哈斯塔德	挪威	1.12
...	...	...	...	...	...	...	...	...	...	...	...	...	...	...	...	...	...	...	...
201	哥本哈根	丹麦	−0.85	165	坎昆	墨西哥	−0.70	149	多伦多	加拿大	−0.96	149	日内瓦	瑞士	−1.08	149	莫斯科	俄罗斯	−0.58
202	纽约	美国	−0.85	166	中国香港	中国	−0.76	150	纽约	美国	−1.06	150	伊斯坦布尔	土耳其	−1.26	150	洛杉矶	美国	−0.59
203	帕尔马	西班牙	−0.96	167	马德里	西班牙	−0.78	151	迈阿密	美国	−1.07	151	蒙特利尔	加拿大	−1.26	151	特拉维夫	以色列	−0.59
204	北京	中国	−1.12	168	迈阿密	美国	−0.79	152	帕尔马	西班牙	−1.10	152	北京	中国	−1.46	152	北京	中国	−0.63
205	多伦多	加拿大	−1.21	169	曼谷	泰国	−0.86	153	马德里	西班牙	−1.22	153	上海	中国	−2.17	153	迈阿密	美国	−0.65
206	卡塔尔	卡塔尔	−1.42	170	都柏林	土耳其	−0.90	154	东京	日本	−1.36	154	迪拜	阿联酋	−2.27	154	伊斯坦布尔	土耳其	−0.66
207	莫斯科	俄罗斯	−1.49	171	纽约	美国	−1.00	155	都柏林	爱尔兰	−1.59	155	柏林	德国	−2.44	155	纽约	美国	−0.67
208	迪拜	阿联酋	−1.92	172	迪拜	阿联酋	−1.08	156	迪拜	阿联酋	−1.83	156	多伦多	加拿大	−3.21	156	马德里	西班牙	−0.69
209	伊斯坦布尔	土耳其	−2.13	173	首尔	韩国	−1.20	157	首尔	韩国	−2.00	157	纽约	美国	−3.33	157	迪拜	阿联酋	−0.91
210	首尔	韩国	−2.65	174	新加坡	新加坡	−1.21	158	新加坡	新加坡	−2.11	158	首尔	韩国	−3.85	158	曼谷	泰国	−0.95

资料来源：据 OAG 整理。

陆的核心腹地高度锁定于国内（23个城市），以卑尔根、特隆赫姆、斯塔万格、特罗姆瑟、博多、奥勒松、克里斯蒂安桑和哈斯塔德为代表，国际腹地城市相对集中于德国（3个）、波兰（3个）及西班牙（3个），基本为国际旅游城市和经济中心城市（图5-15）。

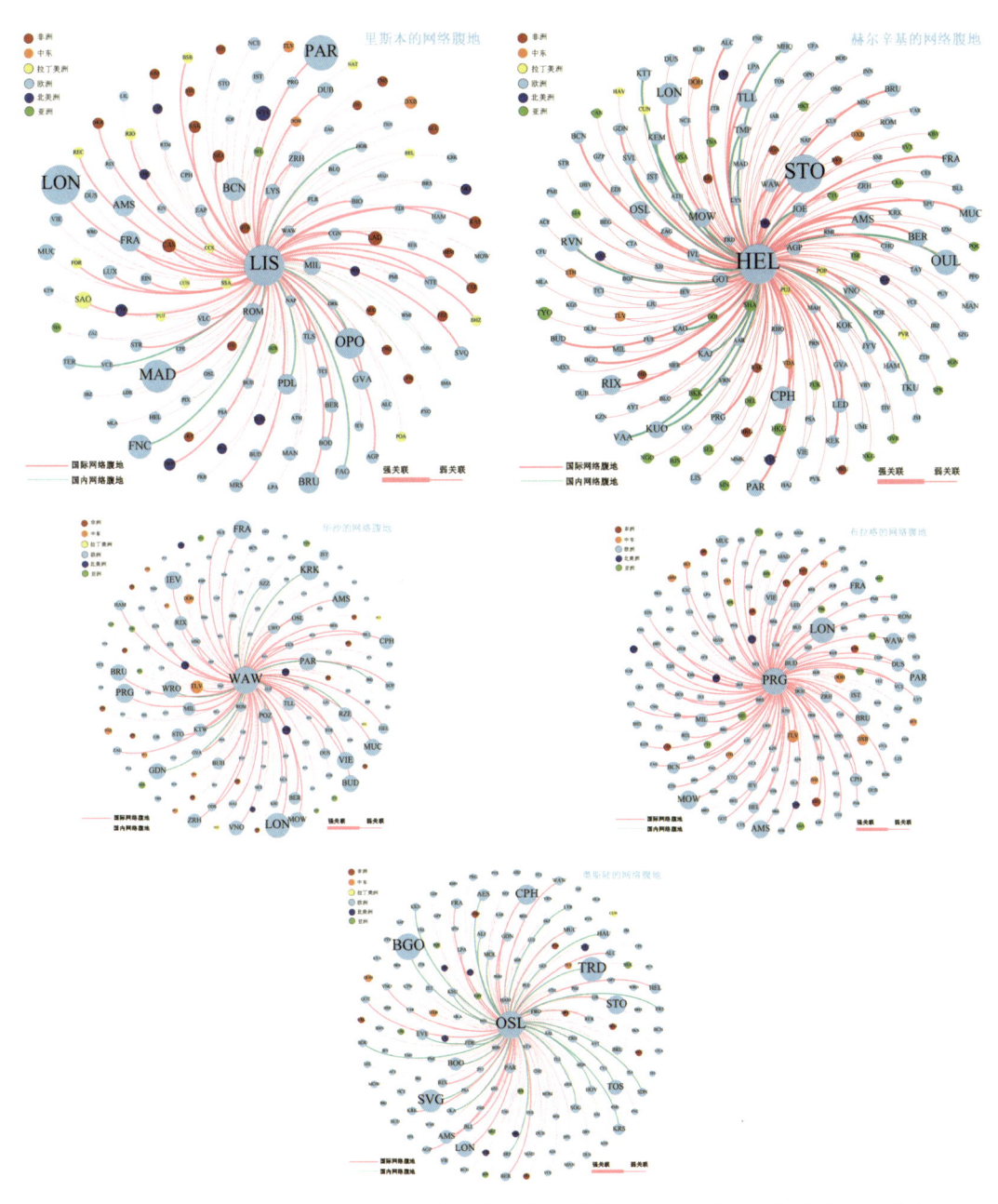

图 5-15 里斯本、赫尔辛基、华沙、布拉格、奥斯陆的相对网络腹地（2019年）

资料来源：据OAG绘制。

二、亚洲：全球级航空枢纽网络腹地分布

亚洲航空枢纽的相对网络腹地以国内市场为主，表现出一定的"地方化"特点。相对网络腹地的强联系呈现出地理邻近性和区域集团性特征。

（一）中国：香港、台北、上海和北京

在共建"一带一路"背景下，中国直航国家和城市范围不断扩大。中国香港、中国台北、上海和北京等节点城市在国际航空网络中的能级和地位日益提升，崛起成为全球重要的航空枢纽（排名依次是第11位、第28位、第34位和第40位）（表5-16）。四大航空枢纽腹地以国内市场为主体，主要辐射东亚、东南亚等周边国家，以及美国、俄罗斯、澳大利亚等大国（杜方叶等，2019），具有典型跨境中转特性（表5-17）。高密度和高连通性城市对基本位于国内，主要集中于东部沿海中心城市及中西部省会城市，台北-香港、上海-北京、上海-深圳等国内航线成为主要空中走廊。

从腹地规模看，四大航空枢纽的相对网络腹地规模差异较大，中国香港和中国台北的腹地城市数量仅140—170个。受政策支持和航司重组影响，中国内地国际航空网络集中度下降明显（朱新华和于剑，2019）。上海和北京的航空腹地范围迅速扩张，2019年超过280个城市与其建立较紧密的航空联系。与欧洲航空枢纽相比，四大航空枢纽的全球化程度较弱，国际腹地城市比重不到3/4，内地枢纽腹地的国际化程度仅40%左右，仅约占欧洲平均水平的一半。同时，整体航空联系强度较低，强关联城市高度集中于北京腹地（比重接近40%），而其他三大枢纽的强关联度腹地比重仅占1/4；内地枢纽主要以国内航空市场为主导，强关联国际腹地城市数量占腹地城市总量的比重低至4%不到（仅为中国台北和中国香港的1/5—1/4），占国际城市总量的比例也仅9%—10%，显著低于香港和台北（25%左右）。

从国际腹地分布看，四大枢纽城市腹地具有较高同配性，出现较大市场重叠和市场。凭借内地庞大腹地市场和国际金融贸易中心地位，中国香港成为中国内地与东亚（日本、韩国）、东南亚（菲律宾、泰国、越南等）、澳大利亚、

表 5-16 中国香港、中国台北、上海和北京的相对网络腹地（2019年）

排名	中国香港的网络腹地	残差	排名	中国台北的网络腹地	残差	排名	上海的网络腹地	残差	排名	北京的网络腹地	残差
1	中国台北	5.95	1	中国香港	6.04	1	深圳	6.27	1	上海	6.98
2	上海	5.05	2	东京	4.34	2	北京	4.98	2	深圳	5.44
3	曼谷	3.64	3	中国马公	3.91	3	广州	4.63	3	成都	4.89
4	东京	3.43	4	中国金门	3.77	4	成都	3.26	4	广州	4.51
5	中国澳门	3.11	5	大阪	2.78	5	昆明	2.97	5	杭州	3.53
6	北京	2.79	6	上海	2.12	6	青岛	2.90	6	重庆	2.99
7	马尼拉	2.65	7	首尔	1.84	7	重庆	2.85	7	昆明	2.73
8	首尔	2.60	8	马尼拉	1.69	8	中国香港	2.76	8	厦门	2.50
9	大阪	2.38	9	中国澳门	1.65	9	厦门	2.49	9	哈尔滨	2.35
10	新加坡	2.03	10	曼谷	1.51	10	大连	2.27	10	西安	2.24
…	…	…	…	…	…	…	…	…	…	…	…
160	米兰	−0.98	135	多伦多	−0.85	278	马德里	−1.52	309	米兰	−1.43
161	马德里	−1.04	136	纽约	−0.85	279	纽约	−1.56	310	慕尼黑	−1.45
162	布鲁塞尔	−1.05	137	罗马	−0.88	280	布鲁塞尔	−1.59	311	布鲁塞尔	−1.46
163	慕尼黑	−1.12	138	迪拜	−1.10	281	慕尼黑	−1.65	312	马德里	−1.51
164	莫斯科	−1.17	139	莫斯科	−1.14	282	迪拜	−1.91	313	迪拜	−1.72
165	法兰克福	−1.29	140	阿姆斯特丹	−1.15	283	法兰克福	−2.05	314	法兰克福	−1.95
166	阿姆斯特丹	−1.52	141	法兰克福	−1.20	284	伊斯坦布尔	−2.43	315	伊斯坦布尔	−2.23
167	伊斯坦布尔	−1.53	142	伊斯坦布尔	−1.20	285	阿姆斯特丹	−2.61	316	阿姆斯特丹	−2.49
168	巴黎	−1.70	143	巴黎	−1.48	286	巴黎	−2.73	317	巴黎	−2.65
169	伦敦	−2.01	144	伦敦	−2.47	287	伦敦	−5.40	318	伦敦	−5.16

资料来源：据OAG整理。

表 5-17　中国跨境中转旅客量前 10 位枢纽机场及城市（2017—2019 年）

排序	城市/机场	跨境中转旅客人次（万人次）			2019 年同比增长率	2019 年日均量（人次）
		2019 年	2018 年	2017 年		
1	香港/香港机场	1 056.88	960.79	961.91	10.00%	28 956
2	北京/首都机场	487.57	453.73	544.81	7.46%	13 358
3	广州/白云机场	431.34	409.95	379.03	5.22%	11 818
4	上海/浦东机场	428.05	393.65	366.49	8.74%	11 727
5	台北/桃园机场	259.55	255.79	251.78	1.47%	7 111
6	昆明/长水机场	78.35	67.13	47.70	16.71%	2 146
7	深圳/宝安机场	74.17	52.75	38.48	40.59%	2 032
8	厦门/高崎机场	66.43	64.25	47.94	3.41%	1 820
9	成都/双流机场	60.48	34.38	32.46	75.92%	1 657
10	重庆/江北机场	24.52	18.52	16.92	32.40%	672

资料来源：据 IATA Airport IS 平台 OD 数据整理。

印度及美国航空连接的中转中枢（表 5-16），主要航空流高度指向上海、澳门、曼谷、普吉岛、东京、大阪、悉尼、墨尔本、马尼拉等主要城市。得益于外向型经济发展，中国台北扮演着中国台湾省与东亚（日本、韩国）、东南亚（菲律宾、越南）及美国航空运输联系的主要枢纽，日本（东京、大阪、冲绳等）、韩国（济州、首尔和釜山）、菲律宾（马尼拉、宿务）成为其核心网络腹地。上海和北京核心腹地基本重叠，与中国香港类同，主要指向东亚（日本、韩国）、东南亚（越南、菲律宾、泰国）、北美（美国和加拿大）、澳大利亚和俄罗斯，与日本（东京、大阪、名古屋、福冈）、韩国（首尔、釜山、济州）、泰国（普吉岛和清迈）形成高密度航线。而西欧、中东、中亚等地区主要政治和经济中心基本锁定为四大枢纽的外围网络腹地，以伦敦、巴黎、阿姆斯特丹、马德里、布鲁塞尔、慕尼黑、法兰克福、伊斯坦布尔、迪拜等全球城市为关键节点。

从国内腹地分布来看，四大枢纽均与国内主要城市建立高连通性中转支线和干线。凭借国际枢纽地位，北京和上海成为中国内地嵌入国际航空网络的中转中枢，其国内核心腹地分布广泛，主要以中西部省会城市和国际旅游城市为主体。中国香港和中国台北的核心腹地不到北京和上海的 1/3，主要是沿海中心城市和中西部省会城市航空支线的重要中转中心，基本位于长江以南地区，相对集中于海峡两岸城市群（中国台北、中国高雄、中国台中、中国台东、中国金门、厦门、泉州、福州等）、长三角城市群（上海、杭州、南京、宁波等）、成渝双城经济圈（重庆、成都）、京津都市圈（北京、天津）及粤港澳大湾区（中国香港、中国澳门、深圳等）（图5-16）。

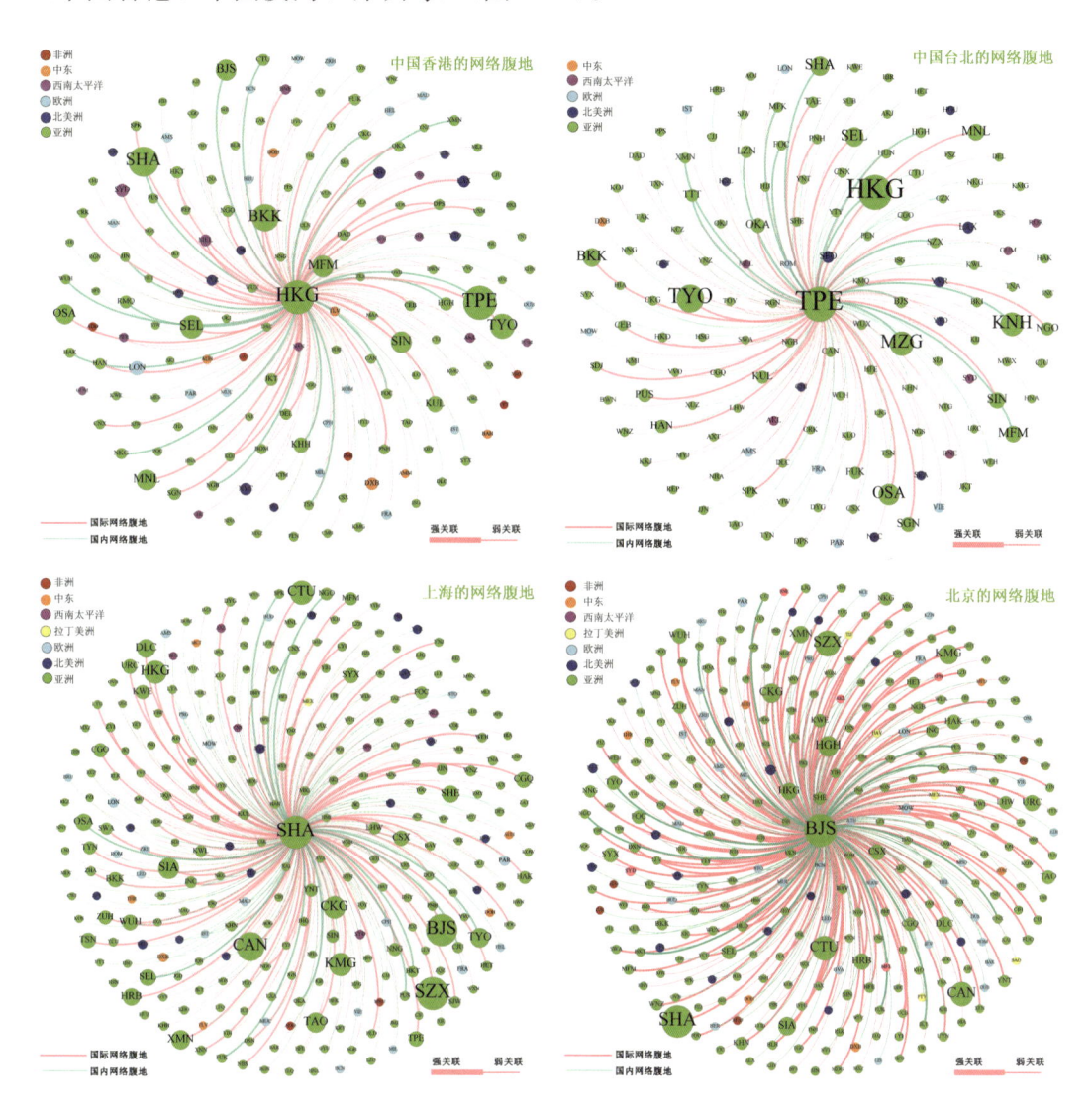

图 5-16　中国香港、中国台北、上海和北京的相对网络腹地（2019 年）

资料来源：据 OAG 绘制。

（二）日本：东京和大阪

凭借发达的外向型经济、密集的人口、完善的基础设施，日本成为全球航空运输大国（唐小卫等，2012），孕育了东京（羽田国际机场和成田国际机场）和大阪（关西国际机场和伊丹国际机场）两大全球性航空枢纽（表5-18）。两大枢纽旅客运量和货运吞吐量位居日本首位和世界前列，网络腹地兼具国内和周边地区，核心腹地主要集中于东亚（日本、中国、韩国），边缘腹地辐射南亚（印度、巴基斯坦）、北美洲（美国、加拿大）、俄罗斯及东南亚（菲律宾和越南等）。

表5-18 东京和大阪的相对网络腹地（2019年）

排名	东京的网络腹地	国家	残差	排名	大阪的网络腹地	国家	残差
1	札幌	日本	6.44	1	东京	日本	7.41
2	福冈	日本	5.93	2	札幌	日本	3.12
3	大阪	日本	5.68	3	首尔	韩国	2.71
4	冲绳	日本	3.02	4	冲绳	日本	2.52
5	首尔	韩国	2.48	5	仙台	日本	2.27
6	中国台北	中国	1.94	6	鹿儿岛	日本	1.84
7	鹿儿岛	日本	1.90	7	上海	中国	1.73
8	上海	中国	1.71	8	中国台北	中国	1.53
9	广岛	日本	1.65	9	长崎	日本	1.47
10	熊本	日本	1.53	10	松山	日本	1.32
…	…	…	…	…	…	…	…
174	里斯本	葡萄牙	−0.67	122	名古屋	日本	−0.52
175	布鲁塞尔	比利时	−0.69	123	雅典	希腊	−0.59
176	莫斯科	俄罗斯	−0.70	124	吉隆坡	马来西亚	−0.61
177	米兰	意大利	−0.70	125	慕尼黑	德国	−0.89
178	马德里	西班牙	−0.73	126	纽约	美国	−0.98
179	巴黎	法国	−0.74	127	迪拜	阿联酋	−1.05
180	迪拜	阿联酋	−0.79	128	法兰克福	德国	−1.24
181	伊斯坦布尔	土耳其	−0.94	129	阿姆斯特丹	荷兰	−1.27
182	阿姆斯特丹	荷兰	−1.02	130	巴黎	法国	−1.47
183	伦敦	英国	−1.45	131	伦敦	英国	−2.51

资料来源：据OAG整理。

从腹地城市数量看，相较中国，东京和大阪的相对网络腹地范围较小，腹地城市数量介于 130—190 个；国际化程度略高，国际腹地城市比重超过 70%；对外航空联系强度较大，强关联城市比重略超 1/4，与上海相当；强关联度的国际城市占比介于 10%—16%，航线国际覆盖深度高于中国。

从腹地国际分布看，两大枢纽国际腹地基本位于亚太地区，相对集中于东亚、东南亚、南亚、北美及澳大利亚，呈现较高度的空间同构性和市场竞争，但东京腹地更广阔，与中国、韩国、美国、加拿大、澳大利亚、俄罗斯、印度、巴基斯坦、菲律宾、越南及德国等周边地区及经济强国建立密切的航空运输联系，中国的上海、北京、香港、澳门，韩国的首尔、釜山，美国的洛杉矶、火奴鲁鲁等国际航空枢纽是东京最主要的核心腹地；而大阪腹地相对狭窄，高度集中于中国、韩国、美国、菲律宾和越南，与东京腹地保持一定程度的市场分化，主要以中国（上海、中国台北、中国香港、大连、天津、中国高雄、青岛、北京、杭州、南京）、韩国（首尔、釜山和大邱）作为最核心市场腹地。

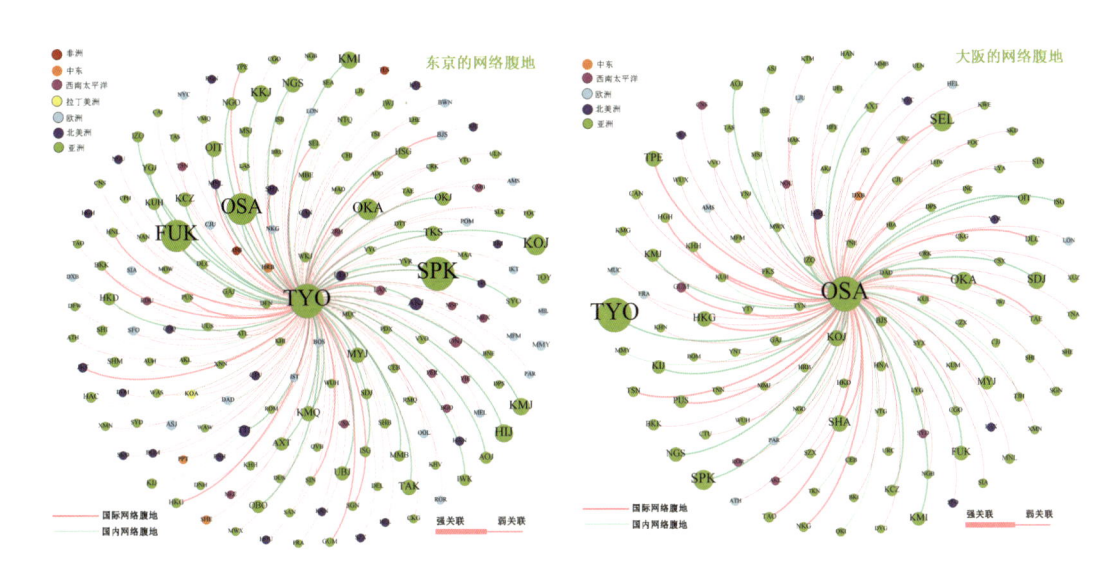

图 5-17 东京和大阪的相对网络腹地（2019 年）

资料来源：据 OAG 绘制。

（三）首尔、曼谷、新加坡、吉隆坡

从腹地国内分布看，东京是日本首位航空枢纽，网络腹地涵盖国内 50 个城市，与 33 个城市形成较强的航空运输联系，札幌、福冈、大阪、冲绳、鹿儿岛、广岛和熊本成为最重要的核心腹地；大阪腹地范围较窄，与国内 37 个城市建立了干支线中转通航联系，东京、札幌、冲绳、仙台、鹿儿岛、长崎、松山是最主要的核心腹地，与东京存在高度的交叉和重叠，市场竞争较激烈（图 5-17）。

与日本类似，韩国和东南亚主要国家普遍实施政府主导的外向型经济战略，国际贸易和旅游业较发达，分别形成首尔、曼谷、新加坡和吉隆坡四大全球性航空枢纽（排名依次是第 7 位、第 8 位、第 10 位和第 25 位）。得益于东亚-东南亚高度区域一体化，四大航空枢纽的主要腹地集中位于东亚和东南亚，辐射至美国、俄罗斯、澳大利亚等航空大国（表 5-19）。

从腹地城市数量看，首尔、曼谷、新加坡和吉隆坡的相对网络腹地范围较广，腹地城市数量均超过 150 个；航空国际化程度较高，以国际城市为绝对主导（比重介于 87%—100%）。新加坡和首尔国际腹地城市占比超过 94%；对外航空运输联系较紧密，强关联城市比重基本超过 1/4。

从腹地国际分布看，四大航空枢纽的主要腹地高度同构，基本指向东亚（中国、日本、韩国）、东南亚（印度尼西亚、马来西亚、泰国、菲律宾、越南）、大洋洲（澳大利亚、新西兰）及美国，但存在一定的空间差异性。其中，新加坡均为国际腹地，核心腹地市场集中于东亚三国、东南亚及澳新旅游大国，以及印度、美国、德国等航空大国。而其他三个枢纽的核心腹地则以国内为主体，相对集中于周边邻国，以及中国、美国、俄罗斯、澳大利亚、印度等航空大国。

从腹地城市分布看，四大航空枢纽的国际核心腹地城市以政治中心、经济中心和国际旅游目的地为主，且形成较明显的地域分工。新加坡成为东南亚最主要的国际航空门户，其核心腹地基本位于东南亚的马来西亚（吉隆坡、槟城、古晋、怡保、哥打基纳巴卢、兰卡威）和印度尼西亚（雅加达、巴厘岛、泗水、棉兰、万隆）的国际旅游地，以及中国（香港、上海、台北、广州、北京、成

表 5-19 首尔、曼谷、新加坡、吉隆坡的相对网络腹地（2019 年）

排名	新加坡的网络腹地	国家	残差	排名	首尔的网络腹地	国家	残差	排名	曼谷的网络腹地	国家	残差	排名	吉隆坡的网络腹地	国家	残差
1	吉隆坡	马来西亚	7.44	1	济州	韩国	11.14	1	清迈	泰国	7.01	1	新加坡	新加坡	5.48
2	雅加达	印度尼西亚	5.96	2	釜山	韩国	3.04	2	普吉岛	泰国	6.89	2	槟城	马来西亚	5.40
3	曼谷	泰国	3.96	3	东京	日本	2.84	3	合艾	泰国	3.21	3	哥打基纳巴卢	马来西亚	3.25
4	巴厘岛	印度尼西亚	2.49	4	大阪	日本	2.41	4	新加坡	新加坡	3.08	4	雅加达	印度尼西亚	3.15
5	槟城	马来西亚	2.19	5	青岛	中国	1.47	5	中国香港	中国	2.69	5	新山	马来西亚	3.09
6	中国香港	中国	2.07	6	岘港	越南	1.46	6	清莱	泰国	2.49	6	兰卡威	马来西亚	2.82
7	马尼拉	菲律宾	2.05	7	中国香港	中国	1.44	7	苏梅岛	泰国	2.49	7	哥打巴鲁	马来西亚	2.74
8	胡志明市	越南	1.94	8	福冈	日本	1.36	8	吉隆坡	马来西亚	2.27	8	古晋	马来西亚	2.69
9	东京	日本	1.82	9	上海	中国	1.25	9	乌隆	泰国	2.23	9	曼谷	泰国	2.02
10	普吉岛	泰国	1.42	10	曼谷	泰国	1.10	10	甲米	泰国	2.15	10	瓜拉登嘉楼	马来西亚	1.60
…	…	…	…	…	…	…	…	…	…	…	…	…	…	…	…
161	巴塞罗那	西班牙	-0.83	170	伊斯坦布尔	土耳其	-0.53	209	杜塞尔多夫	德国	-0.71	142	亚的斯亚贝巴	埃塞俄比亚	-0.51
162	纽约	美国	-0.83	171	维也纳	奥地利	-0.54	210	慕尼黑	德国	-0.75	143	阿布扎比	阿联酋	-0.52
163	米兰	意大利	-0.86	172	苏黎世	瑞士	-0.54	211	法兰克福	德国	-0.77	144	利雅得	沙特阿拉伯	-0.53
164	罗马	意大利	-0.88	173	马德里	西班牙	-0.57	212	米兰	意大利	-0.79	145	安曼	约旦	-0.53
165	法兰克福	德国	-0.91	174	米兰	意大利	-0.57	213	罗马	意大利	-0.79	146	沙迦	阿联酋	-0.54
166	莫斯科	俄罗斯	-1.04	175	迪拜	阿联酋	-0.57	214	布鲁塞尔	比利时	-0.80	147	迪拜	阿联酋	-0.69
167	伊斯坦布尔	土耳其	-1.14	176	慕尼黑	德国	-0.57	215	伊斯坦布尔	土耳其	-0.86	148	伊斯坦布尔	土耳其	-1.01
168	阿姆斯特丹	荷兰	-1.24	177	巴黎	法国	-0.70	216	阿姆斯特丹	荷兰	-1.10	149	法兰克福	德国	-1.11
169	巴黎	法国	-1.43	178	阿姆斯特丹	荷兰	-0.72	217	巴黎	法国	-1.19	150	阿姆斯特丹	荷兰	-1.12
170	伦敦	英国	-1.69	179	伦敦	英国	-1.25	218	伦敦	英国	-1.66	151	伦敦	英国	-1.71

资料来源：据 OAG 整理。

都、厦门和深圳）和印度（钦奈、班加罗尔、孟买、蒂鲁吉拉伯利、新德里、科钦、海德拉巴）的政治经济中心城市。首尔的核心腹地高度集中于东亚三国，与中国（青岛、香港、上海、台北、北京和烟台等12个城市）和日本（东京、大阪、福冈、札幌、名古屋和冲绳）建立高密度的空中航线。曼谷的核心腹地集中于邻国越南（胡志明市、河内和岘港市），以及中国（香港、广州、上海和台北等14个城市）、印度（新德里、加尔各答和孟买）和日本（东京、大阪和名古屋）的政治经济中心。而吉隆坡的核心腹地则集中于东南亚的印度尼西亚（雅加达、巴厘岛、棉兰、泗水和万隆）和泰国（曼谷、普吉岛和甲米），以及印度（钦奈、蒂鲁吉拉伯利和科钦）。四大枢纽的边缘腹地则辐射至中东和西欧主要国家，但形成一定的市场分工：新加坡、首尔和曼谷的边缘腹地主要分布在西欧政治中心（伦敦、巴黎、阿姆斯特丹、伊斯坦布尔等）；而吉隆坡的边缘腹地高度指向中东（阿布扎比、利雅得、安曼、沙迦、迪拜）和西欧地区。与新加坡的航空高度国际化不同，首尔、曼谷和吉隆坡三大枢纽的本地化水平较高，超过一半的核心腹地位于国内，济州、釜山、蔚山、丽水是首尔最主要的核心腹地，清迈、普吉岛、合艾、清莱、苏梅岛、乌隆和甲米与曼谷形成紧密的航空支线联系，吉隆坡则将国内槟城、哥打基纳巴卢、新山、兰卡威、哥打巴鲁、古晋和瓜拉登嘉楼等15个城市纳入其核心网络腹地（图5-18）。

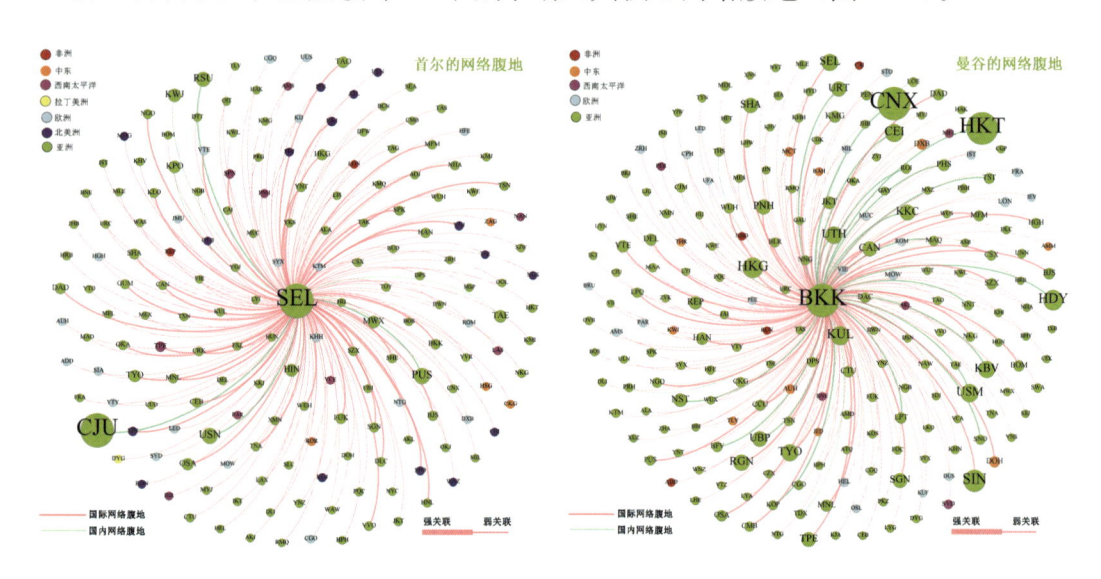

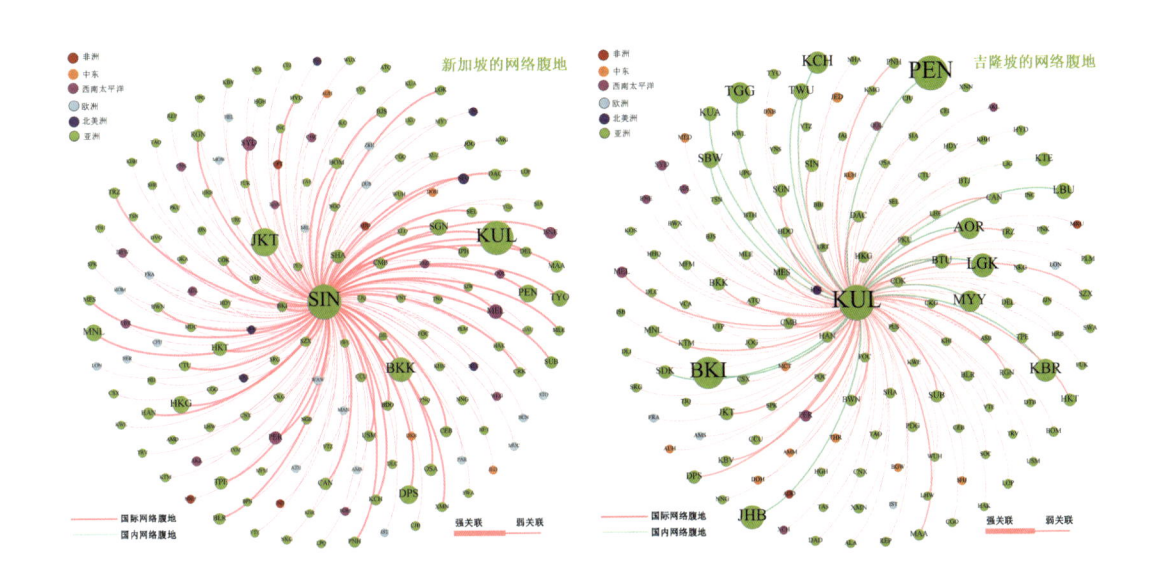

图 5-18　首尔、曼谷、新加坡和吉隆坡的相对网络腹地（2019 年）

资料来源：据 OAG 绘制。

三、中东地区：全球级航空枢纽网络腹地分布

凭借其得天独厚的欧亚航线居中的位置，中东航空枢纽在洲际航空运输市场上具备明显中转优势，主要以国际航空运输联系为主，具有明显的"全球化"特点。

（一）阿联酋：迪拜和沙迦

阿联酋人均 GDP 位列世界前列，航空公司规模雄居阿拉伯国家首位，地处全球洲际空中航线的中转要地，发育迪拜和沙迦两大全球级航空枢纽，排名分列全球第 6 位和第 30 位，其主要航空腹地高度指向中东和南亚国家，与中东地区的政治中心、南亚的政治经济中心建立密切的航空运输联系，外围腹地辐射俄罗斯、中国、美国及西欧（德国、英国、意大利）航空大国，相对集中于其政治中心（表 5-20）。

表 5-20　迪拜和沙迦的相对网络腹地（2019 年）

排名	迪拜的网络腹地	国家	残差	排名	沙迦的网络腹地	国家	残差
1	利雅得	沙特阿拉伯	6.30	1	特里凡得琅	印度	3.53
2	科威特	科威特	5.99	2	卡利卡特	印度	2.36
3	巴林	巴林	5.02	3	马斯喀特	阿曼	2.23
4	马斯喀特	阿曼	4.89	4	科钦	印度	2.14
5	孟买	印度	4.54	5	卡拉奇	巴基斯坦	1.90
6	吉达	沙特阿拉伯	4.38	6	达卡	孟加拉国	1.77
7	新德里	印度	3.33	7	巴林	巴林	1.72
8	卡拉奇	巴基斯坦	2.57	8	孟买	印度	1.71
9	达曼	沙特阿拉伯	2.56	9	科威特	科威特	1.63
10	贝鲁特	黎巴嫩	2.01	10	达曼	沙特阿拉伯	1.58
…	…	…	…	…	…	…	…
259	东京	日本	−0.75	86	突尼斯	突尼斯	−0.98
260	斯图加特	德国	−0.76	87	扎波罗热	乌克兰	−1.01
261	阿姆斯特丹	荷兰	−0.77	88	拉各斯	尼日利亚	−1.02
262	哥本哈根	丹麦	−0.86	89	哈尔科夫	乌克兰	−1.03
263	墨西哥城	墨西哥	−0.93	90	利沃夫	乌克兰	−1.06
264	多伦多	加拿大	−1.01	91	圣彼得堡	俄罗斯	−1.11
265	巴黎	法国	−1.01	92	莫斯科	俄罗斯	−1.15
266	中国台北	中国	−1.05	93	安塔利亚	土耳其	−1.37
267	柏林	德国	−1.12	94	吉隆坡	马来西亚	−1.75
268	首尔	韩国	−1.15	95	维也纳	奥地利	−1.88

资料来源：据 OAG 整理。

从腹地城市数量看，迪拜和沙迦的相对网络腹地数量相差悬殊，前者超过 250 个城市，后者不到 100 个城市，主要原因在于众多经营欧洲、非洲、亚洲间航线的航空公司往往选择迪拜作为中转中枢；二者扮演洲际空中航线中转站，腹地全是国际城市，航空干线中转强度大，强关联城市比重介于 1/4—2/5。

从腹地国家分布看，两大枢纽核心腹地范围相差较大，但均相对集中，形成一定地域分工。迪拜涵盖地域范围较广，主要包括三类区域性核心市场：一是传统及新兴航空大国，包括俄罗斯（30 个城市）、中国（12 个城市）、美国

(11个城市)、德国 (9个城市)、意大利 (7个城市)、英国 (6个城市) 及澳大利亚 (5个城市);二是中东地区石油大国,以沙特阿拉伯 (11个城市)、伊朗 (10个城市) 和伊拉克 (5个城市) 为代表;三是南亚地区大国,主要为印度 (22个城市) 和巴基斯坦 (8个城市)。而沙迦的核心腹地范围与迪拜基本重叠,存在一定市场竞争。一是高度集中于南亚地区的印度 (22个城市) 和巴基斯坦 (9个城市);二是相对散布于中东地区的沙特阿拉伯 (11个城市)、埃及 (4)、伊朗 (4) 和伊拉克 (4);三是辐射东欧地区,与俄罗斯 (4个城市) 和乌克兰 (4个城市) 形成较强的航空运输联系。

从腹地城市分布看,迪拜和沙迦的城市腹地高度趋同,基本指向南亚及沙特阿拉伯,受地理邻近性和文化邻近性影响显著。其核心城市腹地高度集中于印度 (孟买、新德里、科钦、海德拉巴、金奈、班加罗尔、艾哈迈达巴德、加尔各答、浦那等)、巴基斯坦 (卡拉奇、伊斯兰堡、拉合尔和白沙瓦等)、沙特阿拉伯 (利雅得、吉达、达曼、麦地那等) (图5-19)。比较二者连通性前10位和后10位的腹地城市,发现二者网络腹地存在一定的空间分化:迪拜核心腹地主要辐射中东国家政治中心 (科威特、巴林、达曼、吉达、马斯喀特、贝鲁特) 及南亚政治经济中心 (孟买、新德里、卡拉奇),最边缘腹地锁定于西欧 (斯图加特、阿姆斯特丹、哥本哈根、巴黎、柏林) 和东北亚 (东京、台北、首尔);而沙迦核心腹地则主要指向南亚经济中心 (特里凡得琅、卡利卡特、科钦、孟买、达曼、达卡、卡拉奇),最弱连通性腹地城市主要分布于东欧 (圣彼得堡、莫斯科、扎波罗热、哈尔科夫、利沃夫) (表5-20)。

(二) 沙特阿拉伯:吉达和利雅得

得益于欧亚非大陆交叉口、伊斯兰教圣地的区位优势,沙特阿拉伯中转航线和朝觐航线发达,吉达和利雅得发育成两大全球级航空枢纽 (连通性分列第23位和第49位)。每年近300万信众通过吉达和利雅得中转联运至麦加和麦地那圣地 (唐小卫等,2012)。因而,二者的相对网络腹地与伊斯兰教分布区基本重合,主要集中于中东及南亚地区,包括中东地区的沙特阿拉伯、阿联酋、土耳其、阿尔及利亚、摩洛哥、突尼斯和埃及,以及南亚地区的印度和巴基斯坦。

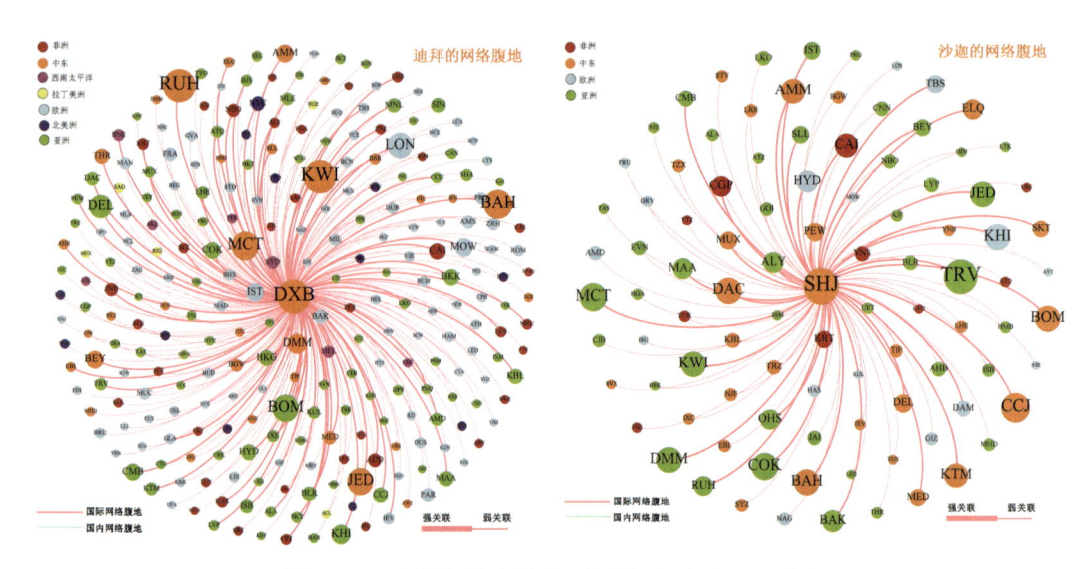

图 5-19　迪拜和沙迦的相对网络腹地（2019 年）

资料来源：据 OAG 绘制。

表 5-21　吉达和利雅得的相对网络腹地（2019 年）

排名	吉达的网络腹地	国家	残差	排名	利雅得的网络腹地	国家	残差
1	利雅得	沙特阿拉伯	10.88	1	吉达	沙特阿拉伯	7.48
2	达曼	沙特阿拉伯	4.14	2	达曼	沙特阿拉伯	2.53
3	开罗	埃及	3.76	3	艾卜哈	沙特阿拉伯	2.40
4	艾卜哈	沙特阿拉伯	3.16	4	迪拜	阿联酋	2.30
5	迪拜	阿联酋	2.40	5	吉赞	沙特阿拉伯	1.57
6	吉赞	沙特阿拉伯	2.13	6	麦地那	沙特阿拉伯	1.48
7	麦地那	沙特阿拉伯	1.74	7	开罗	埃及	1.07
8	塔布克	沙特阿拉伯	1.66	8	塔布克	沙特阿拉伯	0.62
9	伊斯坦布尔	土耳其	1.29	9	塔伊夫	沙特阿拉伯	0.59
10	科威特	科威特	1.28	10	巴林	巴林	0.59
…	…	…	…	…	…	…	…
194	罗马	意大利	−0.55	82	突尼斯	突尼斯	−0.43
195	马德里	西班牙	−0.55	83	马德里	西班牙	−0.43
196	米兰	意大利	−0.57	84	马拉加	西班牙	−0.44
197	法兰克福	德国	−0.61	85	米兰	意大利	−0.44

续表

排名	吉达的网络腹地	国家	残差	排名	利雅得的网络腹地	国家	残差
198	纽约	美国	−0.63	86	伦敦	英国	−0.45
199	慕尼黑	德国	−0.64	87	安塔利亚	土耳其	−0.45
200	新加坡	新加坡	−0.66	88	巴黎	法国	−0.45
201	莫斯科	俄罗斯	−0.72	89	慕尼黑	德国	−0.45
202	巴黎	法国	−0.92	90	纽约	美国	−0.46
203	伦敦	英国	−1.41	91	北京	中国	−0.46

资料来源：据OAG整理。

从腹地城市数量看，与阿联酋类似，沙特阿拉伯的首位（吉达）和次位（利雅得）枢纽腹地范围也相差悬殊，前者超过200个城市，后者不到100个城市；得益于沙特阿拉伯的区位优势和石油出口贸易，两大枢纽腹地的国际化程度较高，国际城市比重介于70%—90%；但受市场空间所限，对外航空运输联系强度较弱，强关联城市比重不到1/5，强关联国际腹地占比约10%—13%，显著低于阿联酋。

从腹地国家分布看，二者核心腹地基本一致，主要位于国内、中东及南亚地区。吉达核心腹地较广，主要辐射土耳其（38个城市）、阿尔及利亚（9个城市）、摩洛哥（9个城市）、突尼斯（8个城市）和埃及（7个城市）等中东地区经济较发达国家，以及印度（10个城市）和巴基斯坦（8个城市）等南亚大国。凭借居中区位，吉达成为欧洲与东亚、东南亚洲际空中航线的重要中转站，主要中转腹地高度指向印度尼西亚（14个城市）和中国（7个城市）。与之相比，利雅得的核心腹地较窄，高度集中于南亚的印度（11个城市）和巴基斯坦（6个城市），以及埃及（5个城市）和土耳其（4个城市）等经济较发达国家。

从腹地城市分布看，二者的核心腹地存在一定的分化，形成较好的市场分工。印度的孟买、海德拉巴、新德里、卡利卡特和科钦，巴基斯坦的拉合尔、卡拉奇、伊斯兰堡、木尔坦和白沙瓦等南亚政治经济中心是吉达的核心网络腹地。阿联酋的迪拜和阿布扎比，以及开罗、巴林、科威特、安曼、伊斯坦布尔、贝鲁特和马斯喀特等中东国家政治中心则是利雅得的核心网络腹地，但其最主要腹地存在较大幅的空间重叠和较明显的市场竞争：一是二者的国内核心腹地数量相同，范围基本同构，航空流连通性前十位的城市中大部分（60%和70%）城市保持一致（图5-20）；二是二者的国外最核心腹地均位于中东国家政治和经济中心，最强航空联系前十位的城市出现明显交叉和重叠，拥有70%的共同腹地（达曼、开罗、艾卜哈、迪拜、吉赞、麦地那和塔布克等7个城市）（表5-21）。

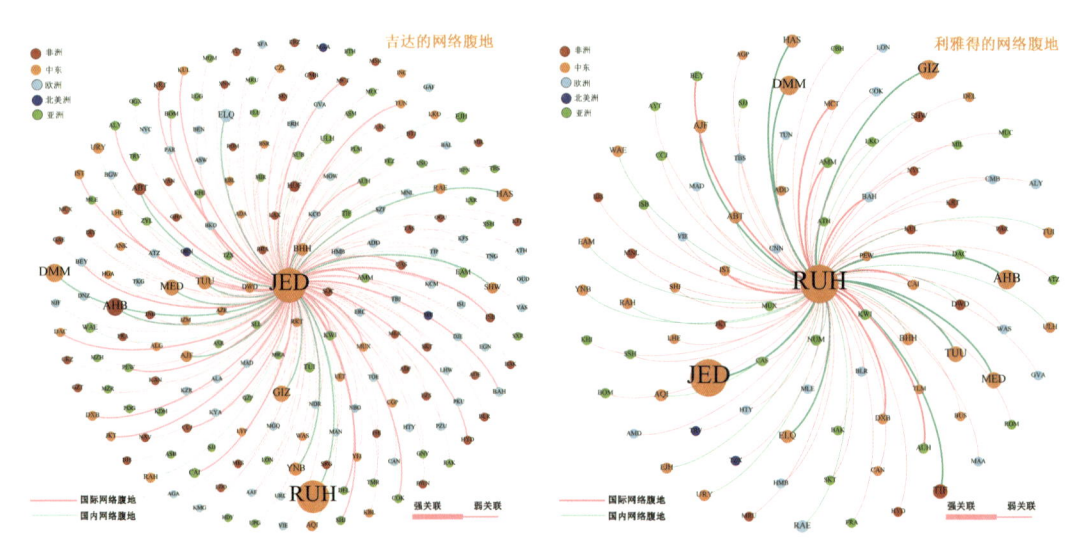

图 5-20　吉达和利雅得的相对网络腹地（2019年）

资料来源：据OAG绘制。

（三）卡塔尔：多哈和以色列：特拉维夫

卡塔尔首都多哈集中了全国80%的人口，是全国经济、交通和文化中心（唐小卫等，2012），也是全球领先的在岸金融中心，吸引众多国际度假者和劳务派遣者及中转旅客，因而成为全球级航空枢纽（排名第26位）。以色列位于欧亚交界核心地区，经济发展良好，科技实力雄厚，旅游业快速发展（唐小卫等，2012），其首都特拉维夫因而成为中东地区国际航空枢纽（其连通度位列全球第37位），主要航线辐射中东、西欧、东亚及北美主要国家中心城市（表5-22）。

从腹地城市数量看，多哈和特拉维夫的相对网络腹地较广泛，腹地城市数量超过170个；相比中东其他枢纽，二者的航空国际化程度极高，枢纽腹地几乎均为国际城市；航空运输联系较紧密，强关联城市比重分别为 1/3 和 1/4。

表 5-22 多哈和特拉维夫的相对网络腹地（2019 年）

排名	多哈的网络腹地	国家	残差	排名	特拉维夫的网络腹地	国家	残差
1	科威特	科威特	7.15	1	伊斯坦布尔	土耳其	5.89
2	马斯喀特	阿曼	7.01	2	埃拉特	以色列	4.41
3	伊斯坦布尔	土耳其	2.57	3	拉纳卡	塞浦路斯	3.02
4	科伦坡	斯里兰卡	2.30	4	罗马	意大利	2.96
5	加德满都	尼泊尔	2.19	5	布加勒斯特	罗马尼亚	2.82
6	贝鲁特	黎巴嫩	2.15	6	基辅	乌克兰	2.39
7	达卡	孟加拉国	1.94	7	雅典	希腊	2.00
8	曼谷	泰国	1.63	8	巴黎	法国	1.91
9	安曼	约旦	1.51	9	莫斯科	俄罗斯	1.72
10	科钦	印度	1.18	10	纽约	美国	1.61
…	…	…	…	…	…	…	…
164	上海	中国	−0.82	161	多伦多	加拿大	−1.08
165	马拉加	西班牙	−0.84	162	斯德哥尔摩	瑞典	−1.14
166	安塔利亚	土耳其	−0.85	163	杜塞尔多夫	德国	−1.30
167	布鲁塞尔	比利时	−0.87	164	哥本哈根	丹麦	−1.37
168	巴黎	法国	−0.91	165	伦敦	英国	−1.43
169	里斯本	葡萄牙	−0.96	166	上海	中国	−1.43
170	法兰克福	德国	−0.96	167	中国香港	中国	−1.62
171	开罗	埃及	−1.01	168	都柏林	爱尔兰	−1.64
172	首尔	韩国	−1.36	169	曼谷	泰国	−2.06
173	阿姆斯特丹	荷兰	−1.69	170	首尔	韩国	−2.45

资料来源：据 OAG 整理。

从腹地国家分布看，二者核心腹地存在较大的空间一致性，其所在国家基本位于中东（土耳其、伊朗、伊拉克等）和南亚（印度和巴基斯坦）地区，与美国、中国、俄罗斯等航空大国形成较密集的航空流。从腹地城市分布看，二者的核心腹地城市分布较广，但相对集中于少数航空市场区域，形成较有序的地域分工。多哈的核心腹地城市高度集中于印度（科钦、新德里、孟买、科泽科德、特里凡得琅、海德拉巴、金奈、艾哈迈达巴德和坎努尔)、巴基斯坦(伊斯兰堡、拉合尔、卡拉奇和白沙瓦)、伊拉克(巴格达、埃尔比勒、纳杰夫和巴士拉)等南亚和西亚国家主要经济中心。特拉维夫与欧洲和北美洲的主要国家中心城市航空运输联系紧密,其核心腹地城市主要位于希腊(雅典、伊拉克里翁、塞萨洛尼基、罗德岛和科斯)、保加利亚(索非亚、布尔加斯、瓦尔纳)、俄罗斯(莫斯科、索契、圣彼得堡和茹科夫斯基)、乌克兰(基辅、敖德萨、第聂伯罗彼得罗夫斯克)等南欧和东欧国家政治经济中心(图5-21)。

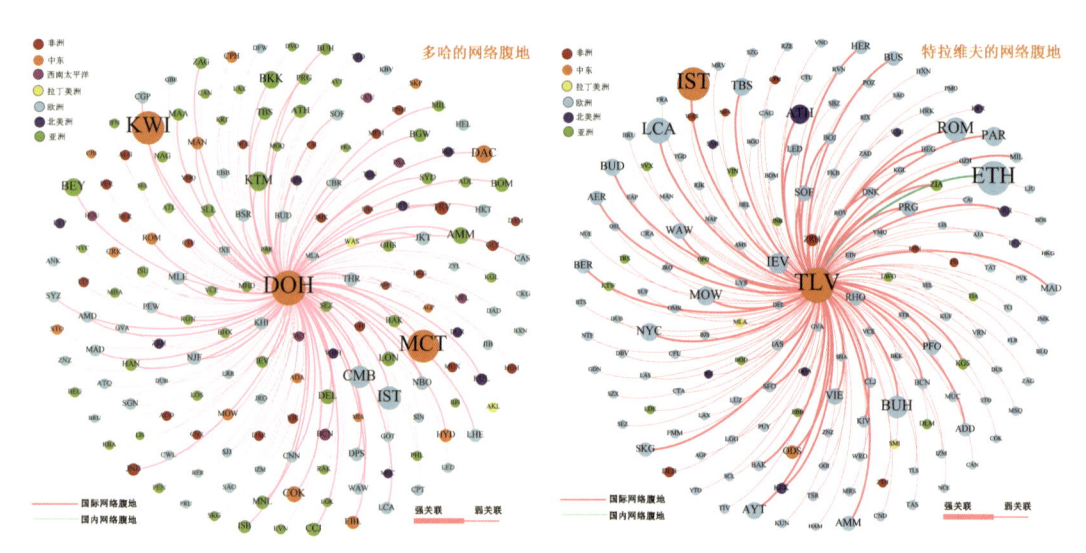

图 5-21 多哈和特拉维夫的相对网络腹地(2019 年)

资料来源:据 OAG 绘制。

四、北美洲:全球级航空枢纽网络腹地分布

北美航空枢纽的相对网络腹地表现出"全球化"和"地方化"的混合模式。网络腹地主要集中在北美洲和拉丁美洲的主要城市,呈现出地理邻近性特点。

(一)美国:纽约和迈阿密

纽约既是全球最富裕的城市(人均 GDP 世界第一),也是世界最大的都市区,拥有三座大型国际机场(唐小卫等,2012)。而迈阿密作为国际旅游胜地,则是美国链接拉丁美洲的航空中枢。

从腹地城市数量看，纽约是典型的综合型空港城市，其相对网络腹地遍布全球，超过 300 个城市；国际和国内腹地城市规模相当（各占一半），呈国际和国内城市双主导结构；核心腹地城市数量接近 30%，其中 93% 为国际城市。迈阿密高度依赖国际旅游业，其网络腹地主要来自拉丁美洲，腹地范围仅为纽约的 60%；国际腹地城市比重约 2/3，呈现国际腹地主导模式；核心腹地规模占到一半，枢纽-腹地联系较紧密（表 5-23）。

表 5-23　纽约和迈阿密的相对网络腹地（2019 年）

排名	纽约的网络腹地	国家	残差	排名	迈阿密的网络腹地	国家	残差
1	伦敦	英国	5.34	1	纽约	美国	8.15
2	圣多明哥	多米尼加	4.67	2	亚特兰大	美国	3.33
3	坎昆	墨西哥	3.62	3	拿骚	巴哈马	2.90
4	巴黎	法国	3.37	4	墨西哥城	墨西哥	2.30
5	马德里	西班牙	3.33	5	波哥大	哥伦比亚	2.14
6	特拉维夫	以色列	3.30	6	哈瓦那	古巴	2.07
7	墨西哥城	墨西哥	3.12	7	巴拿马城	巴拿马	2.02
8	多伦多	加拿大	3.06	8	布宜诺斯艾利斯	阿根廷	1.39
9	圣胡安	波多黎各	2.92	9	圣胡安	波多黎各	1.22
10	阿姆斯特丹	荷兰	2.73	10	基韦斯特	美国	1.15
…	…	…	…	…	…	…	…
298	里约热内卢	巴西	−1.67	172	布鲁塞尔	比利时	−1.25
299	卡萨布兰卡	摩洛哥	−1.78	173	慕尼黑	德国	−1.31
300	维也纳	奥地利	−1.88	174	莫斯科	俄罗斯	−1.32
301	慕尼黑	德国	−2.00	175	伊斯坦布尔	土耳其	−1.57
302	危地马拉城	危地马拉	−2.01	176	法兰克福	德国	−1.58
303	武汉	中国	−2.17	177	西雅图	美国	−1.58
304	新加坡	新加坡	−2.18	178	巴黎	法国	−1.62
305	蓬塔卡纳	多米尼加	−2.27	179	丹佛	美国	−1.71
306	圣佩德罗苏拉	洪都拉斯	−2.29	180	伦敦	英国	−1.95
307	底特律	美国	−2.86	181	阿姆斯特丹	荷兰	−1.99

资料来源：据 OAG 整理。

从腹地国家分布看，受地理邻近性和文化邻近性影响显著，两大枢纽的网络腹地高度集中于西半球，核心腹地形成较有序的市场分工。纽约的核心腹地分布广泛，主要集中于西欧（德国、英国和意大利）、北美（美国、加拿大、墨西哥）及部分拉丁美洲国家（哥伦比亚、多米尼加等），且趋向于高等级腹地城市建立高连通性航线，其全球级（33 个城市）和国际级（38 个城市）腹地比重接近 1/4。得益于地理位置和海滨旅游优势，迈阿密的核心腹地高度集中于拉丁美洲（巴西、阿根廷），尤其是中美洲国家（巴哈马和古巴），主要与低等级城市间形成较高强度的航空流，并以第三层级的区域性腹地城市居多。此外，二者的航空外向性程度较高，国内核心腹地数量较小，基本以外围边缘腹地为主。

从国际腹地城市分布看，两大枢纽的核心腹地城市主要集中于北美国家的中心城市，部分散布于西欧、中国、巴西等航空大国的主要政治经济中心。其中，纽约的核心国际腹地集中于加拿大（多伦多、蒙特利尔、温哥华、魁北克、哈利法克斯、卡尔加里）和墨西哥（坎昆、墨西哥城、瓜达拉哈拉、蒙特雷、梅里达和圣何塞卡波），与中国的上海和北京，英国的伦敦、曼彻斯特和格拉斯哥，意大利的米兰形成较强的航空联系。迈阿密的核心国际腹地则主要位于哥伦比亚（波哥大、麦德林、卡利、卡塔赫纳和巴兰基亚）和多米尼加（圣多明哥、蓬塔卡纳、普拉塔港和圣地亚哥），与巴西的圣保罗和巴西利亚，古巴的哈瓦那和圣克拉拉航空运输联系较紧密。加拿大的多伦多和蒙特利尔，墨西哥的坎昆和墨西哥城，哥伦比亚的波哥大、麦德林和卡利，多米尼加的圣多明哥和圣地亚哥是双方共同的核心腹地，存在较明显的市场竞争。

从国内腹地城市分布看，迈阿密的枢纽航线组织相较纽约表现出更明显的地方化倾向。纽约的国内核心网络腹地主要集中于东部及南部海岸，包括华盛顿、诺福克、迈阿密、迈尔斯堡、夏洛特和休斯敦等中心城市。而迈阿密的国内核心腹地城市规模更大、范围更广，与东北部海岸（纽约、华盛顿、费城、波士顿等）、南部-西南部海岸（奥兰多、休斯敦、新奥尔良等）主要经济中心，以及亚特兰大、匹兹堡、洛杉矶等主要航空枢纽间的航空运输联系较紧密（图 5-22）。

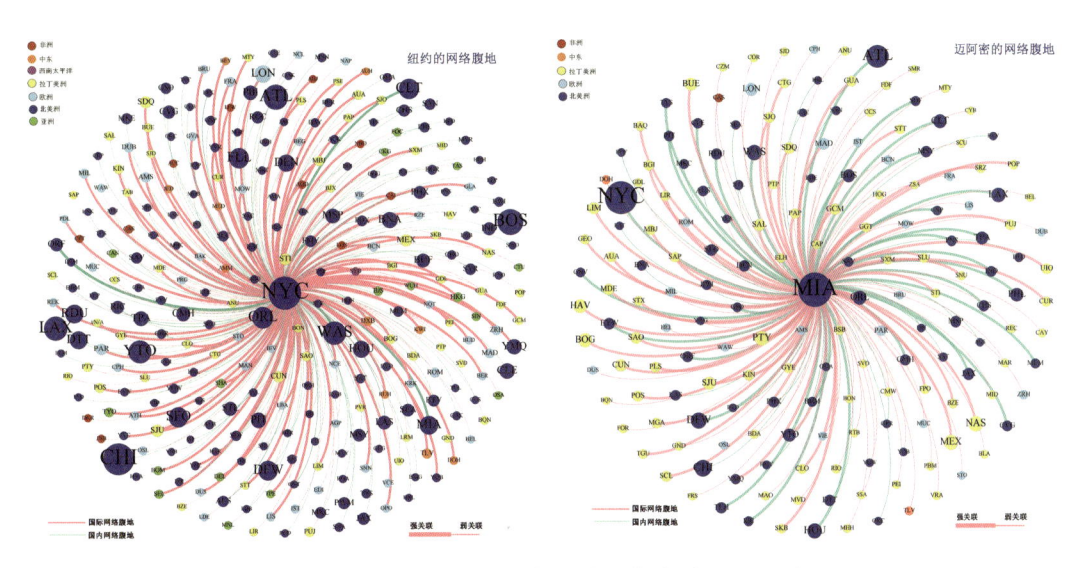

图 5-22　纽约和迈阿密的相对网络腹地（2019 年）

资料来源：据 OAG 绘制。

（二）加拿大：多伦多和蒙特利尔

加拿大疆域辽阔、地形复杂、移民众多、旅游和外贸发达，因而成为全球空运大国（唐小卫等，2012），其机场集中展布于南部美加边境，发育多伦多和蒙特利尔两大全球级航空枢纽。两大枢纽城市形成"一市多场"机场群体系，成为国际移民和旅游者的集散地，主要腹地聚焦于北美国家及其中心城市，辐射西欧及拉美地区主要市场（表 5-24）。

表 5-24　多伦多和蒙特利尔的相对网络腹地（2019 年）

排名	多伦多的网络腹地	国家	残差	排名	蒙特利尔的网络腹地	国家	残差
1	蒙特利尔	加拿大	8.52	1	多伦多	加拿大	11.24
2	纽约	美国	7.02	2	纽约	美国	4.40
3	渥太华	加拿大	6.35	3	魁北克	加拿大	2.59
4	温哥华	加拿大	3.23	4	哈利法克斯	加拿大	1.59
5	芝加哥	美国	3.17	5	芝加哥	美国	1.46
6	卡尔加里	加拿大	3.12	6	渥太华	加拿大	1.33
7	哈利法克斯	加拿大	2.78	7	华盛顿	美国	0.93

续表

排名	多伦多的网络腹地	国家	残差	排名	蒙特利尔的网络腹地	国家	残差
8	埃德蒙顿	加拿大	2.05	8	费城	美国	0.86
9	波士顿	美国	2.04	9	多尔瓦勒	加拿大	0.85
10	华盛顿	美国	2.02	10	七岛港	加拿大	0.76
…	…	…	…	…	…	…	…
254	中国台北	中国	−0.63	172	维也纳	奥地利	−0.53
255	米兰	意大利	−0.63	173	东京	日本	−0.55
256	马德里	西班牙	−0.68	174	慕尼黑	德国	−0.56
257	布鲁塞尔	比利时	−0.68	175	都柏林	爱尔兰共和国	−0.58
258	首尔	韩国	−0.72	176	哥本哈根	丹麦	−0.61
259	阿姆斯特丹	荷兰	−0.75	177	法兰克福	德国	−0.65
260	迪拜	阿联酋	−0.81	178	马德里	西班牙	−0.65
261	伦敦	英国	−0.83	179	伊斯坦布尔	土耳其	−0.85
262	伊斯坦布尔	土耳其	−0.93	180	阿姆斯特丹	荷兰	−0.87
263	巴黎	法国	−0.94	181	伦敦	英国	−1.46

资料来源：据 OAG 整理。

从腹地城市数量看，得益于国际移民和入境旅游，两大枢纽腹地国际化程度较高，但国内市场需求有限，对外航空联系强度不高。其中，多伦多的相对网络腹地超过 260 个城市，国际城市成为主导，占总量比重达到 85%；但核心腹地规模有限，强关联城市占比只有 1/5 左右。蒙特利尔网络腹地规模较小，仅辐射 180 个城市左右，国际化程度略低，国际腹地城市比重不到 3/4；核心腹地比重超过多伦多，但只占到总量的 1/4，低于美国水平。

从腹地国家分布看，二者的核心腹地高度集中于北美地区（加拿大、美国、墨西哥）及加勒比地区（古巴、多米尼加、巴哈马），外围腹地相对散布于北美、拉丁美洲和欧洲主要国家。受移民历史、双边贸易、文化交流等多重影响，二者与葡萄牙航空联系紧密。

从腹地城市分布看，二者的核心腹地基本位于国内及美国、墨西哥等国家的政治经济中心和航空枢纽。一方面，多伦多和蒙特利尔的核心腹地超过一半位于国内，且形成一定的地域分化。多伦多的国内核心腹地主要集中于加拿大西部，包括温哥华、卡尔加里、埃德蒙顿和里贾纳等；蒙特利尔的国内核心腹地则集中指向加拿大东部，主要包括多伦多、魁北克、哈利法克斯和渥太华等政治经济中心城市。另一方面，多伦多和蒙特利尔腹地基本同构，与美国、墨西哥及中美洲国家中心城市形成高连通性航线，核心腹地集中于美国东北海岸（纽约、波士顿、华盛顿、费城）、五大湖区（芝加哥、底特律、匹兹堡）、东南海岸（亚特兰大、夏洛特、奥兰多），以及墨西哥（坎昆和墨西哥城）、古巴（巴拉德罗、圣克拉拉和科科岛）等国际旅游城市，边缘腹地则主要分布于西欧的全球城市（如伦敦、阿姆斯特丹、伊斯坦布尔和马德里等）（图 5-23）。

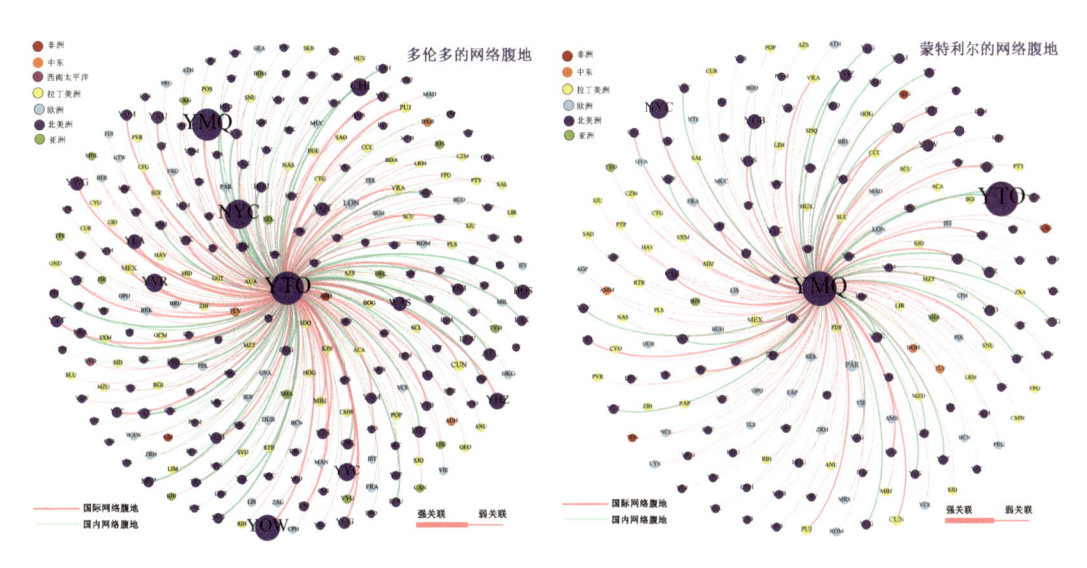

图 5-23　多伦多和蒙特利尔的相对网络腹地（2019 年）

资料来源：据 OAG 绘制。

五、非洲：全球级航空枢纽网络腹地分布

非洲地域辽阔，人口众多，但经济落后，大多数国家航空运输发展缓慢（唐小卫等，2012）。得益于三洲枢纽区位、大量劳务出口、总部经济和旅游业发展，埃及航空运输比较发达，首都开罗成为欧洲-非洲-亚洲航线的重要航空中转门户。受高原内陆所限和快速外贸发展驱动，埃塞俄比亚航空运输取得跨越式发展，首都亚的斯亚贝巴作为埃塞俄比亚航空公司总部，成为东非最大航

空枢纽和具有全球影响力的中转节点。受经济基础所限，两大枢纽腹地范围较小，对外航空联系强度较弱；归因于地理邻近性作用，其核心腹地主要集中于北非和东非地区。

就腹地城市数量而言，因国内市场相对有限和经济规模相较不足，开罗和亚的斯亚贝巴枢纽腹地范围较小，腹地数量不超过150个城市；以中转航线为主，国际城市比重超过80%；对外航空运输联系较弱，强关联城市比重略超1/4。

表 5-25　开罗和亚的斯亚贝巴的相对网络腹地（2019年）

排名	开罗的网络腹地	国家	残差	排名	亚的斯亚贝巴的网络腹地	国家	残差
1	吉达	沙特阿拉伯	5.92	1	默克莱	埃塞俄比亚	8.15
2	利雅得	沙特阿拉伯	2.87	2	巴哈尔达尔	埃塞俄比亚	3.33
3	科威特	科威特	2.64	3	内罗毕	肯尼亚	2.90
4	沙姆沙伊赫	埃及	2.61	4	德雷达瓦	埃塞俄比亚	2.30
5	阿斯旺	埃及	2.30	5	恩德培	乌干达	2.14
6	卢克索	埃及	2.27	6	迪拜	阿联酋	2.07
7	安曼	约旦	2.08	7	阿克苏姆	埃塞俄比亚	2.02
8	洪加达	埃及	2.07	8	贡德	埃塞俄比亚	1.39
9	麦地那	沙特阿拉伯	1.61	9	喀土穆	苏丹	1.22
10	阿布扎比	阿联酋	1.53	10	拉利贝拉	埃塞俄比亚	1.15
…	…	…	…	…	…	…	…
100	罗安达	安哥拉	−0.58	125	贝拉	莫桑比克	−1.25
101	杭州	中国	−0.58	126	克卜里德哈尔	埃塞俄比亚	−1.31
102	卢布尔雅那	斯洛文尼亚	−0.58	127	洛杉矶	美国	−1.32
103	汉诺威	德国	−0.59	128	班加罗尔	印度	−1.57
104	巴库	阿塞拜疆	−0.59	129	雅典	希腊	−1.58
105	马拉喀什	摩洛哥	−0.59	130	休斯敦	美国	−1.58
106	中国香港	中国	−0.64	131	登比多洛	埃塞俄比亚	−1.62
107	东京	日本	−0.64	132	香侬	爱尔兰	−1.71
108	曼谷	泰国	−0.65	133	阿萨布	厄立特里亚	−1.95
109	首尔	韩国	−0.78	134	姆布吉马伊	刚果（金）	−1.99

资料来源：据OAG整理。

就腹地国家分布而言，两大枢纽腹地部分重叠和分化，形成较有序的市场竞争和协助。开罗的核心腹地集中于中东（埃及、沙特阿拉伯、阿联酋、伊拉克、摩洛哥等）和欧洲（德国、法国、英国、希腊、意大利等）主要国家，以及中国、美国等航空大国。亚的斯亚贝巴的核心腹地则高度集中在东非（埃塞俄比亚、刚果（金）、坦桑尼亚等）及中东（沙特阿拉伯、索马里等）主要国家，以及中国、美国、印度等航空大国，外围腹地覆盖中/西非、南非和西欧等地区主要国家。

就腹地城市分布而言，两大枢纽的核心腹地高度集中于国内及周边国家的中心城市，遵循地理邻近性和文化邻近性机制。而其外围腹地则辐射至东亚-东南亚、西欧及北美中心城市。从国内腹地分布看，开罗的国内核心腹地较少，但航空联系强度较高，与其4个主要腹地（沙姆沙伊赫、阿斯旺、卢克索、洪加达）的航线连通性位居前十位；而亚的斯亚贝巴拥有吉吉加、阿瓦萨、吉马、德塞、甘贝拉和阿索萨等13个国内核心腹地城市，70%的枢纽-腹地联系强度位于前十位（表5-25）。从国际腹地分布看，开罗的核心国际腹地城市基本指向沙特阿拉伯（吉达、利雅得、麦地那、麦加等）、阿联酋（阿布扎比、迪拜、沙迦等）及意大利（罗马和米兰）等全球城市。而亚的斯亚贝巴的核心腹地则集中于肯尼亚（内罗毕、蒙巴萨等）、沙特阿拉伯（吉达和利雅得等）及印度（孟买、新德里）等国家中心城市（图5-24）。

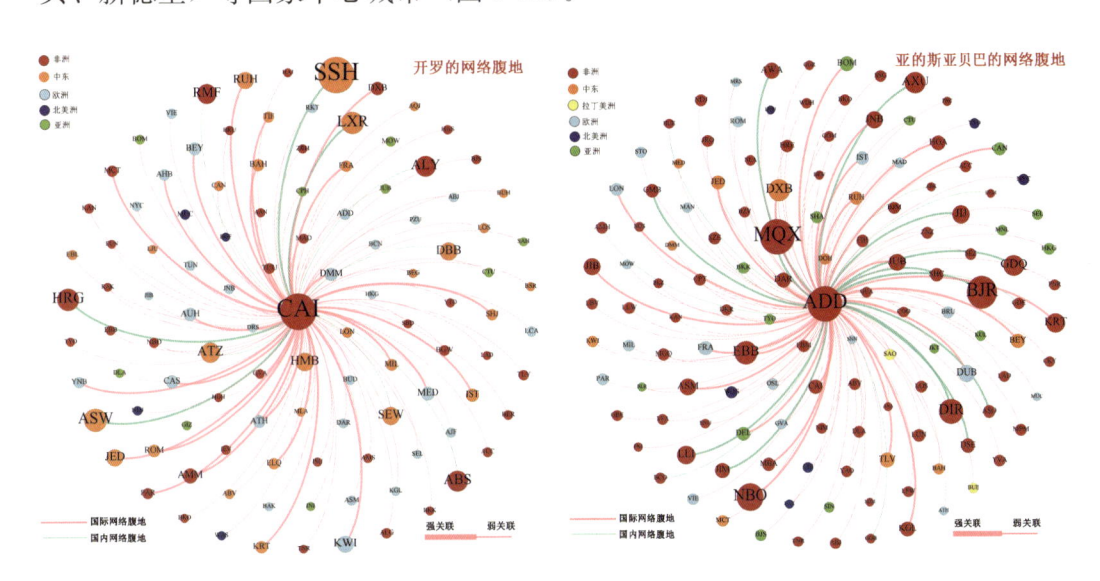

图 5-24　开罗和亚的斯亚贝巴相对网络腹地（2019 年）

资料来源：据 OAG 绘制。

六、拉丁美洲：全球级航空枢纽网络腹地分布

得益于美洲居中区位和国际旅游发展，中美洲航空运输比较发达，成为北美洲与南美洲重要的中转地，发育波多黎各的圣胡安和巴拿马的巴拿马城的两大全球级航空枢纽，其航线连通度分列全球第29位和第48位。

表5-26　圣胡安和巴拿马城的相对网络腹地（2019年）

排名	圣胡安的网络腹地	国家	残差	排名	巴拿马城的网络腹地	国家	残差
1	托土拉	英属维尔京群岛	4.38	1	圣何塞	哥斯达黎加	3.93
2	圣托马斯岛	美属维尔京群岛	4.12	2	波哥大	哥伦比亚	3.45
3	奥兰多	美国	3.76	3	迈阿密	美国	2.75
4	别克斯	波多黎各	2.90	4	哈瓦那	古巴	2.32
5	圣克鲁瓦岛	美属维尔京群岛	2.37	5	坎昆	墨西哥	2.16
6	纽约	美国	2.26	6	麦德林	哥伦比亚	2.03
7	劳德代尔堡	美国	2.11	7	危地马拉城	危地马拉	1.81
8	库莱布拉	波多黎各	1.47	8	墨西哥城	墨西哥	1.80
9	圣巴泰勒米岛	法属圣巴泰勒米岛	1.28	9	利马	秘鲁	1.73
10	维尔京戈尔达岛	英属维尔京群岛	1.20	10	基多	厄瓜多尔	1.71
…	…	…	…	…	…	…	…
94	圣何塞	美国	−0.43	98	法兰克福	德国	−0.80
95	波特兰	美国	−0.43	99	北京	中国	−0.81
96	克利夫兰	美国	−0.43	100	亚美尼亚	哥伦比亚	−0.81
97	迈尔斯堡	美国	−0.43	101	巴黎	法国	−0.81
98	旧金山	美国	−0.64	102	伯明翰	美国	−0.82
99	蒙特利尔	加拿大	−0.72	103	夏洛特	美国	−0.82
100	洛杉矶	美国	−0.82	104	罗利/达勒姆	美国	−0.82
101	马德里	西班牙	−1.20	105	底特律	美国	−0.84
102	多伦多	加拿大	−1.23	106	伊斯坦布尔	土耳其	−0.93
103	法兰克福	德国	−1.81	107	罗马	意大利	−1.00

资料来源：据OAG整理。

从腹地城市数量看，受国内市场和经济体量所限，圣胡安和巴拿马城相对网络腹地狭小，腹地城市数量相当，均为100个左右；中转航线占据主导，以国际

腹地为主体，国际城市比重介于87%—97%；对外航空运输联系强度较小，强关联度腹地城市比重处于25%—30%，且高度集中于国际市场（90%左右）。

从腹地国家分布看，圣胡安和巴拿马城的相对网络腹地基本位于北美洲和中美洲。核心腹地高度集中于美国及中美洲（包括加勒比地区）主要国家，外围腹地主要辐射美国、巴西、阿根廷和哥伦比亚等重要国家。

从腹地城市分布看，凭借发达的经济水平和航空运输，美国主要中心城市成为圣胡安和巴拿马城的主要客源地；遵循地理邻近性，中美洲主要国家的政治中心城市以圣胡安和巴拿马城为核心中转枢纽链接全球航空网络。其中，圣胡安的核心腹地高度集中于美国主要经济中心，以及波多黎各、多米尼加和美属维尔京群岛的政治中心与旅游城市，而巴拿马城的核心腹地则聚焦于美国和哥伦比亚的主要中心城市。美国、中美洲国家及南美洲大国（巴西、阿根廷）的中心城市则是双方共同的外围网络腹地。尽管二者均以周边为主要辐射市场，但其核心腹地城市存在较明显的分工：圣胡安腹地范围较广，主要与美国东北部（纽约、费城、芝加哥、波士顿、巴尔的摩）和东南部（奥兰多、劳德代尔堡、坦帕、迈阿密、亚特兰大、哈特福德、休斯敦和夏洛特）中心城市形成较紧密的航空运输联系，而巴拿马城不仅与美国东北部中心城市（纽约、华盛顿、芝加哥）存在较密集的中转航线，而且成为哥伦比亚（波哥大、麦德林、卡利、卡塔赫纳、巴兰基亚等）主要城市融入美洲航空网络的中转站（表5-26；图5-25）。

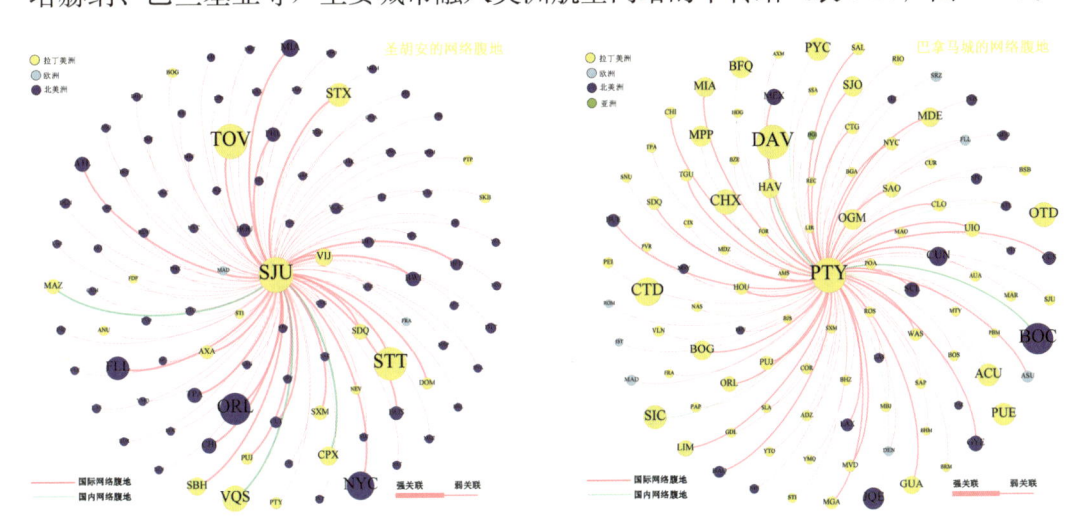

图5-25 圣胡安和巴拿马城相对网络腹地（2019年）

资料来源：据OAG绘制。

第三节　全球尺度航空枢纽腹地的空间演化模式

一、航空枢纽腹地的空间演化

（一）航空枢纽腹地规模的空间演化

1999—2019年，不同等级航空枢纽网络腹地的城市数量、加权度、通行距离和加权腹地规模都呈现出增长趋势（图5-26）。从城市数量和腹地规模来看，不同等级航空枢纽的网络腹地出现不同程度的扩张，遵循全球级＞国际级＞国家级的位序，扩张速度符合核心腹地＞外围腹地的规律，表明全球航空网络的联系呈现出向高等级枢纽聚集的趋势。从平均通行距离来看，核心腹地遵循国家级＜全球级＜国际级的规律，外围腹地遵循国家级＜国际级＜全球级的趋势，其飞行距离呈现逐年增加趋势，并且外围腹地的平均距离远大于核心腹地，表明核心腹地表现出地理邻近性和空间集聚性。而加权网络腹地规模的大小表明，航空枢纽级别越高，可提供的连接越多，辐射市场范围越大。

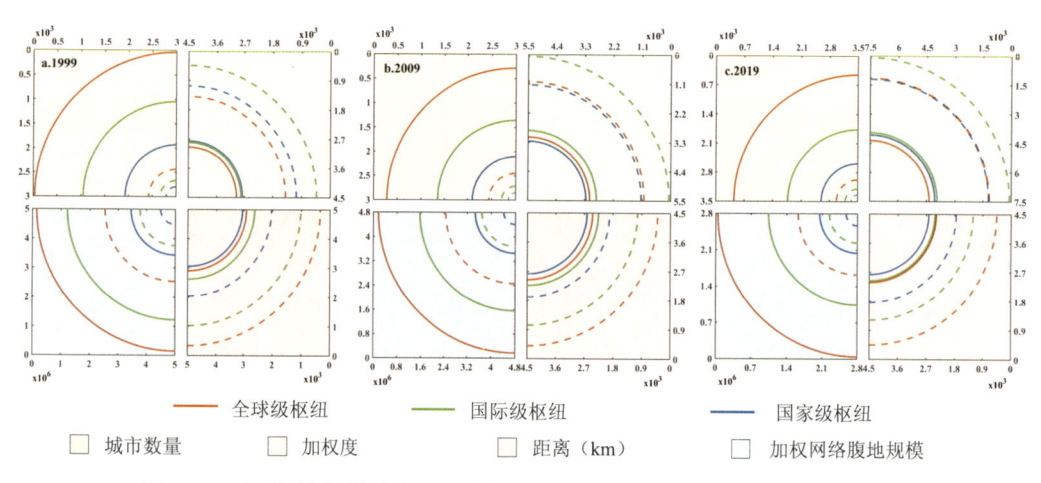

图 5-26　不同等级航空枢纽网络腹地规模演化示意（1999—2019年）

资料来源：据OAG绘制。

（二）航空枢纽腹地组织的空间演化

1999—2019 年，全球一级航空枢纽的网络腹地始终呈现出"周边＋外围"的空间异质性特征，具有空间分布的恒定性和地理的邻近性双重特征（图 5-27）。

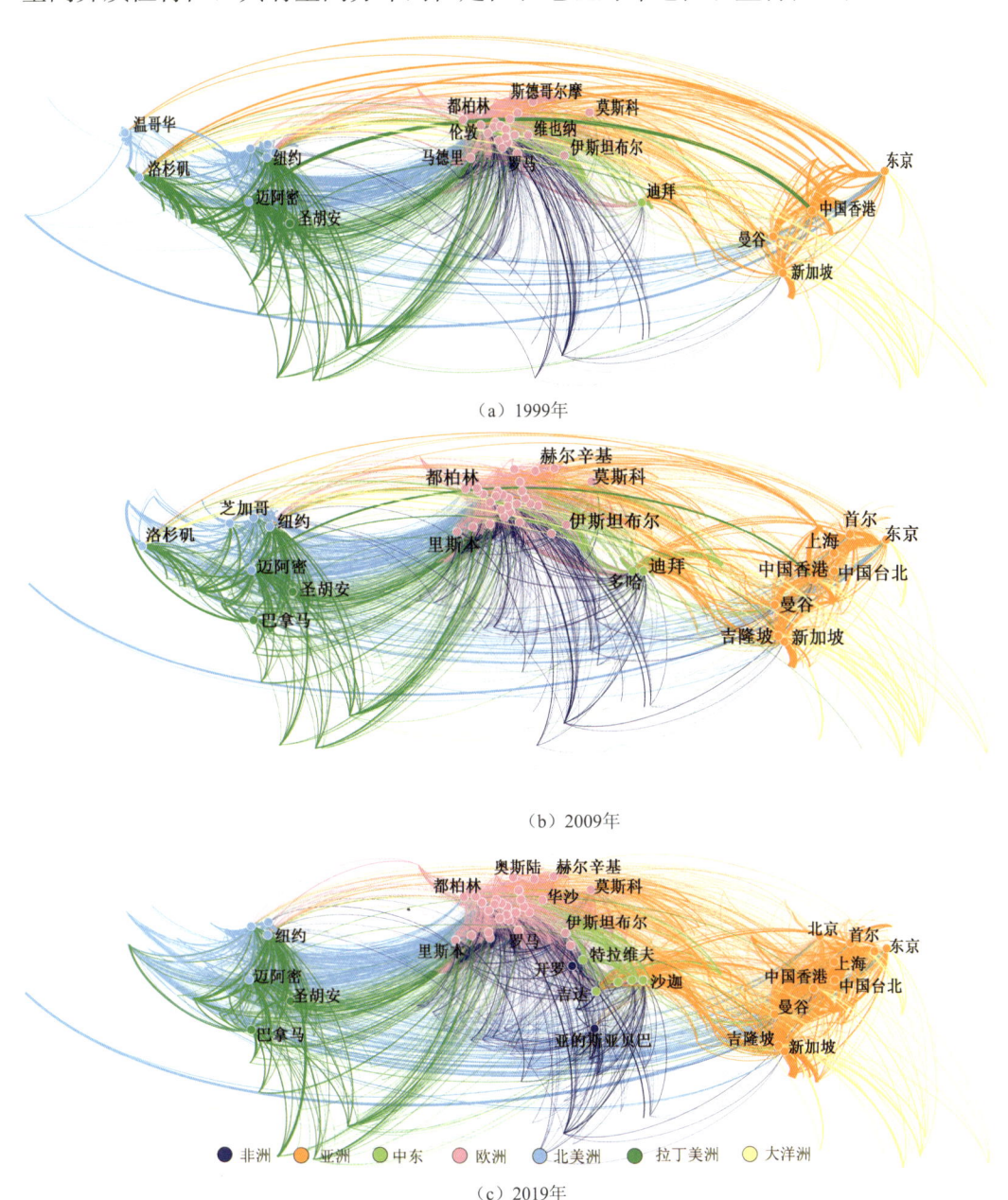

(a) 1999年

(b) 2009年

(c) 2019年

图 5-27　全球级航空枢纽网络腹地的空间演化（1999—2019 年）

资料来源：据 OAG 绘制。

1999年、2009年和2019年三个阶段，欧洲大多数航空枢纽（阿姆斯特丹、布鲁塞尔、哥本哈根和巴黎）的核心网络腹地均一直高度集中在意大利、西班牙、英国、希腊、德国和法国等西欧国家的中心城市。而法兰克福和伦敦始终与之不同，其核心腹地除西欧城市外，还散布在美国、中国和俄罗斯等航空大国的中心城市。与此同时，它们的大部分外围腹地正在遍布欧洲和美国，并逐渐扩张到俄罗斯、加拿大、日本和中国。北美洲加拿大（蒙特利尔、多伦多）和拉丁美洲（圣胡安、巴拿马城）航空枢纽的核心腹地高度集中在美国，但外围腹地明显不同，前者与美国主要城市相连，后者扩展到美国、巴西、哥伦比亚和其他欧洲国家。

美国航空枢纽（如纽约、迈阿密）的核心网络腹地主要集中在加拿大、墨西哥和巴西的中心城市，而外围网络腹地则散布在加拿大、中国、德国和英国的中心城市。

在亚洲，东亚航空枢纽的核心网络腹地主要分布在美国、中国和日本等国家的政治和经济中心，而外围腹地的分布范围更广并呈现扩张趋势，除向东亚区域内扩展以外，还扩张到澳大利亚、印度、俄罗斯、韩国和菲律宾等周边国家的主要经济中心。东南亚航空枢纽的核心腹地集中在中国、印度和印度尼西亚，尤其是与中国的航空运输联系日益紧密，外围腹地主要分布在东南亚以及俄罗斯、美国的航空枢纽城市。中东地区的航空枢纽由于特殊的地理位置，在国际航线中的中转地位逐渐凸显，其核心网络腹地由初期印度、伊朗、巴基斯坦、美国的中心城市扩展到中国、澳大利亚及许多欧洲国家（包括英国、俄罗斯、意大利、法国、希腊等）的航空枢纽城市和经济中心城市。

在全球化和区域一体化背景下，全球航空网络的空间组织表现为城市间水平多向联系网络结构。城市不再隶属于某一中心城市，而是与多个城市之间形成紧密的航空输运联系，从而成为了几个城市共同的竞争腹地。随着航空枢纽影响力的不断增强，空间边界的影响逐渐弱化，城市间的竞争合作关系使其影响范围相互交叉与重叠。伦敦枢纽地理影响范围不仅覆盖了欧洲大部分城市，还辐射到北美、中东、亚太和其他区域，其网络腹地与其他全球枢纽的网络腹地存在重叠。网络腹地的交叉与重叠既存在于同区域、同国家之间，也存在于不同区域和不同国家的城市之间，但同区域之间的城市网络腹地的交叉和重叠更为明显,竞争也更为激烈。

二、航空枢纽腹地的组织模式

(一)航空网络的距离尺度分异

乘客流量分布率曲线反映了乘客流量比例与区域之间的空间关系,是乘客流量衰减规律的直观体现。受空间阻抗的影响,国际航空网络节点间的连接概率随距离的增加而减小,呈现典型的距离衰减规律(图 5-28)。1999—2019 年,80% 的国际航班集中在 100—4 000 千米的范围内,并在 500—1 000 千米处达到峰值后,呈现出非连续下降的趋势,在 4 000 千米和 10 000 千米左右的累计比例分别下降到 0.3% 和 0.1% 以下。50% 的国际航班从 1999 年的 1 200 千米增加到 2019 年的 1 700 千米,而 90% 的国际航班从 6 700 千米减少到 5 700 千米,说明中长程距离国际航线越来越普遍,覆盖范围越来越广泛。这一趋势与飞机的技术革新有关(Matsumoto 等,2016)。

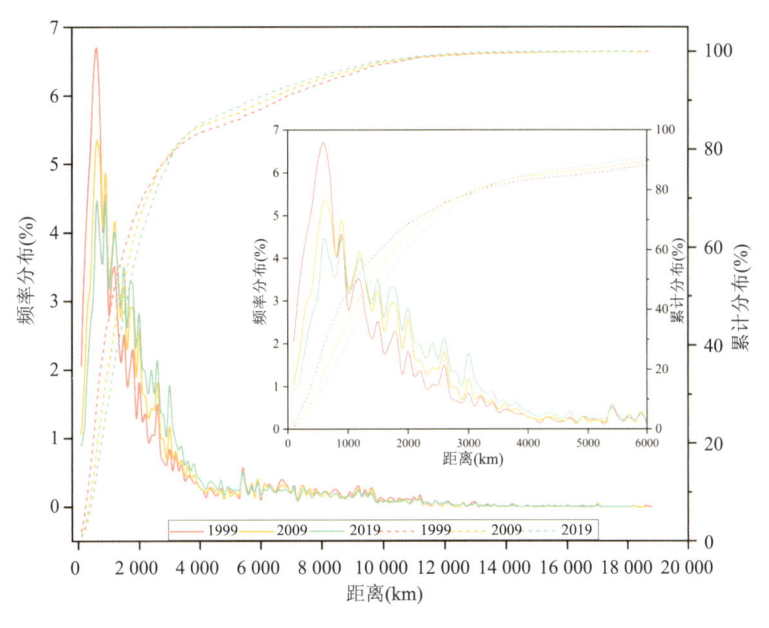

图 5-28 城市对之间距离的频率分布(1999—2019 年)

资料来源:据 OAG 绘制。

在不同地理距离水平上，全球航空网络拓扑度量发生显著变化（图 5-29）。1999 年和 2009 年，在距离小于 1 500 千米时，国际航空网络节点度和加权度中心性值出现显著变化，在距离为 1 500 千米、3 500 千米（中尺度）和 10 000 千米（大尺度或超大尺度）上则发生局部变化。2019 年，变化范围增加到 2 000 千米、4 500 千米和 10 000 千米。与之不同的是，1999—2019 年，1 500 千米范

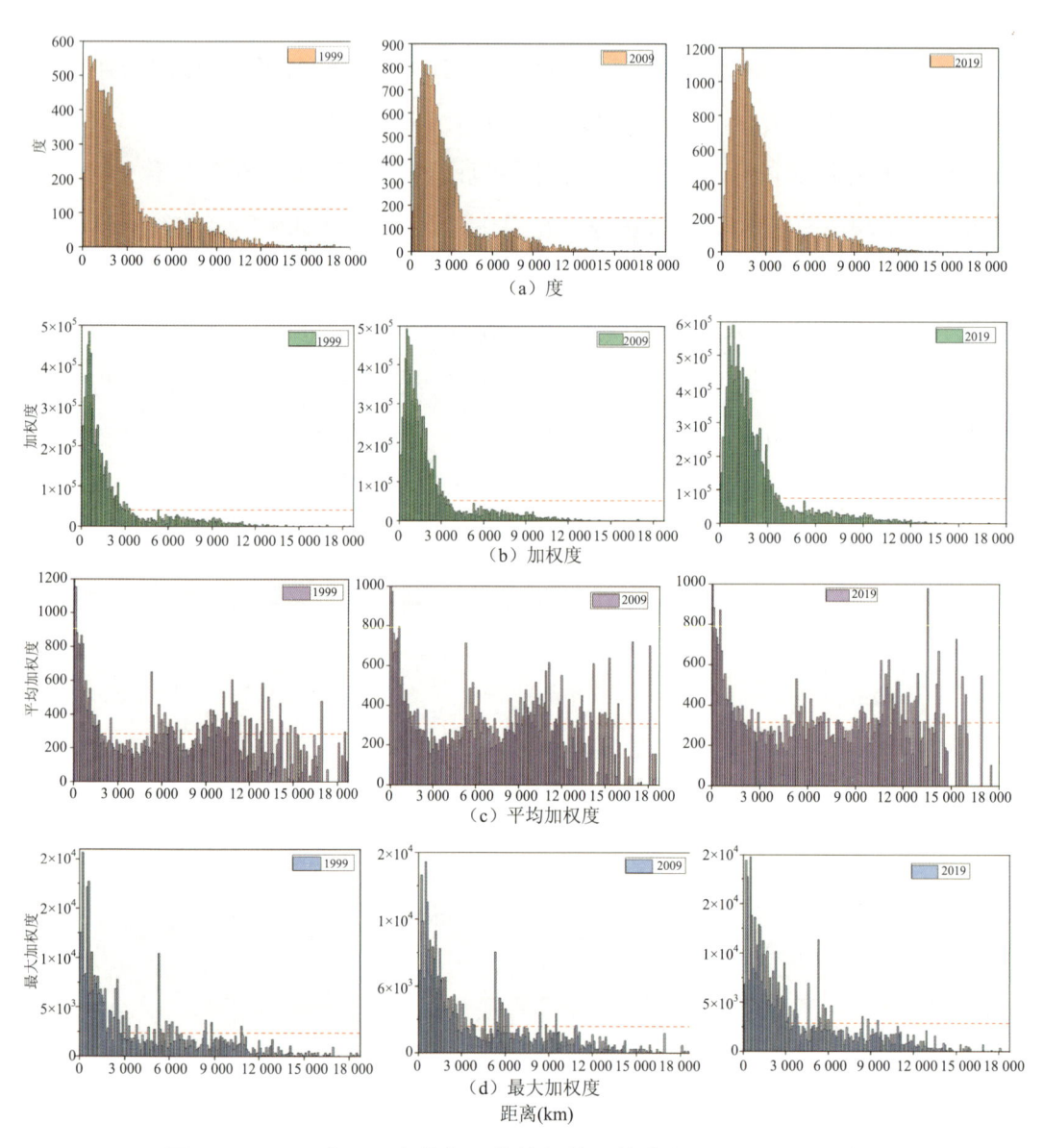

图 5-29　不同地理距离航空网络的拓扑属性变化（1999—2019 年）

资料来源：据 OAG 绘制。

围内以及4 500千米和10 000千米距离范围内的平均加权度值变化明显大于平均值。而最大加权度则在邻近区（0—1 500千米）、中等（中尺度）地理尺度区域（1 600—4 500千米）和大（超大）地理尺度区域（≥10 000千米）发生明显波动变化。

基于此，类似于全球海运网络（Tsiotas and Ducruet，2021），根据地理距离全球航空运输网络可分为四类：（A）邻近尺度（<1 500千米）；（B）国际尺度（1 500—4 000千米）；（C）洲域内尺度（4 000—10 000千米）；（D）洲际尺度（>10 000千米）。从航班变化来看，所有四个地理尺度都呈增长趋势，国际尺度的航班数量增加了1.95倍，而超过10 000千米的洲际长途航班只增加了0.33倍。这些增加与航空公司采用中长程中型飞机进行洲际航空服务有关（O'Connor和Fuellhart，2015）。但从份额来看，只有国际尺度的全球航班量呈现较快增长趋势。

从航班份额来看，全球航线以短程的邻近尺度组织为主，小于1 500千米的航班量集中了全球总量的50%左右，主要由大国国内航线和区域性国际航线支撑。0—4 000千米的中短程航线航班量占据全球大部分，多年全球占比稳居80%以上，平均5小时飞行圈成为全球旅行者主要选择，这与国际旅客出行需求和航司航线组织战略密切相关。

表5-27　四个地理尺度上航班变化的统计数据（1999—2019年）

类型	1999年		2009年		2019年	
	航班量	占比（%）	航班量	占比（%）	航班量	占比（%）
邻近尺度	4 295 332	59.52	5 685 929	61.66	6 178 627	46.67
国际尺度	1 720 976	23.85	2 124 145	23.04	5 083 327	38.40
洲域内尺度	1 006 115	13.94	1 211 623	13.14	1 719 312	12.99
洲际尺度	193 835	2.69	199 640	2.16	257 801	1.95

资料来源：据OAG整理。

根据上述四个地理尺度，统计各类型节点的比例可将全球航空网络连接定义为四种模式（图5-30）：

模式1：该模式侧重于4 000千米以内的短距离连接。

模式2：该模式侧重于超过4 000千米的中距离和长距离连接。

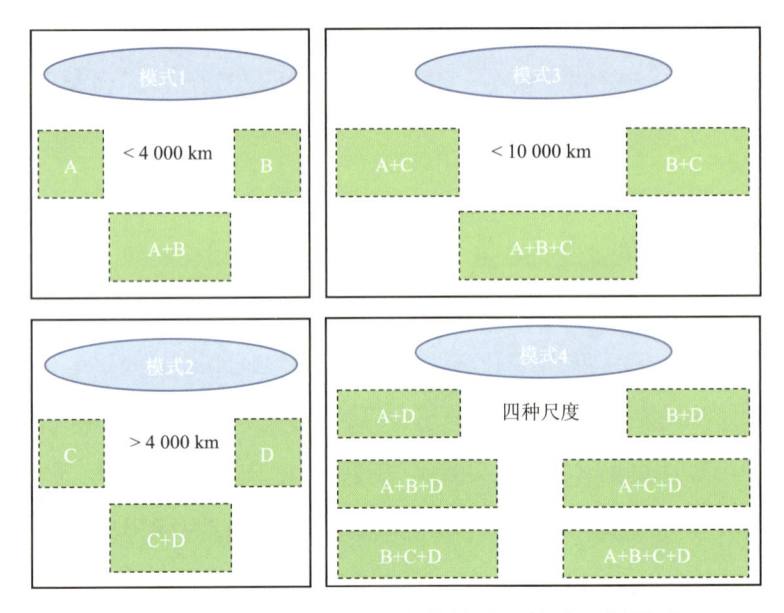

图 5-30　基于四个地理尺度的航空网络连通性模式

注：使用 Ht 指数计算各类型份额的平均值将其分为两类。A 表示城市 i 在邻近尺度上的份额高于平均值，B、C 和 D 分别表示其在国际、洲际内和洲际尺度上的份额高于平均值。A+B 表示城市 i 在邻近尺度和国际尺度上的权重都高于其平均值，其他模式的含义与其类同。

资料来源：据 OAG 绘制。

模式 3：该模式具有混合的短中距离连接。

模式 4：该模式是短距离、中距离和长距离连接的综合，涵盖了洲际尺度。

（二）基于距离的航空枢纽连通性模式

不同等级航空枢纽通常采取的连通性尺度模式存在差异。总体而言，模式 1 是最主要的连接模式，其份额从 82.7% 下降到 78.2%，而模式 3 中的枢纽数量呈增长趋势，其份额从 9.9% 增加到 15.3%。模式 2 和模式 4 中的枢纽数量均小于 5%，在三个阶段中相对稳定。对于全球级枢纽，它们的连接覆盖了邻近尺度、国际尺度和洲际尺度，模式 1 和模式 2 中的枢纽数量呈下降趋势，而模式 3 和模式 4 则相反。对于国际级枢纽，模式 1 和模式 3 的份额略有增加，而模式 2 和模式 4 的份额减少。这表明，高等级枢纽的连接越来越倾向于短距离和中距离的多样混合。对于区域级枢纽和非枢纽，模式 1 在三个阶段的份额分别超过 69% 和 86%，但它们都呈下降趋势，与此相对应的是模式 3 的增加。这表明，低级别航空枢纽主要负责邻近连接，但中尺度的国际航线也逐渐增加，非枢纽在模式 2 中的份额从 4% 增加到 5.2% 也证明了这一点。

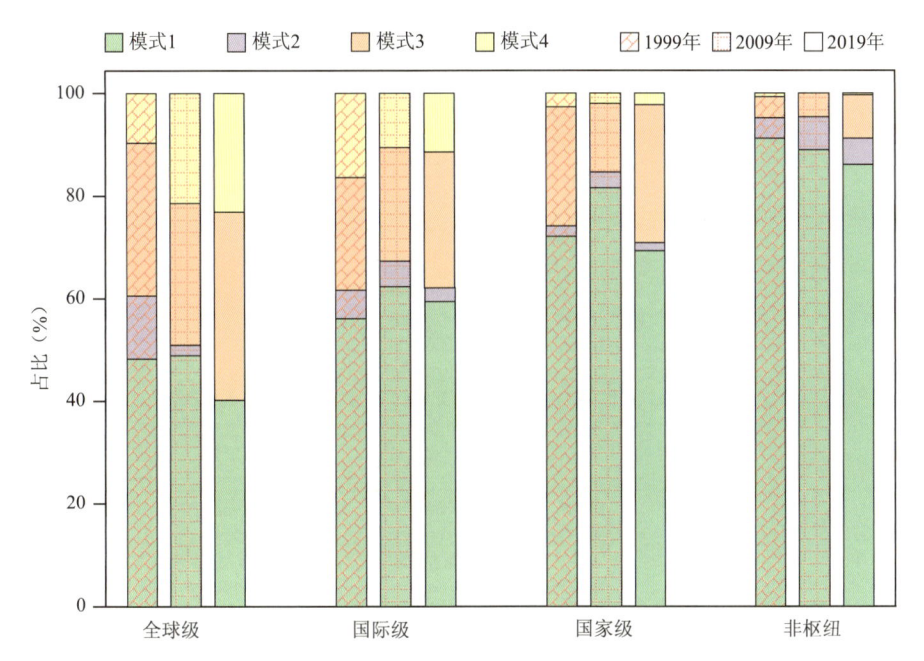

图 5-31　不同等级航空枢纽的连通性模式变化（1999—2019 年）

资料来源：据 OAG 绘制。

不同地区的地理位置和航空发展水平存在差异，因而它们的航线连接模式也呈现出多样性。除了中/西非之外，16 个航空大区在模式 1 中的份额超过一半，特别是在所有三个阶段，北非、东/中欧、西欧的份额超过 90%（图 5-32）。

（1）欧洲：高度区域一体化和发达的航空水平决定了其内部航空的高频次联系，模式 1 是其最主要的连接方式。西欧大于 10 000 千米的航空流主要来自于伦敦、巴黎、阿姆斯特丹、法兰克福、罗马与大洋洲和东亚城市之间，但与大洋洲城市的航空联系逐渐减少。2019 年仅有伦敦与奥克兰、悉尼、墨尔本以及珀斯，巴黎与塔希提的五对航线，与此同时与东亚（中日韩）的航空运输联系变得紧密，成为全球最繁忙的空中航线之一，主要得益于东亚外向经济高速发展。而东/中欧的远距离航空腹地（大于 8 000 千米）在三个阶段经历了东亚、北美和加勒比三个区域分别主导的转变，也出现了由目的地为主向客源地为主的角色功能的变化。

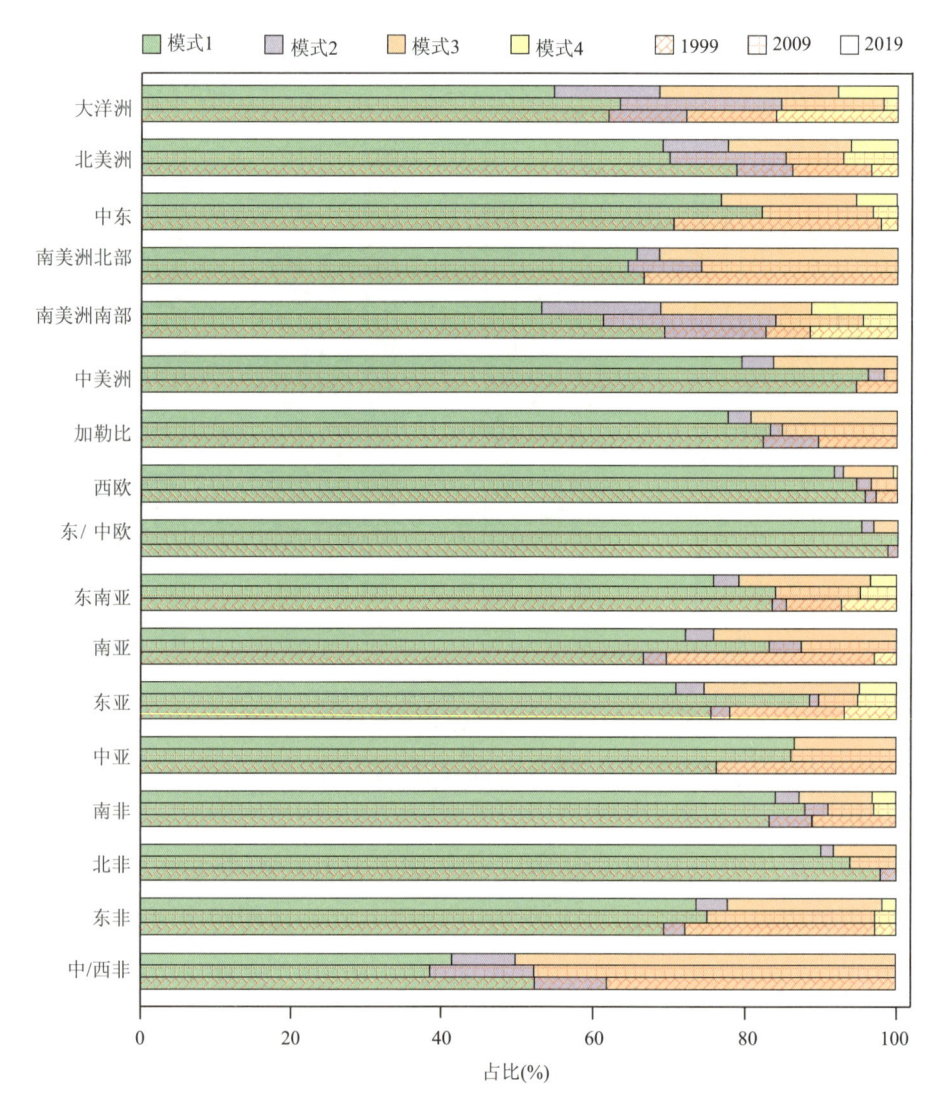

图 5-32　不同区域航空枢纽的连通性模式变化（1999—2019 年）

资料来源：据 OAG 绘制。

（2）非洲：北非和南非在模式 1 的比重在三个阶段分别超过了 90% 和 80%。在北非地区，约有一半的航空联系来自于西欧的中心城市，不到 10% 的远距离飞行基本来自于开罗、卡萨布兰卡与北美洲和东亚的航空联系，主要与中国的联系更为频繁。而南非地区近距离航空联系主要来自于非洲内部之间的国际中转航线，远距离航线主要由约翰内斯堡、开普敦与西欧和北美中心城市的航空流贡献。东非、中西非的远距离连接与南非一样，但不同的是前两者在模式 3 的比重较高，分别在 20% 和 30% 以上，尤其是中西非在 2019 年的占比达到了 50%，成为此模式最高的区域。

（3）亚洲：模式 1 也是其最主要的连接模式。中亚地区仅有塔什干和纽约这一航空对距离超过 10 000 千米，其他主要航线距离都在 7 000 千米以内，东中欧一直是其连接最多的区域。东亚和东南亚遵循明显的邻近链接集聚模式，形成最密切的航空运输联系，成为 RCEP 形成发展的重要支撑。不同的是前者的远距离连接主要是来自美国和墨西哥的中心城市，后者的航空市场除北美地区外，更多的来自于西欧，并且二者航空联系变得日益紧密。南亚航空联系最远的地区也来自于北美和西欧，但与中东地区航空枢纽城市的连接最为频繁。

（4）拉丁美洲：中美和加勒比地区在模式 1 的比重均大于 70%。主要归因于与北美地区中心城市的密切联系。中远程航线覆盖地区都来自于西欧，与东亚的主要城市尤其是中国沿海城市的联系变得日益紧密，因此模式 4 的比重增加到 4.1%。近年凭借美洲居中区位优势和国际旅游业蓬勃发展，中美洲（含加勒比地区）的中短程航线不断增加，与美国、巴西、阿根廷、墨西哥等周边国家航空运输联系日益增强，进而导致两者模式 3 的比重都增加了约 10%。南美洲南部与区域内航空连接最多，由模式 1 主导。在 1999 年和 2009 年其最远航线来自于西欧与东亚，2019 年被中东地区取代。南美洲北部的航线分散在北美洲、拉丁美洲（包括 4 个子区域）和西欧等区域，是模式 3 的第二高频区域，约占 30%，跨洲航线来自于西欧和北美地区，而远距离连接主要来自于西欧的政治和经济中心城市。

（5）中东：模式 1 的比重在三个阶段均超过了 70%，并且呈现逐年增加的趋势，相应模式 3 的比重由 27.3% 下降到 17.9%。除区内中转航线以外，与西欧和南亚城市的航空运输最为密切。最远距离主要来自于北美洲、拉丁美洲和大洋洲。

（6）北美：其连接覆盖多个尺度，除模式1占有约60%外，其他三种模式也占有相当的比重。除区内密集的近程航线以外，联系最密切的三个中心城市分别是中美洲、加勒比和西欧地区。最远航线分布在大洋洲、东亚。2019年与东亚、中东的航空联系也变得较为普遍。

（7）大洋洲：连接模式与北美基本一样，除集中于周边和区内短程航线外，连接最密切的外部区域分别是东亚和东南亚，主要得利于快速发展的亚太区域一体化。尤其是2019年，前者取代大洋洲自身成为连接最多的区域。连接最远的区域较少且散布在西欧、北美以及中东。

（三）枢纽连通性的演化模式

根据航班流量的强度，航空枢纽连通性的演化模式可以分为两种类型（表5-27）。第一种类型是扩张型，具体细分为三种模式。第一种扩张模式涵盖了三个地理尺度：邻近尺度（<1 500千米）、国际和洲域尺度（1 500—10 000千米）和洲际尺度（>10 000千米），以中国香港、新加坡、阿姆斯特丹、纽约、罗马和伊斯坦布尔等航空枢纽城市为代表。特别是伊斯坦布尔、慕尼黑和杜塞尔多夫集聚了相当大比重的超大尺度干线航线。第二种扩张模式与第一种的唯一区别在于缺乏超大尺度的航空连接，以都柏林、日内瓦和斯德哥尔摩等为代表。第三种扩张模式也涵盖了邻近国际洲域和洲际尺度，但洲际尺度逐渐减少，米兰、莫斯科、法兰克福、伦敦、马德里和东京等枢纽属于这种模式，其中曼谷和维也纳的洲际尺度航线分别在2009年和2019年降至0。最后一种模式是中、大尺度的扩张，小尺度和超大尺度的航空连通性收缩，以巴黎和多伦多为代表。第二种类型是收缩型，具体细分为两种模式。第一种收缩模式与扩张型的最后一种模式趋势相同，但邻近尺度的航线突然减少，导致航线广度和密度总体呈下降趋势，显著见于布鲁塞尔、哥本哈根和苏黎世。第二种收缩模式以迈阿密和圣胡安为代表，在四个尺度上的航班连接度均呈下降趋势，与加勒比海地区及周边海滨地带国际旅游业发展滞缓有关。

表 5-28 不同地理尺度上代表性全球级航空板组的连通性演化模式（1999—2019 年）

类型	模式	航空枢纽	1999 年→2019 年	1999 年→2009 年	2009 年→2019 年
		中国香港	← (A↑+B↑+C↑+D↑)	← (A↑+B↑+C↑+D↓)	← (A↑+B↑+C↑+D↑)
		新加坡	← (A↑+B↑+C↑+D↑)	← (A↑+B↑+C↑+D↓)	← (A↑+B↑+C↑+D↑)
		阿姆斯特丹	← (A↓+B↑+C↑+D↑)	← (A↓+B↑+C↑+D↑)	← (A↑+B↑+C↑+D↑)
		纽约	← (A↑+B↑+C↑+D↑)	← (A↑+B↑+C↑+D↑)	← (A↑+B↑+C↑+D↑)
	A↑+B↑+C↑+D↑	罗马	← (A↑+B↑+C↑+D↑)	← (A↑+B↑+C↑+D↓)	← (A↓+B↑+C↑+D↑)
		伊斯坦布尔	← (A↑+B↑+C↑+D↑)	← (A↑+B↑+C↑+D↑)	← (A↑+B↑+C↑+D↑)
		慕尼黑	← (A↑+B↑+C↑+D↑)	← (A↑+B↑+C↑+D↓)	← (A↑+B↑+C↑+D↑)
		杜塞尔多夫	← (A↓+B↑+C↑+D↑)	← (A↓+B↑+C↑+D↑)	← (A↑+B↑+C↑+D↑)
		都柏林	← (A↑+B↑+C↑)	← (A↑+B↓+C↑)	← (A↑+B↑+C↑)
	A↑+B↑+C↑	日内瓦	← (A↑+B↑+C↑)	← (A↑+B↑+C↑)	← (A↑+B↓+C↑)
		斯德哥尔摩	← (A↑+B↑+C↑)	← (A↓+B↑+C↑)	← (A↑+B↑+C↑)
扩张型		米兰	← (A↓+B↑+C↑+D↓)	← (A↓+B↑+C↑+D↑)	← (A↓+B↑+C↑+D↓)
		莫斯科	← (A↓+B↑+C↑+D↓)	← (A↓+B↑+C↑+D↓)	← (A↓+B↑+C↑+D↑)
		法兰克福	← (A↓+B↑+C↑+D↓)	← (A↑+B↑+C↑+D↓)	← (A↓+B↑+C↑+D↑)
	A↓+B↑+C↑+D↓	伦敦	← (A↓+B↑+C↑+D↓)	← (A↑+B↑+C↑+D↓)	← (A↓+B↑+C↑+D↓)
		马德里	← (A↓+B↑+C↑+D↓)	← (A↑+B↑+C↑+D↓)	← (A↓+B↑+C↑+D↑)
		东京	← (A↓+B↑+C↑+D↓)	← (A↓+B↑+C↑+D↑)	← (A↓+B↑+C↑+D↓)
		曼谷	← (A↓+B↑+C↑+D↓)	← (A↑+B↑+C↑+D↓)	← (A↓+B↑+C↑+D↑)
		维也纳	← (A↓+B↑+C↑+D↓)	← (A↑+B↑+C↑+D↓)	← (A↓+B↑+C↑+D↑)
		巴黎	← (A↓+B↑+C↑+D↓)	← (A↓+B↑+C↑+D↓)	← (A↑+B↑+C↑+D↑)
	A↓+B↑+C↑+D↓	多伦多	← (A↓+B↑+C↑+D↓)	← (A↓+B↑+C↑+D↓)	← (A↓+B↑+C↑+D↑)

续表

类型	模式	航空枢纽	1999年→2019年	1999年→2009年	2009年→2019年
	A↓+B↑+C↑+D↓	布鲁塞尔	→ (A↓+B↑+C↑+D↓)	→ (A↓+B↑+C↑+D↓)	→ (A↓+B↑+C↑)
		哥本哈根	→ (A↓+B↑+C↑+D↓)	→ (A↓+B↑+C↑+D↓)	→ (A↓+B↑+C↑)
		苏黎世	→ (A↓+B↓+C↑+D↓)	→ (A↓+B↓+C↑+D↓)	↑ (A↓+B↑+C↑+D↓)
收缩性	A↓+B↓+C↑+D↓	迈阿密	→ (A↓+B↓+C↑+D↓)	→ (A↓+B↓+C↑+D↓)	→ (A↓+B↑+C↓+D↓)
		圣胡安	↓ (A↓+B↑+C↓)	↓ (A↓+B↓+C↓)	→ (A↓+B↑+C↑)

注：↑和↓分别表示航班量的增加和减少。D↑分别表示通行航班从无到有，而D↓则相反。

资料来源：据OAG整理。

参 考 文 献

[1] 杜方叶、王姣娥、谢家昊、杜德林:"'一带一路'背景下中国国际航空网络的空间格局及演变",《地理科学进展》2019 年第 7 期。
[2] 唐小卫、李杰、张敏:《航空运输地理》,科学出版社,2012 年。
[3] 杨宝华:"非洲航空一体化发展进入机遇期",《中国投资(中英文)》2019 年第 22 期。
[4] 于新才:"全球航空运输发展趋势与我国发展重点的思考,《民航学报》2020 年第 3 期。
[5] 朱新华、于剑:"基于时空视角的中国国际客运航空网络演化研究",《综合运输》2019 年第 5 期。
[6] Tsiotas, D., C. Ducruet. 2021. Measuring the Effect of Distance on the Network Topology of the Global Container Shipping Network. *Scientific Reports*, Vol. 11, N0. 1

第六章　中国国际航空网络地理

中国国际航空网络是"全球"与"地方"关联的重要通道,从"全球-地方"互动的视角解析中国国际航空网络的时空演化特征,是透视中国城市融入全球化及对外联系的空间演化规律的重要棱镜。20多年间,中国国际航空网络规模不断扩张,联系广度与深度持续增强,中国通航城市数量不断增加,对外关联的国际节点也在增长。北京、上海和广州是中国对外航空联系的核心枢纽城市。遵循地理邻近,东亚和东南亚政治经济中心和国际旅游城市成为中国对外航空联系的主要目的地。中国国际航空网络发育一定的社团结构,但社团结构差异随着网络的丰富而逐渐弱化,不同枢纽城市的关联侧重对象有所差异,形成一定的地域分工。中国对外航空关联强度不断增强,与周边国家最为紧密,呈现出显著的等级层次性。中国国际航空网络首位方向呈现集聚性与扩张性特征,是一个耦合加权对称网络,与亚洲国际城市形成最为紧密的首位联系。

第一节　中国国际航空网络连通性的时序演化

20多年间,中国国际航空网络规模不断扩张,对外航空联系广度和深度持续增强,发育较良好的位序-规模分布规律,遵循较显著的无标度性和等级层次性,主要归因于中国航空全球化发展方略。

一、中国国际航空网络的强度和规模演化

随着中国不断融入全球化，中国国际航空网络规模持续扩张，通航城市和航线数量迅速增加（表6-1）。研究期间，中国对外航空网络的节点数从122个增至299个，中国对外通航的城市数量从40个增长至83个，期末国内通航城市数量为期初的2倍多；国际城市数量也不断增加，从82个增至216个，表明中国对外通航范围扩张显著。同时，国际航线从1999年的460条迅速增长到2019年的3 155条，比期初大约增长6倍，中国对外航空联系强度不断扩大，国内城市与国际城市航空联系更为复杂和紧密。

表6-1 中国国际航空网络的整体特征变化

年份	中国通航城市数量	国际通航城市数量	总节点数	边数	中国城市对外关联平均度	中国城市对外关联加权度
1999	40	82	122	460	11.50	3 455.95
2009	56	153	209	1 071	19.13	7 226.05
2019	83	216	299	3 155	38.01	12 531.08

资料来源：牛彩澄（2020）。

二、中国国际航空网络的广度和深度演化

构建中国通航城市对外航空联系的平均度和加权度指标，其中平均度表示中国城市可直接到达的国外城市节点的平均数量，加权度表示中国城市到达国外城市的平均航空班次数量，分别表征中国对外航空联系的广度和深度。根据表6-1，中国城市对外关联平均度从1999年的11.50增长至2019年的38.01，对外通航城市直接关联的国际城市数量从期初的约12个城市增长到期末大约38个城市，中国城市对外航空辐射范围（广度）显著提高。1999年，中国城市节点加权度为3 455.95，2019年，该数值增长到12 531.08，中国对外国际航空班次的年增长速率达到13.13%，城际航空流强度（深度）大幅增加。总之，中国对外航空网络的连接广度和深度持续增长，中国的国际通航能力不断提高。

三、中国国际航空网络的层级结构演化

中国国际航空网络中的节点联系仅包括国内城市与国际城市之间的航空联系，不包含国内城市间以及国际城市间的航线，是一个非整体网络。因此，该部分仅针对 1999—2019 年具有国际通航能力的中国城市节点中心性进行位序-规模排序，并进行曲线拟合（表 6-2）。分析表明：

（一）节点中心性表现出位序-规模递减的效应

除紧密度中心性外，其他三种中心性指标的位序-规模分布均能很好地拟合负指数曲线（绝大多数指标拟合优度 0.921 以上）。随着位序的增加，中心性数值首先呈现出快速的递减，并很快趋近于某一数值，变化趋于平缓，表明中国高中心性节点城市主要集中于少数核心大城市，节点中心性极化严重，对外航空客流集中在北京、上海和广州等特大城市，中小城市对外航空联系很薄弱，主要通过支线航线依附于核心枢纽城市链接全球。

（二）不同节点中心性的递减规律具有一定的差异性

对比四种中心性的变化速率（即观察 b 值的绝对值大小）发现，中介中心性的递减效应最为明显，其次是加权度中心性，再次是度中心性，最后是紧密度中心性。研究期间，四种中心性位序-规模递减效应基本符合这一梯次规律，表明中国国际通航城市的中心性均遵守"帕累托分布"，但集聚程度不一，节点中介中心性值高度集中于极少数国际航空枢纽，主要是轴辐式航空组织的结果。

（三）节点中心性空间分异程度不断减弱，呈均衡化发展态势

1999 年，中介中心性的递减速率为 0.802，2009 年该值为 0.543，到 2019 年速率下降到 0.402，反映了城市之间的中介中心性差距逐渐缩小，中小城市对大城市枢纽中转能力的依赖逐渐降低。类似地，度中心性和紧密度中心性的递减效应也存在着衰减趋势，说明随着网络规模的不断扩大，中低层级城市的对外连通性也不断加强，对核心枢纽城市的依赖程度有所下降，但总体上，对

外航空关联依旧主要集中在核心城市。

表 6-2 国内节点中心性的位序-规模最优拟合模型

中心性	1999 年				2009 年				2019 年			
	函数	a	b	R^2	函数	a	b	R^2	函数	a	b	R^2
紧密度中心性	$y=ae^{bx}$	0.434	−0.009	0.626	$y=ae^{bx}$	0.411	−0.005	0.650	$y=ae^{bx}$	0.437	−0.004	0.768
中介中心性	$y=ae^{bx}$	1.160	−0.802	0.988	$y=ae^{bx}$	0.761	−0.543	0.991	$y=ae^{bx}$	0.429	−0.402	0.970
度中心性	$y=ae^{bx}$	1.539	−0.457	0.931	$y=ae^{bx}$	0.943	−0.218	0.830	$y=ae^{bx}$	0.804	−0.074	0.921
加权度中心性	$y=ae^{bx}$	1.727	−0.501	0.938	$y=ae^{bx}$	4.316	−0.841	0.920	$y=ae^{bx}$	1.354	−0.349	0.939

资料来源：牛彩澄（2020）。

（四）国际航空网络节点中心性分布较均衡，但呈集中化趋势

就节点紧密度中心性而言，中国国际航空网络节点紧密度中心性的集中指数（q 大于 0.6）较国内航空网络大（q 值为 0.1 左右），说明中国国际航空网络节点连通性分布相对集中于一部分航空枢纽城市，高位序节点的国际连通性较强，而大部分低位序节点的连通性较差。但随着时间推移，国际航空网络节点紧密度值的集中程度逐渐减弱，中国对外航空运输联系范围不断扩大。

与节点紧密度中心性不同，国内航空网络节点度中心性值呈典型空间集聚分布（q 值一直大于 1），而国际航空网络节点度中心性分布由均衡向集中演化。初期度中心值的集中指数均小于 1，节点连通度规模分布比较分散；随着共建"一带一路"不断深入，近年中国国际航空节点度中心性的 q 值大于 1，对外航线组织逐渐向高位序航空枢纽城市集中，主要归因于航空公司的轴辐式组织（表 6-3）。

中介中心性类似于度中心性，研究前期的国际航空节点规模分布相对均衡，不同层级航空节点城市的连通性差异较小；研究后期通过高效的轴辐式空间级别，航空枢纽城市的中转优势逐渐显现，导致国际航线高度集中于少数国际航空枢纽。

考虑关联班次强度的节点加权中心度值规模分布更加集中于深度和广度大

的高位序节点。随着网络规模不断扩张，大量中小城市节点遵循"强者恒强、弱者恒弱"的马太效应，择优链接 国际航空枢纽，从而融入全球航空网络，导致整个国际航空网络规模分布逐渐趋向集中，核心枢纽与中小航空节点城市之间规模差距逐渐拉大。

表6-3 国际航空网络国内节点的双对数位序-规模拟合参数

年份	指标	紧密度中心性	中介中心性	度中心性	加权度
1999	q	0.667	0.439	0.218	1.087
	a	−0.130	−2.379	−1.201	−1.776
	r^2	0.670	0.925	0.968	0.824
2009	q	0.697	0.761	0.832	2.006
	a	−0.107	−2.495	−1.292	−2.169
	r^2	0.704	0.933	0.912	0.765
2019	q	0.629	2.353	1.588	2.479
	a	−0.108	−2.762	−1.233	−2.054
	r^2	0.856	0.826	0.836	0.766

资料来源：牛彩澄（2020）。

第二节　中国国际航空节点中心性的空间演化

国际航空网络是一典型的二模网络，国内和国际航空节点城市的中心性水平存在显著差异。不同航空节点中心性指标的空间分布具有较显著的一致性。北京、上海和广州作为中国对外航空运输联系的三大航空中枢，东亚和东南亚则是中国国际航线的重要目的地。

一、中国国际航空网络节点度中心性演化

中国对外航空网络是一个有向对称性网络，因此以城市节点出度表征节点度中心性特征，进而表征城市直接关联城市的数量。中国国际航空网络是一个

二模网络，国内城市与国际城市节点的航空关联范围和强度存在差别。为了清晰展示二者节点度的变化，分别展示出中国国际航空网络的国内、国际城市节点度中心性排名前二十位的城市（表 6-4），发现以下特征：

表 6-4 中国国际航空网络的节点度中心性排名前二十位城市（1999—2019 年）

排名	1999 年		2009 年		2019 年	
境内	城市	度中心性	城市	度中心性	城市	度中心性
1	北京	60	北京	98	北京	137
2	上海	39	上海	73	上海	116
3	广州	17	广州	52	广州	90
4	昆明	10	乌鲁木齐	25	成都	66
5	乌鲁木齐	9	昆明	18	深圳	62
6	西安	9	沈阳	16	西安	57
7	大连	9	大连	16	昆明	55
8	厦门	7	深圳	15	杭州	54
9	重庆	6	天津	14	重庆	45
10	沈阳	6	成都	13	长沙	40
11	天津	5	杭州	13	海口	38
12	哈尔滨	4	南京	13	三亚	38
13	桂林	3	青岛	10	南京	37
14	成都	3	哈尔滨	10	青岛	33
15	武汉	3	三亚	9	天津	33
16	福州	2	西安	9	武汉	33
17	汕头	2	长春	7	乌鲁木齐	29
18	海口	2	武汉	7	厦门	28
19	南京	2	重庆	7	南宁	28
20	宁波	2	南宁	7	郑州	27
境外	城市	度中心性	城市	度中心性	城市	度中心性
1	中国香港	33	中国香港	43	曼谷	60
2	中国澳门	14	首尔	35	中国台北	52
3	首尔	10	大阪	19	暹粒	46

续表

排名	1999年		2009年		2019年	
境外	城市	度中心性	城市	度中心性	城市	度中心性
4	大阪	10	曼谷	18	中国香港	44
5	曼谷	8	新加坡	17	大阪	43
6	新加坡	7	中国澳门	15	芽庄	42
7	福冈	7	东京	14	首尔	41
8	东京	6	吉隆坡	13	新加坡	39
9	吉隆坡	5	名古屋	11	西哈努克	35
10	名古屋	5	釜山	9	中国澳门	33
11	马尼拉	4	福冈	8	吉隆坡	29
12	广岛	4	济州岛	8	莫斯科	29
13	洛杉矶	3	迪拜	7	普吉岛	28
14	莫斯科	3	中国高雄	7	曼德勒	28
15	悉尼	3	法兰克福	6	名古屋	26
16	仙台	3	胡志明市	6	金边	26
17	阿姆斯特丹	3	河内	6	丹帕萨巴利	26
18	新西伯利亚	3	莫斯科	5	济州岛	23
19	金边	3	马尼拉	5	东京	22
20	河内	3	广岛	5	悉尼	20

资料来源：据OAG整理。

（一）国内和国际城市度中心性均持续增长，对外航空联系范围显著提高

研究期间，节点度中心性持续增加。前十位国内城市度中心性最小值从期初的6增长到期末的40，前十位国际城市度中心性最小值从期初的5增长到期末的33。同一排名的城市度中心性，2019年数值远高于1999年，说明国内城市与国际城市之间的直接航空联系程度大大加强，具备国际通航能力的中国航空枢纽城市的全球联系范围不断扩张，中国国际航线不断拓展，与国际城市联系更为紧密。

（二）国际和区域性航空枢纽城市具有较高的对外连通性

研究期间，凭借国际航空枢纽定位和航空公司总部布局，北京、上海和广州的度中心性一直稳居前三位，在中国国际航空网络中通航的国际城市数量最多，覆盖范围最广，成为最主要的国际航空枢纽城市。乌鲁木齐、大连和沈阳等区域性航空枢纽城市在研究前期一直位居前列，但随着中国对外连通性的加强，成都、深圳、杭州、重庆等中心城市超越前者成为重要的对外航空联系枢纽。研究期末，西部地区的核心城市国际连通性不断加强，西安、成都和昆明的国际枢纽地位已经凸显，主要得益于西部大开发战略。

（三）东亚和东南亚国家政治经济中心和国际旅游城市成为中国重要目的地

1999—2009年，中国香港占据重要地位，随后枢纽地位有所下滑。2019年，曼谷超越中国香港，成为与中国国际航线联系最紧密的国际城市。研究期间，遵循地理邻近性机制，首尔、大阪、曼谷、新加坡、福冈、东京和吉隆坡等成为中国航空联系最频繁的国际城市，主要是东亚和东南亚国家的首都或经济发达城市。近年，一些具有全球影响力的旅游胜地（如芽庄、普吉岛）成为中国重要的国际航空目的地。研究期间，东亚和东南亚城市度中心性较高，且增长显著，与亚太区域一体化发展密切相关。此外，中国与西欧、北美和中东等地区的政治和经济中心城市联系也显著增长。

（四）东部沿海对外航空连通性高，与东亚和东南亚联系紧密

从对外通航城市数量看，东部集中了总量的40%以上，且研究期间，东部地区城市的整体度中心性（155~913）最高，总量增长最多，远高于西部地区（46~413）、中部地区（8~178）和东北地区（21~91）。从度中心性增速来看，中部地区最为显著，期末增长为期初的22倍多，其次是西部地区（8.98倍）和东部地区（5.89倍）。其区域差距缩小，主要得益于中西部快速经济增长。从全球连通区域来看，1999年，中国与六大区域存在航空关联，包括非洲、亚洲、欧洲、中东、北美和大洋洲，2009年增加了通往拉丁美洲的航班。2019

年，亚洲区域的通航国际城市最多，有 117 个，远多于欧洲（44 个）、北美洲（20 个）、西南太平洋区域（11 个）、中东地区（10 个）、非洲（9 个）、拉丁美洲（5 个）。从度中心性增长数量来看，亚洲增长最多（1029），接着是欧洲（146），中国大陆城市主要与亚洲周边以及部分经济发达的欧洲和北美等地区城市存在紧密的航空联系，其中最为紧密的航空流集中于东亚和东南亚地区，有力支撑了东亚和东南亚区域一体化发展。

二、中国国际航空网络节点加权度中心性演化

加权度中心性在城市关联范围的基础上，进一步整合城市航空流强度。高加权度城市在中国国际航空网络中处于核心位置，高度集中于中国东南沿海，涌现三大国际航空枢纽，其国际航线基本指向东亚、东南亚、欧洲及北美地区，具有显著的地理邻近性、文化邻近性和经济指向性规律。

表 6-5　中国国际航空网络的节点加权度排名前二十位城市（1999—2019 年）

排名境内	1999 年		2009 年		2019 年	
	城市	加权度	城市	加权度	城市	加权度
1	北京	40 981	上海	117 256	上海	222 737
2	上海	33 401	北京	96 246	北京	146 216
3	广州	9 985	广州	35 476	广州	108 192
4	厦门	6 374	厦门	12 881	成都	43 473
5	昆明	4 880	大连	12 738	深圳	41 144
6	大连	4 528	青岛	12 229	昆明	38 443
7	青岛	3 927	杭州	11 828	杭州	32 891
8	西安	3 298	昆明	9 973	青岛	28 797
9	福州	3 298	深圳	9 377	厦门	25 961
10	桂林	2 684	沈阳	7 953	重庆	22 661
11	沈阳	1 174	成都	3 540	西安	11 260
12	天津	1 093	天津	3 005	南京	10 841
13	汕头	969	福州	2 942	天津	10 724
14	成都	898	南京	2 614	武汉	9 757
15	海口	884	乌鲁木齐	2 386	长沙	8 615

续表

排名	1999年		2009年		2019年	
境内	城市	加权度	城市	加权度	城市	加权度
16	南京	860	重庆	1 731	大连	8 382
17	乌鲁木齐	831	桂林	1 726	福州	7 563
18	重庆	828	武汉	1 715	郑州	5 976
19	杭州	730	哈尔滨	1 680	沈阳	5 823
20	武汉	621	西安	1 649	南宁	5 419
境外	城市	加权度	城市	加权度	城市	加权度
1	中国香港	39 267	中国香港	77 411	曼谷	95 723
2	首尔	9 640	首尔	55 569	首尔	91 662
3	东京	9 426	东京	32 741	中国香港	84 945
4	大阪	8 683	大阪	21 219	中国台北	56 234
5	中国澳门	7 508	新加坡	20 929	大阪	55 580
6	新加坡	7 107	中国台北	15 251	东京	48 469
7	曼谷	6 991	曼谷	13 399	新加坡	44 164
8	福冈	4 097	吉隆坡	12 781	中国澳门	33 093
9	名古屋	2 758	名古屋	11 662	吉隆坡	30 204
10	巴黎	2 701	中国澳门	10 105	普吉岛	26 804
11	旧金山	1 342	釜山	3 376	名古屋	10 046
12	法兰克福	1 228	法兰克福	2 918	金边	8 162
13	洛杉矶	1 227	福冈	2 681	清迈	7 180
14	吉隆坡	1 197	巴黎	2 493	马尼拉	6 587
15	纽约	1 007	马尼拉	2 427	芽庄	6 318
16	悉尼	937	迪拜	2 364	济州岛	6 068
17	马尼拉	775	胡志明市	2 343	洛杉矶	5 932
18	广岛	616	洛杉矶	2 210	胡志明市	5 931
19	温哥华	575	阿姆斯特丹	1 717	巴厘岛	5 600
20	苏黎世	562	纽约	1 637	西哈努克	5 437

资料来源：据OAG整理。

（一）中国国际航空网络的航班规模增长迅速

研究期间，中国对外航空网络的节点加权度数值不断增加，国内前十位城市对外加权度从 2 684—40 981 增长至 22 661—222 737，表明中国与国际城市之间的航空班次数量增长迅猛。加权度的空间分布与度中心性具有一定的相似性，高加权度国际城市主要位于东亚和东南亚地区，高度集中于日本、韩国、新加坡、泰国、马来西亚的政治经济中心城市。2019 年，曼谷、首尔超越中国香港成为中国内地航空联系最紧密的境外城市。相对度中心性，西欧和北美地区的部分城市加权度排名较高，说明欧美地区部分国际城市与国内城市的关联强度较高度强于其连接广度，主要归因于其发达的航空市场。

（二）加权度中心性形成"北京、上海和广州"三级联动结构

北京、上海、广州定位为国际航空枢纽，是三大航空公司总部所在地，集聚全国绝大部分地区的中转国际航线，是中国链接和嵌入全球航空运输体系的中枢和桥梁。通过市场重组和竞争，三大枢纽形成较有序的地域分工。

1999 年，北京的加权度位居第一，具有最多的对外航空班次联系，其次是上海。2009 年，上海反超北京，位居第一。到 2019 年，上海的加权度约为北京的 1.5 倍。北京、上海和广州稳居中国国际航空网络节点加权度排名前三名，且与其他城市差距明显。其国内腹地形成有序的分化和一定的重叠。厦门、大连、青岛等东部沿海城市具有较高的加权度，原因在于它们作为一些低成本航空公司的总部，形成较密集的支线航线。这些沿海城市基于区位优势，与东亚地区的国际城市构建了紧密的航空联系。此外，成都、深圳和昆明的加权度增长迅猛，对外联系地位显著上升，与其区域性枢纽定位有关。

（三）国际航班频次高度集中于东部沿海地区

研究期间，东部地区的加权度始终远高于西部、东北和中部地区，从增长总量来看，东部地区国际航班频次增长最多，其次是西部和中部，东北位居末游，受经济和市场疲软所累。从增速来看，中部地区最为显著，加权度的年增长率达 125.75%，尤其是后期增长尤为显著，与其经济高速增长趋势一致，平

均每个东部地区的城市加权度值增长最多,对外班次约增加 15 773 次,远大于中部、西部和东北。研究期间,中国对外航空关联班次增加显著,尤其是东部地区,具有较高开放度。

（四）对外航空运输联系基本指向东亚-东南亚、欧洲和北美三大经济体

研究期间,中国对外航班量主要集中于亚洲、欧洲和北美三大区域,往来于三大区域的航班量占据总量的 95% 以上,但略有下降。研究期间,中国不断增加通航其他地区的航班量,但仍然以亚欧、北美地区为主,尤其是东亚和东南亚。2019 年,亚洲城市平均航班量位居首位;其次是北美、大洋洲、中东地区;再次是欧洲、非洲和拉丁美洲。平均城市航班量增量也是亚洲最高;其次是中东和北美地区;随后是大洋洲和欧洲;非洲和拉丁美洲增量最少。总之,中国与亚洲周边国家形成最为紧密的航班联系,其次是欧洲和北美两大全球经济发达区域,中国国际航线组织受地理距离和经济发展影响显著。近年来,中国与中东地区的城市航班量增长也较为明显,以中转航线为主,与中东地区居中区位密切相关。

三、中国国际航空网络节点紧密度中心性演化

紧密度中心性反映了节点与其他节点产生联系的距离。距离越近表明节点更容易与其他节点形成航空流,紧密度中心性与节点之间距离呈负相关关系。在紧密度中心性上占据中心地位的节点相对于其他节点可以更快链接其他有节点（表 6-6）。

表 6-6　中国国际航空网络的节点紧密度中心性排名前二十位城市（1999—2019 年）

排名 境内	1999 年 城市	紧密度中心性	2009 年 城市	紧密度中心性	2019 年 城市	紧密度中心性
1	北京	0.587	北京	0.550	北京	0.550
2	上海	0.484	上海	0.480	上海	0.500
3	广州	0.409	广州	0.440	广州	0.470
4	西安	0.383	昆明	0.383	成都	0.430

续表

排名	1999年		2009年		2019年	
境内	城市	紧密度中心性	城市	紧密度中心性	城市	紧密度中心性
5	昆明	0.383	沈阳	0.382	沈阳	0.420
6	大连	0.383	大连	0.381	西安	0.420
7	乌鲁木齐	0.376	天津	0.380	昆明	0.420
8	沈阳	0.376	成都	0.380	杭州	0.410
9	青岛	0.376	南京	0.378	海口	0.401
10	厦门	0.376	厦门	0.376	南京	0.400
11	天津	0.373	青岛	0.374	三亚	0.400
12	重庆	0.373	乌鲁木齐	0.374	天津	0.397
13	烟台	0.367	哈尔滨	0.374	武汉	0.394
14	桂林	0.364	西安	0.374	厦门	0.390
15	成都	0.364	三亚	0.373	青岛	0.389
16	武汉	0.364	重庆	0.370	郑州	0.388
17	福州	0.362	武汉	0.370	南宁	0.388
18	汕头	0.362	长春	0.370	宁波	0.382
19	海口	0.362	郑州	0.370	贵阳	0.382
20	南京	0.362	桂林	0.368	长春	0.381
境外	城市	紧密度中心性	城市	紧密度中心性	城市	紧密度中心性
1	中国香港	0.555	首尔	0.520	曼谷	0.530
2	大阪	0.451	中国香港	0.510	中国台北	0.510
3	首尔	0.445	中国台北	0.480	大阪	0.500
4	中国澳门	0.445	曼谷	0.450	暹粒	0.490
5	曼谷	0.432	大阪	0.450	新加坡	0.490
6	新加坡	0.429	新加坡	0.450	首尔	0.490
7	吉隆坡	0.423	迪拜	0.440	中国香港	0.480
8	东京	0.420	吉隆坡	0.440	西哈努克	0.470
9	福冈	0.414	莫斯科	0.440	芽庄	0.470
10	阿姆斯特丹	0.409	东京	0.440	莫斯科	0.460
11	洛杉矶	0.409	巴黎	0.438	中国澳门	0.462
12	悉尼	0.409	名古屋	0.433	吉隆坡	0.458

续表

排名 境外	1999年 城市	紧密度中心性	2009年 城市	紧密度中心性	2019年 城市	紧密度中心性
13	阿姆斯特丹	0.409	河内	0.427	金边	0.456
14	广岛	0.406	济州岛	0.427	普吉岛	0.455
15	莫斯科	0.403	中国澳门	0.426	济州岛	0.448
16	仙台	0.403	釜山	0.426	名古屋	0.447
17	巴黎	0.398	福冈	0.424	清迈	0.447
18	旧金山	0.398	金边	0.424	巴厘岛	0.447
19	法兰克福	0.398	胡志明市	0.422	悉尼	0.447
20	纽约	0.398	普吉岛	0.422	中国高雄	0.443

资料来源：据 OAG 整理。

（一）北京、上海、广州具有最高紧密度中心性

研究期间，北京在中国对外航空网络中的连通性最强，与国际城市之间的拓扑距离最短。其次是上海和广州，其对外连通性也较强。北京、上海和广州稳居全国节点对外航空联系的紧密度中心性前三甲，与其国际航空枢纽地位高度契合。研究期间，前十名的其他国内城市排名略有变化，包括西部的成都、昆明、西安波动变化较明显，东北的沈阳以及东部的杭州等稳步上升，而大连、南京、青岛、厦门等东部沿海经济中心城市的国际连通性排名有所下滑。

（二）东亚、东南亚国际城市与中国城市连接最为紧密

研究初期，中国香港的紧密度中心性排名最高，是中国大陆较多的城市融入全球航空网络的中转中心。2009年，首尔超越中国香港成为与中国航空联系最紧密的国际城市，而后2019年曼谷跃居国际城市紧密度中心性榜首，主要得益于泰国国际旅游业发展。总体来看，除港澳台外，与中国航空联系紧密的国际城市有大阪、首尔、东京等东亚经济中心城市，曼谷、新加坡、吉隆坡等东南亚政治中心城市，阿姆斯特丹、维也纳、洛杉矶、悉尼等其他欧美及澳洲地区的航空枢纽城市。此外，近年芽庄、普吉岛、济州岛和巴厘岛等近距离的国际旅游景点成为国内大部分城市的航空出行目的地，说明短途国际旅游正成为

中国国际航空网络发展的重要驱动力。进一步表明中国大规模的国际短途旅游客流对邻近地区产生了显著的航空关联溢出效应（Zhang et al.，2019）。

（三）国内与国际城市航线日渐紧密，整个网络具有强凝聚力

除个别城市外，紧密度中心性排名前十位的国内城市及国际城市的紧密度中心性值呈现持续增长。北京的紧密度中心性存在小幅下降，上海和广州的紧密度中心性在研究期间持续上升（表6-6）。具有较高紧密度中心性的国际城市主要集中在日本、韩国等东亚国家以及新加坡、马来西亚、越南、泰国等东南亚国家。此外，城市之间的紧密度中心性差距较小，网络中的国内城市与国际城市形成较好的连接性，体现出中国国际航空网络具有很强的凝聚力。

四、中国国际航空网络节点中介中心性演化

中介中心性反映了城市在网络中的中转控制能力，两个不相邻的城市之间的连接主要依赖于那些位于二者连接最短路径上的城市。如果城市在其他城市之间航线连接的最短路径上，说明这个城市具有较大的中介控制力（表6-7）。

表6-7　中国国际航空网络的节点中介中心性排名前二十位城市（1999—2019年）

排名	1999年		2009年		2019年	
境内	城市	中介中心性	城市	中介中心性	城市	中介中心性
1	北京	0.522	北京	0.438	北京	0.299
2	上海	0.237	上海	0.254	上海	0.189
3	广州	0.074	广州	0.156	广州	0.121
4	昆明	0.057	乌鲁木齐	0.106	三亚	0.067
5	沈阳	0.048	昆明	0.037	深圳	0.045
6	乌鲁木齐	0.029	天津	0.017	乌鲁木齐	0.040
7	大连	0.026	深圳	0.016	杭州	0.038
8	济南	0.017	哈尔滨	0.015	海口	0.037
9	哈尔滨	0.015	大连	0.009	昆明	0.036
10	西安	0.013	成都	0.009	成都	0.031

续表

排名	1999年		2009年		2019年	
境内	城市	中介中心性	城市	中介中心性	城市	中介中心性
11	厦门	0.011	沈阳	0.008	西安	0.029
12	重庆	0.008	西安	0.008	天津	0.016
13	长春	0.007	厦门	0.006	重庆	0.013
14	天津	0.005	郑州	0.006	长沙	0.012
15	青岛	0.005	杭州	0.006	哈尔滨	0.012
16	成都	0.001	三亚	0.004	宁波	0.011
17	烟台	0.001	南京	0.004	大连	0.010
18	南宁	0.001	青岛	0.002	济南	0.010
19	桂林	0.001	武汉	0.002	泉州	0.009
20	武汉	0.001	长春	0.002	兰州	0.008
境外	城市	中介中心性	城市	中介中心性	城市	中介中心性
1	中国香港	0.325	中国香港	0.145	曼谷	0.068
2	首尔	0.074	首尔	0.117	暹粒	0.051
3	中国澳门	0.065	中国台北	0.039	中国台北	0.039
4	大阪	0.039	大阪	0.025	首尔	0.037
5	曼谷	0.038	曼谷	0.025	大阪	0.031
6	马尼拉	0.019	迪拜	0.025	中国香港	0.031
7	新加坡	0.018	新加坡	0.019	芽庄	0.024
8	乌兰巴托	0.017	中国澳门	0.015	金边	0.022
9	加德满都	0.017	莫斯科	0.014	新加坡	0.021
10	福冈	0.013	巴黎	0.013	乌兰巴托	0.018
11	吉隆坡	0.012	吉隆坡	0.013	莫斯科	0.014
12	东京	0.010	伊斯兰堡	0.012	中国澳门	0.014
13	名古屋	0.007	东京	0.011	普吉岛	0.013
14	新潟	0.006	釜山	0.010	吉隆坡	0.012
15	莫斯科	0.005	加德满都	0.010	万象	0.012
16	河内	0.005	名古屋	0.009	曼德勒	0.011
17	广岛	0.005	济州岛	0.007	名古屋	0.010
18	洛杉矶	0.004	河内	0.006	济州岛	0.009
19	悉尼	0.004	胡志明市	0.005	仰光	0.009
20	阿姆斯特丹	0.004	福冈	0.005	胡志明市	0.008

资料来源：据OAG整理。

（一）北京、上海和广州成为中国国际航空网络中转中枢

凭借国际航空枢纽定位，北京、上海、广州节点中介中心性稳居前三，三个城市之间的国际连通性存在一定的差距。北京的国际通航控制力居全国绝对引领地位。西部省会城市和区域性航空枢纽如乌鲁木齐、昆明和成都以及东部的三亚、深圳、杭州和海口等国际旅游城市具有良好的国际通航能力。值得关注的是，三亚和海口的国际通航能力在研究期间大幅提高，这主要得益于海南航空的快速发展及国际自贸港建设。海南航空在近十几年发展迅猛，成为国内第四大航空公司，积极开拓国际航线，仅在2016年，就开通了20条洲际航线与22条国际航线。此外，海南自由贸易港共建"一带一路"推动了海南主要城市成为泛南海区域的航空枢纽。

（二）亚洲东部国际航空枢纽与中国的航空连通性位居首位

研究初期，中国香港的中介中心性排名第一，尤其是在1999年，其中介中心性远高于第二名首尔，内地大部分城市与中国香港建立航空联系，但随着中国内地城市对外连通能力的提高，对中国香港的中转依赖性大幅下降，主要源于北京、上海、广州等国家级国际航空枢纽，以及区域性国际航空枢纽的崛起。暹粒的中介中心性排名跃居第二，作为世界七大奇迹之一吴哥窟的所在地，近些年国际旅游业快速发展，2006年吴哥国际机场建成后迅速成长为柬埔寨第二大机场，也成为中国国际航班的重要目的地。

第三节　中国国际航空航线层次性的空间演化

随着经济全球化和共建"一带一路"深入发展，中国对外航空运输联系强度不断增强，以北京、上海和广州等国际航空枢纽为中枢，与周边国家形成高度密集的空中航线，发育显著的等级层次性：一级航线主要为中尺度国际航线，高度指向日本、韩国、泰国、新加坡、马来西亚等东亚和东南亚国家；二级航线多为洲际航线，主要辐射美国、俄罗斯、澳大利亚、加拿大、德国、法国、

英国等欧美较发达国家和航空大国，尤其航空流高度汇聚于美国。

一、中国对外航线强度的时序演化

中国对外航空运输联系强度不断加大，与周边国家航线联系最为紧密，且主要依托北京、上海、广州等国际航空枢纽，并与东亚、东南亚国家中心城市以及西欧、北美政治经济中心建立高连通性和关联度的空中航线（表6-8）。

表6-8 中国对外航空班次流入量排名前20位的国家和地区（1999—2019年）

排名	1999年		2009年		2019年	
	地区	班次	地区	班次	地区	班次
1	中国大陆	69 059	中国大陆	202 832	中国大陆	520 267
2	中国香港	19 637	日本	39 372	日本	74 363
3	日本	14 022	中国香港	38 674	泰国	73 212
4	韩国	5 174	韩国	32 764	韩国	58 973
5	美国	4 255	新加坡	10 421	中国香港	42 464
6	泰国	3 792	美国	8 946	中国台湾	32 284
7	中国澳门	3 770	中国台湾	8 275	新加坡	22 087
8	新加坡	3 556	马来西亚	7 306	马来西亚	21 210
9	马来西亚	1 443	泰国	6 917	美国	20 065
10	德国	1 412	中国澳门	5 207	越南	19 363
11	俄罗斯	1 364	德国	4 153	柬埔寨	18 171
12	法国	1 352	越南	3 936	中国澳门	16 548
13	澳大利亚	1 043	俄罗斯	3 089	俄罗斯	10 810
14	菲律宾	775	阿联酋	2 573	菲律宾	10 582
15	越南	621	法国	2 493	印度尼西亚	10 343
16	加拿大	575	菲律宾	2 454	澳大利亚	9 170
17	瑞士	562	澳大利亚	2 278	缅甸	7 026
18	意大利	521	荷兰	1 717	加拿大	6 005
19	英国	407	加拿大	1 678	阿联酋	5 246
20	柬埔寨	392	柬埔寨	1 629	德国	5 024

资料来源：牛彩澄（2020）。

（一）中国国际航线强度持续增加，与东亚、东南亚日趋紧密

中国国际航班量在近20年间发生了快速增长，从期初的7万次航班流入量增长至期末的52万次航班流量，表明中国对外开放程度越来越高，不断融入世界经济体系和国际航空网络，国际地位和竞争力不断攀升，国际航空客货联系更加紧密。受经贸一体化和国际旅游业综合影响，中国与东亚、东南亚之间的航线密度较高、增长较快，已成为周边地区主要客源地。1999年，中国流入泰国的班次量大约有3 800次/周，而到2019年，这一数字增长了18倍，两国之间每周大约往返班次量达到十四万。

（二）中国与周边国家和地区的航空运输联系最紧密

中国与东亚和东南亚等周边地区国家航空班次量最高，占据中国对外航线强度的80%以上，主要集中于日本、韩国、泰国、新加坡、马来西亚等发达国家和旅游大国。中国国际航空联系主要集中在区域内部，以国际尺度航线为主，与区域外部的洲际航班关联强度偏弱，主要受到地理距离约束。此外，港澳台也与中国大陆保持较为紧密的航空联系，尤其是中国香港作为重要的全球性航空枢纽，成为中国大陆重要的国际航班中转地。1999年，中国内地总体上对外航空运输联系水平较低，香港发挥了重要的国际航空枢纽作用，是中国第一大航空中转地。中国香港的航班次量约为第三大目的地——韩国的四倍。而伴随着中国内地航空运输业的迅速发展，北京和上海的国际枢纽地位日益提升，中国大陆对中国香港中转枢纽的依赖性有所降低。

（三）洲际航空运输主要指向欧美发达国家

中国与美国、俄罗斯、澳大利亚、加拿大、德国、法国、英国等欧美发达国家的航线强度较高，洲际航线布局具典型的经济指向性。中国与美国的国际航空关联一直位居前列，高于一些周边国家，从中国通往美国的航班量从期初的4 225次/周增长为研究期末的20 065次/周。伴随着中国改革开放与经济全球化，中美经济贸易高度依赖，彼此互为重要的经济伙伴，两国之间的航空运输联系也越来越紧密，双边贸易额增长迅猛，两国之间的科技、文化、教育、

旅游交流更加频繁，促使双方的航班往来数量也大幅增加。此外，俄罗斯作为中国陆上最大邻国和世界上面积第一大国，横跨亚洲大陆，也是中国航空联通欧亚航线的重要的目的地和关键的中转地。

二、中国对外航线强度的空间异质性

（一）中国对外国际航线强度呈现出显著的等级层次性

利用自然断裂法将中国对外航线关联强度分成四个等级。研究期间，与中国开通国际航班的国家（或节点）不断增加。1999年，中国与全球50个国家（或地区）开通国际航班；2009年，中国与全球75个国家（或地区）存在国际航空联系；2019年，全球有82个国家（或地区）与中国大陆直通航班。不同等级航线强度都在不断增加，中国对外航空班次数量也在持续增长。1999年，一级航线主要集中在中国香港和日本；2009年，一级航线覆盖至韩国；2019年，一级航线分布在日本、泰国和韩国。二级航线主要集中在美国和东南亚部分国家，如新加坡、马来西亚、越南和柬埔寨等。三级航线主要分布在澳大利亚、中东地区、西欧（英国、法国、德国）等。四级航线的数量最多，占总量的70%以上，但其关联强度却占比很小，且出现不断下降的趋势，从期初的10.98%下降到期末的7.73%，说明中国对外航空联系等级跃迁较显著，存在着显著的马太效应。

（二）中国国际航空枢纽主要集中在北京、上海和广州

北京、上海和广州作为中国三大城市群的核心城市，对外形成紧密的政治文化交流和经济贸易往来，是中国对外航空运输联系的核心枢纽。中国对外航空联系前十位城市对中，最为重要的国内城市是北京和上海，主要的航线有上海—中国香港、北京—中国香港、上海—东京、北京—东京、上海—首尔、北京—首尔等（图6-1）。此外，受区位邻近性影响，研究期间青岛与首尔之间的航空联系一直尤为紧密。在研究期间，上海—中国香港的航空联系强度一直稳居榜首。根据城市对航班强度排名，发现除中国香港和中国台北外，其他联系最为紧密的境外城市包括东京、首尔、曼谷、新加坡、大阪等东亚和东南亚政

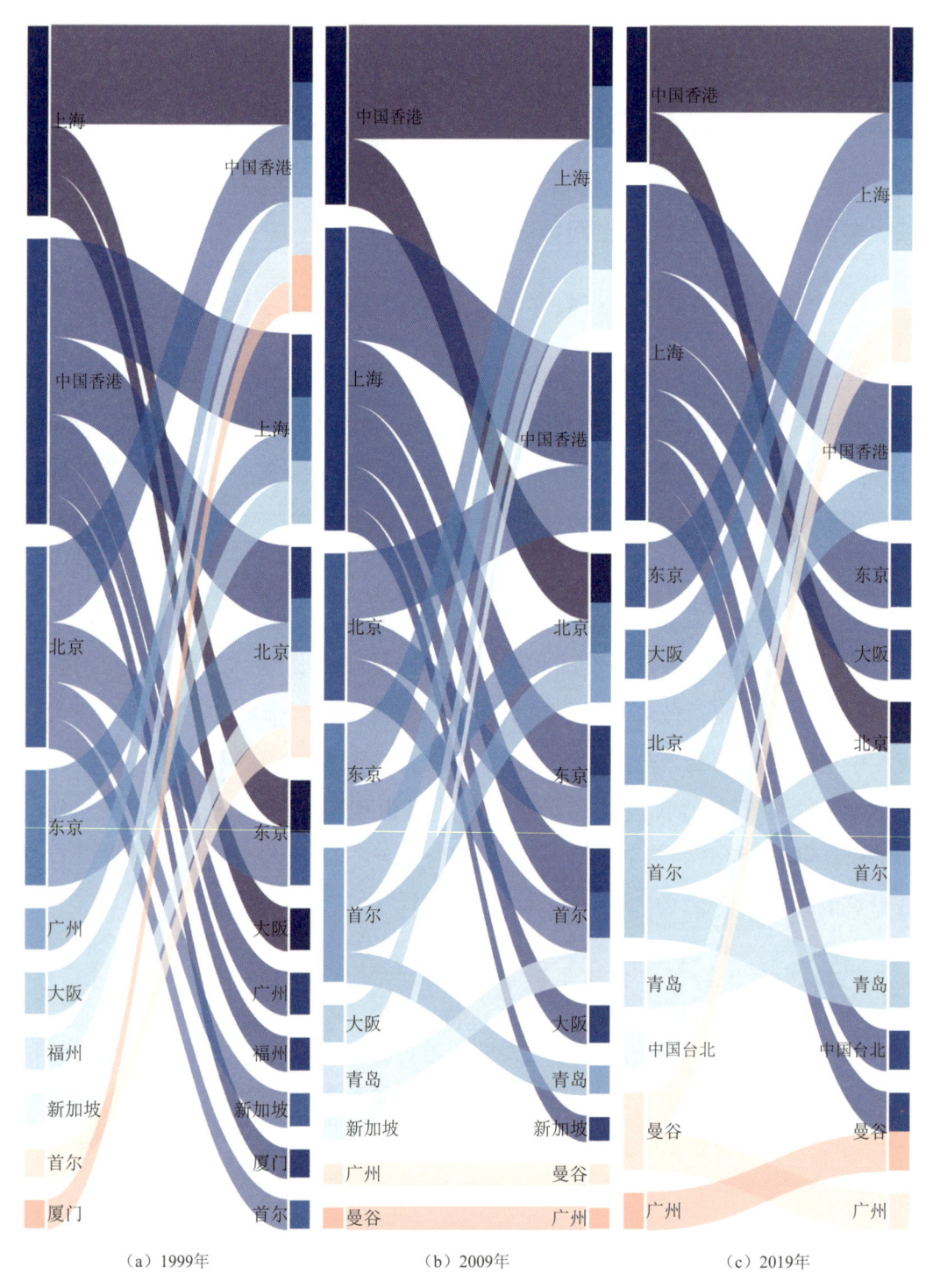

(a) 1999年　　　　(b) 2009年　　　　(c) 2019年

图 6-1　中国国际航空网络关联强度排名前二十位的城市对（1999—2019 年）

资料来源：据 OAG 绘制。

治与经济中心，说明中国对外航空联系受到强烈的地理邻近性和文化邻近性的影响。此外，北京、上海和广州所集聚的国际航班数量占比从期初的61.03%下滑到期末的45.88%，航线占比从期初的50%下降到期末的21.77%。三大核心城市的航线和航班量在持续增强，但占比呈现逐渐下滑的趋势，表明中国对外航空联系广度和强度不断增长，逐渐多元化、复杂化；大量国内城市通过三大枢纽中转链接全球主要城市，新增其他对外通航的城市提高中国国际航空网络的复杂多样性与健壮性。

总体来看，中国对外航空运输的范围不断延伸，关联强度也日益加强。国际高等级航线和高密度航空流主要指向东亚、东南亚地区；此外，中美之间的航空运输联系也比较频繁。中国对外航空关联强度呈现出典型的等级层次结构，航线组织范围逐渐复杂化、多元化。

第四节　中国国际航空网络社团性的空间演化

受航空公司市场竞争合作和地理邻近性共同作用，中国国际航空网络发育一定的社团结构，呈现较明显的区域集团化特征。国内航空枢纽城市的核心腹地日渐多元而复杂，形成较典型的地域分工。北京对外航空联系范围广，以洲际航线为主，社团以欧洲和北美城市为主；上海、南京、杭州等长三角区域枢纽主要与东亚重要城市形成紧密航空联系；东北和山东沿海枢纽主要辐射韩国及远东地区城市；广州和深圳等珠三角区域枢纽主要链接非洲及大洋洲等（Zhu et al.，2019）。这主要与航空公司的国际航线战略分工密切相关（朱新华和于剑，2019）。

一、中国国际航空网络的社团模块度计算

中国国际航空网络具有一定的社团结构，但不够显著。利用Gephi0.9.2的社团模块度计算模型测度了中国国际航空网络的模块度。发现中国对外航空网络的最优模块度值主要为0.23—0.30，表明中国对外航空网络具有一定的社团

结构，略高于国内航空网络，形成了一定程度的区域集团化，主要受到航空公司市场分工影响。1999 年、2009 年和 2019 年，中国国际航空网络的模块度值分别是 0.296、0.245 和 0.229，约是国内航空网络平均值的两倍。随着时间变化，整个网络的模块度值逐渐缩小，说明随着网络规模的不断扩大，国内城市对外航空联系不断丰富，对外连通组织逐渐复杂化，社团结构差异日渐弱化，国际航线腹地出现较大市场重合度和竞争性。

二、中国国际航空网络的社团结构演化

（一）中国国际航空网络发育一定的社团结构，呈现较典型的区域集团化特征

1999 年，中国对外航空网络的社团结构清晰，国内城市的对外关联对象具有相对明确的指向。北京主要联系欧洲地区的城市，上海更倾向辐射日本和北美地区，昆明航空腹地城市以中南半岛为主，国内大部分城市主要链接港澳以及大部分东南亚城市（表 6-9）。研究初期，中国对外航空网络的最优模块度值是 0.296，表明整个网络具有一定的社团结构，通过分析发现网络被划分为 5 个社团，分别包括 44、34、27、10 和 7 个节点。第一大社团包含 3 个境内节点和 41 个境外节点，国内城市分别是北京、乌鲁木齐和呼和浩特，国际城市以欧洲、西亚和中东地区的城市为主；第二大社团的节点以国内城市为主，包含 25 个节点，境外节点主要包括港澳以及东南亚政治中心和国际旅游城市，多数的国内城市主要对外航空联系集中在港澳地区和东南亚国家；第三大社团包括的境内城市有上海、西安、大连、天津和拉萨，境外城市以日本和北美地区的中心城市为主；第四大社团节点主要分布在东亚地区，相对集中于韩国、俄罗斯远东地区及中国东北地区，如首尔、海参崴，以及沈阳、长春、哈尔滨和青岛等。最后，第五大社团是以昆明为核心的东南亚社团，共包含 7 个节点，主要联系紧邻云南省的中南半岛地区的中心城市，如清迈、仰光和万象等。

表 6-9 中国国际航空网络的社团结构划分（1999 年）

编号	主要分布	代表城市
1	境内 3 个；境外 41 个，分散于欧亚、北美和中东地区	北京、乌鲁木齐、呼和浩特、新德里、新加坡、伦敦、法兰克福、维也纳、马德里、慕尼黑、米兰、斯德哥尔摩、特拉维夫、纽约、洛杉矶等
2	境内 25 个，以省会和旅游城市为主；境外 9 个，集中在港澳和东南亚	广州、成都、武汉、福州、郑州、桂林、海口、南宁、三亚、中国香港、中国澳门、马尼拉、河内、金边、雅加达、胡志明市等
3	境内 5 个，以省会城市为主；境外 22 个，集中于日本和北美	上海、大连、西安、天津、拉萨、福冈、大阪、东京、波士顿、火奴鲁鲁等
4	境内和境外均为 5 个，分布在东北和东亚	沈阳、长春、哈尔滨、青岛、烟台、首尔、海参崴等
5	境内 2 个，集中于云南省；境外 5 个，以东南亚为主	昆明、曼谷、清莱、仰光、清迈、万象、景洪

资料来源：据 OAG 整理。

2009 年，社团结构划分界限出现模糊，集聚特征开始弱化（表 6-10）。研究中期，中国对外航空网络的最优模块度值是 0.245，略低于初期水平，包括六个社团。其中，第一社团包括 66 个节点，拥有 30 个内地城市和 36 个境外城市，境内城市主要以直辖市、省会城市和旅游城市为主，如上海、成都、杭州、南京、西安、三亚、武汉、郑州、海口、桂林等城市，境外城市大部分分布在日本和北美洲，如东京、松山、小松、福岛、冲绳、长崎、静冈、旧金山、纽约、芝加哥、克利夫兰、底特律等。第二社团形成以北京为中心的对外航空关联社团，内地城市高度集中于北京周边的东北三省和山东省，共 14 个城市。相比其他城市，北京的对外航空联系具有明显的优势，覆盖国际范围广阔，包括 20 个欧洲城市、27 个亚洲城市、10 个北美地区城市、6 个非洲城市、3 个中东地区城市，以及拉丁美洲的圣保罗。第三社团以境外城市为主，包括广州、深圳、昆明和南宁 4 个内地城市，遵循地理和文化邻近性，32 个境外城市以港澳台及东南亚地区中心城市为主（如金边、普吉岛、暹粒、吉隆坡、万象、河内等）。凭借稳定的开放政策、发达的经贸合作和频繁的人文交流，中国广东、云南和广西三省（自治区）与港澳台及东南亚地区形成高度紧密的航空运输联系。第四社团包含 23 个节点，拥有 2 个境内城市（乌鲁木齐和喀什），境外城市主要指向中亚地区政治和经济中心城市，如哈萨克斯坦的最大城市阿拉木图、土库曼斯坦首都阿什哈巴德、吉尔吉斯斯坦首都比什凯克等，突出表明地理邻近性的重要作用。

表 6-10　中国国际航空网络的社团结构划分（2009 年）

编号	主要分布	代表城市
1	境内 30 个，以直辖市、省会和旅游城市为主；境外 36 个，集中在日本和北美	上海、成都、杭州、南京、西安、三亚、武汉、郑州、海口、桂林、济南、南昌、合肥、东京、松山、小松、福岛、冲绳、长崎、静冈、旧金山、纽约、芝加哥、克利夫兰、底特律等
2	境内 14 个，集中在东北、山东和北京；境外 68 个，集中在东亚、西欧、北美	北京、哈尔滨、长春、沈阳、大连、青岛、烟台、威海、首尔、大阪、名古屋、釜山、福冈、广岛、冈山、札幌、乌兰巴托、仙台、清州、法兰克福、巴黎、阿姆斯特丹、慕尼黑、伦敦、赫尔辛基、哥本哈根、伊斯坦布尔、罗马、维也纳、斯德哥尔摩、洛杉矶、温哥华、多伦多、费城等
3	境内 4 个，境外 32 个，集中在东南亚	广州、深圳、昆明、南宁、曼谷、吉隆坡、河内、胡志明市、金边、仰光、雅加达、普吉、兰卡威、槟城、暹粒、古晋、宿务、万象、曼德勒等
4	境内 2 个，境外 21 个，集中在中亚	阿拉木图、比什凯克、塔什干、阿什哈巴德、奥什、阿斯塔纳、杜尚别、费尔干纳、撒马尔罕等

资料来源：据 OAG 绘制整理。

2019 年，社团划分依然存在明显的区域集团化特征（表 6-11）。研究末期，中国对外航空网络的最优模块度为 0.229，相应地分为四个社团，分别包括 87、71、102 和 32 个节点。第一大社团以境外节点为主，仅有 6 个境内城市，包括北京和 5 个西部地区城市（如乌鲁木齐、鄂尔多斯、满洲里、海拉尔和二连浩特）。北京是中国对外航空运输的重要枢纽城市，与 137 个境外城市产生了航空流。其次是乌鲁木齐，有 29 个航空城市对，其他 4 个城市航空腹地相对较少。这一社团包含 81 个境外城市，遍布全球，包括 31 个欧洲城市、21 个亚洲城市、16 个北美城市及 6 个中东地区城市。第一社团位于西部边境地区的中心城市（鄂尔多斯、满洲里、海拉尔和二连浩特）主要辐射北亚和中亚地区的中心城市。北京具有强大的国际航线中转能力，与距离遥远的欧洲和北美等地区产生了大量的跨洲中长程航空联系，此外乌鲁木齐受地理距离影响与中亚地区城市建立更为紧密的航空关联。第二社团有 71 个节点，内地城市有 20 个，以东部地区为主，相对集中于上海、杭州、天津、南京、海口等省会城市及直辖市；港澳台在内的境外城市有 51 个，其中绝大多数是亚洲城市，主要分布在日本、菲律宾为代表的东亚和东南亚国家，此外还有少数欧洲和北美地区中心城市。第三社团有 63 个节点，其中 37 个境内城市，26 个境外城市。第三社团的境内城市分布范围较广，散布于东北、东部沿海及中西部内陆地区，主要是具有区域性国际枢纽地位的中西部城市和对外关联较弱的东部城市，如成都、昆明、重庆、长沙、武汉、南宁、郑州、兰州、临沂、淮安、连云港等；其境外城市除塞班岛外，其他全部为亚洲城市，且主要分布在东南亚地区，表明中国大部分城市与东南亚地区具有紧密的航空运输联系。第四社团有 32 个节点，包含境内节点 13 个，主要集中于山东和东北地区，如青岛、沈阳、哈尔滨、济南、烟台、长春、延吉、威海、盐城、牡丹江、佳木斯等；境外城市主要分布在东亚的韩国和俄罗斯等国家，如首尔、釜山、清州、符拉迪沃斯托克等城市。

表 6-11 中国国际航空网络的社团结构划分（2019 年）

编号	主要分布	代表城市
1	境内 6 个，集中在内蒙古和北京；境外 81 个，集中在亚洲、西欧和北美	北京、乌鲁木齐、鄂尔多斯、海拉尔、诺尔苏丹、阿拉木图、塔什干、阿什哈巴德、伦敦、法兰克福、巴黎、阿姆斯特丹、伊斯坦布尔、哥本哈根、慕尼黑、洛杉矶、旧金山、纽约、西雅图、芝加哥、多伦多、波士顿、达拉斯等
2	境内 20 个，集中在东部地区；境外 51 个，集中在亚洲城市	上海、杭州、天津、南京、福州、宁波、温州、中国香港、中国澳门、东京、大阪、名古屋、济州岛、福冈、札幌、冲绳、济州岛、檀香山、亚特兰大、马德里等
3	境内 40 个，散布在东中西三大地带；境外 62 个，集中在东南亚	广州、深圳、成都、昆明、重庆、长沙、武汉、南宁、郑州、兰州、曼谷、暹粒、芽庄、新加坡、吉隆坡、普吉、曼德勒、金边、巴厘岛、仰光、清迈、胡志明市、万象等
4	境内 13 个，集中在山东和东北；境外 19 个，集中在东南亚	青岛、沈阳、哈尔滨、济南、烟台、长春、延吉、威海、盐城、牡丹江、佳木斯、首尔、釜山、清州、符拉迪沃斯托克等

资料来源：据 OAG 整理。

（二）国内主要航空枢纽腹地市场形成较有序分工

中国国际航空网络的社团模块发育多个航空枢纽城市和众多腹地城市，不同航空枢纽城市的关联侧重对象有所差异。北京在中国对外航空网络中具有绝对核心地位，其对外航空联系范围广，其社团成员以跨洲距离相对较远的欧洲和北美城市为主。上海、南京、杭州等长三角区域枢纽城市主要与日本等东亚及东南亚经济中心城市形成紧密的航空关联。东北地区和山东沿海枢纽城市主要与韩国及远东地区城市属于同一社团。研究期间，广州枢纽的社团划分不断变化。2019年，广州和深圳等珠三角区域重要城市主要负责非洲及大洋洲等地区的航空关联，这与中国南方航空的国际航线战略调整密切相关。2009年后，中国南方航空以广州为基地，加强向大洋洲市场辐射和开拓（朱新华和于剑，2019）。在中国南方航空的市场扩张下，广州近些年已经成为中澳航空网络联系的重要新兴枢纽（Zhu et al., 2019）。悉尼作为中澳航空关联最紧密的枢纽城市，与首都北京同属一个社团，说明政治因素仍然是国际航空运输的重要驱动力。此外，中国其他大部分对外通航城市主要与东南亚地区形成较多的航空联系。

（三）航空网络社团结构受地理距离、城市职能和航司组织战略综合影响

不同尺度的航空网络社团组织结构比较，发现中国国际航空网络的社团结构特征与空间尺度息息相关。在全球视角下，国际航空网络具有显著的社团结构，且随着时间推移，其区域化社团关联更为紧密，主要受地理邻近性影响。而地方视角下的国内航空网络联系主要集中在各大城市群之间，城际航班高度集中分布在 1 000—1 500 千米的邻近尺度航段，进而导致国内城市倾向于远距离航空关联，因而空间集聚性较弱，地理边界相对模糊，社团结构特征不明显。中国国际航空网络作为典型的二模网络，其社团结构划分相对一模网络受地理距离影响较小，主要与城市本身社会经济政治属性等城市职能、国家政策以及航空公司发展战略等因素息息相关。

第五节　中国国际航空枢纽首位方向的空间演化

中国国际航空网络首位联系方向兼具集聚性和扩散性，是一个耦合加权对称网络。东亚和东南亚地区始终是中国对外航空网络首位联系腹地，欧洲、北

美及中东地区中心城市日渐成为首位选择方向。北京和上海是中国国际航空网络的最重要中枢，集聚了绝大多数国际城市的最大航空流，而香港的首位枢纽地位不断下降。

一、中国国际航空枢纽首位联系的整体特征

（一）中国国际航空网络首位方向兼具集聚性与扩张性

研究期间，中国国际航空网络的首位城市数量不断增长，从期初的21个增长至43个，其中整个网络的节点数量从期初的122增长至299，首位城市节点数量相对增加更快，对外航空流量具有集聚趋势。首位城市中的国内城市与国际城市数量基本相当，国内首位城市由东部沿海向中西部地区扩展，逐渐覆盖全国主要国际和区域性航空枢纽。中国国际航空网络的航线关联逐渐丰富，不断促进了首位城市数量的增长（表6-12）。

（二）中国国际航空网络是一个加权耦合对称网络

从网络流向来看，研究期间，流入首位方向城市与流出首位城市的数量基本相当，保持相对对称。1999年，流入航空网络的首位联系城市有22个，流出有21个；2009年，首位方向城市流入与流出度分别是25个和26个；2019年，航空网络的流入与流出首位联系城市数量均增长至43个，首位方向城市的出入度连接水平相当。比对流入和流出的首位方向城市，二者基本相同，超过80%均为同一城市，说明中国对外航空网络的首位关联在方向上具有较高的对称性。

（三）中国与亚洲城市建立最为紧密的首位联系

从空间位置来看，中国对外航空网络中的首位方向城市基本为亚洲城市，主要集中于中国大陆、港澳台地区以及东亚和东南亚地区。1999年，与境内城市首位关联最紧密的境外城市是中国香港，其次是首尔、曼谷等。其中中国香港优势最为显著，成为中国境内嵌入全球航空网络的中转中枢，有26个大陆城市的最大航班量指向中国香港；22个首位城市中，境内与境外城市数量各占一半。2009年，25个首位流入城市包括14个境内城市和11个其他亚洲城市；中

国香港和首尔仍是中国境内城市最主要的目的地。2019年，曼谷超越香港，成为中国城市首位联系指向最频繁的目的地；此外43个首位流入城市有20个境内城市和23个境外城市，其中这23个境外城市均是亚洲城市。由此可见，中国城市的最大航班流集中指向了亚洲主要中心城市，表明亚洲区域始终占据中国国际航空核心市场。

（四）北京、上海和广州是中国国际航空首位联系的重要枢纽

研究期间，北京、上海和广州是中国对外航空运输联系的首位枢纽城市，三者集中了全国1/4的客运吞吐量（赵魏，2017）。此外，昆明和乌鲁木齐两个西部（分别为西南和西北）区域性国际航空枢纽也一直稳居境内首位联系城市的前五位，说明西部地区高度依赖中心城市及其对外航空运输，促使中心城市与邻近国家或地区的首位连通水平较高。

表6-12 中国国际航空网络排名前五位的境内首位联系城市（1999—2019年）

1999年				2009年				2019年			
首位城市	入度	首位城市	出度	首位城市	入度	首位城市	出度	首位城市	入度	首位城市	出度
北京	44	北京	44	北京	49	北京	50	上海	66	上海	64
上海	17	上海	17	上海	46	上海	45	北京	56	北京	56
广州	6	广州	6	广州	20	广州	22	广州	35	广州	36
昆明	5	昆明	5	乌鲁木齐	17	乌鲁木齐	15	昆明	8	昆明	10
乌鲁木齐	3	乌鲁木齐	3	昆明	5	昆明	5	乌鲁木齐	8	乌鲁木齐	8

资料来源：引自牛彩澄，2020。

二、中国国际航空枢纽首位联系的拓扑结构

在城际关联中保留每个城市节点最大班次输出的城市对作为首位联系。从空间格局上看，中国对外航空网络的范围不断扩展，东亚和东南亚地区的主要政治和经济中心城市成为中国的首位航空联系腹地，欧洲、北美以及其他中国周边地区的中心城市位居其次。中国国际航空网络的首位关联由分散走向密集，

新增大量的跨洋洲际航线。

(一) 1999年：北京一极独大格局

1999年，北京、上海、广州是中国对外辐射范围最广的首位城市，分别覆盖了44个、17个和6个境外城市，主要归因于其国际航空枢纽定位。其次昆明和乌鲁木齐也是重要的区域性首位城市，其腹地分别指向云南省和新疆维吾尔自治区中心城市和旅游城市。期初中国与美洲、澳洲的首位联系非常稀疏，基本由中国沿海三大国际枢纽指向美洲和澳洲主要发达国家与地区的政治中心。中期，随着国际航线数量的增加，中国对外首位航空方向逐渐复杂且多元，但核心首位方向依然主要集中在东亚和东南亚地区。期末，中国对外首位航空关联更为密集，新增大量通往北美、澳洲以及欧洲的远洋洲际航线。

1999年，北京是中国对外航空联系的最重要枢纽城市，绝大多数境外城市的最大航空流指向北京。其次是上海，第三是广州，二者分别成为中国华东、华中及华南地区通航全球的桥梁。此外，昆明、乌鲁木齐、西安和沈阳等城市作为西南、西北和东北区域中心城市，也与邻近周边国家产生了紧密的首位联系，如昆明与泰国的首都曼谷互为首位城市。这个时期，中国香港是境内大部分国际通航城市的首要中转地，大约65%的具有国际通航能力的境内城市最大航空流指向中国香港，其次是首尔和曼谷，三者分别成为中国大陆城市对外航空联系的关键中转地和目的地（图6-2）。

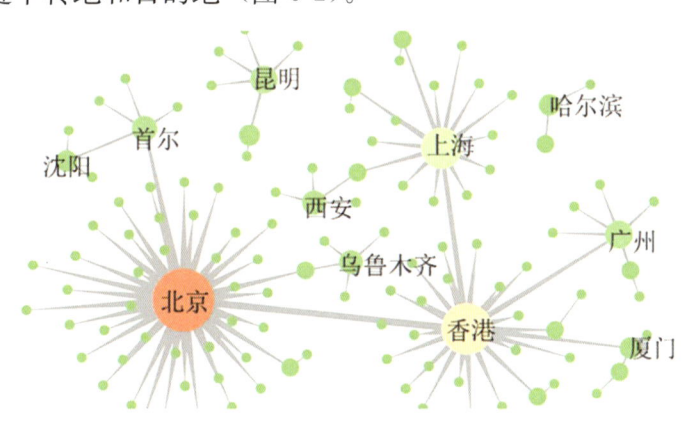

图6-2 中国国际航空网络首位联系的拓扑结构（1999年）

资料来源：引自牛彩澄，2020。

（二）2009 年：北京-上海双核驱动

2009 年，作为政治中心，北京依然是中国对外航空联系的最主要首位城市，其次是上海。可以明显看出，上海的首位地位上升显著，其次是广州和乌鲁木齐，昆明、哈尔滨也是重要的首位城市。北京、上海和广州三大国际航空枢纽城市，形成较有序的地域市场分工。北京首位方向广泛，相对集中于东南亚、西欧和北美地区；上海主要辐射东亚地区；广州则以东南亚地区及中国华南地区为首位航空方向。其他首位城市均是重要边境地区的中心城市，如乌鲁木齐、哈尔滨和昆明，分别是中国西北、西南和东北地区重要的对外航空联系首位中转枢纽。作为著名的国际旅游城市和国际航空枢纽，中国香港具有强大的旅游吸引力和机场中转能力。作为韩国的政治、经济、科技、教育和文化中心，首尔是中国第二大国际航空首位城市，也是中国内地城市，尤其是东北地区通航东亚地区的首要目的地和中转地（图 6-3）。

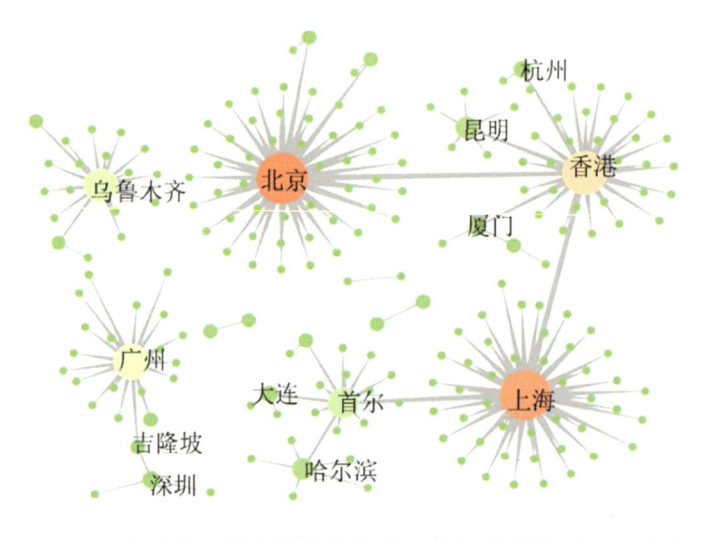

图 6-3 中国国际航空网络首位联系的拓扑结构（2009 年）

资料来源：引自牛彩澄，2020。

（三）2019 年：上海引领内外联动

2019 年，中国对外航空的首位联系网络规模不断扩张，首位城市的组成逐渐复杂。上海的国际枢纽地位不断攀升，成为境外城市腹地最多的首位城市；其次是北京，广州排名第三，这与三者的对外连通度位序一致（黄彦，2020）。曼谷、中国香港和首尔是境内城市的首位航空联系境外枢纽。曼谷的国际航空枢纽地位攀升迅速，已取代吉隆坡成为中国最重要的国际航空流集散地。作为泰国首都和最大城市，曼谷经济总量占全国总量的44%，旅游业也非常发达，是重要的国际活动中心。位于曼谷的素万那普国际机场，自2006年投入使用后，成为东南亚乃至亚洲重要的航空枢纽（杜方叶等，2019）。近十年来，泰国国际旅游发展迅猛，吸引大批中国游客前往，进而促使曼谷一跃成为中国国际航空联系的首位城市。中国香港的首位地位明显下降，从1999年的26个首位腹地城市下降至2019年的14个。研究期间，首位城市数量不断增加，构成更加丰富，说明中国对外航空网络持续拓展，区域中心城市的国际航空连通性也逐渐加强，包括昆明、成都、乌鲁木齐、海口、三亚、大连、哈尔滨等西部和东北省会城市以及国际旅游城市。海南作为中国最南端的省级行政区，北接港澳特区，东临台湾省，相隔南海与多个东南亚国家相邻，具有重要的地理位置。近些年得益于海南自由贸易港和国际旅游业发展，海口和三亚航空枢纽地位明显提升，已成为东北地区及周边地区重要的航空首选地。此外，一些东南亚著名的旅游城市也成为中国部分经济发达城市的首位航空目的地，如芽庄、暹粒等（图6-4）。

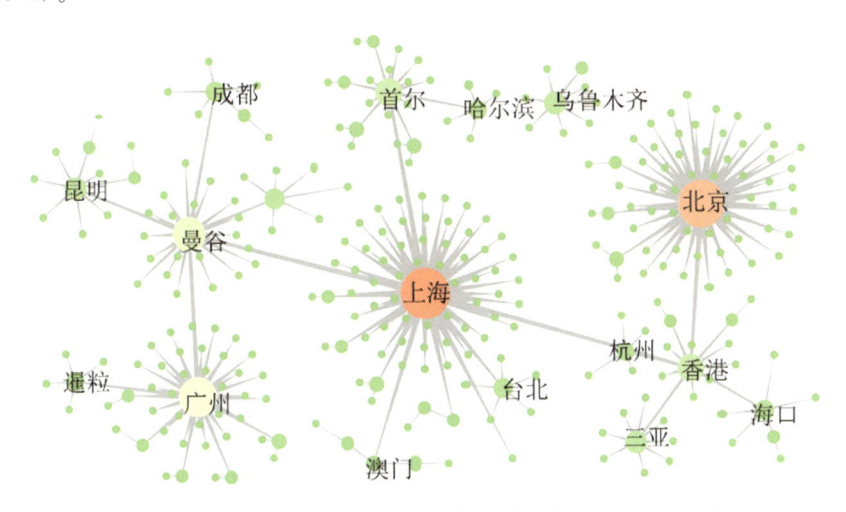

图6-4 中国国际航空网络首位联系的拓扑结构（2019年）

资料来源：引自牛彩澄，2020。

总体来看，北京和上海是中国对外航空联系的重要首位城市，集聚了绝大多数境外城市的最大航空流。边境地区的区域中心城市成为中国重要的对外航空联系口岸，昆明、乌鲁木齐和哈尔滨等区域性国际航空枢纽与邻近周边国家产生了紧密的首位联系。研究初期，中国香港是境内城市融入全球航空网络的首位中转枢纽，但随着内地国际航空枢纽的崛起，其首位地位不断下降。在国际旅游、区域经济一体化、国际中转枢纽建设等因素的推动下，首尔、曼谷成为中国重要的首位境外航空枢纽。

参 考 文 献

[1] 杜方叶、王姣娥、谢家昊，等：""一带一路'背景下中国国际航空网络的空间格局及演变"，《地理科学进展》2019 年第 7 期。

[2] 黄彦：''中国国际航空枢纽城市对外联系时空演变及影响因素研究"，（硕士论文），上海社会科学院，2020 年。

[3] 牛彩澄：""全球—地方'视角下中国航空网络的空间演化与影响因素"（硕士论文），华东师范大学，2020 年。

[4] 赵巍：''中国重点国际航空枢纽竞争力分析"，《民航管理》2017 年第 7 期。

[5] 朱新华、于剑：''基于时空视角的中国国际客运航空网络演化研究"，《综合运输》，2019 年第 5 期。

[6] Dai, L., Derudder, B., X. Liu. 2018. The Evolving Structure of the Southeast Asian Air Transport Network through the Lens of Complex Networks, 1979-2012. *Journal of Transport Geography*, Vol. 68.

[7] Verma, T., A. M. Araújo Nuno, H. J. Herrmann. 2014. Revealing the Structure of the World Airline Network. *Scientific Reports*, Vol. 4.

[8] Zhang, L., H. Du, Y. Zhao, et al. 2019. Drawing Topological Properties from a Multi-Layered Network: The Case of an Air Transport Network in "the Belt and Road" Region. *Habitat International*, Vol. 93.

[9] Zhu, Z., A. Zhang, Y. Zhang, et al. 2019. Measuring Air Connectivity between China and Australia. *Journal of Transport Geography*, Vol. 74.

第七章　中国国内航空网络地理

　　作为一复杂网络，中国国内航空网络被证实具有结构上的小世界性、无标度性和社团性，发育显著的空间异质性。中国国内航空网络节点中心性分布呈现从集聚向均衡的空间扩散态势，各中心性指标都存在由极化到多核再到均衡的趋势。国内航空网络发育显著的等级层次与核心—边缘复合结构，航空节点城市的网络效率符合一定的位序-规模法则，形成明显的"金字塔"形层级结构。国内航空网络具有区域性、稳定性、波动性共存的社团结构，社团之间的网络效率也具有明显差异。国内航空网络空间分异显著，呈"马鞍形"地带性分布，网络效率在1998—2010年呈现空间极化趋势，2010—2015年则出现均衡化趋势。国内航空网络空间日益均衡，由"三足鼎立"走向多核联动模式，高值区逐渐形成三条带状分布区：东部沿海分布带、长江经济带、"胡焕庸"线沿线分布带。城市行政等级对国内航线布局具有显著影响，旅游业发展水平对国际航线影响力更大，国内航空网络效率与人口规模、经济水平呈显著正相关。

第一节　中国国内航空网络结构的时空演化

　　得益于区域协调发展战略推进，中国国内航空网络节点和航线遵循由极化到多核再到均衡的空间扩散态势，发育显著的等级层次性和核心-边缘结构，以及一定的社团结构，但空间分异较显著，呈现宏观的"鞍形"结构、地带性分异和菱形组织格局，主要与国内航空网络轴辐式空间组织高度相关。

一、中国国内航空网络连通性的时序演化

利用社会网络分析方法统计1999年、2009年和2019年的中国城际航空网络的拓扑特征（表7-1），可以较为全面地了解基于航空流的中国城市网络时空演化特征。

表7-1　中国国内航空网络的整体拓扑特征演化（1999—2019年）

拓扑指标	1999年	2009年	2019年
节点数	119	161	232
边数	1 676	2 628	7 602
平均度	14.084	16.323	32.763
平均加权度	5 231.244	13 913.031	22 982.004
网络直径	4	3	4
聚类系数	0.663	0.734	0.763
平均路径长度	2.093	2.122	1.945

资料来源：牛彩澄（2020）。

（一）国内航空网络规模不断扩大

中国城市对内航空网络规模不断扩大，覆盖范围持续拓展（张文文等，2023）。1999—2019年，中国对内航空网络的节点数从119个增长至232个，年均增速达到4.75%，尤其是近十年，航空网络节点增长速度高于研究期前十年，表明研究期间越来越多的城市开通民航服务，实现城际快速交通。网络的边数从1999年的1 676条增长至2019年的7 602条，年增长速率达到17.68%，说明国内城市之间的航空联系更加密切。这一变化态势与张文文等（2023）研究发现一致。近十年的年增长率达到18.92%，远高于前十年的5.68%，说明近十年中国的航空网络建设成效显著。

（二）国内航空网络的广度和深度快速拓展

节点平均度反映了网络中所有节点直接联系的其他节点的平均个数。20年

间，网络的节点平均度由 14.084 增长至 32.763，说明城市直接关联的城市数目逐渐增加。尤其是近十年，2019 年节点平均度是 2009 年的两倍，城市之间直接通航的可能性大大提高。节点平均加权度反映了所有节点直接联系其他节点的平均关联强度。2019 年的平均加权度约增长为 1999 年的四倍，航班频次在 20 年间快速增加。总体来说，基于航空关联的城际联系范围和强度持续增加，反映了中国航空网络的广度和深度不断增加。

（三）国内航空网络小世界性日渐凸显

中国航空网络具有小世界性且特性趋于明显。小世界网络是一种介于规则网络和随机网络之间的网络，其特征是平均路径长度较小，接近同等规模的随机网络，而平均聚类系数远高于类似规模的随机网络（Watts and Strogatz，1998）。1999 年，中国城市对内航空网络的平均聚类系数（0.663）远高于同等规模的随机网络（0.119），且其平均路径长度（2.093）接近于随机网络（1.838）。网络经历 20 年的演变发育后，平均聚类系数进一步增长（0.763）并远高于同等规模的随机网络（0.143），路径长度相应缩短（1.945）接近于同规模随机网络（1.737），表明中国国内城际航空网络的小世界特性更加突出，具有更高的连通性和凝聚力（表 7-1）。该发现与张文文等（2023）、王姣娥等（2014）等研究发现一致。

（四）国内航空网络发育类无标度特性

中国国内航空网络不是无标度网络，但具有一定的类无标度特性（图 7-1）。从累积度分布来看，地方视角下中国城市航空网络呈现出幂律分布与指数分布的复合特征，但指数分布拟合结果更好（拟合优度达到 97% 以上），说明只有少量的城市具有较高的航线数量，大部分城市仅有少量航线联系。这表明中国航空网络的节点度分布具有明显的截断幂律和衰减偏尾特征，呈现显著的双段幂律分布（张文文等，2023；韩瑞玲等，2022），而不是标准的无标度分布，即兼具小度节点"低度饱和"（Low-degree saturation）和大度节点"高度截断"（High-degree cutoff）双重特性（巴拉巴西，2020）。这与中国的航空管制放松以及中小城市新增大量航线密切相关（王姣娥等，2009；Lin，2012），但累积度分布仍然证明只有少数的节点具有非常紧密的航空联系。大部分城市的航空关联较少，揭示了中国航空网络具有一定的类无标度特性，遵循"帕累托"分布和"长尾分布"（韩瑞玲等，2022）。

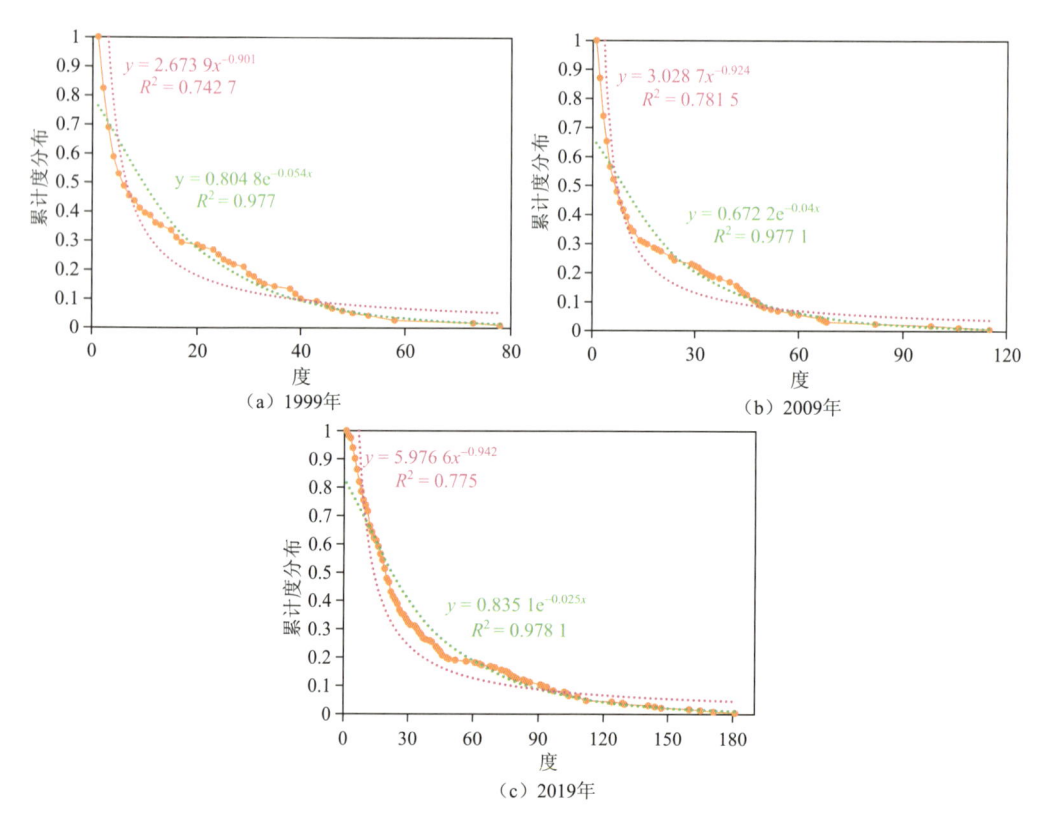

图 7-1　中国国内航空网络度分布及累积度分布演化（1999—2019 年）

资料来源：据 OAG 绘制。

（五）国内航空网络形成等级层次性分布

对 1999—2019 年中国国内城市航空网络的节点多中心性进行位序-规模排序，并进行曲线拟合（表 7-2 和表 7-3），研究发现：

1. 节点中心性均表现出位序—规模递减的效应

中心性指标的位序-规模分布均能很好地拟合复合指数曲线（绝大多数指标拟合优度多高于 0.900），这与王姣娥等人的研究发现一致（王姣娥等，2009）。随着位序的增加，中心性首先呈现出快速的递减，达到一定阈值后，中心性趋近于某一数值变化较平缓,说明航空网络中城市节点中心性极不均衡,航空流主要集中在高等级枢纽性城市,而中小城市在航空网络中地位比较薄弱。且网络集聚性增强(聚类系数增加),通达性提升(平均路长减小),网络层级得以加强(张培文等,2021)。

2. 不同中心性的递减效应存在差异,且逐渐减弱

1999—2019年,五种中心性的变化速率(即观察b值的绝对值大小)递减效应存在差异,随着时间的变化,中心性递减效应逐渐趋缓。一是从变化速率来看,中介中心性的位序-规模递减效应最为明显,其次是加权度,再次是加权平均中心秩、度中心性,最后是紧密度中心性。研究期间,五种中心性位序-规模递减效应始终符合这一位序规律,与中国国际航空网络相同。二是城市之间的差距逐渐减小。1999年,中介中心性的递减速率为0.237,2009年该值为0.228,到2019年速率下降到0.122,反映了节点之间的中介中心性差距逐渐缩小,小城市对大城市中转能力的依赖作用下降。类似地,加权平均中心秩、度中心性和紧密度中心性的递减效应也存在着衰减趋势,与中国对外航空网络保持一致。说明随着网络规模的不断扩大,小城市在网络中的地位有所提升,对核心枢纽城市的依赖程度不断下降,城市之间的航空连通性差距越来越小。

表7-2 节点中心性位序-规模最优拟合模型(1999—2019年)

中心性	1999年				2009年				2019年			
	函数	a	b	R^2	函数	a	b	R^2	函数	a	b	R^2
紧密度中心性	$y=ae^{bx}$	0.631	−0.005	0.951	$y=ae^{bx}$	0.614	−0.003	0.915	$y=ae^{bx}$	0.636	−0.002	0.811
中介中心性	$y=ae^{bx}$	0.253	−0.237	0.983	$y=ae^{bx}$	0.274	−0.228	0.988	$y=ae^{bx}$	0.11	−0.122	0.979
度中心性	$y=ae^{bx}$	0.584	−0.04	0.984	$y=ae^{bx}$	0.582	−0.036	0.969	$y=ae^{bx}$	0.669	−0.021	0.976
加权度	$y=ae^{bx}$	0.965	−0.102	0.95	$y=ae^{bx}$	0.587	−0.038	0.9	$y=ae^{bx}$	0.86	−0.052	0.975
加权平均中心秩	$y=ae^{bx}$	0.919	−0.049	0.985	$y=ae^{bx}$	0.777	−0.047	0.963	$y=ae^{bx}$	0.932	−0.029	0.987

资料来源:牛彩澄(2020)。

3. 节点中心性具有一定的等级层次性

对城市的中心性指标进行双对数位序—规模分布线性拟合,拟合优度均大于 0.7，拟合程度较好，表明中国国内航空网络表现出一定的等级层次性特征（表 7-3）。一是以紧密度中心性为代表，其集中指数 q 小于 1，说明中国航空网络节点的连通性规模分布相对分散，节点规模比较均衡，边缘节点也能够较为便捷地连入网络；二是度中心性、中介中心性、加权度和加权平均中心秩的集中指数 q 均大于理想值 1，说明这些指标的节点规模分布较为集聚，节点的连接度、重要性和控制性等特征高度集聚在高位序枢纽性节点，中小城市节点则发育较差。考虑节点的航班权重后，其集中指数增大，说明高位序节点的关联强度更强，节点规模分布的极化特征更为显著（张婷婷等，2022）。此外，节点加权平均中心秩的集中指数减小，随着节点关联范围的扩大，自我中心子网络（Ego network）连通性之间的差距逐渐缩小。而中介中心性的集中程度不断加强，说明中国航空网络的轴辐式空间组织特征逐渐强化，核心枢纽的中转职能更加明确。

表 7-3　中国国内航空网络节点的双对数位序-规模拟合参数（1999—2019 年）

年份	指标	紧密度中心性	中介中心性	度中心性	加权度	加权平均中心秩
1999	q	−0.125	2.498	2.147	3.152	4.137
1999	a	−0.162	−2.929	−1.349	−1.883	−2.024
1999	r^2	0.920	0.795	0.796	0.846	0.764
2009	q	−0.116	4.215	2.179	3.039	4.175
2009	a	−0.152	−3.502	−1.293	−1.619	−1.987
2009	r^2	0.900	0.821	0.844	0.676	0.797
2019	q	−0.086	4.028	2.127	3.134	3.780
2019	a	−0.128	−2.986	−1.043	−1.584	−1.532
2019	r^2	0.879	0.851	0.792	0.880	0.722

资料来源：牛彩澄（2020）。

二、中国国内航空节点中心性的空间演化

（一）度中心性持续增长，东部地区具有较强连通性

由于国内航空网络是有向网络，且网络对称性较强，在此以节点出度中心性表征网络节点的连通性特征（表 7-4）。

表 7-4　中国国内航空网络的节点度中心性排名前 30 位城市变化（1999—2019 年）

排序	1999 年		2009 年		2019 年	
	城市	度中心性	城市	度中心性	城市	度中心性
1	广州	78	北京	115	北京	181
2	北京	73	广州	106	上海	171
3	上海	58	上海	98	西安	165
4	昆明	53	深圳	82	成都	160
5	成都	53	成都	68	广州	147
6	西安	50	昆明	67	重庆	144
7	深圳	48	西安	66	深圳	141
8	武汉	46	厦门	60	天津	130
9	海口	45	重庆	60	昆明	129
10	厦门	43	大连	58	杭州	124
11	青岛	43	沈阳	54	海口	112
12	重庆	40	长沙	52	大连	108
13	南京	39	武汉	50	贵阳	108
14	温州	39	杭州	49	青岛	108
15	大连	38	乌鲁木齐	48	南京	104
16	沈阳	38	南京	48	长沙	103
17	福州	35	郑州	47	哈尔滨	103
18	济南	33	天津	45	厦门	102
19	郑州	32	青岛	45	兰州	97
20	杭州	31	海口	45	南宁	94
21	长沙	31	三亚	44	郑州	94
22	汕头	30	哈尔滨	43	沈阳	94
23	桂林	29	太原	43	乌鲁木齐	92
24	贵阳	29	贵阳	42	济南	91
25	珠海	29	济南	42	呼和浩特	86
26	乌鲁木齐	27	呼和浩特	40	武汉	86
27	宁波	26	温州	40	温州	84
28	合肥	25	桂林	37	珠海	83
29	哈尔滨	24	福州	37	福州	80
30	兰州	24	兰州	35	三亚	79

注：不包括港澳台地区。
资料来源：牛彩澄（2020）。

1. 国内航空网络的城市节点度中心性持续增长

中国国内航空网络中节点度中心性持续增长，表明城市节点之间的直接关联越发紧密。不同层级的节点度中心性均持续增加，2019 的高等级度中心性（>112）远高于 1999 年的最高等级度中心性（>47）。研究期间，排名前 20 位城市的节点度中心性持续增加，从 1999 年的 32—79 持续增长到 2019 年的 94—182，各城市的航空连通性呈现上升趋势，城际之间的直接通航联系程度更加紧密（张文文等，2023）。

2. 高行政等级城市在国内航空网络中占据绝对优势地位

省会城市和直辖市高行政等级城市在航空网络中占据主导地位，即排名前 20 位城市主要由行政等级较高的直辖、省会城市组成。2019 年度中心性排名前 20 位城市包括 4 个直辖市、12 个省会城市和 4 个副省级市。1999 年，广州具有最强的节点度中心性，而后被北京超越。之后，北京在国内航空网络中的直接连通性最强，与 78% 的城市存在航空关联；其次是上海，2019 年超越广州位居第二，与 74% 的城市直接通航；接着是西安和成都，主要得益于良好的区位、快速崛起的经济和旅游（张婷婷等，2022）；而广州度中心性排名下滑到第五，直接关联城市仅约 63%，与京沪等枢纽市场竞争中处于劣势（张翼等，2019）。排名前 10 位的城市与超过 50% 的国内城市存在航空联系，基本覆盖全国，成为国家级和区域性航空枢纽主体。

3. 东部地区的航空网络连通能力最强

东部城市的直接连通性增长显著，平均节点度中心性增加 128.5，其次是中部（59.56）、西部（36.07），最后是东北（35.58），表明东部城市在直接通航连通性增幅上占据优势，主要源于绝大部分航线密集分布于东部（张婷婷等，2022；马学广和赵彩霞，2020）。在增长速度上，西部地区的节点度中心性增幅最为明显，其次是中部、东北，最后是东部。在研究期间西部地区增加了 69 个通航城市，占全国增长量的一半以上，这与中国一直积极推动西部地区支线机场建设密切相关。尤其是云南、贵州、新疆等西部省份，地域广阔、地形复杂，受到地面交通连通性较差等自然环境约束，因此加强西部地区的支线机场建设不仅满足了城际交通出行需求，同时还能推动当地旅游业开发和促进区域经济发展（张凡，2016）。

（二）加权度中心性具有层级结构，由三核向多中心转变

加权度在城市航空连通性基础上进一步考虑城市的航线强度。具有较高加权度的城市在国内航空网络中的联系广度和强度处于引领位置（表7-5）。

1. 逐步由北京、上海和广州三中心演变为多中心结构

1999—2019年，遵循地方依赖和空间黏性，北京、上海和广州三个城市的加权度一直位居全国前三名，排名先后存在细微变化。上海的加权度排名在国内航空网络中持续上升，增幅也最为明显。1999年，上海的加权度（47 418）低于北京（60 234）与广州（54 825）；2009年，北京的加权度（211 285）远超于上海（130 508）与广州（120 810）；而2009—2019年十年间，上海的加权度增长迅速并一举超过北京，这与张文文等（2023）和张婷婷等（2022）研究结论类似。研究期间，上海的加权度增长了5.3倍，其次是北京（增长了3.6倍），最后是广州（增长了2.8倍）。1999—2009年，加权度核心层级稳定为北京、上海和广州三中心，到2019年，核心层级的城市数量增加到六个，分别是昆明、西安、成都、深圳、重庆和杭州，"西部联盟"（四中心）和深杭等东部城市的航班频次增加也较为迅猛（张婷婷等，2022），成为国内航空网络中重要的区域性核心城市，从而加速推动国内航空网络由"三中心"结构向多中心格局重塑（张婷婷等，2022；张文文等，2023；张翼等，2019）。

2. 西部区域性航空枢纽崛起，中部和东北地区滞缓

全国城市航空联系广度和强度的梯度差异减缓，但中部、东北和西部仍缺乏高连通性航空枢纽（张婷婷等，2022；马学广和赵彩霞，2019）。从平均航班次量增长来看，东部最为明显（128 411），西部平均增长最少（24 453），但研究期间西部节点数量增长最多，其增长总量略低于东部，与张文文等（2023）研究发现一致。2019年，核心层级城市数量迅速由3个攀升为9个，其中近一半为西部城市。西部城市（昆明、贵阳、成都、重庆、西安、乌鲁木齐、兰州等）由于地形和区位的影响，陆路交通不便，近年来支线航空低成本航线大规模发展，枢纽地位日益巩固。相反地，中部地区由于受到替代性高速铁路和公路的影响（Zhang et al.，2014；张培文等，2021），缺乏强有力的航空枢纽，长沙、武汉等城市枢纽能级相对较低（朱惠斌，2014）。国内航空运输枢纽中部

相对滞后、西部崛起和东部领先的格局已基本形成（张凡，2016）。

表 7-5 中国国内航空网络的节点加权度排名前 30 城市变化（1999—2019 年）

排序	1999 年		2009 年		2019 年	
	城市	加权度中心性	城市	加权度中心性	城市	加权度中心性
1	北京	60 245	北京	209 065	上海	299 114
2	广州	55 185	上海	169 503	北京	277 688
3	上海	48 364	广州	144 848	广州	207 667
4	昆明	31 647	深圳	102 233	昆明	193 206
5	深圳	28 543	昆明	99 035	西安	188 377
6	成都	26 720	成都	97 982	成都	186 857
7	海口	23 363	西安	77 417	深圳	185 670
8	西安	20 863	重庆	71 450	重庆	168 598
9	厦门	18 431	杭州	68 500	杭州	142 964
10	南京	15 198	厦门	60 592	乌鲁木齐	122 033
11	重庆	14 669	武汉	58 827	南京	111 880
12	武汉	14 506	长沙	57 843	哈尔滨	111 308
13	青岛	13 835	南京	56 361	海口	109 267
14	大连	13 712	青岛	51 872	厦门	109 093
15	福州	13 503	大连	46 286	郑州	105 261
16	长沙	12 603	沈阳	44 835	大连	102 502
17	沈阳	12 371	郑州	41 391	长沙	102 319
18	桂林	11 310	乌鲁木齐	40 636	青岛	100 977
19	济南	10 328	海口	39 724	贵阳	98 815
20	温州	9 956	哈尔滨	38 104	沈阳	98 028
21	杭州	9 789	济南	37 787	武汉	97 531
22	郑州	9 035	福州	34 100	天津	90 582
23	贵阳	8 749	贵阳	33 923	三亚	78 401
24	汕头	7 236	天津	32 433	兰州	75 368
25	乌鲁木齐	6 812	太原	30 415	长春	72 719
26	宁波	6 390	三亚	29 514	呼和浩特	72 146
27	南宁	6 380	温州	25 755	济南	71 785
28	哈尔滨	6 373	南宁	25 482	南宁	67 432
29	长春	6 285	桂林	24 464	福州	61 981
30	兰州	6 063	长春	24 273	太原	60 363

注：不包括港澳台地区。

资料来源：牛彩澄（2020）。

(三）紧密度中心性持续上升，省会城市通达性更强

紧密度中心性反映了节点与其他节点产生联系的距离。具有较高紧密度中心性的城市在全国航空网络中可以通过较短的连通距离和相对较少的中转次数到达其他城市，在网络通达性上处于核心地位。节点紧密度中心性的排名及空间格局与度中心性具有一定的相似性，说明节点的通达性与其连接度息息相关（表 7-6）。

表 7-6　中国国内航空网络的节点紧密度中心性排名前 30 位城市变化（1999—2019 年）

排序	1999 年		2009 年		2019 年	
	城市	紧密度中心性	城市	紧密度中心性	城市	紧密度中心性
1	广州	0.747	北京	0.780	北京	0.819
2	北京	0.724	广州	0.744	上海	0.797
3	上海	0.663	上海	0.721	西安	0.780
4	昆明	0.645	深圳	0.667	成都	0.765
5	成都	0.645	成都	0.635	广州	0.740
6	西安	0.634	昆明	0.632	重庆	0.726
7	武汉	0.621	西安	0.630	深圳	0.717
8	深圳	0.618	重庆	0.615	天津	0.696
9	青岛	0.615	厦门	0.615	昆明	0.692
10	厦门	0.611	大连	0.613	杭州	0.681
11	南京	0.599	沈阳	0.602	海口	0.658
12	温州	0.599	长沙	0.597	大连	0.651
13	大连	0.596	武汉	0.593	青岛	0.651
14	沈阳	0.596	杭州	0.590	贵阳	0.651
15	海口	0.593	南京	0.588	南京	0.645
16	重庆	0.593	乌鲁木齐	0.588	哈尔滨	0.642
17	乌鲁木齐	0.590	郑州	0.586	厦门	0.642
18	济南	0.581	青岛	0.584	长沙	0.642
19	郑州	0.578	海口	0.584	兰州	0.628
20	长沙	0.576	三亚	0.582	沈阳	0.626
21	杭州	0.576	太原	0.578	南宁	0.626

续表

排序	1999年		2009年		2019年	
	城市	紧密度中心性	城市	紧密度中心性	城市	紧密度中心性
22	桂林	0.570	济南	0.576	郑州	0.624
23	福州	0.559	贵阳	0.576	乌鲁木齐	0.623
24	珠海	0.559	天津	0.576	济南	0.621
25	哈尔滨	0.554	温州	0.571	呼和浩特	0.616
26	兰州	0.554	呼和浩特	0.571	武汉	0.611
27	汕头	0.546	福州	0.565	温州	0.609
28	贵阳	0.544	兰州	0.561	珠海	0.608
29	宁波	0.539	南宁	0.559	福州	0.603
30	合肥	0.534	宁波	0.557	三亚	0.602

注：不包括港澳台地区。
资料来源：牛彩澄（2020）。

1. 北京超越广州成为通达性最强的核心城市

研究初期，广州的紧密度中心性最强，排名第一；2009年，北京的紧密度中心性增强超越广州，确立了在国内航空网络中的绝对中心优势；2019年，北京的紧密度中心性最强（0.819），其次是上海（0.791）、西安（0.778）、成都（0.762）。这些城市紧密度中心值较高且接近于1，主要与其航空枢纽定位和轴辐式星形网络组织高度相关（刘军，2019）。受到区位邻近的深圳航空枢纽崛起的竞争影响（李艳伟和杨倩雯，2022），广州的紧密度中心性和排名出现一定程度的下滑，但依然处于核心位置。西部城市的紧密度中心性增长突出，成都、西安、重庆、昆明、乌鲁木齐、兰州和贵阳等西部省会城市具有较强的紧密度中心性，导致全国航空节点城市通达性呈现均匀化趋势（张培文等，2021）。

2. 节点紧密度中心性呈现持续上升的趋势，网络凝聚力持续增强

随着航空网络节点与航线的快速增长，节点之间的距离不断缩近，尤其是排名较高的核心城市。排名前20位城市的紧密度中心性从期初1999年的0576—0.75增长至2019年的0.626—0.819，核心城市之间的紧密度中心性不断增长且差距缩小，与航空网络中大部分城市具有高度连接性，全国航空网络凝聚性增强和均等化水平提升较显著（张培文等，2022），主要归因于西部和东北地区区域性航空枢纽的崛起（张翼等，2019）。

（四）中介中心性差距较大，西部枢纽发挥重要的桥梁作用

中介中心性反映了航空节点城市在国内航空网络中的中介和中转能力，也表征了两个不相邻的城市航空联系对该节点的依赖程度。与加权度格局类似，国内航空网络中仅少数航空枢纽具有较高中介中心值，且集中呈点状镶嵌于部分高行政等级城市（表 7-7）。

1. 航空枢纽控制力日益多元，中介中枢向内陆扩展

研究期间，核心城市的中介中心性存在先增长后降低的发展趋势，而次核心城市的中介中心性呈现增长趋势（张文文等，2023）。北京、上海和广州等核心枢纽城市控制力减弱，而西安、成都、重庆、昆明和乌鲁木齐等西部区域性航空枢纽中介能力加强，促使国内航空网络中转门户呈多样化和多中心态势（张培文等，2021）。研究期间，北京和上海的中介中心性呈现小幅上升然后下滑的趋势，而广州则持续下降，三大国际枢纽中介调节能力不断下滑（张文文等，2023）。在研究初期，全国航空联系相对稀疏，昆明和乌鲁木齐两大地方性航空枢纽的中介中心性较高。受地理环境影响，云南和新疆的内部交通比较依赖航空运输；通过轴辐式组织，以昆明和乌鲁木齐为核心生成了众多支线航线，使其成为重要的区域枢纽城市（金凤君，2001；张文文等，2023）。近十年，西安的中介能力大幅度提升，承担着东西部城市之间重要的转接功能，覆盖了大量的西部城市，成为了西部重要的枢纽门户城市和内陆开放型支点。此外，随着西部地区通航城市的增加，成都、重庆等其他西部城市也在国内航空网络中发挥着重要的桥梁作用。

2. 与其他中心性相比，节点中介中心性差距显著，且总体水平偏低

除少数排名较高的城市外，大量边缘城市的中介中心性低于 0.001，只有少数核心和次核心城市在国内航空网络中扮演中介角色，为处于网络边缘的节点支线接入网络提供中转服务功能。而大量的边缘城市因缺乏中转功能而不具备中介能力（张文文等，2023；张培文等，2021）。2019 年，北京、上海、广州等重要城市的中介中心性值不到 0.1，航线中介能力大大缩减，说明伴随着网络节点及航线不断丰富，网络规模日益壮大，航空节点之间的直接通航能

表 7-7　中国国内航空网络的节点中介中心性排名前 30 位城市变化（1999—2019 年）

排序	1999 年 城市	中介中心性	2009 年 城市	中介中心性	2019 年 城市	中介中心性
1	广州	0.205	北京	0.219	北京	0.097
2	北京	0.193	广州	0.161	西安	0.093
3	乌鲁木齐	0.164	乌鲁木齐	0.157	上海	0.079
4	昆明	0.117	上海	0.104	成都	0.078
5	成都	0.083	昆明	0.089	重庆	0.051
6	西安	0.079	西安	0.070	广州	0.046
7	上海	0.053	深圳	0.058	天津	0.035
8	海口	0.036	成都	0.056	乌鲁木齐	0.035
9	青岛	0.028	大连	0.022	深圳	0.035
10	大连	0.026	厦门	0.017	杭州	0.028
11	深圳	0.022	重庆	0.016	西宁	0.023
12	武汉	0.019	贵阳	0.014	昆明	0.023
13	南京	0.015	长沙	0.013	哈尔滨	0.020
14	厦门	0.013	哈尔滨	0.013	郑州	0.019
15	沈阳	0.010	沈阳	0.012	长沙	0.018
16	重庆	0.010	呼和浩特	0.012	大连	0.016
17	长春	0.009	天津	0.010	青岛	0.015
18	兰州	0.009	兰州	0.009	南京	0.014
19	温州	0.007	西宁	0.008	呼和浩特	0.013
20	呼和浩特	0.007	杭州	0.007	海口	0.013
21	济南	0.006	武汉	0.007	贵阳	0.013
22	郑州	0.006	南京	0.006	沈阳	0.012
23	汕头	0.005	三亚	0.005	库尔勒	0.011
24	太原	0.004	青岛	0.005	兰州	0.009
25	珠海	0.004	郑州	0.004	厦门	0.009
26	合肥	0.004	桂林	0.004	武汉	0.008
27	杭州	0.003	海口	0.004	济南	0.008
28	长沙	0.003	拉萨	0.003	阿拉善左旗	0.007
29	包头	0.003	长春	0.003	烟台	0.007
30	景洪	0.002	温州	0.003	南宁	0.007

注：不包括港澳台地区。

资料来源：牛彩澄（2020）。

力大大增强，边缘城市对东部航空枢纽城市的依赖性下降，导致核心城市扮演的中介角色逐渐弱化。相应地，西部和中部省会城市，以及东部新兴发达城市集聚众多支线航线，承担区域或省域内部城市与外部枢纽城市的中转功能（张文文等，2023）。

（五）加权平均中心秩大分数小集聚，形成三大枢纽机场群

基于网络结构洞的约束系数构建加权平均中心秩（WACR），考虑中心节点邻居连通性，从而全面评估中心节点的重要性，WACR 的值越大，节点的连接强度和深度越高（表 7-8）。

1. 节点加权平均中心秩发育层级结构，与节点度中心性基本同构

节点的 WACR 呈现持续增长的态势，与节点度中心性具有一定的相似性，但考虑邻接节点权重后，节点之间的连通性差距更为明显，城市排序略有浮动。初期，广州的中心秩排名最高，其次是北京、上海；中期，北京超越广州成为第一，其次是广州和上海；末期，上海上升为第一，北京第二，广州则下滑至第五，与深圳和香港枢纽激烈市场竞争密切相关（张翼等，2019）。得益于西部开放型支点和区域性航空枢纽定位，西安和成都两个西部城市超越广州，促使国内航空网络由北上广三角形骨架向北上广（深）蓉（渝）菱形结构重塑（张文文等，2023）。由于考虑了相邻节点的连接性，部分节点地位出现了一定程度的波动。深圳的中心秩排名一般高于其度中心性，作为经济特区，其航空关联主要受经济发展推动，不同于布局于省会城市的航空枢纽，主要受政治因素影响。同样，2019 年北京的度中心性高于上海，但上海的中心秩要高于北京。进一步统计发现上海与西部城市的航线及航班数量均低于北京，这一结果侧面证实上海航线布局受到经济驱动影响明显，而北京作为首都更多考虑区域发展均衡，航线覆盖范围广泛受政治影响深远。

2. 高 WACR 节点主要集中在京津冀、长三角、珠三角三大城市群

高加权平均中心秩城市主要集中在以北京和天津为核心的京津冀城市群、以上海和杭州为核心的长三角城市群、以广州和深圳为核心珠三角城市群以及西部的省会城市（成都、西安、昆明和重庆等）（李艳伟和杨倩雯，2022）。这些城市承担了中国东西部之间的主要航空流，尤其是跨区域远距离航线，主要

表 7-8　中国国内航空网络的节点加权平均中心秩排名前 20 位城市变化（1999—2019 年）

排名	城市	加权平均中心秩	城市	加权平均中心秩	城市	加权平均中心秩
1	广州	701.67	北京	1340.66	上海	3 143.9
2	北京	633.24	广州	1086.19	北京	3 128.89
3	上海	527.93	上海	974.33	西安	2 975.15
4	成都	473.59	深圳	870.7	成都	2 841.8
5	昆明	458.26	成都	682.08	广州	2 637.74
6	深圳	445.51	昆明	661.86	深圳	2 508.58
7	西安	435.95	西安	659.31	重庆	2 475.88
8	海口	392.82	重庆	586.9	天津	2 227.32
9	武汉	392.63	厦门	584.17	杭州	2 189.86
10	青岛	372.21	大连	564.62	昆明	2 180.66
11	厦门	363.81	沈阳	521.52	海口	1 830.72
12	南京	339.02	长沙	498.16	贵阳	1 765.2
13	重庆	330.2	杭州	487.91	大连	1 754.1
14	温州	323.92	武汉	477.72	青岛	1 742.25
15	沈阳	311.92	南京	452.01	南京	1 711.34
16	大连	309.8	天津	449.98	长沙	1 669.8
17	乌鲁木齐	288.4	郑州	443.27	哈尔滨	1 654.73
18	福州	284	乌鲁木齐	434.44	厦门	1 641.84
19	济南	261.11	海口	423	兰州	1 550.84
20	郑州	250.71	青岛	418.17	沈阳	1 531.83

注：不包括港澳台地区。
资料来源：牛彩澄（2020）。

得益于区域经济社会发展强劲需求牵引（李艳伟和杨倩雯，2022）。而中部地区承东启西，沟通南北，其交通出行更为依赖地面高速交通，因此航空运输发展相对逊色，缺少高能级航空枢纽和高密度空中航线，航班量不到全国 10%，远低于东部（50% 以上）和西部（近 1/3）（马学广和赵彩霞，2020）。东北地区位置偏远，高度依赖对外航空运输（刘承良等，2018）。哈尔滨、长春、沈阳和大连四大中心城市全面发展，整体对外航空联系水平较高，但城市之间存在一定的市场竞争，缺少具有高连通性的区域航空枢纽城市（张翼等，2019）。此外，乌鲁木齐具有较高中介中心性，为广阔的新疆地区提供了良好的中转服务，但其 WACR 较低，主要因为其相邻节点中心度值较低，基本为省内边缘节点城市。随着"一带一路"和长江经济带建设，西安、成都、重庆、昆明、贵阳等西部航空支点。发展潜力不断激发，跃居国内航空网络第二层级，成长为区域性重要的门户枢纽城市（马学广和赵彩霞，2020）。

三、中国国内空中航线等级性的空间演化

中国国内航空网络发育典型的等级层次性（薛俊菲，2008）。航线分化形成四大层级。空间分布具有明显差异和不均衡性，呈现"菱形结构"和"鞍形分布"嵌套的复合空间异质性格局（图 7-2 和图 7-9）。

（一）航线区域极化效应显著，呈"鞍形"结构

国内空中航线的区域空间极化效应显著，主要集中于东西部之间以及东部地区内部。核心节点也主要位于东部和西部，因此中国航空网络空间分布呈现两头高、中间低的"鞍形结构"（表 7-9）（王姣娥等，2006；王法辉等，2003；张文文等，2023）。

一是从区域内部来看，东部航线密度和航空流遥遥领先，西部发展迅猛，中部和东北发展较弱（王海江和苗长虹，2015）。从航班规模来看，东部地区的城际空中航线强度最紧密，一直位居榜首；其次是西部地区、中部地区和东北地区内部航空联系较弱。从航班频次增长来看，西部增长态势最为迅猛，2019 年的航空运输强度相对于 1999 年增长了 9.46 倍；其次是中部，研究期间航班班次量增长了 8.10 倍；东部地区早期发展基础较好，增长了 3.95 倍；东北地区内部航线规模增长最弱，仅为 2.95 倍。从平均航班量来看，仍然遵循东部＞西部＞中部＞东北地区位序。2019 年，东部地区平均每个城市航空班次达到 20 060；其次是西部地区，有 6 291；再次是中部地区，仅有 1 221；最后是东北地区，平均强度仅为 951。从单个城市航班量增长率来看，中部最高（4.17），其次是西部（3.45），再次是东部（2.43），东北增长最少，仅有 0.89，表明东北地区内部航空联系不够紧密，受经济水平和人口需求所限明显。

二是中国航空联系空间分布呈现两头高、中间低的"鞍形结构"，具有空间

黏滞性和路径依赖性。从跨区域来看，东部与其他三大区域航空联系程度较强。航空流具有典型的地域非均衡性，高度集中于东部沿海与西部内陆之间，主要由其区位条件和经济发展水平决定（王法辉等，2003）。东部地区在跨区域航空运输联系中遥遥领先，与西部、东北和中部三大地带之间的关联强度较大（马学广和赵彩霞，2020），尤其是西部与东部地带之间。原因在于，中国幅员辽阔，西部自然条件恶劣，地面交通相对落后，西部开放型社会经济发展更加依赖快速便捷的航空运输。得益于西部大开发和区域性航空枢纽建设，西部地区航线连通性上升显著，与中部地区、东北地区形成较强的航空运输联系。

表7-9 中国区域之间航空联系强度统计（1999—2019年）

区域关联		1999年		2009年		2019年	
		航线量	航班量	航线量	航班量	航线量	航班量
区域内部	东部—东部	408	210 842	520	613 314	1 016	1 043 131
	西部—西部	184	72 149	305	256 558	1 364	754 874
	中部—中部	34	4 963	54	22 713	114	45 175
	东北—东北	16	5 532	43	15 425	58	21 875
跨区域	东部—西部	399	156 883	661	577 472	2 082	1 574 637
	东部—中部	267	74 922	433	324 328	1 107	637 301
	东部—东北	184	59 242	257	226 869	590	523 043
	中部—西部	110	25 444	204	130 553	891	429 784
	中部—东北	28	3 616	51	32 102	162	105 406
	东北—西部	44	8 785	100	40 664	277	196 599

资料来源：引自牛彩澄，2020。

（二）航线由三角形结构向菱形结构转变，呈一定均衡化态势

一是研究期间，城际航空联系强度稳定增长，空中航线结网程度显著增强。1999年，国内城际空中航线相对较稀疏，航班量最大值为7 020，由北京—上海航线主导；2009年，航空班次最强的联系对仍为上海—北京（16 789），航空运力和运量高度集中于京沪之间（李艳伟和杨倩霞，2022）；2019年，深圳到上海航空班次量，首次超越了北京和上海之间。研究期间，区域内部、区域之间以及城市之间关联强度都在不断增加，前二十城市对航线强度从1999年的

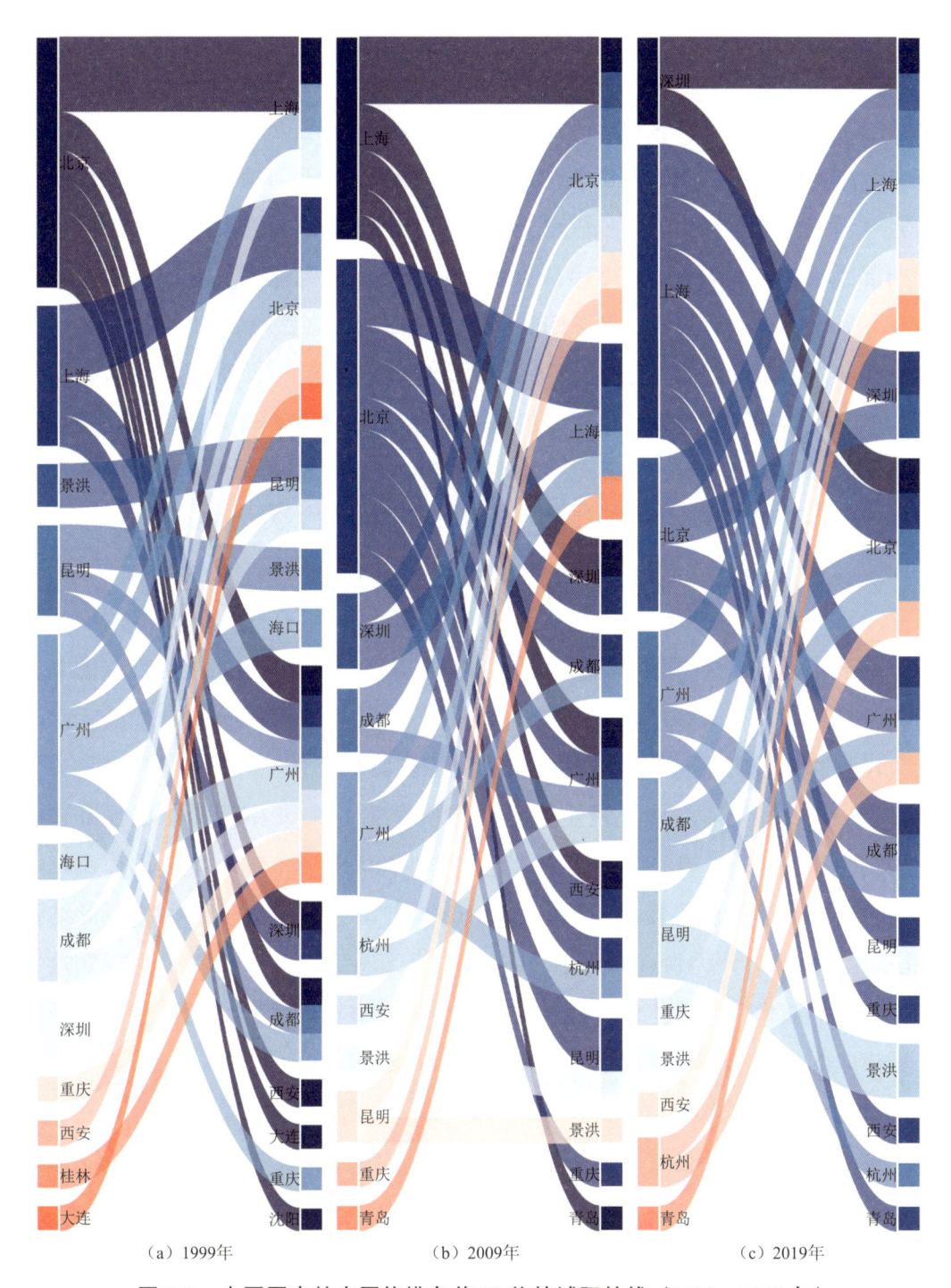

(a) 1999年 　　　　　　　　(b) 2009年 　　　　　　　　(c) 2019年

图 7-2　中国国内航空网络排名前 30 位的城际航线（1999—2019 年）

注：不包括港澳台地区。

资料来源：据 OAG 绘制。

2 585—7 020 增长至 2019 年的 10 000 以上，国内航空网络整体连通性增长迅速（图 7-2）。

二是国内航空关联的菱形结构骨架更加凸显。核心航空干线从初期的以北京、上海和广州为中心的三角结构向以京沪穗（深）蓉为顶点的菱形结构演化（马学广和赵彩霞，2020；张文文等，2023；李艳伟和杨倩霞，2022）。成都作为西部区域中心城市和成渝城市群重要增长极，已经与京津冀、长三角和珠三角三大城市群进一步融合，形成四点鼎立的钻石结构（王海江和苗长虹，2015；李艳伟和杨倩霞，2022）。此外，随着西部区域核心城市（如西安、重庆、昆明等）航空枢纽和内陆开放型口岸发展，北京—深圳、上海—深圳、北京—西安、上海—西安、上海—重庆、北京—昆明、上海—昆明等城际空中航线成为重要的航空网络骨架。城际空中航线进一步向西部扩散（图 7-3）。

（三）航线呈现明显的空间异质性和等级层次性

基于 Ht-index 全国城际航线强度分为四个等级，发育典型的层级性（图 7-3）（张文文等，2023）。

1. 一级航线成为全国航空网络"钻石形"骨架主体

1999—2019 年，一级航线主要集中在国家中心城市及区域中心城市之间（张文文等，2023），得益于经济全球化和"西部大开发战略"的共同作用，成都和重庆航空运输迅猛发展（张凡，2016）。中国航空网络呈现由三角形结构（北京、上海和广州为顶点）向菱形结构（北京、上海、广州/深圳和成都/重庆为交点）的演化特征，且北京、上海和深圳的空间辐射范围逐渐扩大。一级核心城市之间的航空运输联系强度不断加强，从初期的 2 891—7 020 增长至期末的 9 208—19 824；航线辐射范围也不断扩展，如北京—西安、上海—成都等东部—西部边际中长程航线从二级城市对升级为一级，航线布局日趋均衡化。

2. 二级航线以直辖市与省会城市航空流为主

1999—2019 年，二级航线形成集聚在国家中心城市与西部省会城市及东部经济发达城市之间的主干线，空间上由菱形结构向东北、西北、西南三个方向延伸（张文文等，2023）。主要的二级航线有上海—厦门、杭州—深圳、重庆—深圳、南京—广州、北京—大连、哈尔滨—上海、广州—西安、北京—乌鲁木齐、杭州—西安等，主体基本是全国（区域）中心城市—省会城市（副省级城市）、区域中心城市—区域中心城市。作为中国西北地区的中心城市，乌鲁木齐的地理位置和区域环境决定其相对其他地区更加依赖航空运输。通过轴辐式主支线组织，乌鲁木齐不断发挥区域航线中转作用，区内形成单核心外向发散式布局（张婷婷等，2022）成为与北京、上海、成都、西安等中心城市间二级航线的西北区域性门户枢纽。

3. 三级航线基本覆盖省会城市，主要分布在"胡焕庸"线以东

1999—2019年，三级航线在第一、二层级基础上不断交织拓展成为网络的主体框架，其联系基本覆盖省会城市，整体不断向西部伸展，主要分布在"胡焕庸"线以东的地区。随着国内航空网络的均衡化扩展，逐渐发育形成区域中心城市与省会城市之间的三级主干网络，中西部省会城市（如西安、重庆、昆明等）和东北四大中心城市（大连、沈阳、长春、哈尔滨）与东部主要城市之间的航空运输联系不断加强。城市对数量从初期的245对增长至879对，主要由省会城市、经济发达城市之间的关联构成（张文文等，2023），如厦门—武汉、武汉—呼和浩特、大连—宁波、乌鲁木齐—合肥、郑州—重庆、海口—天津、大连—成都、济南—昆明等。

4. 四级航线依托高等级枢纽逐渐形成轴辐式星形网络

1999—2019年，四级航线覆盖200多个地级市，主要由中小城市依托航空枢纽城市逐渐形成梯次联动的全域航空网络构成，但中国的新建机场和小型机场遵循择优链偏好（巴拉巴西，2020），倾向于与顶级航空枢纽建立直达航班，从而绕过支线机场，导致支线航空枢纽和航线不发达（Wang et al., 2011）。第四层级航线强度不断加强，其关联密度与辐射范围增长更为显著，主要存在于高层级城市与地级和县级城市之间。最为显著的表现是，西北、东北和西南等边疆地区内部之间，以及与全国其他地区城市之间的航线连通性大大加强。

（四）航线密度和强度量空间距离衰减特征

以250千米为距离间隔对2019年城际间航线进行航距划分，结果表明如下（图7-4和图7-5）。

一是从统计分布来看，中国1 000—2 000千米之间的航线利用率最高，航

(a) 1999年

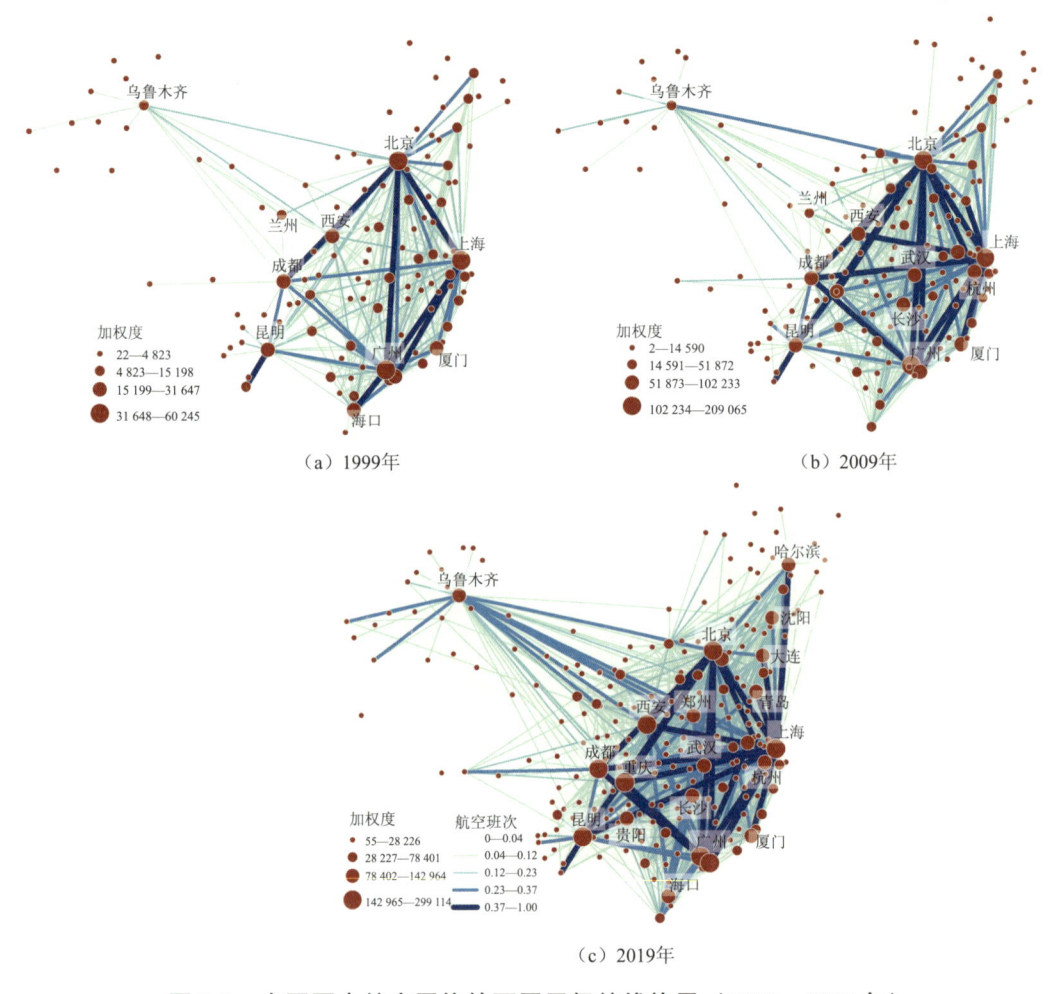

(b) 2009年

(c) 2019年

图 7-3　中国国内航空网络的不同层级航线格局（1999—2019 年）

注：不包括港澳台地区。

资料来源：据 OAG 绘制。

线与航班的航距分别超过 1 000 千米和 1 250 千米后呈现显著距离衰减规律和空间门槛效应（管明明，2019）（图 7-4）。全国国内空中航线和航班占比按照航空距离划分呈现出正偏态分布，但航班占比相对航线来说，更偏向中长程距离分布。从航线与航班量与空间距离的关系看，在 1 000 千米范围内，航线布局呈现持续增长的态势，大于 1 000 千米范围后，航线数量逐渐下降。与之类似，航班量空间距离门槛更大，在 1 250 千米内航班数量与空间距离成正比，超过 1 250 千米范围后，航班频率随距离衰减的趋势增强。航线数量主要集中在

750—1 000 千米范围内，而航班占比最高的区间范围为 1 000—1 250 千米。总的来看，航线基本集中在 500—1 500 千米区间内，这与金凤君关于早期中国航空网络的研究发现一致（金凤君，2001）。统计表明，750—1000 千米区间的航线数量占比接近 60%（为 59.86%），而航班数量占比超过 10% 的航段范围则在 500—1 750 千米区间，其中 1000—1250 千米区间内的航班量占比高达 71.31%。基于同一航距内航线和航班占比，计算得出不同航距内的航班利用率，发现 1 000—2 000 千米之间的航线利用率最高，因此新增航线配置可适当聚焦于该区间范围内，而航班规模主要集中在 500—2 000 千米的空间距离范围内（约占全国总量的 80%）（图 7-5），因此，组织管理好 500—2 000 千米之间的航线运输有利于提高中国航空网络系统运行效率（王法辉等，2003）。

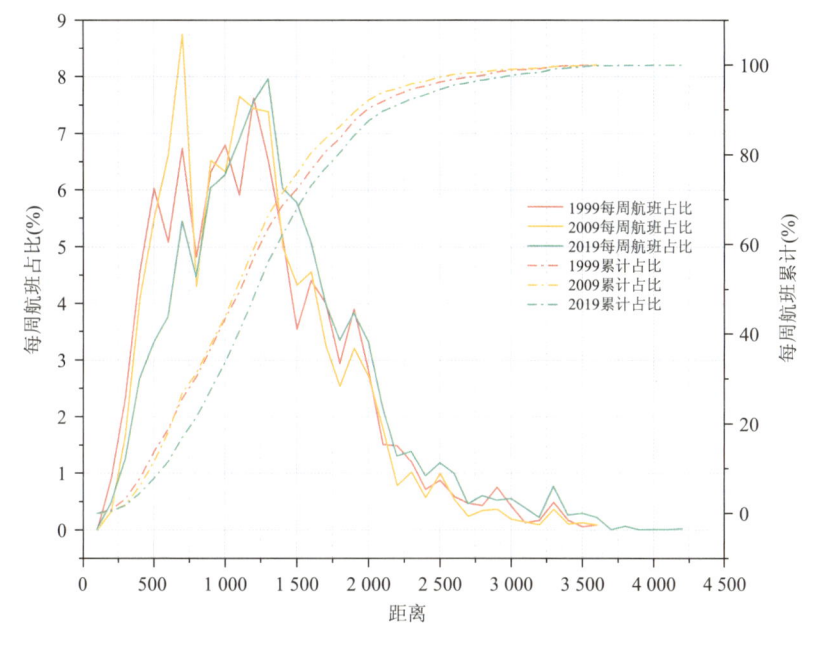

图 7-4　中国国内航空网络的距离分布（1999—2019 年）

资料来源：据 OAG 绘制。

二是从空间分布来看，不同距离区间航线规模不一，空间分布存在差异性。0—500 千米区间的航班占比为 7.90%，航线主要集中在省内或距离较近的跨省域单元之间，如北京—天津、北京—济南、乌鲁木齐—阿克苏、哈尔滨—通辽、昆明—西双版纳等。该区间航线主要集中在东部、西部（除青藏高原外）和东

340　世界航空地理

(a) 0—500 千米

(b) 500—1 000 千米

(c) 1 000—1 500 千米

(d) 1 500—2 000 千米

(e) 2 000—2 500 千米

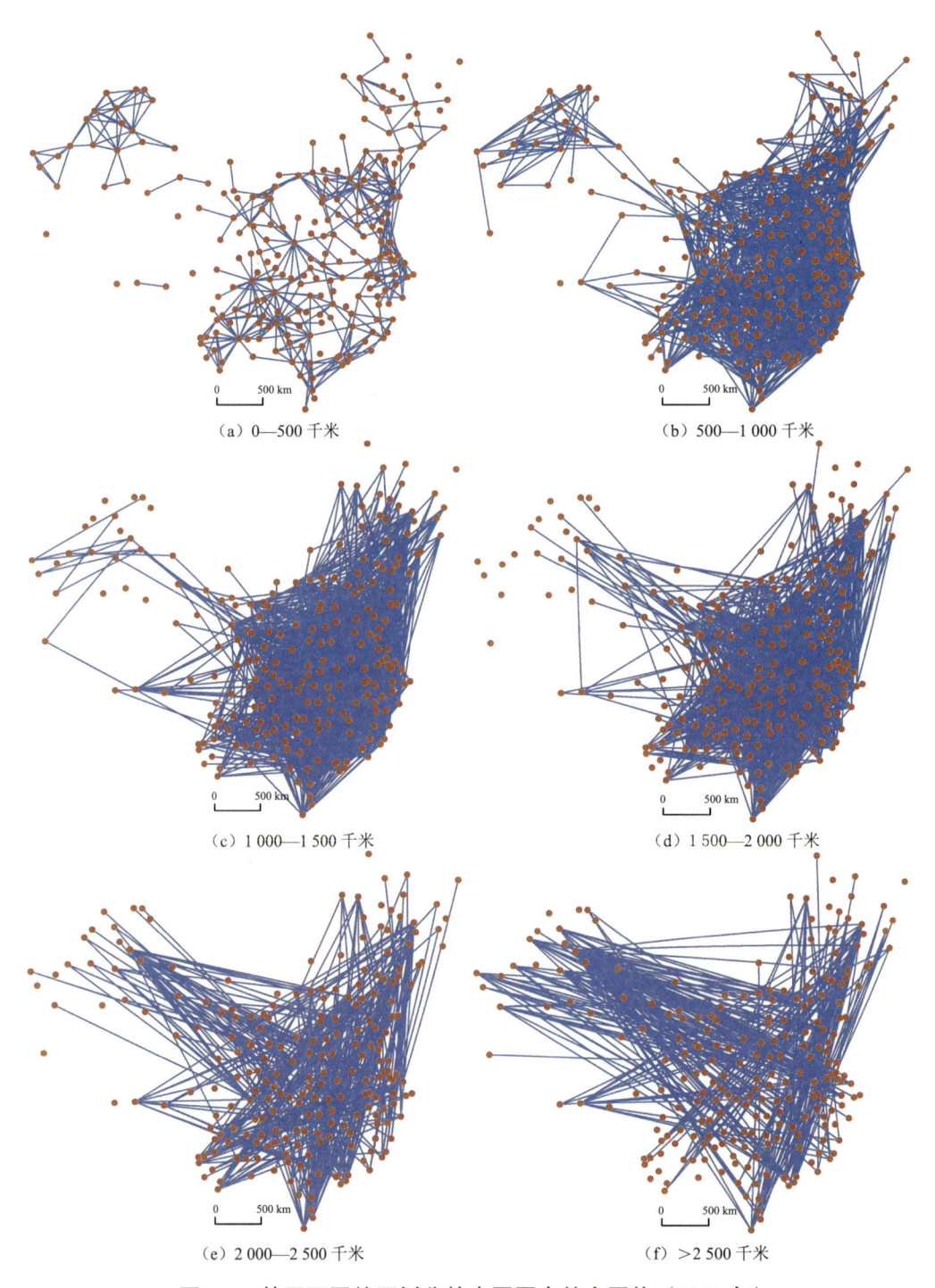

(f) >2 500 千米

图 7-5　基于不同航距划分的中国国内航空网络（2019 年）

注：不包括港澳台地区。

资料来源：据 OAG 绘制。

北地区。中部地区存在显著塌陷，说明中部地区相对其他区域对短程航空运输依赖较小，主要因居中区位和地面高速交通竞争替代等因素所致。500—1 000千米区间的航班占比为 25.70%，航线主要分布于跨省域的城市之间，该航段主要为全国或区域中心城市与所在区域支线枢纽城市的关联，如北京的航线覆盖范围主要为华北地区和辽吉两省的通航城市。航班占比最高的是 1 000—1 500千米航段，约为 34.40%，其航线主要分布在跨城市群的城市之间，以北京与长三角、长江中游城市群、成渝城市群间航线为代表。1 500—2 000 千米区间的航班占比为 19.29%，主要为跨区域航线，承担东中西和东北四大区域之间的航空联系，包括东部—东北、东部—中部、东部—西部、东北—西部、中部—东北，以及东部地区和西部地区内部城市之间，其中东部地区内部之间以及东西部之间的航班占比约占该区间的一半。2 000—2 500 千米航段的航班占比为 7.03%，以远程跨区域航线为主。以北京为枢纽，航线辐射至新疆、云南、广西和海南等偏远地区。大于 2 500 千米的航班占比为 5.72%，以东北—西南、西北—东南走向的远距离航线为主，其中 2 500—3 500 千米区间的航线利用率大于 1，超过 3 500 千米后迅速下降。

四、中国国内航空网络社团性的空间演化

（一）国内航空网络的模块度计算

中国国内航空网络不存在显著的社团结构。1999—2019 年，中国国内航空网络的最优模块度值分别为 0.161、0.116 和 0.104，趋近于 0，不到中国国际航空网络的一半表明中国国内航空网络不存在明显的社团结构，与王姣娥等（2017）人的相关研究发现具有一致性（王姣娥和景悦，2017）。此外，模块度呈现下降的趋势，说明国内航空网络结网过程中，社区结构趋于模糊状态，城际之间的航空运输联系越发紧密。

（二）国内航空网络的社团分区与地理区划相吻合

中国国内航空网络的社团划分与宏观地理分区相对吻合（表 7-10）。研究初期，中国航空网络被划分为四个社团，分别西北社团、东部社团、华南社团以

表7-10　中国国内航空网络的社团结构划分（1999—2019年）

年份	社团	节点
1999年	1	北京、青岛、大连、长春、武汉、沈阳、南京、呼和浩特、济南、郑州、上海、杭州、包头等
	2	广州、海口、重庆、汕头、太原、珠海、长沙、桂林、北海、贵阳、湛江、常州、黄山、南宁、张家界、三亚、义乌、襄樊、常德等
	3	昆明、成都、西双版纳、宜宾、宜昌、泸州、西昌、丽江、重庆万州、洛阳、大理、红河、保山、思茅、昭通等
	4	乌鲁木齐、兰州、西安、塔城、克拉玛依、西宁、拉萨、库尔勒、阿勒泰、巴音郭楞、喀什等
2009年	1	乌鲁木齐、伊宁、阿克苏、和田、库车、伊宁、克拉玛依、哈密、布尔津、塔城等
	2	北京、西安、深圳、成都、重庆、贵阳、长沙、呼和浩特、兰州、西宁、杭州、南京、三亚、郑州、桂林、拉萨、太原、南宁、石家庄、福州等
	3	上海、大连、厦门、哈尔滨、沈阳、天津、武汉、青岛、长春、温州、济南、烟台、武夷山、晋江、宜昌、延吉、齐齐哈尔、临沂、威海、张家界等
	4	昆明、西双版纳、丽江、腾冲、大理、迪庆、重庆万州、红河、保山、甘孜康定、思茅、临沧、文山、昭通等
	5	广州、海口、合肥、宁波、南昌、汕头、徐州、南通、义乌、盐城、长治、柳州、北海、连云港、湛江、赣州、黄山、宜宾、常德、绵阳等
2019年	1	北京、上海、重庆、广州、深圳、杭州、大连、青岛、烟台、温州、长春、鄂尔多斯、惠州、松原、宜昌、无锡、威海、佛山、延吉等
	2	成都、昆明、拉萨、丽江、西双版纳、泸州、绵阳、大理、芒市、西昌、龙岩、日喀则、腾冲、宜宾、林芝、稻城、石渠、临沧、保山、德钦等
	3	呼和浩特、阿拉善左旗、海拉尔、额济纳旗、通辽、满洲里、赤峰、乌海、乌兰浩特、加格达奇、阿尔山、二连浩特、漠河、霍林郭勒、巴彦淖尔、锡林浩特、扎兰屯、阿拉善右旗等
	4	西安、天津、西宁、哈尔滨、长沙、南京、海口、贵阳、沈阳、厦门、武汉、济南、南宁、银川、珠海、桂林、石家庄、福州、宁波、南昌等
	5	乌鲁木齐、郑州、库尔勒、兰州、克拉玛依、喀什、阿克苏、吐鲁番、和田、伊宁、阿勒泰、敦煌、哈密、博乐、库车、布尔津、石河子、塔城、若羌、莎车、阿克苏等

注：不包括港澳台地区。
资料来源：牛彩澄（2020）。

及西南社团，包括 43 个、33 个、31 个和 11 个城市节点。西北社团主要包括新疆、甘肃、西藏、陕西和川渝的大部分通航城市；东部社团主要由蒙东、东北三省、山东、江苏、浙江、上海和福建等省份构成；华南社团主要分布在广东、广西、海南以及相邻的湖南、贵州、江西等地区；西南社团则主要集中在以昆明为中心的云南省。研究中期，中国国内航空网络的社团演化保持相对稳定，被划分为五个社团，但社团的节点总数量有所增长。该时期，东部社团相对于初期表现出一定的萎缩，蒙东及黑龙江的大部分通航城市归类于西北社团。研究末期，中国国内航空网络包括五大社团，西部边境区域的城市航空组团不断细化，分别涵盖 99 个、55 个、27 个、21 个、37 个城市节点。中国国内航空网络形成了以乌鲁木齐为中心的新疆社团，以拉萨和西宁为核心的青藏社团，以昆明为中心的云南社团，以呼和浩特为中心的内蒙古社团四个边疆地区社团以及地理界限相对模糊的东中部混合社团。总体来看，社团的地理空间集聚性较弱，与地理行政边界耦合较弱。

五、中国国内航空枢纽首位方向的空间演化

首位联系方向是指航空网络中某一城市与其相互关联强度最大的城市对，构成国内城际航空网络的主干骨架。航空网络既具有加权特征又包含向量特征，因此根据城市对的最大关联强度，可以从城市出度与城市入度观察航空网络的首位联系方向。

（一）首位联系集聚性增强，由国家和区域中心城市主导

一是国内航空网络首位联系网络集聚性增强并呈现扩张态势。1999—2009 年，首位联系城市数量基本保持不变，流入首位城市与流出首位城市大约 21 个，但其首位腹地城市数量从 117 个增长至 158 个，国内航空网络呈现不断集聚化态势，航空流量逐渐集中。至 2019 年，首位联系城市的数量增长至 32 个左右，这与国内航空网络的规模不断扩张有关，航空网络节点彼时已增长至 232 个。2019 年的首位联系城市在 2009 年基础上主要新增次要核心节点城市，如杭州、天津、深圳、重庆和青岛等主要社会经济快速发展的东部城市。

二是国内航空网络的首位联系具有显著的耦合对称性。1999年，航空网络的流入首位联系城市有20个，流出有21个，基本相当；2009年，国内航空网络的流入与流出首位联系城市均为21个；2019年，国内航空网络的流入首位联系城市增长至33个，流出则有32个。研究期间，流入首位联系城市与流出首位联系城市的数量基本相等，且这位大致相同，保持相对对称，说明国内航空网络的首位联系在流动方向上具有显著的耦合对称性，中国与国际航空网络二首位联系城市对称性一致。

表7-11　中国国内航空网络排名前10位的首位城市（1999—2019年）

1999年				2009年				2019年			
城市	入度	城市	出度	城市	入度	城市	出度	城市	入度	城市	出度
北京	30	广州	31	北京	50	北京	49	上海	48	上海	45
广州	27	北京	26	上海	28	上海	27	北京	24	北京	26
上海	13	上海	10	广州	20	广州	22	乌鲁木齐	15	昆明	16
昆明	9	昆明	9	西安	11	昆明	11	昆明	15	乌鲁木齐	15
成都	6	成都	7	昆明	11	乌鲁木齐	11	成都	12	成都	12
乌鲁木齐	6	乌鲁木齐	6	乌鲁木齐	11	西安	9	深圳	11	呼和浩特	11
海口	4	西安	5	成都	7	成都	7	呼和浩特	10	广州	11
西安	4	呼和浩特	4	哈尔滨	3	哈尔滨	3	西安	10	深圳	11
呼和浩特	3	库尔勒	3	贵阳	3	呼和浩特	3	广州	10	西安	10
兰州	2	海口	2	武汉	2	贵阳	3	哈尔滨	9	哈尔滨	9

注：不包括港澳台地区。
资料来源：牛彩澄（2020）。

三是国家和区域中心城市在全国或区域航空网络中扮演着重要角色，具有强大的空间集聚力和辐射力。北京、上海、广州、昆明、乌鲁木齐、成都、西安等中心城市是国内航空网络重要的首位联系城市，基本是国家中心城市和区域中心城市，在全国或区域航空网络中扮演着枢纽角色，其吸引力和控制力在全国位居前列。研究期间，大部分首位联系城市的入度和出度随时间不断增长。如上海首位排名从第三名增长至第一名，流入度从13增长到48，流出度从10增长到45，表明上海的航空市场吸引力和控制力不断增强，与浦东机场的建成和门户枢纽定位密切相关。北京和广州的入度和出度在研究期间出现明显下降。

2019年，北京显著小于上海的首位联系度，主要受首都机场容量饱和所限制。广州受深圳枢纽机场崛起的影响，其首位地位出现大幅下降。在研究前期，北京、上海和广州居于首位联系度前三位，是国内航空网络三大国家级枢纽，集聚了全国大部分首位和次位航线（马学广和赵彩霞，2020）。受深圳和海口市场竞争影响，广州于2019年跌出首位城市前三，其航线整合能力出现显著下滑，而乌鲁木齐、昆明和成都等区域中心城市迎头赶上紧随其后。1999年，北京、上海和广州三大城市整合了全国65%以上的首位联系；2009年，北京、上海和广州的首位联系度占据全国的70%以上；2019年排名前10位城市的首位联系量占据全国90%以上，突出表明国家中心城市和区域中心城市依托航空枢纽机场具有强大的航线空间集聚力和市场辐射力。

（二）首位联系由双核单网络向多中心网络演化

国内航空网络地域系统呈现由双核单网络向多中心网络演进态势。遵循航线择优链接偏好机制，小城市更倾向与北京、上海和广州等高能级枢纽城市建立联系（Li and Cai，2004）。北上广始终是首位航空联系网络的中心城市，这与其国家航空公司总部枢纽定位密不可分（图7-6，图7-7和图7-8）：

1999年，国内航空网络分化成以广州和北京为轴心的两个全局子网，以及以上海、乌鲁木齐、成都和昆明为中心的多个局域碎片化子群。其中，北京的首位城市地位最高，覆盖范围最广，并与部分首位城市具有紧密航空联系。"北京—上海"互为航空联系最大城市对，部分首位城市围绕北京形成次级组团，包括成都、厦门、呼和浩特、兰州等区域性子网。这些次级组团的最大航空流指向北京，促使北京成为全国最重要的首位枢纽城市，强化轴辐式空间组织结构。其次，以广州和昆明为中心形成了两个独立组团。广州的国内航空枢纽地位较高，重点覆盖华南、西南和华中地区通航城市，此外，昆明最大航空流也主要集中云南省内部，成为周边旅游目的地的首要航线中转站（图7-6）。

2009年，中国国内航空网络的首位拓扑结构逐渐紧凑，形成了一个整合的航线主干网络。北京、上海和广州是其最重要的首位枢纽。这段时期，北京仍然是国内覆盖范围最广的首位城市，并主导了一定规模的次级区域组团，包括乌鲁木齐、厦门、昆明、成都、哈尔滨、贵阳和呼和浩特等。这些城市的最大

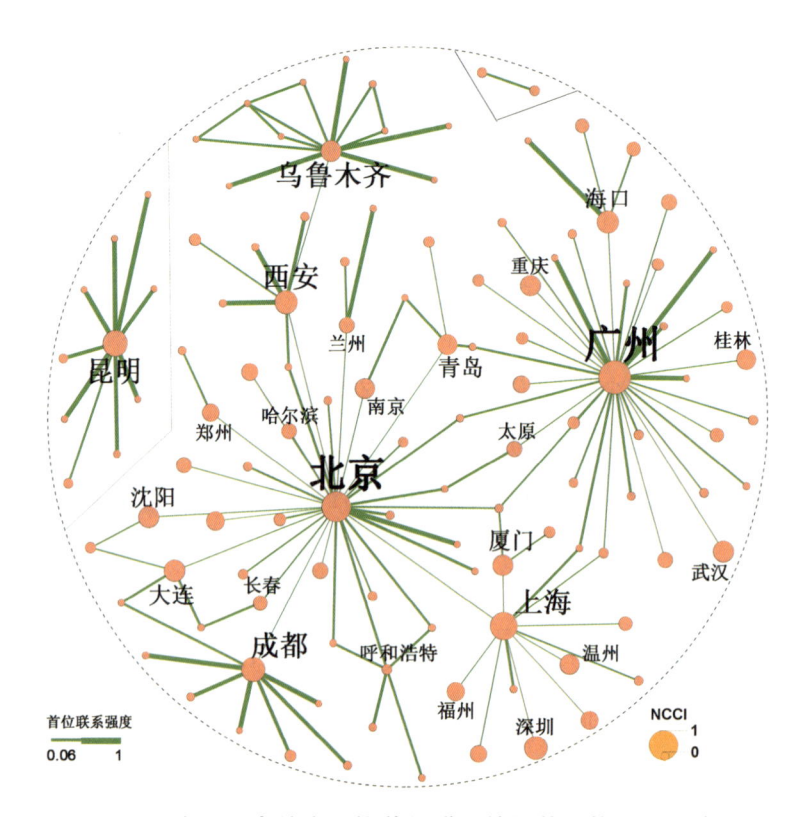

图 7-6 中国国内航空网络首位联系的拓扑结构（1999 年）

注：不包括港澳台地区。

资料来源：据 OAG 绘制。

航空流均指向北京，具有一定的等级层次性。上海—北京仍是最大的航空流城市对。上海的首位城市地位不断提高，成为广州最大航线输入地。北京、上海和广州的核心枢纽地位已经形成，其他次级枢纽与北京的首位联系最为紧密（图 7-7）。这主要归因于两个因素：一是中国国际航空公司成为星空联盟成员，吸引大量星空联盟内部航司航线集聚；二是 2008 年北京举办奥运会吸引了大量客流量（Lei and O'Connell，2011）。

2019 年，中国国内航空网络的首位联系网络连通性较好，具有高度的整体性。相比上一时期，北京（26 对）和广州（11 对）极核地位持续下降，上海（52 对）枢纽地位持续上升。上海超越北京成为全国首位航空流网络的中心城市；深圳取代广州与上海互为最大的航空流城市对；北京最大航班量输出和输

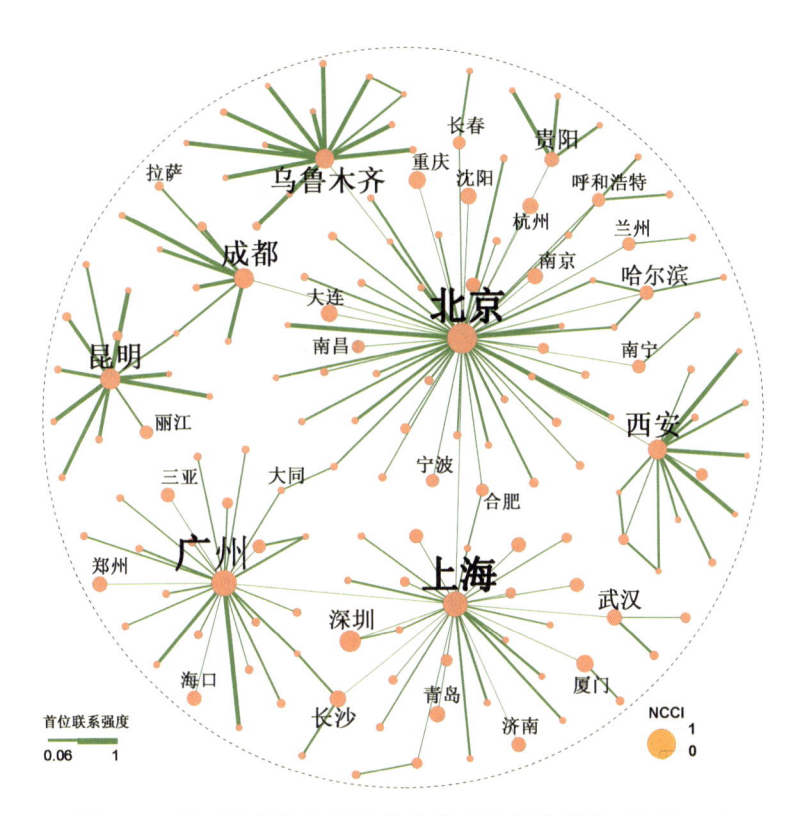

图 7-7 中国国内航空网络首位联系的拓扑结构（2009 年）

注：不包括港澳台地区。

资料来源：据 OAG 绘制。

入仍然指向上海。次级区域航空枢纽的最大航空流逐渐指向上海，包括广州、杭州、昆明、哈尔滨、贵阳、武汉、深圳、哈尔滨、昆明和西安等。北京的首位城市地位明显下滑，仅覆盖了成都和长沙两个次级组团。部分原因是总部位于上海的低成本航空公司——春秋航空快速发展，而广州白云机场显著受到深圳宝安机场和香港国际机场的竞争影响（Zhang et al.，2014）。此外，在西部大开发战略的推动下，许多西部区域性枢纽（如乌鲁木齐、昆明、成都、西安等）快速崛起，主要辐射周边地区，成为省内和邻省城市的支线航线中转中枢（叶倩等，2013），但因社会经济需求限制，无法成为明显的国家级首位城市（朱惠斌，2014）（图 7-8）。

总之，国内航空网络首位联系结构呈现出一定的区域化特征。北京的首位航线主要覆盖中国北部的通航城市，以及区域性首位城市枢纽；上海的首位航

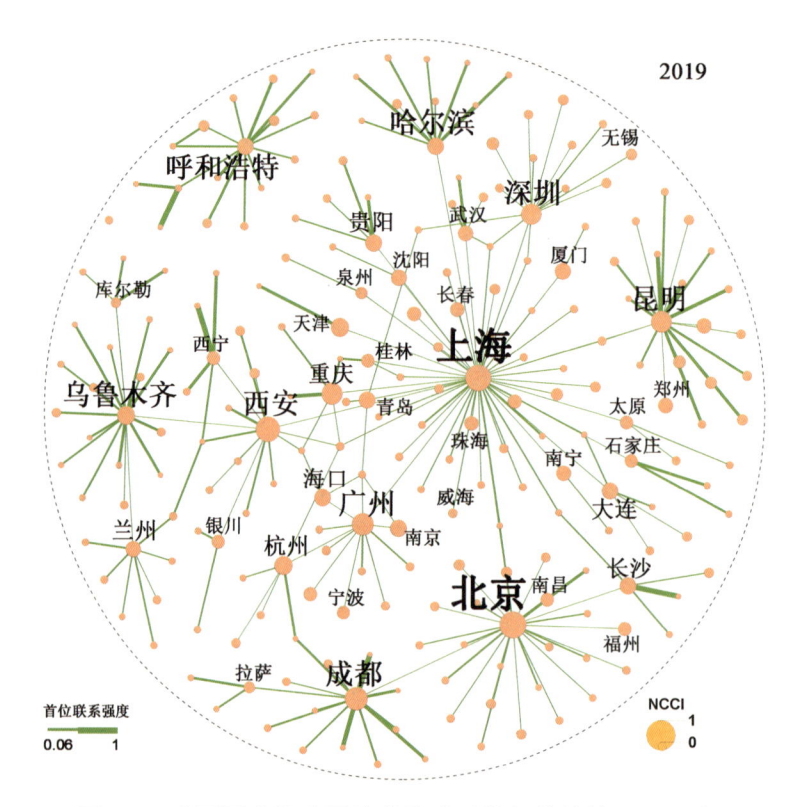

图 7-8　中国国内航空网络首位联系的拓扑结构（2019 年）

注：不包括港澳台地区。

资料来源：据 OAG 绘制。

空联系主要影响中国东部沿海地区；广州的首位影响力也较为深远，主要聚焦中国南方大部分城市。乌鲁木齐、哈尔滨、昆明、成都等次级首位城市主要在区域内部发挥首位枢纽作用，是西北、西南和东北地区的区域性首位联系中枢。进一步证明，中国国内航空网络首位联系子网具有一定的等级层次性，呈现明显的轴辐式组织特征。

第二节　中国国内航空网络效率的时空演化

随着国内航空网络结构由集聚转向均衡，节点网络效率呈现日渐明显的层级性和位序-规模分布，形成典型的核心-边缘结构和一定的社团结构；空间分布不断涌现时空异质性，形成两边高、中间低的"鞍形"格局和多核联动的"菱形"结构。这与城市社会经济水平、行政等级、对外开放程度、产业结构等因素密切相关。

一、中国国内航空网络效率的拓扑异质性演化

依据多中心性指标测度航空网络效率，发现国内航空网络全局和局域效率遵循位序-规模分布和一定无标度性，发育典型的社团结构（表7-12；表7-13）。

（一）航空网络效率具有显著的"长尾分布"特征和中心-外围结构

1. 位序-规模具有显著的"长尾分布"特征

按照位序-规模法则，正常的二城市指数应为2，四城市指数和十一城市指数应为1。而中国航空网络效率的首位度指数几乎小于正常值（2010年和2015年的全局效率符合正常值），说明国内航空网络的城市体系并没有出现异乎寻常的首位城市，而是呈现多中心分布（表7-12）。

表7-12　国内航空网络局域效率与全局效率的首位度指数（1998—2015年）

年份	指标	首位度	四城市指数	十一城市指数
1998年	局域效率	1.16	0.56	0.78
	全局效率	1.04	0.59	0.93
2005年	局域效率	1.03	0.48	0.66
	全局效率	1.05	0.55	0.81
2010年	局域效率	1.66	0.82	0.9
	全局效率	2.44	1.24	1.5
2015年	局域效率	1.61	0.77	0.79
	全局效率	2.17	1.05	1.19

资料来源：李想（2018）。

绘制各年份局域效率和全局效率的位序-规模分布图可以发现，国内航空网络效率层级结构具有显著的"长尾分布"特征。主要体现在：无论何时、无论局域效率或全局效率，都只有少数节点拥有较高连通效率。绝大多数城市的效

图 7-9　中国国内航空网络效率的位序-规模分布变化（1998—2015 年）

资料来源：李想（2018）。

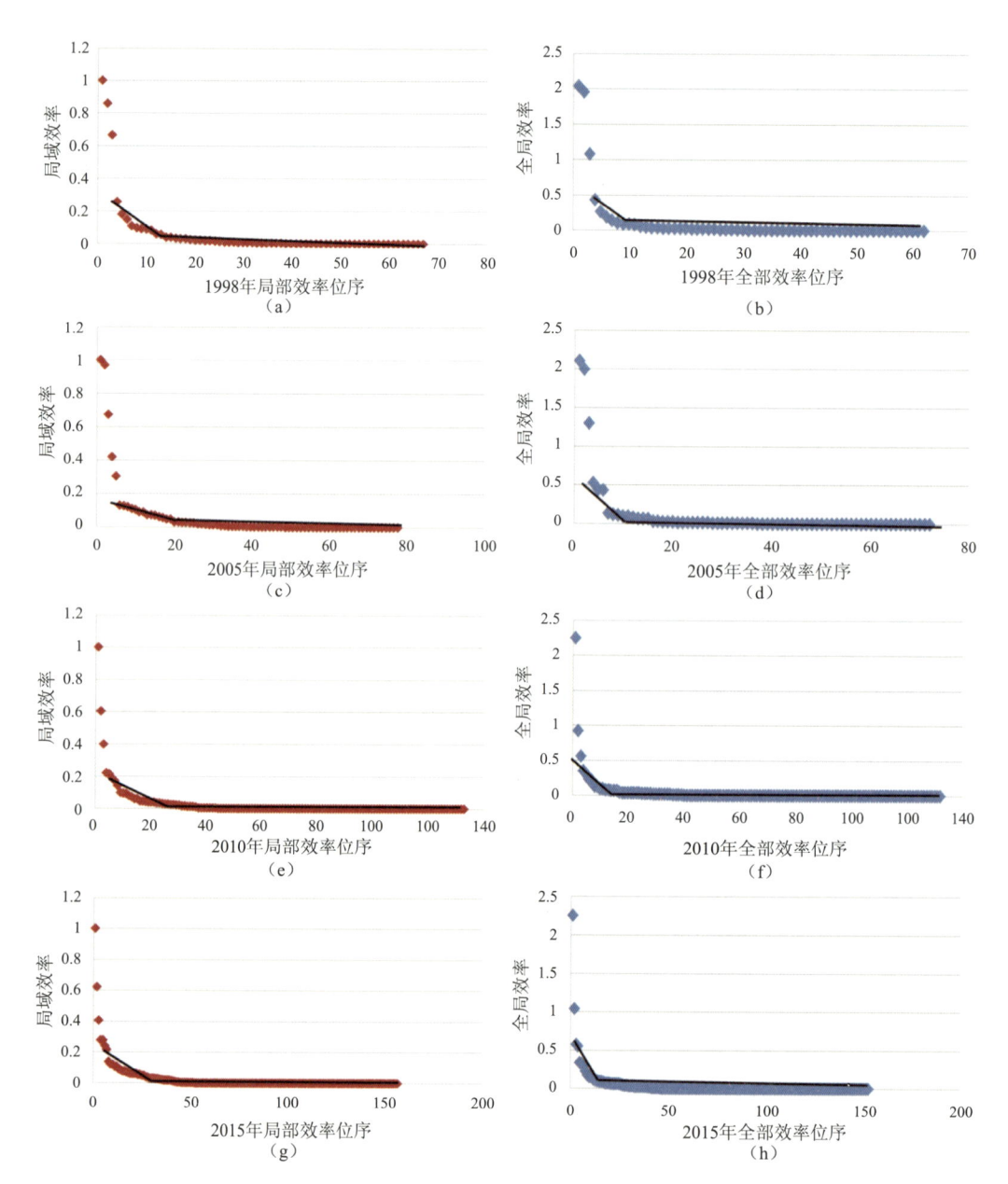

率集中在低值范围，两极分化现象显著，且高值区数量很少。就局域效率而言，1998 年，北京、上海和广州显现出绝对优势，排名第四的深圳（0.23）仅为排名第三的上海（0.67）的三分之一，中间出现明显断层和高度截断；2005 年，

北京、上海和广州的优势依然存在，但中间等级的节点数量有所增加，且断层形式有所缓解；2010年，在北京、上海和广州依然呈主导优势的基础上，中间等级节点数量继续增加；2015年，中间等级节点比例达到最大，超过1/3，非"长尾"部分的低效率节点数量达到最低，约为63.97%。局域效率的规模分布逐步走向均衡，非"长尾"部分的斜率日益下降，"长尾"部分所占比例日益下降，而全局效率的规模分布同样存在由极化走向均衡的演化态势。类似于局域效率，1998年的北京、上海和广州全局效率表现出绝对优势，此时处于非"长尾"部分的比例较小；2005年，除北京、上海和广州外，成都、昆明、深圳的全局效率值增长快速，高值区断层情况有所减缓；2010年，首位城市与第二位城市的差距拉大，非"长尾"部分位序-规模分布的斜率增大，集聚性增强，但全局效率的连续性增强；2010—2015年，除集聚性增强、"长尾"部分比例增加外，位序-规模分布形态无大的变化。总之，局域效率的位序-规模分布是一个均衡化过程，全局效率则呈现一个先均衡、后集聚的过程。

2. 中心-外围结构逐渐走向均衡

基于网络效率指标，可以划分为核心圈层的高效率枢纽城市、中间圈层的支点城市以及外围圈层的低效率节点城市三个层级（表7-13）。

表7-13 中国国内航空网络核心-边缘结构变化（1998—2015年）

		枢纽城市	支点城市	节点城市
1998年	局域效率	北京、上海、广州共3个	深圳、成都、昆明、武汉、西安、重庆、厦门、海口、长沙等16个	大连、沈阳、哈尔滨、合肥、乌鲁木齐、贵阳、拉萨、南昌、天津等44个
	全局效率	北京、上海、广州共3个	深圳、成都、昆明、武汉、西安、重庆、厦门、海口、长沙等16个	大连、沈阳、哈尔滨、合肥、乌鲁木齐、贵阳、拉萨、南昌、天津等44个
2005年	局域效率	北京、上海、广州、成都、昆明、深圳、乌鲁木齐共7个	重庆、海口、西安、三亚、桂林、长沙、武汉、大连、郑州等20个	银川、南昌、拉萨、太原、西宁、天津、珠海、石家庄、包头等50个
	全局效率	北京、上海、广州、成都、昆明、深圳、乌鲁木齐共7个	重庆、海口、西安、三亚、桂林、长沙、武汉、大连、郑州等20个	银川、南昌、拉萨、太原、西宁、天津、珠海、石家庄、包头等50个

续表

		枢纽城市	支点城市	节点城市
2010年	局域效率	北京、上海、广州、重庆、南京、杭州、成都、昆明、武汉等12个	青岛、厦门、福州、三亚、南昌、太原、合肥、乌鲁木齐、哈尔滨等32个	鸡西、金华、齐齐哈尔、台州、黄山、大同、南通、包头、长治等86个
2010年	全局效率	北京、上海、广州、重庆、哈尔滨、乌鲁木齐、成都、昆明、武汉等12个	青岛、厦门、福州、三亚、南昌、太原、合肥、贵阳、杭州、大连、南京等32个	鸡西、金华、齐齐哈尔、台州、黄山、大同、南通、包头、长治等86个
2015年	局域效率	北京、上海、广州、重庆、西安、昆明、深圳、成都、乌鲁木齐等17个	三亚、南宁、福州、合肥、兰州、天津、呼和浩特、太原、无锡、海口等31个	大同、潍坊、台州、鸡西、佛山、衢州、鞍山、南平、鄂尔多斯等110个
2015年	全局效率	北京、上海、广州、重庆、西安、昆明、深圳、成都、乌鲁木齐等17个	三亚、南宁、福州、合肥、兰州、天津、呼和浩特、太原、无锡、海口等31个	大同、潍坊、台州、鸡西、佛山、衢州、鞍山、南平鄂尔多斯等110个

注：不包括港澳台地区。
资料来源：李想（2018）。

一是从各圈层数量比例来看，无论是局域效率还是全局效率，国内航空网络等级层次均逐渐走向均衡化。1998—2015年，三大圈层的城市类型比例从1∶5∶12过渡到1∶3∶7，再到1∶2∶6。说明国内航空网络的中心-外围结构正逐渐走向均衡，城市间的航空运输效率差距正在减小。

二是从各圈层涵盖城市来看，各圈层主要构成有所不同。其一，核心圈在1998年仅有北京、上海、广州三座城市，至2005年，新增成都、昆明、深圳、乌鲁木齐四个中心城市。2005—2010年，基于局域效率的核心圈新增重庆、南京、杭州、武汉、长沙、西安等城市，乌鲁木齐下滑至中间圈，而基于全局效率的核心圈新增重庆、哈尔滨、武汉、长沙，乌鲁木齐仍然位列该圈层。2010—2015年，基于局域效率的核心圈新增乌鲁木齐、厦门、贵阳、郑州、青岛五个中心城市，而基于全局效率的核心圈新增厦门、杭州、贵阳、郑州、青岛、南京等城市，哈尔滨退出。表明国内航空网络效率正由多个一级和次一级航空枢纽主导。其二，中间圈在1998年主要有深圳、成都、昆明、武汉、南京、重庆等,而发展到 2015 年则演变为温州、银川、大连、福州、无锡、珠海等。早期的支点城市多升级成为枢纽城市,主要集中于省会城市。其三,边缘圈在 1998 年主要涵盖台州、大理、丽江、拉萨、黄山、银川、包头等,随着时间推移,部分城市升级成为支点城市,这一圈层的变化主要体现在节点城市数量的增加,主要归因于国内航空网络快速扩张。

三是从各圈层间航空联系来看,发现核心圈和中间圈之间具有更为密集的航空联系,受择优链接偏好机制驱动,形成了相对稳定且联系紧密的共同体,而边缘圈内部、核心圈与边缘圈之间的航空运输联系则较为稀疏。边缘圈在国内航空网络中地处被边缘化的状态,并且随着时间的推移出现强化。

(二)航空网络效率具有区域集聚性和明显社团结构

1. 航空网络效率具有区域集聚性,其社团结构演化呈现稳定性与波动性共存

(1)基于网络效率,国内航空网络明显被划分为五大社团,因地理邻近性作用,社团结构具有较为明显的区域集聚性,同一社团内部的城市节点大体上在地理空间上邻近(表 7-14)。以昆明和成都为枢纽的西南社团通常包含丽江、大理、保山、普洱、西双版纳、拉萨、绵阳、攀枝花、德宏等云南省城市及邻近四川省城市。以乌鲁木齐和西安为核心的西北社团主要包含银川、喀什、酒泉、兰州、嘉峪关、和田、阿勒泰、伊犁、阿克苏、克拉玛依等新疆和宁夏回族自治区及甘肃和陕西省部分城市或地区。以北京为核心的北部社团则涵盖呼和浩特、石家庄、哈尔滨、沈阳、锡林郭勒、包头、大庆等华北及东北地区。广州为枢纽的南部社团则以三亚、汕头、桂林、南宁、海口、珠海、湛江等华南地区城市为主。以上海为中心的东部社团则基本涵盖厦门、福州、泉州、宁波、南京、杭州、合肥等福建及长三角城市群地区。不难看出,社团划分结果遵循地理邻近性作用机制,具有明显的区域性。此外,尽管同一社团内城市在地理分布上相对集中,但在一些局部地区尤其是东部地带存在较明显的交叉重叠性:地理相邻的城市却分属于不同社团。例如上海和杭州、北京和天津、广州和深圳,主要源于相邻城市航空市场竞争引致的地域有序分工。

(2)同一社团在不同年份所包含的城市存在一定动态性,即某一城市在不同年份可能分属于不同社团,内部结构处于长期波动状态(表 7-14)。

表 7-14　中国国内航空网络效率的社团结构变化（1998—2015 年）

	1998 年	2005 年	2010 年	2015 年
西南社团	昆明、大理、西双版纳、普洱、丽江、德宏、保山	昆明、丽江、西双版纳、大理、保山、迪庆、德宏等	昆明、成都、丽江、西双版纳、拉萨、大理、保山等	昆明、成都、西宁、丽江、西双版纳、保山等
西北社团	西安、兰州、成都、拉萨、乌鲁木齐、银川等	乌鲁木齐、酒泉、喀什、阿勒泰、和田、阿克苏等	西安、乌鲁木齐、银川、兰州、西宁、榆林、酒泉等	乌鲁木齐、喀什、酒泉、和田、阿勒泰等
南部社团	广州、南京、武汉、深圳、福州、厦门、海口、重庆、长沙、贵阳、南宁、珠海、三亚等	广州、桂林、三亚、无锡、南宁、汕头、金华、湛江等	广州、贵阳、重庆、汕头、南宁、海口、无锡、南昌、桂林等	广州、南昌、无锡、舟山、泉州、汕头、揭阳、湛江、金华等
北部社团	北京、上海、宁波、温州、青岛、杭州、沈阳、大连、天津、哈尔滨、长春、包头、呼和浩特等	北京、西安、呼和浩特、杭州、兰州、南京、大连、西宁、包头、呼伦贝尔等	北京、杭州、沈阳、郑州、哈尔滨、石家庄、呼和浩特、包头、呼伦贝尔、大庆等	北京、上海、武汉、西安、兰州、长春、包头、鄂尔多斯、呼伦贝尔、呼和浩特等
东部社团	舟山、泉州	上海、武汉、深圳、青岛、厦门、长沙、温州、福州、宁波、合肥、泉州、舟山等	上海、深圳、厦门、青岛、南京、大连、三亚、武汉、长沙、宁波、泉州、舟山等	厦门、杭州、青岛、天津、哈尔滨、大连、重庆、长沙、合肥、温州等

注：不包括港澳台地区。
资料来源：李想（2018）。

西南社团：1998 年，以昆明为区域性核心枢纽，以丽江、大理、普洱、西双版纳等云南省内城市为主要成员。2005 年，西南社团构成保持不变，具有高度的空间稳定性。2010 年，成都从西北社团进入西南社团的核心层，整个西南社团呈现昆明和成都"双核驱动"空间组织模式。2015 年，昆明、成都主导的西南社团保持稳定，该社团的地理邻近性作用机制强烈。

西北社团：1998 年，以西安、成都、兰州为区域性核心枢纽，包含乌鲁木齐、喀什、银川、拉萨等西部中心城市。2005 年，乌鲁木齐的区域核心地位开始凸显，成为西北社团的核心枢纽，主要得益于区域性航空枢纽地位确立。2010 年，西安由北部社团跃入西北社团核心阶层，形成西安与乌鲁木齐"双核驱动"的空间组织模式。2015 年，随着西安的退出，乌鲁木齐"一核独大"的区域性航空网络格局再次凸显。

南部社团：1998 年，以广州为核心枢纽，具体包含南京、重庆、福州、长沙、海口等南方城市。2005 年，广州在南部社团的核心枢纽地位保持稳定。2010 年，重庆重回南部社团，广州的核心地位依旧稳定。2015 年，随着重庆的再次退出，广州始终居于南部社团的核心主导地位。

北部社团：1998 年，以北京、上海为核心，整体涵盖了大连、哈尔滨、太原、沈阳、济南等北方重要节点城市。2005 年，随着上海、宁波等城市退出北部社团，北京"一核独大"的格局已基本成形。同时，西安、成都由西北社团跨入北方社团，与北京航空运输联系日趋紧密。2010—2015 年，北京始终保持核心引领地位。

东部社团：1998 年，仅包含泉州和舟山两个节点城市。2005 年，上海由北部社团进入东部社团并成为核心枢纽，该时期内东部社团规模迅速扩大，具体涵盖了厦门、福州、深圳、宁波、温州、常州等东南部城市。2010 年，随着深圳、南京、青岛、大连经济快速发展，形成了"多核共振"的空间组织架构。而至 2015 年，该社团出现了重庆、哈尔滨、大连等西部和东北部地区的中心城市，地理邻近作用已然弱化。

(3) 社团内部位序-规模具有时序稳定的"长尾"分布，各社团核心成员高度稳定不变（图 7-10）。一方面，各社团的位序-规模分布具有不同程度的"长尾分布"特征，呈现较稳定的"金字塔"等级结构（焦敬娟等，2016）。其中，北部社团的"长尾"特征最为显著，其"长尾"部分比例较大，核心节点等级较高，高等级与低等级节点之间的网络效率和数量差异显著。原因在于：北部社团所涵盖的城市既涉及发达的环渤海经济区，也包括东北、内蒙古和河南北部等欠发达城市。东部地区的"长尾"特征最不显著，缺乏典型"长尾"部分，主要因为东部地区以长三角城市群、珠三角城市群等经济发达城市为主，航空网络节点城市效率高，差异小。对比局域效率与全局效率，共同之处在于两者均具有"长尾"分布特征，但全局效率较局域效率更加显著，尤其是东部社团，说明中国东部沿海地带局域尺度航空均衡发展突出，而从全局来看仍然存在明显的区域差异性。另一方面，各社团内部少数核心成员保持时序稳定性，具有强时间惯性和空间黏性。每个社团内部等级层次性显著，存在几个少数的具有

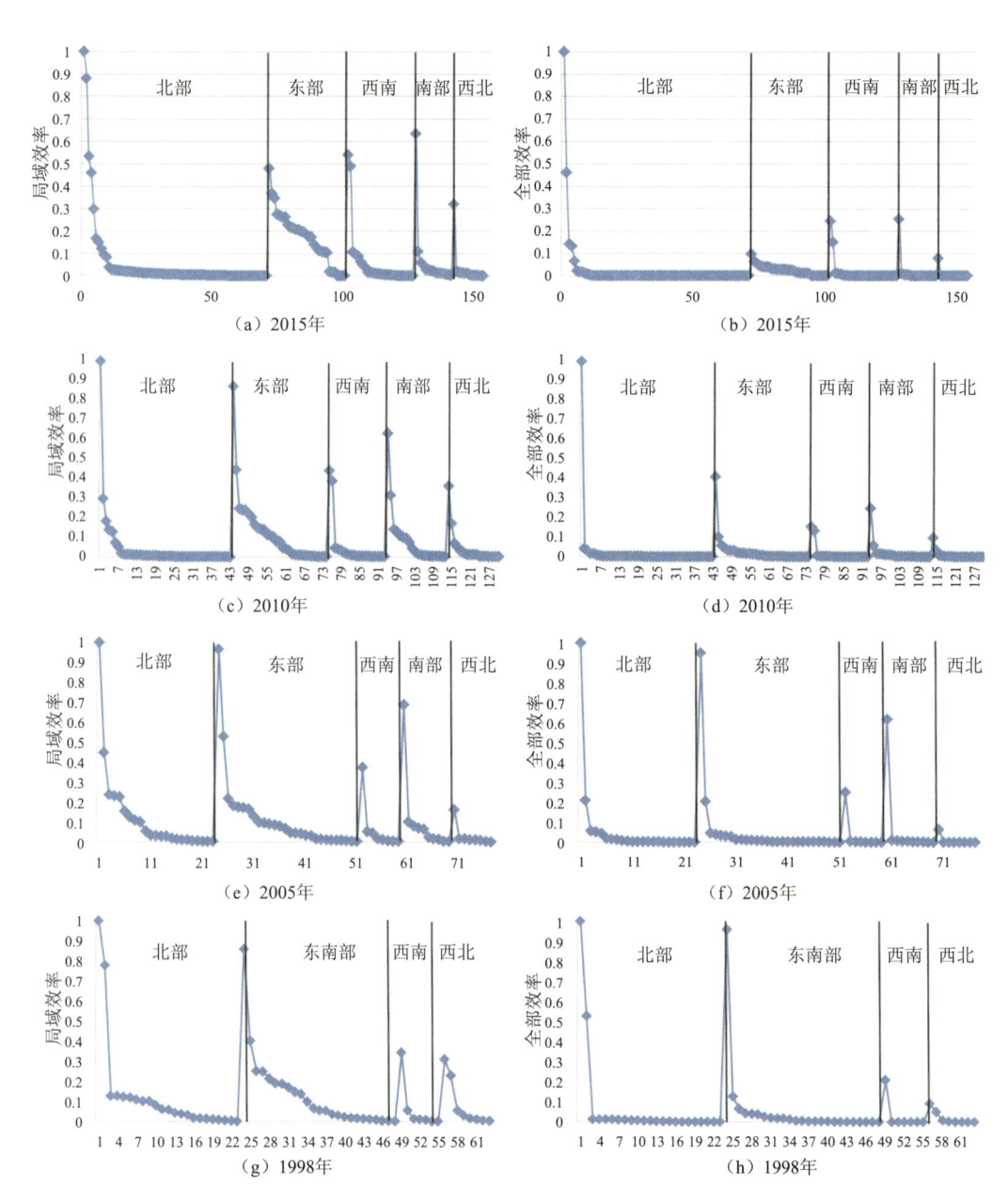

图 7-10　中国国内航空网络各社团效率的位序-规模分布（1998—2015 年）

资料来源：李想（2018）。

网络效率高值的枢纽城市。随着时间推移，这些极核城市网络效率等级和规模具有初值依赖性，社团分布保持相对稳定性，呈现明显的地方依赖性。20 多年间，昆明、乌鲁木齐、北京、上海、广州等枢纽城市网络效率持续保持垄断地位，相应成为西南社团、西北社团、北部社团、东部社团、南部社团的核心枢纽城市。

2. 航空网络社团之间的差异逐渐减小

结合平均效率、标准差等指标，探究网络效率与社团内部联系的关系，发现社团平均效率之间的差异逐渐减小（图 7-11）。

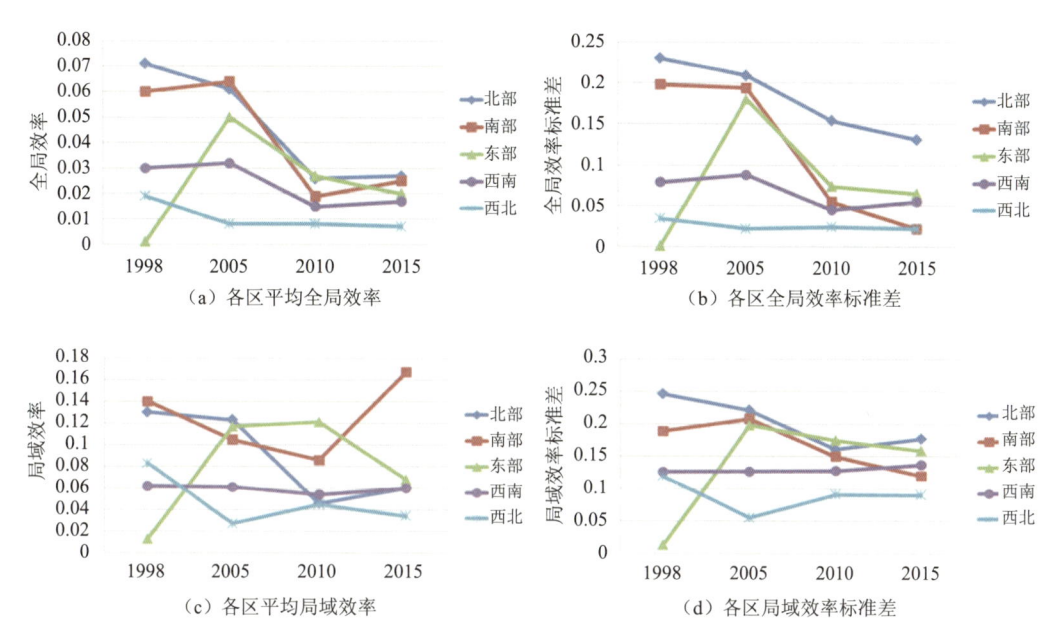

图 7-11 中国国内航空网络各社团全局和局域效率及标准差变化（1998—2015 年）

资料来源：李想（2018）。

（1）社团之间的网络效率存在明显的差异，东部、南部、北部社团的网络效率显著大于西南社团和西北社团。从全局效率角度来看，2015 年五个社团平均效率排序为：北部＞南部＞东部＞西南＞西北；2010 年的排序为：东部＞北部＞南部＞西南＞西北；2005 年排序为南部＞北部＞东部＞西南＞西北；1998 年排序则为北部＞南部＞西南＞西北。从局域效率角度来看，2015 年各社团平均效率的排序为：南部＞东部＞北部＝西南＞西北；2010 年的排序为：东部＞南部＞西南＞北部＞西北；2005 年的排序为：东部＞北部＞南部＞西南＞西北；1998 年的排序为：南部＞北部＞西北＞西南＞东部。可以看出，东部、南部和北部三个社团的网络效率值普遍较高，而西南和西北的效率值则偏低，国内航空网络效率受社团的地带性影响也同样具有"东高西低"的空间分异特征。

（2）社团之间的网络效率差异正逐渐减小，日益均衡，各社团平均效率逐渐趋同。从全局效率角度来看，北部社团平均网络效率最佳，其次为南部社团和东部社团，西南社团的全局效率较小，西北社团最低。同时，西北、西南社团内部效率值长期处于低值且稳定的状态；南部、东部社团的变化较为剧烈。两者在2005—2010年间的全局效率急速减小，内部差异也一并缩小，随后趋于稳定；北部社团效率逐年递减，其内部差异也日益降低。从局域效率角度来看，西北、西南社团效率较低且团内变化较小；东部社团的平均效率值整体呈下降趋势，团内差异也逐年减小；南部社团的局域效率最大，并于2010—2015年迅速提升；北部社团的局域效率在1998—2005年期间保持较高水平，此后大幅度减小，但社团内部的局域效率整体降低。

二、中国国内航空网络效率的空间异质性演化

（一）航空网络效率的空间分异变化

1. 全国视角下呈现出先极化后均衡的演化特征

全国视角下的国内航空网络效率呈现出先极化后均衡的演化特征，具体划分为1998—2010年的空间极化阶段和2010—2015年的空间均衡化阶段（图7-12和图7-13）。

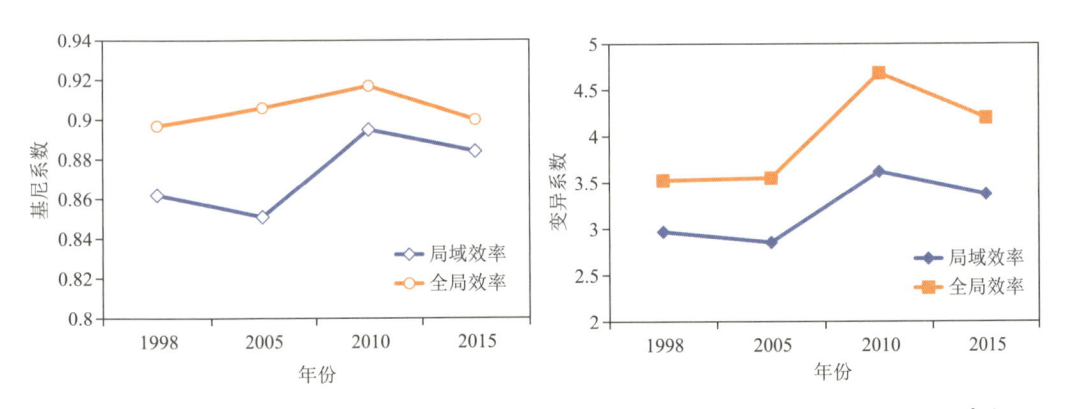

图 7-12 中国国内航空网络效率的空间基尼系数、变异系数变化（1998—2015年）

资料来源：李想（2018）。

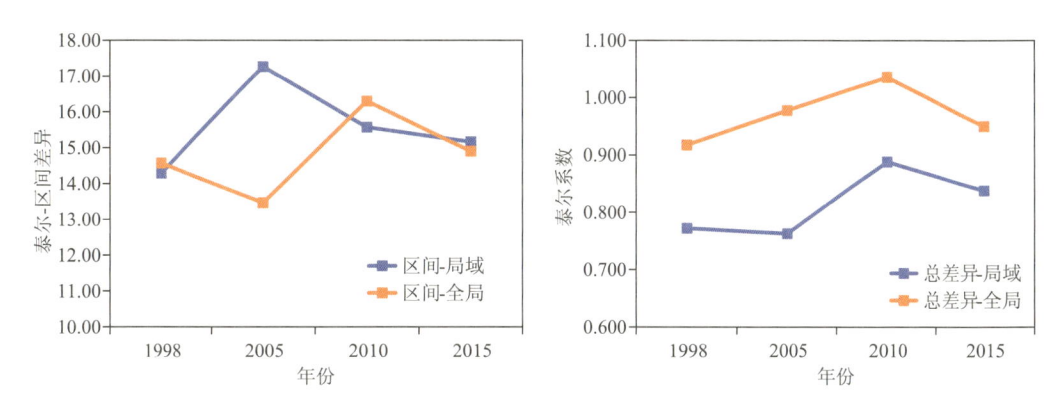

图 7-13 中国国内航空网络效率的泰尔指数变化（1998—2015 年）

资料来源：李想（2018）。

(1) 空间极化阶段（1998—2010 年）

计算并分析各年份航空网络效率的基尼系数、变异系数及泰尔指数可知：三大指标的时序变化趋势基本一致，在 1998—2010 年间均整体上呈现上升趋势，尤其是在 2005—2010 年出现较大幅度的提升，全局效率的基尼系数由 1998 年的 0.897 上升到 2010 年的 0.918，变异系数由 3.528 上升到 4.683，泰尔指数则由 0.917 上升到 1.035；局域效率的基尼系数由 1998 年的 0.860 上升到 2010 年的 0.895，变异系数由 2.969 上升到 3.618，泰尔指数则由 0.763 上升到 0.888。不难看出，该时期中国航空网络效率空间极化趋势十分显著，尽管在 1998—2005 年出现部分指标小幅下降，但整体上航空网络效率高度集中于少数几个城市，呈现一定程度的空间集聚化态势。

(2) 日益均衡阶段（2010—2015 年）

2010 年以来，国内航空网络效率分布进入一个逐渐均衡化的发展阶段。分析基尼系数、变异系数以及泰尔指数的变化情况可知，2010 年是国内航空网络效率空间分异变化的拐点，2010 年之后三大指标均出现了一定程度的下降。全局效率的基尼系数由 2010 年的 0.918 下降到 2015 年的 0.900，变异系数由 4.683 下降到 4.200，泰尔指数由 1.035 下降到 0.950；局域效率的基尼系数由 2010 年的 0.895 下降到 2015 年的 0.880，变异系数由 3.618 下降到 3.376，泰尔指数由 0.888 下降到 0.838。可以看出，国内航空网络效率的空间分布开始走向均衡，少数城市节点的极化效应逐渐消失。

对比局域效率和全局效率，两者的共同点在于三大指标的走势几乎一致，均呈现 1998—2005 年的极化阶段和 2010—2015 年的均衡化阶段。二者的整体分布具有相对一致性；两者的不同之处主要体现在两个方面，其一在于局域效率于 1998—2005 年出现小幅波动，而全局效率在该时期则持续上升；其二在于局域效率的集聚性指标始终低于全局效率，即全局效率较局域效率的分布更加收敛，高效率值的空间分布更加集聚。

2. 区域视角下形成东部领先、中西部扩张的格局

（1）三大地带航空网络节点规模呈趋同态势

研究期间，东部地带航空网络节点规模领跑全国，随后中、西部逐渐扩大规模，三大地带占比趋于一致（图 7-14）。1998 年，东、中、西部地带的航空节点占比分别为 47％、25％、28％。东部地带呈绝对领先优势，中、西部地带的节点占比不相上下，且远落后于东部地带；2005 年，东、中、西部地带的航空节点占比分别为 43％、22％、35％。东部虽略有下降但仍然领先，中、西部地带出现分化，西部占比小幅增加而中部地带有所下降，三大地带的节点占比呈阶梯状分布；2010 年，东、中、西部地带的航空节点占比分别为 33％、36％、31％。三大地带的占比局势发生颠覆性变化，东部地带大幅下降而中部地带大幅上升并超越东、中部，三大地带差距细微，趋同局势已基本形成；2015 年，东、中、西部地带的航空节点占比分别为 31％、36％、33％。东部航

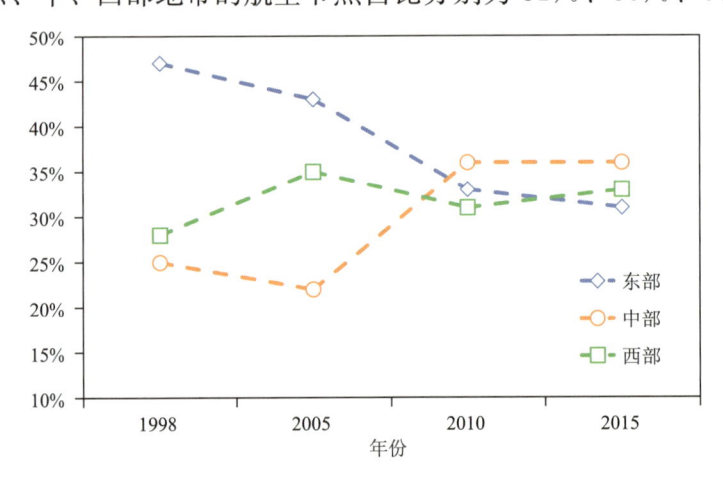

图 7-14 中国东中西地带航空网络节点占比变化（1998—2015 年）

资料来源：李想（2018）。

空节点占比持续下降并逐渐落后于西部地带,中部地带保持稳定,东、中、西部三大地带航空节点数量相当。

综合来看,东部地带的航空节点占比始终呈下降趋势,中部地带在1998—2005年出现小幅度下降,之后迅速抬升,而西部地带的节点规模略有浮动,总体上保持稳定态势,三大地带节点规模和比例趋于一致。

(2)三大地带航空网络效率呈显著空间异质性

由东、中、西部三大地带航空网络效率的基尼系数、变异系数和泰尔系数变化(表7-15和图7-15)可知,三大地带的航空网络效率集聚水平总体呈现东部地带>西部地带>中部地带的"马鞍形"分布格局。这与王海江和苗长虹(2015)及武文杰(2011)等学者研究成果基本一致。研究期间,东部地带内部差异的贡献率始终遥遥领先,其次是西部区内差异和区间差异,中部区内差异的贡献率最小,说明中国航空网络效率的空间差异主要源自东部区内枢纽城市与中小节点城市间差异。

表7-15 中国三大地带航空网络效率差异的泰尔系数结构(1998—2015年)

区域	指标	1998年		2005年		2010年		2015年	
		局域	全局	局域	全局	局域	全局	局域	全局
东部地带	区内差异	0.549	0.677	0.495	0.657	0.506	0.654	0.435	0.540
	比重(%)	71.18	73.79	64.98	67.21	56.97	63.16	51.98	56.90
中部地带	区内差异	0.034	0.023	0.027	0.121	0.073	0.055	0.090	0.064
	比重(%)	4.45	2.49	3.50	12.36	8.19	5.32	10.71	6.74
西部地带	区内差异	0.078	0.084	0.109	0.068	0.171	0.158	0.186	0.204
	比重(%)	10.09	9.16	14.26	6.96	19.27	15.23	22.15	21.45
地带之间	区间差异	0.110	0.134	0.132	0.132	0.138	0.169	0.127	0.142
	比重(%)	14.29	14.57	17.26	13.47	15.57	16.29	15.16	14.90
总差异	泰尔指数	0.772	0.917	0.763	0.978	0.888	1.035	0.838	0.950

资料来源:李想(2018)。

与此同时,东部地区集聚水平的区内贡献率逐年下降,区内航空网络效率的城际分布逐渐均衡,主要归功于沿海次级航空枢纽崛起和低成本航空公司发展;中部地带则存在小幅波动,局域效率与全局效率的走势稍有差异,但总体

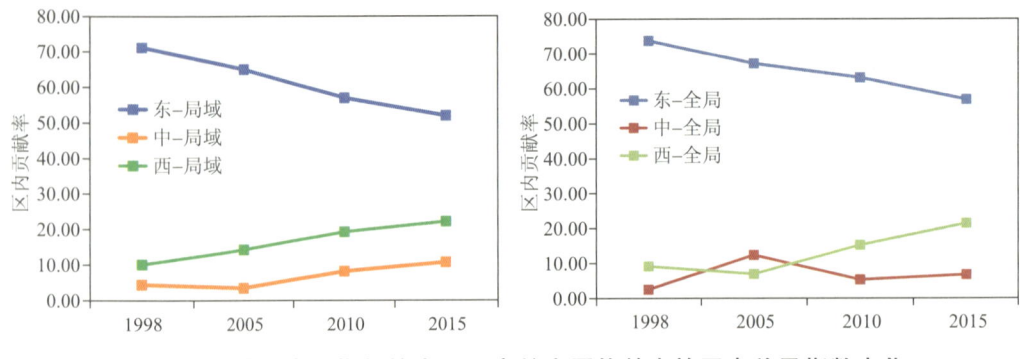

图 7-15 基于泰尔指数的中国国内航空网络效率的区内差异指数变化

资料来源：李想（2018）。

上呈现出上升趋势，表明中部地带航空网络效率的空间集聚程度略有所提升；西部地带则呈现稳定上升的态势，航空网络效率存在极化趋势，与少数区域性航空枢纽基于轴辐式组织快速结网密切有关。此外，三大地带区间差异并未见明显减小，只在2010年之后出现了较为统一的趋同均衡趋势。

对比局域效率和全局效率，两者共同之处在于其东部、西部地带的区内差异指数和总体泰尔系数的变化趋势基本一致，不同之处在于中部地区区内差异的走势存在明显不同。其中，局域效率呈现平稳上升的态势，即空间差异逐年增大，而中部全局效率在1998—2005年和2010—2015年间呈现明显上升态势，而2005—2010年则出现较显著下滑，表明中部地区航空网络全局效率的空间差异程度呈倒U形变化规律。此外，局域效率和全局效率的三大区间差异水平变化情况也存在明显不同。从局域尺度来看，1998—2005年，三大地带区间差异增大，2005—2015年则持续减小；从全局尺度来看，1998—2005年区差异略微减小，2005—2010年区间差异显著增大，2010—2015年再次减小，整体波动变化凸显。

（3）三大地带航空网络效率呈现反梯度"鞍形"格局

东、中、西部三大地带的航空效率值存在明显空间分异（图7-16和图7-17）。

从网络效率大小来看，东部地带优势显著，呈现较典型的位序-规模分布，中西部效率较低。一方面，高效率航空节点全部位于东部地带，次高效率节点多分布于西部地带，中部地区少有高效率节点城市分布（图7-17）。另一方面，无论是平均局域效率还是平均全局效率，始终保持东部最高、西部其次、中部最低的"马鞍形"空间格局。

从网络效率演化来看，西部地带航空节点规模扩大的同时，其效率值也随之增长，主要由高效率节点贡献。不同于西部，中部地带在规模扩大的同时其效率值并无明显变化，缺少高效率和高能级航空枢纽。研究期间，西部平均全局和局域效率不对东部的1/3，与东部差距略有缩小，与中部差距持续扩大，是中部整体水平的两倍左右。此外，中部地带的航空效率虽有波动，但总体呈现稳定态势，而西部地带的航空效率则是波动上升，尤其是2010—2015年，进一步巩固了"两边高、中间低"的"鞍形"地带分异格局。

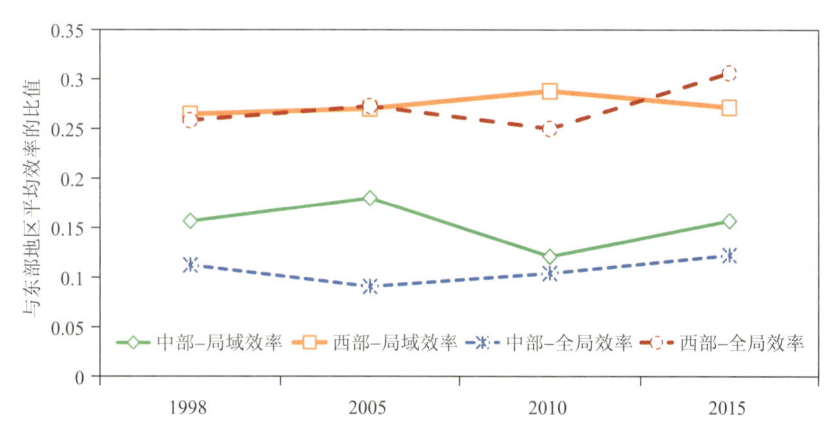

图7-16 中国东中西地带航空网络效率比值变化（1998—2015年）

资料来源：李想（2018）。

（二）航空网络效率的空间格局演化

1. 全国尺度下走向均衡，由三极主导向多心联动格局演替

20多年来，国内航空网络效率分布由集聚走向均衡（洪彦，2016），呈现由"三足鼎立"（1998—2010年）向"三核多心"格局（2010—2015年）的演化过程（表7-16和表7-17）。

（1）"三足鼎立"发展格局（1998—2010年）

与国内航空网络结构类同，2010年之前，国内航空网络效率的空间格局呈

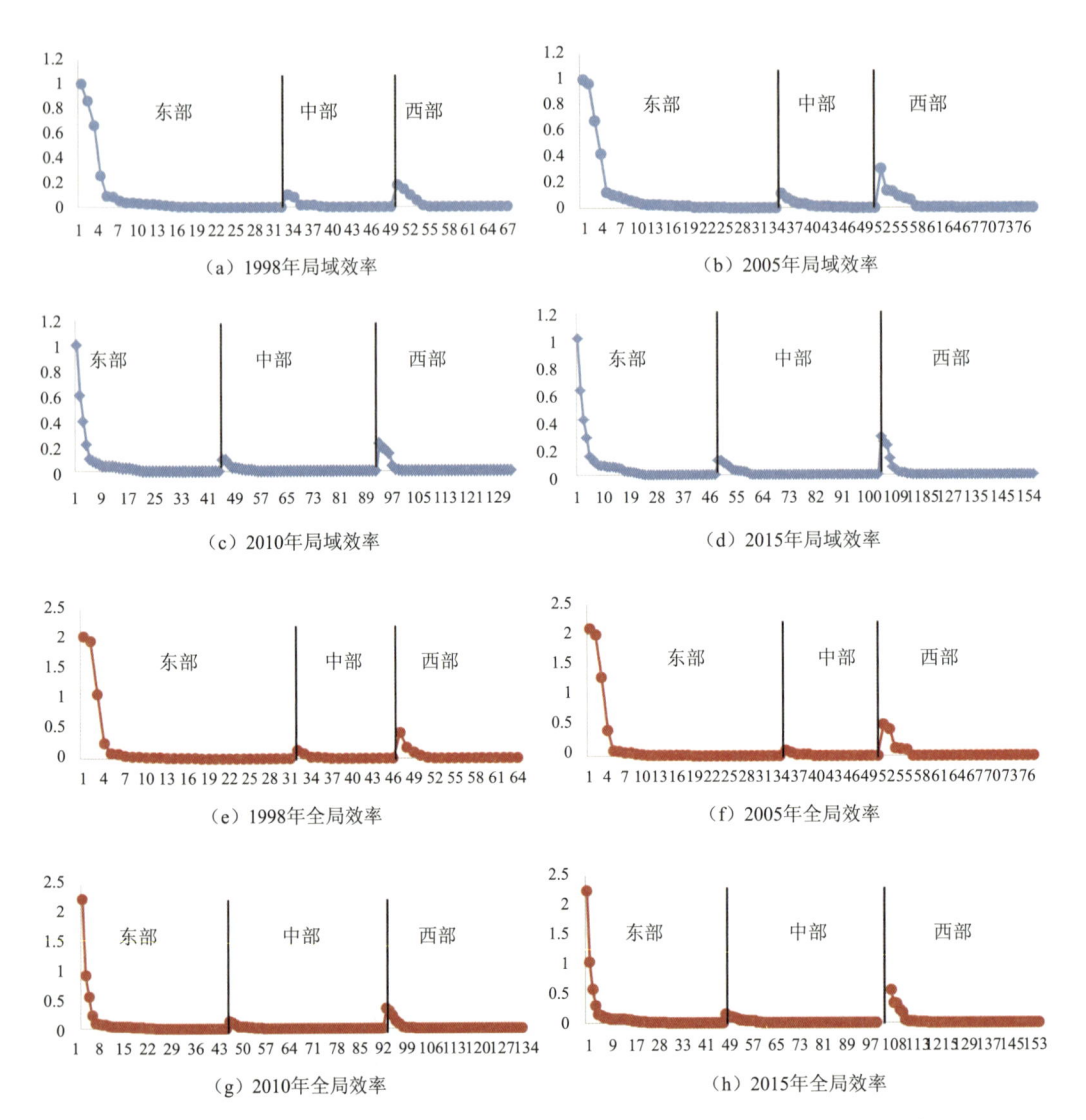

图 7-17 中国三大地带航空网络效率的位序-规模分布（1998—2015 年）

资料来源：李想（2018）。

明显"三足鼎立"态势，由北京、上海、广州三大枢纽主导。北部、东部和南部市场区域，与基于规模的航空网络三角结构同构（王小丹，2012；洪彦，2016）。

具体而言，北京的航空网络效率始终占据榜首，其首都国际机场是全国乃至世界最为繁忙的大型航空港之一。凭借全国政治中心与国际文化交流中心优势，北京 2010 年拥有近 3800 万国内座位的运力和约 150 个国内通航点的腹地规模（李艳伟和杨倩雯，2022），成为国内航空网络最高效的枢纽城市之一。上海良好的航空网络效率主要得益于"一市双场"协同效应、经济贸易中心地位和国际航空枢纽定位（张婷婷等，2022）。其总座位运力小于北京，但覆盖范围与前者相当（李艳伟和杨倩雯，2022），主要集中于东南沿海地区（陶学宗等，2011）。广州航空网络效率略低于京沪，是中国南方区域重要的枢纽城市，与其中国南方航空公司主营基地和国际商贸中心定位有关。其2010年座位运力仅占北京的55%，覆盖节点数量不到北京的2/3，范围集中于西南和华南地区受邻近枢纽城市竞争影响显著。

（2）"三核多心"发展格局（2010—2015年）

2010年之后，国内航空网络效率由"三足鼎立"转变为"三核多心"发展格局。在北京、上海、广州的三角框架基础上，西南方向的昆明、成都、重庆及中部的武汉、长沙快速崛起，形成了北京—上海—广州、深圳—昆明、成都、重庆—武汉、长沙的菱形格局，与国内航空网络节点中心性格局同构。此外，乌鲁木齐运力增长迅速，通航范围不断扩张，逐渐成为西北地区的核心枢纽。至2015年，国内航空网络密度增加的同时，其网络效率也随之升高，呈现三核多中心协同发展的态势。

对比局域效率与全局效率，两种效率均逐渐打破"三足鼎立"格局，转向多中心联动发展的特征，但也存在一定差异：一方面，全局效率的基尼系数和变异系数均高于局域效率，前者的集聚特征较后者显著；另一方面，全局效率变化显著，由"三角形结构"转向"菱形结构"的嬗变态势更加显著，而局域效率早在1998年已经初具菱形框架，至2015年局域效率的空间格局则更加均衡。

2. 区域尺度下集聚成群，形成三大高效率地带

国内航空网络效率高值城市具有明显的空间集聚性及稳定性。一方面，高网络效率节点城市等级和位序保持相对恒定，其节点效率规模基本维持在高水平态。另一方面，20多年间，航空网络效率高值城市的空间结构呈现带状展布，且持续强化，逐渐形成三条带状分布区：东部沿海分布带、长江经济带、"胡焕庸"线沿线分布带。

（1）东部沿海分布带

即在中国东部沿海形成了南北走向的航空网络效率高值区，主要集中于环渤海（沈阳、大连、北京、天津、青岛、济南）、长三角（南京、上海、杭州）、海峡西岸（福州、厦门）、珠三角（广州、深圳等）、海南（海口、三亚）等东部沿海城市群。1998年，北京、上海、广州、深圳作为东部沿海的重要航空节点，在国内航空网络中占领核心枢纽地位。随着国内航空网络规模的扩大，北京、上海、广州、深圳的地位稳固，而青岛、杭州、厦门、福州、海口等沿海航空枢纽城市逐渐崛起，东部沿海成为国内航空网络效率的高值分布带。

（2）长江经济带

自西向东横跨中国三大地带，形成了一条东西走向的航空网络效率高值区。东起上海，西至昆明，其间涵盖杭州、南京、无锡、合肥、长沙、武汉、南昌、重庆、成都等高效率航空枢纽城市，主要包括长三角城市群（包括上海、杭州、南京、无锡、合肥等）、长江中游城市群（以长沙、武汉、南昌为核心）和成渝城市群（以成都和重庆为核心）。不同于东部沿海分布带，该区域多为后发航空枢纽。1998年，长江经济带只有上海具有较高效率值，到了2005年，昆明、成都、重庆、武汉、长沙等沿线重要航空枢纽已初具规模。至2015年，长江经济带形成了明显的航空网络效率高值分布带。

表7-16 中国国内航空网络局域效率空间演化（1998—2015年）

排序	1998年		2005年		2010年		2015年	
	城市	局域效率	城市	局域效率	城市	局域效率	城市	局域效率
1	北京	1.000	北京	1.000	北京	1.000	北京	1.000
2	广州	0.860	上海	0.968	上海	0.604	上海	0.619
3	上海	0.666	广州	0.675	广州	0.398	广州	0.406
4	深圳	0.256	深圳	0.420	成都	0.220	昆明	0.279
5	昆明	0.177	成都	0.302	深圳	0.214	深圳	0.276
6	成都	0.146	重庆	0.130	昆明	0.186	西安	0.242
7	武汉	0.106	西安	0.127	西安	0.169	重庆	0.217
8	西安	0.096	杭州	0.121	重庆	0.142	厦门	0.137
9	厦门	0.090	长沙	0.111	杭州	0.098	乌鲁木齐	0.121
10	海口	0.087	海口	0.102	长沙	0.095	杭州	0.117
11	长沙	0.081	喀什地区	0.090	武汉	0.092	武汉	0.107
12	重庆	0.056	厦门	0.088	南京	0.079	长沙	0.106

续表

排序	1998年 城市	局域效率	2005年 城市	局域效率	2010年 城市	局域效率	2015年 城市	局域效率
13	南京	0.055	青岛	0.074	厦门	0.072	青岛	0.091
14	桂林	0.038	乌鲁木齐	0.073	青岛	0.058	郑州	0.086
15	福州	0.037	武汉	0.071	郑州	0.058	贵阳	0.077
16	温州	0.032	昆明	0.060	大连	0.044	南京	0.076
17	青岛	0.029	南京	0.057	乌鲁木齐	0.044	沈阳	0.069
18	杭州	0.028	哈尔滨	0.049	济南	0.042	海口	0.067
19	沈阳	0.022	沈阳	0.048	三亚	0.039	哈尔滨	0.063
20	郑州	0.021	贵阳	0.031	天津	0.039	天津	0.062
21	贵阳	0.020	福州	0.030	沈阳	0.038	济南	0.060
22	哈尔滨	0.018	郑州	0.028	海口	0.033	大连	0.060
23	大连	0.018	大连	0.027	哈尔滨	0.032	三亚	0.056
24	宁波	0.015	宁波	0.025	贵阳	0.030	成都	0.055
25	乌鲁木齐	0.010	桂林	0.025	太原	0.027	福州	0.050
26	济南	0.010	三亚	0.020	福州	0.027	南宁	0.048
27	南宁	0.009	济南	0.019	南宁	0.025	太原	0.039
28	南昌	0.008	台州	0.016	温州	0.023	兰州	0.038
29	湛江	0.007	南宁	0.015	南昌	0.021	长春	0.032
30	汕头	0.006	威海	0.014	桂林	0.020	呼和浩特	0.030

注：不包括港澳台地区。
资料来源：李想（2018）。

（3）"胡焕庸"线沿线分布带

一方面，"胡焕庸"线以东的航空节点密度和效率值不同程度高于以西地区，形成了明显的东西地带性分异格局。自1998年该格局已基本成形，直至2010年随着呼和浩特、兰州、乌鲁木齐等西部区域性航空枢纽城市的快速发展，才开始被突破。另一方面，"胡焕庸"线沿线城市往往具有较高的航空网络效率，自东北向西南形成了哈尔滨—北京—太原—西安—成都—昆明多个高效率热点区，基本与"胡焕庸"线重合。该分布带在1998年尚未出现，1998—

2005年随着昆明和成都的迅速崛起,"胡焕庸"线沿线分布带的主体框架已基本形成;2005—2015年,其他沿线城市的航空效率逐渐提升,哈尔滨、太原、西安、重庆等城市成为分界线上的重要航空枢纽城市。

表7-17 中国国内航空网络全局效率空间演化(1998—2015年)

排序	1998年		2005年		2010年		2015年	
	城市	全局效率	城市	全局效率	城市	全局效率	城市	全局效率
1	北京	2.036	北京	2.101	北京	2.248	北京	2.248
2	广州	1.954	上海	1.992	上海	0.919	上海	1.038
3	上海	1.075	广州	1.296	广州	0.554	广州	0.567
4	昆明	0.427	昆明	0.521	昆明	0.343	昆明	0.547
5	深圳	0.262	成都	0.436	成都	0.296	成都	0.335
6	成都	0.187	深圳	0.429	深圳	0.227	西安	0.319
7	武汉	0.134	乌鲁木齐	0.132	西安	0.213	深圳	0.294
8	西安	0.106	西安	0.114	重庆	0.128	重庆	0.221
9	厦门	0.088	重庆	0.106	武汉	0.128	乌鲁木齐	0.175
10	海口	0.084	长沙	0.093	长沙	0.097	厦门	0.148
11	长沙	0.077	杭州	0.091	杭州	0.092	武汉	0.148
12	重庆	0.053	厦门	0.079	南京	0.075	杭州	0.124
13	南京	0.044	青岛	0.065	乌鲁木齐	0.075	长沙	0.104
14	桂林	0.037	武汉	0.063	厦门	0.068	贵阳	0.096
15	福州	0.035	海口	0.059	郑州	0.066	青岛	0.092
16	郑州	0.029	南京	0.034	青岛	0.065	郑州	0.090
17	温州	0.028	哈尔滨	0.032	济南	0.046	南京	0.085
18	贵阳	0.028	沈阳	0.026	三亚	0.039	海口	0.070
19	青岛	0.026	郑州	0.026	大连	0.036	大连	0.067
20	杭州	0.024	贵阳	0.022	贵阳	0.034	哈尔滨	0.067
21	大连	0.020	福州	0.019	哈尔滨	0.034	三亚	0.064
22	沈阳	0.019	济南	0.019	沈阳	0.033	沈阳	0.063
23	哈尔滨	0.017	桂林	0.017	海口	0.033	济南	0.062
24	宁波	0.016	宁波	0.015	太原	0.031	天津	0.061
25	乌鲁木齐	0.015	大连	0.014	天津	0.031	福州	0.059

续表

排序	1998年 城市	全局效率	2005年 城市	全局效率	2010年 城市	全局效率	2015年 城市	全局效率
26	南宁	0.012	温州	0.013	福州	0.029	南宁	0.053
27	济南	0.011	三亚	0.012	温州	0.026	兰州	0.047
28	汕头	0.009	南宁	0.010	南宁	0.025	太原	0.041
29	南昌	0.009	太原	0.009	南昌	0.022	长春	0.040
30	湛江	0.007	南昌	0.009	桂林	0.021	呼和浩特	0.036

注：不包括港澳台地区。
资料来源：李想（2018）。

3. 城市尺度下此消彼长，中西部航空网络效率提升显著

航空节点位序变化指数结果表明：有所提升和迅速衰退的城市分布较均匀，以东中部居多，但提升幅度较大的城市则聚集于中西部。

（1）效率略升与大幅衰退城市均衡分布

航空网络节点效率有所提升与有所衰退的城市在东、中、西三大地带中的分布相对均衡（图7-18）。

2005—2010年，位序上升或下降城市的空间分布明显较2010—2015年更不均衡，并且同一地区上升占比与下降占比基本呈现对立状态（图7-18）。前期阶段，从局域效率看，东部地带上升比例大而下降比例小，中、西部地带则上升比例小而下降比例大；从全局效率看，东、西部地带上升比例大而下降比例小，中部地带上升比例小而下降比例大。后期阶段，无论是全局还是局域效率，均呈现一个均匀分配的局势。

因此，中国城市航空网络效率的发展是一个由集聚走向均衡的过程（洪彦，2016），其中，位序上升城市总体分布较为均衡，只有全局效率存在明显分化和变化。2005—2010年，位序上升城市以东、西部地带为主；2010—2015年，东、西部比例减小而中部地带比例大幅上升后，三大地带比例相当，相较于全局效率，局域效率则始终维持均衡格局。2005—2010年与2010—2015年三大地带占比的变化十分细微。其中，中部地带略有下降，东、西部地带小幅上升，是一个分配更为均衡的过程。位序下降城市在三大地带中占比的演化过程略显复杂，但仍然呈现一个均衡化态势。从全局效率来看，位序退后的城市前期多分布于中部地带，尔后中部效率退后的城市占比减小，西部地带比重增加。三大地带的分配比例转向平均化。从局域效率来看，位序退后的城市早期多位于东部地带，尔后东部比例减小，西部占比增加，随之三大地带比例分配也趋于平均。

图 7-18 中国三大地带航空网络效率位序变化比例情况

资料来源：李想（2018）。

（2）效率快速提升城市聚集于中西部

根据不同时期位序变化指数极值的分布情况，可以将国内航空网络效率的演化划分为两大阶段（表 7-18）：

一是西部地区增长阶段（2005—2010 年）。一方面，位序上升幅度较大城市大体分布于云南省、新疆维吾尔自治区等西部地区，尤其集中于云南省。主要归功于"西部大开发"重大战略部署和推进，昆明、乌鲁木齐等城市迅速成长为西部地区重要枢纽，通过轴辐式航线组织、枢纽机场建设、支线航线及机场布局，西北和西南地区节点城市抱团式链入全国航空网络，从而显著提升其网络效率水平。此外，西南和西北地区航空支点城市的抱团发展还与区域地理位置、自然条件所限，以及旅游业发展相关。另一方面，该阶段位序下降幅度较大的城市主要分布于东部沿海的环渤海区域和长三角区域，如天津、石家庄、温州、金华等。一是东部沿海地区近年来高速铁路、公路的市场竞争和替代效应凸显，航空运输的高效性、快捷性等优势已相对弱化；二是这些城市紧邻区域核心枢纽，其航空重要性在北京、上海强大的辐射作用下被边缘化，航空运输发展因市场袭夺出现"阴影效应"；三是全国范围其他城市的崛起和超越，尤其是西部地区。

表 7-18 中国国内航空网络效率的位序变化（1998—2015 年）

排名	局域效率				全局效率			
	城市	2015 与 2010	城市	2010 与 2005	城市	2015 与 2010	城市	2010 与 2005
1	玉树	43	丹东	73	黑河	45	丹东	74
2	延安	41	喀什	70	恩施	41	大理	41
3	锡林郭勒盟	38	台州	49	伊犁	41	攀枝花	41
4	黑河	38	阿勒泰	46	玉树	39	临沧	37
5	恩施	36	大理	42	齐齐哈尔	36	阿勒泰	31
6	攀枝花	34	攀枝花	37	阿克苏	35	迪庆州	31
7	临沂	33	临沧	32	攀枝花	32	凉山	28
8	佳木斯	27	凉山	27	保山	31	黄山	28
9	阜阳	26	迪庆州	27	阿勒泰	28	和田	27
10	锦州	26	和田	27	延安	27	德宏州	26
11	伊犁	26	德宏州	26	锡林郭勒盟	26	德宏州	26
12	佛山	25	德宏州	26	德宏州	25	酒泉	24
13	衢州	23	呼伦贝尔	26	德宏州	25	台州	19
14	景德镇	22	威海	24	佳木斯	23	南平	18
15	普洱	22	酒泉	23	酒泉	23	湛江	17
16	宜宾	21	伊犁	22	普洱	22	张家界	14
17	北海	21	黄山	22	北海	22	舟山	13
18	中卫	20	巴州	19	文山州	22	丽江	10
19	邯郸	20	阿克苏	18	巴州	22	乌鲁木齐	10
20	成都	20	南平	18	凉山	19	宁波	9
...	...	...	...	...	...	...	...	...
20	阿勒泰	−9	南京	−5	牡丹江	−10	宜昌	−2
19	绵阳	−10	阿坝	−6	贵阳	−10	武汉	−3
18	盐城	−10	宜昌	−6	黄山	−10	西宁	−3
17	黄山	−11	大连	−7	林芝	−12	南京	−4
16	喀什	−11	三亚	−7	泸州	−13	郑州	−4
15	和田	−12	郑州	−7	丹东	−17	济南	−4
14	兴安盟	−12	济南	−9	南阳	−17	太原	−4

续表

排名	局域效率				全局效率			
	城市	2015与2010	城市	2010与2005	城市	2015与2010	城市	2010与2005
13	泸州	−14	昆明	−10	盐城	−18	北海	−4
12	洛阳	−16	太原	−11	洛阳	−19	珠海	−4
11	台州	−18	北海	−12	大同	−21	金华	−7
10	林芝	−19	珠海	−12	兴安盟	−21	包头	−7
9	通化	−19	临沂	−13	吉安	−24	三亚	−8
8	南阳	−21	延边	−14	台州	−25	临沂	−8
7	达州	−21	呼和浩特	−15	和田	−26	大连	−9
6	运城	−23	保山	−16	通化	−27	呼和浩特	−11
5	临沧	−24	金华	−16	达州	−27	阿坝	−12
4	吉安	−26	包头	−17	运城	−27	保山	−12
3	嘉峪关	−27	温州	−27	嘉峪关	−31	威海	−14
2	襄樊	−56	石家庄	−34	襄樊	−53	天津	−16
1	南通	−69	天津	−56	南通	−64	石家庄	−20

注：不包括港澳台地区。
资料来源：李想（2018）。

二是中西部地区波动发展阶段（2010—2015年）。该时期位序发生大幅上升或下降的节点城市多位于中西部，且局域效率和全局效率存在一定差异。从局域效率来看，波动剧烈的航空节点城市多来自中部地区，快速发展和排名下降的节点协同集聚；从全局尺度来看，位序大幅下降的节点呈点状零星散布在中纬地区，而快速崛起的航空枢纽则主要分布于东北地区、西北地区以及西南地区，西部和东北地区成为国内航空网络重塑的关键力量。

第三节 中国国内航空网络演化的影响因素

国内航空网络结构和效率演化是自然地理环境与社会经济政治环境共同作用的结果。城市经济发展水平、人口规模与收入水平、第三产业和旅游业发展、对外开放程度及行政等级对其布局和建设具有显著影响（张婷婷等，2022；张文文等，2023）。

一、中国国内航空网络结构演化的影响因素

（一）班次规模的影响因素分析

（1）城市经济发展水平对城市航空客运班次量具有高度显著的积极作用。根据模型（2）以及其他模型，发现城市经济发展水平的系数在1%的水平上均显著为正。这印证了城市的经济越发达，可以为航空运输业提供更多资金支持和技术保障（李想，2018）。另一方面，城市航空运输业的提升有利于提高城市对外联系的便利性和可达性，反向进一步刺激城市经济规模的扩张，进而带来更多的航空出行需求（Hakim and Merkert，2016）。

（2）城市第三产业对航空客运量的影响显著为正。在模型（3）基础上，考察城市产业结构对航空客运规模的影响，发现城市的第三产业发展水平对城市航空客运产生积极的促进作用。通常第三产业更发达的城市，其航空客运服务更占优势（刘宏鲲，2007）。第三产业如金融、咨询等行业的产品附加值相对高，能够承担高成本的交通运输费用，相对其他产业对航空出行方式利用更频繁。相反地，第二产业对航空运输影响不显著。

（3）城市旅游业发展对航空客运量具有显著的正向影响。模型（5）发现城市的旅游业越发达，城市旅游资源越丰富，越能吸引更多的旅游流，进而促进并带动航空运输网络的发展（Bieger and Wittmer，2006）。此外，旅游业高度依赖于交通运输业，城市航空运输的便利程度会影响人们对出行目的地的选择，反向带动城市旅游业的发展（Dobruszkes et al.，2011）。

（4）城市人口规模对城市航空客运量影响不显著，但居民的收入水平存在显著的正向作用。通过模型（6）和（7）可以发现，人口规模并不能对城市客运规模产生显著的影响，这与前人的研究存在一定的出入（管明明，2019；Goetz，2006）。究其原因，人口规模能够为城市航空客运的发展提供服务基数，是航空客运发展的重要需求因素之一，但不是城市所有人口都会成为航空客运的服务对象，而城市人口收入水平更可能影响个体对交通出行方式的选择。居民的平均工资水平对航空客运规模的影响显著为正，说明可支配收入会刺激航

空客运需求，居民有更多的机会选择航空运输作为出行方式（Hakim and Merkert，2019）。同时，居民的收入水平也能够影响其交通出行的消费选择，旅行成本较高的航空运输成为高收入群体跨区域交通出行的重要选择（Valdes，2015）。

（5）城市对外开放程度对航空客运发展影响显著为正。城市吸引外资能力越强，其市场经济更为活跃，因此城市对于机场基础服务设施的建设有更为充足的技术和资金支持，更有动力建立城际航空运输网络和基础设施（李想，2018；管明明，2019）。

表7-19 中国国内航空网络影响因素的回归结果

变量	(1)	(2)	(3)	(4)	(5)	(6)	(7)
经济发展水平		1.026***	0.606***	0.670***	0.551***	0.505***	0.340**
（GDP）		(19.05)	(8.54)	(9.81)	(6.13)	(3.52)	(2.22)
第三产业占比				1.260***	1.075***	1.006***	0.889***
（ser）				(3.81)	(3.28)	(3.12)	(2.74)
旅游业收入					0.192**	0.172*	0.145*
（tour）					(2.25)	(1.96)	(1.66)
人口规模						−0.141	−0.0973
（pop）						(−0.86)	(−0.60)
居民收入						1.015**	1.044***
（wage）						(2.53)	(2.68)
对外直接投资							0.105**
（fdi）							(2.04)
行政等级	2.734***		1.639***	1.235***	1.247***	1.286***	1.309***
（class）	(22.30)		(9.93)	(6.22)	(6.37)	(6.94)	(7.11)
2009	1.420***	−0.138	0.568***	0.430**	0.327	−0.869**	−0.764*
	(7.23)	(−0.66)	(2.71)	(2.00)	(1.54)	(−2.04)	(−1.81)
2019	2.128***	−0.417**	0.738***	0.375	0.0891	−1.669***	−1.430**
	(12.03)	(−2.16)	(3.13)	(1.45)	(0.32)	(−2.88)	(−2.44)
N	482	482	482	482	482	482	482

注：显著性水平 *** 为 $p<0.01$，** 为 $p<0.05$，* 为 $p<0.1$。
资料来源：牛彩澄（2020）。

(二) 航线规模的影响因素分析

一是以城市节点的国内航线数量作为回归模型的被解释变量，发现城市的经济发展水平（GDP）、第三产业占比（ser）、旅游业（tour）和行政等级（class）四个变量的回归系数显著，模型的解释力较强，拟合度达到84%（表7-20）。其他解释变量对城市航线影响不显著，原因在于其他变量与上述变量存在较高的相关性所致（表7-21和表7-22）。

城市行政等级反映了政府政策支持度，是影响城市对外航空运输联系的主导因素（张文文等，2023）。中国特色社会主义制度框架下，高行政等级及享有政策倾斜的城市对其直航城市数量或范围扩展的作用十分突出（张婷婷等，2022）。相比一般城市，直辖市、省会城市或副省级城市的国内航线规模更大。当城市行政等级提高1个标准差，国内航线数量提高约0.48个标准差，表明城市的行政地位能够助力城市获得更多的枢纽航线资源和航空设施投资（管明明，2019）。

表7-20　中国航空网络影响因素的多元线性回归结果

变量	国内航线 $R^2=0.84$		国际航线 $R^2=0.79$	
	标准化系数	显著性	标准化系数	显著性
经济发展水平*	0.267	0.000	0.193	0.014
第三产业占比*	0.090	0.008	0.117	0.062
旅游业（收入）	0.243	0.000	0.591	0.000
行政等级	0.483	0.000	0.204	0.008

*代表指标进行对数转化。
资料来源：牛彩澄（2020）。

除城市行政等级外，社会经济因素也是影响国内航空网络结网的重要因素（张文文等，2023）。城市自身经济体量、第三产业和旅游业发展水平等经济因素对国内航线规模也有显著影响。尤其是经济发展和旅游业收入水平的带动效应，当两者提高1个标准差，分别促动国内航线数量提高0.27和0.24个标准差（表7-20）。突出表明，城市经济实力越强，旅游业发展水平越高，则公共服务的能力和范围越大，快捷交通的需求更大，进而促使城市对外空中航线织密

（张婷婷等，2022）。

二是以中国城市节点的国际航线数量作为被解释变量，模型拟合度达到79%。结果表明，城市旅游业发展仍然是中国国际航线拓展的关键因素。当旅游业收入提高1个标准差，国际航线规模提高约0.6个标准差，表明城市国际航线倾向布局于国际旅游业较发达城市，从而吸引更多的国外游客（吴晋峰等，2012）。对比国内航线，第三产业的发展水平对国际航线拓展具有更大影响力，进而表明第三产业和旅游业等经济因素是决定中国国际航空网络生长的主要驱动力（Bieger and Wittmer，2006），而国内航线结网则更加取决于城市的行政等级（张婷婷等，2023）。

表 7-21　中国国内航线规模的自变量相关性分析

	gdp	pop	ser	tour1	fdi	wage	class
经济发展水平（gdp）	1						
人口规模（pop）	0.830	1					
第三产业占比（ser）			1				
旅游业收入（tour1）	0.704	0.600	0.331	1			
对外直接投资（fdi）	0.700	0.570		0.651	1		
居民收入（wage）	0.366			0.465		1	
行政等级（class）	0.634	0.508	0.405	0.69	0.474	0.473	1

资料来源：牛彩澄（2020）。

表 7-22　中国国际航线规模的自变量相关性分析

	gdp	pop	ser	tour2	fdi	wage	class
经济发展水平（gdp）	1						
人口规模（pop）	0.841	1					
第三产业占比（ser）			1				
旅游业收入（tour2）	0.570	0.500		1			
对外直接投资（fdi）	0.802	0.724		0.482	1		
居民收入（wage）	0.501	0.388		0.652	0.399	0.399	
行政等级（class）	0.615	0.544	0.457	0.416	0.468	0.476	1

资料来源：牛彩澄（2020）。

综上所述，城市的经济发展水平、第三产业发展规模、旅游服务吸引力以及行政级别等社会经济政治属性对城市对外航空连通性具有显著的正向作用。

与此同时，通航城市对外航线布置也与城市的地理区位、国家政策、公司战略等因素有关。上世纪末起，中国民航业自由化进程加快，加强航空企业战略重组，放松企业进入管制和航线准入限制，低成本航空公司快速发展，构建了较为合理的市场竞争模式，进而提高了航空网络的运行效率并扩大航空网络的整体规模（赵玮萍，2012）。此外，航空公司的发展战略也影响城市对外航线结网能力和覆盖程度。例如，中国南方航空公司近十年积极推动国际化战略转型，加强与大洋洲、东南亚和欧洲等地区的国际航空联系，不断提升广州的国际枢纽地位。近几年，海南航空公司经历企业迅速重组，基于海南自由贸易港建设，积极开拓国际航线，提高了海口与三亚的对外航空运输覆盖度。

二、中国国内航空网络效率演化的影响因素

（一）横截面模型结果

为避免变量之间存在多重共线性，首先采用逐步回归筛选并剔除引起多重共线性的变量，最终将产业结构、交通设施、资本规模、对外开放和自身能级依次考虑到模型中（表 7-23 和表 7-24）。

表 7-23 和表 7-24 所示分别为局域效率、全局效率的影响因素回归结果。其中，模型 1 是基础模型，仅控制了人口密度和人均 GDP 后，发现人口规模、经济发展水平对局域效率和全局效率均呈现显著的正向影响，说明人口规模越大、经济越发达的地区，航空网络效率越高（Brueckner，2003；Tsen，2006）。城市经济的发展推动机场业务持续增长（张蕾等，2010；叶舟，2005），进而带动航空业的发展，有助于提高区域航空网络效率。

模型 2 在模型 1 的基础上加入了第二产业比重、第三产业比重和旅游业收入。其中，第三产业和旅游业收入系数显著为正，但第二产业比重并不显著。国内外学者普遍认为旅游业和航空运输业发展的相互关系具有阶段性和尺度差异性，此结果在一定程度上证明了在全国尺度上旅游业对航空运输业具有较强的带动作用（王姣娥等，2016）。

模型 3 在模型 2 的基础上加入代表铁路和公路发展水平的客货运量。这些变量针对局域效率和全局效率的回归分析结果存在差异。在局域效率影响因素

中，铁路客货运量系数显著为负，而公路客货运量系数并不显著，说明在局域航空网络中，铁路与航空存在一定替代关系（Wang et al., 2015），但与公路无明显相关关系。然而就全局效率影响因素而言，铁路和公路均没有显著性效应，说明在全国尺度下铁路和公路与航空网络效率均无明显相关关系。这从侧面证明相关学者的观点：铁路与航空存在竞争关系的距离范围十分有限，二者形成相对有序的分工：短途距离以高铁为主，长途距离以航空为主（王姣娥等，2019；丁尔学等，2013）。

模型4加入代表人力资本的高等学校数量和代表政府支持程度的固定资产投资额占比。一方面，局域效率、全局效率与资本因素的相关性一致，高等学校数量系数显著为正，表明高校师生规模对国内航空效率提升具有重要推动的影响。进一步说明城市通过人才集聚而产生的对外联系需求更倾向于高效性的航空网络，从而增大了对外航空联系的出行需求，进而通过增加已有通航班次或开通新航线等途径提升城市对外航空网络效率。另一方面，固定资产投资额占比系数显著为负，与崔博和潘顺荣（2014）等学者得出的"固定资产投资水平对节点航空发展存在负面影响"结论一致。根据胡永平和祝接金（2003）的研究，中国固定资产投资中占比最大的依次为制造业、房地产业及交通物流业。统计数据表明，交通物流业领域固定资产投资重点为公路和铁路。二者集中了交通固定资产投资总额的90%以上（2016—2022年数据），而民航比重不到4%。进一步说明公路和铁路的高固定资产投资对民航设施更新和新建、航线拓展和优化存在挤出效应。

表 7-23　中国国内航空网络局域效率的影响因素（2015年OLS结果）

	模型1	模型2	模型3	模型4	模型5
人口密度	0.012***	0.005***	0.048***	0.001***	0.007***
	(0.000)	(0.001)	(0.007)	(0.000)	(0.000)
人均GDP	0.811***	0.362***	0.362***	0.563***	0.182***
	(0.000)	(0.000)	(0.000)	(0.000)	(0.008)
第二产业比重		0.054	0.153	0.257	0.633
		(0.175)	(0.196)	(0.532)	(0.310)
第三产业比重		0.312***	0.298***	0.192***	0.067*
		(0.000)	(0.000)	(0.002)	(0.088)

续表

	模型1	模型2	模型3	模型4	模型5
旅游业收入		0.003***	0.004***	0.003***	0.004***
		(0.000)	(0.000)	(0.000)	(0.000)
铁路客货运量			−0.005*	−0.008*	−0.014***
			(0.070)	(0.052)	(0.000)
公路客货运量			0.007	0.002	0.001
			(0.243)	(0.736)	(0.989)
高等学校数量				0.245***	0.116***
				(0.000)	(0.000)
固定资产投资额				−0.280***	−0.251***
				(0.000)	(0.000)
外商直接投资					0.417***
					(0.000)
机场客货吞吐量					0.001
					(0.004)
常数项	−8.332***	−17.983***	−17.492***	−14.312***	−5.391***
	(0.000)	(0.000)	(0.000)	(0.000)	(0.004)
样本量	119	119	119	119	119
	0.3344	0.739	0.795	0.827	0.981

注：***、**、*分别表示在1%、5%和10%的水平上通过显著性检验，括号内为P概率值。
资料来源：李想（2018）。

表7-24　中国国内航空网络全局效率的影响因素（2015年OLS结果）

	模型1	模型2	模型3	模型4	模型5
人口密度	0.021***	0.005*	0.004*	0.002***	0.012***
	(0.000)	(0.079)	(0.078)	(0.000)	(0.000)
人均GDP	1.242***	0.303*	0.298*	0.733***	0.085
	(0.000)	(0.090)	(0.091)	(0.000)	(0.543)
第二产业比重		0.351	0.345	0.498	0.157
		(0.220)	(0.153)	(0.544)	(0.288)
第三产业比重		0.455***	0.440***	0.291**	0.080
		(0.000)	(0.000)	(0.011)	(0.323)
旅游业收入		0.009***	0.008	0.934***	0.011***
		(0.000)	(0.348)	(0.000)	(0.000)
铁路客货运量			0.005	0.004	−0.006
			(0.270)	(0.559)	(0.329)

续表

	模型 1	模型 2	模型 3	模型 4	模型 5
公路客货运量			−0.001 (0.890)	−0.010 (0.310)	−0.014* (0.058)
高等学校数量				0.386*** (0.000)	0.162*** (0.008)
固定资产投资额				−0.539*** (0.000)	−0.478*** (0.000)
外商直接投资					0.001** (0.048)
机场客货吞吐量					0.007*** (0.000)
常数项	−13.908*** (0.001)	−25.264*** (0.000)	−24.561*** (0.000)	−21.190*** (0.000)	−6.143 (0.106)
样本量	119	119	119	119	119
	0.2281	0.779	0.780	0.839	0.924

注：***、**、* 分别表示在 1%、5% 和 10% 的水平上通过显著性检验，括号内为 P 概率值。
资料来源：李想（2018）。

模型 5 加入了代表对外开放程度的外商直接投资和代表机场自身能级的客货吞吐量。结果显示两者系数显著为正，对城市航空运输局域效率和全局效率均具有明显促进作用。虽然外商直接投资驱动国际航空运输联系的效应显著，但通过加大对外开放水平刺激国内航空联系需求同样对国内航空网络效率有一定提升作用。机场建设从两个方面促进国内航空网络构建和运行，进而提升机场枢纽运行效率：一是机场新建和布局，将提升基地城市通航能力和网络覆盖范围，进而提高整体网络运行质量；二是机场建设完善，将提升枢纽机场的保障能力和服务效率，扩大机场容量和航班规模，进而改善机场城市对外航空连通性。

（二）面板模型结果

通过面板数据来进一步验证回归结果的稳健性，主要体现在人口规模、经济水平和产业结构三个方面。通过表 7-25 可知回归结果偏差不大，人口规模和经济发展水平始终呈现显著的正向作用。航空网络效率与第三产业比重和旅游业收入保持显著正相关,表明第三产业为主、旅游业发达的城市,往往具有较高的航空网络效率。固定资产投资额占比依旧具有显著负向作用;机场自身能级效应仍然为正。该结果证实了上述结论的稳健性。

表 7-25　中国国内航空网络局域效率与全局效率的影响因素(1998—2010 年固定效应面板回归结果)

指标	局域效率	全局效率
人口密度	0.035*** (0.007)	0.039*** (0.005)
人均 GDP	1.242** (0.043)	0.312* (0.091)
第二产业比重	0.513 (0.391)	0.612 (0.548)
第三产业比重	0.023*** (0.006)	0.473** (0.013)
旅游业收入	0.068*** (0.0060)	0.009*** (0.000)
铁路客货运量	0.012** (0.021)	0.026* (0.025)
公路客货运量	−0.002** (0.036)	−0.003 (0.117)
高等学校数量	0.924* (0.093)	0.791 (0.140)
固定资产投资额	−0.024*** (0.000)	−0.046*** (0.000)
外商直接投资	0.002* (0.061)	0.0018 (0.075)
机场客货吞吐量	0.029*** (0.002)	0.023* (0.090)
常数项	−14.10*** (0.000)	−26.731*** (0.002)
样本量	342	342
R^2	0.589	0.466

资料来源:李想(2018)。

不同于面板数据，1998—2010 年，铁路运量增加对航空网络局域和全局效率提升呈显著正向作用，而公路运量增长却抑制航空节点局域效率的提高。且与全局效率不存在显著相关性。原因在于 2010 年前高铁建设尚未成网，第一条高铁尚未发挥航空替代挤出效应。同时，铁路运量大地区具有较大外向型社会经济联系，因而航空运输需求和效率较高，铁路与航空形成较好联运和协同效应。在航空局域网络尺度，城际联系以近中程距离居多，公路网络尤其是高速公路的竞争优势较大，从而抑制近程航线发育，导致局域航空网络效率较低下。2015 年的结果表明，铁路运输与航空运输的竞争互斥效应始于高铁大规模发展阶段。

参 考 文 献

［1］艾伯特-拉斯洛·巴拉巴西：《网络科学》，沈华伟、黄俊铭译，河南：河南科学技术出版社，2020：178。
［2］崔博、潘顺荣："中国民用航空网络的中心——外围模式"，《交通运输系统工程与信息》，2014 年第 5 期。
［3］丁金学、金凤君、王姣娥，等："高铁与民航的竞争博弈及其空间效应——以京沪高铁为例"，《经济地理》，2013 年第 5 期。
［4］管明明："中国城市航空与创新网络的空间演化与耦合效应研究"（硕士论文），华东师范大学，2019 年。
［5］韩瑞玲、李玲玲、姚海芳："中国客运航空网络节点，结构及其外部性因素的空间异质性研究"，《世界地理研究》，2022 年第 5 期。
［6］洪彦："从'集聚'走向'均衡'——中国航空网络与城市关联体系空间演化研究"（硕士论文），华东师范大学，2016 年。
［7］胡永平、祝接金："中国固定资产投资结构分析"，《经济问题探索》，2003 年第 2 期。
［8］焦敬娟、王姣娥、金凤君等："高速铁路对城市网络结构的影响研究——基于铁路客运班列分析"，《地理学报》，2016 年第 2 期。
［9］李想："中国航空网络效率的空间演化及其影响因素研究"（硕士论文），华东师范大学，2018 年。
［10］李艳伟、杨倩雯："城市维度的中国航空运输网络演化"，《综合运输》，2022 年第 4 期。
［11］刘承良、殷美元、黄丽："基于多中心性分析的中国交通网络互补性的空间格局"，《经济地理》，2018 年第 10 期。
［12］刘军：《整体网分析——UCINET 软件实用指南》（第三版），上海人民出版社，2019：147。
［13］马学广、赵彩霞："中国城市网络格局阶层与布局：航空客运流的实证"，《城市发展研究》，2020 年第 9 期。
［14］牛彩澄："'全球—地方'视角下中国航空网络的空间演化与影响因素"（硕士论文），华东师范大学，2020 年。
［15］宋伟、杨卡："民用航空机场对城市和区域经济发展的影响"，《地理科学》，2006 年第 6 期。
［16］陶学宗、张戎、吴琴："上海航空货运业发展现状及未来趋势分析"，《交通运输系统工程与信

息》，2011 年第 5 期。
- [17] 王法辉、金凤君、曾光："中国航空客运网络的空间演化模式研究"，《地理科学》，2003 年第 5 期。
- [18] 王海江、苗长虹："中国航空联系的网络结构与区域差异"，《地理科学》，2015 年第 10 期。
- [19] 王姣娥、莫辉辉、金凤君："中国航空网络空间结构的复杂性研究"，《地理学报》，2009 年第 8 期。
- [20] 王小丹："基于航空港和航空网络的中国城镇体系特征研究"，《规划师》增刊，2012 年 12 月。
- [21] 吴晋峰、任瑞萍、韩立宁等："中国航空国际网络结构特征及其对入境旅游的影响"，《经济地理》，2012 年第 5 期。
- [22] 武文杰、董正斌、张文忠等："中国城市空间关联网络结构的时空演变"，《地理学报》，2011 年第 4 期。
- [23] 薛俊菲："基于航空网络的中国城市体系等级结构与分布格局"，《地理研究》，2008 年第 1 期。
- [24] 叶倩、吴殿廷、戴特奇等："中美航空客运网络层次结构和地域系统对比分析"，《地理研究》，2013 年第 6 期。
- [25] 叶舟："中国民航发展与经济增长关系的统计研究"（硕士论文），天津大学，2005 年。
- [26] 于姣娥、景悦、杨浩然："高速铁路对国内民航旅客运输的替代效应测度"，《自然资源学报》，2019 年第 9 期。
- [27] 张凡、杨传开、宁越敏等："基于航空客流的中国城市对外联系网络结构与演化"，《世界地理研究》，2016 年第 3 期。
- [28] 张凡："航空联系视角下的中国城市网络：结构特征与演化规律"（博士论文），华东师范大学，2016 年。
- [29] 张蕾、陈雯、宋正娜等："机场运营与区域经济增长关联性——以南京禄口国际机场为例"，《地理科学进展》，2010 年第 12 期。
- [30] 张培文、杜福民、王雪等："近十年中国客运航空网络空间结构演化及分析研究"，《世界地理研究》，2021 年第 6 期。
- [31] 张婷婷、陈瑛、王孟林："基于航空联系的中国城市网络格局演变分析"，《世界地理研究》，2022 年第 1 期。
- [32] 张文文、雷中英、李菲菲等："基于航空流的中国城市网络结构特征演变研究"，《资源开发与市场》，2023 年第 6 期。
- [33] 张翼、陈卓、郑兴无："中国航空运输网络的连通性与时空演化"，《综合运输》，2019 年第 7 期。
- [34] 赵玮萍："中国民航业管制制度变迁研究"（博士论文），东北大学，2012 年。
- [35] 朱惠斌："基于航空客流的中国城市功能网络研究"，《经济地理》，2014 年第 4 期。
- [36] Bieger, T. and A. Wittmer. 2006. Air Transport and Tourism-Perspectives and Challenges for Destinations, Airlines and Governments. *Journal of Air Transport Management*, Vol. 12, No. 1, pp. 40-46.
- [37] Brueckner, J. K. 2003. Airline Traffic and Urban Economic Development. *Urban Studies*, Vol. 40.
- [38] Dobruszkes, F., M. Lennert, G. Van Hamme. 2011. An Analysis of the Determinants of Air Traffic Volume for European Metropolitan Areas. *Journal of Transport Geography*, Vol. 19, No. 4.
- [39] Hakim, M. M. and R. Merkert. 2016. The Causal Relationship between Air Transport and Economic Growth: Empirical Evidence from South Asia. *Journal of Transport Geography*, Vol. 56.

[40] Lin, J. 2012. Network analysis of China's Aviation System, Statistical and Spatial Structure. *Journal of Transport Geography*, Vol. 22.

[41] Tsen, W. H. 2006. Granger Causality Tests among Openness to International Trade Human Capital Accumulation and Economic Growth in China: 1952-1999. *International Economic Journal*, Vol. 20, No. 3.

[42] Wang, J., J. Jiao, C. Du, *et al*. 2015. Competition of Spatial Service Hintelands between High-speed Rail and Air Transport in China: Present and Future Trends, Vol. 25, No. 9.

[43] Wang, J., H. Mo, F. Wang, *et al*. 2011. Exploring the Network Structure and Nodal Centrality of China's Air Transport Network: A Complex Network Approach. *Journal of Transport Geography*, Vol. 19, No. 4.

[44] Zhang Q, Yang H, Wang Q, *et al*. 2014. Market Power and Its Determinants in the Chinese Airline Industry. *Transportation Research Part A: Policy and Practice*, Vol. 64.

第八章　主要区域国别航空网络地理

全球航空运输的高速增长和自由化政策刺激航空业迅速发展（Paleari et al.，2010）。随着全球化和区域一体化的深入推进，航空运输在城际交流中扮演着愈为重要的角色（杜方叶等，2019；王姣娥等，2009）。由于航空运输受到国家政策和地缘政治区域航空法律的影响，不同国家和地区的航空运输布局建设具有明显的差异性（王帮娟和刘承良，2024），研究和比较不同区域国别航空网络的连通性特点是一项很有意义并具挑战性的工作（Paleari et al.，2010）。

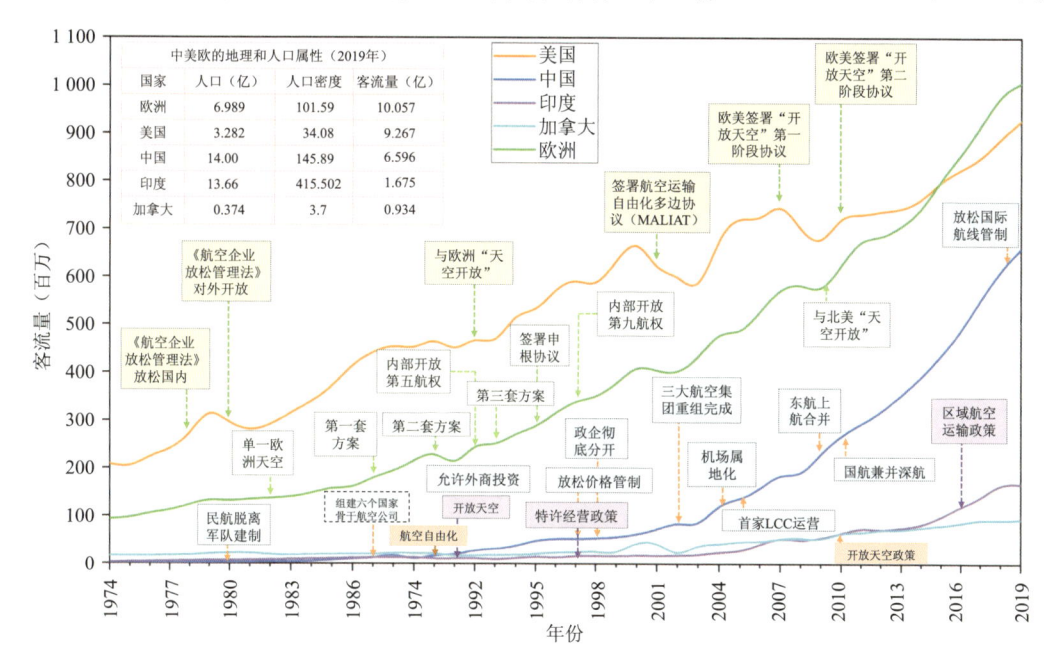

图 8-1　中美印欧加航空政策和事件梳理（1974—2019 年）

资料来源：据国际民航组织理事会年度报告（https://www.icao.int/about-icao/Pages/ZH/annual-reports _CH.aspx）绘制；王帮娟和刘承良（2024）。

通过比较研究，可以更好地了解不同区域和国家之间的差异及其航空发展模式，为中国航空网络的建设和布局提供借鉴和参考。

为此，选取欧洲、美国、中国、印度和加拿大作为研究对象，主要原因在于：一是它们在全球航空网络中发挥着重要作用且国土面积相近（王立群，2005），但其经济发展程度、地理位置、航空业发展阶段、市场规模和航空公司组织，以及政治体制和文化背景具有明显的差异性；二是五个国家和区域的航空网络均受制于以不同方式制定的内部同质化航空法律的影响，且都呈现出类似于全球航空网络的复杂动态（Paleari et al.，2010）；三是统计数据显示2019年这五个国家和地区的航空客流量占全球比重超过一半，接近63.4%，且其航空客运量保持较快增长趋势（图8-1）。

第一节 欧洲航空网络的时空演化

得益于航空自由化和区域一体化，欧洲形成相对均衡、高度稠密的航空网络，发育典型的小世界性和双段幂律分布特征。受地理位置、行政等级、旅游和经济发展多重影响，欧洲航空枢纽相对分散，主要分布于西欧，呈去集中化趋势，边缘航空枢纽不断涌现。通过轴辐式组织，欧洲航空网络形成较明显的等级层次性，呈现多枢纽-网络子群结构和多三角形骨架。

一、欧洲航空网络拓扑结构的时序演化

（一）欧洲航空网络通航城市保持稳定，联系不断加强

1999—2019年，欧洲内部航空网络节点数量保持稳定，但联系不断加强（表8-1）。一是欧洲内部航空网络通航城市数量基本保持稳定，约在580个，这反映了欧洲航空运输市场在研究初期已达到饱和，并且城市之间的航空需求和供给关系具有相对稳定性。二是网络边数从1999年的7 966条持续增长到2019年的16 414年，网络e值（网络中边数与节点数之比）由1999年的13.71持续上升至2019年的28.65，平均度和平均加权度由初期的13.71和10 142.8分别

增长到 28.65 和 12 971.8。这种增长趋势表明欧洲内部航空网络的密度和复杂度在不断增加，城市之间的航班联系更加紧密，与欧洲航空市场的自由化和一体化有关。

表 8-1　欧洲航空网络复杂性统计特征量（1999—2019 年）

统计特征	统计指标	1999 年	2009 年	2019 年
网络规模	节点数	581	584	573
	边数	7 966	12 324	16 414
	网络 e 值	13.71	21.1	28.65
	平均度	13.71	21.10	28.65
	平均加权度	10 142.8	11 124	12 971.8
小世界性	平均聚类系数	0.727（0.049）	0.674（0.051）	0.663（0.049）
	平均路径长度	2.871（2.191）	2.688（2.169）	2.514（2.187）

注：网络 e 值＝边数/节点数；括号内为同等规模随机网络的理论值，由 Gephi 软件根据边和节点数计算的连接概率（P）生成（$P=2n/N(N-1)$，n 为边数，N 为节点数量），下同。
资料来源：据 OAG 整理。

（二）欧洲航空网络是一个小世界网络，归因于轴-辐式组织

与全球尺度类同，欧洲航空网络具有小世界性（表 8-1）。1999—2019 年，欧洲航空网络的平均聚类系数（0.663—0.727）远高于同等规模的随机网络（0.049—0.051），且其平均路径长度（2.514—2.871）略大于随机网络（2.169—2.191），表明欧洲航空网络具有小世界特性。该发现与全球航空网络（Guiemera et al.，2005）和中国航空网络（王姣娥等，2014；于海波，2005）等研究结果一致。欧洲航空网络的高聚合性和高通达性与其高效的轴辐式枢纽组织密切相关。

（三）欧洲航空网络呈现显著的双段幂律分布

欧洲航空网络呈现出幂律分布与指数分布复合特征，无标度特征不明显（图 8-2）。1999—2019 年，从累积度分布来看，欧洲航空网络指数拟合的 R 值（0.961—0.984）明显高于幂律拟合的 R 值（0.742—0.862），指数拟合优度达到 96% 以上，表明欧洲航空网络服从指数分布，无标度特征并不明显，其度分

布遵循双段幂律分布。这与之前欧洲网络的实证研究一致（Lordan and Sallan，2017），也与全球尺度航空网络特征相同，并被学者广泛证实。

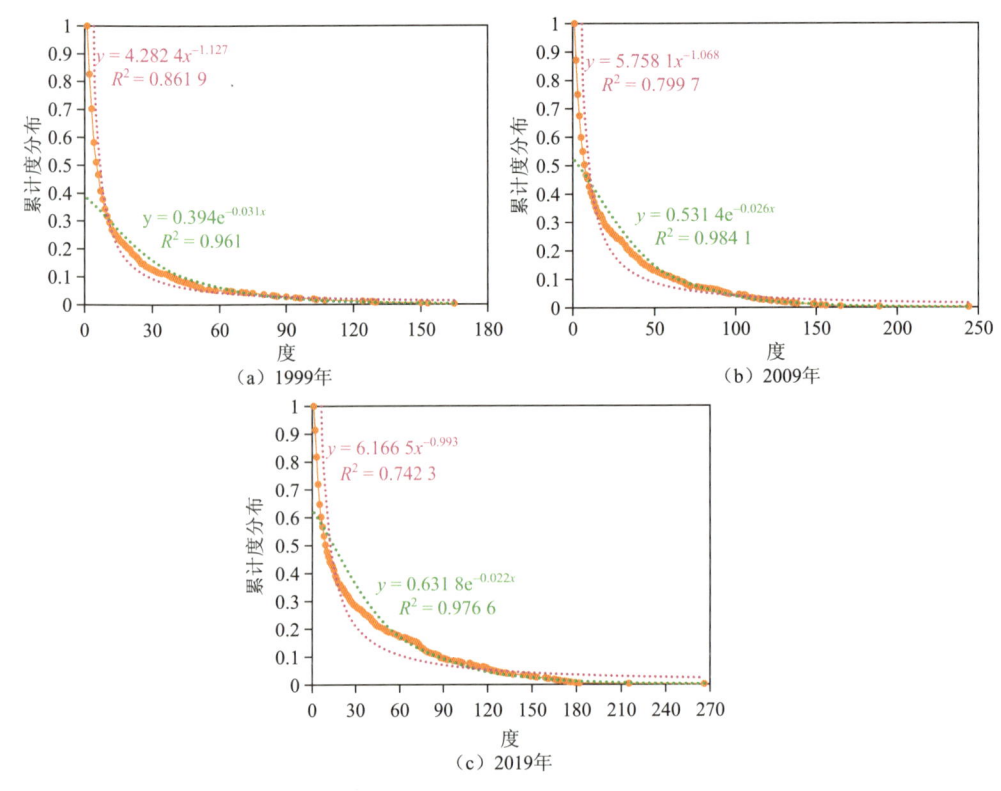

图 8-2　欧洲航空网络度分布及累积度分布（1999—2019 年）

资料来源：据 OAG 绘制。

（四）欧洲航空网络遵循一定的距离衰减规律

欧洲航空网络运输距离呈现非连续的波动下降趋势，遵循一定的距离衰减规律（图 8-3）。一是从航距来看，欧洲航距呈现逐年增加的趋势（同等累计占比距离向左移动），最大航距由 1999 年的 4 700 千米扩大到 2019 年的 5 200 千米。这种趋势主要是因为西班牙的大加纳利岛、特内里费岛与芬兰的卡亚尼、挪威的特罗姆瑟、瑞典的吕勒奥等边缘城市开通了直飞航班。二是从航空累计占比来看，在累计占比高于 70% 以上的航空班次中，其航距由初期 800 千米持续增加到末期的 1 300 千米。这表明长距离航班在欧洲内部航空网络中的比例逐渐增加，主要与欧洲经济一体化、国际旅游业发展以及中远程航行舒适度增加有关。三是从峰值来看，欧洲平均航班规模峰值集中在 200—700 千米范围内，主要因为欧洲地域面积小，中转航班发达，导致平均航距较短（王立群，2005）；低成本航空运输发达，近程航空运输更具有竞争优势（韦佩妮和杨文东，2023）。

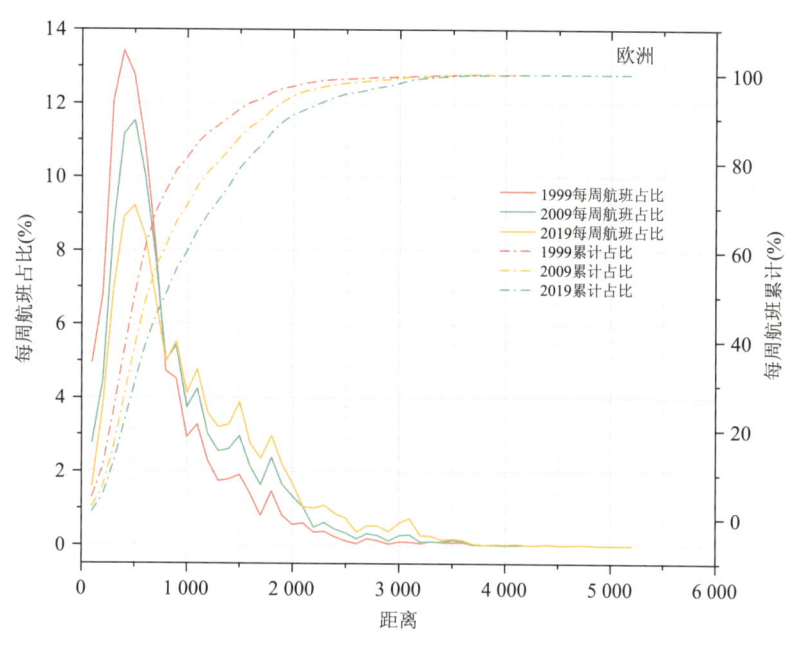

图 8-3　欧洲航空班次距离衰减规律（1999—2019 年）

资料来源：据 OAG 绘制。

二、欧洲航空网络节点连通性的空间演化

1999—2019 年，欧洲航空连通性空间分布相对均衡，重要航空枢纽主要分布在西欧地区，并呈现去集中化和向欧洲北部和东部的扩张趋势（表 8-2）。

（一）高连通性枢纽由西欧向四周扩散

高连通性枢纽主要集聚在西班牙、德国、意大利、法国、希腊和英国等国家的行政和经济中心城市，并呈现向东部政治中心城市扩张的趋势。国家首都（如伦敦、柏林、阿姆斯特丹、维也纳、都柏林、哥本哈根、罗马等）、重要城市（慕尼黑、杜塞尔多夫、巴塞罗那）、经济较为发达的大城市（米兰、曼彻斯特、安塔利亚、伊斯坦布尔和苏黎世等）和国际旅游城市（希腊罗德岛、西班牙帕尔马、意大利威尼斯、法国尼斯等）主要承担着欧洲国际航空枢纽的角色。此外，伊斯坦布尔、赫尔辛基、斯德哥尔摩分别作为土耳其航空、芬兰航空和北欧航空总部所在地，并且由于其独特的地理位置，其航空枢纽地位迅速提升，导致空中航线向欧洲东部和北部扩张和伸展。

（二）去中心化导致区域性航空枢纽崛起

欧洲呈现去集中化模式，航空公司倾向于将运力和航线均衡地布局在一些非传统枢纽（爱丁堡、布拉格、布里斯托、里加、埃因霍温等）（Suau-Sanchez and Burghouwt，2011），以缓解核心航空枢纽运力饱和和航班拥堵。这种去集中化趋势得益于天空开放政策及低成本航空公司（瑞安航空和易捷航空等）扩张等因素（Wong et al.，2019）。航空网络的去集中化促使更多次中心城市成为区域性航空枢纽，以点对点式航线组织为主（冯广东等，2019），分摊核心枢纽机场航空运力和航线，提高欧洲航空服务的覆盖范围，促进欧洲社会经济一体化。

表 8-2　欧洲连通性指数排名前 30 位的城市（1999—2019 年）

排名	1999 年		2009 年		2019 年	
	城市	连通性	城市	连通性	城市	连通性
1	伦敦	1.000	伦敦	1.000	伦敦	1.000
2	巴黎	0.930	巴黎	0.801	巴黎	0.717
3	法兰克福	0.826	斯德哥尔摩	0.710	斯德哥尔摩	0.700
4	阿姆斯特丹	0.724	法兰克福	0.651	伊斯坦布尔	0.689
5	慕尼黑	0.717	阿姆斯特丹	0.623	奥斯陆	0.642
6	斯德哥尔摩	0.714	奥斯陆	0.611	布鲁塞尔	0.635
7	杜塞尔多夫	0.704	慕尼黑	0.606	阿姆斯特丹	0.631
8	维也纳	0.703	杜塞尔多夫	0.584	法兰克福	0.628
9	哥本哈根	0.658	布鲁塞尔	0.582	曼彻斯特	0.625
10	汉堡	0.606	都柏林	0.546	慕尼黑	0.616
11	苏黎世	0.599	维也纳	0.539	米兰	0.601

续表

排名	1999年		2009年		2019年	
	城市	连通性	城市	连通性	城市	连通性
12	柏林	0.586	伊斯坦布尔	0.538	雅典	0.598
13	奥斯陆	0.577	罗马	0.528	柏林	0.596
14	罗马	0.568	哥本哈根	0.524	杜塞尔多夫	0.592
15	伊斯坦布尔	0.553	曼彻斯特	0.520	马略卡岛	0.560
16	米兰	0.543	米兰	0.513	哥本哈根	0.560
17	布鲁塞尔	0.540	柏林	0.510	维也纳	0.556
18	雅典	0.532	苏黎世	0.497	安塔利亚	0.552
19	斯图加特	0.513	巴塞罗那	0.475	都柏林	0.543
20	赫尔辛基	0.505	斯图加特	0.470	爱丁堡	0.536
21	巴塞罗那	0.502	马德里	0.459	罗马	0.533
22	马德里	0.496	布拉格	0.458	巴塞罗那	0.531
23	汉诺威	0.464	汉堡	0.454	苏黎世	0.489
24	尼斯	0.460	格拉斯哥	0.449	赫尔辛基	0.486
25	科隆/波恩	0.435	马略卡岛	0.439	特内里费	0.483
26	欧洲机场	0.432	赫尔辛基	0.437	布拉格	0.476
27	巴塞尔	0.403	雅典	0.432	罗得岛	0.468
28	都柏林	0.397	日内瓦	0.425	斯图加特	0.468
29	安卡拉	0.378	科隆/波恩	0.425	马拉加	0.467
30	日内瓦	0.362	伯明翰	0.422	大加纳利岛	0.467

资料来源：据OAG整理。

三、欧洲航空网络航线层级性的空间演化

（一）呈现多中心轴辐式网络

通过轴辐式组织，欧洲内部航空网络多中心辐射结构趋势愈发明显（图8-4）。1999年，在西欧和南欧分别形成了以伦敦、巴黎和马德里为中心向四周辐射的星形网络组织模式，在北欧形成了以哥本哈根-奥斯陆-斯德哥尔摩为中心的三角形骨架，并从中心向四周发散。相较而言，中欧和东欧地区在此阶

段缺乏强有力的航空枢纽和高密度的空中航线。2009 年，以伦敦-巴黎-马德里三个城市为顶点，形成明显的三角形结构，呈现以此为中心向四周放射的中枢辐射式模式。此外，伊斯坦布尔和罗马等城市涌现成为新的航空枢纽，主要辐射欧洲南部城市。北欧和东欧也成长出新的中心，分别是赫尔辛基和基辅，但其能级和腹地远小于其他航空城市。2019 年，在西欧和南欧地区航空网络形成了以伦敦-罗马-巴塞罗那-马德里-里斯本为多中心的三角形骨架。其中，伦敦、罗马和里斯本是三角形的三个顶点。中欧地区的柏林和慕尼黑与伦敦三者之间航空联系密切，也形成了一个三角形结构。南欧地区涌现出伊斯坦布尔和雅典两个区域性枢纽，分别辐射土耳其和希腊及其周边旅游胜地。

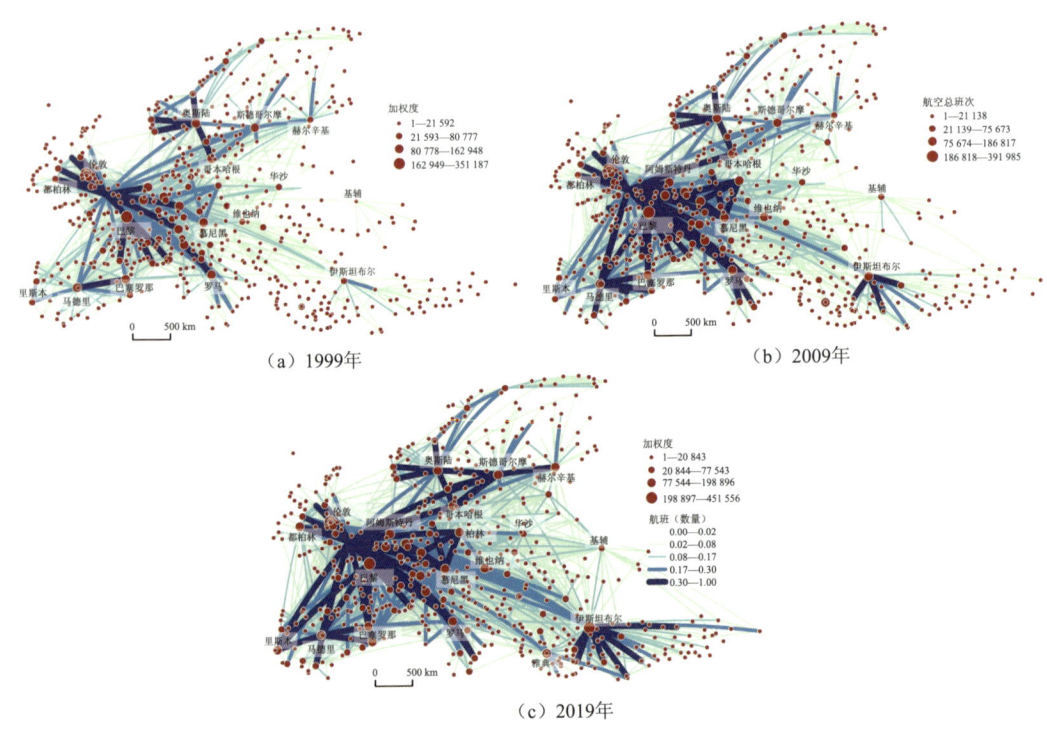

图 8-4　欧洲航空网络结构的空间演化（1999—2019 年）

资料来源：据 OAG 绘制。

（二）发育多层级干支线网络

1999—2019 年，欧洲一级航空联系由以伦敦和奥斯陆为枢纽的双中心结构向多中心结构（伦敦、巴黎、马德里、慕尼黑、斯德哥尔摩、伊斯坦布尔等）转变。受欧洲天空自由化政策及国际旅游发展、区域一体化深入和人口迁移等因素的综合影响，东中欧、北欧和西欧之间航空运输联系不断加强，呈现向北部和东部扩张的趋势（Dobruszkes，2009）。欧洲二级联系由伦敦和巴黎与其邻近城市的航空流不断拓展到整个西欧地区，其航线主要集中在国家首都与首府城市或大城市之间。欧洲三级联系由英国、法国、德国、比利时等国家城市之间的航线主导，近年向西南（西班牙的马德里）、东南（土耳其的伊斯坦布尔、罗马尼亚的布加勒斯特）和东北（芬兰的赫尔辛基、瑞典的斯德哥尔摩）三个方向扩展显著。欧洲四级联系向北欧城市聚集，并以斯德哥尔摩为中心向东欧城市扩展。欧洲五级联系覆盖了欧洲的中小城市，并得益于低成本航空公司组织，逐渐发育为联系密集、均匀分布的高度一体化支线航空网络。

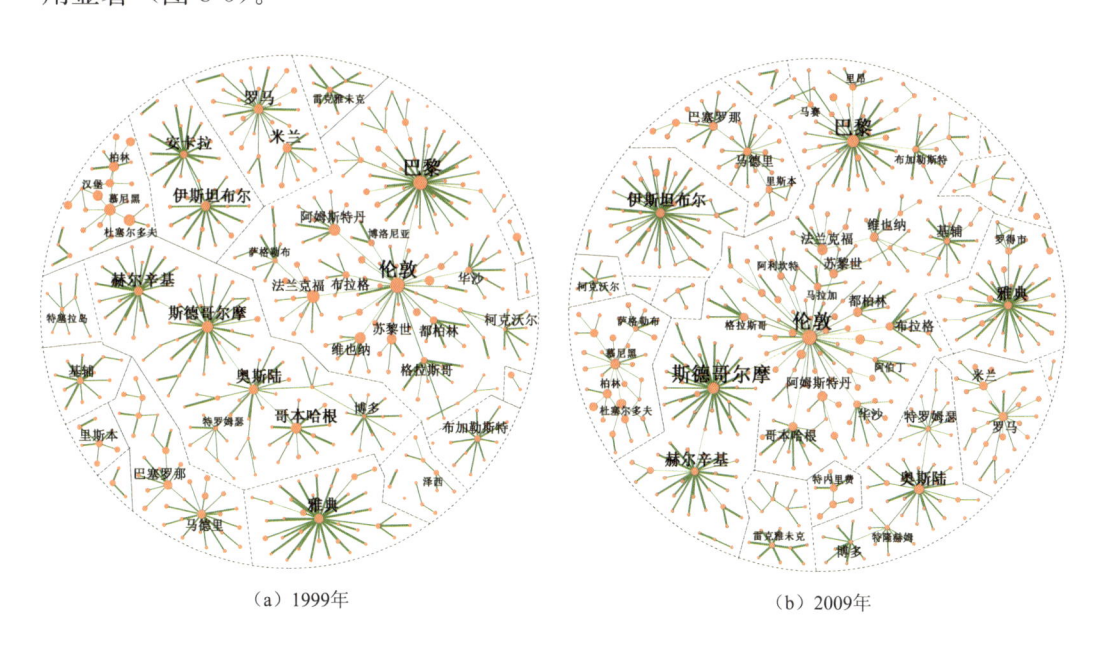

四、欧洲航空网络轴辐组织的空间演化

欧洲航空网络地域系统呈现由多中心网络向单核多子网的演进态势。除伦敦外，大多数枢纽的最大直航联系分布在本国和邻国城市，受地理邻近机制作用显著（图8-5）。

（a）1999年　　　　　　　　　（b）2009年

(c) 2019 年

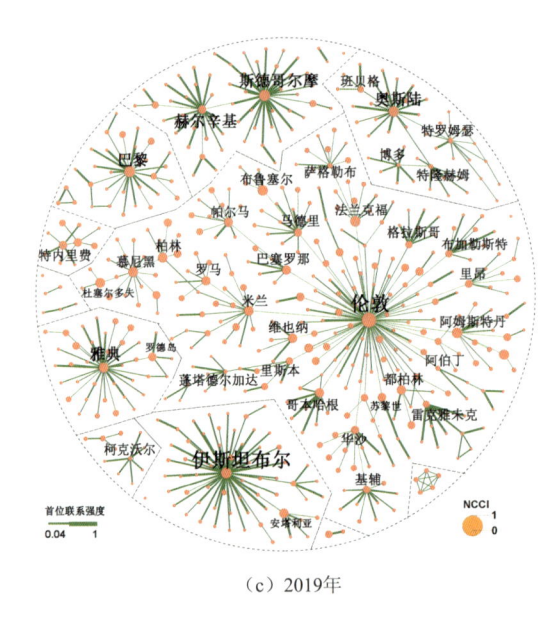

图 8-5 欧洲航空网络轴辐组织的空间演化（1999—2019 年）

资料来源：据 OAG 绘制。

（一）航空网络呈组团化和碎片化

1999 年，欧洲航空网络分化成两大子群和四大网络。两大子群以国际商务中心和全服务航空公司总部枢纽为中心，包括西欧子群（以伦敦、巴黎、阿姆斯特丹和法兰克福为枢纽）(Lordan and Sallan，2017)，以及北欧子群（以奥斯陆、斯德哥尔摩、赫尔辛基和哥本哈根为枢纽）(Malighetti et al.，2008)，主要服务于西欧及北欧的大部分城市。而四大子网分别是以伊斯坦布尔-安卡拉、雅典、马德里和罗马为核心的单中心轴辐式网络，主要辐射范围为本国城市。伦敦、巴黎、雅典、斯德哥尔摩、罗马和赫尔辛基是首位航空联系数量最多的六个城市，直航城市都超过了 20 个。其中，巴黎最多，为 38 个，成为欧洲航空网络的中枢。主要腹地分别位于欧洲西部、南部和北部。此外，南欧和北欧的罗马、马德里和奥斯陆、哥本哈根直航城市数量也较多，已成长为区域性航空网络枢纽，主要辐射本地市场。

(二) 航空网络日趋一体化

2009—2019年，伦敦的主导地位持续上升，首位联系城市对由初期的38对上升到81对，其最大联系范围逐渐突破国家边界，向南欧、西欧、北欧、东欧的中心城市扩展，崛起成为整个欧洲航空网络的门户，但巴黎的航空地位持续下降，在研究末期成为一个独立的子网。首位联系城市对由初期的38对下降到23对。主要原因在于：巴黎两大枢纽机场主营北美、中东、东亚、北非及中/西非市场有关，导致欧洲域内航线较稀疏；此外，由于巴黎位于高速铁路网络中心，为法国大部分地区内外连通提供高效地面中转服务，导致其航空交通量和枢纽地位有所下降（Clewlow et al.，2012；Dobruszkes et al.，2011）。不同于巴黎的是，伦敦是岛国首都，国内和国际联系高度依赖航空运输，而巴黎是大陆城市，航空运输面临较大高速地面交通的挤出效应，因此造成了航空联系的差异（Dobruszkes et al.，2011）。值得一提的是，由于其特殊的地理位置，伊斯坦布尔已经发育成为一个独立且较大的航空枢纽。一些相对边缘的国家首都航空运输能力持续提升，形成了以雅典、奥斯陆为中心的区域性子网。

第二节 美国航空网络的时空演化

受航空运输去管制化、联盟化及低成本化等多重因素影响，美国航空网络轴辐式结构日趋强化，发育显著的小世界性特征和一定的无标度性分布。高等级枢纽城市呈大分散、小集中格局，相对集中于航空公司基地。干线航线组织呈多中心轴辐式，分化形成多个区域性子网，而支线航线则成为不同社团区域重要补充。

一、美国航空网络拓扑结构的时序演化

(一) 美国航空网络通航城市渐趋饱和

美国航空网络通航城市均呈现小幅减少趋势，而航空联系量则略微增长

(表8-3)。1999—2019年,美国航空网络节点数量由初期的723个持续下降到2019年的629个。这可能是"911"袭击事件和金融危机的边际效应导致(Jia et al., 2014; Rocha, 2017)。而连接边数和网络 e 值分别从1999年的12 682条和17.54增长到2019年的13 450条和21.38,平均度由17.54上升到21.38,表明美国航空运输联系范围和强度持续增加,与低成本航空公司支线航线组织密切相关(李彦明,2015)。而平均加权度呈现降低态势,由初期的18 767.7下降到末期的16 451.1,可能是因为航空公司及大型机型联盟化出现,促使客流高度集中于大飞机以降低运营成本,进而导致航班频率出现减少(Ryerson and Kim, 2013)。

(二)美国航空网络表现出较显著的小世界网络特征

1999—2019年,美国航空网络平均路径长度均略大于同等规模随机网络的理论值,平均聚类系数均远高于随机网络的理论值(表8-3)。1999年,美国航空网络的平均路径长度为3.097,随后基本维持不变,但均高于同等规模随机网络的理论值(其值介于1.973~2.091)。1999年和2019年的平均聚类系数分别是0.794和0.788 8,且均高于其理论值。与同等规模的随机网络相比,美国国内航空网络具有较大的平均聚类系数和相当的平均路径长度,表现出一定的小世界性特征,与前人研究结论一致(Chi et al., 2003; Jia et al., 2014)。

表8-3 美国航空网络复杂性统计特征量(1999—2019年)

统计特征	统计指标	1999年	2009年	2019年
网络规模	节点数	723	662	629
	边数	12 682	13 951	13 450
	网络 e 值	17.54	21.07	21.38
	平均度	17.54	21.07	21.38
	平均加权度	18 767.7	17 123.9	16 451.1
小世界性	平均聚类系数	0.794 (0.052)	0.781 (0.063)	0.788 (0.07)
	平均路径长度	3.097 (2.091)	3.058 (1.996)	3.081 (1.973)

资料来源:据OAG整理。

（三）美国航空网络呈现一定的无标度性特征

美国航空网络呈现出良好的指数分布，拟合精度明显高于幂律分布，发育较差的无标度特性，且高度的枢纽更稀少（图 8-6）。1999—2019 年，美国航空网络的累计度分布函数呈现出良好的指数分布，拟合度高于 94% 以上，拟合优度明显高于幂律分布。表明只有少数节点具有非常紧密的航空运输联系，集中了全国绝大多数航空流量。大部分城市对外航线数量较少，整个航空网络表现出类似重尾分布，即双帕累托分布。美国航空网络具有一定的类无标度特性，但不是典型的无标度网络（Lin and Ban，2014）。

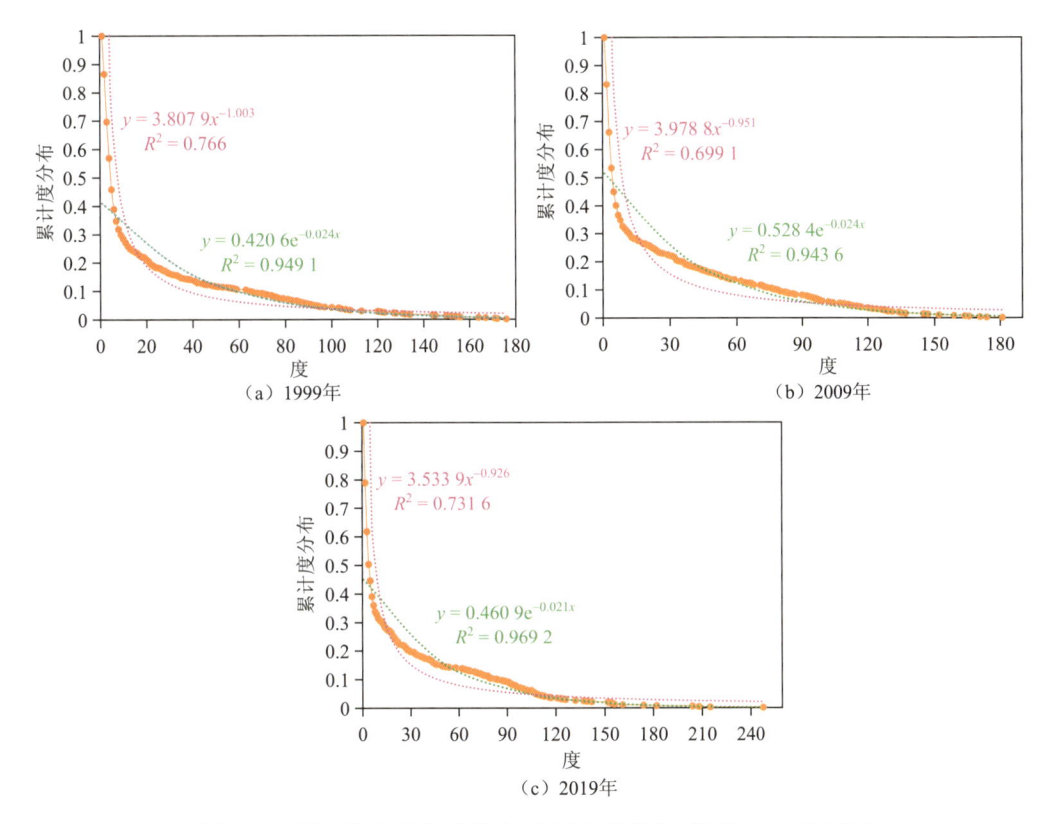

图 8-6　美国航空网络度分布及累积度分布（1999—2019 年）

资料来源：据 OAG 绘制。

（四）美国航空网络距离分布呈现波动下降态势

美国航空网络峰值呈现逐年增加趋势，距离分布却表现为波动下降态势（图8-7）。一是从航距来看，由于飞地阿拉斯加州和夏威夷岛、毛伊岛等岛屿的航空运输范围较广（最大航距约为8 300千米），且与本土航空运输联日趋紧密所致；二是从航空占比来看，在累计占比高于70%以上的航空班次中，美国由1 300千米增加到1 600千米，这可能源于航空公司选择更多中转城市来构建更加互联的航空网络（Lin and Ban，2014）；三是从峰值来看，美国峰值由初期的200千米—600千米增加到末期的200千米—1000千米，并且其峰值的占比更为均衡。部分原因是随着中转城市数量的增加，在城市之间构建非直达航线成为一种经济而有效的飞行方式，但代价却是飞行距离增加（Lin and Ban，2014）。

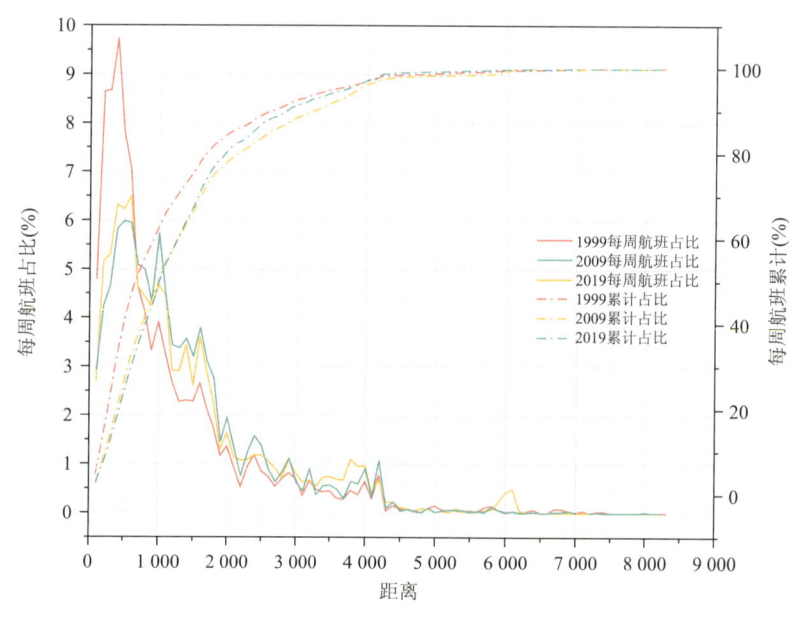

图8-7 美国航空班次距离衰减规律（1999—2019年）

资料来源：据OAG绘制。

二、美国航空网络节点连通性的空间演化

美国航空网络节点连通性空间分布较为均匀，呈现大分散、小集中格局。

得益于航空自由化和低成本化，重要的枢纽城市在全国范围内分散布局，但整体呈现东密西疏的空间格局。1999—2019年，高等级枢纽主要聚集在美国东部地区、东北部大湖区、南部地区、西部太平洋海岸区。这些地区集中了美国超过70%的人口数量和经济总量（唐小卫等，2012）。一些大城市在航空枢纽体系中占据主导地位（表8-4）。

表8-4　美国连通性指数排名前30位的城市（1999—2019年）

排名	1999年		2009年		2019年	
	城市	连通性	城市	连通性	城市	连通性
1	达拉斯	1.000	亚特兰大	1.000	芝加哥	1.000
2	芝加哥	0.992	芝加哥	0.994	达拉斯	0.932
3	华盛顿	0.981	达拉斯	0.993	丹佛	0.931
4	亚特兰大	0.977	丹佛	0.987	拉斯维加斯	0.890
5	纽约	0.975	明尼阿波利斯	0.974	亚特兰大	0.884
6	明尼阿波利斯	0.960	纽约	0.969	纽约	0.846
7	休斯敦	0.909	休斯敦	0.961	休斯敦	0.801
8	底特律	0.885	底特律	0.915	明尼阿波利斯	0.800
9	圣路易斯	0.883	华盛顿	0.912	凤凰城	0.775
10	丹佛	0.873	西雅图	0.852	洛杉矶	0.759
11	费城	0.853	费城	0.841	华盛顿	0.758
12	西雅图	0.831	克利夫兰	0.839	夏洛特	0.756
13	匹兹堡	0.826	圣路易斯	0.815	西雅图	0.748
14	波士顿	0.823	夏洛特	0.811	奥兰多	0.742
15	辛辛那提	0.806	堪萨斯城	0.808	底特律	0.734
16	盐湖城	0.801	奥兰多	0.799	圣路易斯	0.703
17	凤凰城	0.788	洛杉矶	0.798	坦帕	0.702
18	克利夫兰	0.782	凤凰城	0.791	旧金山	0.687
19	夏洛特	0.780	拉斯维加斯	0.790	奥斯汀	0.684
20	洛杉矶	0.770	巴尔的摩	0.776	盐湖城	0.677
21	波特兰	0.741	孟菲斯	0.769	费城	0.664
22	孟菲斯	0.741	匹兹堡	0.768	波士顿	0.656
23	堪萨斯城	0.739	纳什维尔	0.760	纳什维尔	0.647

续表

排名	1999 年		2009 年		2019 年	
	城市	连通性	城市	连通性	城市	连通性
24	巴尔的摩	0.706	奥马哈	0.754	波特兰	0.632
25	奥兰多	0.702	哥伦布	0.751	克利夫兰	0.627
26	罗利	0.689	波士顿	0.744	劳德代尔堡	0.625
27	旧金山	0.686	盐湖城	0.743	塔尔萨	0.619
28	印第安纳波利斯	0.686	印第安纳波利斯	0.741	印第安纳波利斯	0.617
29	哥伦布	0.676	罗利	0.738	巴尔的摩	0.616
30	密尔沃基	0.676	旧金山	0.715	堪萨斯城	0.614

资料来源：据 OAG 整理。

（一）航空公司总部及基地城市成为核心枢纽

达美航空、美国航空、联合航空和全美航空等主要航空公司的重要枢纽在美国航空枢纽体系中扮演着重要角色（Lin and Ban，2014）。如达美航空（亚特兰大、底特律、洛杉矶、明尼阿波利斯、盐湖城等）、美国航空（达拉斯、芝加哥、迈阿密、圣路易斯等）、联合航空（芝加哥、洛杉矶、旧金山、丹佛、休斯敦等）、全美航空（凤凰城（菲尼克斯）、费城等）的主要基地城市航空连通性指数一直名列前茅。这些航空公司通常选择在战略位置建立航空枢纽，以便优化航线网络、提高航班频率和提供更多航点选择。

（二）航空公司重组及重大事件影响枢纽布局

航空公司的合并重组及社会重大事件对航空枢纽格局具有重要影响。由于全美航空和美国西部航空的合并，造成低成本航空运输快速拓展（董晨晨，2017），夏洛特和菲尼克斯等城市的运输能级迅速提升（Ryerson and Kim，2013），而匹兹堡和新奥尔良的排名下降明显。前者是因为全美航空放弃了其位于匹兹堡的枢纽，而新奥尔良则因卡特里娜飓风的摧毁而经历了人口和经济规模的大幅下降（Goetz and Vowles，2009）。此外，受"911"事件和金融危机等重大事件冲击，美国干线市场和枢纽出现萎缩，支线航空取得较快发展，导致许多支线区域性枢纽崛起,全美航空节点连通性呈均衡化态势(李彦明,2015)。

三、美国航空网络航线层级性的空间演化

研究期间,美国航空网络结构日趋均衡呈现出东部向中西部梯度伸展态势,表现为从"多中心四边形结构"向"多中心梯形结构"演变的特征。

(一)高度密集成网的梯形骨架

研究初期,发育出以达拉斯、亚特兰大、芝加哥和纽约为顶点的四边形骨架。西海岸大城市洛杉矶扮演区域性中心,与芝加哥和纽约保持着强联系,但未与四个中心城市形成最强联系。2009年,旧金山成为新的增长极,美国航空网络整体形成梯形骨架,由洛杉矶-凤凰城-达拉斯-亚特兰大、亚特兰大-纽约、纽约-芝加哥-丹佛-旧金山、旧金山-洛杉矶四条空中走廊组成。此外,还发育了达拉斯、休斯敦和亚特兰大,亚特兰大、奥兰多和纽约为中心的两个小三角形架构。2019年,进一步固化形成了以洛杉矶、达拉斯、亚特兰大和纽约为顶点的梯形结构。此外,在美国东部也形成了以洛杉矶、旧金山、芝加哥和西雅图、洛杉矶、旧金山为枢纽的三角形结构。

(二)多层级干支线有序连接

1999—2019年,美国航空网络一级联系形成了以芝加哥、纽约、洛杉矶、亚特兰大、达拉斯、华盛顿、休斯敦、旧金山、丹佛和波士顿为枢纽的多中心轴辐式结构。航空公司联盟化和自由化发展进一步强化了这一趋势(Morrish and Hamilton,2002),关键枢纽干线之间的航空流量正在迅速增加(Dennis,2005)。放松管制以来,美国大多数航空公司进行了合并重组,低成本航空公司也取得快速发展。太平洋海岸区、墨西哥湾地区、五大湖地区和东北部大都市带地区城市之间的航空运输联系也不断加强。

美国航空网络二级联系仍然由纽约、芝加哥、达拉斯、亚特兰大、丹佛、休斯敦和洛杉矶等一级枢纽主导。与一级联系相比,1999年涌现出新的航空公

司基地枢纽——底特律和菲尼克斯（凤凰城），但其能级地位分别在 2009 年和 2019 年出现下滑。2009 年之后，得益于旅游业快速发展，奥兰多和圣地亚哥浮现为新的次级航空枢纽。

美国航空网络三级联系中纽约、菲尼克斯的航空联系覆盖范围减弱，但涌现了夏洛特、费城、巴尔的摩、明尼阿波利斯、奥兰多、劳德代尔堡、盐湖城、波特兰等经济发展水平较高的枢纽城市，主要归因于航空公司重组、枢纽战略调整和低成本航空公司发展（董晨晨，2014），如低成本航空公司美国精神航空主基地——劳德尔堡，美国边疆航空主基地——奥兰多，美国西南航空公司主基地——巴尔的摩、盐湖城。

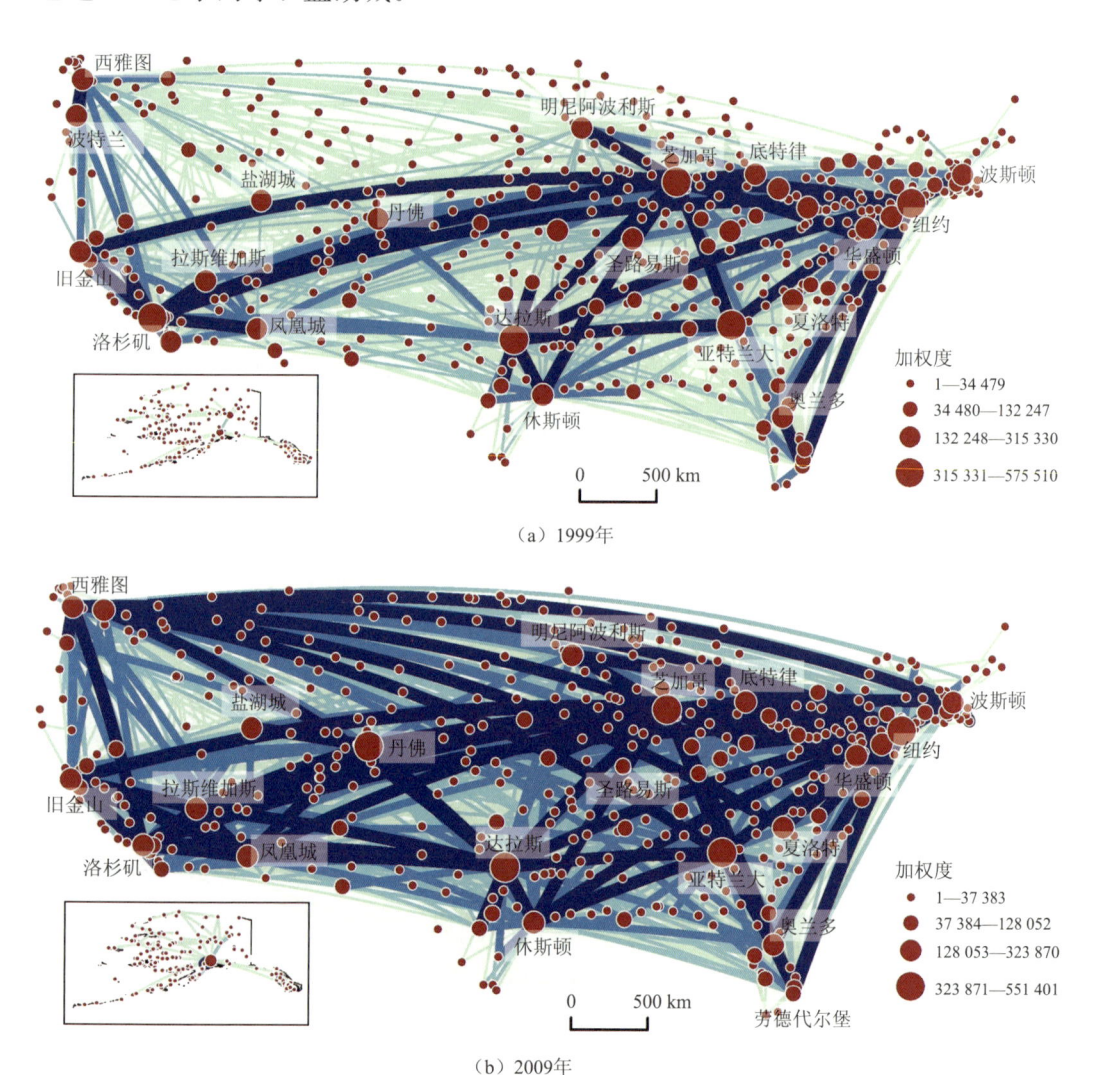

(a) 1999年

(b) 2009年

（c）2019年

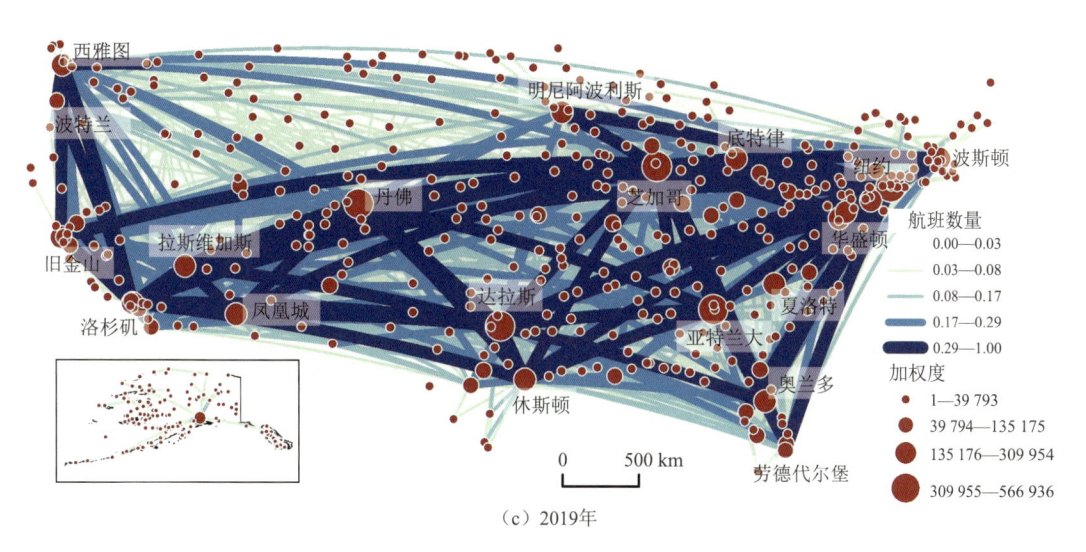

图 8-8　美国航空网络结构的空间演化（1999—2019 年）

资料来源：据 OAG 绘制。

四级航空联系覆盖大部分城市，基本以支线航线为主体，在旧金山-盐湖城-丹佛-明尼阿波利斯-芝加哥-波士顿主轴线以东南地区形成了复杂密集的航空网络，通过点对式与干线航线形成有序连接。

美国航空网络五级联系基本覆盖所有城市，北部的点对点航线联系增多，通过西雅图、波特兰等区域性枢纽拓展到东西海岸以及中部，实现网络整体的南北关联。

四、美国航空网络轴辐组织的空间演化

美国航空网络呈现出多中心、多组团的轴辐结构。重要枢纽趋向于在全国范围内分散布局，发育多个区域性航空子网（图 8-9）。

（一）初期阶段：多中心两组团结构

1999 年，美国航空网络形成了多中心两子网的轴辐体系。第一个子网以纽约和芝加哥为主中心，以达拉斯、丹佛、亚特兰大、明尼阿波利斯、盐湖城、匹兹堡和费城等城市为副中心，与州内和邻近州域城市保持着最大航空流联系。

(a) 1999年

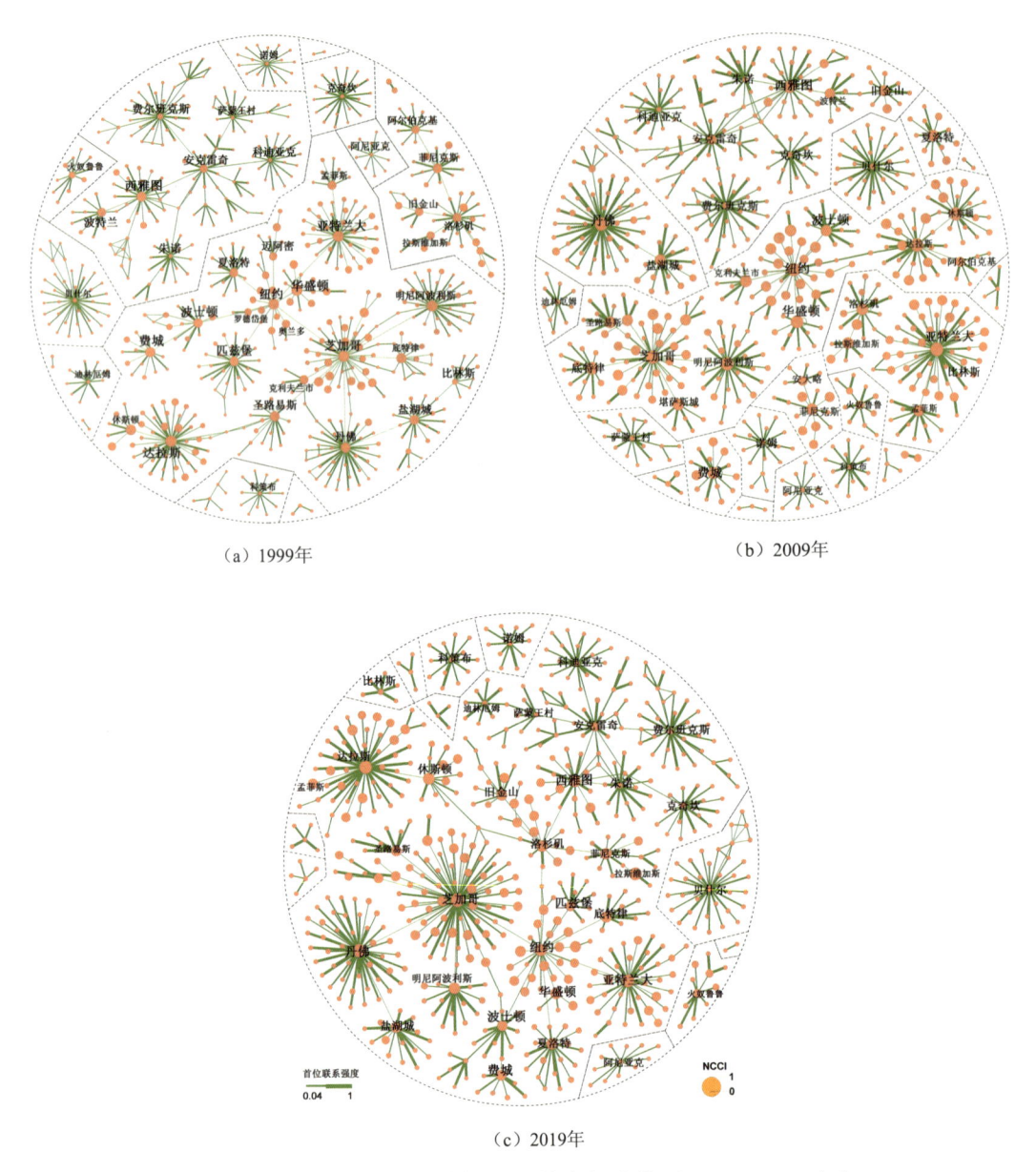

(b) 2009年

(c) 2019年

图 8-9　美国航空网络轴辐组织的空间演化（1999—2019 年）

资料来源：据 OAG 绘制。

由于特殊的地理位置，第二个子网以安克雷奇俄勒冈州等太平洋西北地区和西雅图为中心，辐射费尔班克斯、波特兰、科迪亚克岛等重要中心城市和旅游目的地，成为阿拉斯加州、华盛顿州和俄勒冈州的重要航空门户（Lin and Ban, 2014）。

（二）中期阶段：多中心四组团结构

2009 年，美国航空网络进一步分化成多个子群，主要归因于低成本航空公司和支线航线发展。上一阶段的第二个子网仍然以西雅图、安克雷奇为中心连接阿拉斯加州等太平洋西北地区的大多数城市，但第一个子网分化成芝加哥-明尼阿波利斯（向明尼苏达州、北达科他州、南达科他州、威斯康星州、艾奥瓦州等州辐射）、达拉斯-纽约-华盛顿（向得克萨斯州、俄克拉何马州、宾夕法尼亚州、纽约州等州辐射）、亚特兰大-洛杉矶（向加利福尼亚州、佐治亚州、亚拉巴马州、密西西比州等州辐射）、丹佛-盐湖城（向犹他州、科罗拉多州、堪萨斯州、怀俄明州等州辐射）四大多中心航空子群，以及诺姆、费城、菲尼克斯等单中心子群（主要辐射所在州域）。

（三）末期阶段：单核多中心单组团结构

2019 年，形成以芝加哥为极核，纽约、丹佛、达拉斯、亚特兰大等为副中心，波士顿、纽约、华盛顿、夏洛特、洛杉矶、西雅图和安克雷奇等为次级中心的多中心多层级轴辐式组织结构。东西海岸沿海城市的重要航空联系主要由次级中心承担，而主要中心和副中心主要与内陆城市保持着最密切的航空联系。从而促使全美航空网络日渐一体化，阿拉斯加州与本土高度链接成网。因远离本土，夏威夷州及部分阿拉斯加州（以阿尼亚克、科策布、诺姆为枢纽）自成体系，形成区域性航空网络。

第三节　印度航空网络的时空演化

受基础设施落后所限，印度国内航空网络相较欧美国家稀疏；但近 20 年得益于低成本航空公司及航空自由化发展，印度航空网络迅速扩展，涌现较显著的小世界性和无标度性。与全国经济社会分布高度同构，印度高连通性枢纽和高密度航线主要集中于少数发达地区，呈现稳定的钻石菱形格局，形成以新德里、孟买为枢纽的双中心轴辐式架构。

一、印度航空网络拓扑结构的时序演化

(一) 印度航空网络规模不断扩大

1999—2019年,印度航空网络的节点数从67个持续增长至99个,网络的边数从1999年的410条增长至2019年的1 215条,平均度和平均加权度分别由6.08和3 319.2增加到13 048,平均度和加权度增长率分别为101%和293%。表明近20年来,印度航空网络不断拓展,逐渐由稀疏的干支线网络生长成为稠密的复杂网络,航空网络建设成效显著(表8-5)。

表8-5 印度航空网络复杂性统计特征量(1999—2019年)

统计特征	统计指标	1999年	2009年	2019年
网络规模	节点数	67	88	99
	边数	410	650	1 215
	网络 e 值	6.12	7.39	12.27
	平均度	6.08	7.34	12.27
	平均加权度	3 319.2	7 787.5	13 048
小世界性	平均聚类系数	0.783 (0.203)	0.79 (0.162)	0.779 (0.262)
	平均路径长度	2.136 (1.848)	2.177 (1.914)	1.993 (1.735)

资料来源:据OAG整理。

(二) 印度航空网络具有小世界性

印度航空网络具有小世界性且特性趋于明显(表8-5)。1999—2019年,印度航空网络的平均聚类系数(0.779—0.79)远高于同等规模的随机网络值(0.162—0.203),且其平均路径长度(1.993—2.136)略大于同等规模的随机网络理论值(1.735—1.914),表现出较典型的小世界特性,这与印度航空网络轴辐式组织有关。此外,这还与前人有关印度航空网络的研究一致(Bagler, 2008)。

(三) 印度航空网络渐失无标度性

伴随着规模的迅速扩张,印度航空网络逐渐失去其无标度特性(图8-10)。

1999 年和 2009 年,印度航空网络幂律拟合 R^2 值都高于 0.9,分别为 0.953 和 0.934,优于指数拟合(R^2 值分别为 0.823 和 0.931),表现出一定的无标度特性。但到 2019 年,无标度性渐失,指数拟合(R^2 值为 0.958)优于幂律拟合(R^2 值为 0.858),结果系大量区域性航空节点(中度节点)不断崛起所致,与低成本航空发展密切相关(赵巍,2016)。总体上,印度只有少量的城市具有较高的航线数量,大部分城市仅有少量航线联系。排名前 20 位的城市集中了全国 80% 以上的航线数量(2019 年),呈现显著的"二八"定律和帕累托分布。

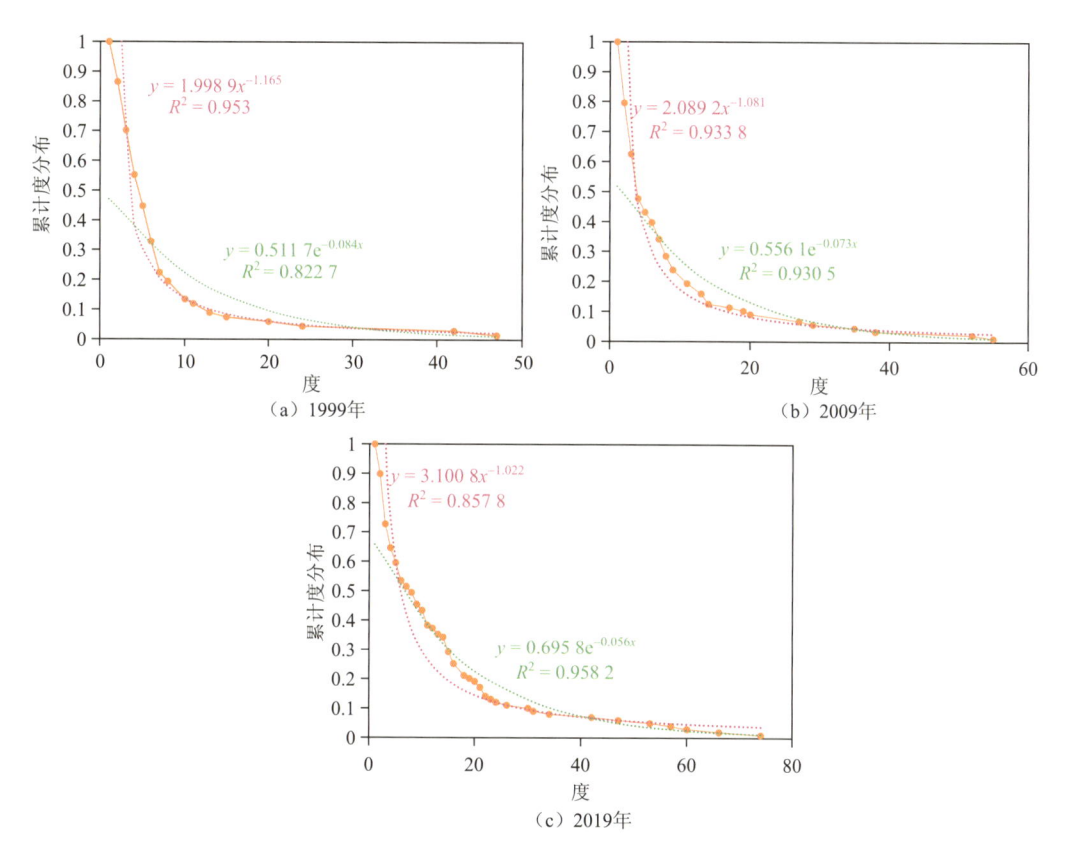

图 8-10 印度航空网络度分布及累积度分布(1999—2019 年)

资料来源:据 OAG 绘制。

(四)印度航空网络距离分布呈波动变化

1999—2019 年,印度航空网络的距离分布呈现倒 U 形波动变化的态势(图 8-11)。一是从行距来看,印度最大航距呈现逐年增大趋势,由初期的 2 200 千米增长到末期的约 2 600 千米,航线覆盖度不断加大,基本涵盖全境。二是从航空累计来看，累计占比高于70%以上的航线平均距离不到1 300千米，以近中程为主；由1999年的100千米—1 000千米扩展到100千米—1 300千米，呈现航距逐年增加的趋势。三是从峰值来看，印度空中航线在300千米—700千米和1 100千米—1 200千米之间出现了高峰，然后在1 700千米—1 800千米之间产生了一个次高峰。一方面，受制于落后地面交通和得益于低成本航空发展（超过60%的航空市场份额），印度1小时空中运输发达，主要辐射以枢纽为集线器的周边支线航空市场；另一方面，由于国土广阔，地形复杂，市场大分散小集中，印度高度依赖枢纽干线，形成多枢纽为中转的2—3小时中长程干线骨架，连接四大经济中心地区（Paleari *et al.*，2011）。

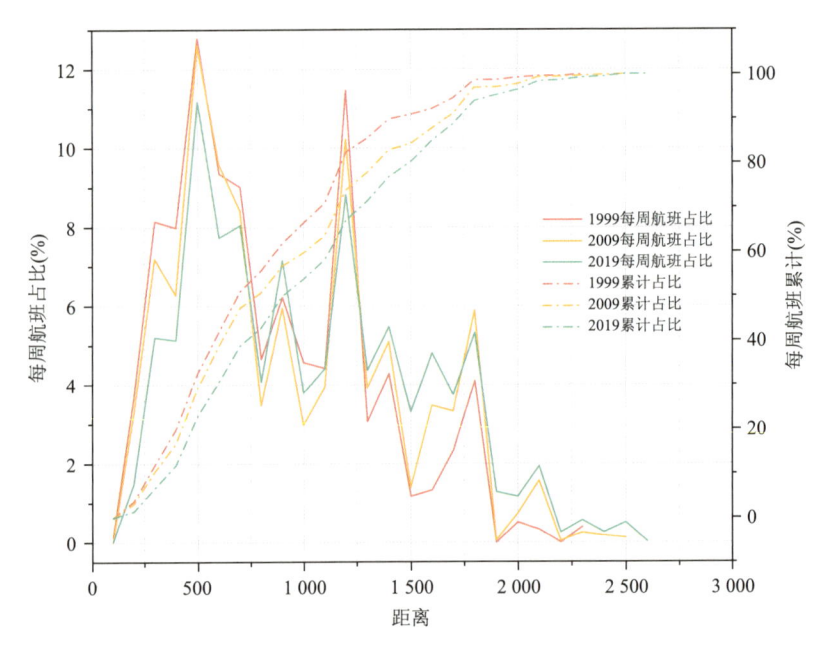

图 8-11　印度航空班次距离衰减规律（1999—2019 年）

资料来源：据 OAG 绘制。

二、印度航空网络节点连通性的空间演化

1999—2019年，印度航空节点连通性指数空间分布相对集中，高值航空节点主要聚集在印度北部、西部和南部沿海城市（表8-6）。

(一) 高连通性航空枢纽呈现"西密东疏、中部疏四周密"格局

印度航空枢纽主要集聚在西部及南部城市，尤其是孟买和新德里。因其独特的地理位置和发达的经济活动，二者一直位于印度航空枢纽体系的塔尖位置。班加罗尔、海得拉巴、艾哈迈达巴德、浦那等西部中心城市也因其强大的工业基础和科技实力，成为印度航空网络重要的枢纽。东部地区由于经济发展相对滞后，连通性排名较高的城市仅有古瓦哈提和加尔各答。随着金奈、科钦、果阿等西南部区域性航空枢纽城市连通性的提高，印度航空枢纽"西密东疏、沿海密中间疏"，点状镶嵌分布于政治经济中心城市的格局已基本形成。

(二) 高连通性枢纽由政治中心主导

邦首府城市在印度航空枢纽体系中占据主导地位。研究期间，首都新德里、马哈拉施特拉邦府孟买、卡纳塔克邦府班加罗尔、特伦甘纳邦府海得拉巴、西孟加拉邦府加尔各答和泰米尔纳德邦府金奈等国家和区域政治中心城市的航空连通性指数均位居前列，且斋普尔、勒克瑙和古瓦哈提等邦州首府城市在区域性航空网络中也扮演重要枢纽作用。政治地位带来的政策倾斜、资源分配和基础设施建设优势，与经济和人口因素相互耦合，共同推动了印度航空枢纽体系的非均衡发展。

表 8-6 印度连通性指数排名前 30 位的城市

排名	1999 年		2009 年		2019 年	
	城市	连通性	城市	连通性	城市	连通性
1	孟买	1.000	新德里	1.000	新德里	1.000
2	新德里	0.874	孟买	0.891	孟买	0.833
3	加尔各答	0.466	班加罗尔	0.676	班加罗尔	0.703
4	金奈	0.440	加尔各答	0.647	海得拉巴	0.664
5	班加罗尔	0.385	金奈	0.608	加尔各答	0.632
6	海得拉巴	0.329	沙姆沙巴德	0.594	金奈	0.582
7	艾哈迈达巴德	0.281	艾哈迈达巴德	0.408	艾哈迈达巴德	0.486
8	浦那	0.253	浦那	0.389	科钦	0.409

续表

排名	1999年 城市	连通性	2009年 城市	连通性	2019年 城市	连通性
9	斋普尔	0.225	古瓦哈提	0.361	果阿	0.390
10	勒克瑙	0.223	果阿	0.358	斋普尔	0.381
11	卡朱拉霍	0.221	斋普尔	0.355	古瓦哈提	0.374
12	瓦拉纳西	0.215	科钦	0.333	浦那	0.354
13	科钦	0.209	科英布托尔	0.294	科英布托尔	0.328
14	拉特纳	0.200	什里瓦斯	0.291	勒克瑙	0.317
15	果阿	0.199	斯利那加	0.277	维沙卡巴特	0.312
16	乌代布尔	0.185	巴罗达	0.274	瓦拉纳西	0.293
17	巴罗达	0.184	特里凡得琅	0.266	拉特纳	0.290
18	纳格浦尔	0.176	赖布尔	0.259	什里瓦斯	0.283
19	卡利卡特	0.176	维沙卡巴特	0.255	布巴内斯瓦尔	0.281
20	特里凡得琅	0.172	纳格浦尔	0.247	纳格浦尔	0.279
21	布巴内斯瓦尔	0.171	勒克瑙	0.244	赖布尔	0.266
22	科英布托尔	0.167	查谟	0.229	昌迪加尔	0.253
23	什里瓦斯	0.162	布巴内斯瓦尔	0.216	巴格多格拉	0.252
24	曼加洛尔	0.158	巴格多格拉	0.202	斯利那加	0.250
25	维沙卡巴特	0.155	科泽科德	0.200	德拉敦	0.243
26	阿格拉	0.135	马杜赖	0.199	阿加尔塔拉	0.243
27	奥兰加巴德	0.130	瓦拉纳西	0.184	特里凡得琅	0.243
28	焦特布尔	0.128	曼加洛尔	0.183	苏拉特	0.239
29	博帕尔	0.128	伊姆菩尔	0.181	伊姆菩尔	0.239
30	布朱	0.126	拉特纳	0.179	兰契	0.236

资料来源：据OAG整理。

三、印度航空网络航线层级性的空间演化

（一）航空干线网络由三角形向菱形结构演替

研究期间，印度航空网络干线组织呈现从三角形结构向多中心四边形结构转变的趋势（图8-12）。1999年，孟买、新德里、金奈、班加罗尔和加尔各答五

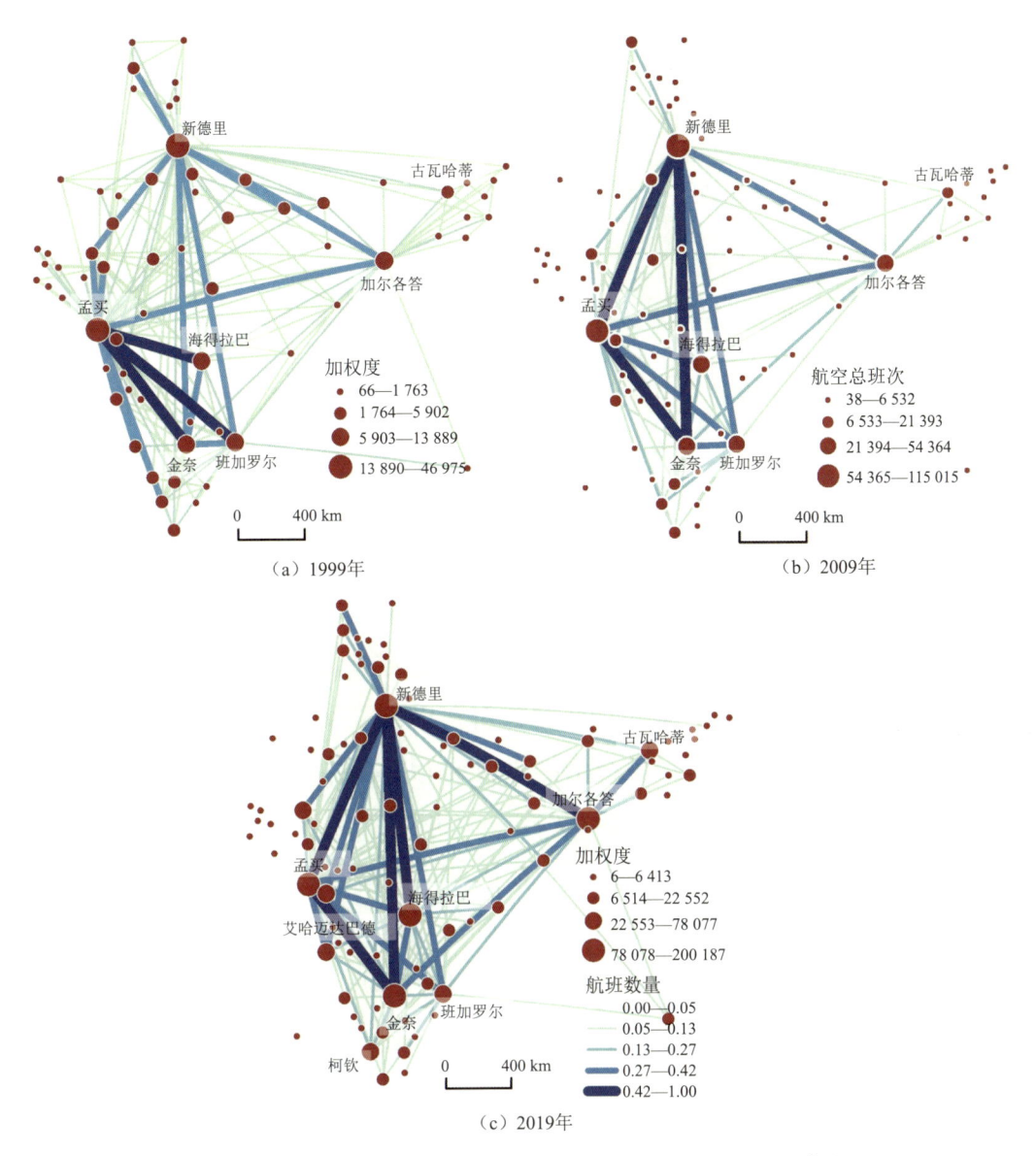

图 8-12　印度航空网络结构的空间演化（1999—2019 年）

资料来源：据 OAG 绘制。

个航空节点城市发展成为全国性航空枢纽。凭借商业金融中心地位和航空公司总部区位，孟买与班加罗尔、金奈和海得拉巴三个节点城市的连接强度和航线数量明显高于其他城市。2009 年，印度西部的四个城市（孟买、新德里、金奈和班加罗尔）之间航空运输联系较强，形成了明显的四边形结构。得益于海港和基地机场区位，加尔各答与新德里和孟买的航空运输联系日益增强。2019

年，印度航空网络不断拓展，受机场私有化和宗教旅游发展影响，东部的古瓦哈提快速崛起，跃迁至第一层级，形成了以孟买、新德里、金奈-班加罗尔和加尔各答-古瓦哈提为多中心的四边形结构。与此同时，在印度西部和印度东北部分别形成了以新德里-孟买-金奈和新德里-加尔各答-古瓦哈提为支点以新德里为门户的三角形骨干线。

（二）不同等级航线呈现空间组织异质性

1999—2019年，印度一级航空运输联系由以孟买为中枢的放射式干线向孟买-新德里-金奈三角形干线转变；新德里涌现成为新的航线中枢，促使全印度一级航线网络发育为双核（新德里、孟买）轴辐式格局。印度二级航空运输联系由孟买和新德里为双中心轴辐式结构向新德里、孟买和加尔各答为三中心的三角形结构转变。三级航空运输联系则由双核心（孟买和新德里）向多中心主导的轴辐式和点对式复合结构（新增金奈、班加罗尔、海得拉巴、加尔各答等）转变。四级航空运输联系节点主体是邦首府，形成了以孟买、德里、金奈、加尔各答、班加罗尔和海得拉巴等政治中心城市为核心的多中心点对式支线网络结构，并且涌现古瓦哈提、柯钦等次级中心。航空五级运输联系覆盖了印度经济发达的城市几乎全部是支线航线，主要由低成本航空公司捷特航空、翠岛航空、靛蓝航空等，集中了全印度80%以上的市场份额（赵巍，2016）承载。金奈-海得拉巴-新德里以西地区城际航空联系更为密切，但在人口高度密集的西北部和东北部缺乏强有力的航空枢纽。

四、印度航空网络轴辐组织的空间演化

印度航空网络呈现出显著的轴辐式组织模式，但首位航空联系高度集中于少数政治经济中心城市，支线航空发展不足（图8-13）。

（一）初中期阶段：双核结构

1999年和2009年，印度航空网络形成以双核（孟买和新德里）为轴心的地域系统，且形成一定的市场地域分工。孟买枢纽主要辐射西部沿海城市，遵

(a) 1999年

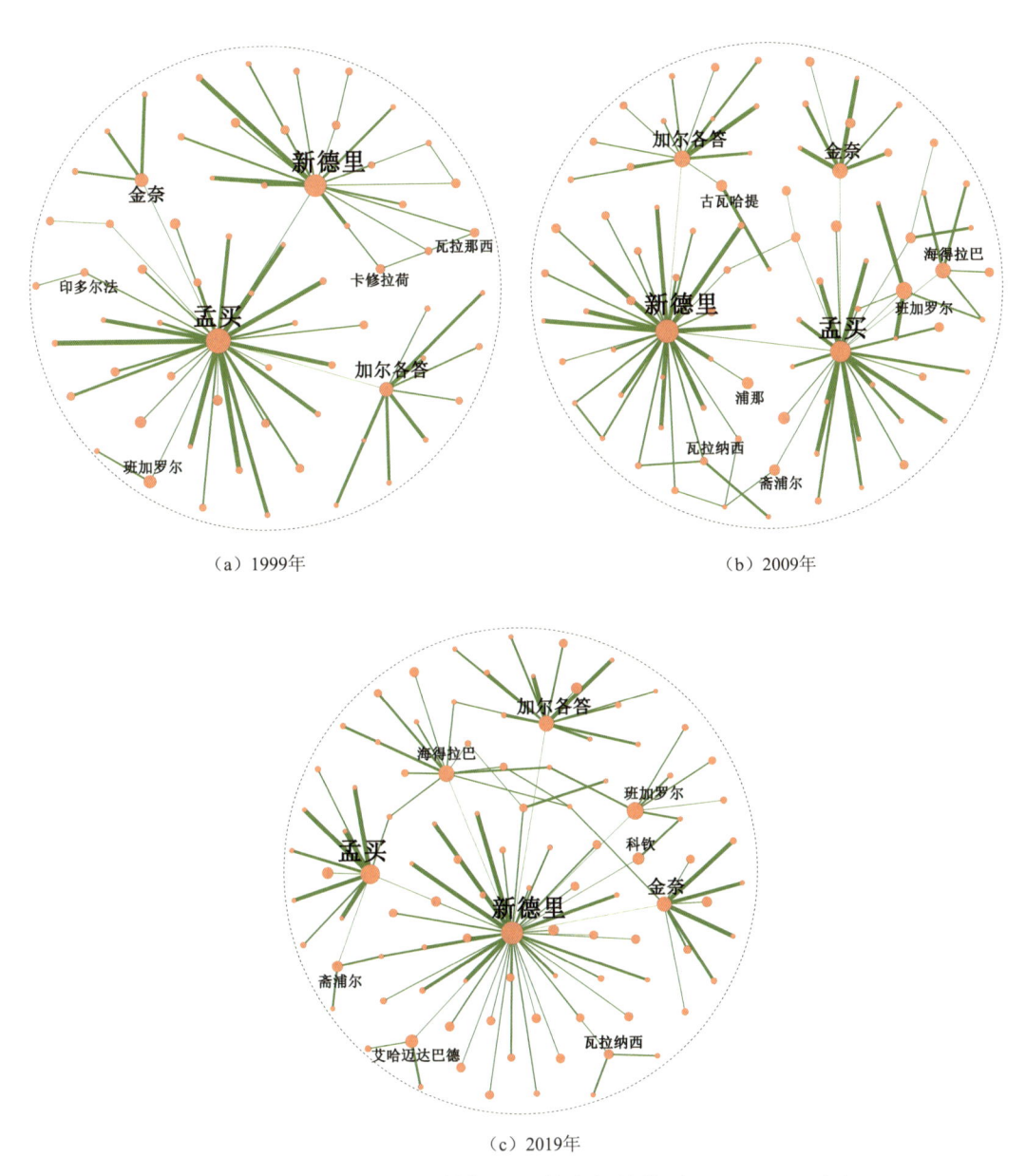

(b) 2009年

(c) 2019年

图 8-13　印度航空网络轴辐组织的空间演化（1999—2019 年）

资料来源：据 OAG 绘制。

循地理邻近性。新德里网络直接腹地主要集中在北部临近拉贾斯坦邦、北方邦、喜马偕尔邦和旁遮普邦的中心城市。加尔各答主要辐射印度的东北部，而金奈则是印度南部新兴工业区的航空中转门户。在研究初期，作为一级枢纽城市的孟买拥有 32 个首位联系城市，约占所有城市（70 个）的一半，主要与航空公司总部区位有关；新德里和加尔各答的首位联系城市数量分别为 19 个和 9 个，与孟买差距明显。2009 年，新德里的枢纽地位加强，成为首位联系城市数量最多（31 个）的城市，而孟买的一级枢纽地位有所下降，首位联系城市数量为 26 个，与印度经济重心北移、航空公司枢纽战略调整密切相关。加尔各答和金奈的首位联系城市数量也有轻微增加。

（二）末期阶段：单核多中心结构

2019 年，形成以新德里为极核，加尔各答、海得拉巴、孟买、金奈和班加罗尔为副中心的单极多中心轴辐式架构。新德里（45 对）作为全国一级枢纽的地位日渐稳固，航空联系范围从印度北部向东部、西部扩展，而孟买首位联系城市数量由初期的 32 对降低到 12 对。航线覆盖范围主要集中在临近邦与总部位于孟买的捷特航空亏损负债、航线萎缩高度有关。其他几个区域性枢纽航线腹地也呈现地理邻近性规律。凭借多年的政治经济文化中心优势，新德里作为全国首位枢纽的地位已经稳固，辐射范围基本覆盖全境。而孟买的联系范围不断收缩至印度西部沿海城市，受到新德里、艾哈迈达巴德、海得拉巴、金奈等枢纽的竞争性替代效应显著，首位联系城市数量逐年减少。加尔各答和班加罗尔—金奈的主要联系范围在印度东部和印度南部，成长为印度胡格利河区和半岛南端区的区域性航空门户。而印度中部和东部区域性枢纽城市缺乏，以半岛杂粮、棉花、花生农业区为主体，人口和经济规模较小，航空发展缓慢，导致全印度航空枢纽呈现重西北部、轻中东部的格局。

第四节　加拿大航空网络的时空演化

研究期间，受航空私有化和人口集中化双重影响，加拿大航空运输网络不断收缩，覆盖广度和深度持续下降。与其他国家或地区类似，加拿大航空网络也发育较突出的小世界性和一定的无标度性规律。其航空节点和航线分布与人口经济格局基本同构，高度集中于南部边境地带，呈典型的带状分布。因轴辐式组织,加拿大航空网络分化稳定形成两核多中心双组团结构。

一、加拿大航空网络拓扑结构的时序演化

(一)加拿大航空网络规模不断收缩

加拿大航空网络的节点和航线均不断减少,网络规模呈现收缩趋势(表8-7)。1999—2019年,加拿大航空网络通航城市数量从271个减少到235个,可能与加拿大人口向大中城市集聚导致中小城市萎缩有关。而连接边数和网络 e 值分别从1999年的2 027条和7.48持续降低到2019年的1 559条和6.63。这表明加拿大航空运输辐射范围和强度持续降低。而平均度由7.97上升到12.27,平均加权度呈现降低态势,由初期的5 611.4下降到末期的4 524.4。这说明加拿大通航连通性迅速扩大,但航班数量并未明显增加,主要原因与美国一样,与航空公司广泛采用大型飞机以降低成本和发挥规模效应有关(Ryerson and Kim,2013)。

表8-7 加拿大航空网络复杂性统计特征量(1999—2019年)

统计特征	统计指标	1999年	2009年	2019年
网络规模	节点数	271	254	235
	边数	2 027	1 769	1 559
	网络 e 值	7.48	6.96	6.63
	平均度	7.97	7.23	12.27
	平均加权度	5 611.4	4 664.7	4 524.4
小世界性	平均聚类系数	0.777(0.054)	0.794(0.049)	0.774(0.046)
	平均路径长度	3.12(2.371)	3.157(2.474)	3.244(2.484)

资料来源:据OAG绘制。

(二)加拿大航空网络也表现出"小世界"特性

与其他国家和地区类同,加拿大航空网络表现出较典型的小世界网络特征(表8-7)。1999—2019年,加拿大航空网络遵循平均路径长度(其值为3.12—3.244)略大于同等规模随机网络的理论值(其值为2.371—2.484),平均聚类

系数（其值为 0.774—0.777）远高于同等规模的理论值（其值为 0.046—0.054）的小世界性统计规律。

（三）加拿大航空网络具有较突出的无标度性

与其他国家和地区略不同，加拿大航空网络指数拟合和幂律拟合优度均高于 90%（图 8-14），具有较显著的无标度性。1999—2019 年，加拿大航空网络指数拟合和幂律拟合的 R^2 值都高于 0.9。在研究初期和研究末期，幂律拟合优于指数拟合，而研究中期正好相反，表明加拿大航空网络拥有极少的高度中心性值航空节点，前 10 位航空枢纽集中了全加拿大 80% 以上的航线，遵循典型的帕累托分布。

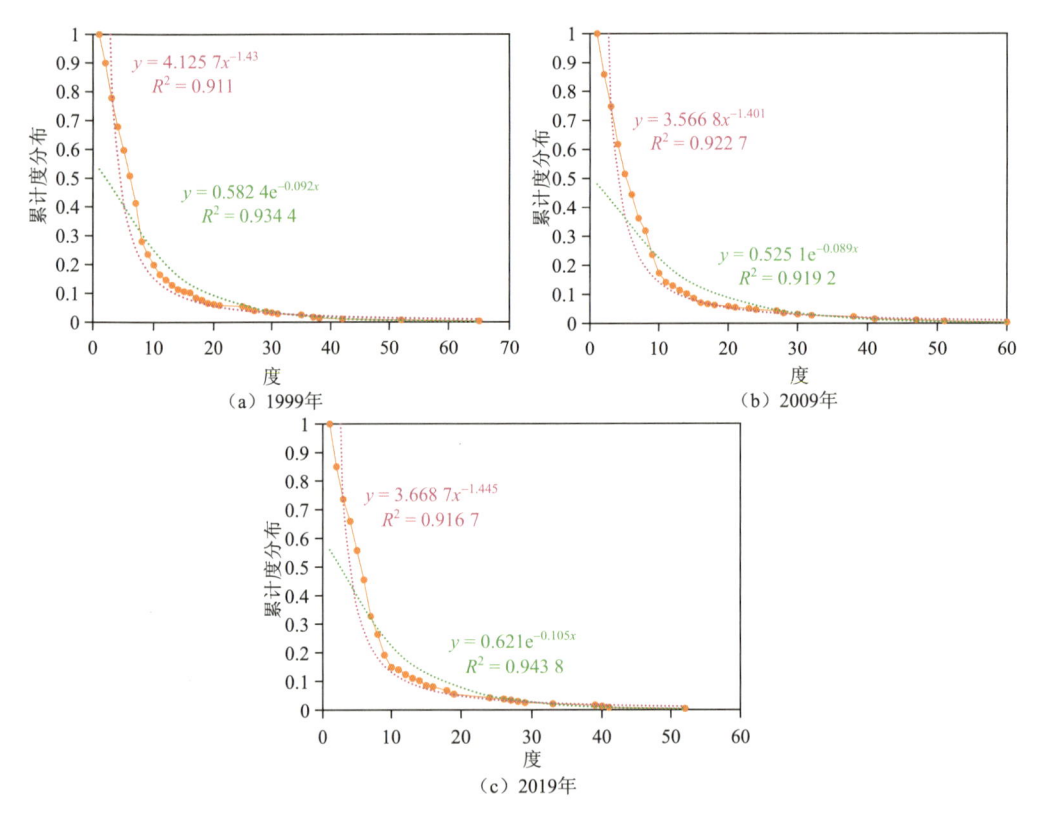

（a）1999 年：$y = 4.125\,7x^{-1.43}$，$R^2 = 0.911$；$y = 0.582\,4e^{-0.092x}$，$R^2 = 0.934\,4$

（b）2009 年：$y = 3.566\,8x^{-1.401}$，$R^2 = 0.922\,7$；$y = 0.525\,1e^{-0.089x}$，$R^2 = 0.919\,2$

（c）2019 年：$y = 3.668\,7x^{-1.445}$，$R^2 = 0.916\,7$；$y = 0.621e^{-0.105x}$，$R^2 = 0.943\,8$

图 8-14　加拿大航空网络度分布及累积度分布（1999—2019 年）

资料来源：据 OAG 绘制。

（四）加拿大航空网络航线遵循距离衰减规律

加拿大航空运输航线距离基本呈现连续的波动下降趋势，遵循显著的距离衰减规律（图 8-15）。一是 1999—2019 年，最大航距由初期和中期的约 5 100 千米减小到末期的约 4 300 千米，这主要是因为圣约翰与维多利亚、温哥华之间的直飞航班被取消，通过多伦多或卡尔加里等主要航空枢纽城市进行中转。二是航班班次累计占比高于 70% 以上的航线距离集中在 100 千米—800 千米。受地理环境限制和社会经济格局影响，加拿大城际空中航线以近程中转支线为主。三是加拿大航班规模峰值集中在 200 千米—700 千米范围内，但由于东西海岸省会城市之间（埃德蒙顿-蒙特利尔、夏洛特敦-哈利法克斯等）的航空运输联系密切，促使航线规模在 2 800 千米—2 900 千米之间出现了一个次波峰。

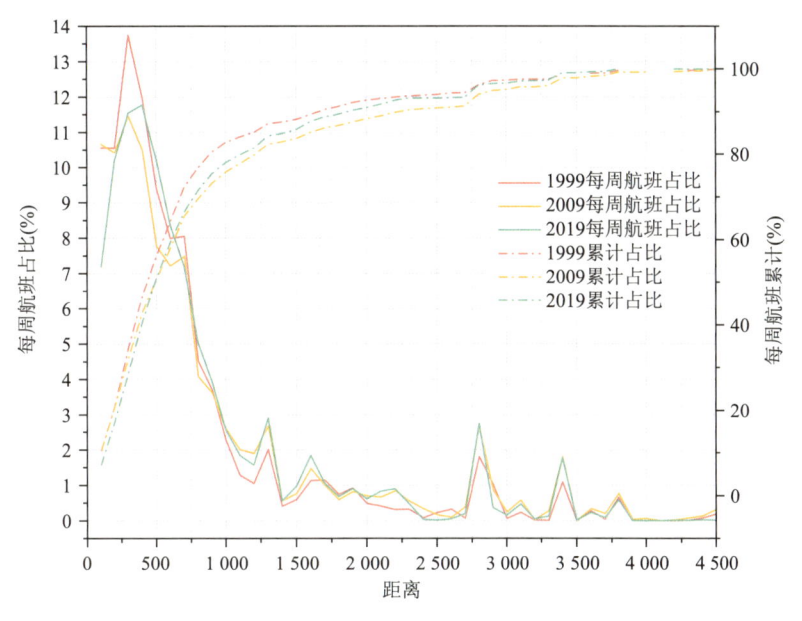

图 8-15　加拿大航空班次距离衰减规律（1999—2019 年）

资料来源：据 OAG 绘制。

二、加拿大航空网络节点连通性的空间演化

1999—2019 年，加拿大航空节点连通性值空间分布相对集中，高值枢纽城

市主要聚集在与美国接壤的南部边境，由省会城市和一些大城市主要承担航空枢纽和门户功能（表8-6）。

（一）高连接度航空枢纽分布具有显著空间异质性

加拿大的重要航空枢纽主要集中在与美国接壤的南部边境三大地区：中南部（温尼伯-卡尔加里-埃德蒙顿城市群中原区）、东南部（五大湖沿岸和圣劳伦斯河谷）、西南部（温哥华岛及不列颠哥伦比亚低地），尤其是五大湖-圣劳伦斯河沿岸（唐小卫等，2012）。其中，温哥华和多伦多分别作为东西海岸最重要的航空枢纽，其航空连通性排名始终位居前列。一些经济中心城市（蒙特利尔、卡尔加里等）和省府城市（埃德蒙顿、哈利法克斯、维多利亚、魁北克、弗雷德里克顿、温尼伯）拥有较为发达的经济水平和交通网络，承担着辐射周边地区的枢纽功能。

（二）航空节点连通性受自然条件影响显著

加拿大的航空连通性明显受到自然地理因素的影响。由于加拿大是一个地域辽阔的国家，跨越多个时区和地理单元，导致一些偏远地区的航空连通性相对较弱，需要通过枢纽中转实现连接。多伦多、温哥华、蒙特利尔、卡尔加里、渥太华等主要中转城市在连接东西两岸和南北地带城市中发挥着重要作用。受气候影响，加拿大人口和经济活动高度集聚于温和的美加边境，进而也促使空港城市云集于此。多伦多纬度与北加州相当，温哥华受北太平洋暗流影响，气候温和，四季宜人，宜于航线组织；而蒙特利尔地处多个气候区交界，天气变化多样，导致其航班规模退后第三。

表8-8 加拿大连通性指数排名前30位城市（1999—2019年）

排名	1999年		2009年		2019年	
	城市	连通性	城市	连通性	城市	连通性
1	温哥华	1.000 0	温哥华	1.000 0	多伦多	1.000 0
2	多伦多	0.867 7	多伦多	0.951 6	温哥华	0.766 4
3	蒙特利尔	0.674 7	卡尔加里	0.648 7	卡尔加里	0.609 4
4	卡尔加里	0.647 7	蒙特利尔	0.548 5	蒙特利尔	0.551 1

续表

排名	1999年		2009年		2019年	
	城市	连通性	城市	连通性	城市	连通性
5	埃德蒙顿	0.400 2	埃德蒙顿	0.440 9	埃德蒙顿	0.347 3
6	哈利法克斯	0.391 4	温尼伯	0.357 8	温尼伯	0.291 0
7	温尼伯	0.381 9	渥太华	0.347 4	渥太华	0.282 0
8	渥太华	0.326 6	哈利法克斯	0.277 8	哈利法克斯	0.252 3
9	维多利亚	0.250 8	维多利亚	0.241 7	维多利亚	0.176 3
10	魁北克	0.220 8	桑德贝	0.236 7	苏卢克鲁特	0.171 1
11	萨斯卡通	0.172 2	魁北克	0.183 0	魁北克	0.142 8
12	圣约翰斯	0.169 9	圣约翰斯	0.157 1	桑德贝	0.142 0
13	桑德贝	0.162 5	苏卢克鲁特	0.146 0	基洛纳	0.140 3
14	苏卢克鲁特	0.136 6	黄刀镇	0.130 2	圣约翰斯	0.130 8
15	里贾纳	0.136 5	鹅湾	0.123 4	萨斯卡通	0.108 5
16	塞普蒂尔	0.120 3	基洛纳	0.112 2	黄刀镇	0.104 0
17	基洛纳	0.120 2	纳奈莫	0.108 0	鹅湾	0.089 7
18	鹅湾	0.107 3	萨斯卡通	0.106 8	塞普蒂尔	0.089 1
19	圣约翰	0.107 0	萨德伯里	0.104 9	里贾纳	0.075 7
20	弗雷德里克顿	0.104 7	里贾纳	0.094 5	蒂明斯	0.073 0
21	蒙克顿	0.083 8	塞普蒂尔	0.088 0	瓦布什	0.071 5
22	黄刀镇	0.083 4	麦克默里堡	0.080 0	纳奈莫	0.063 2
23	伦敦	0.083 1	伊魁特	0.076 2	乔治王子城	0.062 4
24	乔治王子城	0.075 4	蒂明斯	0.067 5	阿伯茨福德	0.059 4
25	鹿湖	0.074 2	苏圣玛丽	0.064 4	布朗萨布隆	0.054 4
26	萨德伯里	0.073 0	雷德莱克	0.060 4	伊魁特	0.053 9
27	汤普森	0.072 3	坎贝尔河	0.060 1	蒙克顿	0.053 8
28	纳奈莫	0.071 6	鹿湖	0.059 9	伦敦	0.051 9
29	蒂明斯	0.061 3	科莫克斯	0.059 2	麦克默里堡	0.051 4
30	瓦尔多尔	0.060 8	布朗萨布隆	0.059 1	温莎	0.048 3

资料来源：据OAG整理。

三、加拿大航空网络航线层级性的空间演化

（一）航线南密北疏，呈现串珠状结构

与人口和经济格局同构，加拿大航线高度集中于美加边境，逐渐呈现出一线串珠状结构（图8-16）。1999年，形成了以温哥华-维多利亚、卡尔加里-埃德蒙顿、多伦多、蒙特利尔、哈利法克斯为中转枢纽的线形骨架结构，以此为主轴向北部通过支线伸展覆盖。2009年，与初期的一线串珠主骨架一致，航线组织保持路径依赖和地方锁定。但东部航线有所收缩，西部则微弱向北扩展。

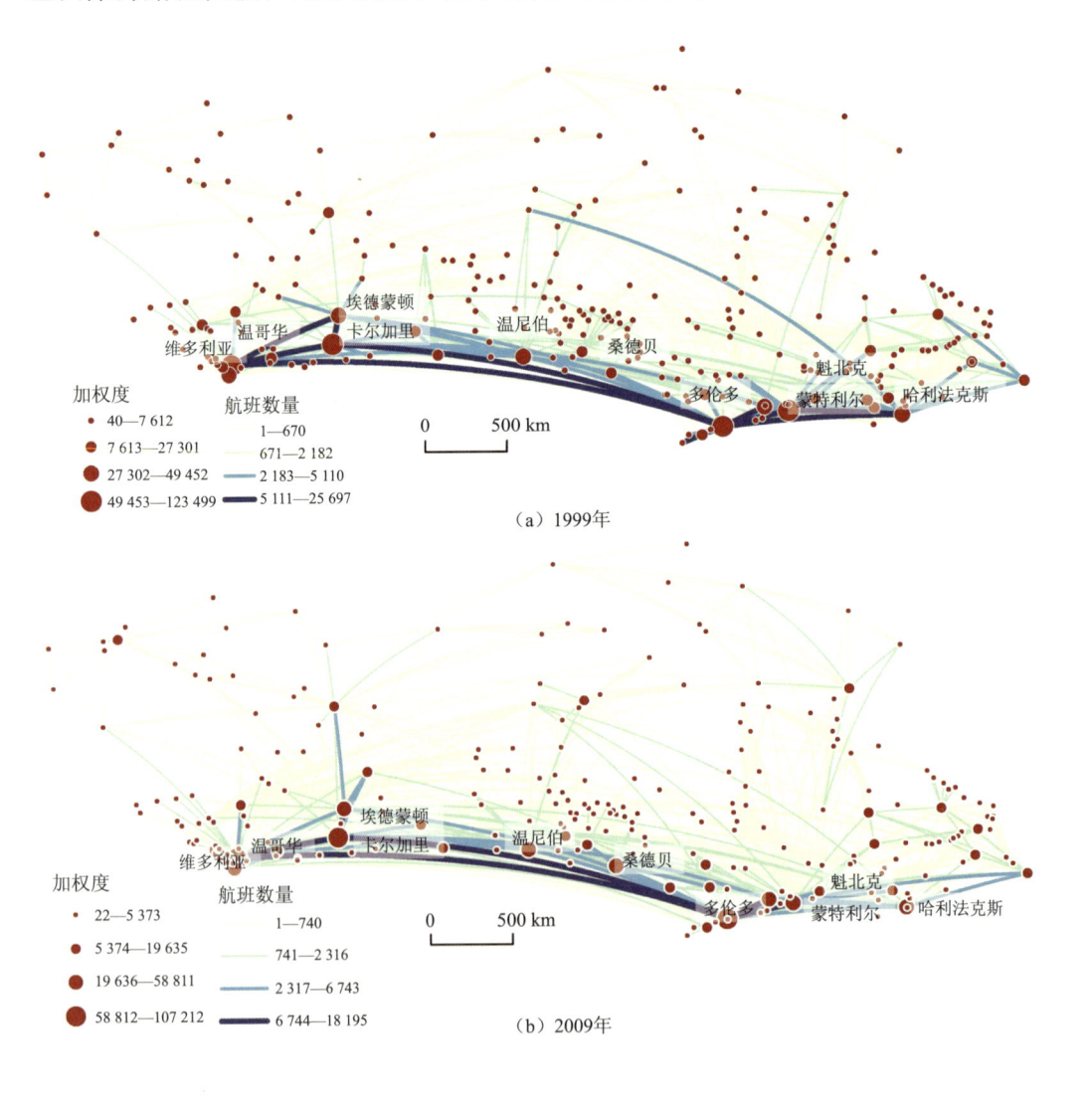

（a）1999年

（b）2009年

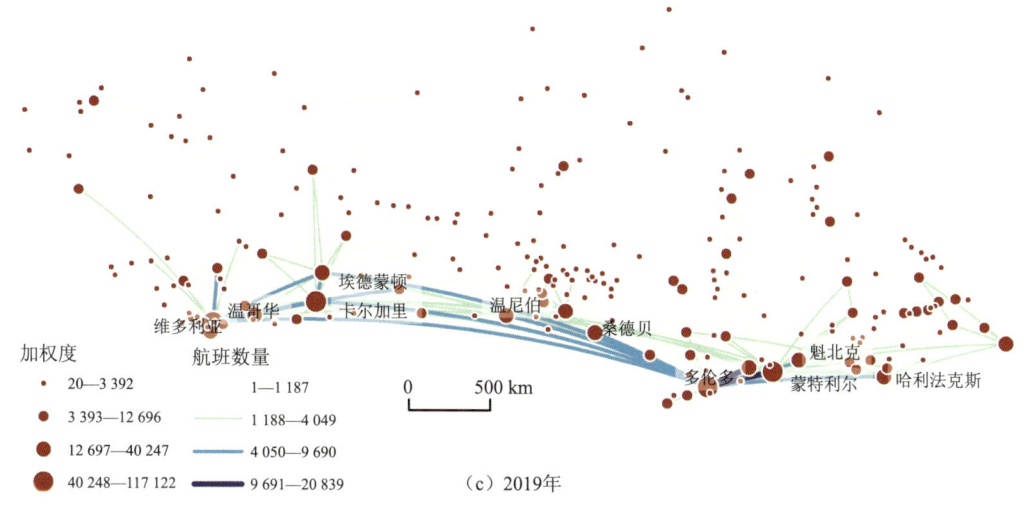

图 8-16　加拿大航空网络结构的空间演化（1999—2019 年）

资料来源：据 OAG 绘制。

2019 年，维持上一阶段的串珠状结构不变，加拿大西南和中南部城市航空发展明显优于东南部。卡尔加里与温哥华、多伦多、蒙特利尔成为加拿大航空网络四大航空枢纽。相比 2009 年，整个航空网络出现进一步收缩，枢纽间航线联系较弱。

（二）航线覆盖全境，发育显著的层级性

1999—2019 年，加拿大一级航空运输联系一直主要集中在沿海地区和南部边境地区，以卡尔加里、埃德蒙顿、哈利法克斯、蒙特利尔、渥太华、多伦多、温哥华、维多利亚等重要航空枢纽为节点。加拿大二级和三级航空运输联系主要集中在高等级枢纽与省府城市、本省城市之间，如多伦多-埃德蒙顿、多伦多-温尼伯、蒙特利尔-弗雷德里克顿、哈利法克斯-圣约翰斯、哈利法克斯-弗雷德里克顿等。安大略省的多伦多与温尼伯、苏德伯里、金斯顿、雷湾、玛丽湖圣索城，阿尔伯塔省的卡尔加里与莱斯布里奇、梅迪辛哈特，魁北克省的蒙特利尔与巴戈维尔、瓦尔多尔、七岛港，不列颠哥伦比亚省的温哥华与坎贝尔河城、科莫克斯、坎卢普斯等城市航空流联系密切。航空四级联系覆盖了加拿大沿海地区和南部边境以外的城市。中小城市依托高等级的国家级航空枢纽（蒙特利尔、多伦多、哈利法克斯、渥太华、埃德蒙顿等），以及西北地区的首府耶洛奈夫、安大略省西北部和北部的雷湾和苏卢克尔、纽芬兰与拉布拉多省东部的鹅湾等区域性航空枢纽，通过轴辐式组织逐渐形成梯次联动的复杂航空网络。

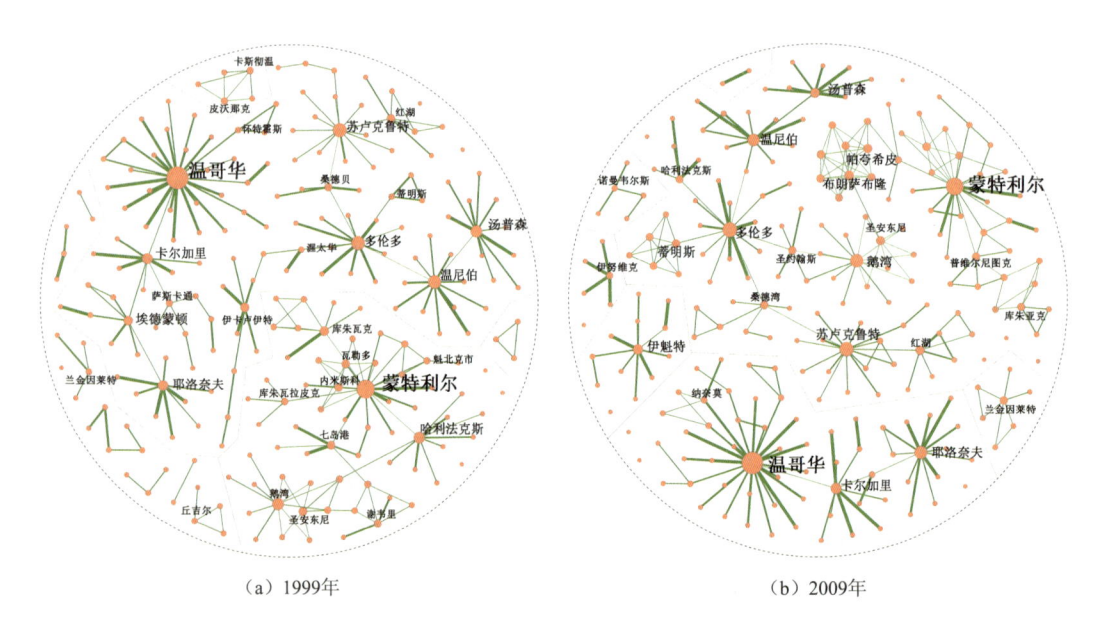

四、加拿大航空网络轴辐式的空间演化

加拿大航空网络呈现多中心双组团的航空网络体系。重要枢纽高度集中于南部边境城市。枢纽首位联系城市数量分布均匀，有明显的地理邻近性效应（图 8-17）。

（一）初期：以温哥华-蒙特利尔为中心的三组团结构

1999 年，加拿大航空网络形成了两大轴辐体系。第一个子网以温哥华为中心，以卡尔加里、埃德蒙顿、耶洛奈夫等枢纽城市为副中心，主要辐射西部城市，与省内和邻近省域城市保持着最大航空运输联系。第二个子网以蒙特利尔为中心，以哈利法克斯、鹅湾为副中心，主要服务于东部城市。第三个子网规模较小，能级较低，以多伦多、温尼伯、汤普森、伊卡卢伊特、苏卢克鲁特为次级枢纽。

(a) 1999年　　　　　　(b) 2009年

(c) 2019年

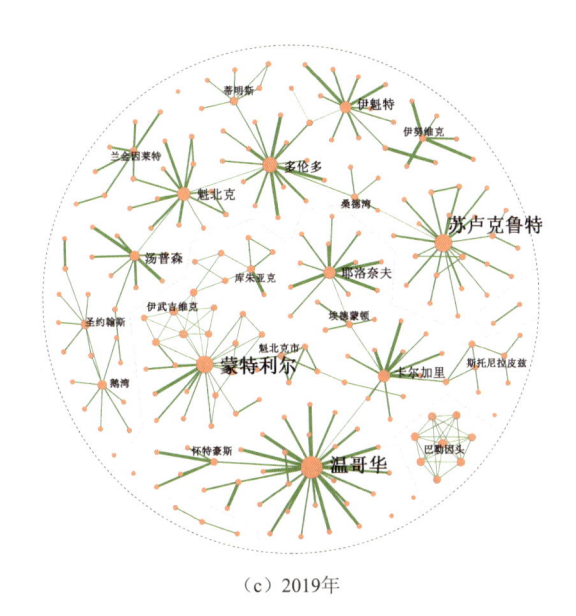

图 8-17　加拿大航空网络轴辐式的空间演化（1999—2019 年）

资料来源：据 OAG 绘制。

（二）中期：以温哥华、蒙特利尔为中心的双组团结构

2009 年，加拿大航空网络进一步分化成多个子群。上一阶段的第一个子网仍然以温哥华为中心，卡尔加里和耶洛奈夫为副中心，主要连接不列颠哥伦比亚省和艾伯塔省的城市。但第二个子网融合初期的第三个子网整合形成以蒙特利尔为中心，多伦多、温尼伯、汤普森、苏卢克鲁为副中心，圣约翰斯、鹅湾、桑德湾、普维尔尼图克、圣安东尼为航空支点的轴辐式多等级多组团网络。此外，还形成了以伊魁特、兰金茵莱特等城市为枢纽的单中心子群，主要承担省内支线中转服务。

（三）末期：以温哥华、苏卢克鲁特为中心的双组团结构

2019 年，加拿大航空网络分化形成两大轴辐式网络。第一个子网以温哥华、蒙特利尔为中心，卡尔加里、耶洛奈夫为副中心的多中心轴辐式结构，基本涵盖加拿大南部经济发达地带。第二个子网以苏卢克鲁特为中心多伦多、伊魁特、魁北克、汤普森为副中心，圣约翰斯、鹅湾、兰金茵莱特、伊努维克、

蒂明斯为航空支点的多层次轴辐式组织结构，主要辐射加拿大北部人口较稀疏地区，由支线航空和低成本航空公司主导。

第五节　中美印欧加航空网络的比较分析

从航空网络拓扑结构、航空网络连通性、航空网络结构和轴辐组织四个方面对中国、美国、印度、欧洲和加拿大的航空网络进行比较研究。发现中美印欧加航空网络不断扩张，涌现出较典型的小世界性和一定的无标度性。欧洲和美国航空网络相对均衡，呈大分散小集中格局；而中国、印度和加拿大航空枢纽及航线高度不均。受航空公司重组和枢纽战略调整，五个国家或地区均发育较显著的轴辐式组织架构，呈现多中心多层级多组团复合格局。

一、中美印欧加航空网络拓扑结构的比较

(一) 航空网络规模基本呈现扩张态势

除加拿大外，欧洲、美国、中国和印度航空网络均表现出扩张态势，但扩张速度呈现明显的差异性。中国和印度由于巨大的航空需求市场，增速较快，而欧洲和美国航空运输市场已经相对成熟，增速较慢，而加拿大则是唯一节点和边数量呈现下降趋势的国家。

一是不同地区和国家航空网络规模变化差异显著，中国扩张速度最快，欧洲、印度和美国次之。除中国（由 119 个增加到 232 个）和印度节点数量增长外（由 67 个增加到 99 个），美国、欧洲和加拿大通航城市均呈现小幅减少趋势。这可能是"911"袭击事件和金融危机的边际效应导致（Jia et al., 2014；Rocha, 2017）。连接边数增长量表现出中国＞印度＞欧洲＞美国的位序，而加拿大呈现下降态势，其中中国（1.33）、欧洲（1.09）和印度（1.01）的网络 e 值增长均超过了一倍。整体来看，印度航空网络最为稀疏，美国和欧洲地区航空网络已生长为稠密的复杂网络。中国航空网络蓬勃发展，与欧洲和美国的差距逐渐缩小，而加拿大航空网络规模不断收缩。

二是美国和欧洲地区航线连接水平高于中国和印度，其平均度和平均加权度中心性均稳定增长。1999—2019 年，平均度值基本遵循欧洲＞美国＞中国＞印度≈加拿大的递减趋势。2019 年，中国航空网络平均连通性增长迅速，位居首位；印度则超过欧洲。中国的增长趋势最快，平均度和加权度增长率高达 141％ 和 340％。其次是欧洲，平均度和加权度增长率分别为 109％ 和 28％，可能归因于低成本航空公司的兴起（Wandelt et al.，2019）。美国和加拿大平均度增长率分别约为 21％ 和 54％，但美国和加拿大平均加权度却呈现降低趋势，与国内航空市场相对饱和有关。

（二）航空网络均表现典型小世界性，无标度特征不明显

1999—2019 年，中美印欧加航空网络均表现出"小世界性"特点。1999 年，美国航空网络的平均最短路径长度和平均聚类系数分别为 3.097 和 0.794，之后出现微弱变动，但均高于同等规模随机网络的理论值。中国、印度和欧洲地区的平均路径长度和平均聚类系数均表现出相似的特征，平均聚类系数整体呈现减小的趋势。它们的平均最短路径长度略大于随机网络的理论值，平均聚类系数远高于随机网络的理论值，均是"小世界网络"。这与之前关于全球、欧洲、美国、中国和印度航空网络的研究一致（Chi et al.，2003；Guimera et al.，2005；Wang et al.，2011；Wandelt et al.，2019）。

此外，中美印欧加国内航空网络的累计度分布呈现出较好的指数特征和一定的幂律特征，除印度和加拿大分别于初中期与中期呈现无标度特性外，其他国家无标度特征不明显。其中，美国的幂律拟合最差，其 R^2 值为 0.699 1—0.766 6。中国和欧洲地区的幂律拟合 R^2 值也比较低，其值为 0.742 3—0.861 9。印度和加拿大 1999 年和 2009 年的累计度分布曲线幂律拟合优于指数拟合，R^2 值都高于 0.9。但至 2019 年，印度航空网络无标度性渐失，指数拟合优于幂律拟合。美国、欧洲和中国三个阶段指数拟合均优于幂律拟合，R^2 值均高于 0.94，表明其航空运输网络服从指数分布（Wang et al.，2011），表现出双幂律分布，而不具备完美的无标度特性（Lin and Ban，2014）。

（三）航空网络均遵循一定的距离衰减规律

中美印欧加航空运输距离均呈现非连续性波动下降趋势，遵循一定的距离

衰减规律。一是从航线距离来看，由于飞地阿拉斯加州和夏威夷州距离本土较远，导致美国航空运输范围最广，最大航距约为 8 300 千米，远高于其他国家和地区。而欧洲和中国航距均呈现逐年增加的趋势（同等累计占比距离向左移动），最大航距分别由 1999 年的 4 700 千米和 3 600 千米扩大到 2019 年的 5 200 千米和 4 200 千米，主要归因于偏远旅游胜地和中国西部地区的航线开拓。此外，其远距离航线的开通也可能与飞机的技术创新有关，从而允许为长程航空联系提供更多的点对点服务（Matsumoto and Domae，2019），但由于东西部诸多城市直飞航班取消，替代中部枢纽（卡尔加里、温伯尼等）中转，导致加拿大最大航距由 5 100 千米减小到 4 300 千米。

二是从航班规模看，累计占比高于 70% 以上的航空班次以欧洲和加拿大航距更短。研究期间，欧洲累计占比超过 70% 航班的航距由初期 800 千米持续增加到末期的 1 300 千米，加拿大则稳定在 800 千米。美国由 1 300 千米增加到 1 600 千米，而中国集中在 100 千米—1 600 千米范围内。印度则集中在 100 千米—1 300 千米，呈现航距逐年增加的趋势（同等累计占比距离向左移动）。究其原因，欧洲国家众多，国际航线不断向边缘拓展，导致平均航程增加。而加拿大航线过度集中南部边境，以东西向和南北向中转航线为主，导致航距以短程居多。

三是从峰值分布来看，欧洲峰值集中在 200 千米—700 千米，主要因为欧洲国家面积小，国际航线以轴辐式组织为主，平均航距较短（王立群，2005）。美国峰值由初期的 200 千米—600 千米增加到末期的 200 千米—1 000 千米，与东西海岸点对式航线干线增加有关，且其峰值占比值更为均衡。印度和加拿大峰值分别集中在 300 千米—700 千米和 100 千米—700 千米，以近程中转航线居多。中国峰值由初期的 500 千米—1 300 千米增加到末期的 900 千米—1 600 千米，主要因为高铁对航空运输中短途航线产生了竞争替代效应（Dobruszkes et al.，2011）。近年来，中国高铁的迅猛发展对航空市场造成显著冲击（孙枫等，2017；王姣娥等，2020）大量近程航线支线出现萎缩。印度在 300 千米—700 千米和 1 100 千米—1 200 千米之间出现了高峰，在 1 700 千米—1 800 千米之间出现了一个次峰，主要归因于其菱形干线航线联系强度增加。

二、中美印欧加航空网络节点连通性的比较

欧洲和美国的航空枢纽空间分布相对分散和均衡，而中国和印度相对集中。地理位置、经济、旅游、行政等级和航空公司总部位置等因素对航空枢纽形成及其能级具有重要影响。

（一）行政等级对航空枢纽配置具有重要作用

欧洲作为一个多联盟国家，以首都为代表的政治中心城市是其航空枢纽的聚集地，从而促使其航空枢纽相对均衡分布。美国州首府主要发挥政治功能，其航空枢纽功能主要由作为文化和经济中心的大城市承担，得益于其经济中心城市的均衡化发展。美国航空枢纽分级合理，布局得当分散。中国航空枢纽空间分布相对集中，呈现与行政等级同构现象，主要集中在直辖市和省会城市（Suau-Sanchez and Burghouwt，2011）。印度航空枢纽空间分布也高度不均衡，主要集中在西部和沿海城市，高等级枢纽也以州首府城市为主。加拿大航空枢纽集中分布在西南部和东南部沿海地区及中南部边境地区，航空枢纽也主要由省会和首府城市承担。

（二）独特区位对航空枢纽布局具有关键影响

地理位置在航空网络中发挥重要作用（Guimera et al.，2005；Jia et al.，2014）。如欧洲的哥本哈根（西北欧桥梁）、伊斯坦布尔（被誉为"世界中心"），美国的芝加哥（北美交通中心）、安克雷奇（亚洲和北美中转站），中国的昆明、乌鲁木齐，印度的加尔各答以及加拿大的卡尔加里、哈利法克斯等城市均因其独特的地理位置，成为国家或区域航空网络的重要枢纽。

（三）经济产业规模和结构有利于航空枢纽的发展

航空枢纽的形成与经济活动和旅游业发展等因素有关。如美国的芝加哥和圣路易斯，因良好地理位置成为全国性航空枢纽，即使区位优势消失，聚集经济效应仍能使其保持重要地位（Bhadra and Wells，2005）。航空服务具有根植

于大城市地区的特征，城市的经济规模和游客吸引力也是影响航空枢纽形成的重要因素（Dobruszkes et al.，2011）。

（四）航空公司枢纽战略成为航空枢纽兴衰的决定性因素

航空公司是建设大型航空枢纽的关键，总部位置或枢纽战略对其发展具有重要影响。为了统筹考虑短期运营收益和长期市场培育的有机统一，大部分航空公司皆以运营总部所在城市为枢纽。如欧洲的汉莎航空（总部位于法兰克福）、英国航空（总部位于伦敦）、荷兰皇家航空（总部位于阿姆斯特丹），美国的联合航空（总部位于芝加哥）、美国航空（总部位于达拉斯）、达美航空（总部位于亚特兰大），中国的国航（总部位于北京）、东航（总部位于上海）、南航（总部位于广州），印度的印度航空（总部位于孟买）、维斯塔拉航空（总部位于新德里）和蓝色标记航空（班加罗尔），以及加拿大的加拿大航空（总部位于蒙特利尔）、西捷航空（总部位于卡尔加里）、波特航空（总部位于多伦多）等航空公司的总部均是国家或区域主要的航空枢纽。

三、中美印欧加航空网络航线层级性的比较

欧洲、美国、中国、印度及加拿大航空网络发育典型的层级性，且其关联层级结构具有相似性和差异性。重大政策的实施对塑造航空网络结构有重要作用。

（一）航空网络均具有显著的层级性

五大国家或地区的各级航线（城市对）所占比重遵循帕累托分布，呈现同质化现象。不同等级的航线联系强度均呈现典型的金字塔形等级层次结构，并且前20%的航班所占比例呈现增高趋势，但航班频率分布具有差异性。由于美国国内航空市场呈现机型大型化趋势，总航班频率逐渐减少（Ryerson and Kim，2013），航班频率逐渐趋向于遵循帕累托分布（"二八"原则）。而欧洲和中国新增航线不断增多，遵循择优链接偏好，与高等级枢纽之间的航空联系日益紧密，促使其前20%的航班比例分别由63.3%和69.8%增加到约71.1%和

77.5%，趋近美国水平。印度新增航线集中于高等级城市，前两级航班联系占比由16.8%升高到26.7%，航线生长的集中化态势明显。加拿大前20%的航班其比例由74%下降到68%，航线分布日渐均衡。

（二）航空公司联盟化和自由化具有重要影响

航空公司合并重组和放松管制等政策深刻影响航空网络结构。受国家边界的影响，欧洲航空网络的干线连接以国家首都和大城市为主，并通过支线航线连接本国中小城市，形成以首都和经济中心为枢纽的多中心星状网络。随着欧洲三个自由化方案的实施，天空自由化政策扩展到非欧盟成员国（Dobruszkes，2006），同时由于资本向东流动，以及低成本航空服务的多元化，促进了欧洲工人移民浪潮引发的"走亲访友"式航空流（Dobruszkes，2009）进而促使西欧与东中欧和北欧的航空运输联系不断加强。欧洲航空网络结构呈现由西欧航线向东部和北部扩张的趋势。

随着航空运输，放松管制，航空市场竞争不断加剧。美国航空网络从航空公司、机场枢纽、航线组织和监管环境等多方面进行了大规模改革（Siozos-Rousoulis et al.，2021）。其中，最为突出的是航空公司的合并重组、轴辐式网络结构的形成，以及航空公司战略联盟的出现和低成本航空公司的兴起。进而促使美国西南地区（达拉斯、休斯敦等）、太平洋海岸区（西雅图、旧金山、洛杉矶等）、落基山区（丹佛、盐湖城等）、锈带地区（底特律、芝加哥等）、东南地区（夏洛特、亚特兰大、奥兰多等）和中大西洋地区（费城、纽约等）航空枢纽之间的干线航线联系日益紧密，从而促进美国航空网络结构向多中心多组团格局演替。

类似地，中国航空公司通过合并重组形成中国国际航空、中国东方航空和中国南方航空公司三大巨头（Wang et al.，2016），主导航空公司的枢纽无须申请航线准入许可即可开通飞往自身枢纽机场的航班，并且享受其他航空公司难以企及的优惠待遇。这些政策促进了全服务航空公司纷纷发展航空枢纽战略，进而强化北京、上海、广州的顶级航空枢纽地位。这与美国试图在枢纽机场引入竞争并控制枢纽航空公司市场力量的政策形成鲜明对比（Fu et al.，2015）。同时，伴随着西部大开发战略的推进，成都和重庆等航空枢纽地位日益提升

（张凡，2016），促使中国航空网络结构由三角形结构向菱形结构演变。

印度的航空公司合并重组对于塑造印度航空网络结构具有重要影响。一是印度的航空公司经历了一系列合并和重组，以提高效率、扩大市场份额和降低成本。印度政府推动了印度航空公司与其子公司印度航空联盟（Air India Express）的合并，以及与其他航空公司的战略合作，鼓励主要航空公司发展自己的航空枢纽，以吸引更多的航班和旅客流量，从而进一步加强了高等级航空枢纽的地位。二是印度政府采取了一系列政策放松航空业的管制，以促进竞争和市场开放，航空私有化和低成本化快速推进。新德里、加尔各答等主要枢纽不断崛起，促使印度航空网络逐渐发育为以新德里、孟买、加尔各答和班加罗尔为中心的四边形结构。

加拿大航空枢纽政策和航空公司合并也是其航空网络结构演化的重要动因。一是加拿大航空公司（Air Canada）通过一系列的合并和收购成为加拿大最大的航空公司，其航空枢纽多伦多、温哥华、蒙特利尔和卡尔加里成为加拿大航空网络的中转中枢。二是加拿大政府采取了一系列政策来支持和发展航空枢纽，包括提供税收和经济激励措施，以吸引航空公司开通更多航班和增加旅客流量，进而使得多伦多、温哥华和蒙特利尔等高等级航空枢纽城市得到了更多的发展机会。三是加拿大航空网络结构也受到地理和经济因素的综合影响。由于加拿大地域广阔且人口分布不均衡，加拿大航空枢纽高度集中在南部边境与西南和东南沿海地区。

四、中美印欧加航空网络空间组织模式的比较

不同国家和地区的航空网络空间组织模式各异，可以归纳为"单中心""双中心"和"多中心"三种类型。

（一）呈现以多中心为主导的多枢纽协同格局

美国和欧洲放松管制政策（如美国放开管制和自由化政策、欧洲的三套"一揽子"自由方案）的实施促使其航空运输网络从点对点式转向轴辐式体系（Rocha，2017）。航空客运网络轴辐式体系已较为完善，呈现以多中心为主，双

中心和单中心为辅的空间组织模式。其中，欧洲整体形成了以伦敦为极核、其他国家首都为一级中心或次级中心的多枢纽多层次轴辐式组织结构，局部呈现以罗马-米兰等为核心的多中心结构和以伊斯坦布尔、雅典等为核心的单中心结构。受到国界的影响，最大直接航空联系主要以本国和邻国城市为主，航线距离相对较短。在遵循地理邻近性机制方面，美国地理环境在轴辐式结构组织中起着重要作用，主要枢纽以芝加哥、达拉斯、亚特兰大、丹佛等大城市为主，辐射附近的小型支线机场，形成多中心、多轴线、多支线网络体系。而中国呈现出由双中心向多中心的演进态势。由于经济发达、人口众多，并且作为三大航空巨头总部所在地，北京、上海和广州一直处于全国航空枢纽体系的顶端。一些西部区域枢纽（如乌鲁木齐、昆明、呼和浩特等）由于地理位置和西部大开发战略等因素影响（Wang et al., 2014；张凡, 2016），逐渐发育成为区域性的轴辐式网络枢纽。印度航空枢纽高度集聚于少数城市，得益于航空私有化，形成以新德里、加尔各答、海得拉巴、孟买、金奈和班加罗尔为中心的轴辐式组织架构。加拿大以南部边境和沿海地区的温哥华、蒙特利尔、卡尔加里、耶洛奈夫、多伦多、魁北克等城市为中转枢纽，最大联系以本省和邻近省份为主。

（二）呈现轴辐式与点对式复合组织架构

一方面，干线航线主要连接高等级航空枢纽，以点对式耦合联系为主。欧洲航空网络存在伦敦-阿姆斯特丹、柏林-慕尼黑、斯德哥尔摩-赫尔辛基、尼斯-摩纳哥等 26 对耦合航空联系；美国航空网络也存在纽约-芝加哥、休斯敦-达拉斯、檀香山-卡胡卢伊等 26 对耦合城市对，大部分分布在阿拉斯加州、夏威夷州与本土之间；而中国航空网络仅存在上海-深圳、呼和浩特-赤峰两对耦合联系，主要因为中国中小机场热衷于与北京、上海、广州和省会城市开通航线，通过轴辐式链接全国航空网络（Li and Cai, 2004；Wang et al., 2011）。印度航空网络存在一对（新德里—孟买）耦合联系。加拿大则有温哥华-维多利亚、多伦多-蒙特利尔、圣约翰-哈利法克斯等多对耦合联系。另一方面，非枢纽城市首位航线高度指向核心枢纽，并以轴辐式组织架构为主。与枢纽城市对的双向耦合航空流不同的是，其余城市对间的首位联系具有邻近性腹地结构特征和明显的方向性，多为低等级向高等级的单向流动，体现了轴辐空间组织运营特征。

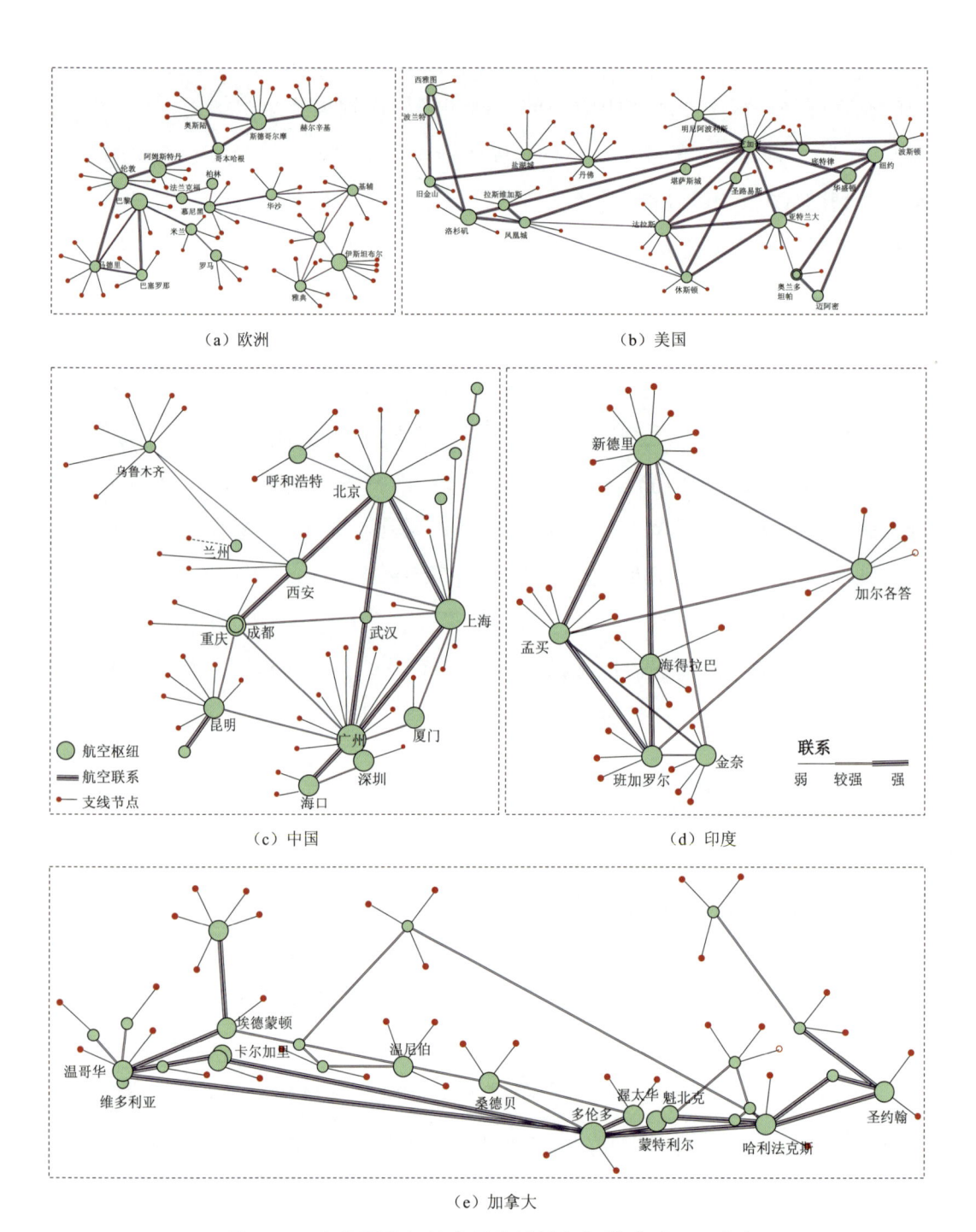

图 8-18　中美印欧加航空网络地域组织模式（2019 年）

资料来源：据 OAG 绘制。

参 考 文 献

[1] 陈航宇、李慧嘉："中国航空复杂网络的结构特征与应用分析",《计算机科学》增刊,2019年。
[2] 董晨晨："美国枢纽机场几家欢喜几家愁",《中国民航报》,2014年1月6日。
[3] 杜方叶、王姣娥、谢家昊等:"'一带一路'背景下中国国际航空网络的空间格局及演变",《地理科学进展》,2019年第7期。
[4] 冯广东、李义东、郝司阳："欧洲航空运输市场'3+2'格局是如何形成的",《民航管理》,2019年第12期。
[5] 李彦明："美国航空网络演化主要因素及其对支线航空的影响",《中国市场》,2015年第50期。
[6] 牛彩澄："'全球—地方'视角下中国航空网络的空间演化与影响因素"(硕士论文),华东师范大学,2020年。
[7] 孙枫,汪德根,牛玉："高速铁路与汽车和航空的竞争格局分析",《地理研究》,2017年第36期。
[8] 唐小卫、李杰、张敏:《航空运输地理》,科学出版社,2012:142。
[9] 王帮娟、刘承良:"航空网络结构和组织模式的演变",《地理研究》2024年第1期。
[10] 王姣娥,景悦,杨浩然:"中国高铁-民航竞争网络的空间演化模式及影响因素",《地理科学》,2020年第40期。
[11] 王姣娥、莫辉辉、金凤君:"中国航空网络空间结构的复杂性研究",《地理学报》,2009年第8期。
[12] 王立群:欧美航空自由化进程与中国民航应对策略.中国民航学院学报,2005年第3期。
[13] 韦佩妮、物文车:"基于复杂网络的欧洲航空公司网络特征分析",《哈尔滨商业大学学报(自然科学版)》,2023年第4期。
[14] 徐伟举:"基于复杂网络的美国航空线路网络的抗毁性研究"(硕士论文),西南交通大学,2013年。
[15] 于海波:"中国航空网络拓扑结构及其演化特征"(硕士论文),北京大学,2005年。
[16] 张凡:"航空联系视角下的中国城市网络:结构特征与演化规律"(博士论文),华东师范大学,2016年。
[17] 赵魏:"印度:全球最惊艳的航空运输市场",《大飞机》,2016年第3期。
[18] Bhadra, D., and M. Wells. 2005. Air Travel by State: Its Determinants and Contributions in the United States. *Public Works Management and Policy*, Vol. 10, No. 2.
[19] Chi, L., Wang, R., Su, H, et al, . 2003. Structural properties of US flight network. *Chinese Physics Letters*, Vol. 20, No. 8.
[20] Clewlow, R. R. L., Sussman, J. M., Balakrishnan, H. 2012. Interaction of High-speed Rail and Aviation: Exploring Air-rail Connectivity. *Transportation research record*, Vol. 2266, No. 1.
[21] Dennis, N. 2005. Industry Consolidation and Future Airline Network Structures in Europe. *Journal of Air Transport Management*, Vol. 11, No. 3.
[22] Dobruszkes, F. 2006. An Analysis of European Low-cost Airlines and Their Networks. *Journal of Transport Geography*, Vol. 14, No. 4.
[23] Fu, X., Oum, T. H., Chen, R., et al. 2015. Dominant Carrier Performance and International Liberalization-The Case of Northeast Asia. *Transport Policy*, Vol. 43.
[24] Goetz, A. R., Vowles, T. M. 2009. The Good, the Bad, and the Ugly: 30 Years of US Airline deregulation. *Journal of Transport Geography*, Vol. 17, No. 4.

[25] Jia, T., Qin, K., Shan, J. 2014. An Exploratory Analysis on the Evolution of the US Airport Network. *Physica A: Statistical Mechanics and its Applications*, Vol. 413.

[26] Lin, J., Ban, Y. 2014. The Evolving Network Structure of US airline System during 1990-2010. *Physica A: Statistical Mechanics and its Applications*, Vol. 410.

[27] Malighetti, P., Paleari, S., Redondi R. 2008. Connectivity of the European Airport Network: "Self-help hubbing" and Business Implications. *Journal of Air Transport Management*, Vol. 14, No. 2.

[28] Morrish, S. C., Hamilton R T. 2002. Airline Alliances—Who Benefits?. *Journal of air transport management*, Vol. 8, No. 6.

[29] Paleari, S., R. Redondi, P. Malighetti. 2010. A Comparative Study of Airport Connectivity in China, Europe, and US: Which Network Provides the Best Service to Passengers?. *Transportation Research Part E: Logistics and Transportation Review*, Vol. 46, No. 2.

[30] Rocha, L. E. C. 2017. Dynamics of Air Transport Networks: A Review from A Complex Systems Perspective. *Chinese Journal of Aeronautics*, Vol. 30, No. 2.

[31] Ryerson, M. S. and H. Kim. 2013. Integrating Airline Operational Practices into Passenger Airline Hub Definition. *Journal of Transport Geography*, Vol. 31.

[32] Siozos-Rousoulis, L, Robert D, Verbeke, W. 2021. A study of the US Domestic Air Transportation Network: Temporal Evolution of Network Topology and Robustness from 2001 to 2016. *Journal of Transportation Security*, Vol. 14.

[33] Suau-Sanchez, P., Burghouwt, G. 2011. The Geography of the Spanish Airport System: Spatial Concentration and Deconcentration Patterns in Seat Capacity Distribution, 2001-2008. *Journal of Transport Geography*, Vol. 19, No. 2.

[34] Wandelt, S., Sun, X., Zhang, J. 2019. Evolution of Domestic Airport Networks: A Review and Comparative Analysis. *Transportmetrica B: Transport Dynamics*, Vol. 7, No. 1.

[35] Wang, J, Bonilla, D., Banister, D. 2016. Air Deregulation in China and its Impact on Airline Competition 1994-2012. *Journal of Transport Geography*, Vol. 50.

[36] Wong, W. H., Cheung, T., Zhang, A., et al. 2019. Is Spatial Dispersal the Dominant Trend in Air Transport Development? A Global Analysis for 2006-2015. *Journal of Air Transport Management*, Vol. 74.

附　　录

城市名称及其 IATA 三字代码

IATA代码	城市（英文）	城市中文	IATA代码	城市（英文）	城市中文
AAA	Anaa	阿纳	ADL	Adelaide	阿德莱德
AAE	Annaba	安纳巴	ADZ	San Andres Island	圣安德烈斯岛
AAL	Aalborg	奥尔堡	AER	Sochi	索契
AAN	Al Ain	阿莱茵	AES	Alesund	奥勒松
AAQ	Anapa	阿纳帕	AEY	Akureyri	阿克雷里
AAR	Aarhus	奥胡斯	AGA	Agadir	阿加迪尔
AAY	Al Ghaydah	艾尔格哈达	AGH	Angelholm/Helsingborg	恩厄尔霍尔姆/赫尔辛堡
ABA	Abakan	阿巴坎			
ABB	Asaba	阿萨巴	AGP	Malaga	马拉加
ABD	Abadan	阿巴丹	AGR	Agra	阿格拉
ABE	Allentown	阿伦敦	AGT	Ciudad del Este	东方市
ABJ	Abidjan	阿比让	AGU	Aguascalientes	阿瓜斯卡连特斯
ABQ	Albuquerque	阿尔伯克基	AHB	Abha	艾卜哈
ABV	Abuja	阿布贾	AHO	Alghero	阿尔盖罗
ABZ	Aberdeen（GB）	阿伯丁（英国）	AHU	Al Hoceima	胡塞马
ACA	Acapulco	阿卡普尔科	AJA	Ajaccio	阿雅克肖
ACC	Accra	阿克拉	AJF	Jouf	焦夫省
ACE	Lanzarote	兰萨罗特	AJN	Anjouan	昂儒昂岛
ACH	Altenrhein	阿尔滕莱茵	AJR	Arvidsjaur	阿尔维斯尧尔
ACV	Arcata/Eureka	阿克塔/尤里卡	AKJ	Asahikawa	旭川市
ADA	Adana	阿达纳	AKL	Auckland	奥克兰
ADD	Addis Ababa	亚的斯亚贝巴	AKX	Aktobe	阿克托比
ADE	Aden	亚丁	ALA	Almaty	阿拉木图
ADF	Adiyaman	阿德亚曼	ALB	Albany（US）NY	奥尔巴尼（美国）

续表

IATA代码	城市（英文）	城市中文	IATA代码	城市（英文）	城市中文
ALC	Alicante	阿利坎特	ATH	Athens	雅典
ALG	Algiers	阿尔及尔	ATL	Atlanta	亚特兰大
ALY	Alexandria（EG）	亚历山大（埃及）	ATQ	Amritsar	阿姆利则
AMA	Amarillo	阿马里洛	ATZ	Asyut	艾斯尤特
AMD	Ahmedabad	艾哈迈达巴德	AUA	Aruba	阿鲁巴
AMM	Amman	安曼	AUH	Abu Dhabi	阿布扎比
AMS	Amsterdam	阿姆斯特丹	AUS	Austin	奥斯汀
ANC	Anchorage	安克雷奇	AUW	Wausau	沃索
ANE	Angers	昂热	AVN	Avignon	阿维尼翁
ANF	Antofagasta	安托法加斯塔	AVP	Wilkes-Barre/Scranton	威尔克斯-巴里/斯克兰顿
ANK	Ankara	安卡拉	AWZ	Ahwaz	阿瓦士
ANR	Antwerp	安特卫普	AXA	Anguilla	安圭拉
ANU	Antigua	安提瓜	AXD	Alexandroupolis	亚历山德鲁波利斯
AOE	Eskisehir	埃斯基谢希尔	AXM	Armenia	亚美尼亚
AOI	Ancona	安科纳	AXT	Akita	秋田
AOJ	Aomori	青森市	AYT	Antalya	安塔利亚
AOK	Karpathos	卡尔帕索斯	AZO	Kalamazoo/Battle Creek（US）MI	卡拉马祖/巴特尔克里克（美国密歇根州）
APL	Nampula	楠普拉	AZR	Adrar	阿德拉尔
APW	Apia	阿皮亚	AZS	Samana	萨马纳
AQJ	Aqaba	亚喀巴	BAH	Bahrain	巴林市
AQP	Arequipa	阿雷基帕	BAK	Baku	巴库
ARH	Arkhangelsk	阿尔汉格尔斯克	BAL	Batman	巴特曼
ARI	Arica	阿里卡	BAQ	Barranquilla	巴兰基亚
ARK	Arusha	阿鲁沙	BAR	Qionghai	琼海
ARW	Arad	阿拉德	BAV	Baotou	包头
ASA	Assab	阿萨布	BAX	Barnaul	巴尔瑙尔
ASB	Ashgabat	阿什哈巴德	BAY	Baia Mare	巴亚马雷
ASE	Aspen	阿斯彭	BBI	Bhubaneshwar	巴内什瓦尔
ASF	Astrakhan	阿斯特拉罕	BBK	Kasane	卡萨内
ASM	Asmara	阿斯马拉	BCM	Bacau	巴克马
ASR	Kayseri	开塞利	BCN	Barcelona（ES）	巴塞罗那
ASU	Asuncion	亚松森			
ASV	Amboseli	安博塞利			
ASW	Aswan	阿斯旺			

续表

IATA代码	城市（英文）	城市中文	IATA代码	城市（英文）	城市中文
BDA	Bermuda	百慕大	BJX	Leon/Guanajuato	莱昂/瓜纳华托
BDJ	Banjarmasin	马辰	BKI	Kota Kinabalu	亚庇
BDO	Bandung	万隆	BKK	Bangkok	曼谷
BDS	Brindisi	布林迪西	BKO	Bamako	巴马科
BEG	Belgrade	贝尔格莱德	BLA	Barcelona（VE）	巴塞罗那（委内瑞拉）
BEL	Belem	贝伦	BLB	Balboa	巴波亚
BEN	Benghazi	班加西	BLE	Borlange/Falun	博伦厄/法伦
BER	Berlin	柏林	BLJ	Batna	巴特纳
BES	Brest	布雷斯特	BLL	Billund	比隆
BEW	Beira	贝拉	BLQ	Bologna	波洛尼亚
BEY	Beirut	贝鲁特	BLR	Bengaluru	班加罗尔
BFS	Belfast	贝尔法斯特	BLZ	Blantyre	布兰太尔
BGA	Bucaramanga	布卡拉曼加	BME	Broome	布鲁姆
BGF	Bangui	班吉	BNA	Nashville	纳什维尔
BGG	Bingol	宾格尔	BNC	Beni	贝尼
BGI	Barbados	巴巴多斯	BND	Bandar Abbas	阿巴斯港
BGO	Bergen	卑尔根	BNE	Brisbane	布里斯班
BGR	Bangor	班戈	BNX	Banja Luka	巴尼亚卢卡
BGW	Baghdad	巴格达	BOC	Bocas del Toro	博卡斯-德尔托罗
BHK	Bukhara	布哈拉	BOD	Bordeaux	波尔多
BHM	Birmingham（US）	伯明翰（美国）	BOG	Bogota	波哥大
BHX	Birmingham（GB）	伯明翰（英国）	BOH	Bournemouth	伯恩茅斯
BHY	Beihai	北海市	BOI	Boise	博伊西
BHZ	Belo Horizonte	贝洛奥里藏特	BOJ	Burgas	布尔加斯
BIA	Bastia	巴斯蒂亚	BOM	Mumbai	孟买
BIL	Billings	比灵斯	BON	Bonaire	博奈尔
BIM	Bimini	比米尼岛	BOO	Bodo	博德
BIO	Bilbao	比尔巴鄂	BOS	Boston	波士顿
BIQ	Biarritz	比亚里茨	BOY	Bobo Dioulasso	博博迪乌拉索
BIS	Bismarck	俾斯麦	BPE	Qinhuangdao	秦皇岛
BJA	Bejaia	贝贾亚	BPN	Balikpapan	巴厘巴板
BJL	Banjul	班珠尔	BPS	Porto Seguro	塞古鲁港
BJM	Bujumbura	布琼布拉	BQN	Aguadilla	阿瓜迪亚
BJS	Beijing	北京	BQS	Blagoveschensk	布拉戈维申斯克

续表

IATA代码	城市（英文）	城市中文	IATA代码	城市（英文）	城市中文
BQT	Brest（BY）	布列斯特（白俄罗斯）	BWK	Brac	布拉奇岛
BRC	San Carlos Bariloche	圣卡洛斯巴里洛切	BWN	Bandar Seri Begawan	斯里巴加湾市
BRE	Bremen	不来梅	BWX	Banyuwangi	外南梦
BRI	Bari	巴里	BXH	Balhash	巴尔喀什
BRM	Barquisimeto	巴基西梅托	BXN	Bodrum	博德鲁姆
BRN	Berne	伯恩	BYK	Bouake	布瓦凯
BRO	Brownsville	布朗斯维尔	BZE	Belize City	伯利兹城
BRQ	Brno	布尔诺	BZG	Bydgoszcz	比得哥什
BRS	Bristol	布里斯托尔	BZK	Bryansk	布良斯克
BRU	Brussels	布鲁塞尔	BZN	Bozeman	博兹曼市
BSA	Bosaso	博萨索	BZR	Beziers	贝济耶
BSB	Brasilia	巴西利亚	BZV	Brazzaville	布拉柴维尔
BSG	Bata	巴塔	CAB	Cabinda	卡宾达省
BSK	Biskra	比斯克拉	CAE	Columbia（US）SC	哥伦比亚（美国）
BSR	Basrah	巴士拉			
BTH	Batam	巴淡岛	CAG	Cagliari	卡利亚里
BTJ	Banda Aceh	班达亚齐	CAI	Cairo（EG）	开罗（埃及）
BTR	Baton Rouge	巴吞鲁日	CAK	Akron/Canton	阿克伦/坎顿
BTS	Bratislava	布拉迪斯拉发	CAN	Guangzhou	广州
BTU	Bintulu	民都鲁	CAP	Cap Haitien	海地角
BTV	Burlington（US）VT	伯灵顿（美国）	CAS	Casablanca	卡萨布兰卡
BUD	Budapest	布达佩斯	CAX	Carlisle	卡莱尔
BUE	Buenos Aires	布宜诺斯艾利斯	CAY	Cayenne	卡宴
BUF	Buffalo	布法罗	CBB	Cochabamba	科恰班巴
BUH	Bucharest	布加勒斯特	CBG	Cambridge	剑桥
BUQ	Bulawayo	布拉瓦约	CBH	Bechar	贝沙尔
BUR	Burbank	伯班克	CBR	Canberra	堪培拉
BUS	Batumi	巴统	CCC	Cayo Coco	科科岛
BUX	Bunia	布尼亚	CCF	Carcassonne	卡尔卡松
BUZ	Bushehr	布什尔	CCJ	Kozhikode	科泽科德
BVC	Boa Vista Island	博阿维斯塔岛	CCK	Cocos Islands	科科斯群岛
BVE	Brive-La-Gaillarde	布里夫拉盖亚尔德	CCP	Concepcion	康塞普西翁
BWE	Braunschweig/Wolfsburg	不伦瑞克/沃尔夫斯堡	CCS	Caracas	迈克蒂亚
BWI	Baltimore	巴尔的摩	CCU	Kolkata	加尔各答

续表

IATA代码	城市（英文）	城市中文	IATA代码	城市（英文）	城市中文
CDT	Castellon de la Plana	卡斯特利翁-德拉普拉纳	CJU	Jeju	济州岛
			CKG	Chongqing	重庆
CEB	Cebu	宿务	CKY	Conakry	科纳克里
CEE	Cherepovets	切列波韦茨	CKZ	Canakkale	坎阿卡莱
CEG	Chester	切斯特	CLE	Cleveland	克利夫兰
CEI	Chiang Rai	清莱	CLJ	Cluj-Napoca	克卢日-纳波卡
CEK	Chelyabinsk	车里雅宾斯克	CLL	College Station	孟菲斯
CEN	Ciudad Obregon	奥夫雷贡城	CLO	Cali	卡利
CFB	Cabo Frio	卡博弗里奥	CLT	Charlotte	夏洛特
CFE	Clermont-Ferrand	克莱蒙费朗	CLY	Calvi	卡尔维
CFG	Cienfuegos	西恩富戈斯	CMB	Colombo	科伦坡
CFK	Chlef	谢里夫	CME	Ciudad del Carmen	卡门市
CFN	Donegal	圭多尔	CMF	Chambery/Aix-Les-Bains	尚贝里/艾克斯莱班
CFR	Caen	卡昂			
CFU	Kerkyra	克基拉岛	CMH	Columbus (US) OH	哥伦布（美国）
CGN	Cologne/Bonn	科隆/波恩			
CGO	Zhengzhou	郑州	CMK	Club Makokola	马科科拉俱乐部
CGP	Chittagong	吉大港	CMW	Camaguey	卡马圭
CGQ	Changchun	长春	CND	Constanta	康斯坦察
CGR	Campo Grande	格兰德营	CNN	Kannur	坎努尔
CHA	Chattanooga	查塔努加	CNP	Neerlerit Inaat	尼尔勒里特
CHC	Christchurch	基督城	CNQ	Corrientes	科连特斯
CHI	Chicago	芝加哥	CNS	Cairns	凯恩斯
CHQ	Chania	哈尼亚	CNX	Chiang Mai	清迈
CHS	Charleston (US) SC	查尔斯顿（美国）	COK	Kochi (IN)	科钦（印度）
			COO	Cotonou	柯多努
CID	Cedar Rapids	锡达拉皮兹	COR	Cordoba (AR)	科尔多瓦（阿根廷）
CIT	Shymkent	齐姆肯特	COS	Colorado Springs	科罗拉多斯普林斯
CIX	Chiclayo	奇克拉约	COU	Columbia (US) MO	哥伦比亚（美国）
CIY	Comiso	科米索			
CJB	Coimbatore	科伊马托尔	CPE	Campeche	坎佩切
CJC	Calama	卡拉马	CPH	Copenhagen	哥本哈根
CJJ	Cheongju	清州	CPT	Cape Town	开普敦
CJS	Ciudad Juarez	华雷斯城	CRA	Craiova	克拉约瓦

续表

IATA代码	城市（英文）	城市中文	IATA代码	城市（英文）	城市中文
CRC	Cartago	卡塔戈	DAT	Datong	大同
CRD	Comodoro Rivadavia	科莫多罗里瓦达维亚	DAV	David	戴维
CRK	Angeles/Mabalacat	安赫莱斯/马巴拉卡特	DAY	Dayton	代顿
CRP	Corpus Christi	科珀斯克里斯蒂	DBB	Dabah	达巴
CRV	Crotone	克罗托内	DBV	Dubrovnik	杜布罗夫尼克
CRW	Charleston	查尔斯顿	DEB	Debrecen	德布勒森
CRZ	Turkmenabat	土库曼纳巴德	DEL	Delhi	德里
CSX	Changsha	长沙	DEN	Denver	丹佛
CSY	Cheboksary	切博克萨雷	DFW	Dallas	达拉斯
CTA	Catania	卡塔尼亚	DGO	Durango（MX）	杜兰戈（墨西哥）
CTG	Cartagena	卡塔赫纳	DIE	Antsiranana	安齐拉纳纳
CTM	Chetumal	切图马尔	DIL	Dili	帝力
CTU	Chengdu	成都	DIR	Dire Dawa	德雷达瓦
CUF	Cuneo	库内奥	DIY	Diyarbakir	迪亚巴克尔
CUL	Culiacan	库利亚坎	DJE	Djerba	杰尔巴岛
CUN	Cancun	坎昆	DKR	Dakar	达喀尔
CUR	Curacao	库拉索	DLA	Douala	杜阿拉
CUU	Chihuahua	奇瓦瓦	DLC	Dalian	大连
CUZ	Cuzco	库斯科	DLE	Dole	多尔
CVG	Cincinnati	辛辛那提	DLI	Dalat	大叻
CWB	Curitiba	库里蒂巴	DLM	Dalaman	达拉曼
CWC	Chernivtsi	切尔诺夫策	DMB	Taraz	塔拉兹
CWL	Cardiff	加的夫	DMM	Dammam	达曼
CXI	Kiritimati	圣诞岛	DNH	Dunhuang	敦煌
CYB	Cayman Brac	开曼布拉克岛	DNK	Dnipropetrovsk	第聂伯彼得罗夫斯克
CYO	Cayo Largo del Sur	卡约拉戈德尔苏尔	DNR	Dinard/St-Malo	迪纳尔/圣马洛
CZL	Constantine	君士坦丁	DNZ	Denizli	代尼兹利
CZM	Cozumel	科苏梅尔	DOH	Doha	多哈
CZX	Changzhou	常州	DOL	Deauville	多维尔
DAB	Daytona Beach	戴通纳海滩	DOM	Dominica	多米尼加
DAC	Dhaka	达卡	DPS	Denpasar-Bali	登巴萨-巴厘岛
DAD	Da Nang	岘港	DRO	Durango（US）	杜兰戈（美国）
DAM	Damascus	大马士革	DRS	Dresden	德累斯顿
DAR	Dar Es Salaam	达累斯萨拉姆			

续表

IATA代码	城市（英文）	城市中文	IATA代码	城市（英文）	城市中文
DRW	Darwin	达尔文	ELH	North Eleuthera	北伊柳塞拉
DSA	Doncaster/Sheffield	唐卡斯特/谢菲尔德	ELM	Elmira/Corning	埃尔迈拉/科宁
DSM	Des Moines	德梅因	ELP	El Paso	埃尔帕索
DSN	Ordos	鄂尔多斯	ELQ	Gassim	盖西姆
DTB	Siborong-Borong	锡博龙-博龙	ELU	El Oued	盖马
DTM	Dortmund	多特蒙德	ENH	Enshi	恩施
DTT	Detroit	底特律	ENU	Enugu	埃努古
DUB	Dublin	都柏林	EPA	El Palomar	埃尔帕洛马尔
DUD	Dunedin	达尼丁	ERC	Erzincan	埃尔津詹
DUR	Durban	德班	ERF	Erfurt	埃尔福特
DUS	Duesseldorf	杜塞尔多夫	ERH	Errachidia	拉希迪耶
DVO	Davao	达沃市	ERI	Erie	伊利
DXB	Dubai	迪拜	ERL	Erenhot	二连浩特
DYG	Zhangjiajie	张家界	ERZ	Erzurum	埃尔祖鲁姆
DYU	Dushanbe	杜尚别	ESL	Elista	埃利斯塔
DZA	Dzaoudzi	藻德济	ESM	Esmeraldas	埃斯梅拉尔达
EAP	Basel/Mulhouse	巴塞尔/米卢斯	ESU	Essaouira	索维拉
EBA	Elba Island	厄尔巴岛	ETH	Eilat	艾拉特
EBB	Entebbe	恩德培	ETZ	Metz/Nancy	梅斯/南希
EBD	El Obeid	埃尔奥贝德	EUG	Eugene	尤金
EBJ	Esbjerg	埃斯比约	EUN	Laayoune	阿尤恩
EBL	Erbil	埃尔比勒	EUX	St Eustatius	圣尤斯特歇斯岛
ECI	Rivas	里瓦斯	EVE	Harstad-Narvik	哈尔斯塔德-纳尔维克
ECN	Ercan	埃阿坎			
ECP	Panama City (US)	巴拿马城（美国）	EVN	Yerevan	埃里温
EDI	Edinburgh	爱丁堡	EVV	Evansville	埃文斯维尔
EDO	Edremit	埃德雷米特	EXT	Exeter	埃克塞特
EFL	Kefallinia	凯发利尼亚	EYW	Key West	基韦斯特
EGC	Bergerac	贝尔热拉克	EZS	Elazig	埃拉泽
EGN	Geneina	朱奈纳	FAE	Faroe Islands	法罗群岛
EGO	Belgorod	别尔哥罗德	FAI	Fairbanks	费尔班克斯
EGS	Egilsstadir	埃伊尔斯塔济	FAO	Faro	法鲁
EIN	Eindhoven	埃因霍温	FAR	Fargo	法戈
ELF	El Fasher	埃希尔	FAT	Fresno	弗雷斯诺

续表

IATA代码	城市（英文）	城市中文	IATA代码	城市（英文）	城市中文
FBM	Lubumbashi	卢本巴希	FUK	Fukuoka	福冈
FCA	Kalispell	卡利斯佩尔	FUN	Funafuti	富纳富提
FDF	Fort de France	法兰西堡	FWA	Fort Wayne	韦恩堡
FDH	Friedrichshafen	腓特烈港	FYV	Fayetteville/Springdale	费耶特维尔/斯普林代尔
FEG	Fergana	费尔干纳			
FEZ	Fes	非斯	GAE	Gabes	加贝斯
FIH	Kinshasa	金沙萨	GAF	Gafsa	加夫萨
FKB	Karlsruhe/Baden-Baden	卡尔斯鲁厄/巴登-巴登	GAN	Gan Island	甘岛
FKI	Kisangani	基桑加尼	GAU	Guwahati	古瓦哈提
FKS	Fukushima	福岛	GAY	Gaya	加雅
FLL	Fort Lauderdale	劳德代尔堡	GBB	Gabala	盖贝莱
FLN	Florianopolis	弗洛里亚诺波利斯	GBE	Gaborone	哈博罗内
FLR	Florence (IT)	佛罗伦萨	GCI	Guernsey	根西岛
FMM	Memmingen	梅明根	GCM	Grand Cayman	大开曼岛
FMO	Muenster/Osnabrueck	明斯特/奥斯纳布吕克	GDL	Guadalajara	瓜达拉哈拉
FMY	Fort Myers	麦尔兹堡	GDN	Gdansk	格但斯克
FNA	Freetown	弗里敦	GDT	Grand Turk	大特克岛
FNC	Funchal	丰沙尔	GDX	Magadan	马加丹
FNI	Nimes	尼姆	GEG	Spokane	斯波坎
FNJ	Pyongyang	平壤	GGR	Garowe	加罗韦
FNT	Flint	弗林特	GGT	George Town	乔治敦
FOC	Fuzhou	福州	GHA	Ghardaia	盖尔达耶
FOR	Fortaleza	福塔莱萨	GHB	Governors Harbour	总督港
FPO	Freeport	自由港	GIB	Gibraltar	直布罗陀
FRA	Frankfurt	法兰克福	GIZ	Jazan	吉赞
FRS	Flores	弗洛雷斯	GJL	Jijel	吉杰勒
FRU	Bishkek	比什凯克	GJT	Grand Junction	大章克申
FRW	Francistown	弗朗西斯敦	GLA	Glasgow (GB)	格拉斯哥
FSC	Figari	菲加里	GLK	Galcaio	加勒卡约
FSD	Sioux Falls	苏瀑	GME	Gomel	戈梅利
FSP	St Pierre	圣皮埃尔	GND	Grenada	格林纳达
FSZ	Shizuoka	静冈	GNV	Gainesville	盖恩斯维尔
FTU	Tolanaro	陶拉纳鲁	GNY	Sanliurfa	尚勒乌尔法
FUE	Fuerteventura	富埃特文图拉	GOA	Genoa	热那亚

续表

IATA代码	城市（英文）	城市中文	IATA代码	城市（英文）	城市中文
GOH	Nuuk	努克	HAJ	Hannover	汉诺威
GOI	Goa	印度果阿	HAK	Haikou	海口
GOJ	Nizhny Novgorod	下诺夫哥罗德	HAM	Hamburg	汉堡
GOM	Goma	戈马	HAN	Hanoi	河内
GOT	Goteborg	哥德堡	HAQ	Hanimaadhoo Island	哈尼马杜岛
GOU	Garoua	加鲁阿	HAR	Harrisburg	哈里斯堡
GPA	Patrai	帕特雷	HAS	Hail	海尔
GPT	Gulfport/Biloxi	格尔夫波特/比洛克西	HAU	Haugesund	海于格松
			HAV	Havana	哈瓦那
GRB	Green Bay	格林贝	HBA	Hobart	霍巴特
GRO	Girona	赫罗纳	HDF	Heringsdorf	海林斯多夫
GRQ	Groningen	格罗宁根	HDN	Hayden	海顿
GRR	Grand Rapids	大急流城（美国）	HDY	Hat Yai	合艾
GRV	Grozny	格罗兹尼	HEA	Herat	赫拉特
GRX	Granada	格拉纳达	HEL	Helsinki	赫尔辛基
GRZ	Graz	格拉茨	HER	Irakleion	伊拉克利翁
GSM	Gheshm Island	格什姆岛	HET	Hohhot	呼和浩特
GSO	Greensboro/High Point	格林斯伯勒/海普特	HFA	Haifa	海法
			HFD	Hartford	哈特福德
GSP	Greenville/Spartanburg	格林维尔/斯帕坦堡	HFE	Hefei	合肥
GTF	Great Falls	大瀑布城	HGA	Hargeisa	哈尔格萨
GTZ	Grumeti	格鲁梅蒂	HGH	Hangzhou	杭州
GUA	Guatemala City	危地马拉市	HGN	Mae Hong Son	湄宏松
GUB	Guerrero Negro	瓜埃罗内格罗	HGU	Mount Hagen	芒特哈根
GUM	Guam	关岛	HHQ	Hua Hin	华欣
GUW	Atyrau	阿特劳	HIA	Huai'an	淮安
GVA	Geneva	日内瓦	HIJ	Hiroshima	广岛
GWD	Gwadar	瓜达尔	HIR	Honiara	霍尼亚拉
GWT	Westerland	韦斯特兰	HKD	Hakodate	函馆
GXF	Sayun	赛云	HKG	Hong Kong	香港
GYE	Guayaquil	瓜亚基尔	HKT	Phuket	普吉岛
GYM	Guaymas	瓜伊马斯	HLD	Hailar	海拉尔
GZP	Gazipasa	加齐帕夏	HLE	Jamestown (SH)	詹姆斯敦（圣赫勒拿岛）
GZT	Gaziantep	加齐安泰普			

续表

IATA代码	城市（英文）	城市中文	IATA代码	城市（英文）	城市中文
HMA	Khanty-Mansiysk	汉特-曼西斯克	IFO	Ivano-Frankivsk	伊万诺-弗兰科夫斯克
HMB	Sohag	苏哈吉			
HME	Hassi Messaoud	哈西默萨乌德	IGA	Inagua	伊纳瓜
HMO	Hermosillo	埃莫西约	IGR	Iguazu	伊瓜苏
HNA	Hanamaki	花卷	IGT	Magas	马加斯
HNL	Honolulu	檀香山	IGU	Foz do Iguacu	伊瓜苏瀑布城
HOB	Hobbs	霍布斯	IJK	Izhevsk	伊热夫斯克
HOF	Hofuf	霍富夫	IKT	Irkutsk	伊尔库茨克
HOG	Holguin	奥尔金	IKU	Tamchy	坦奇
HOU	Houston	休斯敦	ILD	Lleida	莱里达
HPH	Haiphong	海防	ILE	Killeen/Fort Hood	基林/胡德堡
HRB	Harbin	哈尔滨	ILO	Ilo-Ilo	伊洛伊洛
HRE	Harare	哈拉雷	INC	Yinchuan	银川
HRG	Hurghada	古尔盖达	IND	Indianapolis	印第安纳波利斯
HRI	Hambantota	汉班托特	INI	Nis	尼什
HRK	Kharkiv	哈尔科夫	INN	Innsbruck	因斯布鲁克
HRL	Harlingen	哈林根	INU	Nauru Island	瑙鲁岛
HSG	Saga	佐贺	INV	Inverness	因弗内斯
HSV	Huntsville	亨茨维尔	IOA	Ioannina	约阿尼纳
HTA	Chita	赤塔	IOM	Isle of Man	马恩岛
HTY	Hatay	哈塔伊	IPC	Easter Island	复活岛
HUN	Hualien	花莲	IPH	Ipoh	怡保
HUX	Huatulco	瓦图尔科	IQQ	Iquique	伊基克
HUY	Humberside	亨伯塞德	IQT	Iquitos	伊基托斯
HYD	Hyderabad	海得拉巴	ISB	Islamabad	伊斯兰堡
IAR	Yaroslavl	雅罗斯拉夫尔	ISE	Isparta	伊斯帕尔塔
IAS	Iasi	雅西	ISG	New Ishigaki	新石垣岛
IBR	Ibaraki	茨城	ISN	Williston (US) ND	威利斯顿（美国）
IBZ	Ibiza	伊比萨	ISP	Islip	伊斯利普
ICT	Wichita	威奇托	IST	Istanbul	伊斯坦布尔
IDR	Indore	伊诺尔	ISU	Sulaymaniyah	苏莱曼尼亚
IEG	Zielona Gora	浙洛纳戈拉	IUE	Niue	纽埃
IEV	Kiev	基辅	IVL	Ivalo	伊瓦洛
IFN	Esfahan	伊斯法罕	IWO	Iwoto (Iwo Jima)	神山（硫黄岛）

续表

IATA代码	城市（英文）	城市中文	IATA代码	城市（英文）	城市中文
IXB	Bagdogra	巴格多格拉	KAW	Kawthaung	考坦
IXC	Chandigarh	昌迪加尔	KBL	Kabul	喀布尔
IXE	Mangalore	马恩戈洛尔	KBR	Kota Bharu	哥打峇鲁
IXM	Madurai	马杜赖	KBV	Krabi	甲米
IZM	Izmir	伊兹密尔	KCH	Kuching	古晋
JAC	Jackson (US) WY	杰克逊（美国）	KCM	Kahramanmaras	卡赫拉曼马拉什
JAI	Jaipur	斋普尔	KCO	Kocaeli	科贾埃利
JAV	Ilulissat	伊卢利萨特	KCZ	Kochi (JP)	高知
JAX	Jacksonville (US) FL	杰克逊维尔（美国）	KDH	Kandahar	坎大哈
JED	Jeddah	吉达	KEJ	Kemerovo	克麦罗沃
JER	Jersey	泽西岛	KFS	Kastamonu	卡斯塔莫努
JHB	Johor Bahru	新山	KGD	Kaliningrad	加里宁格勒
JHG	Jinghong	景洪	KGF	Karaganda	卡拉干达
JIB	Djibouti	吉布提市	KGL	Kigali	基加利
JIJ	Jijiga	吉吉加	KGS	Kos	科斯岛
JJN	Quanzhou	泉州	KHE	Kherson	赫尔松
JKG	Jonkoping	于斯特谷	KHH	Kaohsiung	高雄
JKT	Jakarta	雅加达	KHI	Karachi	卡拉奇
JMK	Mykonos	米科诺斯	KHN	Nanchang	南昌
JMU	Jiamusi	佳木斯	KHV	Khabarovsk	哈巴罗夫斯克
JNB	Johannesburg	约翰内斯堡	KID	Kristianstad	克里斯蒂安斯塔德
JNU	Juneau	朱诺	KIH	Kish Island	基什岛
JOE	Joensuu	约恩苏	KIJ	Niigata	新潟
JOG	Yogyakarta	日惹	KIN	Kingston (JM)	金斯敦（牙买加）
JPA	Joao Pessoa	约阿奥佩索阿	KIR	Kerry	克里郡
JRO	Kilimanjaro	阿鲁沙	KIS	Kisumu	基苏木
JSI	Skiathos	斯基亚索斯	KIT	Kythira	基西拉岛
JTR	Thira	蒂拉	KIV	Chisinau	基希讷乌
JUB	Juba	朱巴	KJA	Krasnoyarsk	克拉斯诺亚尔斯克
JYV	Jyvaskyla	于韦斯屈莱	KJK	Kortrijk	科特赖克
KAC	Kamishly	卡米什利	KJT	Majalengka	马亚朗卡
KAJ	Kajaani	卡亚尼	KKJ	Kitakyushu	北九州
KAN	Kano	卡诺	KKN	Kirkenes	基尔克内斯
KAO	Kuusamo	库萨莫	KLF	Kaluga	卡卢加

续表

IATA代码	城市（英文）	城市中文	IATA代码	城市（英文）	城市中文
KLO	Kalibo	卡利博	KTW	Katowice	卡托维兹
KLR	Kalmar	卡尔马	KUA	Kuantan	关丹
KLU	Klagenfurt	克拉根福	KUF	Samara	萨马拉
KLV	Karlovy Vary	卡罗维发利	KUL	Kuala Lumpur	吉隆坡
KLX	Kalamata	卡拉马塔	KUN	Kaunas	考纳斯
KMG	Kunming	昆明	KUO	Kuopio	科科埃鲁
KMI	Miyazaki	宫崎	KUS	Kulusuk Island	库鲁苏克岛
KMJ	Kumamoto	熊本	KUT	Kutaisi	库塔伊斯
KMQ	Komatsu	小松	KVA	Kavala	卡瓦拉
KMU	Kisimayu	基斯马尤	KVD	Ganja	甘贾
KOA	Kona	科纳	KVX	Kirov	基洛夫
KOE	Kupang	古邦	KWA	Kwajalein Island	夸贾林岛
KOI	Kirkwall	柯克沃尔	KWE	Guiyang	贵阳
KOJ	Kagoshima	鹿儿岛	KWI	Kuwait	科威特
KOK	Kokkola/Pietarsaari	科科拉/皮耶塔尔萨里	KWL	Guilin	桂林
KOS	Sihanoukville	西哈努克	KYA	Konya	科尼亚
KOV	Kokshetau	科克舍套	KZB	Zachar Bay	扎哈尔湾
KQT	Qurghonteppa	库尔干-秋别	KZN	Kazan	喀山
KRK	Krakow	克拉科夫	KZO	Kyzylorda	克孜勒奥尔达
KRN	Kiruna	基律纳	KZR	Kutahya	屈塔希亚
KRR	Krasnodar	克拉斯诺达尔	LAD	Luanda	罗安达
KRS	Kristiansand	克里斯蒂安桑	LAE	Lae	莱城
KRT	Khartoum	喀土穆	LAN	Lansing	兰辛
KRW	Turkmenbashi	土库曼巴希	LAO	Laoag	拉瓦格
KSA	Kosrae	科斯雷岛	LAP	La Paz（MX）	拉巴斯（墨西哥）
KSC	Kosice	科希策	LAS	Las Vegas	拉斯维加斯
KSD	Karlstad	卡尔斯塔德	LAX	Los Angeles	洛杉矶
KSF	Kassel	卡塞尔	LBA	Leeds Bradford	利兹
KSN	Kostanay	科斯塔奈	LBB	Lubbock	鲁巴克
KSQ	Karshi	卡尔希	LBD	Khujand	胡占德
KSU	Kristiansund	克里斯蒂安松	LBU	Labuan	拉布安
KTM	Kathmandu	加德满都	LBV	Libreville	利伯维尔
KTN	Ketchikan	克奇坎	LCA	Larnaca	拉纳卡
KTT	Kittila	基蒂拉	LCE	La Ceiba	拉塞瓦

续表

IATA代码	城市（英文）	城市中文	IATA代码	城市（英文）	城市中文
LCG	A Coruna	拉科鲁尼亚	LNK	Lincoln	内布拉斯加林肯
LCH	Lake Charles	查尔斯湖	LNZ	Linz	林茨
LCJ	Lodz	乌丹日	LON	London（GB）	伦敦（英国）
LDE	Lourdes/Tarbes	卢尔德/塔布	LOP	Praya	普拉亚
LDH	Lord Howe Island	豪勋爵岛	LOS	Lagos	拉各斯
LEA	Learmonth	利尔蒙	LPA	Gran Canaria	大加那利岛
LED	St Petersburg	圣彼得堡	LPB	La Paz（BO）	拉巴斯（玻利维亚）
LEH	Le Havre	勒阿弗尔	LPI	Linkoping	林雪平
LEI	Almeria	阿尔梅里亚	LPK	Lipetsk	利佩茨克
LEJ	Leipzig/Halle	莱比锡/哈雷	LPL	Liverpool	利物浦
LEX	Lexington	列克星敦	LPP	Lappeenranta	拉彭兰塔
LFT	Lafayette	拉法叶特	LPQ	Luang Prabang	朗勃拉邦
LFW	Lome	洛美	LRD	Laredo	拉雷多
LGB	Long Beach	长滩	LRH	La Rochelle	拉罗谢尔
LGG	Liege	列日	LRM	La Romana	拉罗马纳
LGK	Langkawi	兰卡威	LRR	Lar	拉尔
LHE	Lahore	拉合尔	LRT	Lorient	洛里昂
LHW	Lanzhou	兰州	LSC	La Serena	拉塞雷纳
LIG	Limoges	里摩日	LSE	La Crosse	拉克罗斯
LIH	Lihue	里胡埃	LSP	Las Piedras	拉斯皮埃德拉斯
LIL	Lille	里尔	LSZ	Mali Losinj	马利洛辛伊
LIM	Lima	利马	LTK	Latakia	拉塔基亚
LIR	Liberia	利比里亚	LTO	Loreto	洛雷托
LIS	Lisbon	里斯本	LTT	St-Tropez	圣特罗佩
LIT	Little Rock	小石城（美国）	LUD	Luderitz	卢德里茨
LIX	Likoma Island	里科马岛	LUG	Lugano	卢加诺
LJG	Lijiang	丽江	LUM	Mangshi	芒市
LJU	Ljubljana	卢布尔雅那	LUN	Lusaka	卢萨卡
LKO	Lucknow	勒克瑙	LUX	Luxembourg	卢森堡
LKY	Lake Manyara	曼雅拉湖	LUZ	Lublin	卢布林
LLA	Lulea	露勒奥	LVI	Livingstone	利文斯通
LLK	Lankaran	兰卡兰	LWN	Gyumri	吉尼斯
LLW	Lilongwe	利隆圭	LWO	Lviv	利沃夫
LMM	Los Mochis	洛斯莫奇斯	LWS	Lewiston	卢伊斯顿

续表

IATA代码	城市（英文）	城市中文	IATA代码	城市（英文）	城市中文
LXA	Lhasa/Lasa	拉萨	MEL	Melbourne（AU）	墨尔本（澳大利亚）
LXR	Luxor	卢克索	MEM	Memphis	孟菲斯
LYA	Luoyang	洛阳	MES	Medan	棉兰
LYG	Lianyungang	连云港	MEX	Mexico City	墨西哥城
LYI	Linyi	临沂	MFE	McAllen/Mission	麦卡伦/米申
LYP	Faisalabad	费萨拉巴德	MFF	Moanda	莫安达
LYR	Longyearbyen	隆叶尔城	MFR	Medford	梅德福
LYS	Lyon	里昂	MFU	Mfuwe	姆富韦
LZH	Liuzhou	柳州	MGA	Managua	马那瓜
MAA	Chennai	钦奈	MGH	Margate	马盖特
MAD	Madrid	马德里	MGM	Montgomery	蒙哥马利
MAF	Midland	密德兰	MGQ	Mogadishu	摩加迪沙
MAG	Madang	马当	MHD	Mashhad	马什哈德
MAH	Menorca	梅诺卡	MHH	Marsh Harbour	马什港
MAJ	Majuro	马朱罗	MHQ	Mariehamn	马里港
MAN	Manchester（GB）	曼彻斯特（英国）	MHT	Manchester（US）	曼彻斯特（美国）
MAO	Manaus	马瑙斯	MIA	Miami	迈阿密
MAR	Maracaibo	马拉开波	MID	Merida	梅里达
MAY	Mangrove Cay	曼格罗夫凯	MIL	Milan	米兰
MBA	Mombasa	蒙巴萨	MIR	Monastir	蒙斯特
MBI	Mbeya	姆贝亚	MIS	Misima Island	米西马岛
MBJ	Montego Bay	蒙特哥湾	MJI	Tripoli Mitiga	黎波里米蒂加
MCM	Monaco	摩纳哥	MJM	Mbuji-Mayi	木布吉马伊
MCP	Macapa	马卡帕	MJN	Mahajanga	马哈赞加
MCT	Muscat	马斯喀特	MJT	Mytilini	米蒂利尼
MCX	Makhachkala	马哈奇卡拉	MJV	Murcia	穆尔西亚
MCY	Sunshine Coast	阳光海岸	MKC	Kansas City	堪萨斯城
MCZ	Maceio	马塞约	MKE	Milwaukee	密尔沃基
MDC	Manado	马纳多	MKZ	Malacca	马六甲
MDE	Medellin	麦德林	MLA	Malta	马耳他
MDG	Mudanjiang	牡丹江	MLB	Melbourne（US）	墨尔本（美国）
MDL	Mandalay	曼德勒	MLE	Male	马累
MDZ	Mendoza	门多萨	MLI	Moline	莫林
MED	Madinah	麦地那	MLM	Morelia	莫雷利亚

续表

IATA代码	城市（英文）	城市中文	IATA代码	城市（英文）	城市中文
MLW	Monrovia	蒙罗维亚	MUC	Munich	慕尼黑
MLX	Malatya	马拉蒂亚	MUH	Mersa Matruh	马特鲁港
MMA	Malmo	马尔默	MUX	Multan	木尔坦
MME	Durham	达勒姆	MUZ	Musoma	穆索马
MMK	Murmansk	莫曼斯克	MVB	Franceville	弗朗斯维尔
MNI	Montserrat	蒙特塞拉特	MVD	Montevideo	蒙得维的亚
MNL	Manila	马尼拉	MVR	Maroua	马鲁阿
MOB	Mobile	莫比尔	MWX	Muan	武安
MOL	Molde	莫尔德	MWZ	Mwanza	姆万扎
MOT	Minot	迈诺特	MXH	Moro	莫罗
MOW	Moscow	莫斯科	MXL	Mexicali	墨西卡利
MPL	Montpellier	蒙彼利埃	MXX	Mora	莫拉
MPM	Maputo	马普托	MXZ	Meixian	梅县
MPN	Mount Pleasant	普莱森特山	MYJ	Matsuyama	松山
MQF	Magnitogorsk	马格尼托哥尔斯克	MYR	Myrtle Beach	默特尔比奇
MQM	Mardin	马尔丁	MYY	Miri	美里
MQP	Nelspruit	尼尔斯普雷特	MZG	Magong	马公
MRA	Misurata	米苏拉塔	MZH	Amasya	阿马西亚
MRS	Marseille	马赛	MZO	Manzanillo（CU）	曼萨尼约
MRU	Mauritius	毛里求斯	MZR	Mazar-e Sharif	马扎里沙里夫
MRV	Mineralnye Vody	米涅拉尔涅沃迪	MZT	Mazatlan	马萨特兰
MRY	Monterey/Carmel	蒙特雷/卡梅尔	MZV	Mulu	穆鲁
MSN	Madison	麦迪逊	NAC	Naracoorte	纳拉库特
MSO	Missoula	密苏拉	NAG	Nagpur	那格浦尔
MSP	Minneapolis/St Paul	明尼阿波利斯/圣保罗	NAJ	Nakchivan	纳克切万
MSQ	Minsk	明斯克	NAL	Nalchik	纳尔奇克
MSR	Mus	穆斯	NAN	Nadi	纳迪
MST	Maastricht/Aachen	马斯特里赫特/亚琛	NAP	Naples（IT）	那不勒斯（意大利）
MSU	Maseru	马塞卢	NAS	Nassau	拿骚（巴拿马）
MSY	New Orleans	新奥尔良	NAT	Natal	纳塔尔
MTJ	Montrose	蒙特罗斯	NAV	Nevsehir	内夫谢希尔
MTY	Monterrey	蒙特雷	NBC	Nizhnekamsk	下卡姆斯克
MUA	Munda	孟达	NBE	Enfidha	恩菲达
MUB	Maun	茂宁	NBO	Nairobi	内罗毕

续表

IATA代码	城市（英文）	城市中文	IATA代码	城市（英文）	城市中文
NBW	Guantanamo	关塔那摩	NTE	Nantes	南特
NCE	Nice	尼斯	NTG	Nantong	南通
NCL	Newcastle (GB)	纽卡斯尔	NTL	Newcastle (AU)	纽卡斯尔
NCU	Nukus	努库斯	NTY	Sun City	太阳城
NDB	Nouadhibou	努瓦迪布	NUE	Nuremberg	纽伦堡
NDJ	N'djamena	恩贾梅纳	NUX	Novy Urengoy	新乌连戈伊
NDR	Nador	纳多尔	NVI	Navoi	纳沃伊
NER	Neryungri	内榆林	NVT	Navegantes	纳韦干特斯
NEV	Nevis	尼维斯	NWA	Moheli	莫埃利
NGB	Ningbo	宁波	NWI	Norwich	诺维奇
NGD	Anegada	阿内加达	NYC	New York	纽约
NGO	Nagoya	名古屋	NYT	Nay Pyi Taw	内比都
NGS	Nagasaki	长崎	NZH	Manzhouli	满洲里
NHA	Nha Trang	芽庄	OAI	Bagram	巴格拉姆
NIM	Niamey	尼亚美	OAK	Oakland	奥克兰
NJC	Nizhnevartovsk	下瓦尔托夫斯克	OAX	Oaxaca	瓦哈卡
NJF	Al Najaf	纳杰夫	OBO	Obihiro	带广
NKC	Nouakchott	努瓦克肖特	ODS	Odesa	敖德萨
NKG	Nanjing	南京	OGG	Kahului	卡胡卢
NLA	Ndola	恩多拉	OGU	Ordu Giresun	奥尔杜吉雷松
NLK	Norfolk Island	诺福克岛	OGX	Ouargla	瓦尔格拉
NMA	Namangan	纳曼干	OGZ	Vladikavkaz	弗拉季卡夫卡佐夫斯克
NNG	Nanning	南宁	OHD	Ohrid	奥赫里德
NOC	Knock	诺克	OHS	Sohar	索哈尔
NOJ	Nojabrsk	诺亚布尔斯克	OIT	Oita	大分
NOP	Sinop (TR)	锡诺普	OKA	Okinawa	冲绳
NOS	Nosy-Be	诺西贝	OKC	Oklahoma City	俄克拉何马城
NOU	Noumea	努美阿	OKJ	Okayama	冈山
NOZ	Novokuznetsk	新库兹涅茨克	OLB	Olbia	奥尔比亚
NQN	Neuquen	内乌肯	OMA	Omaha	奥马哈
NQT	Nottingham	诺丁汉	OMD	Oranjemund	奥兰治蒙德
NQY	Newquay	纽基	OME	Nome	诺姆
NRK	Norrkoping	诺尔雪平	OMH	Urumiyeh	乌鲁米耶
NSK	Norilsk	诺里尔斯克	OMO	Mostar	莫斯塔尔

续表

IATA 代码	城市（英文）	城市中文	IATA 代码	城市（英文）	城市中文
OMR	Oradea	奥拉迪亚	PBI	West Palm Beach	西棕榈滩
OMS	Omsk	鄂木斯克	PBM	Paramaribo	帕拉马里博
ONQ	Zonguldak	宗古尔达克	PDG	Padang	巴东
ONT	Ontario	安大略	PDL	Ponta Delgada	蓬塔德尔加达
OOL	Gold Coast	黄金海岸	PDP	Punta del Este	东方角
OPO	Porto	波尔图	PDS	Piedras Negras	皮埃德拉斯内格拉斯
ORB	Orebro	厄勒布鲁	PDV	Plovdiv	布尔加斯
ORF	Norfolk	诺福克	PDX	Portland	波特兰
ORK	Cork	科克	PED	Pardubice	帕尔杜比采
ORL	Orlando	奥兰多	PEE	Perm	彼尔姆
ORN	Oran	奥兰	PEG	Perugia	佩鲁贾
OSA	Osaka	大阪	PEI	Pereira	佩雷拉
OSD	Are/ostersund	奥雷/厄斯特松德	PEN	Penang	槟城
OSI	Osijek	奥西耶克	PER	Perth	珀斯
OSL	Oslo	奥斯陆	PES	Petrozavodsk	彼得罗扎沃茨克
OSR	Ostrava	奥斯特拉发	PEW	Peshawar	白沙瓦
OSS	Osh	奥什	PEZ	Penza	彼尔姆
OST	Oostende/Brugge	奥斯坦德/布鲁日	PFO	Paphos	帕福斯
OSW	Orsk	奥尔斯克	PGF	Perpignan	佩皮尼昂
OUA	Ouagadougou	瓦加杜古	PHC	Port Harcourt	哈科特港
OUD	Oujda	奥吉达	PHE	Port Hedland	海德兰港
OUL	Oulu	奥卢	PHF	Newport News/Williamsburg	纽波特纽斯/威廉斯堡
OVB	Novosibirsk	新西伯利亚			
OVD	Asturias	阿斯图里亚斯	PHL	Philadelphia	费城
OXB	Bissau	比绍	PHX	Phoenix	凤凰城
OZH	Zaporizhia	扎波罗热	PIA	Peoria	皮奥里亚
OZZ	Ouarzazate	瓦尔扎扎特	PIS	Poitiers	培瓦
PAD	Paderborn/Lippstadt	帕德博恩/利普斯塔特	PIT	Pittsburgh	匹兹堡
PAE	Everett	埃弗雷特	PJM	Puerto Jimenez	吉梅内斯港
PAP	Port au Prince	太子港	PKC	Petropavlovsk (RU)	彼得罗巴甫洛夫斯克
PAR	Paris	巴黎	PKR	Pokhara	博卡拉
PBC	Puebla	普埃布拉	PKU	Pekanbaru	北干巴鲁
PBG	Plattsburgh	普拉茨堡	PKZ	Pakse	帕克塞
PBH	Paro	帕罗	PLM	Palembang	巴邻旁

续表

IATA代码	城市（英文）	城市中文	IATA代码	城市（英文）	城市中文
PLQ	Klaipeda/Palanga	克莱佩达/帕兰加	PSP	Palm Springs	棕榈泉
PLS	Providenciales	普罗维登西亚莱斯	PSR	Pescara	佩斯卡拉
PLX	Semey	塞梅伊	PTP	Pointe-a-Pitre	皮特尔角城
PLZ	Port Elizabeth	伊丽莎白港	PTY	Panama City (PA)	巴拿马城（巴拿马）
PMC	Puerto Montt	蒙特港	PUF	Pau	波城
PMI	Palma de Mallorca	马略卡帕尔马	PUJ	Punta Cana	蓬塔卡纳
PMO	Palermo	巴勒莫	PUQ	Punta Arenas	蓬塔阿雷纳斯
PMV	Porlamar	波尔拉马尔	PUS	Busan	釜山
PNA	Pamplona	旁普洛纳	PUY	Pula	普拉
PNH	Phnom Penh	金边	PVD	Providence	普罗维登斯
PNI	Pohnpei	波纳佩	PVK	Preveza/Lefkada	普雷韦扎/莱夫卡达
PNK	Pontianak	坤迪	PVR	Puerto Vallarta	巴亚尔塔港
PNQ	Pune	浦那	PWM	Portland (US) ME	波特兰
PNR	Pointe-Noire	努瓦迪布	PWQ	Pavlodar	巴甫洛达尔
PNS	Pensacola	彭萨科拉	PXO	Porto Santo	圣港
POA	Porto Alegre	阿雷格里港	PZU	Port Sudan	苏丹港
POG	Port Gentil	让蒂尔港	QRO	Queretaro	克雷塔罗
POL	Pemba (MZ)	彭巴	QSF	Setif	塞提夫
POM	Port Moresby	莫尔兹比港	RAI	Praia	普拉亚
POP	Puerto Plata	普拉塔港	RAK	Marrakech	马拉喀什
POR	Pori	波里	RAP	Rapid City	雷皮德城
POS	Port of Spain	西班牙港	RAR	Rarotonga Island	拉罗汤加岛
POZ	Poznan	波兹南	RBA	Rabat	拉巴特
PPG	Pago Pago	帕果帕果	RCB	Richards Bay	理查兹湾
PPK	Petropavlovsk (KZ)	彼得罗巴甫洛夫斯克	RCH	Riohacha	里奥阿查
PPS	Puerto Princesa	普林塞萨港	RDD	Redding	瑞丁
PPT	Tahiti	塔希提岛	RDM	Redmond/Bend	红蒙德/本德
PQC	Phuquoc	富国岛	RDU	Raleigh/Durham	罗利/达勒姆
PQM	Palenque	帕伦克	RDZ	Rodez	罗德兹
PRG	Prague	布拉格	REC	Recife	雷西费
PRN	Pristina	普里什蒂纳	REK	Reykjavik	雷克雅未克
PSA	Pisa	比萨	REL	Trelew	特雷利乌
PSC	Pasco	帕斯科	REN	Orenburg	奥伦堡
PSE	Ponce	庞塞	REP	Siem Reap	暹粒

续表

IATA代码	城市（英文）	城市中文	IATA代码	城市（英文）	城市中文
RES	Resistencia	瑞西斯滕西亚	RUH	Riyadh	利雅得
REU	Reus	丘尔	RUN	St-denis	圣丹尼斯
RGA	Rio Grande (AR)	里奥格兰德	RVN	Rovaniemi	罗瓦涅米
RGL	Rio Gallegos	里奥加耶戈斯	RVY	Rivera	里韦拉
RGN	Yangon	仰光	RZE	Rzeszow	日切乌
RHO	Rhodes	罗得岛	SAB	Saba	萨巴岛
RIC	Richmond (US)	里士满	SAC	Sacramento	萨克拉门托
RIH	Rio Hato	里奥哈托	SAH	Sanaa	萨那
RIO	Rio de Janeiro	里约热内卢	SAL	San Salvador (SV)	圣萨尔瓦多
RIX	Riga	里加	SAN	San Diego	圣地亚哥
RJK	Rijeka	里耶卡	SAO	Sao Paulo	圣保罗
RJL	Logrono	洛格罗尼奥	SAP	San Pedro Sula	圣佩德罗苏拉
RKT	Ras al Khaimah	拉斯海玛	SAQ	San Andros	圣安德鲁斯
RLG	Rostock	罗斯托克	SAT	San Antonio	圣安东尼奥
RMF	Marsa Alam	马尔萨阿拉姆	SAV	Savannah	萨凡纳
RMI	Rimini	里米尼	SBA	Santa Barbara	圣巴巴拉
RMQ	Taichung	台中	SBD	San Bernardino	圣贝纳迪诺
RMU	Corvera	科韦拉	SBH	St Barthelemy	圣巴泰勒米
RNB	Ronneby/Karlskrona	朗内比/卡尔斯克鲁纳	SBN	South Bend	南本德
RNN	Bornholm	博恩霍尔姆	SBW	Sibu	诗巫
RNO	Reno	里诺	SBZ	Sibiu	锡比乌
RNS	Rennes	仁斯	SCE	State College	州立学院
ROA	Roanoke	罗阿诺克	SCL	Santiago (CL)	圣地亚哥
ROC	Rochester (US) NY	罗切斯特	SCN	Saarbrucken	萨尔布吕肯
ROM	Rome (IT)	罗马	SCO	Aktau	阿克套
ROR	Koror	科罗尔	SCQ	Santiago de Compostela	圣地亚哥-德孔波斯特拉
ROS	Rosario	罗萨里奥	SCR	Salen	萨伦
ROV	Rostov	罗斯托夫	SCU	Santiago de Cuba	圣地亚哥-古巴
RRG	Rodrigues Island	罗德里格斯岛	SCV	Suceava	苏恰瓦
RSD	Rock Sound	罗克桑德	SCW	Syktyvkar	锡克蒂夫卡尔
RST	Rochester (US) MN	罗切斯特	SDD	Lubango	鲁本格
RTB	Roatan	罗阿坦岛	SDF	Louisville	路易斯维尔
RTM	Rotterdam	鹿特丹	SDJ	Sendai	仙台（宫城县）
RTW	Saratov	萨拉托夫			

续表

IATA 代码	城市（英文）	城市中文	IATA 代码	城市（英文）	城市中文
SDK	Sandakan	山打根	SJW	Shijiazhuang	石家庄
SDL	Sundsvall/Harnosand	松兹瓦尔/哈尔诺桑德	SKB	St Kitts	圣基茨
SDQ	Santo Domingo (DO)	圣多明各	SKD	Samarkand	撒马尔罕
SDR	Santander	圣坦德	SKG	Thessaloniki	塞萨洛尼基
SDZ	Shetland Islands	设得兰群岛	SKP	Skopje	斯科普里
SEA	Seattle	西雅图	SKT	Sialkot	锡亚尔科特
SEL	Seoul	首尔	SKX	Saransk	萨兰斯克
SEU	Seronera	塞罗内拉	SLA	Salta	萨尔塔
SEZ	Mahe Island	马埃岛	SLC	Salt Lake City	盐湖城
SFA	Sfax	斯法克斯	SLD	Sliac	斯利亚科
SFG	St Martin	圣马丁岛	SLL	Salalah	萨拉拉
SFJ	Kangerlussuaq	康格卢苏克	SLP	San Luis Potosi	圣路易斯波托西
SFO	San Francisco	旧金山	SLU	St Lucia	圣卢西亚
SFS	Subic Bay	苏比克湾	SLW	Saltillo	萨尔蒂约
SFT	Skelleftea	斯盖莱夫特耶	SLZ	Sao Luiz	圣路易斯
SGC	Surgut	苏尔古特	SMA	Santa Maria Island	圣玛丽亚岛
SGD	Sonderborg	松德堡	SMI	Samos	萨摩斯
SGF	Springfield (US) MO	斯普林菲尔德	SML	Stella Maris	斯泰拉马里斯
SGN	Ho Chi Minh City	胡志明市	SMR	Santa Marta	圣玛尔塔
SHA	Shanghai	上海	SMS	Ste Marie	圣玛丽
SHE	Shenyang	沈阳	SNA	Santa Ana	圣安娜
SHI	Shimojishima	下地岛	SNN	Shannon	香农
SHJ	Sharjah	沙迦	SNU	Santa Clara	圣克拉拉
SHV	Shreveport	斯里夫波特	SOC	Surakarta (Solo)	苏拉卡尔塔（索罗）
SIA	Xi'an	西安	SOF	Sofia	索非亚
SID	Sal Island	萨尔岛	SON	Espiritu Santo	圣灵岛
SIN	Singapore	新加坡	SOU	Southampton	南安普敦
SIP	Simferopol	辛菲罗波尔	SPC	Santa Cruz de la Palma	圣克鲁斯-拉帕尔马
SIR	Sion	锡永	SPK	Sapporo	札幌
SJC	San Jose (US)	圣何塞	SPN	Saipan	塞班岛
SJD	San Jose Cabo	圣何塞卡波	SPU	Split	斯普利特
SJJ	Sarajevo	萨拉热窝	SRG	Semarang	三宝垄
SJO	San Jose	圣何塞	SRP	Stord	斯图尔德
SJU	San Juan (PR)	圣胡安	SRQ	Sarasota/Bradenton	萨拉索塔/布雷登顿

续表

IATA代码	城市（英文）	城市中文	IATA代码	城市（英文）	城市中文
SRZ	Santa Cruz	圣克鲁斯	SZY	Szczytno	斯奇茨尼诺
SSA	Salvador	萨尔瓦多	SZZ	Szczecin	斯切切因
SSG	Malabo	马拉博	TAB	Tobago	多巴哥
SSH	Sharm El-Sheikh	沙姆沙伊赫	TAE	Daegu	大邱
STI	Santiago	圣地亚哥	TAG	Panglao	邦劳岛
STL	St Louis	圣路易斯	TAK	Takamatsu	高松
STO	Stockholm	斯德哥尔摩	TAM	Tampico	坦皮科
STR	Stuttgart	斯图加特	TAO	Qingdao	青岛
STT	St Thomas Island	圣托马斯岛	TAR	Taranto	塔兰托
STV	Surat	苏拉特	TAS	Tashkent	塔什干
STW	Stavropol	斯塔夫罗波尔	TAT	Poprad	波普拉德
STX	St Croix Island	圣克罗伊岛	TAY	Tartu	塔尔图
SUB	Surabaya	泗水	TBI	The Bight	拜特湾
SUF	Lamezia Terme	拉默齐亚泰尔梅	TBJ	Tabarka	塔巴卡
SUJ	Satu Mare	萨图马雷	TBS	Tbilisi	第比利斯
SUV	Suva	苏瓦	TBU	Nuku'alofa	努库阿洛法
SUX	Sioux City	苏城	TBW	Tambov	坦波夫
SVD	St Vincent	圣文森特	TBZ	Tabriz	大不里士
SVG	Stavanger	斯塔万格	TCB	Treasure Cay	宝藏凯
SVL	Savonlinna	萨翁林纳	TCI	Tenerife	特内里费
SVQ	Sevilla	塞维利亚	TCP	Taba	塔巴
SVX	Yekaterinburg	叶卡捷琳堡	TEN	Tongren	铜仁
SWA	Shantou	汕头	TEQ	Tekirdag	泰基尔达格
SXB	Strasbourg	斯特拉斯堡	TER	Terceira	特塞拉
SXM	St Maarten	圣马丁岛	TET	Tete	特特
SXR	Srinagar	斯利那加	TEV	Teruel	特鲁埃尔
SYD	Sydney（AU）	悉尼	TGD	Podgorica	波德戈里察
SYR	Syracuse	锡拉丘兹	TGM	Tirgu Mures	图尔古穆列斯
SYX	Sanya	三亚	TGU	Tegucigalpa	特古西加尔巴
SYZ	Shiraz	设拉子	TGZ	Tuxtla Gutierrez	图斯特拉古铁雷斯
SZA	Soyo	索约	THND	Trollhattan/Vanersborg	特罗尔哈坦/瓦纳斯堡
SZF	Samsun	萨姆松			
SZG	Salzburg	萨尔茨堡	THR	Tehran	德黑兰
SZX	Shenzhen	深圳	THU	Pituffik	皮图菲克

续表

IATA代码	城市（英文）	城市中文	IATA代码	城市（英文）	城市中文
TIA	Tirana	地拉那	TOF	Tomsk	托木斯克
TIF	Taif	泰夫	TOP	Topeka	托皮卡
TIJ	Tijuana	提华纳	TOS	Tromso	特罗姆瑟
TIN	Tindouf	丁杜夫	TOV	Tortola	托尔托拉
TIP	Tripoli	的黎波里	TOY	Toyama	富山
TIV	Tivat	蒂瓦特	TPA	Tampa	坦帕
TJM	Tyumen	秋明	TPE	Taipei	中国台北
TJQ	Tanjung Pandan	丹戎潘丹	TPQ	Tepic	特皮克
TJU	Kulob	库洛布	TPS	Trapani	特拉帕尼
TKG	Bandar Lampung	万丹兰潘琳	TRC	Torreon	托雷翁
TKK	Chuuk	丘克	TRD	Trondheim	特隆赫姆
TKQ	Kigoma	基戈马	TRI	Bristol/Johnson/Kingsport	布里斯托尔
TKS	Tokushima	德岛	TRK	Tarakan	他拉干
TKU	Turku	图尔库	TRN	Turin	都灵
TLE	Toliara	托利亚拉	TRS	Trieste	的里雅斯特
TLH	Tallahassee	塔拉哈西	TRU	Trujillo	特鲁希略
TLL	Tallinn	塔林	TRV	Thiruvananthapuram	提鲁瓦南萨普拉姆
TLM	Tlemcen	特莱姆森	TRW	Tarawa	塔拉瓦
TLN	Toulon/Hyeres	土伦/耶尔	TRZ	Tiruchchirappalli	提鲁吉拉伯利
TLS	Toulouse	图卢兹	TSE	Astana	阿斯塔纳
TLV	Tel Aviv-yafo	特拉维夫雅法	TSE	Nur-Sultan	努尔苏丹
TMJ	Termez	泰尔梅兹	TSN	Tianjin	天津
TMM	Toamasina	土阿马西纳	TSR	Timisoara	蒂米什瓦拉
TMP	Tampere	坦佩雷	TSV	Townsville	汤斯维尔
TMR	Tamanrasset	塔曼拉塞特	TTQ	Tortuguero	托图格罗
TMS	Sao Tome	圣多美	TTU	Tetouan	特突安
TNA	Jinan	济南	TUC	Tucuman	土库曼
TNG	Tangier	丹吉尔	TUF	Tours	图尔
TNJ	Tanjung Pinang	丹戎槟榔	TUG	Tuguegarao	图格加劳
TNN	Tainan	台南	TUK	Turbat	图尔巴特
TNO	Tamarindo	塔马林多	TUL	Tulsa	塔尔萨
TNR	Antananarivo	塔那那利佛	TUN	Tunis	突尼斯
TOB	Tobruk	图布鲁克	TUS	Tucson	图森
TOE	Tozeur	托泽尔	TUU	Tabuk	塔布克

续表

IATA代码	城市（英文）	城市中文	IATA代码	城市（英文）	城市中文
TVC	Traverse City	特拉弗斯城	USQ	Usak	乌萨克
TWU	Tawau	斗湖	UTH	Udon Thani	乌隆他尼
TXN	Huangshan	黄山	UTP	U-Tapao	乌塔堡
TYN	Taiyuan	太原	UUD	Ulan-Ude	乌兰乌德
TYO	Tokyo	东京	UUS	Yuzhno-Sakhalinsk	由斯诺萨哈林斯克
TYS	Knoxville	诺克斯维尔	UYL	Nyala	恩尼亚拉
TZL	Tuzla	图兹拉	UYN	Yulin	玉林
TZN	South Andros	安德罗斯南部	VAA	Vaasa	瓦萨
TZX	Trabzon	特拉布宗	VAN	Van	凡城
UAK	Narsarsuaq	纳萨苏阿克	VAR	Varna	瓦尔纳
UAQ	San Juan (AR)	圣胡安	VAS	Sivas	锡瓦斯
UBJ	Ube	宇部	VAV	Vava'u	瓦瓦乌
UCT	Ukhta	乌赫塔	VBY	Visby	维斯比
UDJ	Uzhhorod	乌日霍罗德	VCA	Cantho	芥苴市
UET	Quetta	克奎塔	VCE	Venice	威尼斯
UFA	Ufa	乌法	VCV	Victorville	维克多维尔
UGC	Urgench	乌尔根奇	VDA	Ovda	奥夫达
UIO	Quito	基多	VDH	Dong Hoi	东海
UIP	Quimper	昆皮尔	VDO	Quang Ninh	广宁
UKK	Ust-Kamenogorsk	乌斯季卡门诺戈尔斯克	VER	Veracruz	韦拉克鲁斯
ULN	Ulaanbaatar	乌兰巴托	VFA	Victoria Falls	维多利亚瀑布
ULV	Ulyanovsk (RU)	乌里扬诺夫斯克	VGA	Vijayawada	维杰亚瓦达
UME	Umea	于默奥	VGO	Vigo	维戈
UPG	Makassar	马卡萨尔	VIE	Vienna	维也纳
UPN	Uruapan	乌鲁阿潘	VII	Vinh City	荣市
URA	Uralsk	乌拉尔斯克	VIJ	Virgin Gorda	维尔京戈尔达
URC	Urumqi	乌鲁木齐	VIL	Dakhla	达赫拉
URG	Uruguaiana	乌鲁瓜亚纳	VIN	Vinnytsia	温尼察
URO	Rouen	鲁昂	VIT	Vitoria (ES)	维多利亚
URS	Kursk	库尔斯克	VLC	Valencia (ES)	瓦伦西亚
URT	Surat Thani	素叻他尼	VLI	Port Vila	维拉港
USH	Ushuaia	乌斯怀亚	VLL	Valladolid	巴利亚多利德
USM	Ko Samui	苏梅岛	VLN	Valencia (VE)	瓦伦西亚
USN	Ulsan	蔚山	VNO	Vilnius	维尔纽斯

续表

IATA代码	城市（英文）	城市中文	IATA代码	城市（英文）	城市中文
VNS	Varanasi	瓦拉纳西	XMN	Xiamen	厦门
VNX	Vilankulos	维兰库卢斯	XNH	Nasiriyah	纳西里耶
VOG	Volgograd	伏尔加格勒	XNN	Xining	西宁
VOL	Volos	沃洛斯	XQP	Quepos	克培斯
VOZ	Voronezh	沃罗涅日	XRY	Jerez	希雷斯
VPS	Destin/Ft Walton Beach	德斯坦/沃尔顿海滩	XUZ	Xuzhou	徐州
VQS	Vieques	维耶克斯	XWA	Williston	威利斯顿
VRA	Varadero	巴拉德罗	YAO	Yaounde	雅温得
VRN	Verona	维洛那	YAP	Yap	雅浦
VSA	Villahermosa	比亚埃尔莫萨	YAZ	Tofino	吐芬奴
VTE	Vientiane	万象	YBG	Bagotville	巴戈特维尔
VTZ	Vishakhapatnam	维沙卡帕特南	YBL	Campbell River	坎贝尔河
VVO	Vladivostok	符拉迪沃斯托克	YCD	Nanaimo	纳奈莫
VXE	Sao Vicente Island	圣维森特岛	YDA	Dawson City	道森市
VXO	Vaxjo	韦克舍	YDF	Deer Lake（CA）NL	迪尔莱克
WAS	Washington（US）DC	华盛顿特区	YEA	Edmonton	埃德蒙顿
WAW	Warsaw	华沙	YEI	Bursa	布尔萨
WDH	Windhoek	温得和克	YFB	Iqaluit	伊魁特
WEH	Weihai	威海	YFC	Fredericton	弗雷德里克顿
WJR	Wajir	瓦吉尔	YGJ	Yonago	米子
WLG	Wellington	惠灵顿	YGR	Iles de la Madeleine	马德莱恩群岛
WLS	Wallis Island	马塔乌图	YHZ	Halifax	哈利法克斯
WMI	Nowy Dwor Mazowiecki	华沙	YIH	Yichang	宜昌
WNZ	Wenzhou	温州	YIW	Yiwu	义乌
WRO	Wroclaw	弗罗茨瓦夫	YKM	Yakima	亚基马
WUH	Wuhan	武汉	YKS	Yakutsk	雅库茨克
WUS	Wuyishan	武夷山	YLW	Kelowna	基隆拿
WUT	Xinzhou	忻州	YMQ	Montreal	蒙特利尔
WUU	Wau	瓦乌	YNB	Yanbu al Bahr	餐布尔巴尔
WUX	Wuxi	无锡	YNJ	Yanji	延吉
WVB	Walvis Bay	鲸湾港	YNT	Yantai	烟台
WXN	Wanzhou	万州	YNY	Yangyang	杨杨
XAP	Chapeco	沙佩科	YNZ	Yancheng	盐城
XCH	Christmas Island	圣诞岛	YOC	Old Crow	旧克罗

续表

IATA 代码	城市（英文）	城市中文	IATA 代码	城市（英文）	城市中文
YOW	Ottawa	渥太华	YYG	Charlottetown	夏洛特敦
YPR	Prince Rupert	鲁珀特王子港	YYJ	Victoria (CA)	维多利亚
YQB	Quebec	魁北克	YYT	St Johns	圣约翰斯
YQG	Windsor	温莎	ZAD	Zadar	扎达尔
YQK	Kenora	肯诺拉	ZAG	Zagreb	萨格勒布
YQM	Moncton	蒙克顿	ZAZ	Zaragoza	萨拉戈萨
YQQ	Comox	科莫克斯	ZBR	Chah Bahar	沙巴哈尔
YQR	Regina	里贾纳	ZCL	Zacatecas	萨卡特卡斯
YQT	Thunder Bay	雷湾	ZCO	Temuco	特木科
YQX	Gander	甘德尔	ZGC	Zagreb	萨格勒布
YQY	Sydney (CA)	悉尼	ZHA	Zhanjiang	湛江
YSB	Sudbury	大萨德伯里	ZIA	Zhukovsky	朱科夫斯基
YSJ	St John	圣约翰	ZIG	Ziguinchor	济金绍尔
YTO	Toronto	多伦多	ZIH	Ixtapa/zihuatanejo	伊克斯塔帕/锡瓦塔内霍
YTY	Yangzhou	扬州			
YVA	Moroni	莫罗尼	ZLO	Manzanillo (MX)	曼萨尼约
YVO	Val D'Or	瓦尔多	ZNZ	Zanzibar	桑吉巴
YVR	Vancouver	温哥华	ZQN	Queenstown	皇后镇
YWG	Winnipeg	温尼伯	ZRH	Zurich	苏黎世
YXE	Saskatoon	萨斯卡通	ZSA	San Salvador (BS)	圣尔瓦多
YXS	Prince George	乔治王子城	ZSE	St-Pierre	圣皮埃尔
YXU	London (CA)	伦敦	ZTH	Zakinthos Island	扎金索斯岛
YXX	Abbotsford	阿伯茨福德	ZVK	Savannakhet	沙湾拿吉
YXY	Whitehorse	怀特霍斯	ZYL	Sylhet	锡尔赫特
YYB	North Bay	北湾	ZZU	Mzuzu	姆祖祖
YYC	Calgary	卡尔加里			

资料来源：据 OAG 整理。